天

Borderless

下

博稽古今　融汇天下

天
Borderless
下

法学新经典

法治国家论

第四版

卓泽渊 著

法律出版社 LAW PRESS · CHINA

作者简介

卓泽渊　法学博士，中共中央党校政法部教授、主任，博士研究生导师。中国法学会常务理事、中国法学教育研究会副会长、中国法学理论研究会副会长、中国行为法学会副会长、中国特色社会主义法学理论研究会副会长。出版有《法律价值》《法的价值论》《法的价值总论》《法治国家论》《法治泛论》《法政治学》《法政治学研究》等学术专著，以及国家高校规划教材《法学导论》、高校文科教材《法理学》。主编《法学导论》《法理学》等，总主编《法学论点要览》（10卷）等，参编国家教委、司法部教材多部。曾任西南政法大学副校长，中共中央党校研究生院院长等职，挂职最高人民法院司法体制改革办公室副主任。先后入选全国“跨世纪百千万人才”国家级人选，第二届中国十大杰出中青年法学家、中国法学名家、全国首届“四个一批人才”、国家哲学社会科学首届领军人才、国家社科基金法学评审专家组成人员、影响中国法治建设进程的具有突出贡献的法学家等。分别为中共中央十六届、十七届政治局以及中共中央办公厅、国务院办公厅主讲法治讲座，独自担任了国家纪念世界反法西斯战争暨中国人民抗战胜利七十周年依法治国专场新闻发言人。

总　序

法是什么，法的内容是什么，法的功能和价值是什么等问题，看起来十分简单却又十分难以回答。说它们简单，是因为这些问题几乎是所有的法学人和法律人都必须首先学习的，也都能说出一个“子曰”的问题；说它们困难，是因为这些问题几乎使所有的法学家都感到十分棘手，甚至没有人能够自称并同时被大家公认已经毫无疑义地回答了这些问题。历史上众多法学大师都从这些问题起步，并取得了丰硕的成果，但是还没有一个法学家被公认穷尽了对于这些问题的解析与论说。

从法是什么来看：

在西方，从古希腊的苏格拉底、柏拉图、亚里士多德，经古罗马的西塞罗以及著名的五大法学家，中世纪的奥古斯丁、阿奎那，近代的格劳秀斯、卢梭、孟德斯鸠、洛克，直到奥斯丁、庞德、凯尔森，乃至德沃金等人，无不关注这个问题，而且一直探讨这个明知没有结论又要无限追寻下去的问题。20 世纪中期，美国法学家庞德一再思考“什么是法律”或“法是什么”。[①] 英国

① 庞德的《通过法律的社会控制》第二章即为“什么是法律?”,《法律的任务》第二章也是“法是什么?”。参见[美]庞德:《通过法律的社会控制 · 法律的任务》,沈宗灵、董世忠译,商务印书馆 1984 年版。

的著名法学家哈特写出了专门解析法律概念的著作,书名就是《法律的概念》。[1] 他们对法的论述,为人类法学发展作出了重要的理论贡献,灿若法学这一浩瀚星河中的点点星光。

在中国,从老子、孔子,经董仲舒、朱熹,到梁启超、康有为、严复以及今天的法理学家,乃至所有法学家,几乎都希望自己能在什么是法的问题上获得真知灼见,并对世人有所贡献。他们对法是什么或者什么是法的问题,提出了种种解答方案,或者供后来者参考,或者为后来者提供一个新起点,以帮助他们去继续那没有终结的探索。先贤们对于法的论述,像火炬一样照亮了人类法学理论的夜空,它们是一把把穿越历史的火炬,引导和照耀后学们一段一段的前进路程。

我显然是一个微不足道的执迷不悟者。积三十多年的学习与研究概莫能离什么是法这一问题之左右。我曾经尝试给法下一个自我的定义。[2] 但是这依然是难以令人满意的。它只是在中国关于法的若干定义之中的一种而已。我不敢肯定自己更接近了法的本质或内涵。

从法的内容是什么来看:

法的内容是什么?它是一个极小而又极大的问题,但它最起码涉及法的分类等方面的众多学说。法的分类理论很多,具体的种类划分也特别复杂。其中包括宪法、刑法、民法、行政法、诉讼法;公法和私法;成文法与不成文法;等等。其实,这些对于法的划分是很不周延的。因为这些分类主要还是立足于或着眼于制度的法而作出的,忽略了法在存在方式上的观念、制度与现实的三种形态。这三种形态也是法的三个层次。(1)第一种形态或第一个层次——观念的法。观念的法是抽象而普遍的。社会大众可能不学习法律,但是只要他们生活在法律社会中,就会有法的观念,有他们心目中的法

---

① [美]哈特:《法律的概念》,张文显等译,中国大百科全书出版社 1996 年版。

② 卓泽渊主编:《法学导论》,法律出版社 1998 年第一版、1999 年第二版、2002 年第三版、2003 年第四版。其将法定义为:“法是表现为国家意志的,以权利义务为主要内容的,具有普遍约束力和国家强制性的社会行为规范。”卓泽渊:《法学导论》,法律出版社 2007 年第五版、2014 年第二版,将法定义为:“法是由国家制定或认可的,以权利义务为主要内容的,由国家强制力保证实施的社会行为规范及其相应的规范性文件等的总称。”

的"定义"。他们中的许多人尽管不能从理论上对法进行阐释,但是他们关于法的理解是客观存在的,而且影响他们的行为。(2)第二种形态或第二个层次——制度的法。制度的法是明确而规范的。它是以立法的结果状态存在的。立法上,作为制度的法在总体上是规范而严格的。制度的法以具体的法典或判例作为存在载体,或者表现为成文法,或者表现为不成文法。它们具有规范的意义,能够明确地告诉人们可以做什么、不能做什么以及必须做什么。在规范意义上,成文法与不成文法都是明确的,只是表达上具有差异或因表达差异而有所区别。作为制度的法,都是严格的,即使有所模糊也是在有限幅度内的模糊。其含义相对确定,而不可随意变更。(3)第三种形态或第三个层次——现实的法。现实的法是生动而变化的。它存在于社会的现实之中,具体来说,存在于政府行政、检察活动、法官审判以及社会民众的社会生活之中。它通过具体的法律行为、法律文件、法律文书,乃至社会生活的现实来表达,是最生动的法、最富于变化的法。

从法的功能和价值是什么来看:

随着时代的发展、法的发展,对于法的认识也要发展。在我国社会发展中,法的功能、法的价值发生着重要的变化;法的功能观和价值观也应当得到更新。这些问题早已引起了一些法学家的注意和重视,他们还作出了许多精彩的论述,但是关于功能观和价值观这样的最基本的认知还没有得到普遍的认同,一些教科书还固守着早该抛弃的结论。

法的功能是什么?历史发展到现在,这一功能认识也同样必须被修正。到了当代,中国法的功能也许应该被定位为公民权利的保障和社会管理的工具。在现实社会中,法作为公民权利的保障,应该是每个公民乃至每一个人权利的确认者、维护者和保卫者;法作为社会管理的手段,应该是维护社会秩序与实现社会和谐的工具。其规范功能,包括指引功能、教育功能以及社会功能中的社会公共管理职能都应当受到特别重视。法的功能定位应该转化为公民权利的保障和社会管理的工具。

法的价值目标是什么?从 20 世纪中叶以来很长的历史时期,

我们一直否认法有价值存在,似乎法根本就与价值无关。经过改革开放数十年的发展,我们逐步认识到司法机关及其改革目标都应当在于实现全社会的公平与正义。其实就整个法律来说,其价值目标也应该是实现和维护全社会的公平正义,促进人类的全面自由发展。一个进步的社会,它的法律不是要不要公平正义的问题,而是在何种程度上实现了公平正义,是否真正地符合公平正义?我们必须改变那种既有的对于法的价值的无知状态,科学把握法的价值,推进法学理论的进步,使法的制度及其实施最大限度地符合公平正义。通过对公平正义的追求,最终促进人类的全面自由发展。

对这些基本而重大的理论与现实问题的探讨,也许永远都没有绝对的定论,远无止境。能对法是什么做一个相对合理的回答,能在宏观上对法的内容做些研究,能对法的功能、价值提出新的见解,或能在其中的某个领域有所发现,或能对某个方面的某些问题进行一些探讨,并获得某些成果,实为不易。我只是尝试做了一些浅尝辄止的工作。现在将《法的价值论》《法治国家论》《法政治学研究》集中成一个系列出版,也许可以构成一个粗略的整体,以后还会有新的著作列入。几部著作跨度二三十年,前后不断修订,其中的交错、重复和错漏繁多。这些往复交错的文字,都不过是为了对法有一番言说。在这三种形态或三个层次的法的研究中,我总是把自己在不同时期对于法的本质、功能和价值的认识熔铸于其间,形成了三种形态或三个层次与三个基本认识的交汇,逐步形成了以本丛书为代表的学术认知。

在不自觉与自觉、非理性与理性的人生旅途上,我与法结下了不解之缘。法的神圣、神秘与神异,牵引我不断思考和探索。之所以我能继续这些努力,老师的教导、朋友的关爱、家人的支持都是不可或缺的动力。我愿意把丛书敬献给我的老师、朋友和家人,是他们帮助我敲开了学术之门,使我由此远行。不知道我能走多远,但我深知身后的目光以及那期待的眼神。为了那无限的情谊,我将努力为之!

卓泽渊

2005 年 3 月于海淀大有庄

2017 年 2 月修订

目　录

引言　法治与法治国家

一、法治的内涵

（一）先哲的法治思考

最早定义法治的，应当是古希腊的著名思想家亚里士多德。他说："法治应包括两重意义：已成立的法律获得普遍的服从，而大家服从的法律又应该本身是制定得良好的法律。"[①]这一定义包含了两层最基本的含义：一是法治是指已成立的法律获得了普遍的服从，即必须坚持守法原则；二是法律应该本身是制定得良好的法律，即必须坚持良法原则。在亚里士多德看来，良好的法律得到普遍的遵守即是法治。亚里士多德对于法治的定义，是非常宏观的。由于他没有在定义中对良法作出具体的限定，因此就为人们对于良法的理解留下了极为广阔的空间，这一定义也因其宏大的抽象度与概括力而具有了流传千古的不朽意义。不论对于良法作何种定义，亚里士多德的法治定义都为人们所赞同。

英国法学家洛克认为，法治即是政府应该以正式公布既定的法律来进行统治，这些法律不论贫富、不论贵贱都一视同仁，并不因特殊情况而有所差异。美国法学家潘恩也说，在专制政府中国王便是法律，同样的，在自由国家中法律便应该成为国王。其核心思想是要依法治理国家，法律面前人人平等，反对任何组织和个人享有

---

① ［古希腊］亚里士多德：《政治学》，吴寿彭译，商务印书馆 1965 年版，第 199 页。

法律之外的特权。① 英国法学家戴雪曾解释了法治的含义。他说,“法治”这一词有三个意思,也就是任何人不应因做了法律未禁止的行为而受罚;任何人的法的权利或义务几乎是不可变地由普通法院审决;任何人的个人权利不是联合王国宪法赋予的,而是来自宪法赖以建立的依据。② 现代西方一些辞书认为,法治是一个无比重要的,但未被定义也不是随便就能定义的概念。它意指所有的权威机构、立法、行政、司法及其他机构都服从于某些原则,这些原则一般被看作表达了法律的各种特性,如正义的基本原则、道德原则、公平和合理诉讼的程序的观念,它含有对个人的至高无上的价值观念和尊严的尊重。在任何法律制度中,法治的内容是:对立法权的限制;反对滥用行政权力的保护措施;获得法律的忠告、帮助和保护的大量的和平等的机会;对个人和团体各种权利及自由的正当保护,以及在法律面前人人平等。③

我国先秦法家就提出并推行过“以法治国”的“法治”,《中国大百科全书·法学》就认为法家推行过法治理论。“以法治国”的“法治”是法家法律思想的核心,也是它与儒家进行论争的焦点,法家与儒家在政治法律思想上的对立主要表现为“法治”与“礼治”“德治”的对立。法家的“法治”要求“不别亲疏,不殊贵贱,一断于法”,其推行法治的方法主要为“以法为本”,使法令成为人们言行的唯一标准,善于运用赏罚,将法与势、术相结合等。这种“法治”根本不同于后来资产阶级提出的与民主制相联系的近现代“法治”。④ 中国历史上的“礼治”“德治”乃至“法治”,都不过是人治的表现形式,都不是现代意义的法治。

(二)法治的含义

法治,在英文中相当于“Rule of Law”,应是以民主为前提和目标,以严格依法办事为核心,以制约权力为关键的社会管理机制、社会活动方式和社会秩序状态,是包括形式法治和实质法治、法治国家与法治社会在内的统一整体。

---

① 《中国大百科全书·法学》,中国大百科全书出版社1984年版,第114页。

② [英]沃克:《牛津法律大辞典》,北京社会与科技发展研究所组织翻译,光明日报出版社1989年版,第790页。

③ [英]沃克:《牛津法律大辞典》,北京社会与科技发展研究所组织翻译,光明日报出版社1989年版,第790页。

④ 《中国大百科全书·法学》,中国大百科全书出版社1984年版,第98~99页。

民主是法治的前提。从应然的意义上看，法律是由人民设立的，法律的设立本身就是民主得以实现的结果。尽管实际上对于人民的含义有着不同的理解，人民的范围也因认识主体的不同而有所差异，但是这些都不能否定，在应然的意义上民主应该是法治的前提这一命题。在应然的意义上之所以法治必须以民主为前提，首先，没有民主，法律就不可能是多数人意志的体现。不体现多数人的意志，法律就失去了最基本的社会基础，就难以甚至无法得到社会大众的认同，依法而治就不可能进行。其次，没有民主，法律就不可能在社会中得到有效的贯彻实施。法治主要不是指完备的法律制度，它更要求完备的法律制度在社会中得到切实施行。没有民主，就没有社会公众对于法律的真诚信守，守法就难以成为社会普遍的现象，法治就不能起步和实现。最后，没有民主，法律就可能为专制者所垄断、所驱使。法律在没有民主的前提之下，就只能是少数人实行专制统治的工具。法律成为专制手段的代名词之后，法便失去了应有的尊严和权威，结果必然是，人治取代了法治，专制取代了民主。所以，法治必须以民主为基础。

民主是法治的目标。民主应当是法的规定、法的实施和法的实现的基础、底蕴、精神和追求，是法治的目标。民主应贯穿于法的规定、法的实施、法的实现的各个环节和整个过程。民主与法治相对于人类的全面自由发展来说都是手段，相对于立法或执法、守法来说都是目的。在民主与法治二者之间，就局部看，民主、法治的手段与目的关系是相对的，民主与法治相应地互为手段和目的。就总体看，法治只能是手段，民主才是目的。法律或者法治不可能以自身为目的，因为法律或者法治如果最终追求的只是法治，而不是民主，法律、法治都会偏离方向；法律和法治都会因此而失去对于人类的更大价值，暗淡无光；人类也会在所谓“法治”的迷雾中丧失法治、丧失自我。把民主作为法治的目标，实际上是法治对于人的价值的最直接的体现，是将多数人的意志与对少数人的保护的有机统一，也是维护人类整体利益、反映整体意志的需要。民主乃人民主权、多数人的权力、多数人的统治。法治必须在民主的基础上又以民主为目的。不以民主为目标的法治必将演化为人治，甚至专制。

法治的核心是严格依法办事。依法办事是法治的最基本准则，是普遍守法原则的具体化。在亚里士多德关于法治的定义中，可以清晰地看到他对普遍守法的强调与重视。在他看来法治最核心的就应该是"已成立的法律获得普遍的服从"。即使把良法的因素纳入法治的范畴加以考虑,也可以肯定地说,在立法民主基础上的法治,核心问题就是一个严格依法办事的问题。依法办事甚至是整个法治最直接的要求与体现。没有依法办事,甚至法律都会变得没有意义。离开了依法办事,再好的立法意图也不可能转化为社会的现实,有法不依比无法可依更为可怕。在无法可依的时候,人们渴望着有法,还有希望;在有法不依的时候,人们或许会渴望有法必依,或许会失望甚至绝望。人们常说有法不依等于无法,实际上有法不依恶于无法。作为法治的依法办事首先便是对国家机关及其公务人员必须坚持法律至上的要求。

法治的关键在于制约权力。在人类社会进入政治国家之后,国家的权力就成为最大的社会力量。国家是一种最巨大的社会公共力量,就必须受公共意志所支配,以实现公共意志为目标,为公共意志所约束。首先,国家必须受以公共意志作为表现形式的法律的支配。国家的公共性质一直受到责难,但可以肯定的是,任何国家都不会是由特定的个人所创造的。只要它不是由特定的个人制造的,就必须要用公共的意志来主导其行为。法律至少在形式上是公共意志的明确体现。其次,国家必须依法保护被指称的人民利益。人类设立国家这一公共权力的目的就在于保护自身包括保护其整体以及每个个体的利益。也就是说,国家必须为它的设立者——人民服务,尽管人民和人民利益在许多时候都被曲解,至少在应然的意义是应该如此的。法律在很大程度上就是人民利益的载体,为了人民利益或者被虚指为人民利益,国家也必须遵守法律的规定。最后,国家是一个必须受法律约束的暴力机构。国家由主权者、警察、检察官、法官、法庭、监狱乃至军队组成,具有极大的力量,以至于任何个人都无法与之对抗,无法抵抗其暴力。它作为社会的行为主体,如果不受法律的约束,其权力就可能成为肆无忌惮的暴虐工具。权力拥有者必须受到法律的制约。因为他们一旦不依法办事,破坏法治,就比一般社会主体难以追究,他们的违法犯罪行为对法治的破坏比其他社会主体更为严重,他们是最容易破坏法治,也可能是最严重地破坏法治的主体。所以法治必须首先对拥有权力的机关及其人员实行制约,其目的在于维护和实现法治,否则法治就可能因权力的不受约束而毁于一旦。

法治是一种社会管理机制。人类社会建立以来就产生了社会管理。社会管理在任何时候都是相对复杂的社会工程,它的机制是多元的。多元的社会管理机制,效果当然是不同的。有的社会管理机制,可能带来非常糟糕的社会状态,有的社会管理机制则可以带来良好的社会状态。在人类发展史上,曾经出现过多种社会管理机制。有人治,有法治,还有大体接近人治或者法治的其他管理机制。作为社会管理机制的法治,与人治是对应和对抗的,它是社会控制者通过法所进行的社会运作过程和社会组织形式。在法治中,法的规定是社会管理的根据和手段,法的实现是社会管理的目标和要求,法的实施是连接法的规定和法的实现的桥梁。在法治中的法律不再仅是机械的律条,而是充满生命活力的精灵,是一种流动的过程、有机的构架和法律化的现实。法在人们的心目中至上至尊,人们在法里充满着自由和秩序。在法治中,社会被法连接构建成一个既有自由又有纪律,既有集体意志又有个人心情舒畅的生动、活泼、内在有机联系的整体。

法治是一种社会活动方式。人类是社会的动物,他们始终无法摆脱并且必须依赖必要的社会活动。社会活动是人与人之间的互动状态,也是人与人之间的动态联系。在人与人的状态与联系之中,社会活动就是最有活力的连结因素,也是社会得以持续和发展的动力之所在。在法治状态中,人们都自觉地把法当作自己的行为准则,用法来引导自身的行为,衡量他人的行为。法成为人与人之间的连接线,人们依法从事社会活动包括社会生活。在法治状态下,社会一般成员应以法律的方式构筑重要的社会关系,做出社会法律行为;社会的特殊成员,如政府机关、政府官员、司法官员等也必须遵循法的规定,依法办事。人们是否以法作为自己的活动方式,或在何种程度上以法作为自己的活动方式,既是人们法治意识的外化,也是社会法治程度的标志。法治要融入社会活动之中,成为社会活动内涵的因素与因子,体现在社会活动的各个方面。这里需要特别说明的是,法治成为社会活动方式,并不是指法律要进入社会活动的各个部门,甚至机械地成为一切社会活动的准则。如果作这样的理解,或者真正这样地处理法治与社会活动之间的关系,就必然会要么导致社会活动无视法律的存在而无所顾忌地违反法律,要么导致法律极大地禁锢社会活动使社会失去活力。其实,法治成为社会活动方式意味着法律要内化到社会活动之中,使社会活动随心所欲而不逾矩。也就是说,社会活动应该由法律调整的或者已经为法律所调整的,就应该严格依法进行;凡是法律所放任的或者法律所不具体规范的领域就交由社会充分地自治,而不会因法律的钳制而被抑制。在社会活动的法定范围或自治范围,法律都成为其内涵的要素,得以随时随地的体现,调整与规范是法治化的调整与规范,自由与自主也是法治化的自由与自主。

法治是一种社会秩序状态。社会总应该是有序的,无序的社会就是混乱,就是灾难。无序总是与社会的停止、倒退,与人们的痛苦、危险联系在一起的。人类的历史实践给了人类丰富的经验与教训,正是鉴于无序的灾难性状态与恶果,人类总是力图使自己的社会处于有序的状态之中。只有有序,社会才能维持和发展;只有有序,人们才可能获得安全和幸福。人们尝试着使用多种手段或者工具来建构社会秩序,其中有团体纪律、道德规则、宗教教规以及法律规范等。这些手段或者被单一使用或者被交叉使用、重叠使用,或者相互冲突或者相互协调,于是构造了形形色色的秩序状态。这些状态中包含着诸多的表现形式,有的是道德之治,有的是宗教之治,有的是人治,有的是法治,等等。社会的秩序状态是各式各样的,以多种状态呈现在社会之中。法治是一种良性的社会秩序状态,它是完备的法律制度被良好实施后的社会实在,是国家法治化的结果。作为社会秩序状态的法治远非法律制度可比,它以法律制度为基础却远远高于法律制度。只有在法律制度相当完备之后,又被很好地实施、实现了,才可能建立起作为社会秩序状态的法治。在这种法治之下,社会是稳定的也是发展的,社会是法治化了的社会,法治是社会化了的法治。社会以法治的状态出现和发展,法治在社会中得以充分展现。

法治包括形式法治和实质法治。根据法治的历史实践,人们通常将法治划分为形式意义的法治和实质意义的法治。在习惯上,形式意义的法治也称为形式法治,实质意义的法治也称之为实质法治。形式法治是指特别强调有法必依、严格守法的法治。它强调法律必须被遵守,但并不特别关注法律本身的价值内涵,不刻意要求法律是良法而非恶法。实质法治除强调形式法治的守法要求之外,还更加强调法律的价值内涵,要求法治之法必须是良法而绝非恶法,即实质法治要求法律制度必须具有公正的价值内涵与精神品德。是否具有民主、自由、平等、人权、正义等法的价值内涵就是是否为实质法治的判别标准。形式法治和实质法治在某些国家的确是渐次发展形成的，经历了形式法治和实质法治的两个阶段。我们可以就整个人类的法治说它有一个从形式法治向实质法治发展进步的过程，但是不能说每个国家的法治都必须有这两个过程。在人们认识形式法治仅仅是法治的初步状态的时候，就可能甚至也不必再以形式法治作为目标，而一定要去经历一个形式法治的阶段。人们更可能直奔主题地建设实质法治，在实现实质法治的过程也就实现了但又不局限于形式法治。这里有三点是必须予以注意的：一是法治包涵着实质法治与形式法治。从形式法治到实质法治并不是对形式法治的抛弃，实质法治只是对形式法治的升华，不是对形式法治的反动。二是形式法治和实质法治都是法治的构成部分。它们是法治发展的两种状态、两个阶段和两个方面，是一种相继发展与相互统一的关系，它们都属于法治的范畴。三是从形式法治到实质法治是人类法治发展的历程，但并不是每个国家法治化的必经历程。在第二次世界大战以后的法治建设，各国都应该立足于整个人类的法治实践，直接将包含各自形式法治和实质法治的法治作为自己的理想目标。

法治包含法治国家和法治社会。对法治与法治国家概念之间的关系，一直存在不同的认识。① 从一般意义上讲，法治国家都属于法治的范畴，都从属于法治这一宏大的主题范围之内。法治也包括法治社会。法治社会是法治的重要存在方式，法治在根本上说就是以社会作为自己存在、发展的基础与舞台的。没有社会，法治即无法存在。法治社会不过是社会全面法治化的结果或者总体状态，不过是法治在社会得以全面建立的表现与现实。由是观之，法治包含法治国家和法治社会在内，法治国家与法治社会是法治发展中相互连接的两个方面，以及在特定国家法治建设中的两个阶段，它们都是法治的构成部分。至于法治政府，它是法治国家的构成部分，内含于法治国家的要求之中。

法治与依法治国、法治国或者法治国家是同序概念。法治的含义中包含着依法治国。依法治国是法治的根本内容。法治国也可以称为法治国家，当然法治国家也可以称为法治国，它们是表述同一概念的不同语词而已。法治国或法治国家是依法治国的目标，也是依法治国的

---

① 郑永流：《法治四章》，中国政法大学出版社 2002 年版，第 158 页。

保障;依法治国则是建立法治国或法治国家的路径,也是使已经建立的法治国或法治国家得以维系的工具。法治国或法治国家同样是法治的题中之义。法治国或法治国家既是法治的内容,也是法治得以建立的重要标志。我们需要厘清法治与依法治国、法治国或法治国家等基本概念之间的逻辑关系,以进一步认识法治的含义。

(三)法治的发展历史过程

法治是一个古老而又新颖的话题。在古希腊,就有了对于法治的理论探索。柏拉图虽然认为实行贤人政治的国家是最好的国家,但在其晚年也认为,在“贤人政治”不可得的情况之下,法治的国家便是第二等好的国家,由是开始了对于法治的理论探讨。到了亚里士多德,更有明确的关于法治的论述。他明确指出:“法治应当优于一人之治。”给法治作出了如下的定义:“法治应包含两重意义:已成立的法律获得普遍的服从,而大家所服从的法律又应该是制定得好的法律。”①如果说古希腊已经有了法治的理论思考,那么在古罗马就有了法治的初步实践,古代法治在古罗马取得了巨大的历史成就。

但是,近现代意义的法治并不是古代法治理论与法治实践的翻版,并不是从古就有的,它是资产阶级革命的产物。它是在资产阶级革命中提出,在资产阶级革命胜利之后为资产阶级所认可并实行的社会管理模式和社会秩序状态。资本主义时期,法治从以前的口号变为了行动。资产阶级运用法治来确认革命胜利的成果,来调整资本主义的各种社会关系,来组织和运行资本主义的国家机器。总之,可以认为资产阶级法治是资产阶级巩固其政权、发展其社会的重要手段,当然也是资本主义相对于封建主义的进步。

随着自由资本主义的发展,资产阶级法治也得到了很大的发展。在资本主义由自由资本主义时期过渡到垄断资本主义时期以后,资产阶级法治也发生了很大的变化。一系列法治原则都得到丰富、发展或者修正。从前严格保护私有财产的资产阶级法治,发展到更多地关注社会发展,对私有财产神圣不可侵犯的原则,进行了限制和修正。从全面保护资产者利益,发展到适当关注社会公共利益,注重社会福利,关心环境保护,维护生态平衡等。

---

① [古希腊]亚里士多德:《政治学》,吴寿彭译,商务印书馆1965年版,第199页。

到了社会主义时期,法治迎来了新的发展。社会主义法治在资本主义法治的基础上,将法治推进到了一个新的历史阶段。当然,社会主义法治的发展也不是一帆风顺的,它也遇到了各种挫折和灾难。但是可以肯定地说,以中国为代表的社会主义国家开始的法治实践,正在不断完善,不断进步。

二、法治与人治

(一)人治是为政在人

人治是远比法治更加古老的社会历史现象。人类依基本性,任其自然,其原始组织体系中最初的治理或者管理方式,都是英雄之治,也就是人治。英雄就是领袖,领袖就是英雄,在人类社会早期应是不约而同的事实。只是随着人类社会经验的积累和理性的进步,才逐步认识到人治的局限,转而实行法治。即使是进入了人类的文明时代,有文字记载的历史发展与思想理论都表明了人类从人治向法治演变的历史过程。古希腊柏拉图在其早年所主张的"贤人政治"就是人治,中国古代社会的为政在人的政治也是人治。

在西方,柏拉图在其《理想国》中就借苏格拉底的口说,"除非哲学家成为我们这些国家的国王,或者我们目前称之为国王和统治者的那些人物,能严肃认真地追求智慧,使政治权力与聪明才智合而为一;那些得此失彼,不能兼有的庸庸碌碌之徒,必须排除出去。否则的话,我亲爱的格劳孔,对国家甚至我想对全人类都将祸害无穷,永无宁日。我们前面描述的那种法律体制,都只能是海客谈瀛而已。"①哲学对国家是极为重要的,只有哲学才能使国家完善,在柏拉图的视野中,"只有在某些必然性碰巧迫使当前被称为无用的那些极少数的未腐败的哲学家,出来主管城邦(无论他们出于自愿与否),并使得公民服从他们管理时,或者,只有在正当权的那些人的儿子、国王的儿子或当权者本人、国王本人,受到神的感化,真正爱上了真哲学时——只有这时,无论城市、国家还是个人才能达到完善"。② 当然,柏拉图也认为这种实现理想并非

① [古希腊]柏拉图:《理想国》,郭斌和、张竹明译,商务印书馆1986年版,第214~215页。

② [古希腊]柏拉图:《理想国》,郭斌和、张竹明译,商务印书馆1986年版,第251页。

是一件容易的事情,但是它是完全可能的。“如果曾经在极其遥远的古代,或者目前正在某一我们所不知道的遥远的蛮族国家,或者以后有朝一日,某种必然的命运迫使最善的哲学家管理国家,我们就准备竭力主张:我们所构想的体制是曾经实现过的,或正在实现着,或将会实现的,只要是哲学女神在控制国家。这不是不可能发生的事情,我们不认为是不可能的,同时我们也承认这是件困难的事情。”①柏拉图始终期待的是“让真正的哲学家,或多人或一人,掌握这个国家的政权。”②这种哲学王思想也就是西方经典的人治观。

中国儒家所主张的“为政在人”也是人治。孔子眼中的政治领袖的作用就是“其身正,不令而行;其身不正,虽令不从”。③ 这一论述较为典型地表明了孔子为政在人的思想。《礼记·中庸》中也记载了孔子这样的思想:“哀公问政。子曰,文武之政,布在方策。其人存,则其政举;其人亡,则其政息。人道敏政,地道敏树。夫政也者,蒲卢也。故为政在人。为政在人,取人以身,修身以道,修道以仁。”④中国的人治常常是以德治、礼治等方式表达出来的。孔子就曾指出:“为政以德,譬如北辰居其所而众星共之。”⑤高度肯定了统治者“德”的重要意义。孔子同时也认为“为国以礼,治国不以礼,犹无耜而耕也”。⑥ “为政以德”“为国以礼”都是“为政在人”的延伸与体现,其根本还是为政在人,是人治。“为政以德”与“为国以礼”指明了“为政在人”的实现途径。自从法治产生以来,人治作为一种治国理念和方式,一直与法治并存,大体沿着从人治到法治路径,由世人所取舍。

人治就是一种依靠领导人或统治者的意志(包括智慧和才能等)来管理国家和社会,处理社会公共事务的治国方略、治理模式与管理方式。它至少具有这样的几个特征:一是人治根据的是领导人或统治者的智慧或意志。人治所依赖的是领导人或者统治者个人或少数人的智慧,其意志直接就是国家和社会行动的指南,就是根据,而无须规则也

① [古希腊]柏拉图:《理想国》,郭斌和、张竹明译,商务印书馆 1986 年版,第 251 页。
② [古希腊]柏拉图:《理想国》,郭斌和、张竹明译,商务印书馆 1986 年版,第 310 页。
③ 《论语·子路第十三》。
④ 《礼记·中庸》。
⑤ 《论语·为政》。
⑥ 《礼记·礼运》。

无须转化为规则。即使有规则,也可以被权力拥有者一言以立、一言以废。二是具有随意专横的性质。由于人治依据的是领导人或统治者的意志,而这种意志又是易于变动的,于是就具有难以避免的随意性、专断性和专横性。三是轻视法律。在人治中,法律的地位是低下的,尤其是面对领导人或统治者的意志,它始终是第二位的或者更低。人治者或者在人治中,也许会运用到法律,但是法律不过是领导人或统治者手中的工具。法律只是达成领导人或统治者目标的手段,而它本身并不是目的。四是法律服从于领导人或统治者意志。一旦法律的规定与领导人或统治者的意志相冲突,法律就会被毁弃。领导人或统治者可以任意改变法律。五是人治缺乏民主、自由、平等、人权等价值理念与准则。即使领导人或者统治者对此有所顾及,也被认为是领导人或统治者的恩惠,成为领导人或统治者之所以伟大的证明或证据。

人治并不是仅仅强调人的作用,它更多地强调的是一种社会和国家的治理模式与管理方式,是与法治相对应的社会秩序状态。从人治本身来考察,人治并不是绝然的坏。人类在推行法治之前,在本质上推行的都是人治。即使在法治产生以后,人类的许多国家和民族也都还在很大程度上延续着人治。人治尽管主要内容不是强调人的作用,但是它对人的因素的重视,对于施行仁政,对于倡导人本主义或民本主义还是具有积极意义的。它对于统治者个人或集体道德的强调和重视,也同样具有积极意义。人治中有暴政、有专制,但人治之中也有开明政治,也可能施行仁政。在现在的政治文明建设中,这些传统政治文化中都包含着我们可以借鉴和吸收的政治美德。但是人治毕竟是依靠个人或少数人的智慧与意志的社会和国家管理方式,因而其落后性与弊端早已为历史所证明,并为世人所诟病,我们没有任何理由因为其中有一些可取的因素而将其整体地加以固守。如果继续坚持人治,就必然是对法治的反动,就必然是对民主的反动,必然是对人权等众多现代价值理念的反动,其恶果必然是灾难性的。因此,我们必须坚决地摒弃人治,倡行法治,并在法治的基础上加强道德文化建设,把人类社会推进到更加美好的境界。

(二)法治与人治的对立

法治与人治之间是根本对立的。在法治与人治之间,存在这样几个方面的主要差异或者根本对立:

一是领导人或统治者的地位不同。领导人或者统治者的地位是区别法治与人治的重要标准之一。具体来说,在法治中,法律是至高无上的,领导人或统治者都必须服从法律。即使领导人或者统治者认为法律有所不妥,在法律未改变之前,也必须遵守法律,而不能随意改变法律的规定。在人治之中,领导人或者统治者就是至高无上的,他们拥有否定法律的特权。

二是法律的地位和作用不同。在法治和人治不同的状况之中,法律的地位和作用是不同。在法治中,法律的地位是至高无上的,法律的作用是巨大的。在人治之中,法律的地位有时是低下的,是被轻视的,法律的作用得不到有效发挥。尤其是在法律与权力相冲突的时候,让步的常常是法律。法律只是统治工具,是为统治服务的。

三是权力是否受法律的约束不同。在法治中,虽然法律也要依赖于权力,但这是就整体而言的。就每个具体的权力来说,任何权力都必须服从法律。权力受法律的约束,是法治的基本特征。但是在人治之中,权力常常是不受法律约束的,权力更多的是服从权力,而不是服从法律,最高的权力是不受法律约束的。

四是是否具有民主、自由、平等和人权等价值内涵的不同。在价值观念上,法治与人治有着根本的区别。法治应以民主作为自己的基础和目标,并以民主作为自己的价值目标,同时把自由、平等、人权等作为自己的价值观念加以贯彻。而人治总是与专制相联系,不但不切实具有自由、平等和人权的价值目标,甚至在实质上是反自由、反平等、反人权的。法治与人治在价值观念上的冲突和对立,必然导致在制度和规范设计上的矛盾。

五是各自所要求和所具有的政治基础不同。法治与人治总是在一定政治基础上存在的,并作为一定总体政治的构成部分。从政治基础来看,法治与人治根本不同。法治以民主制度作为政治基础,人民在法治之中居于主人、主权者的地位。尽管这种民主并不尽善尽美,甚至还存在很多不足,但是任何法律必须依赖民主和尊重民主。而人治总是以专制集权作为政治基础。民主是人治的天敌,所以,所有的人治,最终,在根本上都必然会反对民主。

(三)法治与人治的辨识

要严格区分法治与人治还必须深入各自的内在结构与相互关系之中

进行考察。许多似是而非的状况与认识需要科学地加以澄清，只有这样，对于法治与人治才能科学地加以分辨，并对法治加以科学地实现和坚持。

1. 法治、人治与人的作用

在我们确定了依法治国，建设法治国家的目标之后，有的人对于法治还存在种种误解。其中一种否定法治的观点就是，无论怎么推行法治都离不开人的作用，因此就应该推行人治，即使是法治，在根本上也还是人治。这种将法治理解为否定人的作用的说法是根本错误的。法治始终是人的法治，是人尊重和依照法律的规则之治，人是法治的主体。这在科学的法治理论中，根本就不成问题。法治不仅不否定人的作用，而且还充分尊重和充分发挥人的作用。反过来说，人的作用发挥也并不否定法治。不能说有人的作用的因素或者人的作用发挥得好就是人治。如果这样认识人治，人类也就永远只能是人治而没有法治。其实，如果人的作用得到了科学和充分地发挥，并不会导致人治，相反，法治还会因此而得到更好地坚持和发展。

还有一种错误的认识，即认为承认人的作用就是承认人治。其实，人治不同于人的作用，人的作用也不同于人治，承认人的作用并不等于承认人治。在人治之中，人的作用得到了发挥，法的作用也可能在一定程度上得以发挥。正如在法治之中，依然需要依赖人，需要发挥人的作用一样。人治的特征并不在于它让人发挥作用或者发挥重要作用，而在于它依赖的是政治领袖的个人或者少数人的智慧，并决定于个人或少数人的意志，而不是依赖和决定于既定的规则——法律更不是以法治为保障的政治民主和立法民主。由于这种智慧和意志不具有法律那样的确定，会因人而异，会因人的情绪、感觉而异，因而它就不具有治国所要求的那种规范意义的确定性。不是人的智慧与意志绝对地不好，而是因为依赖这种缺乏确定性和稳定性的智慧或者意志，就不能很好地治国理政。承认人的作用不是人治，是否人治关键在于如何认识统治者的智慧、意志，如何对待这种智慧、意志与法律之间的关系。统治者的智慧和意志的地位与作用，以及作为统治者在根本上依赖的是自己的智慧、意志还是体现民主内涵的法律，是领袖至上还是法律至上，是人治与法治的重要分野。

2. 法治、人治与法的存在

法治需要有法律，而且需要有良好的法律，但是并不意味着人治不需要法律。人治与法治的区别并不是要不要法律,而仅仅是它是怎样的法律,以及法律与人民这一主权者之间是怎样的关系。在人类人治的历史上,不仅有法律,而且法律还发挥过重要的作用,只是它的内容终究不具有真正民主的内涵,它最终难以超越统治者的任性而凌驾于统治者之上。中国传统社会是典型的人治社会,就是在那个时代,法律依然发挥着重要的作用,有时甚至是十分重大的作用。也就是在那个时代,也还产生过许多敢于坚持法律的明君与贤臣。历史上名垂千古的清官们无不是那个时代坚持依法办事的典范。我国古代思想家管仲说:“法律政令者,吏民规矩绳墨也。”[①]“法者,天下之程式,万事之仪表。”[②]孟子认为,“上无道揆也,下无法守也,朝不信道,工不信度,君子犯义,卜人犯刑,国之所存者幸也”。[③] 但是无论法律被多么强制施行或者为统治者多么重视,它始终不是建立在民主基础之上的,目标也不是实现民主,法律制度与统治者——封建君王或政治领袖——的意志相比较,始终是等而次之的。法治与人治的区别不在于有无法律,而在于法律的内容是否是民主意义的良法,在于法律是否具有高于一切权力的崇高地位与巨大效力。

3. 法治、人治是目的或手段

在法治与人治的区别上,有的人认为法治就是把法始终作为目的,人治就是始终把法作为手段,只把统治者作为目的。这种看法有正确的部分,但总体上也是失当的。在人治中,法的确更多的是手段,很难成为目的,但是也不可否认在特定的背景下,在个别清官那里,在个别明君那里,法律也在一定程度上被作为过目的。至于在法治的状态下,法更是目的,尤其是在相对于民主、人权、公正、人的自由发展等价值目标时,可以肯定地说任何法律都不过是手段。在人治中,法律经常是手段,但并不排除它可能是目的;在法治之中,法律经常是目的,但并不能排除它也可能是手段。因此,从严格的意义上讲,法律是否是目的并不是法治与人治的分野。因此,从目的与手段的意义上区分法治与人治,不是简单地看法律是目的还是手段,而是要看法律是什么的目的,是什

---

① 《管子·七臣七主》。

② 《管子·明法》。

③ 《孟子·离娄上》。

么的手段。相对于统治者的任性,法律成为手段,可以随意被政治强权所左右,屈从于政治权力,这样的法律就是人治中的法律。在人治之中,法律即使是被作为目的,也仅仅是在政治强权者所容忍或认可的范围内。政治权力认为执行法律对其有利有益,就强调之;若认为执行法律对其有弊有害,就轻视之,这就是人治。相对于政治强权,法律总体上、根本上只是工具。在法治状态之中,任何人包括政治权力及其拥有者都必须服从法律。即使法律过时了,不能适应社会生活需要了,政治权力也只能通过法定程序加以修改或者废止,而不能随意加以变动或者废弃。从这个视角来看,法律总是目的。但是如果将法律放到更宏大的背景中加以考察,就不难发现,法律依然可能甚至必须是手段。这也就是我们所说的,在法律面对民主、人权、公平正义、人的全面自由发展等宏大的价值目标时,它是且只能是手段。综上所述,法治与人治的区别,在于面对什么是手段,面对什么是目的,而不能简单地以是手段或者是目的来加以区分。

4. 法治、人治与政党的作用

在法治与人治的问题上,也有人认为,政党在法律中发挥的作用太大就是人治,或者存在政党作用就是人治,似乎只有抛弃政党才是法治。这种认识同样是错误的。

在当代,政党政治几乎遍布整个世界。绝对禁止政党活动的只是极少数国家,甚至他们也是有禁难止。其实,法治与政党作用并不矛盾。法治与人治的根本区别不在于是否有政党在发挥作用,而在于政党是如何发挥作用的。在人治状态下,政党可能没有作用,但是法律听命于君主等;或许政党很有作用,法律听命于政党。君主或者政党可以凌驾于法律之上,法律成为君主或政党的奴仆,这就是人治。在法治状态下,政党的作用可能得以充分发挥,尤其是执政党更要引导法律发展,主导法律发展的方向,但是所有的政党包括执政党都必须在宪法和法律的范围内活动,任何政党和党的领袖,当然包括每个党员都没有违法的特权,都没有违法而不受追究的特权。也就是说,即使是执政党,在法治的环境和状态之中:一是要严格依法办事,在宪法和法律的范围内活动,自觉遵守和服从法律;二是要严格依法执政,执政党也不能将自己凌驾于法律之上。法治化的执政党应当始终坚持法治原则,维护法律权威,服从法律制度,支持严格执法,尊重司法裁判。如果政党是法治化的,其作用发挥得越好,就越是有利于法治的发展。因为创制新的法律,修改、废止过时的法律,都需要政党尤其是执政党发挥积极的作用,都需要他们通过议会等方式,依照法定的程序进行。政党尤其是执政党在法律上的不作为或者胡乱作为都是对法治的破坏,都不符合法治的要求,甚至会将一个国家引向人治,背离法治。

三、法治与法制

(一)法治与法制的区别

法治与法制都是经常使用的两个重要的法律术语。法治与法制有着重要的区别。法治的定义,在前面的讲述中已经明确。什么是法制呢?可以认为,法制,相当于英文中的"Legal System",一是指法律制度的简称,二是指法律的体系、体制与架构的整体。法治与法制,可以简要地区分如下:

第一,是否强调法律至上不同。法治强调的是法的统治,就必然具有法律至上的含义。在法治的视野中,任何行为规则在与法律并存的时候都必须服从法律的规则,任何人的任何行为都必须遵守法律、服从法律,而不得违法。一旦出现违法的情形,违法者无论是什么人,都必须承担法律责任。法制则不包含法律至上的含义。

第二,产生和存在的时代不同。法治,从严格的意义上讲,是资产阶级革命的产物,是资本主义时代才产生并建立的,只有在资本主义社会和社会主义社会才存在。而法制是从法律出现以来就产生的,甚至是法律的另一种表述,它早在古代社会初期就产生了,它将伴随人类社会走过整个法律社会,包括古代社会、传统社会和现代社会。

第三,与权力之间的关系不同。与权力的不同关系是法治与法制的重要区别。法治要约束权力,对于公共权力或者国家权力的约束,是法治的基本特征。法治要求一切权力都必须服从法律,在法律之下活动。但是法制则不具有这样的要求。一般所说的法制,可能是能够约束权力的法治之下的法制,也可能是为权力所左右的人治之中的法制。

第四,二者具有的价值观念不同。法治必须具有民主、自由、平等、人权、公正等价值内涵,但是法制则不一定。具体来说,在法治中的法制具有这样的价值观念,而在人治中的法制则不具有这样的价值观念。如果说法治具有明显的现代价值取向的话,法制的价值取向则是中性的，可能是先进、进步，与时代同步的，也可能是保守、落后，反时代潮流的。

第五，二者与民主的关系不同。法治都是与民主相联系的，没有民主，就没有法治。没有真正的民主，就没有真正的法治。民主既是法治的价值观念，也是现实的政治基础和目标追求。但是法制则不要求必须有民主的政治基础，也不必然以民主作为自己的政治目标。

法治和法制既有区别，也有联系。任何法治都是以法制作为基础建立起来的，没有法制作为基础，法治就不可能建立和继续存在。鉴于此，也可以说，法制是法治的前提和基础之一。

（二）法制化不是法治化

法制化和法治化都是时常使用的概念。它们之间没有哪一个正确或哪一个错误的问题，只是不同的语词表达着不同的含义，二者之间既有联系又不可混同。

法制化是指将其他制度上升为法律制度，为此进行的立法活动；或者对某些社会领域予以法律化的制度性调整，为此制定出相应的法律制度的过程与结果。这两个方面都可以说是法制化。社会生活的某些领域原本是由道德或者宗教规范调整的，基于特定的需要而将这些规范转化为法律规范，从而将道德、宗教调整转化为法律调整，这就是第一种情形的法制化。第二种情形的法制化则是在没有规范调整的社会领域，制定出相应的法律制度，对其予以法律调整。法治化则是指将某些领域的非法律调整转化为良好的法律制度化的调整，进而确保这些法律制度被有效实施和全面实现，更于其中体现出规范与约束公权力的特征。法治化包含着法制化，但是又不仅限于法制化。它包括法制化，并要求法制化是良好的，还要求良好的法律制度被良好地贯彻实施，获得法律预期的效果，使相关法律制度成为社会现实，有效地规范和约束公权力。法治化的内涵远比法制化更为丰富、充实。

根据以上的认识，可以认为法治化包含法制化，法治化需要以法制化作为基础，但是法制化不是法治化，法治化也不是法制化。在推进法治发展的过程中，既要不断地进行法制化工作，更要不断地推进法治化的进程。只有实现了全社会全面的法治化，法治才可能真正地得以建立。需要特别说明的是，法制化或者法治化并不是要对社会生活无一遗漏地进行法律调整，或者都予以具体的法律规范，更不是要求一切行为都依法作出,否则就宣布为非法或违法。其实,法制化和法治化都仅仅是要求对需要法制化和法治化的社会领域,才进行法制化和法治化。否则,就是对法制化和法治化的滥用,就是对法治精神的违背。这也根本就不是法治所要求和期待的,甚至是对法治的反动。

四、法治与法治国家

(一)法治国家的基本内涵

法治国家,也称为法治国。在德文中为 rechtsstaat,在英文中则为 legal state,a rule of law nation 或者 law-based state。法治国家或法治国是指国家法治化的状态或者法治化的国家,是法治在国家领域内和国家意义上的现实化。鉴于人们“并不存在,也未曾有过对法治国家的普遍认同的理解”,[①]本书也是一个尝试与努力。“国家”一词总是在多重含义上使用的。最主要含义为两个方面,一个是指一定地理区域意义上的国家,包括一定范围的国土及其领海、领空。一个是公共权力意义上的国家,是指特定领域内的国家公权力即政府、议会、法院、国防及军事力量的总体。法治国家既是指一定地理区域的国家的法治化状态,也是指的一定区域内国家公权力的法治化状态。综合起来,法治国家也就是指在一个被称为国家的地理区域内的所有国家公权力的法治化状态。在理解法治国家的含义时,必须注意到法治国家有着形式法治国和实质法治国的两种形态。基于对法治包含着形式法治和实质法治的理解,法治国家也应该既包括形式法治意义的法治国家,也包括实质法治意义的法治国家。只有具有双重意义的法治国家才是严格意义的法治国家。在理解法治国家的含义时,必须注意到法治国家已不能再简单地被称为法律国或者法制国家。[②] 法律国、法制国家只是形式的法治国,可以认为是法治或法治国发展所经历过的初步阶段,但它并不是严格意义和作为目标意义的法治国或法治国家。将法治国也称作法律国或法制国家,那仅仅是历史上存在过的客观史实。但在应然的意义上,法治国家不等同于法律国家、法律国或者法制国家。那种将法治国

---

① [俄]B. B. 拉扎列夫主编:《法与国家的一般理论》,法律出版社 1999 年版,第 346 页。

② 在中国,“法制国家”作为目标的概念仅仅使用了从 1996 年春季到 1997 年下半年的 1 年多时间,而后变更为“法治国家”。

家称为法律国家或法律国,乃至法制国家的认识,是有失偏颇的。法律国家或法律国,乃至法制国家,只是法治国家的基本状态,或仅仅是形式意义的法治国家,并不是现代实质意义的法治国家,也不是我们的目标和理想。

法治国家的概念源自古希腊。从现有的史料来看,在苏格拉底那里,并没有提出法治国家的概念。柏拉图在早期也认为只有最优秀的人治国家才是他的理想国,到了晚年,其思想发生了巨大改变,即从人治转向了法治。亚里士多德在柏拉图的基础上继承和发展了法律与国家之间关系的学说,提出了明确的法治主张。法律与国家的法治问题在古希腊就已经被柏拉图和亚里士多德所提出和论证,这是古代社会的法治认识。到了资本主义时代,法治国家的概念首先在德国得以明确提出。近现代法治国家的概念起源于德国,并对世界产生了广泛而深刻的影响。法治国家以形式法治国和实质法治国两种状态依次在德国出现,使德国法治国家发展经历了形式法治国和实质法治国两个阶段。这既是德国法治与法治国家发展的历程,也可以说是世界上许多法治国家的发展历程。对此,本书在相关部分将作更为详尽的讨论。作为本书论证主题的显然是兼具形式与实质双重意义的法治国家,本书的有关论述也是以此为目标的。

法治国家与人治国家相对立。"人治国家"中的"人"并不是指民众意义的"人",而是执掌、行政国家权力的人。人治国家实际上是没有法律约束下的"权治国家",谁拥有国家权力或者公共权力,谁就主宰国家和没有权力的民众。在法治国家中,一切人都必须服从法律。在人治国家中一切人都只服从于拥有权力的人,服从于拥有权力的人的意志。人治国家中有专制的人治国家也有非专制的人治国家,如开明统治的人治国家。专制的人治国家即是专制国家。法治国家与非专制的人治国家相对立,更与专制的人治国家相对立。

法治国家与专制国家相对立。这种对立至少表现在这样的两个方面:一是民主与否的问题。法治国家是以民主作为基础和目标的,甚至可以说,民主是法治的灵魂,是法治国家的基本精神。没有民主必然没有法治,也必然没有法治国家。在专制国家,必然是没有民主的,有的是君主或者独裁,至少也是少数人的专横。专制国家重要的特征之一就是非法,非法既表现为不需要法律,也表现为无视法律。也就是说,专制国家根本就无需法律;即使有法律存在,也是或取或舍概由个人或少数人擅断。二是公权力是否受到法律制约的问题。在专制国家,公权力不受任何法或法律约束。在法治国家则恰恰相反,任何公权力都必须受到法律约束,任何权力的行使都必须以法律为依据。没有法律依据的权力行使,都将被视为非法,都为法治所反对,都应当承担相应的法律责任。从根本上说,专制国家是反法治的国家,法治国家也是反专制的国家。任何专制国家都必然是人治的国家,个人或者少数人的权力超越法律,高于法律之上。专制国家是最坏的人治国家。

法治国家与警察国家既对立又联系。警察国家是国家公权力具有至高无上地位的国家,以警察权力为代表的整个权力都极少受到法律的拘束。警察是社会管理最基本而主导的力量,是政府进行社会控制的基本手段。在权力中,警察权力具有独特的地位和作用。警察国家它也许比绝对的专制国家要好一些,但离法治国家的要求还相当遥远,根本不可能与法治国家同日而语。在警察国家里,国家被迷信为绝对真理的拥有者,享有绝对权威,不可怀疑,不犯错误,不承担责任。警察国家依然是非法治的国家,它是法治国家建立之前的国家状态。德国学者麦耶这样概括二者之间的区别:“在警察国家时代,国家公权力只服膺民法及受到民事审判的拘束,而法治国则更进一步,所有公权力都要受到法律的拘束。”①台湾地区有学者认为“警察国是国家由专制国发展到法治国的过渡阶段”。②

法治国家与宪政国家相联系和区别。宪政国家是法治国家的表现形式之一,法治国家首先必须同时是宪政国家。何谓“宪政”,有学者这样解释:“宪政是国家依据一部充分体现现代文明的宪法进行治理,以实现一系列民主原则与制度为主要内容,以厉行法治为基本保证,以充分实现最广泛的人权为目的的一种政治制度。根据这一定义,宪政这一概念,包含三个基本要素,即民主、法治、人权。民主是宪政的基础,法治是宪政的重要条件,人权保障是宪政的目的。”③这是对于现代宪政的较为全面的诠释。也有学者侧重于从限制权力的角度界定宪政:“宪

---

① 陈新民:《法治国家论》,学林文化事业集团有限公司2001年版,第96页。

② 陈新民:《法治国家论》,学林文化事业集团有限公司2001年版,第96页注105。

③ 李步云:《走向法治》,湖南人民出版社1998年版,第2页。

政的本质的确是而且必须是限政。在宪政主义看来,不论一个政府的组织形式如何,都不得存在不受限制的最高权力。”[①]可以简单地说,宪政国家是国家权力或公权力接受宪法和法律的约束,服从宪法和法律的国家。公权力没有在警察国家的那种专权,法律成为了公权力的行为准则。宪政国家是法治国家的内在要求。公权力不依法办事,法治就必然会遭到破坏。德国著名法学家麦耶在100年前就认为,法治国是已完成的宪政国。[②] 法治国家是以宪政国家作为内在品质,必须把宪政摆到极为重要的位置加以特别的重视。在法治国家中的法律至上首先就是宪法至上。宪法首先就是保障人民权利、制约国家权力的重要工具。宪政的一个重要目标就是防止权力的滥用,保证权力的正当行使。

法治国家与法治世界。法治其实都是体现在国家之内和国家之间的。前者为国内法治,也即我们最经常地不加特别说明使用的法治概念;后者是国际法治或者世界法治的构成部分,是法治的独特领域,是国内法治向国际和世界的延伸。国际法治是指国家之间的法治化关系状态。世界法治包括各国法治以及各国之间的法治关系。随着国际交往的增加和世界一体化的加速发展,国际和世界法治也得到了快速发展。但是不论是国内的法治还是国际和世界的法治都是以国家作为范围或者作为元素的,法治国家始终是法治的重要范畴。

法治国家有多种形式或者类型。对于法治国家的形式与种类,学者们并无统一的认识与划分,在不同的著作中有着不同的表述。综观普遍的论述,除了耳熟能详的“社会主义法治国家”“资本主义法治国家”之外,一些学术著作还先后提及了形式法治国、实质法治国,自由法治国、国家主义法治国和社会法治国,大陆法治国和普通法法治国等。这些不同称谓的法治国或者法治国家,大多缺乏严格的定义和确定的含义。人们也只能“循名求实”地加以了解和认识。本书并无计划要对所有的法治国或法治国家的形式或类型作出科学的划分,只是在提及和论述相关的法治国或者法治国家的种类时,尽可能予以明确的界定

① 刘军宁:《共和·民主·宪政》,上海三联书店1998年版,第123页。
② 陈新民:《法治国家论》,学林文化事业集团有限公司2001年版,第96页。

或者说明。相信,不同著作中关于法治国或者法治国家的形式与类型的论述,都将有助于我们对于法治国家的考察与认知。

(二)法治国家所要回答的问题

1. 国家的组织与运行问题

国家是由特定组织机构和人民共同构成的。人民是国家的基础,国家权力是人民的产物。国家权力主要由立法权、司法权和行政权三大部分构成。立法机关、司法机关和行政机关及其相互关系构成了国家权力的基本组织结构体系,都属于一个国家宪政体制的范畴。用法律来规制整个国家,也就必须落实到对各个国家权力及其相互关系的规制上。法治国家首先就是国家组织及其运行法治化的国家。这是法治国家对于政治权力的最起码的要求。

2. 国家与政党的关系问题

国家与政党之间的关系,是法治国家必须科学处理的关系。政党与法治有着非常深刻的历史渊源。从严格的意义上说,法治是由资产阶级创立的,而政党也是由资产阶级创立的,尤其是政党政治意义的政党更是如此。也就是说,资产阶级在创设近代法治的过程中,也创设了政党政治。那么如何处理政党与法治的关系就成为重大的政治问题,也成为政党是怎样的政党、法治是如何的法治的关键。由于政党是政治中最具有活力的要素,因而,法治国家就必须将政党与法律的关系加以科学地建构,只有这样,法治才能真正地得以建立。

3. 国家与人民的关系问题

国家与人民之间的关系是政治社会的基本关系。人民的地位如何,人民与国家之间的关系如何,决定着一个国家是否民主以及民主的程度,也当然地决定着法治的状况。近代以来的法治必须是以民主作为基础的,人民主权是基本的政治原则。人民对于国家的决定性和主导性的意义,也决定了法律的地位。如果人民地位崇高,法律就必须是人民意志的体现;如果法律是人民意志的体现,法治就成为了必然的要求,并具有了深刻的社会基础。法治与人民民主、与国家的法治化具有内在的一致性与联系性。可以认为,人民民主从本质上决定了国家的法治化,也决定了法治国家的建设、目标。法治国家必须从法治的角度解决国家与人民的关系问题,并且将人民与国家的关系作为法治国家得以建立的基础。

4. 国家与法律的关系问题

国家与法律之间的关系是法学探讨的中心话题，而且是一个历史性的话题。国家与法律的发展同步性、相互依赖性、内在联系性都是值得认真思考和科学对待的。法治国家必须解决或回答国家与法律之间的关系问题。“相应于城邦政体的好坏，法律也有好坏，或者是合乎正义或者是不合于正义。这里，只有一点是可以确定的，法律必然是根据政体（宪法）制定的；既然如此，那么符合于正宗政体所制定的法律就一定合乎正义，而符合于变态或乖戾的政体所制订的法律就不合乎正义。”[①]一方面，国家决定着法律，主导着法律的发展与状态；另一方面，法律也组织着国家、规范着国家，使国家成为一个秩序井然的整体。国家与法律之间的关系问题是法治国家建设必须解决的问题。

（三）法治国与法治相一致

法治包含着法治国家和法治社会在内的多个方面。法治国作为法治的构成部分，如同法治可以被划分为形式法治和实质法治一样，法治国也具有形式法治国和实质法治国的两种形态，这两个形态的法治国在总体上都属于法治的范畴，而只有双重意义的法治国才有最严格意义的法治，也才是作为目标意义的法治国家。在总体上法治国与法治是一致的。

泛义上的法治国家可以作形式上的法治国家和实质上的法治国家的划分。日本佃中和夫等所著的《现代法治国家》[②]等著作就论述了法治国家这种分类，认为形式上的法治国家是依据实定法实现国家的所有目的的国家，即依据法律推行国家事务的国家，确保了“依法律行政”和“依法律裁判”的国家。制定法律的机关（立法机关）的权能，优越于行政权和司法权并拘束行政机关和司法机关。关于人民的权利、自由的规定，必须以法律的形式进行，由行政机关对人民的权利、自由的规制，必须以法律为根据，同时只要以法律的形式，便可以对人民的权利、自由予以制约。形式上的法治国家并不以保障人民的权利、自由为目的；相反，它还通过法律对人民的权利、自由进行限制。形式上的法治国家既可以和民主主义结合也可以和法西斯结合。实质上的法治国家

① 陈新民：《法治国家论》，学林文化事业集团有限公司2001年版，第148页。
② ［日］佃中和夫、T. wurtenberger 编著：《现代法治国家》，日本晃洋书房1994年版。

是指依法拘束和限制权力,保障和确保人或国民的自由和权利的国家。保障人或者国民的自由和权利,才是法治的内容和目的。“法治”中的“法”是指超越法律或实定法的更高层级的“法”或者“理性法”,因此,这种法不仅拘束行政机关和司法机关,而且也拘束立法机关。这种实质上的法治国家,类似于英国的“Rule of Law”,意味着抑制专断的权力,在宪法之下给予个人的权利最大限度的保障。①

作为目标的法治国家显然是双重意义上的法治国家,而不仅是形式上的法治国家。因此在对法治国家进行制度和体制设计时,就应充分考虑应然的法治理想,而不能以假法治之名行非法治之实。形式上的法治国家比完全不讲法治的国家要进步,但是它还不是实质意义的法治国家,或者说在严格的意义上,形式意义的法治国家仍然是非法治国家。

基于“法治国,就其德文本意及康德的解释而言,指的是有法可依、依法治国的国家,或者说一个有法制的国家”。② 于是我国有的学者就论证了“法治国与法治的对立”,“一个法治国可能是一个法制高度完备的国家,但却不是一个法治的国家”,③“法治国与法治不可相提并论、同日而语”,④进而论证了“法治与(依)法治国之间的一些根本分野”。这些学者认为:一是法治起源于自然法思想,基于自然法学的契约观,要求保护民权,限制政府权力,与宪政有着天然联系。法治国起源于实证主义法学,强调作为立法者的统治者的意志及权力至高无上,排除了体现平等精神的契约思想和为宪政提供依据的宪政主义。二是法治体现了对公民权利与自由的偏爱,限制统治者的专横权力。法治国偏爱国家,尤其是偏爱作为无上立法者的统治者。三是法治强调法律是被人们能动地发现的自然法则,而绝不是统治者的权力意志,修改法律意味着修改人们认识自然法则过程中的偏差,注重法律的稳定性、持久性。法治国则强调法律是统治者的意志,作为特定个人意志的法律当然也就会随着个人的消亡而消亡,修改法律意味着统治者在塑造自己

① 杨建顺:《“法治行政”在日本》,载杭州大学法学院主编:《法治研究》,杭州大学出版社 1998 年版,第 149 页。

② 刘军宁:《共和 · 民主 · 宪政》,上海三联书店 1998 年版,第 146 页。

③ 刘军宁:《共和 · 民主 · 宪政》,上海三联书店 1998 年版,第 145 ~ 146 页。

④ 刘军宁:《共和 · 民主 · 宪政》,上海三联书店 1998 年版,第 147 页。

新的意志,注重法律的灵活性。四是在法治中,人们服从法律时,是服从普遍的、客观存在的自然法则,服从自然法则的人是自由的。法治反对人治,是良法之治。在法治国中,人们服从法律是在服从统治者本人的意志,显然不能说在享有自由。法治国与人治并无根本差别,并印证了人治的结论:人存政举,人亡政息。①

这些看法显然是考察第二次世界大战结束前的法治国状况所得出的结论。在现代,法治国或者法治国家的概念,早已被注入了新的含义。前引著作也注意到了这一点,"基于传统'法治国'的概念存在重要的缺陷,战后的一些欧陆法学家们虽仍在继续延用德国'法治国'的外壳,但是换上了英美'法治'的内容,对'法治国'进行了脱胎换骨的改造。尤其是战后德国的自由民主主义者与'法治国'的传统作了彻底的决裂。因此,尽管'法治国'的概念被继续使用,但需要分清的是,此'法(律统)治'的国家已不是彼'(依)法(而)治'的国家。"②"由宪法理念及其他正义观等浓缩而成的较少量但高层次(位阶)的'法价值',就变成追求实质法治国理念所不可缺的判断标准了。"③"以德国法治国理念的发展而言,形式意义法治国无疑是发展的第一步,实质意义的法治国则为第二步。"④

关于法治国与法治对立的观点,不敢随意苟同。不应用形式意义的法治国家或法治国的含义替代现在所使用的法治国家或法治国的概念,更不应将其与现代法治相对立。其实,欧陆法学家早已将英美的"法治"纳入了"法治国"或"法治国家"的概念之内,并抛弃了第二次世界大战及其以前的法治国概念,为法治国注入了民主、人权等现代元素,从而更新了法治国的含义。我们没有什么理由再把欧陆法学家都已经抛弃了的第二次世界大战及其以前的"法治国"或"法治国家"概念重新找出来,作为"法治国"或"法治国家"的含义,与新的符合法治精神的"法治国"或"法治国家"混同。今天的法治国家或法治国,应当包含现代法治的内涵,并与现代法治协同一致。

但是这并不意味着可以对以上的分析与理解无动于衷。其实,这

---

① 刘军宁:《共和 · 民主 · 宪政》,上海三联书店 1998 年版,第 147 ~ 149 页。
② 刘军宁:《共和 · 民主 · 宪政》,上海三联书店 1998 年版,第 156 页。
③ 陈新民:《法治国家论》,学林文化事业集团有限公司 2001 年版,第 4 页。
④ 陈新民:《法治国家论》,学林文化事业集团有限公司 2001 年版,第 4 页。

些观点是很值得重视的,它至少警示我们形式意义的“法治国家”或“法治国”并不等于法治,也并不必然导致法治的结果,“法治国家”或“依法治国”完全可能被畸形化,走向法治的反面。这需要引起足够的警醒。其实要警醒的何止是形式法治国的概念,就是实质法治国概念也同样可能被恶意利用。实质法治国的最早提出,就是在纳粹时期。卡尔·史密特在1935年发表的《法治国概念争论的意义为何?》一文中就认为德国的形式法治国时代已经宣告结束,国家社会主义法治国追求的是实质正义的“正义之国”。众所周知,纳粹德国的实质法治国并不是真正正义的法治国。纳粹当政的所谓实质意义法治国,其理念甚至与形式法治国相排斥,排斥了形式法治国蕴含的一切基于自由主义所产生的理念与制度,摒弃了自然法与自由主义相结合的人性尊严与其他人权理念。[①] 这样的法治国理论不过是为法西斯服务的理论而已,这样的法治国也不过是法西斯的专制国,但是它却打着实质法治国的旗号,因此,人们不能不倍加小心。

历史发展到现代,法治国家或法治国已经是普遍认可的政治和法律概念。许多法学家,乃至社会大众都清楚地认识到“国家应该创设法律体系,并且依此法律之规定来治理国家,已是每个民主国家的立国原则。国家这个‘依法而治’的‘属性’也被认为是最进步,且合乎理性的国家形态”。[②] “法治国必须承继传统形式意义法治国的杰出理念,诸如最大幅度地维护人民基本权利、基于自由主义的对国家权力可能滥权的疑惧,以及确保上述两个原则所必须采行的法律保留及所衍生的信赖利益保护、溯及禁止与可预测性原则的实践等。同时必须符合国家追求整体实质正义以及将国家行为确实用法而非单纯用法律来加以束缚,使得法治国无疑地可透过违宪审查权的制度,来摒弃恶法亦法,而达到‘良法之治’。”[③]因此,必须更新对于法治国家的认识,自觉地将现代法治国家作为目标纳入整个法治中加以建设。

在讨论法治国家中的形式法治国与实质法治国问题时,必须注意到以下几个基本的认识:一是形式法治国和实质法治国是人类法治国

---

① 陈新民:《法治国家论》,学林文化事业集团有限公司2001年版,第106页。
② 陈新民:《法治国家论》,学林文化事业集团有限公司2001年版,第41页。
③ 陈新民:《法治国家论》,学林文化事业集团有限公司2001年版,第118~119页。

家建设的两种状态,也是已经经历和正在经历的两个阶段;二是法治国家从形式法治国发展到实质法治国并不是对形式法治国的简单否定或者抛弃,而是将形式法治国作为自己的基础和构成部分,人类建设实质法治国不是对形式法治国的反动和否定,只是其继续和发展;三是形式法治国对于人类来说是实质法治国建设的准备,但是并不意味着每个国家的法治国家建设都要从形式法治国起步,或者都必须经历形式法治国这一阶段;四是实质法治国才是法治国家建设的目标,也才是严格含义或实质意义的法治状态。

(四)法治对于法治国家的意义

论及法治国家时,必然涉及法治国家与法治之间的关系问题。有许多学者都认为,法治国家的含义并不等同于法治,甚至还远离法治,与法治根本对立。这些都是对法治和法治国家关系的误解所致,是错误地用历史上的,尤其是第二次世界大战以前的法治国家的概念来考察法治国家与法治关系的结果和结论。其实在现代视野中,法治对于法治国家来说具有目标和过程的双重意义。

1. 法治对于法治国家的目标意义

法治与法治国家是同序概念。在法治的动态意义上,法治是实现法治国家的手段;从法治的目标意义上讲,法治则是法治国家的归宿。所有的法治国家建设都不过是为了实现法治而已。法治是法治国家甚至法治社会的目标。法治作为一个总体状态总是被分解为各个方面和层次、各个环节和阶段的,并是由各个方面和层次、各个环节和阶段所构成的。就每一个方面或层次、每个环节和阶段来说,它们都是法治的构成部分。法治是一种综合性的整体状态,是所有的法治的各个方面与层次、环节与阶段的理想目标。

2. 法治对于法治国家的过程意义

法治对于法治国家而言是努力的目标,其实也是实现的过程。法治国家的建设过程也就是国家的法治化过程。从发展的角度来认识法治与法治国家的关系,可以认为法治是建立法治国家的路径。法治对于法治国家来说是一个动态的过程,其中的每一个环节与阶段都是法治国家进步的足迹。我们可以从法治发展的进程来考察法治国家形成的环节与阶段,来把握法治国家的建设情形。当然值得注意的是,说法治是法治国家的实现过程总是相对的,在法治国家建立之后,法治还需要继续推进。因此,在肯定法治对于法治国家的过程性的同时,也要看到法治远比法治国家的目标更为远大,法治国家不过是法治的中间站和加油站,在法治国家建立之后,法治还将沿着自己既定的方向和道路向前发展。

上　篇

第一章　法治国家的概念解析

建立法治国家,是依法治国的直接追求,是法治发展的努力方向,是社会进步的奋斗目标。对于法治国家这一概念的准确把握,无疑是把握法与国家、法治国家与法治社会之间关系,认清法治国家的发展目标,推进法治国家建设的理论探索与社会实践的必需。

一、法治国家的国家意识

国家意识,至少在国家出现以来就产生了,并且不断地发挥着作用。国家意识直接决定着国家与社会、国家与人民、国家与法律之间的关系,也当然地影响甚至制约着法治国家的建立或者建设的快慢。作为法治国家来说,它要求正确认识国家的地位,正确解读国家与人民、国家与社会、国家与法律之间的关系。国家意识的内涵非常丰富,在不同的学者或者著作里有着不同的解释。

(一)国家是人民的创造物

国家是来自人民的,这是提出并建设法治国家的前提性认知,它实际上是要回答国家与人民之间的关系问题。没有对于国家与人民关系的科学认识,就不可能得出法治国家必须建立的结论。

人民是先于国家的社会存在物,国家是为处理人民的公共事务而产生的。在人类产生之后,人类个体和群体的社会性,都使人类必须过社会生活。社会生活使人与人之间产生了公共事务,这些公共事务需要由特定的人甚至特定的机构来行使,这些特定的机构就是作为公共权力机关的政府(这是指广义的政府),这些以政府的名义进行工作、处理公共事务的人就成为了政府官员,作为公共事务的机关和官员,管理着一定区域的人民公共事务。政府、人民和一定的地域就构成了一个实体,这个实体就是后来人们命名为国家的东西。一个一个这样的实体,就构成了一个一个这样的国家。这就是国家与国际社会的形成。

正是由于国家来源于人民的事实,社会契约论者才制造出了社会契约的理论来阐释国家的产生,来论证国家与人民之间的关系。卢梭就曾经设想人类曾达到过这样的一种境地,当时自然状态中不利于人类生存的种种障碍,在阻力上已超过了每个个人在那种状态中为了自存所能运用的力量。于是,那种原始状态便不能继续维持,并且人类如果不改变其生存方式就会灭亡。然而人类不能产生新的力量,而只能是集合并运用已有的力量,所以人类便没有别的办法可以自存,只能是集合起来形成一种力量的总和才能够克服这种阻力,有一个唯一的动力把他们发动起来,并使它们共同协作。为了形成这种力量的总和,就要寻找出一种结合的形式,使它能以全部共同的力量来卫护和保障每个结合者的人身和财富,并且由于这一集合而使每一个与全体相联合的个人又只不过是在服从自己,并且仍然像以往一样的自由。这就是社会契约所要解决的问题。“社会公约可以简化为如下的词句:我们每个人都以其自身及其全部的力量共同置于公意的最高指导之下,并且我们在共同体中接纳每一个成员作为全体之不可分割的一部分。”①“这一由全体个人的结合所形成的公共人格,以前称为城邦,现在则称为共和国或政治体;当它是被动时,它的成员就称它为国家;当它是主动时,就称它为主权者;而以之和它的同类相比较时,则称它为政权。至于结合者,他们集体地称为人民;个别地,作为主权权威的参与者,就叫公民;作为国家法律的服从者,就叫作臣民。”②

尽管社会契约对于契约的假定缺乏史实根据,但是它要论证的人民是国家的主人、国家由人民设立的学说却是人类在国家与人民关系之上的真知灼见。

---

① [法]卢梭:《社会契约论》(第2版),何兆武译,商务印书馆1980年版,第24~25页。
② [法]卢梭:《社会契约论》(第2版),何兆武译,商务印书馆1980年版,第25~26页。

(二)国家是独特的社会现象

国家与社会之间的关系,一直都有许多误解。在许多时候,人们都错误地将国家与社会相等同。其实,国家与社会是两个不同的存在物。

社会先于国家产生。人类脱离动物界而成为人,即创造了社会。也可以说人类进入社会状态的时刻即是人类区别于动物界的时刻。人因为进入社会的状态,而成为了名副其实的人。社会是人的存在的空间和环境,当然也是国家的前提与基础。

国家是人在社会生活中的创造物。人类的社会生活使人类产生了大量的公共事务,这些公共事务急需一个公共机构来处理,这个公共的机构就是后来的国家。对于国家是人在社会中的创造物,是众多政治学说的共识。就是主张国家和法律是社会契约产物的思想家们,也明确承认,国家是人们在原始社会末期,基于社会生活的需要而被迫或者主动地订立契约的结果,国家不过是这个社会契约的产物。显然,国家是人类社会生活的产物。

国家是人们在原始社会的后期逐步萌生的。国家是在原始的社会组织无力调整现实的社会关系的情况下,为了适应社会发展的要求而形成的。

(三)国家是法律的形式载体

法律是表现为国家意志的行为规范。但是,这并不意味着法律就是国家意志,国家意志也不是法律终极来源。

法律直接表达的是国家意志,并且以国家意志的形式要求得以强制实施。法律由国家特定的立法机关制定,以国家的名义发布和存在,并以国家强制力作为实施保障。法律具有国家意志的属性是没有疑问的,但是国家并不是法律的终极来源。

法律直接来源于国家主权者的意志。国家的主权者在不同的意义上,其含义是不同的。在实然的意义上,它既可能是一定的统治阶级,也可能是一定的社会利益群体,在应然的意义上则应该是人民。法律在根本上应当是人民意志和利益的体现,法律应该根源于人民的意志。但由于人民的意志又是由人民的利益决定的,所以人民的利益又是法律更深层的依据。尽管国家主权者的含义不同,但是法律直接决定或者掌控于主权者手中则是不争的事实。

将法律的意志来源追溯到主权者那里,并没有完成对于法律终极来源的认知。因为主权者的意志也不是凭空产生的。主权者包括统治阶级或者类似的意志主体,其意志最终是由他们所处的物质生活条件所决定的。社会物质生活条件是法律意志的终极来源和客观依据。

由是观之,国家远不是法律的根源,它不过是法律的载体,不过是法律存在的主体化身、权力依据和实现保证。

二、法与国家的关系解析

对法治国家进行理论研究,必须首先厘清法与国家之间的相互关系。"人们已经在国家法律现实的条件下生活了几千年,他们成为特定国家的公民(或臣民),服从于国家权力,使自己的行为与法律规定和要求相协调。当然,很久以前他们就开始思考关于国家与法产生的原因和方式,并创立了许多完全不同的理论,对这些问题进行了不同的回答。"①法与国家之间的关系一直是政治学、社会学、法学等众多社会科学所探讨的重要课题。法学界对于法与国家的关系的研究一向是积极而热情的。苏联的法学家们在苏维埃法学创建之初即把法与国家紧紧地结合在一起,其法学理论学科的名称就是"国家与法的理论"或者"国家与法权理论"。在苏联解体后,俄罗斯等国的法学界依然保留了苏联在这一问题上的学术传统,又推出了一些命名为"国家与法"的学术著作和教科书。俄罗斯自然科学研究院院士 B. B. 拉扎列夫就组织一批俄罗斯著名学者,编写了《法与国家的一般理论》,被俄罗斯国家高等教育委员会推荐为大学教材。在西方资本主义国家的法学界,法与国家也被联系起来研究。原籍奥地利后加入美国国籍的著名法学家凯尔森就于 1945 年出版了他的代表作《法与国家的一般理论》。第一编为"法论",第二编即为"国家论"。对于法与国家之间的关系理论,学术界已经积累了大量的学术成果。"法要依赖国家"与"国家要依赖法"等理论命题得到了普遍的认同,然而也存在各种不同的见解。

(一)法与国家的一元论与二元论

在我国学术界的各种理论学说中,法与国家,几乎无可争论地被当作两个各自独立而相互联系的事物,法与国家自然而然地被视作二元

---

① [俄罗斯]B. B. 拉扎列夫主编:《法与国家的一般理论》,王哲等译,法律出版社 1999 年版,第 47 页。

存在物，很少有疑问者。其实，放眼世界学术领域，法与国家是一元的还是二元的，并无一致的看法。甚至有人十分明确地批评法与国家的二元论是一种神话，是错误的，进而主张法与国家关系的一元论。也有学者认为将国家与法混为一谈的一元论是没有意义的。

一元论的观点认为："法律与国家是同一个事物，国家只不过是从另一个角度看待法律秩序，即规范境内居民行为的集中化的法律秩序，或者说是由立法者、法官、行政官员和其他作为国家机器组成部分行动的人所执行的法律规则、法令的总和。"①在一元论的主张者中凯尔森就是一个典型的代表。凯尔森在其《法与国家的一般理论》中写道：

"有时人们以国家具有或就是'权力'（power）为理由，将它说成是一个政治组织。国家被描绘为在法律背后的权力，实施法律的权力。"②"法律和国家的二元论是我们认识对象的一个多余的重复或双重化；是我们先加以人格化然后又加以实体化的那种倾向的一个结果。我们在对自然的万物有灵论的解释里找到了这种倾向的一个典型例证，即原始人的这种观念，认为自然是有灵的，认为在每个东西的背后都有这个东西的一个灵魂、一个精神、一个神、一株树的背后有一个森林女神；一条河的背后有一个宁芙女神；月亮的背后有一个月神；太阳的背后有一个日神。这样一来，我们想象在法律的背后有它的被实体化了的人格化，即国家、法律之神。法律和国家的二元论是一种万物有灵论的迷信。"③与之相应地认为："国家的权力是由实在法组织起来的权力，是法律的权力；也就是实在法的实效。"④"一个'国家的机关'，就等于一个'法律的机关'。"⑤

凯尔森的认识有着他自己的论据。在他看来，国家与法是同一个

---

① [英]沃克：《牛津法律大辞典》，北京社会与科技发展研究所组织翻译，光明日报出版社1989年版，第523页。

② [奥]凯尔森：《法与国家的一般理论》，沈宗灵译，中国大百科全书出版社1996年版，第213页。

③ [奥]凯尔森：《法与国家的一般理论》，沈宗灵译，中国大百科全书出版社1996年版，第214页。引文中"一个神"后似乎不应是顿号，可能是译者笔误或排印错误。

④ [奥]凯尔森：《法与国家的一般理论》，沈宗灵译，中国大百科全书出版社1996年版，第214页。

⑤ [奥]凯尔森：《法与国家的一般理论》，沈宗灵译，中国大百科全书出版社1996年版，第216页。

规范性秩序,“既然我们没有理由假定有两个不同的规范性秩序——国家的秩序与国家的法律秩序,那么我们就必须承认我们称为‘国家’那个共同体就是‘它的’法律秩序”。[①]“从甚至连社会学家也将国家的特征说成是一个‘政治上’有组织的社会这一事实来看,国家和法律秩序的同一性也是显然的。既然社会(作为一个单位)是由组织构成的,那么将国家界说为‘政治组织’就更加正确。组织就是秩序。但这一秩序的‘政治的’性质是在哪一点上呢?就在于它是一个强制性秩序这一事实。国家是一个政治组织,是因为它是一个调整如何使用强力的秩序,是因为它垄断了对强力的使用。然而,正如我们所了解的,这是法律的主要性质之一。国家是一个政治上有组织的社会,是因为它是一个由强制性秩序构成的共同体,而这个强制性秩序便是法律。”[②]

粗略看来,凯尔森的见解是有失偏颇的。他把法与国家的关系简单归结为一个“东西”与这个东西后面的“神”的关系,进而将“法与国家二元论”比为“万物有灵论”加以批评,而证明其一元论的科学性。其实,这个证明过程本身就有问题。法与国家之间远不是月亮与月亮神,太阳与太阳神之间的关系。法与国家是同时产生、相互联系、协同发展、共存互动的两种社会上层建筑。但这并不意味着凯尔森的一元论毫无意义。他所坚持的法与国家的一元论,强调了法与国家的同一性,对倡导法治是很有意义的。因为法与国家或者国家与法既然是同一的,国家当然就必须服从法律,实行法治,在国家实行法治的问题上就没有任何障碍,国家与法之间的统一就不会成为问题。也就是说,法与国家的一元论主张并非全无道理,至少在肯定法与国家之间的同步形成与内在联系上是有意义的,在寻求法与国家的同一性从而为法治寻找根据的目标期求上是无可厚非的。但是,法与国家的区别也是客观存在的,因此,将法与国家混为一谈显然还是不科学的。

法与国家关系的二元论主张者人多势众,尽管他们不一定以二元论自居,但其二元论的主张都十分清晰。苏联乃至现代俄罗斯的法学家们,以及中国的法学家们多持二元论的观点。

---

① [奥]凯尔森:《法与国家的一般理论》,沈宗灵译,中国大百科全书出版社 1996 年版,第 205 页。

② [奥]凯尔森:《法与国家的一般理论》,沈宗灵译,中国大百科全书出版社 1996 年版,第 213 页。

俄罗斯的一些法学家声称,“没有意义去研究那些从国家与法产生方式和实质的不可知性出发的观点,以及那些将国家与社会混为一谈的理论。”①他们一再论述的是法与国家的独立性,这种独立性中包括法相对于国家的独立性和国家相对于法的独立性。在前述拉扎列夫主编的《法与国家的一般理论》的教科书中,专门设置了“国家与法的相对独立性”一章,论述了国家与法各自以及相互的独立性问题。

我国的任何一部法学理论著作几乎肯定了法与国家之间的紧密联系,论证了法与国家之间的相互关系,但没有一部著作将法与国家视为同一事物,它们都在强调二者之间的相互作用时强化了二者各自的独立性。也就是说,我国所有法学理论著作实际上都不主张国家与法的一元论,都主张国家与法的二元论。

法与国家的二元论主张显然是比较科学的,它本身并无什么错误可言,但是它可能导致将法与国家相分离的错误,往往会导致过分强调法的地位与作用或过分强调国家的地位与作用的问题。将法置于国家之上,虽然有抑制国家权力的重要意义,但是也有可能出现忽视国家在法的创制中的地位和作用的问题。将国家置于法之上,过分夸大法对国家的依赖,使法律的地位被贬低,形成法治倡导与发展上的障碍,会导致更为严重的后果。历史上的类似教训实在太多,需要牢牢记取。当然,法与国家的二元论也不必然导致强调国家否定法的后果。对于法与国家二元论中的优先问题的进一步讨论,会使问题更加明晰。这是下一部分所要论及的主题。

(二)法与国家的优先问题

法与国家关系的一元论主张者既已把二者视为一元,一般地说,不再有谁优先于谁的问题。其实并非如此。法与国家的一元论中有把国家归结到法上的法律优先的一元论,也有将法归结到国家上的国家优先的一元论。凯尔森主张的是法律优先的一元论,他的一元论中包含着法律优先的观点。他认为:“我们从纯粹法学观点出发来研究国家时,情况就显得比较简单了。那时国家只是作为一个法律现象,作为一个法人即一个社团来加以考虑。因而它的性质在原则上取决于我们以

---

① ［俄罗斯］B. B. 拉扎列夫主编:《法与国家的一般理论》,王哲等译,法律出版社 1999 年版,第 47 页。

前对社团所下的定义。唯一剩下的问题是国家如何不同于其他社团。其区别一定在于构成国家社团的那个规范性秩序。国家是由国内的(不同于国际的)法律秩序创造的共同体。国家作为法人是这一共同体的国内法律秩序的人格化。从法学观点来看,国家问题因而就是国内法律秩序的问题。"①在凯尔森的眼中,国家是一种法律现象,国家理论也是法律理论的一个部门。"作为实在法经验体现的规范体系具有什么特殊性质,以及它们是怎样分界和怎样相互联系的。这就是国家作为法律现象所提出的问题,同时也是作为法律理论的一个部门的国家理论负有任务要解决的问题。"②

法与国家谁优先的问题,更存在于二元论之中。在二元论主张者中法与国家之间一直有着谁优先的争论,根据学术界的不同认识,我将其称为国家优先论、法律优先论和法与国家互从论。

关于国家优先论。俄罗斯学者在其著作中总结道:"对于法与国家的相互关系问题,学术界在传统上有两种不同的观点。第一种观点是基于国家优先于法的论点,依据这一观点,法被视为国家活动的产物和国家的结果。这一观点在我国的法学著作中流传甚广。举例来说,法被认为从属于国家。倾向于把法看作国家附属物的政治实践成为这一观点的事实条件,而将法视为由国家制定的规范总和的形式教条主义则成为其理论前提。"③英国学者也注意到了国家优先论,并且还倾向于国家优先论,"法律制度和法律体系是国家的构成要素之一。它规定各种法律机构的权利和职责,确认其存在,维持社会秩序,提供维护公民之间利益和要求冲突的准则。法律制度的这种作用正是国家的基本职能之一"。④"在一国境内发生效力的法律制度和法律体系通常主要是由国家制定的,同时立法机关不断地对之进行修改和变更。而对于效力较低的一般法律的修改和变更,则通过行政机关授权立法以及司法

① ［奥］凯尔森:《法与国家的一般理论》,沈宗灵译,中国大百科全书出版社1996年版,第203页。

② ［奥］凯尔森:《法与国家的一般理论》,沈宗灵译,中国大百科全书出版社1996年版,第204页。

③ ［俄罗斯］B. B. 拉扎列夫主编:《法与国家的一般理论》,王哲等译,法律出版社1999年版,第75页。

④ ［英］沃克:《牛津法律大辞典》,北京社会与科技发展研究所组织翻译,光明日报出版社1989年版,第522页。

机关的司法解释和判例等途径。由此可见，国家是法律规则和原则的直接的实际的渊源。”[①]中国学术界对于法与国家关系的认识普遍地既有互从论的观点，也有国家优先论的观点。先来看看国家优先论的表现，我国几乎所有的法学教科书在定义法或法律时（其他不相干的成分我们不必引证），与国家相关的表述都是“法或法律是国家制定或认可的，表现为国家意志的，并由国家强制力保证实施的行为规则的总和”。这种对于法的认识贯穿了所有法学著作的始终，似乎成为了我国法学界对于法与国家关系的一个基本的共同认知。

关于法律优先论。俄罗斯学者说，法律优先论的观点则是“按自然法观念确立的。这一被称为自然法学派的拥护者从社会契约中得出国家概念，他们从国家受制于法的观点出发，认为来自于自然法的不可违背性和建立在自然法基础之上的个人主体公共权力的不可转让性。从这一观点的立场来看，法与国家相比具有绝对的优先地位。法产生于国家形成之前，它早于国家，任何国家和政权都不是法的最初来源”。[②]《牛津法律大辞典》也注意到了这种观点的客观存在，它说，“一种观点认为法律高于国家，国家从其产生之日起即受到法律约束。这种观点接近于自然法学派的观点。自然法学派认为，国家虽然可以制定实在法，但它必须受自然法的约束。一些现代思想家否定国家创造法律的观点，认为法律的渊源另有所在，例如公众权利的主观意识、社会休戚相关的事实等。”[③]

关于法与国家互从论。法与国家相互从属的理论，没有人给它命名过，为了论述的方便，我们不妨将一元论和二元论之外的第三种观点称为“法与国家的互从论”。有著作认为这种介于一元论与二元论之间的互从论观点，作为“第三种观点，它可以在某种程度上综合上述观点拥护者的看法，并且同时避免对法与国家相互关系评价的偏激性”。[④]

---

① ［英］沃克：《牛津法律大辞典》，北京社会与科技发展研究所组织翻译，光明日报出版社1989年版，第522页。

② ［俄罗斯］B. B. 拉扎列夫主编：《法与国家的一般理论》，王哲等译，法律出版社1999年版，第75页。

③ ［英］沃克：《牛津法律大辞典》，北京社会与科技发展研究所组织翻译，光明日报出版社1989年版，第523页。

④ ［俄罗斯］B. B. 拉扎列夫主编：《法与国家的一般理论》，王哲等译，法律出版社1999年版，第75页。

“依第三种观点,法与国家之间的关系并不具有如此一致的因果关系(国家产生法或者从法产生国家)。这一关系显然更加复杂,并且带有双向的相互从属性:国家与法彼此不能单独存在,即它们之间存在职能性关系。”①我国的法学著作在具有国家优先论的表象之外,还具有法与国家互从论的特征。我国几乎每一部法学著作都在肯定法对于国家的依赖的同时,也会四平八稳地论述国家对于法的依赖。或者强调二元并存中的国家优先,或者强调法与国家的二元互从。是选择国家优先或是二元互从,学者似乎并不特别在意。

就国家优先论来说,它是一个非常传统的理论,苏联和目前一部分俄罗斯学者,中国的部分法学家都持有类似的观点。这种观点充分强调了国家的意义,在强调国家至上,忽视或否定法律作用的时代是很有响应者的。但是它对于法要从属于国家的片面强调显然是有失偏颇的。持有类似观点的学者,甚至以主张国家比法先产生来证明国家要优先于法,这是没有根据的。恰恰是这种片面强调国家意义的理论,为专制者无视法律、否定法律奠定了认识基础和理论基础。国家优先论本身的不科学性和它所产生的恶劣后果都要求我们必须将其抛弃。

就法律优先论来说,与前者是同样传统的理论,西方以自然法学为代表的法学家们多持类似的观点。持类似观点的学者常常以法比国家先产生作为论据。这一观点对强调法,推行法治,有着不可置疑的优势,它“是在政治实践中确立法的统治地位思想的哲学纲领”②这一观点的追求目标是好的,但是这一观点的主张者常常以自然法先于国家、法比国家先产生作为论据,其实,这同样是不妥当的。

就法与国家互从论来说,是在前两者基础上提出的比较中庸而为目前许多学术著作和教科书实际采用的观点。这种观点可以避免在法与国家关系上的片面认识,使我们更清楚地把握法与国家相互之间的影响与互动,更清楚地把握法对国家的作用与国家对法的作用。但是这种表面上的公允,也有实际上的问题。法与国家并存而相互作用,看似客观,其实其忽略了法与国家的不同性质所决定的应然关系配置,会

---

① [俄罗斯]B.B.拉扎列夫主编:《法与国家的一般理论》,王哲等译,法律出版社1999年版,第76页。

② [俄罗斯]B.B.拉扎列夫主编:《法与国家的一般理论》,王哲等译,法律出版社1999年版,第75页。

导致主张者意想不到的后果发生。

法与国家是在人类历史发展的过程中渐变形成的，二者之间没有谁先产生谁后产生的问题。法与国家的产生是一个漫长的历史过程，其间各自萌芽的因素是相互促进、彼此互动、互为因果的。一定要去确定某一时刻国家产生了或者某一时刻法产生了，既不可能也没有必要。如果不任意地改变法与国家的概念，我就可以肯定地说，法与国家自始至终都会紧紧相伴，不离须臾。但由于二者的特性不同，法是一种普遍而公开的行为规则，国家是一种具有强力的又不能不为特定的少数人管理或运作的公共组织，因此，在法与国家共存的历史期间，运用法律规制国家，将是永恒的课题。否则，组成国家的民众的意志就无法受到尊重，利益就无法得到保障。在这个意义上，我是赞成并主张法律优先论的，只是我的理由不是基于自然法，也不是基于法比国家先产生，而是基于法与国家的不同性质，基于保障人民权利的价值期求的目标。狄骥主张国家必须合法，而且国家的目的也在于实现法。他说："国家建立在强力的基础上，但这种强力当其行使得合法时才是合法的。"①"国家追求的目的有三项：(1)维持本身的存在；(2)执行法律；(3)促进文化，即发展公共福利、精神与道德的文明……我们如果深入事物的实质，则国家指定的这三个目的可以归结为实现法的唯一目的。"②

三、法治国家是法治化的国家

法治国家是法治与国家的高度统一与有机结合的产物，法治国家就是法治化的国家或者说是国家的法治化状态。

(一)法治国家与依法治国

依法治国，是指的依照法律治理国家，是法治的重要方面和主要内容。依法治国也就是法治，法治最首要的内容就是依法治国，法治是通向法治国家的唯一道路。在许多场合，法治、依法治国、法治国家甚至是同义语，我们只是因不同的情形和不同的侧重而分别使用之，并不意味着三者有截然的差异。依法治国必然强调法律至上，法律至上是依法治国的行动口号和价值准则，法律高于作为整体的人民之外的一切

---

① [法]狄骥：《宪法论》(第1卷)，商务印书馆1959年版，第482页。

② [法]狄骥：《宪法论》(第1卷)，商务印书馆1959年版，第483页。

权力和权力拥有者,法律至高无上。

与依法治国最类似的中国古已有之的表述是“以法治国”。治理国家的方式方法是多样的,从逻辑上讲,人类可以“以法治国”或“依法治国”当然也可以“以人治国”“以德治国”和“以礼治国”。“以人治国”中的“人”是指掌握国家政权的人。以人治国,即依靠国家领导者的智慧和才能来治理国家。“以德治国”即是以道德作为准则,以政治领袖和道德典范的思想和行为作为模式来引导和要求社会成员的治国方式。“以礼治国”中的“礼”系中国古代的“周礼”或以“周礼”为渊源而形成起来的礼的规则体系,“依礼治国”,是中国古代特有的,运用和依照“周礼”来治理国家的方式。“以礼治国”是“以德治国”在中国古代社会的具体化。“以人治国”“以德治国”和“以礼治国”并不是截然分离或者相互排斥的。它们有时甚至是相容相伴的。中国古代社会其实正是它们的综合。中国古代社会或传统社会的管理模式与体制就是人治、德治和礼治的统一,最终是人治。

中国古代“以法治国”中的“以”字可以被解释为“用也”,有“用”“使用”“凭借”“仗恃”等含义。照字面含义,可以将“以法治国”解释为使用或凭借法律来治理国家的治国方式。“依法治国”中的“依”则可解释为“倚也”,包含着“倚靠”“依托”“遵循”“按照”等含义。显然依法治国之“依”也有“用”“使用”“凭借”“仗恃”等含义。字面上的“以法治国”与“依法治国”并没有严格的区别。因此,不能说“以法治国”就是古代的或者封建的。“以法治国”中“使用法律治理国家”的治国方式,古往今来都有。只是在不同的时代,其实质有所区别,主体有所差异、法律的地位有所差异罢了。就主体来说,在古代社会中没有近代民主,以法治国是君主们以法治国,那样的“以法治国”并不是近现代法治。近代民主产生以来,以法治国的主体在应然上被修正为人民,应是人民以法治国。也就是说,在古代社会中“使用法律治国”的主体是君王;在现代民主社会中“使用法律治国”的主体只能是人民。再者,在古代社会之中,无论怎样的以法治国,都没有法律至上的意味;现代法治中的以法治国或者依法治国,都必然包含法律至上的意义。因此,仅仅是为了使用上的方便,我们把中国古代的“法治”称为“以法治国”意义的“法治”;把近现代法治称为“依法治国”意义的“法治”。近现代与古代“法治”的根本区别不在于使用“依法治国”还是“以法治国”的表述,而在于是否有人民民主，是否是法律至上。

依法治国是法治国家的行动与过程，法治国家是依法治国的目标与结果。任何法治国家的建立都必须依赖依法治国。依法治国首先制约的是治国者，治理国家的主体最根本的是人民，最直接的是国家。人民的依法治国是指人民中的个体或者群体也得服从自己所制定的法律。人民可以改变法律，但是，在法律没有依照法定程序被改变之前，其中的每个主体有依法办事的义务。治国的主体，如果是国家，国家在任何意义上都应当服从法律，坚持依法办事以实现依法治国。只有这样，法治国家才可能通过依法治国而得以建成。

（二）法治国家的国家状态

法治国家将是怎样一种状态存在，当然是法学家甚至社会大众所关注的问题。俄罗斯的法学家认为，"不管法治国家的解释如何不同，还是可以找出这一政治法律模式的某些共同特点和外形轮廓，因为法治国家的形成和最终建立是与下列因素密切相关的：人权和自由的最大保障，个人对国家和国家对个人的责任，法律威望的提高，所有国家机关、社会组织、团体和公民对法律的严格遵守，护法机关的有效工作。"①作为法治国家，在其政治制度、权力结构、经济体制、文化制度和社会控制的各个方面都应当有其独特状况。

法治国家是政治制度为民主制度的国家。政治制度内容十分丰富，它包括国家的管理形式、结构形式、选举制度和公民的政治权利等的制度状况。它的表现也是多方面的，但是它们或者是民主的，或者是专制的。所有的法治国家的政治制度都必须是民主的，而绝非专制的。专制政治制度之下，只有专制、人治，而不可能有法治或者法治国家。

法治国家是权力结构为分工制约关系的国家。国家权力是一个复杂的整体，涉及和体现在社会生活的各个方面。国家权力不可能由某一个人或者某一个机关来全面行使，必须区分权力的性质，由不同的机构行使不同的权力。由于权力拥有者的认识差异和利益差别，不同的权力拥有者就会有不完全相同的权力行使方式和状况，而且多数权力拥有者都难以避免地具有扩张或者膨胀权力的倾向。任何权力的扩张

---

① ［俄］B. B. 拉扎列夫主编：《法与国家的一般理论》，王哲等译，法律出版社 1999 年版，第 346 页。

或膨胀,不是导致对其他权力的侵犯,就是导致对人民权利的剥夺。其他权力和人民权利这两个方面都是必须予以保护的,因此,对于权力的制约就成为了保障国家权力正当行使与人民权利依法保护的基本要求。

法治国家是经济体制为市场经济体制的国家。经济体制有自然经济、产品经济和市场经济之分。在自然经济条件下,人们经济活动和社会生活的范围相对狭窄,少量的商品流通与交换,并不需要太多的法律,法律制度是否完备对社会经济发展的影响并不巨大。在产品经济中,计划成为经济活动的根据,经济关系只需行政调整,法律的调整成为多余,显然不会具有法制或者法治的要求。只有在市场经济的条件下,经济活动的主体繁多,经济活动的行为纷繁复杂,经济活动的范围也特别广泛,没有法律确立统一的市场规则,市场和经济都会陷入混乱之中,因此市场经济就必然会提出完备法制、实行法治的要求。市场经济为法制经济和法治经济之说,正是在这个意义上成立的。将市场经济视为法治国家基础的,并不仅限于中国的法学家们,其他国家的法学家也认为,"只有在具备多种成分在市场经济时才可能形成法治国家"。①

法治国家是文化意识具有较高理性程度的国家。法治是人类理性发展的产物,以人类对自身与社会的科学认识为基础。法治国家目标同样是人类经过漫长社会实践的经验总结的成果。法治国家是相对最好的国家状态,但并不是绝对的、毫无缺陷的国家状态。于是对于法治国家相对最好与客观局限的认识,对于法治国家模式的正确选择,都离不开必要的理性作为基础。否则人类对法治国家的追求与维护,就会演变为一种缺乏思想的盲动。法治国家的文化意识中应充满着理性或者理智或者科学。在非理性的文化意识基础上创立不了法治和法治国家;即使创立了,也不可能得以保持和发展。

法治国家是依靠法律进行社会控制的国家。社会控制是国家担负的重要责任。社会控制的手段是多元的,道德、教规、习俗、纪律、政策都可以作为社会控制的措施。在若干社会控制的措施中,法律是最为可靠的、最为重要的措施。凡是不以法律,而是以其他社会规范作为社

---

① [俄]B. B. 拉扎列夫主编:《法与国家的一般理论》,王哲等译,法律出版社1999年版,第356页。

会控制的主要措施的国家都不是法治国家。法律是法治国家行为的既有根据、评价标准和活动规则。

（三）法治国家目标的意义

在由非法治国家向法治国家发展的进程中，法治国家就是一定阶段国家发展的社会目标。在市场经济、政治民主的发展中，中国提出了建立法治国家的目标。这一目标的确立具有不可低估的重大意义，其意义体现在众多的社会方面。

法治国家目标的确立有利于人权保障。法治国家是严格保障人权的国家。法治的创立在很大程度上有着保障人权的目标设定。法治国家都会把人权保障放到极为重要的位置来加以考虑。保障人权既是法治国家的目标也是法治国家的特征。确立了法治国家的目标就可以，而且也必须把人权保障作为重要的社会理想和社会责任加以特别的重视。

法治国家目标的确立有利于市场经济的建立。市场经济的主体需要法律确定其地位，保障其权利；市场经济的各种活动需要法律来规范，各种矛盾需要法律来解决；市场经济体制的确立需要法律来确认；市场经济的正常发展需要法律保驾护航。没有法律和法治，就没有市场经济，市场经济是法治经济。最良好的法律和法治，只能是法治国家的法律和法治。确立了法治国家的目标，有利于全社会名正言顺地开展法治建设，为市场经济的发展提供更好的法治环境。

法治国家目标的确立有利于政治民主的进步。政治民主总是与法制和法治密不可分的。首先，法制是政治民主的依据，政治民主总是由法治来保障的。没有法制，政治民主就缺乏依据，没有法治，政治民主就缺乏保障，进步了的民主也可能得而复失。其次，法制和法治是政治民主的规范。政治民主并不是政治活动主体的随心所欲，它必须遵循一定的规范，按照必要的程序进行。而确立政治民主规范和程序的最确定、最权威的规则只能是法律。最后，法制和法治是政治民主的推动力、促进器。法律上的民主是政治民主的制度预设，是政治民主的先导。法治国家目标的确立为政治民主建设开辟了道路、确立了目标，在法治国家建设中的政治民主建设必将取得更大的成绩。

法治国家目标的确立有利于精神文明的发展。精神文明是法治发展的基础，法治发展是精神文明的先导和保障。法治以明确肯定的方式引导精神文明的发展方向，以国家权威性和国家强制力保障精神文明的健康发展。法治国家目标的确立,有利于运用法律良化社会风尚,弘扬传统美德,开创社会新风;有利于发展科学技术和文化教育事业;有利于运用法律来推进和保护精神文明建设的发展。

法治国家目标的确立为法治建设确立了明确的奋斗目标。法治发展必须有明确的目标,有了明确的奋斗目标,法治建设才能取得更大进步。法治的目标是多元、多层次的,建设法治国家只是其目标之一。建设法治国家是最直接、最明确的目标。有了这一目标,法治建设必将获得更大的发展。法治国家目标对于法治建设具有指导方针的意义。

四、法治国家与法治社会

法治国家与法治社会是法治发展的相对独立而又相互连接的两个层次、两个方面、两个重点,两相依存,[①]共同构成法治的整体。

(一)国家与社会的混同

法治国家是否等同于法治社会,是一个应当予以说明的重要问题。认清这一问题,首先必须明确的是“国家”是否等同于“社会”。国家并不等同于社会。对于国家与社会的分别,应当有一个清楚的认识。西方学者普遍将国家与社会分别开来,德国法学家耶林就认为“同国家相比社会处于更高的地位,国家所进行的活动仅仅是为了维护秩序,而秩序是社会的目的所决定的。国家只是社会组织的一种。作为国家基本手段的法律同样也不是唯一的有决定性的规范,像人们在社会接触中的仪式、礼节之类的伦理性规范也极其重要。国家从属于社会,国家是随着社会的产生、存在而产生和存在的,国家必须为社会的利益服务。”[②]“国家”与“社会”两个语词,不论在西文或是在中文之中,含义都是分别而不会含混的。在我国社会科学中,对于国家与社会的理解,其分别也是显而易见的。“国家”在我国的权威性著作中长期被理解为“阶级统治的政治组织”,“是阶级矛盾不可调和的产物”,“本质是一个阶级对另一个阶级的专政”,“分为剥削阶级国家和无产阶级国家两种类型”,“作为阶级统治的工具,必将随着阶级的消灭而自行消亡”,“当

---

① 郭道晖:《法的时代精神》,湖南人民出版社1997年版,第506页。

② 吕世伦主编:《现代西方法学流派》,中国大百科全书出版社2000年版,第296页。

人类进入共产主义高级阶段,国家将为更高级的社会组织所代替”。[①]“社会”其实是人类社会的同义语,在我国权威性著作中长期被理解为“人们在一定物质资料生产活动基础上形成的相互联系的有机体,包括历史上形成的人们相互交往、共同活动的关系和形式的总和”。[②] 或者将社会表述为“物质运动的最高形式,人们在特定的物质资料生产基础上相互交往共同活动形成的各种关系的有机系统”。[③]

在中国历史上,由于皇权至上,“朕即国家”被普遍认同,国家被不当地过度强化,社会被国家所吞食。在人们的心目中,所存在的是至高无上的以皇权作为代表的国家,而毫无社会的地位,甚至没有社会的影迹。国家和社会总是被一体化地理解,被有意无意地等同起来。“片面的国家观念与国家实践,在过去一段时期造成了‘国家—社会’一体化的格局,以至于人们除国家之外,不知道还存在一个居于国家之上,或作为其基础的、相对独立自主的民间社会。”[④]社会依附于国家,仅仅在国家无法关照的领域,或者在国家权力的缝隙中偶然而间或地存在着。在专制国家中,社会是很难真正存在和发展的。国家权力像空气一样无处不在、无时不有,堵塞了人际交流交往的每一个毛孔。在专制国家中,没有真正的社会。国家的过度强势与社会的过度弱势成为中国许多问题的症结。人们的生存空间因社会的弱势而狭小,国家则因社会的弱势而更加强化,随着历史的进程,在一些特定的历史阶段甚至出现了国家越来越强,社会越来越弱的马太效应。一般的社会舆论与社会大众也不会区别国家与社会,甚至将国家与社会等同起来,看作一回事。

近半个世纪以来,中国的社会文化中依然没有国家与社会的分别。随着改革开放的发展,人们才逐步意识到将国家与社会等同,或者用国家取代社会是有害的,而逐步去寻找二者的分野。在建立市场经济的历史过程中,人们逐步注重社会建设,将社会与国家各得其所的问题提了出来。在国家无能为力或不应涉足的领域,必然成为远离国家的社会空间。国家再不是社会的主宰者,相反地,国家却被社会所决定,作

---

① 《中国大百科全书·哲学》,中国大百科全书出版社 1988 年版,第 273～274 页。
② 《中国大百科全书·哲学》,中国大百科全书出版社 1988 年版,第 770 页。
③ 《中国大百科全书·哲学》,中国大百科全书出版社 1988 年版,第 705 页。
④ 郭道晖:《法的时代精神》,湖南人民出版社 1997 年版,第 503 页。

为一种社会现象而客观存在。人民将使国家回归其作为社会发展产物的应然地位,使社会成为名副其实的国家的基础和依据。

目前,中国的国家与社会一体化的格局尚未完全打破,而且依然以制度状态普遍地存在着,国家无所不能的迷信依然笼罩着人们的思想,国家机关、国家工作人员乃至社会民众都在一定程度上保持着历史形成的国家迷信观念。但是人们毕竟已经逐步认识到了国家与社会的区别与差异,并且正在努力循着这种区别与差异,把国家与社会都建设得符合人类发展的需要,以推进人类的全面自由发展。市场经济的发展无疑是将国家和社会进一步区别开来的强大动力。

社会和国家是不同层次意义上的法的基础。从立法上讲,法是直接由国家制定或者认可的,国家是法的最直接的创制者。在最终意义上,法还是由社会所决定的,由社会的物质生活条件与精神生活条件所决定,是社会的产物。从法的实施上讲,法的适用总是由国家的特定机构——警察、监狱、法庭等运用国家强制力进行的;法的遵守也始终离不开法的国家强制力作为后盾,由国家提供强大的威慑力量予以保证。但法的实施总是以社会作为舞台的,法的实施过程本身就是人类的社会活动方式与内容之一。法的实施是以社会作为基础的人类关于法的实践活动。国家是法的载体,社会是国家与法的载体,当然更是法的载体。国家与法都是以社会作为基础的。

社会与国家是不同范围意义上的法的空间。法都是在国家的空间内存在的。自从法产生以来,法都没有超出以国家意志作为表现形式的范围,每一部国内法典,都是一定国家在特定历史时期的作品,其"署名权"都归属于国家,包括那些以个人名义命名的法典,在根本上也不是私人的物品。即便是国际法,也被人们理解为国家与国家之间的用以确定相互权利义务的条约、惯例等行为规则的总和。国家是法得以存在和发展的空间。法更是在社会空间中存在的,它作为社会关系的调整者,作为一种社会规范或社会规则,离开社会就会变得没有任何实际意义。即使是国际法也被认为是国际社会的产物,是调整国际关系的准则。国际法的实施更是离不开国际社会中各国的积极参与和多数国家的信守,也可以说,国际社会是国际法生存与发展的空间。

(二)法治国家与法治社会的关系

法与国家之间的关系备受关注,法与社会之间的关系也应当受到应有的重视。法治的问题,不仅是国家的问题,也是社会的问题。因此,法治化不仅是国家的,也是社会的。法治社会中的社会也主要有两层含义:一个是指在一个国家范围内的经济基础与上层建筑的总称,包括经济、政治、文化等在内,这个意义上的社会与国家之间很难加以区分;一个是指与国家公权力相对应的社会主体,包括自然人、法人以及非法人组织之间自主生成的群体依存结构与活动关系。法治国家与法治社会是法治的两个层次、两个方面、两个重点,二者两相依存。

首先,法治国家与法治社会是相互区别的两个层次。法治国家与法治社会是法治并行的两个层次。一个在上层运行以追求权力制约,一个在底层运行以强调普遍守法。各有侧重,相互制约,相得益彰。法治社会与法治国家是两个层次,也就意味着他们不是前后相继的两个阶段。曾经一个时期,许多学者认为法治社会与法治国家是法治的两个阶段。随着思考的深入,现在看来,似乎有所局限。因为在法治国家建设的同时,也要注意法治社会建设。在法治社会建设的同时必须关注法治国家的建构。要将法治社会建设与法治国家建设协调起来,一体建设。

其次,法治国家与法治社会是重点不同的两个方面。法治国家与法治社会的本质是高度一致的,都是法治的构成部分,都强调法的统治与法律至上的法治精神。但二者的侧重点又各有不同。法治国家重点强调的是权力制约,突出的是法律对于国家公权力的分配、规范、约束,确保国家公权力的法治化运行;法治社会重点强调的是普遍守法,法律必须被普遍遵守才会有法治的存在。法治不仅要约束公权,而且要求全体社会成员和社会组织一体遵行。权力制约与普遍守法,是法治的两个层面,他们都存在,法治才完善,才是一个完整的整体。所以,要进行建设法治就既要建设法治国家,也要建设法治社会。

再次,法治国家与法治社会是不同阶段的两个重点。法治发展是一个过程,在形成与再发展过程中,不同阶段有着不同的重点。在法治的初创建构中,必须强调的是法治国家建设,突出对于国家公权力的法律约束,即权力制约。法治首先从公权力着眼是必须的。违法的公权力是法治的最大破坏者,危害最为深重,因此,推行法治必须从制约公权力起步。在法治的再发展过程中,法治持续推进与深化,必须进而强调全社会共同守法,即普遍守法。一个国家的法治,最伟大的力量是人民，最深刻的基础在社会。每一个社会成员、组织、机构具有法治信仰或法律信仰、严格依法办事、自觉守法，是法治最深刻的根基。

最后，法治国家与法治社会在法治发展中两相依存。法治有一个形成的过程，更有一个持续发展的过程。这个持续发展的过程将比形成过程更加长久，直至政治国家的终了。在法治国家和法治社会创建、形成再到发展之中，二者都将一直相伴随行、长期互动。从严格的意义上讲，没有法治国家便没有法治社会，没有法治社会也没有法治国家。它们从不同的层面共同促进法治发展，推动法治更新，以使法治始终适应国家和社会发展的双重需求。

第二章　法治国家的基本特征

一、法治国家与非法治国家

(一)法治国家与非法治国家的划分

国家的存在形式是多元的,从不同的角度,可以对国家的状况作不同的分类与概括。根据国家的治国方式方法和法律在社会生活中的地位与作用,可以把国家划分为法治国家和非法治国家。

法治国家与非法治国家并不是国家类型的简单划分,他们在历史上有着先后之分和优劣之别。就人类社会的一般发展来看,人类的国家首先是非法治的国家,然后才发展进步为法治国家。严格地说,在自然经济条件下是产生不了法治国家的,法治国家必须以商品经济或者市场经济作为其经济基础。商品经济或者市场经济的形成有一个历史的过程,因此,法治国家不是人类一进入国家状态就出现的,它是人类国家形式发展到较为进步阶段的产物。法治国家远比非法治国家优越和进步,并且是以非法治国家作为其历史准备的。在世界上,所有的国家在形成之初都是非法治国家,经过非法治国家的发展才逐步建立起法治国家。

所有的法治国家都以法律作为治理国家的根本措施、战略策略、方式方法,否则就是非法治国家。法治国家与非法治国家划分的重要标准之一就是特定国家是否以法律作为治理国家的基本手段和根本措施,也就是法律在特定国家中的地位和作用如何。凡是在政治民主的基础之上,以法律作为治国的方式方法,法律具有至高无上的地位和作用的国家,就是法治国家。也就是说,凡是在理论和实践上坚持政治民主与坚持法律至上的国家即是法治国家;反之,就是非法治国家。通观历史发现,法治国家都是由非法治国家发展而来的。非法治国家是法治国家建立的历史前提,法治国家是非法治国家的发展目标。非法治国家所提出的法治国家目标,应当说是其进步发展的反映,是其走向法治的具体社会实践。

(二)法治国家的特征就是区分标志

法治国家以什么特征与非法治国家相区别,是法治国家研究所必须回答的问题。美国联邦最高法院法官罗柏兹于1951年在牛津大学发表了一个著名演讲,罗柏兹提到一个法治的国家有三个必须的内容:第一,必须是代议制的;第二,人民的自由及权利必须由法律来保障;第三,政府对人民权利的侵犯必须由法律来界定其范围。当时担任牛津大学校长的古德哈特将罗柏兹的见解综合成三个名词:"民主、基本人权和法治。"俄国的法学家专门探求过法治国家的特征,认为法治国家的主要特征包括:法治国家拥有人民主权的思想,人民主权是法治国家的主要特征;法律统治是法治国家的另一特征;对个人权利和自由的现实保证是法治国家的重要特征;其外法治国家的其他重要特征还包括具有发达的市民社会;建立政治民主制度,防止权力在一个人或机关手中的过度集中;宪法性法律的至高性和法律效力,在法律中确立并在实际中执行国家政权的主权性;提高法院作为法治国家制度保证手段之一的地位;法律要合法,并且要合法组织国家政权体系等。① 建立法治国家已经成为我国的重要目标。我国的许多法学家都在努力探求法治国家的特征或者标志。有的学者曾将我国关于"法治国家的标志"的学术观点概括为五个方面:第一,实行民主政治;第二,"法律之治"必须是"良法之治";第三,法律具有至高无上的权威;第四,司法独立和司法公正;第五,法治国家必须建设现代法律文化,提高法学理论水平,强化公民的法律意识。② 笔者认为,我们为之努力的法治国家应当具有一系列

---

① [俄]B. B. 拉扎列夫主编:《法与国家的一般理论》,王哲等译,法律出版社1999年版,第346~350页。

② 程燎原:《从法制到法治》,法律出版社1999年版,第288~290页。

重要的基本特征，并以之与非法治国家相区别。

二、法治国家的宏观特征

（一）民主完善是法治国家的政治前提

民主是法治国家必备的政治基础，完善的民主是法治国家的重要标志。法治国家是以完善的民主作为基础和目标的。民主完善最首要的内容是完善政治民主，最直接的内容是完善立法民主。

政治民主和社会民主是民主的两个最基本的方面。如果说社会民主是政治民主的基础，那么政治民主就是社会民主的前提和保障。在整个民主中，政治民主具有特别重要的意义。政治民主它本身就是法治国家的构成部分和重要表征。政治民主的内容由法律来制度化、定型化，以便于实际操作和运作。政治民主的保障由法律来提供，法律不仅对破坏民主的行为进行打击，而且也要对政治民主的运行进行引导和规范，防止政治民主出现偏差。政治民主的根本内容就是人民主权。“随着国家法律制度的发展和对这些制度的理论思考，政权和个人的相互关系问题成为法治国家的主要的实质性问题。这一问题的解决导致人民主权思想的出现，这一思想实质上是法治国家的主要特征。”①“人民主权意味着只有人民才是国家政权的唯一来源。”②人民主权思想对于法治国家理论的建立具有先决的意义，对于法治国家的建设具有指导的意义。只有在确定的人民主权的思想之下，法治国家的建设才不会出现偏差，法治国家才是民主的法治国家、人民的法治国家、真正的法治国家。

立法民主是民主在立法上的体现，是法治建设第一位的工作，也是法治国家目标在立法上的首要要求，是法治国家建设必不可少的重要方面。历史发展已经清楚地说明，现代的法治国家要求立法、执法、守法、法律监督的全面法治化，而所有这些都是以立法的民主化作为首要条件的。立法民主为法治国家奠定制度基础，通过民主立法创制的法律制度将内涵法治状态的制度框架或理论格局。从一定意义上讲，法

---

① ［俄］B. B. 拉扎列夫主编：《法与国家的一般理论》，王哲等译，法律出版社 1999 年版，第 347 页。

② ［俄］B. B. 拉扎列夫主编：《法与国家的一般理论》，王哲等译，法律出版社 1999 年版，第 347 页。

治国家的立法是立法者对一国法治状况的制度化预想,是一幅具有国家权威性的法治蓝图。执法、守法、法律监督无非是各尽其能地将其现实化而已。民主的立法被良好地实现了,这样的国家才可能是法治国家。民主的立法无法实现,法治国家就成为泡影;如果根本就没有民主的立法,法治国家就毫无希望与可能。立法民主中既包括立法的目的民主、立法的内容民主,也包括立法的程序民主。立法目的的民主与否,直接关系着立法的民主与否。一个为专制、集权目的而制定的法律是绝无民主可言的,无论这个法律的名称、形式多么民主,其结果必然是反民主的。其内容有时也会表现得民主甚至很民主,但它往往都是在一方面赋予民主,在另一方面剥夺民主;在此处确认民主,在彼处否定民主;在总则中赋予民主,在分则中剥夺民主;在字面上确认民主,在行动中否定民主。仅有的些许"民主"实际上是不民主。有了立法目的的民主,立法的民主才可能成为现实。立法内容的民主是立法民主的核心内容,立法民主在根本上还是就其内容而言的。立法内容的民主是在民主的立法目的指导之下。没有立法内容的民主,立法的民主就会成为空谈。同时立法内容的民主是以立法程序的民主作为保障的,没有立法程序的民主就没有立法内容的民主,立法程序的民主实际上是立法民主的条件和保障。

民主建设在中国具有特别的意义,完善的民主在中国的建立更加艰难。中国自古以来就是大一统的君主集权国家,君主集权在中国具有独特而悠久的历史。这种传统具有深刻的社会根据。"中华农业社会由千百个彼此雷同,极端分散而又少有商品交换关系的村落和城镇组成。但是,对外抗御游牧人的侵袭,对内维持社会安定又是这个农业社会的全民性需要,这就有建立统一的、权威巨大的帝国的必要。然而,农业型的自然经济决定了,不能指望以商品交换形成的纽带来维系国家的大一统,只能依靠政治上和思想上的君主集权主义将国家大一统变为现实。"[①]"中华农业社会需要并养育了一个君主集权政体,而这种君主集权政体一经形成,又成为超乎社会之上的异己力量,它剥夺了人民群众的一切权利,将军、政、财、文及思想大权全部集中到朝廷以至

① 冯天瑜等:《中华文化史》,上海人民出版社1990年版,第179页。

皇帝个人手中。”[①]韩非提出:“事在四方,要在中央,圣人执要,四方来效。”[②]以韩非等为代表的法家“认为国君拥有无上威权,对臣民畜养以供驱使;而臣民对君则必须唯命是从。臣民不具备独立人格,视、听、言、动皆以君之旨意转移”。[③] 中国历史上的多数学派和思想家都拥有不同程度的尊君思想,甚至有一大批绝对尊君论者。这在整个世界历史上也是少见的。在这样的国度推进民主受到了习惯与传统的阻力,将比任何其他国家更甚,中国的民主建设任重道远,而法治国家的建设又必须以完善的民主作为前提和目标。民主完善是法治国家与非法治国家的重要区别。

(二)人权保障是法治国家的现代标志

人权是人所应当享有的权利,是以人的自然属性为基础、社会属性为本质的,人被当作人来对待的属于人的权利。人权的权利范围与保护程度是一个国家进步与文明程度的重要表现,是不同类型国家的重要差别。国家的进步过程,其实也是人权内容不断丰富、发展的过程。国家由非法治国家向法治国家的转换,也是人权内容与保护的一次飞跃。人权保障状况是区别法治国家与非法治国家的现代标志。俄国法学家拉扎列夫就认为:“法治国家的重要特征之一是对个人权利和自由的现实保证。人权是法治国家的精髓,也是社会整体发展的重要因素之一。”[④]

并非任何时候、任何人都能实实在在地享有人权。侵犯人权的事件在任何时代都从未绝迹,保障人权几乎是所有国家都必须担负的社会责任。在历史和现实中,许多国家都公开宣称要保障人权,少有国家公开宣称要侵犯人权。但实际的法律实践中,有的国家以法律制度来保护人权,有的国家则以法律制度来剥夺人权。保护人权者乃现代民主国家,剥夺人权者乃非民主和法治的国家。在所有国家中,法治国家是人权最有保障的国家,它本身就是以国家对公民人权的充分保障作为标志的。

---

① 冯天瑜等:《中华文化史》,上海人民出版社 1990 年版,第 181 页。

② 《韩非子·扬权》。

③ 冯天瑜等:《中华文化史》,上海人民出版社 1990 年版,第 180 页。

④ [俄]B. B. 拉扎列夫主编:《法与国家的一般理论》,王哲等译,法律出版社 1999 年版,第 349 页。

法治国家与非法治国家的区别,不是法治国家中没有侵犯人权的事件发生,而仅是在于:法治国家侵犯人权的事件相对较少,侵犯人权的事件一旦发生,即能获得依法处理——侵权者必然受到应有制裁,受害者必能依法获得应有保护。也就是说,在法治国家中,人权能够获得相对较好的法律保障,而在非法治国家则不能。

人权反对人对人的奴役,反对不把人当作人对待的暴虐。历史上的不把人当作人对待的社会和法律制度已经受到了人类的批判,但其踪迹并未彻底消除,偶然的侵犯人权的现象还不时地出现在人类社会之中。笔者敢说,即使是现在的一些学者或专家(或者被别人称作学者或专家的人),他们也不完全具有现代社会足够的人权意识。他们不仅不关注别人的人权,有时甚至自己的人权被侵犯了也会麻木不仁。法治国家内含人权意识的培养与人权法律制度的建设,尤其是内含人权在社会实际生活中的切实保障与充分实现。

实现人权的障碍是多方面的,其中有个体的、群体的,甚至特定组织的。人权首先是每一个个体的权利。一个人面对侵犯其人权的其他个体,甚至面对侵犯其人权的一定群体,只要有包括法律在内的足够的救济手段与途径,也是可以获得救济的。如果一个人面对的侵权者为一定的组织,其人权获得保护的可能性必然大大降低。如果一个人面对的人权侵犯者是特殊的组织——国家或其政府,而且是强权的国家或政府,那么人权被侵犯者根本就无法获得救济。因为,强权的国家或政府不仅不会保障人权,甚至还会制定侵犯人权的法律来剥夺人权。所以,人权的最大障碍是强大的国家或政府对于人权的侵犯。对于作为侵权者的国家或政府,个人是无能为力的。要充分保障人权就必须制约人们作为个体最无可奈何的国家强权与政府权力。法治正是以限制国家或政府的专横作为重要目标的。法治国家的一个使命就是使国家及其政府依法而行。法治国家通过法律的途径直接地保障人权,法治国家还通过依法制约国家或政府的强权来保障人权。

(三)权力制约是法治国家的根本表征

权力,这里当然是指的国家权力,它必须受到法律的制约。德国法学家耶林曾经论证,“伴随历史发展的进程,国家会通过自己制定的法律,不断地限制自己的政治权力和武装力量,不断限制自己的暴力属性。"[①]美国法学家博登海默认为,"法律的进步作用之一乃是约束和限制权力,而不论这种权力是私人权力还是政府权力。在法律统治的地方,权力的自由行使受到了规则的阻碍,这些规则迫使掌权者按一定的行为方式行事。"[②]

权力的根据并不在权力的本身,而在于民众对权力的赋予以及民众对权力行使的认可。所谓选举、推举,不过是权力获得的过程而已。由于权力获得的过程不可能让所有的人都参与,甚至绝大多数人都无法直接参与,因此,怎么保证权力的赋予是正当的就成为了一个十分困难的问题,于是就有一个对权力赋予过程的监督问题。人民将权力之一部分让渡于公共管理者的过程,站在民众的角度,是权力的赋予,站在管理者的角度,就是权力的获得。赋予与获得是权力移转过程的两个侧面。如果权力赋予与权力获得的过程没有制约,就无法保障这一过程是正当的,就无法保障权力赋予者和权力获得者在这一过程中的行为并未违反公众的意愿,甚至一定是公众意志的反映。至于权力行使,更不可能由每一个人来完成。它必须由公众依靠一定的程序认可的人代为进行,那么这些由公众认可而行使管理社会权力的人,其行为是否是为公众利益的,如何保证他们永远为公众的利益而工作,这就使对权力获得者的监督或制约显得必不可少。

任何国家权力无不是以民众的权力让渡与公众认可作为前提的。如果一个权力是由民众让渡,并为公众认可的,即说该权力的获得与行使是正当的,否则该权力存在的合理性就有问题,该权力的任何行使都无法具有合理性。何以保证权力的让渡过程正当就成为一个极为重要的问题。权力让渡的程序是权力让渡正当性的保证。这个程序应当是由人民设计,并用法律记载的,而且关键之处还在于这种程序被严格执行和遵守。权力一旦被让渡,再进一步的问题,就是何以保证被让渡出去的权力不被滥用。人民对于自己让渡出去的权力并不会不闻不问,而是会时时关注,防止权力滥用的情形发生。人民用什么来制约自己

① 吕世伦主编:《现代西方法学流派》,中国大百科全书出版社 2000 年版,第 296 页。

② [美]博登海默:《法理学——法律哲学与法律方法》,邓正来译,中国政法大学出版社 1999 年版,第 358 页。

让渡出去的权力,怎么制约自己让渡出去的权力就是一个重要而必须解决的问题。

制约权力正是在以上的意义上被提出的。受到制约的权力并不是直接执掌在人民手中的权力,而是被人民让渡出去的权力。如果把人民直接拥有的权力称为第一层次的权力,则可以把人民让渡出去的需要加以制约的权力理解为第二层次的权力。后面所谈及的制约权力都是指的第二层次意义上的权力。制约权力,在逻辑上主要应当是制约权力的行使。然而仅仅依靠对权力的行使进行制约很难达到制约权力的目的,于是制约权力的获得也就进一步为人们所重视。制约权力也就不仅是指对权力行使的制约,而且包括对权力获得的制约。

权力获得与权力行使,总是少数人的事情。这些少数人的每一个个体都有自己独立思维和相对利益,他们在总体上都有一种背离集体或公众的倾向,对他们的制约就非常必要。在制约机制中,最有效的制约手段当然是法律。这是由两个主要因素决定的:一是任何权力的行使一般地都是以法律作为根据的,并以法律作为权力行使的范式与轨迹;二是在制约权力的规范中唯有法具有国家强制力作保证,并具有公认公知的特点。日本法学家川岛武宜在阐释法律的不确定性问题时说,“法律决定关系到我们的权利义务的重要内容,因为它涉及动用政治权力的强制。所以,法律必须明确意味着:依据法律对所发动的政府强制力的制约是明确的,我等国民互相之间谁的、多大程度利益得到确保也是明确的。”①有了相关的制约权力的法律,并不意味着权力就已经受到了制约。还需要把制约权力的法律现实化,使制约权力的法律成为社会的实际,这样也就达到了法治的目的,在制约权力的意义上也就实现了法治。法治必须首先治权,而且必须是依法治权。

能否用法律有效而科学地制约权力,是一个社会管理状况的评价标准之一,也是一个社会制度优劣程度的标志,也是特定社会是否存在法治的标志。在我国这个具有长期专制和集权历史与惯性的国度,强调对权力的依法制约具有特别的意义。制约权力在世界各国法治化历程中的意义已经为历史发展所证明,在中国建设法治国家的征程中,是

---

① [日]川岛武宜:《现代化与法》,王志安等译,中国政法大学出版社1994年版,第152页。

我们所不可忽略,必须予以特别关注并为之努力的。

(四)权利实现是法治国家的明显特征

法律是权利和义务的载体,也是一定数量权利、义务的总和。无论是强调权利还是强调义务,在逻辑上都具有同等的效果。因为权利的实现是以义务的履行作为条件的;义务的履行是以权利的实现作为目标的。权利与义务在数量上的相等,在关系上的对应,决定了在逻辑上只要权利实现了,义务也就履行了;只要义务履行了,权利也就实现了。其实,在实践中,由于权利义务的不同属性和人们对于权利义务的不同心态,情形迥然有别。因为权利对于其主体具有有利、有益的特性,能够调动权利主体享有权利或者实现权利的主动性与积极性。而与之相反的义务,却不具有权利的这种特性。一般说来,只要义务主体不具有高尚的人格和思想品德,就很难自觉地履行义务。在社会还没有进步到所有或者大多数社会成员都具有高尚品德的时候,就必然会存在人们对于义务的排拒,使权利无法实现。既然在逻辑上从权利入手与从义务入手都可能达成权利、义务得以实现的结果,首选权利作为着眼点、入手处当然就最为有效,更能张扬权利,扩展社会生活,使社会生活充满生机与活力。以权利为本位或以义务为本位就会导致完全不同的社会后果。因此,是坚持权利本位还是坚持义务本位是法治国家与非法治国家的重要区别,以权利为本位是法治国家的明显特征。

要以权利为本位,必须考察权利保障的制约因素。权利的保障来自两个方面的制约:一是权利受义务制约;二是权利受权力的制约。因此,权利本位就要求为权利的实现而履行义务,为权利的实现而制约权力。

坚持权利本位,以权利的实现带动义务的履行。权利与义务是构成法的两大要素。在权利与义务之间,作何种价值选择,是法律时代的价值判断。在权利与义务的关系上有着一种错误的认识,似乎二者之间只有一种关系,似乎学者们的认识也只有一种才是正确的,即只有权利义务一致的理论和口号才是唯一正确的。实际上这是十分褊狭的。从不同的侧面认识权利与义务之间的关系,其结论自然就有所不同。在价值意义上,所应提倡的是权利先导。因为权利与义务在总量上是相等的,在理论上似乎强调义务或者权利,都是一样的,都能达到二者实现的目的。然而强调义务和强调权利的实际后果是不同的。因为每个人都有关心自我的本能,权利对于大多数人来说,具有比义务更大的号召力。因此从保障权利出发带动义务的履行,比从义务出发更加有效。权利本位的意义远非仅限于此,它还有利于社会权利的扩大和良性发展。

坚持权利本位,依法制约权力。这里的权力,是指国家权力;这里的权利主要是指民众个人或群体的权利。权力与权利有着重大的区别。首先,在终极意义上,权利是权力的基础,权力不是权利的基础。其次,权利要由权力予以保护,权利本身往往难以自保,而权力本身却有充分的自我保护能力。最后,权利本身不具有国家强制性,其保护要依赖权力,而权力本身就具有一定的国家强制性。权力与权利的区别决定了权力易于膨胀,而权利难以自保。在权利与权力之间,权利易于受到权力的侵犯。为了保障权利就必须制约权力。

要以权利为本位,必须有权利神圣的意识。这种意识的确立对于权利本位的确立具有至为重要的意义。一些社会成员轻描淡写地认为,权利不过是记录在法律上的符号。如果这样来认识权利,是怎么也产生不了权利神圣的意识的。权利实质上是一个人自由的体现,是一个人人格的体现。侵犯权利的行为是对于自由和人格的侵犯行为。对于权利的侵害不是一个利害得失的小事,而事关人格与尊严。如能把权利放到如此状态中去认识,就不会不为权利而斗争。正如有的学者所言,“如果说权利是主体人的自由、主体人的人格的具体化的表现,那么,对权利的侵害就只能是对主体人人格和自由的侵害的表现。”①在司法实践中,我们经常可以见到那种为所谓“蝇头小利”争斗的情形,许多人心中着实想不通,深感“不值得”。这种争斗之心,无非源于二点:一是其对于公正的渴求,希图通过诉讼以获得公正,给其某个“说法”或还其某种“清白”;二是其对于权利的珍视,希图通过诉讼以维护自己的权利,得到一个正确的“是非”认定。有了对于权利的深刻认识,所以才有人为了权利而诉讼,而忘却了其余;所以才有人为了权利,历经千辛万苦也要打赢一个在财产上无足轻重的官司;所以也才有人为了所谓的权利,耗尽资财打赢了官司,却将赢得的财富捐献给福利机构或公益事业。有学者这样描述拥有近代人格主体性的人的权利意识,“拥有近代

① [日]川岛武宜:《现代化与法》,王志安等译,中国政法大学出版社 1994 年版,第 56 页。

的人格主体性的人，不仅意识到为了对抗侵害权利而主张自己的权利是问心无愧的正当行为，甚至会感到只有主张权利和为权利而斗争才是肩负维护这种秩序的权利人为维护法律秩序所应尽的社会义务。所以对他们来说，默认侵害权利的行为，或对此置若罔闻是难以忍受的痛苦，而且甚至被当作不履行社会义务来意识。对权利的这种意识的信念和热情，正是使权利得以成为权利、使法律秩序得以成为法律秩序的根本条件。如果没有这些，权利不复存在，被称为权利的内容尽管写在法律条文上，现实中它也绝不会是权利"。①

三、法治国家的微观特征

（一）法律至上是法治国家的理性原则

法律至上是指法律具有至高无上的地位与权威的法治原则，它是法治中最基本的重要原则。法律至上是法学界所熟知的原则和口号，但由于种种原因，人们对它的误解、歧见长期困扰着我们，使我们难以名正言顺地提出和倡导法律至上的原则。

法律至上是资产阶级在其法治建设中提出的重要口号和基本原则之一。其意在强调法律在整个社会规范体系中具有至高无上的地位，其他任何社会规范都不能否定法的效力或与法相冲突。法律至上原则的提出和确立，对于人类的法治建设所具有的意义是不可忽略的。但它的提出显然不是一件容易的事情。法律至上，教规是否至上，权力是否至上，道德是否至上，政策是否至上？法律至上是否否定了经济的作用、政党的作用？法律至上一经提出，就面临着若干挑战。

法律至上并不反对权力，所反对的仅仅是权力至上。由于法律至上是对权力至上的否定，因此，有的人歌颂它，有的人否定它。其实，法律至上并不是对权力的简单否定。从一定意义上讲，法是权力的产物，没有权力，绝无法的产生和存在可言。法学理论和法的实践都说明，没有权力就没有法的产生（包括制定或认可），也没有法的存在和被贯彻实施。权力始终是法得以存在的依据。在法产生和存在的意义上，没有法律至上的问题。法既不可能超越社会物质生活条件、超越社会发

① ［日］川岛武宜：《现代化与法》，王志安等译，中国政法大学出版社1994年版，第56～57页。

展的历史进程和人类进步的实际状况,也不可能逾越或凌驾于一切权力之上。然而撇开这一意义,法与法律社会的各种具体的权力之间的关系就不再简单的是一个权力高于法的问题。甚至恰恰相反,任何个别权力的获得和行使都应当具有法的依据。法相对于各种个别的权力都应当具有至高无上的权威。即使是法的制定和法的实施也都概莫能外。因为,除一些通过革命而建立的新政权的最初立法外,任何立法都得遵守法的规定,即依法立法;任何国家强制力的取得和行使都得具有法的依据,并依法行使。即使是革命政权最初的立法,虽然不必遵守旧时代既有的法律规定,但是也还得遵守法的规律,遵照立法的原理乃至法的原理,而不能完全随心所欲。如何实现法律至上,面对权力,主要不是一个认识的问题,根本的是一个社会实践的问题。法律至上首先受到的挑战,是权力对于它的挑战。只要权力高居于法律之上,法律就只能是权力的附庸和奴仆,而无任何独立性可言。法律至上一旦受到权力的践踏,法治也就没有希望。所以,可以认为,肆无忌惮的权力是法律至上的劲敌。

法律至上并不反对道德,所反对的仅仅是道德至上。有的人认为,法律至上会导致对道德作用的否定,这是对法与道德关系的误解。法律至上与道德的作用并不矛盾,也并不否定道德的作用。法律仅仅是在道德与之产生了冲突的时候,我们得依照法律作出相应的行为,而不是去依据与法律相冲突着的道德规范。首先,法与道德是两个相互联系而又相互独立的社会规范体系。他们在并不完全相同的领域发挥着各自的作用,肯定法的作用并不等于否定道德的作用。其次,法律至上并不等于法律万能。只能由道德调整的问题,也不能因法律至上而由法取而代之。最后,任何法都以一定的道德准则作为自己的社会基础并在一定程度上引导道德的发展,法律至上不仅不会否定道德,甚至可能在一定程度上有助于道德的完善和发展,所以切不可将法律至上与道德作用对立起来,以为法律至上会否定道德的意义。法律至上与道德至上之间的冲突,在中国是很容易发生的。这主要是因为中国是一个有着悠久尚德传统的国家。提倡道德,极能得到社会的普遍认同。相反,法律至上却恰恰不可能受到如此的礼遇。因此,在中国坚持法律至上,反对道德至上就更为艰难。

法律至上是对政策至上的否定。政策是否至上的问题,在西方是不存在的,也没有一个民主或法治的国家,其政策会比法律具有更大更高的效用。政策是否至上在中国却是一个重大的问题。政策本有国家政策与政党政策之分。国家政策对于法律的制定或者执行在一定程度上存在某种影响,是正常而无法改变的事实。然而,政党政策是否具有如同国家政策一样的效用就很值得疑虑了。因为除执政党政策之外,其他任何政党政策都不可能直接具有影响立法或执法的作用。在历史上,由于中国共产党独特的执政党地位,使得中国共产党的政策曾经发挥了法律或者准法律的重要作用。在很长的历史时期中,共产党政策在中国具有远比法律更高的效力,发挥着更为广泛的社会作用。经过改革开放后的法制建设,这种状况已经大为改观。但既有的惯性并未消除,甚至人民法院在一些特殊类别案件的审理中,依然按照党和政府的政策办理,而不是依法审判。

法律至上并不否定经济的作用。有的人认为,法律至上会导致对经济决定作用的忽视或否定。这同样是对于法律与经济之间关系的误解。法律至上与经济决定法是两个不同层面的问题。经济决定法,是最基本的法学原理之一,为历史和现实所反复证明。经济决定法是从法的本源意义上讲的,在终极意义上法始终是被经济所决定并为经济服务的。但是离开这一向度,就法对具体的经济关系和经济活动来说,显然就不再是从属的了。一切具体的经济关系和经济活动也都得遵守法的规定,符合法的要求。否则就可能导致违法甚至犯罪行为的发生。法律至上是在经济决定法的基础上对法的地位的概括和期望,它与经济决定法并不矛盾。在具体的经济关系与经济活动中,法律至上是至为必要的。如果经济活动主体不依照法律的规定来从事自己的经济活动,就不能达到预期的目的。

法律至上并不否定政党的作用。现代民主政治或者法治政治并不是不要政党的政治,而是充分正当地发挥政党作用的政治。可以说,在现代,政党在社会生活和政治生活中始终会具有重要的作用。我们所要努力的方向,不是不要政党,而是如何使政党更为科学地在国家和社会生活中发挥应有的作用。依照当代宪政的要求,任何政党、武装力量、社会团体或其他社会组织都必须在宪法和法律的范围内活动。在我国,宪法作出了类似的规定,作为执政党的中国共产党也在自己的党章中明确宣布,党的组织和党员都必须在宪法和法律的范围内活动。

在我国,法律至上在本质上也与发挥党的作用不相矛盾。因为,人民的政党必须也必然以人民的利益为依归,而真正的良法必须和必然是人民意志的反映。法律与政党政策在人民利益上统一了起来,因此坚持体现人民意志的法律至上,与坚持人民政党的领导不但并不矛盾而且是完全一致的。

(二)法制完备是法治国家的形式要件

法制完备是法治国家得以建立的必要条件之一。法制是指一国以法律制度为基础的,包括法律组织及其运行机制在内的法的整体。何谓法制完备,笔者认为法制完备首先表现为法律制度的类别齐全、规范系统而无一遗漏。凡是法律制度所应调整的,均应有法律制度调整;凡是由法律制度调整的,均应有恰当的法律制度调整;调整不同领域的法律制度应当相互衔接,有机协调;法律制度在执行、遵守、监督中的任何问题,均能在法律制度中获得解决的途径。法制完备其次还表现为有相应的法律机构存在,各种法律机构在组织上无所残缺。立法机构、执法机构、法律监督机构应有尽有。法制完备再次还表现为法律与法律之间、法律与法律机构之间、法律机构相互之间是一个完整的整体,他们有一个共振协同机制和反馈调节机制,能相互协同地运作,并作出适应客观需要的反映,能进行有效的自我修正与调节。

从法律制度角度来看,法制包含着一个国家对于自己法制和法治发展的构想,记录着对于自己法制与法治发展的期望。法治建设的实际运作总是首先从法律制度的废止与保留、维持与创新开始的。在成文法国家,法制建设是最为首要的,法律制度的变革意味着法的实施及其后果的相继变革。法治之路开端于建立完备的法制。即使是那些以不成文法为主的国家,也同样会在不成文法意义上通过一个个判例和习惯来达成法制建设的目的,为新的法律理想作铺垫。在中国,法制完备对于法治国家的建立具有特别重要的意义。

首先是因为,中国是一个长期实行成文法并以成文法为主的国家,有着重视法的制度建设的历史传统,要建设法治国家必须注意到这一历史传统,把法的制度建设摆到应有的位置。中国自古以来都以成文法为主要的法律形式,不成文法即使偶有存在也是补充性的,呈现为整个法制的枝节部分。翻开中国的法律史著作,就可以发现,春秋战国时代就开始了对于成文法的探索,并使成文法传统逐步得以确立。有学者将春秋战国时代至秦代称为“国本位·成文法”时代，在“法、律、令、事”等法律形式之中，“法”与“律”是相对稳定的主要的法律形式。在西汉至清代两千年间虽然有“国、家本位·混合法时代”的称谓，但成文法依然是主导的基本法律形式。其间，法律形式为稳定型的成文法典、半稳定型的法令与非稳定型的判例。其中绵延不绝的还是成文法。汉有《九章律》，魏有《新律》，晋有《晋律》，梁有《梁律》，陈有《陈律》，北齐有《齐律》，后周有《周律》，隋有《隋律》，唐有《唐律》，宋有《宋刑统》，元有《大元通制》，明有《明律》，清有《清律》。[①] 以后的中华民国时期，乃至以后的当代社会，都以成文法为主要的法律形式。

其次是因为，中国是一个长期实行中央集权的国家，有着从上与崇上的文化传统，有着普遍的从上与崇上的社会心理和社会现象。“从上”之“从”是顺从、服从、跟从、追从、从属、依从等意思，“崇上”之“崇”则有崇拜、崇敬、崇尚、崇奉等意思。“上”则是处于高级别的人或组织，其中包含着皇上、上级、上司等在内。“皇上”固然仅仅存在于帝王时代，但“上级”“上司”却是普遍存在的。对于这种心理与现象很难进行简单地批评。它们的形成，与几千年的专制集权统治，与权力崇拜和顺民观念都有关系。它们的存在对于人民主人意识的培养和主人权力与权利的行使，都是极为不利的，无助于甚至有害于人民当家作主。在民主化发展的进程中，它们甚至是民主发展的障碍，不应得到肯定。但是存在就是存在，现实就是现实，不能因为它们是可恶的存在与现实，我们就拒绝承认它的客观存在与现实性质。最有效的办法还是尽可能地因势利导，逐步地加以改革，甚至彻底摒除。法律制度在长期的历史发展中，几乎一直是“上”意（并不一定违反民意，有时也与民意一致）的表现，至少一直被社会大众理解为“上”意的表现，因此从上与崇上的心态，对于强调法律制度的权威性具有重要意义。法制建设在中国的整个法治国家的建设中的地位不容低估。

再次是因为，法律制度具有稳定性、确定性、明确性的特点，便于人们掌握与运用，可以在一定范围内防止法治国家建设中的偏差与曲折，加速法治国家的进程，有利于法治国家建设长期而有效地进行。法治的建设是一个社会演变的阶段性过程，花费的时间少则几十上百年，多

---

① 武树臣：《中国传统法律文化》，北京大学出版社 1994 年版，第六章、第七章。

则数百年。对于人类历史的长河来说,不过是一瞬间,但就一个人的生命来说,实在是太长了,它往往要耗费几代、十几代人的生命。在整个法治化的历程中,如何确保法治被始终如一、坚定不移地恒久坚持,最可靠的不是别的事物,而是法制,是那些记录着法治使命、包含法治目标、表明法治进程的法律制度和相应的组织构架与运行机制。法治的发展过程中发生畸变的悲剧在历史上不乏先例。中国法治,包括法治国家的理想被提出来至少已经有100年的历史了。但100年来,多少不应有的波折都出现了,法治还是艰难向前行进着。中国法治的发展早就已经如九曲黄河经历了"九十九道弯",尽管弯弯的河水总体是在向前奔跑,但实在是不应经受更多的曲折。

最后是因为,法律制度、法律组织及其运行机制是法制建设的首要环节,没有法律制度就不可能谈及执法、司法、守法和法的监督等环节。法制和法治中都包含着立法、执法、司法、守法、法的监督,乃至更多的方面,而法制则是法治建设的最基本的方面与内容。法制是法治的基础,没有法制就不可能有法治。如果有学者认为,法治可以在一片空白之上建立起来,那就纯粹是一种幻想。法治不论是作为一种法律原则、治国方略、社会状态,还是其他别的什么来看待,都要借助于法律制度,不管这些法律制度是成文法或是判例法乃至习惯法。法,完备的法的存在是法治建设的一个先决的基本条件。法一旦产生就涉及它的执行与遵守、实施与监督的问题。执法、守法、法律监督是一个在立法之后的有机整体,各种法律机构的建立和作用的发挥是法制成其为法制的条件。法治是在各种法律机构建立与依照一定机制运行的基础上建立的。只是为了适应法治的需要,既有的法律机构及其运行机制都必须作出适合于法治或者法治国家要求的变革。

(三)依法行政是法治国家的重要标志

行政是国家行使权力的重要方式,是国家对社会进行管理的基本途径。依法行政可以说是运用法律制约权力的重要表现。但是,由于行政权力具有与其他权力不同的独特性质,也由于依法行政与制约权力的视角差异,因此,在强调制约权力的同时,还有必要对依法行政予以特别的重视。

行政的特点要求行政必须依法。行政具有立法和司法等都不具备的特点。它的工作内容最为丰富,涉及的社会范围最为广泛,与社会民众的联系最为普遍，具有连续性、主动性、及时性与灵活性等特点。在行政权最小的国家，相对于其他国家权力而言，行政权力也同样会是十分重大的。在所有的国家权力机构中，唯有行政由于其独特地位与特点而难以羁縻。一旦放松管束就可能肆行无忌，任意横行。以制约权力作为重要标志的法治，在制约权力的过程中制约行政权力的任务是最为艰巨的。行政能否依法进行，直接关系着一个国家能否实现法治。任何法治国家都以依法行政作为自己最基本的特征与非法治国家相区别，依法行政是法治国家的重要标志。

依法行政是行政的自觉与自主的法治化成果。制约权力是从权力之外对保障权力正常行使的要求，侧重于对权力的外在约束。依法行政既是着眼于行政权力本身而对行政权力所提出的要求，也是行政自律的法治化反映。与一般的制约权力相比较，依法行政更侧重于发挥行政权力的主动性与自觉性。依法行政不应当仅是外在的要求，而更应当是来自行政的内在自省。行政之所以应当依法进行，是因为行政本身就是法治的主导力量之一。一国的法治如果不是由该国在渐进的发展中自然而逐步生成的，就必须由一国的国家主导推进。法治发展的国家主导中，政府必然担负着重要责任。政府在其中必须运用权力，而运用权力的结果，听其自然，必然是强化权力，权力的膨胀与扩充完全可能在无意识中进行，因此，在推进法治过程中的政府的法治化自律就成为了十分必要的重要措施。

依法行政，一是要保证国家行政权力的依法实现，使国家行政管理的职能被正确行使；二是要防止非法行政，保护公民的合法权益。依法行政是行政机关和行政官员对国家、社会、公民负责的统一。国家利益、社会利益、公民利益并不都是一致的，行政机关和行政官员只有以法律作为自己行政的根据，才能在国家利益和社会利益中寻找到一个最佳的结合点，只有依法才能使行政符合其本意。

强调依法行政的目的，不是要降低行政的作用与效能，而是为了防止行政权力的滥用，保障社会权利，保障公民的个人权利。依法行政有着限制权力的意味，但并不是不要行政权力或者不要行政权力的正当行使。行政权力滥用，直接受到损害的首先是个人权利，其次是社会权利。个人权利包括个人人权，既应当是经常存在不可须臾缺失的，也应当是不可侵犯的。与行政权力相对存在的个人权利极易受到非法行政的侵犯,强调依法行政,在一定意义上有利于保障个人权利。与行政权力同时存在的还有社会权利。社会作为一个整体,它是国家的基础,也是行政权力的基础,但是社会权利面对行政权力依然是软弱的、极易受伤害的。强调依法行政,在一定程度上就可以为社会权利提供一个保护的屏障。

依法行政是指行政行为应当具有法律上的根据。行政行为的内容、形式、程序都应当依照法律的规定或要求进行。因为"通过法规或行政规则而预先规定实施行政目的的方式方法,将该机构的典型运作方式公之于众,在许多情形中也都是可能的"。[①] 凡是在法律上没有根据的行政行为就是违法行政行为,就应当承担法律上的责任。这与法律对公民行为的要求是截然不同的。公民的行为不必要求具有法律上的根据,他只要不违反法律的规定,即不受法律的追究与制裁。但作为国家机关之一的行政机关的行政行为则不同。它必须要有法律的根据,否则就是违法行政。在实际生活中,人们往往混淆了法律的不同要求,甚至把法律的不同要求完全倒置,这是根本错误的,根本就不是法治的要求,甚至走到了法治要求的反面。

非法行政对法治具有最大的破坏性。这是因为:(1)行政机构力量特别强大,是法治的最大威胁。任何社会组织都不具有行政机构那么强大的力量,行政机构无疑是最有力、最庞大的社会组织。按照常理,最容易藐视法律的不是弱者而是强者。维护法治,对于强者的约束最为紧要。(2)行政违法发生在行政活动中,可以假行政权力的运作以行,难以监督。行政机构对于法治的破坏往往都是在行使行政权力的过程中进行的,具有极大的隐蔽性,外在监督特别难以操作。可见,行政违法行为比一般违法行为的破坏力、危害性都更大,要推行法治,首先就得要求政府依法行政。

依法行政要求行政官员具有必要的行政能力和法律素质。行政官员是社会需求数量最为庞大的官员子系统,他们的行政能力与法律素质的普遍低下与彼此之间的参差不齐,是依法行政的极大障碍。这种状况是与我国行政官员的来源密不可分的。我国行政官员,有的是由

---

① [美]博登海默:《法理学——法律哲学与法律方法》,邓正来译,中国政法大学出版社1999年版,第370页。

社会招干选用的,有的是由高等院校毕业分配的,有的是由企事业单位调入的,有的则是由荫袭其父母行政官员身份而进入的,等等。行政官员的行政能力与法律素质参差不齐。为了确保依法行政,就必须改革行政机关。在目前,改革行政机关,确保严格依法行政的任务还十分艰巨。

进行制约行政权力滥用的立法是确保依法行政的首要任务。达成制约目标的相关立法,有的是为防止行政权力滥用而制定的单行的专门行政立法,如《行政复议法》和《行政诉讼法》等;更多的则是在赋予行政权力的同时又制约行政权力的一般行政立法,如《行政处罚法》和《治安管理处罚法》等。在法治状态中,每一部赋予行政权力的立法都同时也是制约行政权力、要求依法行政的立法。赋予行政权力与推行依法行政是行政立法一体两面的功用。

确保依法行政的最具有活力的手段是赋予并确保人民控告政府的权利,全面而切实地推行行政诉讼。行政诉讼的立法与执法,不仅要赋予人民可以控告行政机构违法的权利,而且还要让权利受到侵犯的人民确实享有获得法律保护与救济的可能。如果说机械的法律规定还有某种惰性的话,为自己的权利而抗争的民众是最具有内在动力的依法行政的主张者和推动者。"不论赋予该机构的非限制性的自由裁量权有多大,一般来讲,一旦这种自由裁量权被肆意滥用,受这种行为侵损的个人就应当具有某种方式以求助于公正的法庭。"①作为法院、法庭、法官就应当特别珍视自己所享有的对于行政诉讼的裁决权,力图通过自己的审判行为给个人权利和社会权利以保护和救济,促进和确保依法行政的实现,最终确保法律的实现、社会的民主和国家的法治。

依法行政的目标中包括保证行政权力的正当行使、促进法治的实现、保证人们享有充分的社会经济生活条件等多个方面。前二者在前面已经有所论述,对于第三者还需要加以特别的明晰。参加 1959 年的国际法学家会议的法学家们就已经意识到了这一点,在他们的《德里宣言》中就宣布,"法治原则不仅要求对制止行政权的滥用提供法律保障,而且要使政府能有效地维护法律秩序,借以保证人们具有充分的社会

---

① [美]博登海默:《法理学——法律哲学与法律方法》,邓正来译,中国政法大学出版社 1999 年版,第 370 页。

和经济的生活条件,即要为个人谋福利”。[1]

(四)司法公正是法治国家的基本要求

公正是法律重要的价值目标与价值追求。从理想的法律运作来看,可以毫无疑问地说,一切法律与司法都是在追求公正而已。社会赋予司法最神圣的职责就是实现公正,或者与公正达成统一。司法至少在表面上都总以公正作为自己的理想。在法治国家建设中,司法公正具有更重要的意义。

首先,司法公正是司法的最本质要求。司法为什么要公正?这是与司法产生的背景密切相关的。司法是在社会某种纠纷产生之后,个人或者社会无法凭自己的力量进行公正裁断的时候,而能发挥裁断作用的特殊社会机制。一般地说,一个纠纷发生了,如果当事人能够通过自己的努力达成所谓公正的共识并服从于这种共识,司法就成为了多余。司法就是要公正地解决一定的社会矛盾及其相应的涉法冲突。它是国家这一公共权力因冲突着的各方无法自主地解决纠纷,而为其设定的由国家专门机关予以裁决的纠纷解决机制。冲突着的双方都存在着利益的差异或分歧,如果依其任何一方单方面的意愿裁决,都可能导致裁决的不公正。司法是居中的裁判者。不论如何主张司法官员在裁判过程中的主导性与主动性,都无法否认司法是以评判纠纷中的是非曲直作为自己使命的,司法被制造时就被赋予了公正这一生命内涵。如果裁决不公正,首先就不可能平息纠纷,甚至可能使矛盾更加激烈,司法的目的就不可能得以实现,也就违背了司法应有的本质。

其次,司法公正是司法赢得公信力的根本依据。司法的公信力也许首先源于国家的授权或者说人民的最初授权。司法权力是国家权力的构成部分,它的直接来源是国家的权力分配与赋予,它的最终来源则是民众权力的让渡。司法权力最终来自人民,一是从国家权力来自人民的意义上讲的,二是从司法机关的官员由人民代表大会产生的意义上讲的。司法除通过国家从人民那里获得对于纠纷的裁决权之外,它还从社会获得民众的信赖,以获取更大的公信力。司法需要具有的足够社会权威性就不是国家所能赋予的,它必须来自人民。司法机关的设立,在历史缘起上也许就是人民愿意将纠纷交其裁决的结果,当然包

---

① 龚祥瑞:《比较宪法与行政法》,法律出版社1985年版,第82页。

含着人民对其的信赖，这也是人民愿意通过国家赋予法院裁决权的根据。司法机关的继续存在，也离不开人民的继续信赖和支持。司法机关能否始终赢得群众、获得人民支持的根本，就在于其是否坚持了司法公正的原则。可以说司法公正是司法机关赢得人民的最基本、最主要的所在。如果司法一次一次地让民众在公正这一本质追求上失望，民众就会在一切可能逃避的情形下逃避司法，而求助于非司法的其他方式，乃至私了。如果私了是一种合法的和解或者调解，倒无可厚非，并值得提倡，它的确节省了司法的成本。但是许多私了都并不是合法的和解或者调解，而是一方使用非法协议甚至暴力方式来平息纷争，或进行复仇。产生纠纷不寻求司法予以公断而是私了，一个根本的原因就在于不信赖司法，不信赖司法的公正。这种不信赖可能是由于当事人对于司法的误解所致，也可能是司法本身的不公正所造成的。在现实社会中，我们很少甚至没有从私了案件中反思司法不公的问题，更没有从私了案件中提出对于司法公正的要求，这也许就是在对司法公正漫长的追求中所产生或遇到的意识麻木。

最后，司法公正是提高司法效率的必然要求。现代社会的快速发展给司法工作提出了大幅度提高裁决效率的要求。司法公正的实现是否要以损害司法效率为代价呢？相反地，提高司法效率是否意味着一定要放弃或者牺牲司法公正呢？笔者不认为是这样。笔者认为，在所有提高司法效率的“灵丹妙药”中只有司法公正才是唯一的“治病良方”，也就是说只有司法公正才能提高司法效率。因为只有司法公正才能简省诉讼程序。案件通过一审终结，一般都获得了公正的裁判，当事人就不会提起上诉。如果一审不公正，或者大量的当事人认为不公正，就必然会导致二审程序的大量启动。如果二审还不能达成公正，甚至还会引发再审程序。也许有人会责备当事人的公正观念或公正判断有问题。不否认，有的当事人确实属于执迷不悟者，始终以为真理与正确只在自己一方，过于自以为是。但是，我们也应该想到，上诉率过高，很可能就是审判出现了问题，有可能就是因为司法不公正。如果二审与再审案件能减少一半，我们将在怎样的意义上提高司法效率与效益，是不难想象的。司法不公，既不利于司法机关工作的顺利进行，更不利于人民群众正常的社会生活。

司法公正是一个随着时代而不断发展的概念，其内涵与外延在不同的时代或不同的历史时期有所差异,因此司法机关的司法公正认识也应有一个随历史发展而进步的问题。现代中国正处于一个伟大的变革年代,除旧布新成为时代的进行曲,只有随着时代进步的司法公正才可能适应社会的发展要求。

然而公正却并非随处可见,轻易可得。司法公正一直受到来自两个方面的检验:一是司法是否合于法律制度的公正;二是司法是否合于社会意识的公正。前者我们可以将其称为“合于法律制度的公正”,后者我们可以将其称为“合于社会意识的公正”。

司法的“合于法律制度的公正”,是司法公正的首要方面。公正之“正”不是“私正”,少数人或者个别人所认为的“正”绝非“公正”之本义。司法公正的前提是“立法公正”。立法公正就是指立法要能体现社会民众的意愿,就是要能体现绝大多数人的意志,是人民意志的体现。多数人的意志的载体——法律制度也就包含了多数人的公正观念和公正要求。在这个前提成立的情况下,司法公正首先所强调的就是司法合法。在这里“合法”即合于多数人之“正”——法律制度,这种“正”具有“公”的确定性,是司法公正的最客观的衡量尺度。当然如果“法”不是“民意”(在这里或称“公意”)的体现,司法公正以司法合法作为目标,是否能导致真正的公正又另当别论了。

司法的“合于社会意识的公正”,是司法公正的主要内容。“正”不仅是法律制度意义上的,而且也是社会意识意义上的。公正的司法要能获得公众的认可,就必须使大众信服。司法如果不具有这种力量,其社会影响是很难如愿以偿的。当然这里的“众”有一个“量”的问题,众人之“正”有一个正确与否的问题。法律制度的公正与社会意识的公正经常是一致的,但是二者之间也可能产生差别与冲突。社会意识中的公正观念,是很难把握的,但它又是客观存在的。一旦违反了它,违反者就会遭到社会的反对或否定。司法也同样如此。司法的公正不论其在法律制度上的状况如何,如果它遭到人们观念上的反对或否定,它在实施上就难以如愿以偿。这种违反社会公正观念的司法不论其在理论或制度上是否正确都会受到社会的抵触和反对。极端时,人们甚至会故意地挑衅法,以表示对自己所认定的公正准则的忠诚和维护。

四、法治国家与国情差异

法治国家有其共同的性质,都具有与非法治国家所不具有的特征。但是由于法治国家是在不同国家建设的,不同国家的国情也就决定了各国法治的道路不同与状态差异。对此问题进行研究,对于深入认识法治国家是非常有益而重要的。

(一)法治国家建设从国情出发

法治国家具有共同的特征,这些特征是指已经建成的法治国家所具有的目标,这些标志也就是目标。但是要达成这些标志,也即要具有这些特征,其起点与过程都是具有差异的,这主要就是国情的差异。法治国家的起点与过程都受制于各国国情。法治的具体情形是因国家的不同而不同的,其中有政治因素、经济因素、传统因素、文化因素等。

在社会主义国家与资本主义国家,法治显然是不同的。政治意识的差异、政治制度的差别都导致了它们在法治化的社会基础、道路选择、推动力量与阻碍因素方面都截然有别。就是在资本主义国家或者社会主义国家之间,法治实现的情形也会因国情的差异而迥然相异。

最早进行资产阶级法治建设的英国,其法治就是在限制封建王权的过程中,在资产阶级与封建君主妥协与斗争之中逐步建立的。因此,反对封建君主专制是英国资产阶级法治国家建设的起点。整个过程都包含着对封建专制的斗争—妥协—斗争的变奏,并随着资本主义的发展而发展。于是学者们都一致认为英国“法治的发端:对王权的限制”。[①]“综观英国法治的绝大部分历史法治的兴起与发展,一直追随两个一贯的基本目标,即限制国家的权力和保护公民的自由……在英国法治的开端上,前一目的更加明显。不过,当时的被限制者不是作为整体的国家,而是代表国家的国王,要求限制者是贵族、骑士、上层自由土地占有者和城市市民,而非其他处于社会下层的普通民众。这种限制与反限制斗争最重要的成果就是 1215 年的《大宪章》(*Magna Carta*)。《大宪章》是奠定英国法治基础的第一个制度性文件。”[②]

德国是公认最早明确使用“法治国”这个概念的国家。德国的法治

---

① 郑永流:《法治四章》,中国政法大学出版社 2002 年版,第 4 页。

② 郑永流:《法治四章》,中国政法大学出版社 2002 年版,第 4 页。

国家理论酝酿于康德和洪博,法治国概念最早由普拉西度斯使用,逐步发展成为德国流行的概念与用语。① 它的法治国家建设则是在进行政治改良的过程中,运用法律手段限制专制君主国家而产生的。有史料记载,在18世纪,德国被分裂为300多个公国,呈现出诸侯割据的状态。各个公国,普遍实行着政治专制的统治。资本主义经济尚未得到充分发展,极不发达,市民阶级被迫屈从于封建君主,人民灾难深重。民众尤其是新生的市民阶级迫切要求进行社会变革,并希望通过变革获得自由。但由于市民阶级尚未聚集起足够的力量进行法国式的旨在推翻封建君主专制的革命,于是法治国便成为德国对18世纪欧洲和德国社会政治总危机形势的特殊回答,具体就是,用和平改良的方式,即以法律为手段限制专制君主国家,实现公民个人的自由与个性解放。法治国的设计就是这样一种煞费苦心的改良主义杰作。②

美国的法治则具有与英国和德国都不同的起点与过程。美国从英国殖民统治之下解放出来,国家独立了,但是国家的统一还没有完成,如何建立具有中央权威的联邦制统治即成为问题。可以认为,美国法治是在争取独立、建立联邦的过程中逐步建立,并随着美国资本主义社会的发展而逐步发展完善的。

社会主义国家的法治化发展,与资本主义国家既有着政治制度的不同,也有着经济、文化、历史等诸多方面的差异。社会主义法治必然不同于资本主义的法治国家的客观基础和建设路径。就是在社会主义国家之间,也同样会因为自己的国情的不同,而选择并不完全相同的路径。法治国家是对法治化的国家状态的抽象与概括,并不反对各国法治建设循着自己的路径向前发展推进。法治国家的基本特征是普遍化的概括,它并不否定各国的具体国情,也不限定各国法治化的道路选择和具体过程。相反,各国的法治化发展,法治国家的建设都是以各国国情作为基础、前提和起点,并据此以选择自己的道路与确立阶段性目标。

(二)中国传统文化与法治国家

传统文化是中国法治国家生成的土壤,对它没有足够的认识,就无法认识法治建设必须立足和面对的思想基础。中国传统文化博大精

---

① 陈新民:《法治国家论》,学林文化事业集团有限公司2001年版,第1~38页。

② 郑永流:《法治四章》,中国政法大学出版社2002年版,第86~87页。

深，异常丰富，针对法治国家来说，也很难进行简单的有利或者有害的评析。但是，就中国传统文化对法治国家建设的影响来说，又是推进法治国家建设不可回避的问题，对其进行分析和回答是必须完成的任务。我们可以从宗法传统、特权思想与民本主义三个方面做一个初步的考察。

就宗法传统来说，中国宗法传统源远流长。家族主义在社会组织结构层面等深有影响。农村社会，同一家族的结邻而居，成为农村社会的组织结构特色之一。在政治生态之中的派性观念、拉帮结伙在某种意义上就是传统宗法思想在现代的流变。农村家族势力与政治生态中的帮派思想都是中国社会民主化与法治化、政治民主化与法治化的障碍。

我国的特权思想，可以说是浸润在整个历史文化之中，在现实社会生活中也存在着大量的相关现象。在许多时候，掌握着权力的人谋求特权和享有特权，没有特权的人也许反对特权，也许默认特权，有的甚至还支持特权。特权思想的存在，对于民主与法治来说都只能是破坏与障碍，有时直接就成为违法犯罪的思想根源。

民本主义，在中国古代文化中是极为惹人注目的。民本主义可以说是中国历朝圣王明君的共同理念，直至现在有时还被作为国粹来加以肯定。然而民本并不是民主，在民本之下没有民主，也就没有法治，没有法律对于权力的有效约束。权力的自觉成为人们与社会的期望，但是未必是社会的真实。没有民主，没有对于权力的约束，民本最终还是权本。在民本主义之下，人民所得到的还是权力居高临下的关怀，而不是权力对于人民的服务。在这样的观念下，现代法治就不可能建立。

中国的传统文化在总体上，与民主与法治是格格不入的。关于圣王明君的思想皆是人治思想而非法治思想。其中既有许多养分，也有许多病毒，糟粕部分，甚至为圣王明君所不齿。那些政治权术与阴谋诡计，更是远离政治文明。在现代法治国家建设中必须明白，它是抛不掉的前提、扔不掉的基础，我们必须高度审慎。

（三）中国经济与法治国家

经济对于法律始终具有根本的决定与制约作用。中国的经济既具有市场经济的性质，但是也具有极大的自然经济成分。这两个方面在不同的意义和程度上影响着中国法治国家建设的发展。

在传统的中国社会之中,自然经济占有极大的成分。直到中华民国时期,自然经济仍然是主导的经济形态。1949 年以后,经过社会主义改造,中国经济体制逐步计划经济化,以至于最终建立起了全面的计划经济体制。超前的计划经济体制,超越了现实社会的实际状态。在改革开放以来,中国逐步推进了市场化的改革,市场经济体制逐步得以确立,并日趋完备。但是土地承包制还在相当大程度上具有小农经济的特征。家庭为单位的劳动方式最终依然无法适应农业现代化的需要,它也不可能成为中国现代法治的经济基础。

中国新兴的市场经济提出了全新的法治要求。首先,市场经济的发展要求用法律来确认主体地位。市场经济主体是市场经济的活动者,是经济活动中最具有活力的元素。对于主体法律地位的确认,是确保市场经济得以运行的首要方面。各种主体的设立程序、身份确认、权利义务都需要法律加以明确规定。其次,市场经济的发展要求用法律来调整经济关系。市场经济的发展会形成大量的经济关系,这些经济关系中的权利义务的制度性设置,以及权利的享有与义务的履行都需要法律作出明确的确认。最后,市场经济的发展要求用法律来维护市场秩序。市场秩序是经济运行与发展的平台与背景。没有良好的市场秩序,市场经济就无法继续发展。法律是市场经济的根本保障。市场经济的国际化发展更要求加强法治建设。国际市场经济的秩序是靠国际公约、条约和一系列国内立法等来维护的,要推动经济的国际化发展,参与国际经济大循环就必须力行法治。

既有一定意义的自然经济又有蓬勃发展的市场经济,这就是中国经济的特色。在中国法治国家建设中,必须从实际出发。法律既要尊重实际,又要改革现实,为自己营造真正现代化的经济基础。

(四)中国政治与法治国家

中国的权力结构有其独特的状态。我们的权力配给模式长期以来都是自上而下的分配。这就必然导致许多领导干部的眼睛向上,心中只有领导而难有群众,心中只有上级而没有人民,就必然导致简单的自下而上的服从,而没有对于人民的忠诚与服务。全心全意为人民服务的宗旨就会在实践中被扭曲。

权力来源的中国解说也深具中国特色,同样会影响中国的法治国家建设。在历史上,我们常常将权力理解为“上天”的赐予。即权力来自于上天。在新的历史时期，我们按照人民民主的理念来构设权力，人民成为了最高的权力之源。但是我们并没有彻底认清人民与权力之间的关系，简单地用“人民”代替“上天”。原来说权力来自于天，演变成为权力来自于人民。但是这里的人民只是一种观念中的存在，并没有完全成为制度设计。取代“上天”的“人民”，依然像过去的“上天”一样仅仅是被作为礼拜的“神”，并未作为一个实实在在的权力主体，并没有真正由其来决定权力的赋予与剥夺。人民虽然在名义和表达中享有了原有“上天”的神圣性和崇高性，也同时具有了“上天”的虚无性和茫然性。

我们的传统文化与社会意识之中一直存在着权力崇拜。这种文化体现为权力至上，始终把权力作为最高的主宰。有时甚至把自己作为权力的奴隶，或者将社会大众视为权力的奴隶，导致高度专制与集权。这种过度的权力崇拜也许会遭到抵制，但是这种抵制往往不是理性的批判，而是走向了否定权力的另一个极端——藐视一切权力，甚至走向无政府主义。将权力极端神圣化与将权力加以极端的藐视，都无法正视权力，都不可能理性地寻找出对权力进行规范和控制的对策。法律对于权力的规制作用在非理性中被忽略了，于是法治或者法治国家建设也就不可能得到应有的重视。

在中国政治文化中的以上问题是客观存在的。这种错综复杂的政治文化基础上的法治国家建设就尤其艰难。法治总是在一定政治观念之下推进的，这样，法治国家建设会受到来自多个极端的干扰，使法治失去一个稳定的发展路向，使其摇摆不定、忽左忽右，使法治国家建设的发展历程充满曲折而倍加艰难。

第三章 法治国家的整体法治

法治被作为国家与社会发展的目标确立以后，得到了中国社会的普遍认同。实现法治或进行法治建设，成为极为重要的现实任务。在法治建设中，面对空泛的法治口号和以法治为口号的人治实践，又有学者十分智慧地提出了“具体法治”的口号。笔者非常欣赏这一口号和行动原则的提出，也充分认同它所具有的实在意义。因为具体法治所主张的那种“具体的法治”，也是笔者所赞同的；具体法治所反对的空头“宣言”和离开具体法治的“那种宏大而高扬的法治”，①也是笔者所反对的。但是，笔者在思考了法治发展的情形后又产生了一个新的担心：在具体法治的口号下，法治的整体性也许会被有意无意地忽略。这肯定不是具体法治主张者的初衷。但如果真是那样，我们也同样会犯历史性的错误，这种错误也同样是具体法治的主张者所不高兴看到的。我们应当将具体的法治与整体的法治结合起来，使法治发展得其中道。

一、认识法治的整体性

部分是整体中的某个或某些要素，整体则是构成事物的各个要素的有机统一。整体是部分的有机统一、集合。集合中的各个部分不是单纯地叠加或机械地堆积在一起的，而是以一定的结构形式互相联系、相互作用

---

① 贺卫方：《走向具体法治》，载《现代法学》2002年第1期。

着的,从而使事物的整体具有某种新的属性和规律。事物作为整体所呈现的特有属性和特有规律,与它的各个部分在孤立状态下所具有的属性和规律有质的区别,它不是各个部分属性和规律的相加。[①] 以此来考察法治的整体和部分,完全可以得出这样的结论,我们正在建设的作为目标的法治是法治的整体,而不是法治的部分。法治的每一个要素和方面都是重要的,但它们的每一个部分或者它们各个部分的简单相加都不是法治的整体,都构不成整体法治。整体法治与其某一个要素或方面都具有不同的性质,因此既要关注法治的每一个要素与方面,也要甚至更要根据整个法治的要求,把每一个要素与方面放到法治的整体中去加以观测和建设。只有这样,我们的法治建设才能良性发展,并最终建成理想的法治。

坚持法治整体性,是哲学整体性理论在法治建设中的具体运用与实践。尽管有学者针对中国法治建设"离开具体的法治"的"那种宏大而高扬的法治"提出了"具体法治"的见解,但是这一观点并不是针对"整体法治"而提出的。其实,我们在注意"具体法治"不足的同时,对于"整体法治"的重视也依然是不够的,因此在强调"具体法治"的同时必须强调"整体法治",以使法治建设全面发展。

用整体性的观点来看待世界和社会,看待包括法律在内的各种社会现象,应当是人类普遍的哲学观念和现代科学研究方法的基本要求。古代传统哲学以及现代系统论等同样如此认为。"人类很早就已经有了系统思想的萌芽,这主要表现在对整体、组织、秩序、结构、等级和'完整性'等概念的认识以及在解决工程和军事问题中形成的某些运筹方法上。"[②]在古希腊,亚里士多德就论证过"整体大于部分之和"的整体观。中国古代的《黄帝内经》就贯穿了人体整体性和人体与外部环境整体性的双重整体性认识。在现代系统论中,整体性更是其最基本的理论观点和立论基础之一。系统论认为,"所谓系统,就是由若干相互联系相互作用的要素(或子系统)构成的、具有特定功能和运动规律的整体"。[③] "所谓系统方法就是从整体(全局)观点出发,综合应用现代科

---

① 《中国大百科全书·哲学》,中国大百科全书出版社 1988 年版,第 81 页。

② 廖世祥主编:《经济学方法论》,上海社会科学出版社 1991 年版,第 161 页。

③ 黄金南等编:《科学发现与科学方法》,华中工学院出版社 1983 年版,第 201 页。

学技术和先进工具,精确地定量地考察系统与要素之间、要素与要素之间、系统与环境之间的关系与联系,以便获得最优化效果的方法。”①“系统方法的整体性原则要求人们牢固地树立全局观念,始终把对象看作一个有机整体。”②纵观古今,我们没有理由放弃或者不顾整体性存在的客观事实和人类为此所积累的相关认知。

当代哲学的方法论整体主义就认为,“在社会中的个体是为社会整体结构所规定的整体决定要素,因此对社会现象的解释必须从整体出发”。③ 也许有人会用个体主义的观点来批评整体主义。笔者也不是一个整体主义者,只是认为,正如在哲学上不能仅仅采信个体主义一样,在法学上也不能仅仅采信个体主义,而应当把个体主义和整体主义结合起来。在学术界注意到“个体主义”的“具体法治”之后,我们尤其应当强调“整体主义”的“整体法治”。

当然我们应当注意到后现代哲学对于整体性的批判。对于这种批判,需要有一个清醒的认识。后现代哲学对于整体性的批判理论是基于西方哲学不适当地夸大整体性的意义而对其提出的纠错性质的理论。任何一个国家或者学术领域,对于整体性的强调与否,一定要从相关国家、相关知识领域的实际出发。在对于法治整体性注意不足的中国和中国法治研究中,放弃甚至批判整体性只能导致更为严重的后果。我们所面临的任务是,在强调“具体性”的同时强调“整体性”,使法治能够在“具体”与“整体”的两个方面都得以发展,最终推动法治的全面发展。

整体与具体总是对应存在的。整体与具体是整体与部分的关系。具体是构成整体的材料与元素,整体是具体的概括与综合。如果没有具体也就无所谓整体,同样,如果没有整体,具体也就失去了得以存在的条件。在法治建设中,中国的法治建设是在改革的基础上启动的。改革旧的、不良的法律制度、司法体制、法律程序等,都必须从每一个或每一件具体的工作做起。

肯定了法治整体性并不否定具体性。法治的整体性要依赖法治的

---

① 黄金南等编:《科学发现与科学方法》,华中工学院出版社 1983 年版,第 201 页。
② 黄金南等编:《科学发现与科学方法》,华中工学院出版社 1983 年版,第 203 页。
③ 欧阳康主编:《人文社会科学哲学》,武汉大学出版社 2001 年版,第 48 页。

具体性。德国哲学家埃德蒙德·胡塞尔在论述整体和部分的价值关系时就说过,“如果整体是一个价值,那么对各部分都可以在各不相同的意义里谈到价值,并且在这方面,我们从前的论述需要重要的补充。如果一个部分本身有价值,并且不管怎么说它有一个价值,这个价值恰好不受这个整体的部分存在决定,而且在这个部分存在中是有效的,那么它对于整体的价值来说先验地是‘意义重大’的。在它自身价值本性中所发生的每个变更,都会影响着整体的价值……”[①]波斯纳在论述法学的整体问题时说,“与整体问题相比,零碎问题的价值并不小,而且从有用性上看,也同样具有根本性;它们只是比较狭窄而已”。[②] 一个个具体法律程序的改革未必会改革整体法治状态,但是没有这些具体的法律程序的改革,根本就不可能有整体的法治的建立和发展。正如在中国倡导具体法治的法学家所主张的:“宣言不等于现实;离开具体的法治,那种宏大而高扬的法治只不过是引起空气振动的口号而已。”[③]值得注意的是,在法治建设过程中具体和整体是两个重要的方面,有时它们是难以区分的,甚至也没有时时加以区分的必要,因为它们之间的界限在许多时候也许是模糊的。西方法学家也认为,在法学上整体与“零碎问题”之间也有类似的观点,“两者之间的区别是不重要的,也是模糊的”。[④]

法治的具体性体现为法治的个别化、局部性,是整体法治的构成部分。具体的法治建设是在整体法治建设中逐步推进的局部、部分或个别。法治的具体发展是基本的。没有具体的法治,就没有整体的法治。整体法治以具体法治作为基础、前提和条件。黑格尔则认为,“全体的概念必定包含部分。但如果按照全体的概念所包含的部分来理解全体,将全体分裂为许多部分,则全体就会停止其为全体”。[⑤] 如果认为整体法治是建立在具体法治之上的,也完全可以说具体法治是存在于整体法治之中的,于是法治的整体性就成为法治具体发展的外在制约。

---

① [德]埃德蒙德·胡塞尔:《伦理学与价值论的基本问题》,艾四林、安仕侗译,中国城市出版社 2002 年版,第 118 ~ 119 页。

② [美]波斯纳:《法理学问题》,苏力译,中国政法大学出版社 1994 年版,序言。

③ 贺卫方:《走向具体法治》,载《现代法学》2002 年第 1 期。

④ [美]波斯纳:《法理学问题》,苏力译,中国政法大学出版社 1994 年版,序言。

⑤ [德]黑格尔:《小逻辑》,贺麟译,商务印书馆 1980 年版,第 135 页。

整体法治是具体法治的综合反映与概括。法治各个环节的不同状态及其互动组合，共同构成了法治的统一整体，也即整体的法治状态。整体法治既标示着各个环节与元素的发展情形，也表明了各个环节与元素之间的整合状态，法治整体性是法治具体性及其体现的综合。

整体法治作为具体法治的外在环境，必然会制约各个环节和元素的状态，制约它们的功能与作用的发挥，甚至决定着相关部分是否具有法治的性质。法治中包含法律制度，非法治中也有法律制度。但两种法律制度在不同的整体——法治与非法治——中的含义、内容、功能都是不同的。古希腊的哲学家亚里士多德就说过，“离开人的手就不是人的手”。英国哲学家怀特海就认为，世界上具体的实体是完整的机体，整体的构造影响了其各组成部分的特性。[①]

法治整体性是具体法治得以整合的根据。法治是整体的也是具体的。在法治建设的过程中，法治是以整体中的个别或局部的方式陆续构建的。每一个“碎片”式的法治建设，只有在法治整体性的统率之下才可能获得完整的性质。我们可以设法在法庭的布局上作适合法治需要的变革，可以在诉讼程序上作适合法治需要的改革，更可以在实体法律规定上作适应法治发展的变化，但是它们都不是孤立的存在，它们应当在法治的统一性下融合成为一个统一体。在法治这个统一体中，各个部分之间相互碰撞、消解、融合最终达成最佳的整合效果。

法治整体性对于法治具有重要的影响。具体来说，法治的整体性将影响法治的目标设定、历史进程、措施设定以及成果评价。在坚持具体法治建设的同时，甚至更要注意法治的整体性，坚持整体法治的观念。这将会有助于法治全面地，而不是零碎地逐步发展，使法治更加迅速地得以推进。法治需要法官穿戴法袍和敲击法锤，也需要让律师们穿上特定的制服，但是这一定是远远不够的，还需要对于实体法的完善和对于程序法的修订，但是我们更必须关注法治内外的各个因素及其对于法治的影响。笔者相信，在注重法治具体性的同时，更注意到法治及其建设的整体性，会对法治建设更有裨益。

---

① 《哲学大辞典》（马克思主义哲学卷），上海辞书出版社1990年版，第993～994页。

二、法治结构的整体性

法治自身的内部是一个整体，由各个要素或方面有机联系地结合在一起，形成法治的整体。对于这种整体性的研究不多见。但是我国学者曾经从“法治状态的整合”的角度论述了与法治内在整体性相关的问题。他们认为法治的整合是指法治的一体化，是指法治状态的基本变量互为依存并结合成为整体。它既包含静态整合即法治状态的整体特征，又包括动态整合即法治状态的黏合过程。提出并初步论证价值整合、适应整合和调节整合三种模式。①

法治不是一个简单的聚合物，而是由众多元素、环节有机地构成的整体。罗尔斯认为：法治和自由显然具有紧密的联系，法律秩序是一个对理性人提出来的公开规则体系，法治包含着“应当”意味着“能够”的准则，类似情况类似处理的准则，法无明文规定不为罪的准则，自然正义的准则。② 我国有的法理学家是这样总结法治的，“（1）国家需要制定出以宪法为基础的完备的法律，而这些法律必须充分体现现代宪政的精神；（2）任何国家机关、政党和领袖人物都必须严格依法办事，没有凌驾于宪法和法律上的特权；（3）宪法和法律应按照民主程序制定和实施，这种宪法和法律也能充分保障民主制度与人权；（4）法律面前人人平等，法律的保护与惩罚对任何人都是一样的；（5）实现司法独立，以保证法律的公正与权威”。③ 也有法理学家认为，法治的要素为社会应主要由法律来治理；社会整合应通过法律实施和实现；立法政策和法律必须经由民主程序制定；法律必须建立在尊重和保障人权的基础上；法律必须具有极大的权威性；法律必须具有稳定性；法律必须有连续性和一致性；法律必须以公正地调整各种利益关系，平等地保护和促进一切正当利益为价值目标；法律应能有效地制约国家权力，防止国家权力的失控与异变；法律应力求社会价值的衡平与互补。④ 还有法理学家认为法治包括社会秩序和治安、政府活动的法律依据、行使权力的限制、司法

---

① 王人博、程燎原：《法治论》（第2版），山东人民出版社1998年版，第228页。

② ［美］罗尔斯：《正义论》，何怀宏等译，中国社会科学出版社1988年版，第225～229页。

③ 李步云：《走向法治》，湖南人民出版社1998年版，第10～11页。

④ 张文显：《法学基本范畴》，中国政法大学出版社1993年版，第290～298页。

独立、行政机关服从司法机关,法律之下人人平等、基本的公义标准、合乎人权的刑法、人权和自由、人的尊严和价值十项含义。[①] 我国学者一般都认为,法治包括立法、执法、守法和法律监督四个环节,[②]有学者认为法治包含四个变量,即观念模式、制度框架、组织结构以及法律秩序。[③] 在笔者看来,法治至少包括法治观念、法治原则、法治制度、法治组织、法治实践和法治现实几个方面或变量。法治的观念、原则、制度、组织、实践和现实,是一个整体,它们相对独立,彼此结合,有机联系,共同构成法治的整体。如果我们忽略了观念先导、原则确立、制度建构、组织状态、实践过程和现实情况的任何一个方面或环节,整个法治都无法协调发展。

要把法治的每一个要素或者方面作为构成整体的单元来加以考虑。如果允许借用一个木桶原理的比方,我们是否可以说法治就好比一个水桶。法治的各个要素或方面,也就是构成法治这个"水桶"的"木板",如果任何一块"木板"短了,都将影响整个法治的容量,任何一块木板的残缺都将影响整个水桶的盛水能力,如果有一块木板坏了,也许整个法治都达不到应当的理想状态。

且莫说法治的发展,就是法治初步建立起来了,没有精心的维护,没有整体的完好状态,法治也同样会遭到破坏。古人早就说过"千里之堤溃于蚁穴"。"千里之堤溃于蚁穴"的史实实在不胜枚举,蚁穴,不可谓不小,但是仅仅是一个个蚁穴就足以毁掉作为整体的大堤。我们没有任何理由轻视法治的具体环节。应当强调具体,但这是在整体视野中的具体,不能在"具体"的口号下忽视了"整体",不能忽视那个由若干个具体构成的整体。就法治来说,法律如果制定得不好或者制定的是恶法,显然我们无法实现法治。即使我们的法律制定得很好,但是得不到很好的执行,或者在执行中发生严重偏差,也同样没有应有的效用。如果法律的遵守出了问题,情形也不会好,法治也不会得以实现。就法治的要素来说,法治的观念、原则、制度、组织和过程,任何一个因素出现障碍,都会阻碍法治发展或者使法治根本就无法建构。

---

① 陈弘毅:《法治、启蒙与现代法的精神》,中国政法大学出版社 1998 年版,第62~69页。

② 这是中国法学界对于法治的基本认识之一,大多数教科书和论著都持这一见解。

③ 王人博、程燎原:《法治论》(第 2 版),山东人民出版社 1998 年版,第 189 页。

法治的观念、原则、制度、组织、实践与现实是从纵向观测法治，我们所能了解的法治整体。观念、原则、制度、组织、实践和现实是法治整体的几大环节。法治的观念中最首要的是理论，理论是先导，它确定着法治的指导思想，主导着法治的发展方向。整个法治观念是社会法治化的认识基础，它既包含着法治理论，也包含着法治理论的世俗化存在。法治原则是在法治观念基础上提升与固化的确定性的指导思想。它是观念的升华，也是制度的指导。法治制度是法治观念（尤其是其中的法治理论）和原则的文本化、规范化，它是法治观念、法治原则转化为法治实践的桥梁和中介。法治组织是指法治得以运行的组织结构及其运行状态。法治实践是将有关法治观念、原则和制度现实化的客观路径与过程。法治现实则是指法治在社会中的实际情形。法治观念、法治原则、法治制度、法治组织、法治实践和法治现实的统一、协调是法治整体得以顺利发展的必要保障。在这各个元素的每一个单元中，又有自己内部的整体性问题。在法治观念中有着不同的层次与方面，综合而交织。在法律制度内部还有实体制度与程序制度的整体性问题、公法与私法的整体性问题、宪法与各个部门法律之间的整体性问题。在法治组织中，有各个法律机关自身及相互的关系与互动的整体问题。在法治过程中，有立法、执法、守法、法律监督之间彼此协调等整体性问题。

法治建设中的城市与农村的整体性。中国社会的城乡二元结构也决定和影响着法治建设的二元状态。城市与乡村的差异是不争的事实。农村与城市在经济发展、政治结构、文化意识、社会生活等各个方面都有重大的差别。这种差别就决定了农村法治与城市法治在发展上的不同步性，也决定了在法治实际情形上的差别。但是中国的农村和城市具有整体性，我们在农村和城市同时推进的法治建设是一个整体。城市和农村之间的种种流动因素，都使两个相对独立的单元之间彼此沟通和连接，相互影响，甚至在一定程度上整合。城市法治发展往往成为农村法治发展的先导，标示着农村法治发展的方向与未来。

三、法治联系的整体性

法治不但自己内部是一个整体，法治与其外在的环境也应当具有一定的统一性质。这种与外在环境的整体性或统一性，也许也可以称为相关性或联系性。它包括法治与秩序、政治、经济、思想文化意识、道德现状、国际法治环境等各个因素之间的相互联系、相互整合或多重组合与连接，它们之间的关系决定着法治的成败与进程。

法治总是与一定的秩序状态相联系的，与一定的秩序具有关联性。至少可以说，一国的法治建设首先是与国内的秩序环境相关的。没有秩序就没有法治，可以说是历史的经验总结。任何处于动乱与战争中的国家，都无法很好地进行法治建设。一国的法治建设与其所处的国际环境也是相关的。一个遭受别国侵略，或不断与其他国家产生纷争的国家，要进行法治建设总是特别艰难甚至是不可能的。法治对于秩序的要求，是基础性和根本性的。一定秩序的存在是法治的前提，一定新型秩序的构建则是法治的目标。

法治总是与一国的政治环境紧密联系的，与政治具有关联性。政治与法律关系的紧密，是不言而喻的。诺内特和塞尔兹尼克将法分为压制型、自治型和回应型三种模式，其划分的重要依据就是法与政治之间的关系状态。他们认为，压制型的法以法律与政治的紧密结合以及官方自由裁量权的蔓延为特征，法律是实现国家统治的工具。自治型的法则强调法律与政治的分离、政治意志与法律裁判的分离，法律被置于政治之上，但是法律仍然与法治国家密切一致。回应型法赋予国家制度自我修正的精神，使法在保持相对独立性的同时，与国家形成稳定良好的共存关系。① 综观其整个理论，都始终肯定着法与政治之间的密切联系。法与政治不可分离，法治与政治也同样是不可分离的。首先法治要依赖民主政治。民主是理性的产物。以理性为基础的法治建设必然要求民主的政治构架为其条件。民主政治的先决存在是法治建立与存在的依据。历史和现实都反复说明，在专制政治之下，进行法治建设无异于水中捞月、镜中看花，毫无成功的希望与可能。即使不是专制政治，在不民主的政治之下，法治也同样不可能顺利建设和建立。其次，清明政治与开明政治是法治的起点。清明政治和开明政治，未必是民主政治。一个社会如果没有民主政治，至少也要有清明政治和开明政治，因为法治的萌生必须有适当的政治环境作为背景。也许有人会

---

① ［美］诺内特、塞尔兹尼克：《转变中的法律与社会》，张志铭译，中国政法大学出版社1994年版。

说，法治是对专制政治的反动，是在反对专制政治的过程中成长起来的。笔者同意这个看法。但是这个见解与笔者的主张并不矛盾。反对专制政治的最低要求应该包含着清明政治与开明政治的要求，而民主政治则是反对专制政治并进而追求的更高政治目标。其实任何民主政治，在总体上都应当是清明的和开明的，只是清明与开明的政治未必是民主的罢了。

法治总是受一国经济状况制约的，与经济具有内在的联系。“生产关系的总和构成社会的经济结构，即有法律的和政治的上层建筑竖立其上并有一定的社会意识形式与之相适应的现实基础。”[①]法治首先要受经济体制的影响。法治是否一定要依赖市场经济体制，不同的学者也许会有不同的认识。但是就现代法治来说，我们完全有理由肯定地说，法治与市场经济体制是联系在一起，并以市场经济体制作为自己的客观基础。实践表明，在中国以前的计划经济时期，民主难以存在，法治也难以建立。如果进一步分析法治与经济的关系，则会发现，法治的建立在根本上要依赖生产力的发展程度，它对于经济关系与经济制度的依赖也许更为直接。经济基础决定上层建筑的理论，在经济与法治关系上的具体运用是必要而可行的。其次，法治也要受商品经济发展的制约。在经济落后、人们没有剩余、没有商品交换或者商品交换没有发展到一定程度的时候，法律产生不了，法治更实现不了。

法治总是与一国的思想文化意识，尤其是与一定的法律文化联系在一起的。思想文化的形成过程是渐进的，是具有历史性的社会现实或社会存在，它既具有主观的性质也具有客观的内容。在中国，专制主义或家族主义的思想、文化和意识，总是法治建设的障碍。这里所言及的专制主义和家族主义并不是分离的。在中国的传统社会中二者曾经达到了高度的统一，甚至水乳交融地结合在一起，形成中国传统思想文化意识的两条相互交织的主线。历史发展到今天，中国社会虽然经历了种种洗礼，专制主义与家族主义在表面上已经不存在了，然而积淀在人们内心并代代传递的意识还体现在社会的各个方面，时时发挥作用。与整个思想文化直接联系又直接制约着法治发展的是法律文化。法律文化是整个社会文化的构成部分，又是一个相对独立的整体。“在法律

① 《马克思恩格斯全集》(第 2 卷)，人民出版社 1972 年版，第 82 页。

文化运动过程中所形成的富有个性的具体的法律制度及其体系乃至学说、心理等等之间,不可能是处于互不相关、绝对排斥的状态,必定会构成一种'总体'。"[①]"由'法律文化'立场引出的一个结论是,对法律的文化诠释必定要超越各种孤立的和机械的法律观。"[②]作为整体的法律文化对于整个法治发展必然具有制约作用,并构成法治发展的重要条件和基础。

法治与一国的道德状态是联系在一起的,道德是法律重要的社会基础之一又与法律相互动联系。法律与道德是明显区别而不容混淆的两种社会规范,但二者之间又是紧密联系,不可分离的。法治需要社会良好的道德来辅助并与之并存。道德中包含着鼓励人们守法的要求时,法律更可能得到最好的实施。如果道德对于法律是抵触的,甚至鼓励人们去违背法律,法律就无法在社会中得到很好的实施和实现。特别是在民事裁判之中,在相关法律语焉不详或有所疏漏的时候,法官根据道德准则作出法律裁判的例证并不少见。[③] 有学者认为:"在法律适用的过程中,司法官员有时引用道德原则作为自己判决的理由。这已经成为一条公理。无论是在法治社会中,还是在非法治社会中,道德原则都可以成为法官判决的依据。"[④]美国法学家庞德甚至认为,"法律是道德的一部分,亦是维持社会秩序不可少的一部分"。德国法学家耶利内克则认为"法律是最低限度的伦理规范"。[⑤]

国内法治建设与国际法治环境紧密联系。在国际化背景下的任何国家的法治建设,越来越不仅仅是局限于一国范围内的事情。国际经济的一体化和全球化,对各国之间法律的融通提出了新的要求。法律领域是否存在或者是否将会出现全球化的问题,也引起了包括中国法学家在内的法学家们的普遍关注。无论是赞成还是反对法律的全球化的学者,他们都不会否认一国法治建设要受到别国影响的事实。从国际意义上讲,其他国家的法治情形、国际社会的法治情形都会对一国的

---

① 公丕祥主编:《法律文化的冲突与融合》,中国广播电视出版社 1993 年版,第 6 页。

② 梁治平:《法律的文化解释》,生活·读书·新知三联书店 1994 年版,第 5 页。

③ 张文显:《当代法学思潮》,辽宁人民出版社 1989 年版,第 248 页;李步云主编:《法理学》,经济科学出版社 2001 年版,第 499 ~ 501 页。

④ 李步云主编:《法理学》,经济科学出版社 2001 年版,第 499 页。

⑤ 转引自范忠信:《中国法律传统的基本精神》,山东人民出版社 2001 年版,第 152 ~ 153 页。

法治产生影响，尤其会对每一个正在建设法治的国家产生影响。

有学者在总结中国法律传统时指出，“东亚大陆特殊的自然和人文地理环境、小农经济的生产方式、宗法性社会组织形态等三大因素，共同构成了中国传统法律文化形成与存续的基本条件，即它的‘气候’和‘土壤’。”[①]是否仅仅限于这三个因素，还可以进一步研究。但是中国法律文化传统是多种因素共同作用的结果这一点却是毋庸置疑的。笔者一直认为，法治国家得以建立的社会条件是经济的市场化、政治的民主化和意识的理性化。我们很难想象，在计划经济、专制政治和畸形的思想文化意识下能有法治的确立。这几个方面本身就是一个整体，它们分别而又共同地与法治相联系，形成又一个层级或视域的整体。法治的环境的秩序、政治、经济、思想文化意识、道德和国际法治环境，必须是相互大体匹配，总体协调的。它们共同或分别与法治建设之间，应当能够协调，并促进法治。否则，法治就会因与整体环境的不协调，或与各个环境因素之间的不协调而受到阻碍。

总之，法治是与各种社会因素联系着的。它的发展必然要受各种社会因素的影响。“法律者，社会力也。故法规者，随社会之变迁，时间之经过，同时必变其形态；社会者，为一有机体，其组织无须臾静止，不仅为社会原子之各个人身体，因新陈代谢，常变更其组织，而社会自身，亦因其组成员之生产、死亡、移住常变更其组织。社会之组织自体，既如此变动不息，则为社会力之一状态之法律，以时间观察之，亦常在变动的状态无疑也；惟为法规而表现之社会力，概观民众行为而表现适当其行为之通则者，故普通不因其概观圈内之微动，使法规外形受显著之影响。然法律者，原为社会力显著之一状态，故无不随社会状态之推移而独归静止之理。纵使法规形体一时不呈变迁之迹，其实质必随社会之变迁而与之俱变，经时既久，与社会实状，必相为一致。”[②]

四、法治时序的整体性

法治发展与时间具有重要的关系。如前所引，“法律者，社会力也。

---

① 范忠信：《中国法律传统的基本精神》，山东人民出版社 2001 年版，第 59 页。

② ［日］穗积陈重：《法律进化论》，黄尊三等译，中国政法大学出版社 1997 年版，第 1～2 页。

故法规者,随社会之变迁,时间之经过,同时必变其形态"。[1] "社会之组织自体,既如此变动不息,则为社会力之一状态之法律,以时间的观察之,亦常在变动的状态无疑也。"[2]法治既是一个发展过程的时序整体,也是一个时间递进的时序整体。

法治的发展过程是一个渐进的过程,而这个过程本身就是一个整体。法治的从无到有、从局部到整体的发展,必须和必然有个陆续发展的过程。这个过程,尽管不是人为所能完全控制的,但是它有着自身发展的逻辑。

法治的发展是分阶段递进的过程。法治发展的阶段有许许多多的划分。有学者认为,法治的发展可以分为法治国家建设阶段和法治社会建设阶段,"当代中国法治的新走向:由法作为国家单向控制社会的工具,转到法成为国家与社会双重与双向控制的工具;由逐步实现法治国家,到最终形成法治社会"。[3] 法治建设的阶段划分可能是"提倡依法办事——主张依法治国——实现理想法治";"党治——国治——法治";"法治形成阶段——法治国家建设时期"和"法治完善阶段——法治社会建设时期"。其实还可以进行更多的阶段划分。这些阶段表明了法治发展的渐进性。渐进的法治,其每一个阶段都是法治所不可缺少的。

法治发展是一个量变过程。从没有法治到开始建设法治,是一个质变,从法治建设到法治形成也是一个质变,概言之,从非法治到法治,就是一个质变的过程。在法治的这个过程中又有一些标志性质的突变和巨变,但是任何突变与巨变,都是以不断发展的量变为基础和前提的。没有量的积累就没有质的飞跃。量变的过程是一个整体,量变与质变共同形成法治发展变化的过程。

法治的过程是一个有序的过程,有序的发展过程本身就是一个整体。法治只有在有序的情况下才能得以顺利地进行。

法治发展的现实、历史与未来状态是一个整体。从时序来看,过

---

① [日]穗积陈重:《法律进化论》,黄尊三等译,中国政法大学出版社 1997 年版,第 1 页。

② [日]穗积陈重:《法律进化论》,黄尊三等译,中国政法大学出版社 1997 年版,第 1 页。

③ 郭道晖:《法的时代精神》,湖南人民出版社 1997 年版,第 505 页。

去、现在、未来是依次连接的三个时间区间。其实它们也是一个由时序所构成的统一整体。现在与过去有分别，但是现在是由过去所决定的，现在不过是过去的继续。面对过去所存在的一切，现在实际上已经被过去所预设，过去的各种因素已经给现在留下了一个发展趋势的潜在构架。如果没有突变或偶然的原因，现在就会在过去的轨道上继续滑行或前行。未来不过是现实的发展，也完全可以说未来是被现实所预设和决定的。

法治是一个整体，法治具有内在的、相关的以及时序的三重整体性。法治的整体状态是由法治内在各个部分——包括要素和方面所构成的。至于法治的整体性，不论是从法治自身的内在结构或是法治的对外联系上，都可以清楚地认识到。法治的整体性质包括作为法治的各个部分（各个要素与方面）共同构成了法治的整体这一属性，还包括法治的外在联系和外在相关性质。法治内在结构的整体性是法治整体性的最基本、最重要的方面。法治的整体性认识应当具有这样的基本理念：

其一，构成法治的各个部分，分别是一个整体，它们相对独立又相互作用，在冲突、协调、消解、吸收、融合中形成一个法治的结构性质的统一整体。这个整体中的要素、方面以及它们的组合方式与机制直接影响着法治的整体功能与效用。

其二，法治与相关的各个方面相联结，与政治、经济、文化、道德、习惯、宗教等相互作用，并构成一个相关性意义的统一整体。法治因属于更大范围和意义上的部分而具有相关性的整体性质。

其三，法治也是一个由过去、现在和未来的时序状态所构成的一个时序性质的统一整体。这是历史性意义上的整体属性。

其四，法治是一个静态与动态相结合的开放的整体。从法治的内在结构看，它倾向于静态；从法治的时序整体性质来看，它倾向于动态；从法治与其他社会因素的关联性质上看法治的整体性，法治似乎同时具有大体相当的静态与动态的双重属性。法治作为一个整体，从内在结构、外在关联和时序过程上讲，都是一个开放的体系。

其五，由法治内在部分构成的法治整体，其性质比各个部分的性质更为丰富，而且具有新的，只属于作为法治整体才具有的新性质。

其六，我们应当从整体法治的视角和要求出发来建设法治的每一个部分,来认识和评价法治建设中的每一个部分。

我们所追求的法治是整体意义上的法治。法治国家及其建设,是整体法治的构成部分,它本身也是法治中具有整体性的子系统。法治国家是一个整体,必须充分注重其整体性。

第四章　法治国家的理论基础

法治的理论基础为何？对此问题进行研究，并得出较为科学的认识，对于法治的理论研究和社会实践都具有十分重大的意义。对此，学术理论界并无清楚的认识，个别学者发表了自己的看法，但疏漏与歧见颇多。法治的理论基础，内容是十分丰富的，很难甚至无法对其进行毫无遗漏的总结。但在总体上，它主要包括民主治国的理论、权力控制的理论和法治优越的理论。

一、理论基础的解读

法治是一种以民主作为基础的运用法律来进行国家和社会管理的手段、方式和结果的总称，它包括社会制度状况和社会秩序状态，是一种整体化的社会模式。对于一个非法治的国家和社会来说，要实现法治化，本身就是一场深刻的社会革命。这场革命如果没有对于其理论基础的认识，也就很难进行，甚至根本就不可能取得真正的成功。一些著名法学家也热情研究有关问题，如李步云教授曾发表《依法治国的理论根据和重要意义》一文探讨了相关问题，认为依法治国的根据和意义为：依法治国是实行市场经济的客观要求，是建设民主政治的基本条件，是人类社会文明的重要标志，是实现国家长治久安的根本保证。然而，对法治国家的理论基础的研究却相对较少。而且在法治的理论基础问题上也有着种种误解，一直影响着我们关于法治的理论研究和社会实践。

(一)对法治理论基础的误解

对于法治的理论基础的第一个误解是,以为是否认识到法治的理论基础并不影响法治。可以将其概括为法治理论基础的“可有可无论”。

这种“可有可无论”认识是根本错误的。第一,法治的重要意义要求有其理论基础。法治对于任何一个国家都是至关重要的,它直接关系到一个国家、一个民族的政治运作方式、社会组织形式、社会秩序状态。法治与非法治对于一个国家和社会的发展进程、速度都有重要的影响,甚至或者是极大的促进,或者是严重的制约。法治的重要作用要求我们必须认识清楚其理论基础,以使法治的作用得以充分发挥。第二,法治的理论基础对于法治具有重要的意义。法治不是一种偶然的社会实践,它是一种有理性的社会活动,是一种整体性的社会实践。只有具有理论基础的法治才具有深刻的根基。只有认识到了法治的理论基础,才可能对于法治具有坚定不移的信心,当遇到挫折的时候,才会有克服困难、争取胜利的勇气;只有认识到了法治的理论基础,我们才能说服民众,发挥民众在法治中的主体作用,因为没有民众的参与,任何法治终将是泡影。第三,人类的法治思索的确为法治奠定了理论基础。人类的法治思索,从泛义上讲,远的已有两千多年的历史,从严格的意义上说,近的也有数百年的历史。在漫漫的社会演进中,许许多多思想家、政治家、法学家都进行了极为艰苦的理论探索。他们为人类的法治积累了大量的精神财富。如果不去寻求法治的理论基础,也就等于自动放弃了人类历史上积淀下来的有关法治的理论成果,就难免要多犯一些错误,付出完全没有必要的代价。第四,中国的法治尤其需要确定自己的理论基础。对于一个幅员辽阔、人口众多、历史极其悠久的民族来说,从非法治状态走向法治,必然是一个极为复杂的社会工程。在法治建设中,不能也不应当犯任何较大的错误。为此,在这一社会工程启动及建设过程之中,必须寻找到其科学的理论基础,并以此作为拟订法治化方案、确定法治化进程、实施法治化措施的重要依据。只有这样,这种全社会性质的法治才可能在全社会都认同的基础上进行。也只有这样,法治才可能具有更大的科学性,才可能达到真正法治的理想。

对于法治的理论基础的第二个误解是将法治的理论基础和指导思

想相混淆,认为法治的理论基础就是法治的指导思想。我们可以将其称为“指导思想论”。这也是不应有的误解,其实,法治的理论基础与法治的指导思想之间有着重要的区别。

指导思想是指在人们从事某种社会活动中,具有指示和教导意义的意识,它具有行动指针和行动导向的性质。理论基础是指人们从事某种社会活动的系统化的知识根基,它具有系统化的知识基础和理论根由的性质。指导思想是人们行动的意识指针,可以使人们方向明确,不犯错误或者少犯错误,顺利地实现既定的目标;理论基础是人们立论的知识依据,可以使人们有坚强的信心,持之以恒,正确地达成自己的目标。指导思想表现为思想观念,理论基础表现为理论学说;指导思想侧重于政治方向,理论基础侧重于科学根据;指导思想具有明确的针对性,理论基础具有普遍的基础性;指导思想是行动的思想指导,理论基础是立论的逻辑起点。二者不可混同,将其混淆就可能既使指导思想不能发挥应有作用的同时,又使理论基础被不恰当地忽略,甚至使人们的社会行为因缺乏理论根据而缺乏信心。关于指导思想与理论基础的差别,此前并未引起人们的足够重视,也未能将其区别。尤其是在法治问题上,法治的指导思想与理论基础不仅未被很好区别,而且还被混同,不利于法治的正常发展和顺利进行。

法治是重大的社会工程和长期的社会过程,既需要正确而明确的指导思想,也需要科学而深刻的理论基础。缺乏其中任何一个方面,都会影响法治的正确进行与顺利进行。混淆二者之间的差别,必将影响法治的顺利进行和深入开展,甚至可能动摇实行法治的信心,或在法治建设中出现不应有的失误。

(二)法治的理论基础是法治的理性根据

之所以说法治的理论基础是法治的理性根据,是因为:

1. 法治的理论基础是管理国家和社会的智慧结晶

人类社会一旦出现,即产生了社会管理。即使在原始时代,人类的管理能力和水平都极为低下,但不可否认的是当时也存在或多或少的社会管理。随着社会的发展,社会管理越来越复杂、广泛,社会管理的手段也越来越丰富,逐步产生了道德、风俗、习惯、教规、法律等社会管理规则。至于国家管理,不过是社会管理的特殊形式而已,其管理也是社会管理。各种社会管理规则都在国家管理中发挥着重要作用,尤其是法律更是为国家管理活动所必须。在社会管理及其国家管理中,人类曾经进行了而且至今依然继续进行着复杂的社会实践。其中,有成功的经验,也有失败的教训。人类就是在不断总结经验和教训的基础上从事自己的社会管理活动的。人类曾经尝试过许许多多社会和国家管理的手段、方式和模式,有人治、礼治,也有法治。通过古今中外无数的社会实践,人们千百次地发现,只有法治才是最可靠的。为法治理论作出了杰出贡献的思想家、法学家、政治学家,他们中的许多人本身就是政治家,本身就曾用自己的生命去探求过社会管理和国家治理的方式。他们中的许多人最终得出结论:只有法治才是最好的社会和国家管理方式。早在柏拉图之前的必达库斯就提出过"人治不如法治",亚里士多德又提出并论证了"法治优于人治",并构想了自己关于法治的理想模式。近现代的法学家、政治学家们更多地投身于法治理论的探讨,为法治的创新作出了空前的理论贡献。法治是人类经验教训的总结,法治的理论基础则是人类法治实践的智慧结晶。

2. 法治的理论基础是人类社会力行法治的科学根据

人类进行法治实践的时间,可以追溯到两千年以前。尽管当时的法治还不是近现代法治的含义,但是,完全可以肯定地说,那就是人类关于法治的初步探索和社会实践。在古希腊的梭伦立法以后,雅典城邦"进入'法律'统治,亦即希腊语所称为优鲁米亚时代……希腊城邦政治制度中的法治传统,遂于此奠定"。[①] 在古希腊,法治的理论已经萌芽,并且在优鲁米亚时期初步尝试过法律的统治。柏拉图经过自己的学术思考和人生体验,在晚年把法治国家视为仅次于哲学王国家的第二等好的国家。亚里士多德更是法治的倡导者,从理论上较为全面地探讨了法治。在古罗马,法治就再不是古希腊的情形,法治在更大程度上被作为一种社会实践。"罗马人不是有关法治理论的首创者,他们却首先实践了一种制度,创造了一种形式化的法律体制。"[②]古罗马的法学家们再不主要是哲学家,而是法官。古罗马法学家这一身份对于其法治的推行是极为有益的。如果说古希腊对于法治的贡献主要还是法治思想的话,其法治思想就是古罗马法治实践的思想准备,古罗马的法治

---

① 顾准:《希腊城邦制度》,中国社会科学出版社 1982 年版,第 125 页。

② 王人博、程燎原:《法治论》(第 2 版),山东人民出版社 1998 年版,第 241 页。

实践则是整个西方法治发展的历史前奏。在罗马帝国破灭以后,法治一度进入了低潮。经过几个世纪的时代变迁,西方资产阶级学者又以恢复罗马法为口号,开始了新的法治理论探索。随着资产阶级政权的建立,作为反封建武器的法治又以全新的面目回到了政治舞台,先后建立了以英国、法国、美国为代表的资本主义法治,而各国的法治实践又各有特色。在批判资产阶级法治的基础上,马克思主义的思想家们提出了无产阶级的法治理论,并且开始了社会主义法治的实践。在当代,中国经历了重重苦难之后,也深刻认识到中国必须走法治之路。中国法治的实践已经开始。人类千百年的法治实践都是在一定科学理论基础上的社会实践,中国的法治也不例外,它也必须是在科学理论基础上进行的。尊重法治的理论基础也就是尊重法治的理论根据。

3. 法治的理论基础是人类社会全面走向法治的精神依据

人类是有理性的动物,这种理性使得人类的社会行为也如同人类的劳动一样,是以一定的理性作为指导和根据的。人类进行法治实践必须依赖其意志、理性,必须有其精神的依据。法治的理论基础正是人类关于法治的理性体现,而且是法治的理性中最为严密、科学的部分,它是法治的精神依据。

法治的理论基础,可以在历史与现实中寻找。东西方古代虽然没有近代意义上的法治,但是的确存在以法治国或类似法治的社会实践,而这种社会实践并不是毫无理论根据的。那些理论的确不能成为当代法治的根据,但作为一种文化,不管我们是否承认它,它都以历史文化的基础状态存在着。因此,中国古代的“以法治国”的理论依然是现代中国法治所必须尊重的文化性质的理论基础,其合理的部分理当受到重视。完全放弃这一部分,就是对于文化遗产的轻视和无知。法治是近现代的社会现象与社会状态,现实中关于法治的理论,当然是我们所遵从的。法治的理论基础是从古及今发展而来的,切不可完全地无视历史的理论成就。有史以来人类关于法治的正确理论,或者对于法治有益有用的理论,都是现代法治的理论基础。

法治的理论基础有来自中国的,也有来自外国的。法治作为社会管理经验积累的产物,本身就属于全人类的精神财富和制度财富,其中包含人类共同的贡献。法治理论也并不是仅属于某一个国家或民族的。人类的知识没有国界,人类的法治理论也同样是没有国界的,只要是科学的,对于法治是必需的或者有益的,就应当毫无疑问地把它作为法治的理论基础来对待。

法治的理论基础并不仅是法学家和法学的研究对象,哲学家和哲学、社会学家和社会学、政治学家和政治学、人类学家和人类学等都从不同角度对法治进行过考察和研究。从不同的角度都可以对法治的理论基础进行概括和总结,法治也的确是一个可供多学科研究的社会现象,不同学科对于法治的理论贡献都应当被视为法治的理论基础,而不能将法治的理论基础局限于任何一个单独的学科或某几个学科。

二、民主治国理论

(一)民主治国优于专制治国

通观历史,治国的方式是多样的,有人治、有法治,在中国的传统社会中还表现为德治或礼治等。但在总体上,无非是民主之治与专制之治而已。在民主和专制之间,唯有民主为最好的治国措施和方略。民主的本意为多数人的统治、多数人的权力或者多数人的决定。专制则是指权力为一个人或一小集团所掌握,不受任何其他限制。即使专制者比较开明,但也改变不了其基本的政治结构与运行方式。从治国方式上讲,民主治国与专制治国的差别就在于是多数人治国还是少数人治国。多数人治国即为民主治国,少数人治国即为专制治国。将民主治国与专制治国相比较,民主治国的优越性主要表现为:

民主治国比专制治国更能获得民众的支持。民主治国实为多数人治国。由于治国的意志是多数人的意志,因而,民主治国更符合多数人的意愿,它必然会赢得多数人的支持,多数人都会基于自身的认识,而对治国的方针和策略表示理解和赞同。在民主的国家中,由于治国者本身就是社会民众或者他们是以民众的意志为其意志的,所以治国者就可以拥有广泛的群众基础,其对国家和社会的管理活动就能够更好地得到社会民众的支持。赢得民众,对任何社会的统治者来说都是必要的,而民主治国正是赢得民众的正确道路与唯一选择。

民主治国比专制治国少犯错误。民主治国与专制治国的差别不是犯错误或者不犯错误,而是可能多犯错误或者少犯错误。“在许多事例上,群众比任何一人又可能作较好的裁断。又,物多者比较不易腐败。大泽水多则不朽,小池水少则易朽;多数群众也比少数人不易腐败。单独一人就容易因愤懑或其他任何相似的感情而失去平衡，终致损伤了他的判断力；但全体人民总不会同时发怒，同时错断。”[①]民主治国中由于坚持了多数人的决定，集中了多数人的智慧，因此，多数人犯错误的可能性就比少数人犯错误的可能性低，民主治国即能在相当大程度上避免专制治国的错误。在失误概率上民主治国所占有的优势，是民主治国比专制治国优越的重要根据。

民主治国比专制治国更易于纠正错误。正如前面所言，民主治国并非不犯错误，而仅仅是少犯错误而已。非但如此，一旦错误发生，民主治国比专制治国更易于纠正错误。因为民主治国中，多数人比少数人更容易发现错误，一旦发现错误，错误就有获得纠正的可能。而且在民主治国中，不仅保障多数人的权利而且还保留有少数人演变为多数人的途径。只要有人认识到错误，即使他们是少数人，也可以因其认识的正确和时间的延续，而发展成为多数人。一旦少数人成为多数人，原有多数人的决定就会为新的多数人纠正，错误就可能被及时地纠正。民主治国对错误的良性校正机制，同样是民主治国比专制治国优越的重要根据。

民主治国比专制治国更有利于尊重和保护少数人包括反对者。民主治国并不是民主的专制。在专制治国下，专制者对反对者总是持一种敌对和敌视的态度，甚至会对反对者进行镇压。民主治国本身是按照多数人的意见办事的，尊重和保护少数人包括反对者并不会影响多数人决定的贯彻；相反，保护持不同见解的少数人正是多数人修正自己错误的必须，是使少数人可能成为多数人的必须。真正的民主治国，不仅不会仇视反对者，而且还会保护和尊重反对者。尊重和保护少数人包括反对者是民主政治发展到高度理性的产物，也是民主与专制的重要区别之所在。因此民主治国中容忍甚至尊重和保护反对者，而专制治国中就断无这种可能。

对于民主治国和专制治国的认识，一定要避免那种民主治国是在任何方面都好，专制治国是任何方面都坏的观念。[②] 其实，专制治国有

---

① ［古希腊］亚里士多德：《政治学》，吴寿彭译，商务印书馆1965年版，第163～164页。

② 笔者提出这一见解的原因：一是，它是科学的真实；二是，它有利于我们理智地对待专制政治或专制政治的主张，作出明智的抉择，更不会因偶然看到专制政治的“优点”而放弃民主。

它的“好处”：“君主政体比共和政体有一个显著的优点。事务由单独的一个人指挥、执行起来，较为迅速。”[①]而“民主政体，作为一种统治方法，受到一些根本的限制，还受到一些在原则上难以避免的限制，根本限制主要有两个来源，即某些决定必须作得迅速；另一些决定需要专门知识”。[②] 认识到专制治国的“优越性”和民主治国的“缺陷”，也就不会面对专制治国的存在“合理性”有怀疑，也就会更冷静地对待专制治国的“优越性”，更加理智地选择民主治国。同理，也就会正确对待民主治国的缺陷，并努力克服民主治国的缺陷。人类之所以愿意选择民主治国，不是因为它在任何方面都比专制治国好，而仅仅是因为民主治国比专制治国具有更多的优越性，仅仅是人类不愿意犯更多的错误。任何错误对于历史来说，只是一瞬间，但对于每一个人来说，则可能是一生，对于人类来说，则可能是一代人或者几代人。人类不愿也不能承担如此沉重的代价，因此，应毅然决然地选择民主治国而摒弃专制治国。

（二）民主治国需要法治

民主治国比专制治国优越，但是民主治国必须依赖法治，必须实行法治。因为，民主治国需要法治来确认民主的基本制度，民主治国需要法治来贯彻与实现，民主治国需要法治来消除向专制治国转化的可能性与现实性。法治是实行民主治国，防止民主治国向专制治国畸变的根本措施。为此，民主治国就需要法治。

1. 必须运用法律从国家制度意义上确认民主的地位并保障民主的实现，保证国家和社会根本而首要的主体为全体人民。民主的国家制度对于民主是非常重要的，用法律确认国家制度上的民主，是最首要的。若非如此，民主就缺乏存在的法律根据，就可能被篡改或者被公然改变。在国家制度的民主上，最首要的是用法律的形式来宣告民主的国体和政体，最重要的是运用法律将民主予以具体的制度化。也就是说，民主不仅是依靠法律来宣告的，而且是依靠法律来落实和贯彻的。必须将民主表现和转化为具体的国体法律制度和政体法律制度，民主才可能获得严格的法律保障。

---

① ［法］孟德斯鸠：《论法的精神》（上），张雁深译，商务印书馆 1993 年版，第 56 页。

② ［英］罗素：《权力论》，吴友三译，商务印书馆 1991 年版，第 136 页。

2. 必须运用法律规制权力的行使,防止权力不按民主的途径和方式运行,保证权力运行的民主。权力的制约是必须的,而制约权力的方式是多样的。可以采用权力制约权力的方式,权利制约权力的方式,责任制约权力的方式,法律制约权力的方式等。综观各种方式,其实,权力制约权力方式、权利制约权力的方式、责任制约权力的方式等,都离不开法律制约权力的方式,它们都以法律制约权力作为实现的途径。没有法律,权力也会摆脱其他权力的制约,更不会受权利的约束,责任也会变得没有外在的强制意义。要防止权力运行的无序或者混乱,就必须为权力的运行设置轨道和规则。法律的规定正是这样的轨道和规则。唯有如此,权力运用的民主才可能有所保障。

3. 必须运用法律从社会层面上保证人民的民主权力与民主权利,实现社会普遍的民主。民主权力与民主权利是民主的重要内容,在民主治国中保证其拥有与实现,是社会普遍民主的最基本、最普遍的部分。社会层面的民主最为广泛。除了法律这种统一而普遍的规则,其他任何手段都无法彻底防止人民权力和权利被剥夺。法律不仅是为人民的权力与权利提供了制度根据,而且为它们得以实现提供了程序保障。法律对于权力和权利的意义,远非是认可,更有确保其得以现实化的途径与方式。一旦人民的权力或权利受到侵犯,他们可以通过申诉、控告、检举,可以通过诉讼来得以解决。如果说申诉、控告、检举的方式还没有严格的程序保证,那么,诉讼的程序保证则是最为严格而绝少疏漏的。在这一方面,法律的作用是其他任何手段都无法予以替代的。

4. 必须用法律保护少数人包括反对者,并设置民主的救济措施。民主不是不犯错误,只是少犯错误而已。民主随时都应当有修正的机制和救济的措施。民主的错误实际上是多数人的失误,要防止民主犯错误,就必须在服从多数人的同时尊重和保护少数人。如果说一时的少数人可以成为另一时的多数人,那么,这种对少数人的保护,也就是对潜在多数人的保护;如果说多数人的错误可以由原来的少数人来纠正,那么,这种对少数人的保护,实际上是对多数人可能失误的救济。服从多数人是容易的,而要保护少数人却可能是困难的。唯有法律能够使保护少数人成为制度,并将其贯彻。只有有了法律的规定,多数人才不至于酿成多数人的专断或者专横,少数人才能具有获得保护的制度根据,民主才是完善的。

5. 必须用法律来防止民主向专制的畸变。民主对于权力的行使来说,是其科学性与适当性的陪护。然而,民主对于拥有权力的个人来说也意味着一种约束。我们所必须考虑的第一个方面的问题是,行使权力的个人可能背离民主。权力是由民主掌握的,这是从总体上和根本上说的。在具体的社会生活中,每一个权力的具体行使都是通过具体的个人来进行的。这些有权运用权力的个人就始终存在背离民主的可能性。这种背离有可能是故意的,有可能是无意的。因为,现实中的个人都是有独立思维、个人意志、个人利益的个人。其中,就难免有的人会为自己的私利考虑,故意滥用权力。权力的滥用,就是对于民主的背叛和侵犯。此外,由于行使权力的人的能力、知识的差异,他们中有的人也可能过失地滥用权力。不论其主观状况如何,都是对于民主的背叛和侵犯。民主一旦受到背叛和侵犯,民主治国就可能为专制治国所取代。我们必须考虑的第二个方面的问题是,民主的不完善可能导致民主畸变为专制包括多数人的专制。民主的发展是一个渐进的过程,民主制度的完善更不是一蹴而就的事。民主和民主制度的疏漏都可能给专制留下可乘之机。我们必须考虑的第三个方面的问题是,民主自身的缺陷也有使民主畸变为专制的可能。民主是多数人决定,多数人可能有多数人的误解和多数人的失误,也可能使民主向专制恶化。为了防止权力行使者滥用权力和扩展权力,必须依靠法治来规范权力;为了民主不因其不完善而被专制所取代,必须依靠法治来预防;为了民主不因其自身的缺陷而转化为专制,必须要法治来救济。

民主治国与专制治国相比较的优越性表明了民主治国的必要性,形成了民主治国的理论学说,民主治国对于法治的要求,以及对其的理论认识,使民主治国理论成为了法治的理论基础。

(三)民主治国与中国民本主义

历史上,中国政治的主流文化一向推崇的是集权主义,与此同时,中国也有一种完全不同于西方人文主义和人本主义的民本主义长期生存着,它极具中国文化的特色。中国的民本主义是在两重意义上被设定的:一是在民与神的关系上,民为神本;二是在民与君的关系上,民为君本。就民为神本来说,[①]在西周时代就认为,“天道远,人道迩”;[②]“天之爱民甚矣”;[③]“民,神之主也”;[④]“国将兴,听于民,将亡,听于神。神,聪明正直而壹者也,依人而行”;[⑤]“民之所欲,天必从之”。[⑥] 就民为君本来说,在周的晚期就已经受到了相当的重视,老子提出“圣人常心,以百姓心为心”,[⑦]孔子则提出“因民之利而利之”。[⑧] 到了孟子更进一步提出“民为贵,社稷次之,君为轻”。[⑨] 到西汉,贾谊将民本思想发展扩充为“闻之于政也,民无不为本也。国以为本,君以为本,吏以为本”。[⑩]荀子的舟与水的比喻乃至流传千古。“君者舟也,庶人者水也。水则载舟,水则覆舟。”[⑪]“民本”一直为历代开明君主作为古训,并被一些社会精英作为进行社会批判的武器。

中国的民本思想,远不是民主思想。“在中国古代,民本学说只能作为绝对君权的抑制剂、制动剎发挥作用,而不可能直接导向主权在民的以社会契约论为基石的民主政治轨道。”[⑫]但是,“当民主主义开始萌动之际,古老的民本主义再度发挥其社会批判功能,并成为生发近代民主主义的生长点”。[⑬]

民主思想对于法治有着根本的影响,它实际上也是立法者制定法律的重要价值取向。中国社会传统的民本思想在现代社会依然很有影响力,它在一定程度上可以对民主起到引入的作用。而且,民本思想绝对比单纯的专制思想要进步得多。但是,由于“民本思想”毕竟是“君权

---

① “民为神本”仅是笔者的认识。在中国文化史和法律史的著作中,多称之为“人为神本”。其实,应将其概括为“民为神本”才对,因为中国古代许多相关著作中的“人”都包含“民”的含义,或者直接就是指的“民”。作为民本意义上的“神之本”也应作“民”的理解才对。从后面的论述中,读者也可以看到这一点。

② 《左传·昭公元年》。

③ 《左传·襄公十四年》。

④ 《左传·僖公十年》。

⑤ 《左传·庄公三十二年》。

⑥ 《左传·昭公元年》。

⑦ 《老子》第四十九章。

⑧ 《论语·尧曰》。

⑨ 《孟子·尽心下》。

⑩ (西汉)贾谊:《新书》(亦称《贾子》)。

⑪ 《荀子·王制》。

⑫ 冯天瑜、何晓明、周积明:《中华文化史》,上海人民出版社1990年版,第184页。

⑬ 冯天瑜、何晓明、周积明:《中华文化史》,上海人民出版社1990年版,第185页。

思想”之下的产物,它骨子里包含的并不是现代民主与法治。如果将民本理解为民主,那么民本就会成为民主的障碍,从而影响法治。民本主义在一定意义上有助于民主治国,也会在一定意义上成为民主治国的障碍因素,并进而影响法治。因此,必须理性地对待中国既有的民本思想。

三、权力控制理论

(一)权力的来源要求权力控制

权力的内涵和外延都十分复杂。这里所讲的权力实际上是政治权力。权力从何而来,是政治学和法学探讨的重要课题。对于权力的来源,学者有不同的见解。权力是如何获得的?是通过什么方式获得的?盖尤斯说,“一切权利都是从人民来的。皇帝的命令何以有法律的效力呢?因为皇帝的地位是由人民给他的;官吏为什么有权力呢?因为官吏是人民选举出来的”。[①] 乌尔比安认为,“皇帝的意旨具有法律效力,因为人民通过 *Lex regia*(《国王法》)中的一段话把他们自己的全部权力授予了他”。[②] 资产阶级学者更是普遍承认并论证了“主权在民”的权力根据。社会主义的宪法也一再宣布,国家的一切权力属于人民。[③]

随着理论的发展和认识的进步,主权在民已经没有疑问。人民是权力的最终来源,任何权力都是一定社会成员共同赋予的。原始社会的公共权力来自人民,政治国家无非是对原始社会公共权力的取代而已。政治国家的权力仍然是在人民都交出自己的一部分权利的基础上建立起来的。

人民运用法律为权力的运用设定模式,从而控制权力。权力来自人民,当它一旦与人民相分离,就具有了一种脱离人民的倾向和离心力。要确保权力忠实于作为其基础的人民,就必须有对于权力的必要控制,防止权力远离人民或背叛人民。人民是一个整体,人民对权力进

---

① 陈允、应时:《罗马法》,商务印书馆 1931 年版,转引自王人博、程燎原:《法治论》,山东人民出版社 1989 年版,第 17 页。

② [古罗马]乌尔比安:《论法律》(第 1 卷)第一、二章,转引自王人博、程燎原:《法治论》,山东人民出版社 1989 年版,第 17 页。

③ 我国从 1949 年的《中国人民政治协商会议共同纲领》,1954 年的《中华人民共和国宪法》,经 1975 年、1978 年、1982 年等多次修订和修改,虽然起伏跌宕,但“中华人民共和国一切权力属于人民”的宪法原则始终未曾改变。

行控制的意志，只有通过法律才能得以表达。法律可以为权力的运用预设一个既定的模式。只有法律才能作为人民整体共同意志的表现形式，对权力及其行使进行规范，防止权力成为没有约束的权力或者失去约束的权力。也许正是因此，有的学者直接把权力与法律连接起来，认为权力是法律秩序的效力和实效。“人民所从属的那种国家权力不过是法律秩序的效力和实效，而领土和人民的统一就是从这一秩序的统一性中引申出来的。如果主权被认为是国家‘权力’的一种属性，这一权力一定是国内法律秩序的效力和实效。”①

人民还可以运用法律所预设的模式来检测权力运行的状况，并适时校正权力的运行状态。法律具有模式的意义，人民可以通过法律对权力的范围、等级、效力、行使的程序、后果、责任等作出规定。法律，一方面是对权力行使者的要求，另一方面也是人民检验权力行使状况的根据和准则。只有人民这个权力的终极来源才能保证其所赋予有关机关和个人的权力被真正、正当地行使。

（二）权力的性质要求权力控制

权力具有相对性、支配性、权威性，权力的这些属性提出了需要对权力进行控制的法律要求。

权力都是相对的。从应然的意义讲，权力的相对性至少包括：(1)权力必须受到人民权利的制约，在二者各自基本定位的情况下，形成相互消长的关系；(2)权力总是在一定地域范围内存在的，一个绝对普遍的权力是不存在的，事实上，任何权力都要受制于一定的地理范围；(3)权力总是在一定社会层面上成立的，一个能调整任何社会方面的权力不复存在，它要受制于社会领域的范围；(4)不同性质的权力总是有所分别的，不同的权力应由不同的机构行使，权力和权力之间应当有所区别；(5)不同的权力拥有者拥有不同的权力，不同机构之间具有相对独立的性质，权力机构和权力机构之间不能混同其权力。权力的相对性要求对权力予以必要的规制，使其不至于超出应有的范围而绝对化、而泛滥、而导致权力的恶性膨胀。绝对的权力必然导致专制。柏拉图曾告诫世人：绝对的权力对行使这种和服从这种权力的人，对他们

① ［奥］凯尔森：《法与国家的一般理论》，沈宗灵译，中国大百科全书出版社1996年版，第283页。

自己和他们的子孙及其后裔,都是不好的;这种企图无论是以任何方式都是充满灾难的。

权力具有支配性。权力的支配性体现在几乎所有的权力定义之中。在西方,关于权力的学派主要为韦伯主义和帕森斯主义。韦伯认为,“权力是某种社会关系中一个行动者将处于不顾反对而贯彻自己意志的地位的概率,不管这种概率所依据的基础是什么”。[①] 其中“不顾反对而贯彻”显然是权力支配性的结果。作为韦伯权力定义派生的布劳权力定义认为,权力是“个人或集团通过威慑力量不顾反对而把其意志强加于他人的能力”。[②] 其中“强加于”也同样表明了权力的支配性。帕森斯的权力定义为,“当根据各种义务与集体目标的关系而使这些义务合法化时,在如果遇到顽抗就理所当然会有靠消极情境制裁去强制实行(无论这种强制机构可能是什么)的地方,权力是一种保证集体组织系统中各单位履行有约束力的义务的普遍化能力”。[③] 其中“强制实行”也同样表明了权力的支配性。在我国,普遍认为:权力首先就是指政治上的强制力量,其次是指职责范围以内的指挥或支配力量。权力的支配性,首先表现为权力是一种支配力量,它可以要求人们作出某种行为,包括允许人们做什么、要求人们做什么和禁止人们做什么。其次表现为权力具有强制性,任何权力都具有一定的强制性,权力都是以相应的服从的存在作为条件的。如果不具有强制性,权力就无法强迫社会成员服从。权利强制性的实现需要法律,防止权力强制性的滥用同样需要法律。权力是具有支配性的,没有支配性的权力就失去了权力应有的性质,甚至不成其为权力。权力的支配性使得权力具有了相对人不得不服从的性质,也使得权力具有滥用的可能性。权力的支配性是不可缺少的,这种不可缺少的属性又使对权力的法律控制成为必须。

权力具有权威性。没有权威性就没有权力。不论是什么学者,在对权力进行定义或者论述时,都无一例外地肯定权力具有权威性。权

---

① [英]罗德里克·马丁:《权力社会学》,丰子义、张宁译,三联书店 1992 年版,第 81 ~ 82 页。

② [英]罗德里克·马丁:《权力社会学》,丰子义、张宁译,三联书店 1992 年版,第 83 页。

③ [英]罗德里克·马丁:《权力社会学》,丰子义、张宁译,三联书店 1992 年版,第 85 ~ 86 页。

力的权威性的来源主要是两个：一是权力运作的规则性，无规则的权力运作只会导致人们的反感、不安，而绝不可能给人们和社会带来自觉服从与安全稳定；二是权力运作的公开性，公开是权力的必然属性与基本要求，没有公开性，权力就没有权威性，其特定性就难以明确，强制性就难以体现，权威性就无从产生。权力的公开性是权力运行的可预测性的必要条件，但权力未必能使自己的公开性得以彻底贯彻和体现。如果运用法律来规制权力，就可能保证权力的权威性。法律的权威性、公开性和可预测性与权力的权威性相得益彰。

权力的相对性、支配性、权威性都决定了它必须有既定的规则作为其正常运行的保证。而能符合于权力的性质又能使权力不至于异化的规则，只有法律，只有良法而又很好地实现的法治状态，也就是只能在法治的社会环境之中，权力才能不被非常变异。

（三）权力的行使要求权力控制

权力的拥有与行使可否是不同主体，是一个争议已久的问题。有的学者认为权力是不可分解的，有的学者则认为是可以分解的。在专制统治之下，权力是没有可否分解的问题。然而，代议制的产生，[①]人类社会的文明进步已经使得民主成为了人类普遍的追求（不管这种追求是否成为了现实，那是另一个问题）。在民主政治中，权力的不可分解只是在根本意义上的。抽象的整体的权力属于人民，在这个意义上，权力不允许被分解。在具体的每一个权力的行使意义上，权力是可以被分解，也是必须被分解的，因为人民拥有的全部权力并不都是可以由全体人民共同直接行使的。因此，权力最终属于人民，整体权力也只能属于人民，但各个具体权力则必须由人民委托其信赖的个人或者组织来行使。受托代表人民行使权力的人或者组织，何以知道人民的愿望、意志，他们行使权力的行为是否是忠诚于人民的，这都需要法律。需要法律来记载和表明人民的愿望与意志，需要法律作为受托者行为的根据，需要法律作为检验权力行使是否正当的标准——法律是人民控制权力行使的手段。

---

① ［美］托马斯·戴伊：《谁掌管美国》，梅士等译，世界知识出版社 1980 年版，第 5 页。该书认为，代议制政府或其他形式的现代政府体制建立以后，自然而然地分解了原来权力主体单一的格局。

权力行使之所以需要控制,是由权力行使的主体因素决定的。任何非整体的具体权力都是由一定国家机关及其工作人员具体行使的。各个权力主体都有自己的权力认知能力和水平,都有自己相对独立的利益,因此他们就不可能对权力具有完全统一的行使方式、程度和效果。权力主体的差异性决定了要保证权力的统一性,就必须对权力的行使进行控制。

权力行使之所以需要控制,是由权力行使的过程因素决定的。权力的行使是一个过程。这个过程中,除了时间的因素外,还会有各种因素介入并发挥作用。时间的变换中,会发生过程的变化,各种因素的作用更可能改变权力行使的状况和后果。权力的行使过程的各种变数决定了,必须对权力进行必要的控制。

(四)法治——权力控制的途径

权力的控制手段很多,有道德、教规、纪律、政策、利益、责任和法律等,在众多的手段中唯有法律是最有效的控制手段。我们的目的就是要使民主制度化、法律化,使这种制度和法律不因领导人的改变而改变,不因领导人的看法和注意力的改变而改变。法律之所以能如此,主要是由于法律具有其他任何手段都不具有的公开性、国家强制性、国家意志性和普遍约束力。法律是控制权力的最佳手段,但并不是有了法律,就等于有了权力的良好控制。法律必须在法治化的社会状态中才可能发挥出对权力的控制效用,充分实现其权力控制功能。

权力的控制方式很多,有集权与分权的权力控制方式。任何非专制的权力控制方式都不能离开法律的作用。权力的必要集中是重要的,没有一定的集权,各个分散的权力就可能摆脱控制或者不受控制而滥用,权力过度分散,高层次权力就难以对低层次权力进行控制;权力的适当分散同样是重要的,没有一定的分权,权力就可能因为过度集中而导致专制,使各个专制的权力不受约束,社会就会蒙受重大的损失。孟德斯鸠认为,“当立法权和行政权集中在同一个人或同一个机关之手,自由便不复存在了”。[①] “如果司法权不同立法权和行政权分立,自由也就不存在了。如果司法权同立法权合而为一,则将对公民的生命

① [法]孟德斯鸠:《论法的精神》(上册),张雁深译,商务印书馆1961年版,第156页。

和自由施行专断的权力,因为法官就是立法者。”①“如果同一个人或……同一个机关行使这三种权力,则一切便都完了。”②

权力的结构应当是必要的集权与适当的分权的有机结合。然而在权力的社会实践中,常常出现的是两个极端:一是过度强调集中,形成专制集权;二是过度强调分散,出现无政府主义。保障权力的适度集中与分散,就必须依靠法律的作用和力量。

(五)中国的治吏传统与权力控制

中国是一个重视吏治、强调治吏的国家。早在先秦时代,法家就提出了“明主治吏不治民”的观点。中国历代王朝都把治吏放到相当重要的位置加以特别强调。在夏朝,就有运用派遣使臣、诸侯相互监督、天子巡行等方式对下属官吏进行监督的制度。以后各朝各代都有自己制约官吏的法律和制度,侧重于对官吏的失职、擅权、贪腐进行惩罚,实行了官吏的考核制度、本籍回避制度和举报制度。

中国的治吏传统在规范权力和防止权力的滥用上与当代法治具有一定的一致性。作为法治来说,其所治之关键在于治权,而治权的实质是治吏,两者的目的都在防止权力的懈怠与权力的滥用。中国的治吏传统对于倡行法治是有所助益的。法治对于权力约束的规定性,应当说在一定程度上是可以为中国文化和历史的传统所接纳的。

但是,中国的传统治吏不是法治意义中的权力控制。(1)两者的主体是不同的,中国治吏的主体是皇帝,而法治中的权力控制的主体是人民。(2)两者的对象是不同的,中国治吏的“吏”是不包括最高权力拥有者——皇帝的,而法治中的权力控制所要控制的是除人民及其终极权力之外的一切权力与权力拥有者。(3)两者所存在的政治体制也是不同的,中国治吏是在专制政体中的权力控制手段,法治中的权力控制是民主政体中的民主和法治措施。(4)两者的控制方式也是不同的,中国治吏所采用的主要是人治的方式,即使运用了法律,法律也仅仅是一个工具,而法治中的权力控制所采用的则是民主和法治的方式,法律虽然也是工具,但它的被实现本身也是权力控制的重要目的。

---

① [法]孟德斯鸠:《论法的精神》(上册),张雁深译,商务印书馆1961年版,第156页。

② [法]孟德斯鸠:《论法的精神》(上册),张雁深译,商务印书馆1961年版,第156页。

四、法治优越理论

(一)法治优越论的历史发展

法治优于人治,是人类历史的经验教训的总结。在古希腊,柏拉图早年曾主张由哲学家做国王,或者将国王培养成哲学家的哲学家统治。① 经过人生的世事变换,他修正了自己的观点,转而认为在无"哲学王统治"的情况下,法治便是最好的。他看到了法律的局限,因为人和人、行为和行为、事和事千差万别,在人类生活中没有任何东西是静止不动的,这就注定不可能用什么高明的知识颁布一项简单的法规去永远处理每一件事情。他很早就认为,人能受同等之管束,而得享真正之平等也,国家之所以必有法律者即以此,盖法律者国家所赖之以维持。后来,他把采用法律的政府(法治)作为第二种最佳的选择,这是完全正确的好政府,当你无法建立第一种或我们刚才所谈论的政府的时候。进而认为"在法律服从于其他某种权威,而它自己一无所有的地方,我看,这个国家的崩溃已为时不远了。但如果法律是政府的主人并且政府是它的奴仆,那么形势就充满了希望,人们就能享受众神赐予城市的一切好处"。② 亚里士多德通过对150个城邦国家进行对比研究后,认为共和政体是最为理想的政体。其之所以最为理想,就因为它实行的是法治,而不是一人之治。他提出并论证了法治优于人治的观点。因为法律是一种完全没有感情的中道的权衡。他说,凡是不凭感情因素治事的统治者总比感情用事的人们较为优良。法律恰正是全没有感情的;人类的本性(灵魂)便谁都难免有感情。他认为,让一个人来统治,这就在政治中混入了兽性的因素。因此,只有法律是最优良的统治者。

近代法学家们对法治理论作出了新的贡献。洛克认为,"如果法律不能被执行,那就等于没有法律;而一个没有法律的政府,我以为是政治上的不可思议的事情,非人类的能力所能想象,而且是与人类社会格格不入的"。③ "法律一经制定,任何人也不能凭他自己的权威逃避法律的制裁;也不能以地位优越为借口,放任自己或任何下属胡作非为,

① 对于柏拉图的"哲学家"概念,不应作现代的哲学家概念来理解。在柏拉图时代,哲学是科学的科学,甚至是一切科学的总称。其"哲学家"当理解为"学识渊博的学者"。

② [古希腊]柏拉图:《法律篇》,上海人民出版社2001年版,第123页。

③ [英]洛克:《政府论》(下篇),叶启芳、瞿菊农译,商务印书馆1964年版,第138页。

而要求免受法律的制裁。公民社会中的任何人都是不能免受它的法律的制裁的。”①法律高于权力，法律至上是法治在近代发展的结果和重要成就。

（二）法治比人治优越

法治与人治相比较，并不是在任何意义上都绝对比人治好。② 正如民主政治与专制政治的关系一样，历史上许多思想家和法学家都看到了这一点。只是在总体上，法治比人治更加优越。这种优越性主要表现为：

法治必须立足于民主，人治则无须民主。真正的法治都以民主为核心，民主既是法治的基础，也是法治的目标，而人治都是以专制为核心的。法治的法都必须是民主的产物，并以民主为目的。专制往往都是个人的独裁或者少数人的统治。人治之下即使存在某种听取意见和建议的“民主”，那也不是真正的民主。因为这种意见或者建议是否被尊重或者采纳并不取决于民众，而是取决于听取者的主观判断。他认为你是正确的便予以采纳，他认为是错误的便可以置若罔闻。最终的决定权仍然掌握在个别或少数统治者手中，听取意见的“民主”也许有助于统治者作出明智的判断与选择，也许可以为统治者赢得民心，但它不是真正的民主。

法治有利于自由，而人治不利于自由。人的自由，除思想自由之外，一切行为的自由都不是无限的。在法治状态下，人们可以按照既定的良好法律作出自己的社会行为，所以只要他严格依法办事，就不可能有不自由的情形。而人治状态下，人们看不到统一的行为规则，其社会生活的行为就缺乏准则。是否违法犯罪的标准存乎掌权者的主观判定。某种有权的人认为某某构成违法犯罪，即构成；认为某某不构成违法犯罪，即不构成。这样，整个社会都不可能有什么安全感，也就不可能有什么自由，实际上是真正的不自由。

法治有利于平等，而人治不利于平等。在法治之下，任何人都必须守法，不允许任何人有违法而不受追究的特权，其实这也就是法律适用

① ［英］洛克：《政府论》（下篇），叶启芳、瞿菊农译，商务印书馆1964年版，第58页。

② 对于人治“优点”的肯定，正如前面对专制政治“优点”的肯定一样，笔者提出这一见解的原因：一是，它是科学的真实；二是，它有利于我们理智地对待人治和人治的主张而作出明智的抉择，更不会因偶然看到人治政治的“优点”而放弃法治。

上的人人平等。而人治则以一定人的意志为根据,随一定人的主观意志的变化而变化。即使期望人人平等,也会因缺乏统一的行为规则和客观的评价标准而无法实现。人治的模式就注定了它不可能有平等可言。即使偶有某种平等,也会在时间的变换中,因缺乏规则而不能持久。

法治有利于社会稳定,而人治不利于社会稳定。社会稳定,需要有稳定的规则作为前提。只有在统一的社会行为规则之下,人们的行为才有一个基本的准则,人们相互之间才可能减少和消除冲突,使社会处于相对稳定的状态之中。如果人们没有一致遵行的规则,我行我素,各行其是,社会就会陷入动荡之中,而人治正是相对缺乏这种规则的社会管理方式,人治不利于社会稳定。

尽管人治并非一无是处,但是它毕竟不如法治优越。人类付出了一代又一代人的沉重代价,经过了一代又一代人的苦苦思索,才得出了法治优于人治的结论。也就是说,确定法治的治国方略与具体措施,是人类进步与文明的表现。法治优越论成为了法治的理论基础。

(三)中国"法治"传统与当代法治

中国历史上没有近现代意义上的法治,但却有自己的"法治"传统。中国传统中的"法治"是君王运用法律来治理国家意义上的法治。即"命有司,修法制,缮囹圄,具桎梏"。[①] 中国先秦时代就已使用过"法治"这一语词,如"知法治所由生,则应时而变;不知法治之源,虽古终乱"。[②] 其对于"法治"的理解不过是"权衡具而重益轻,斗石设而多益少,故以法治国,举措而已也"。[③]

中国的"法治"传统理论有助于中国当代法治的启动。综观中国"法治"的传统学说,其中至少包含着完备法制、法律平等、强国富民等内容,它们与当代法治具有一定意义的契合。建立法律制度是实行法治的前提,对于法律制度,强调的是"修法制"和"建法立制"。对于法律平等,主张的是,"法不阿贵,绳不挠曲,刑过不避大臣,赏善不遗匹夫"[④]以及深入人心的"王子犯法与庶民同罪","不别亲疏,不殊贵贱,

① 《礼记·月令》。
② 《淮南子》。
③ 《韩非子·有度》。
④ 《韩非子·有度》。

一断于法。”对于“法治”的目的，概括为“建法立制，强国富人”。[1] 中国古代的这些“法治”思想，与现代法治相距甚远，但是，其中所包含的法律观念，对于民众对现代法治中的有关内容的接受，是有所助益的。

中国传统的“法治”观念，也可能成为现代法治的障碍，这也是我们所必须警醒的。因为，在中国古代“生法者，君也；守法者，臣也；法于法者，民也”。[2] 它根本就不是现代法治。中国传统的法治与现代法治至少具有以下几点区别：第一，中国传统“法治”的政治基础是“君主”不是“民主”。民主是现代法治的基础，没有民主就没有法治。在民主基础上的法治，任何人都必须在法律范围内活动，包括君王本身也不得例外。中国传统法治之中，君王是在“法”之上的，治者是君王而不是人民，社会实行的是君治而不是民治。在良好的传统法治之下，“王子犯法与庶民同罪”，但还远没有达到“君王犯法与庶民同罪”的程度。第二，中国传统的“法治”本质上仍然是人治而不是现代的法治。法律至上是现代法治的要求，而在中国传统“法治”的视野中，还没有达到这样的境界。即使是实行得最好的“法治”也没有出现法律至上的情形。君权、伦理仍然可以拥有比法律更高的地位和更大的权威。第三，中国传统的“法治”并没有将现代的人权观念作为基本的内容。将民事法律关系用刑罚方法予以调整，是中国固有的法律传统；刑讯逼供是中国长期以来的历史性的痼疾。这两个显著的特点都极大地妨碍人权观念在法治中的形成与张扬。即使是一些最优秀的法律专家和法律官员也未能彻底摆脱这些因素的影响，确立现代的人权观念而成为法治的主张者和实践者。如果对此没有清醒的认识，也可能不自觉地出现以中国传统的“法治”观念来指导现代法治的悲剧。

（四）法治优越论在中国的独特意义

法治优越论在中国具有特别重要的意义。中国之所以尤其需要倡导法治优越论，这是由中国独特的历史和文化传统所决定的，也是由中国的旧的历史和文化传统长期未能得到有效清理和批评所必需的。

法治优越论有助于改变中国的人治传统。中国是一个具有人治传统的国度。从有国家以来，中国从未出现过真正的法律统治。法律在

---

① （三国・魏）刘劭：《人物志・流业篇》。

② 《管子・任法》。

任何时代都几乎无一例外地是专制统治达到自己统治目的的手段、工具而已。人治在中国具有最悠久的历史。孔子就认为,“为政在人”,“文武之政,布在方策,其人存,则其政举;其人亡,则其政息。”[①]当权者“其身正,不令而行;其身不正,虽令不行。”[②]中国古代的治国方略,所宣扬的也是“示人以法不若以意”。即“上之人举目摇足,而天下已知其意之所在。是故以法示人不若以意示人。其意在是,其法不在是,则不令而自行;其法在是,其意不在是,则虽令而不从”。[③]“任官之道,示之以法,不若示之以意。其法是也,其意非也,虽重而亦轻;其意是也,其法非也,虽轻而亦重。”[④]

在一个具有深厚人治传统的国家,确认法治优越论非常有意义,它有利于根除传统的思维定式。

法治优越论有助于正确认识道德与法律之间的关系。中国古代也是一个德治为具体内容的人治国家。中国古代的德治实质上是人治,它把德的地位强调到了无以复加的地步。孔子倡导“为政以德”,“道之以政,齐之以刑,民免而无耻;道之以德,齐之以礼,有耻且格”。[⑤]孟子倡导“以德服人”,荀子主张“明德慎法”,董仲舒强调“大德小刑”和“先德后刑”。中国古代法律及其解释的代表《唐律疏议》就宣称“德礼为政教之本,刑罚为政教之用”。[⑥]道德与法律是并存的社会规范,将道德置于法律之上,把法律作为道德的工具,可以说是中国的传统。在这样的国家强调法治优越论,显然有助于我们矫正由于历史原因而形成的对于法律与道德关系的误解。

法治优越论有助于彻底挣脱历史的重负,真正确立依法治国的治国方略。在中国历史上,比法律更受重视的不仅有德,而且还有礼,还有仁、义等,它们都有一定社会规范的意义。在中国历史上,还有以礼治国、以仁义治国之说。在20世纪末,我们选择了依法治国的治国方略与建设法治国家的法治目标。如果我们不能克服历史和传统的局

---

① 《礼记·中庸》。

② 《论语·子路》。

③ 《永嘉先生八面锋》(亦名《治国方略》),吉林人民出版社1997年版,第21页。

④ 《永嘉先生八面锋》(亦名《治国方略》),吉林人民出版社1997年版,第25页。

⑤ 《论语·为政》。

⑥ 俞荣根:《儒言治世》,四川人民出版社1995年版,第54页。

限，是绝对不可能取得成功的。法治优越论的倡导，有利于我们从历史传统中解放出来，将依法治国作为行动，将法治国家作为目标。

法治是一种整体化的社会行为，一种整体化的社会状态，一种整体化的社会模式。法治的理论基础也是一个不可分割的整体，其中主要包括民主治国论、权力控制论和法治优越论，这三个理论是缺一不可、有主有从的统一整体。民主对于法治具有根本的决定意义，民主既是法治生成的基础，也是法治追求的目的，民主的治国方式是依法治国的政治前提与存在空间。在专制之下，是不可能有法治存在的。所以，民主治国论是法治论的基础。法治的关键是对权力的依法控制。如果权力不受法律的约束，也就无所谓法治。法律对权力的控制，包括对权力赋予、权力行使、权力关系等的规范。没有对权力的有效控制，法治就会毫无意义。因为，如果法治只是为了治民，那么，我们只要有纯粹作为手段和工具的法律就行了，根本就无须法治。法治必须治权，而治权也就是对权力的依法约束，保障权力的依法获得与依法运作。保障民主和控制权力的手段虽不仅限于法律，但是只有法律才是最可靠的。依法达成民主治国和权力控制的目的，也就是法治。在众多的手段、方式、模式，乃至体制、结构之中，唯有法治是最好的、最有效的。历史和现实都得出结论，法治是最优越的治国方式、方略、手段、模式等。法治的理论基础是一个有机联系的整体，具有统一性，其中民主治国论是最根本的。民主治国论要求权力控制论和法治优越论，要真正地实现民主，就必须控制权力和崇尚法治。对于权力的控制和法治的崇尚是民主治国的题中应有之义。但也需要注意的是，尽管权力控制和崇尚法治是民主治国的要求，但是，由于二者对于整个法治的意义，我们还不能将它们湮没在民主治国理论之中。否则，就可能因为对于权力控制和法治崇尚的忽视而使民主受到阻碍，最终使法治无法实现或者建立。尤其是对于具有长时期专制和人治传统的中国，在强调民主治国的同时，强调权力控制和法治崇尚的意义是十分重要的。因此，我国法治的理论基础应当是以民主治国论为根本、以权力控制论和法治优越论为重要支柱的理论整体。

第五章　法治国家的社会条件

中国历史上为什么没有出现法治或者没有建立起法治国家，许多学者都进行过探讨，在众多的答案中有一个可以肯定的答案是中国社会一直没有具备法治或法治国家得以建立的社会条件。法治国家的建成必须具备一定的社会条件，对此，学者们并无不同的认识。对于这些社会条件的内容是什么，学者们就有各不相同的看法了。法治国家建立必须依赖的社会条件是经济的市场化、政治的民主化、成员的公民化和意识的理性化，这四个方面都是法治自身无能为力、必须依赖其外在的社会予以提供的。法治可以影响这四个方面，但法治并不能创造这四个方面。因此，中国法治国家建设当然要重视自己的社会条件建设。

一、市场经济是经济动力

如果说在一定意义上，法是伴随经济的市场化而产生的，那么法治就是伴随经济的高度市场化而逐步产生形成的。① 市场经济是法治得以形成的经济上的必要基础，经济的市场化是法治建设的经济动力。

（一）经济市场化是法治国家的前提

经济的市场化是法全面形成的重要条件。写下这

① 经济的市场化并不是严格的市场经济，只有经济高度市场化时的经济才是市场经济。经济的市场化是相对于非市场化状态而言的。自然经济下也有法，但是自然经济并不是最原始的无交换的经济。也许可以认为，是伴随交换（也伴随市场）的发展，法才产生发展起来。

一命题,猛然发现似乎有些离经叛道。仔细一思考,甚觉有理。

在原始社会早期,人们的一切财产都是公有的,共同劳动,平均分配,没有交易,也没有市场。不能说人们之间没有纠纷,即使有纷争,但由于没有财产上的分别,人们的争议也会是相对有限的。那时没有法律,当然谈不上需要法治或法治国家。在社会的进一步发展中,偶然的交换出现了,既而发展为商品交换,先是以物易物的直接交换,后来发展为以货币作为媒介的商品流通。随着人类交换行为的复杂化,法也就具有了产生的现实的可能性与必要性。交换以社会分工、生产资料与劳动产品属于不同的所有者为前提,交换的发展提出了确立具有公开性和强制性的交易规则的要求。法的起源的原因是多方面的。固然是多个力量综合作用的结果,但是不可否认的是,在众多的力量之中,财产从原始的集体公有走向家庭私有,生产从简单的自我供给走向商品市场,是一个极为重要的原因。

从原始公有走向家庭私有的过程来看,经济由氏族集体走向市场的市场化过程是简单商品经济的形成过程,当然也是原始的公有经济走向市场的过程。市场经济的发展逐步催生了以市场为基础的经济体制,以及与之相适应的法律制度。市场经济是自由的经济,也是平等的经济,自由与平等是市场经济的内在要求,法、法治和法治国家能够较好地为经济提供自由与平等的法律机制与外在保证。

市场经济要求每一个市场活动主体都具有足够的活力,都能自主地充分展现自己的活力,全面实现自己在各个方面的能力与价值,这正是市场经济主体对于自由的要求。市场经济对于自由的要求决定了法治对于市场经济的需要,换句话说,市场经济主体也只有在市场经济的场景之中才可能享有充分的自由。市场经济主体需要人身自由、财产自由和契约自由等,没有其中的任何一个自由,就不成其为市场经济。市场经济中的自由,也不是能够自我保护和保证的,它会受到来自多个方面的破坏:一个是相对的市场经济主体对自由的侵犯,另一个是自身对于自由的滥用,再一个是政府或者国家对于个体自由的侵犯。这三个方面有任何一个方面被放任,都可能毁坏整个自由。要制约其中的每一个因素,只有法制是不行的,还必须要有法治和法治化的国家才行。在法治和法治国家中,法律不是限制自由的手段而是保障自由的法宝,是实现自由的路径。首先,法治为自由设置范围和轨道,以便市场经济主体充分享有自由而又不至于滥用自由;其次,法治制裁侵犯他人自由的违法犯罪,而且对于侵犯他人自由权利者无一例外且平等地加以制裁,防止对于自由的侵犯,保护自由;最后,法治或法治国家严格约束权力本身,防止国家权力的放任,使自由不受来自国家的威胁或者侵犯。如果说前两个方面,在非法治状态中还可以做到的话,第三个方面就非法治或法治国家而不能为。

市场经济对于平等的要求和市场经济的平等性质,决定了法治要以市场经济作为重要的社会条件之一。市场经济主体为了取得与其他主体同等的机遇和能力,就一定会要求与其他主体一样具有平等的发展权利,平等的发展权利是任何市场经济主体都需要、都应当具有的。市场交易是市场经济中最经常的行为和现象,市场交易之中最需要的前提条件是交易的各方在法律地位上是平等的。市场经济是最讲求价值规律的经济,价值规律对于任何主体都是平等的。市场经济的发展要求有平等的权利,这些平等权涉及财产、交易等各个方面。前面所论及的市场经济中的自由,也是平等的自由。如果自由不是平等地具有、分配或享有的,自由就是不平等的自由,自由就会演变为特权。能满足市场经济平等要求的规则是一视同仁的法律,但仅有记录或确认这些规则的法制是不够的,要真正实现市场经济的平等,必须要有法治做保障,并在法治或法治国家中得以实现。法治要得以坚持,在各种可供选择的经济体制之中,唯有市场经济才能提供最强有力的支持。市场经济为主张平等,并把平等作为最重要的价值目标之一的法治提供了最有力的经济基础。

在市场经济中,法治所需要的和所能提供的不仅是自由和平等,还有其他许多方面的人的基本权利,市场经济就是人的基本权利的最急切的呼唤者和主张者。在法治国家,并不需要它对经济活动作过多的干预,首先需要它切实保障人的基本权利,为人们的经济活动提供最基本的条件。但如果社会的经济发展没有对于人权的基本保障,法治的努力都可能是徒劳。市场经济既是法治对于人权进行保障的要求者,也是法治对于人权进行保障的客观基础。

(二)市场经济要求建设法治国家

市场经济是法治经济。综观人类社会的经济类型,一般地说,不外乎自然经济、产品经济和市场经济。主要依赖的调整手段,依次相应地不外乎伦理的、行政的和法律的。自然经济与其相适应的伦理手段结合在一起,又称为伦理经济;产品经济与其相适应的行政手段结合在一起,亦称为行政经济;市场经济与其相适应的法律手段结合在一起,也称为法治经济。市场经济是法治经济,在根本上是由市场经济本身所决定的。因为,市场经济的主体需要法予以确认,市场经济的运行需要法予以调整,市场经济的发展需要法予以保护。具体地说,市场经济主体的成立条件、法律资格、权利义务都需要法予以具体规定。如何保障市场经济的正常运行,是市场经济中法的主要任务。市场生产要素的流动,再不是由政府计划、配额、分配,而是在市场中自由地进行。法必须为市场提供完备的运行规则,确保纷繁的市场能有序地运转。同时,市场经济中的各项权利须依法行使,各项义务须依法履行,市场经济中的各种越轨行为都需要法予以界定、予以处罚。

法治国家是法治发展的首要阶段。市场经济对法治的要求中,最直接的目标是建立起法治国家,为市场经济的发展创造一个政治空间。随着市场经济的发展,在法治国家也不能完全满足市场经济的发展需要的时候,法治社会的发展就会成为市场经济发展的进一步的要求,法治就会适应市场经济要求由法治国家向法治社会扩展。法治社会在新的层面上为市场经济提供更好的制度背景和社会背景,法治在更广泛、更深刻的意义上促进市场经济等各个方面的进步发展。

市场经济的发展,在中国当前主要是经济的市场化,它对法的发展提出了法治要求,也为法治或法治国家的形成奠定了基础。随着市场经济的发展,为了适应市场经济的需要,我国必将建立形成完整的市场经济主体的法律制度,市场经济运行的法律制度,市场经济宏观调控的法律制度和市场经济社会保障的法律制度等,从而为整个法治状态的形成创造条件。

(三)市场经济问题依赖法治国家解决

每一种经济体制都有它自身的特点,在一定的社会环境之中,都会导致一些在其他经济体制中不会产生或难以产生的问题。市场经济也会带来一些不同于自然经济和产品经济的问题。这些问题通过什么途径加以解决,特别值得探究,而且必须予以探究,如经济活动规则的问题。经济的市场化,乃至市场经济的形成,必然导致经济活动比历史上任何时代都更加纷繁,交易规模扩大、交易频率加快,各种经济纠纷会纷至沓来。面对不断发生而且数量激增的经济矛盾与纠葛,模糊的伦理手段已无济于事,机械的行政手段又有碍发展,只有法律手段才可能为其提供既有严格规则又有自由活力的现实道路。严格的以法律作为最高准则——坚持法律至上——的司法、守法、法律监督和社会观念,就成为了现实的期望。只有法治或法治国家才能满足这样的期望。

在市场经济中,尤其是市场经济不完备的时期,权钱交易的概率必然比在自然经济和产品经济中大大增加,政治腐败的可能性也在增强。尤其是在由计划经济体制向市场经济体制转轨的过程中,腐败甚至会比在健全的市场经济状态中更为严重。

在由计划向市场的转轨中,利用计划与市场的差额进行"寻租",已经是非常普遍的违法或犯罪现象。能进行这种"寻租"的,必然是拥有特定权力或特定社会关系的人。在中国这个具有权力崇拜和人情传统的国家,表现得尤为明显。要彻底消除这一"寻租"现象,最根本的只能是寄希望于市场经济体制的迅速而全面地建立。只有在健全的市场经济体制中,才可能彻底消除计划与市场之间的差额,消除"寻租"的可能性。其实,这种"寻租"现象除了在土地交易等方面还有所存在之外,现在已经比以前少多了。但是在这个阶段,在市场经济体制还无法健全起来的时候,依法控制这种"寻租"现象是最为必要而现实的。

在深化体制改革,全面进行市场经济体制建设中,在计划经济体制中积累的大量公有财产都会改变其经营方式,甚至还要改变其所有权关系。一方面,我们不能不改革;另一方面,我们又不能不防止和打击其中的违法犯罪。要达成这两点,唯有依赖法治。

任何经济体制中都会有腐败发生,但市场经济初期的确为政治腐败提供了更大的可能。尤其是在法治不健全的情况下,政治腐败更会成为脱缰野马。即使眼见着有些野马坠落悬崖,其他的野马也未必引以为戒。如果任由政治腐败的恶性发展,必然会葬送市场经济。要在市场经济中保证政治廉洁,就必须首先从体制、机制上杜绝腐败产生的可能性,强化法律监督。在制度设计上防止政治腐败,颁行阳光法案,加强对于腐败的纠举,都是保证市场经济下政治清明的必要措施,也是保护市场经济顺利发展的法律武器。法治就成为了政治权力自律与社会他律的统一,就能在最大限度地遏制腐败的发生,制裁腐败。

二、民主政治是政治前提

（一）民主政治要求政治民主化

“政治”一词在中国最早见于春秋战国时代的《尚书》《论语》和《周易》等典籍，多用指统治者理国治民之事，在古希腊被用指国家事务。政治，如果是指公共事务，自从人类有公共权力以来就有了政治；如果是指“阶级之间、民族之间、社会集团之间基于各自根本利益所发生的相互关系以及与此有关的活动”，①那也是从人类进入阶级社会以后就产生了。在人类创造了政治之后，政治就成为人类无法摆脱而又必须运用的圣物。也许正是因此，亚里士多德才将人定义为政治的动物。人们既然无法摆脱政治，如何使政治良性发展，就成为了人类必须探讨的课题。

除了原始社会的“政治”可能是民主的以外，由于经济、文化等各个方面的原因，人类的政治首先并不是民主的。恰恰相反的是，人类的早期政治国家多半是专制的。由专制走向民主，政治已经经历了千百年的发展历史。人类的政治实践所得出的结论表明，最有利于人类共同发展的只能是民主政治，而不是专制政治。于是人类就开始了对于民主政治的探索。所谓政治民主化就是政治从专制集权向民主过渡，以建立民主政治，实现政治民主的过程。

为什么政治需要民主化，是因为：

首先，专制政治给人类带来了重大的灾难，只有民主化才能使人类远离专制，远离灾难。政治在很长的历史时期都是由专制者所把持的，专制者对于公共权力的滥用，导致了数不胜数的严重恶果。人类在漫长的历史演进中终于发现，专制的政治必然是灾难性的政治。它由专权者的意志决定，人民在专制之下，没有自由，没有平等，甚至没有最基本的人权。

其次，民主政治有利于人类进步，政治民主化必将使人类得到更快更大的发展。民主政治是多数人掌握的政治，虽然多数人也可能有失误。但是，多数人的失误总会少于少数人，古人所说的集思广益便有此意。多数人的错误一旦出现，也比较容易发现和纠正，执迷不悟的情形

---

① 《中国大百科全书·哲学》，中国大百科全书出版社1985年版，第1166页。

少于少数人。

(二)政治民主化要求建立法治国家

政治民主要求建立法治国家。政治会对法律提出要求并通过法律得以满足。川岛武宜在其著作《现代化与法》中就不厌其烦地写道:“因为政治是各种社会力量抗衡的最直接的表现形式,为获取自身社会利益的活动,必然会表现为政治上的权力之争,而这种政治权力之争的最终结果,又必然会表现为靠政治权力强制推行的法律命题。”[①]“任何强大的、有组织的政治权力,为了实现自己的政治目标,都要创造自己的法律观念或法律命题。”[②]“在社会结构之中,法律命题是为政治权力所支配着的。因此,在法律命题之中,必然或多或少地体现着一定的政治理想。”[③]政治民主希望通过法律的方式得以实现,也同样会反映在法律中,形成对于法治或者法治国家的企求。

政治民主中最首要的就是人民民主,根本的就是人民当家作主,使人民真正成为国家和社会的主人,享有管理国家、管理社会事务的权力或权利。[④] 人民的主人地位、权力、行使权力的方式和程序,都需要法律予以确认和保护。否则,人民当家作主的权利就难以落实。

政治民主的实现途径要求法治和法治国家的建立。民主政治,乃多数人的统治。实行直接民主,让每个主人都直接地行使统治权,在现实社会中是根本不可能的。于是,就必须采用属于间接民主范畴的代议民主制。由人民选举代表组成代表机关,代表机关同时也是立法机关和权力机关,由它制定法律,监督法律实施;由它组织国家机构,监督国家机构。人民通过对代表的选举、监督,实现自己当家作主的权力。民主的过程是复杂的过程,民主有可能在其过程中发生畸变。要确保这一复杂过程不至于扭曲民主,就必须要有严格、稳定、权威、连续的程

① [日]川岛武宜:《现代化与法》,王志安等译,中国政法大学出版社 1994 年版,第 232 页。

② [日]川岛武宜:《现代化与法》,王志安等译,中国政法大学出版社 1994 年版,第 232 页。

③ [日]川岛武宜:《现代化与法》,王志安等译,中国政法大学出版社 1994 年版,第 232 页。

④ 一般地说“权力”与“权利”是严格区别的。在人民当家作主的意义上,人民作为一个整体的权力与权利应该是同一的,所以许多著作在此问题上将“权力”与“权利”相混用,也是可以的,它们所存在的应该是视角和表述的差异。

序规则,这种程序规则只能是法。

政治与法治都需要民主化,而政治民主化则是法治民主化的前提。民主政治与法治具有内在的同一性。民主政治的根本在于,政治要植根民主、反映民主、实现民主。法治的根本也在于民主,没有民主,法治就没有灵魂、核心和依归。真正的法治必然是民主的法被严格地遵守执行。立法、执法、守法、法的监督,一切法治环节都必须是民主的。民主是民主政治与法治的根本共同点。

民主政治的法治化是一个历史过程。民主政治法制化是法治化的第一步或者第一个阶段,我国目前正处于这第一个阶段。郭道晖教授在 1987 年从十个方面总结了中国民主政治法制化,即制定了一部新宪法,推进了社会主义民主宪政的实施;改进了人民代表大会制度,使人民能更好地行使国家权力;改革了国家领导体制,使国家机关能够更有效地领导和组织社会主义事业;改善了选举制度,增进了选举中的民主;扩大了公民的权益,有些已有了法律保障;扩大了民族自治地方的自治权,保障了少数民族的权利和利益;建立了基层群众的自治制度,并正在把企业、事业单位的民主管理制度化法律化,把民主落实到基层;恢复并逐步健全司法机关与司法制度,在司法中贯彻了民主原则;经济文化领域中有了某些民主性的进展;初步建立了国家的监督制度,行政监督有所加强。并认为,还有几个方面的问题需要改进,即如何以法律来具体保障宪法民主的实施;如何在立法中贯注社会主义民主原则与精神;如何使已经法律化的民主得到认真切实的执行。[①] 如果我们进行更深入的反思,就会发现,除了郭道晖教授所指出的几个方面的问题之外,我们在民主的法制化方面,还存在许多其他的问题。一是我们关于民主的法律制度还很不完善,甚至还有很大的缺陷,民主的程度还很低。例如,我们的选举法律制度,就人民代表大会代表的选举来说,直选仅仅限于县级人民代表大会的代表,其余均为间接选举;就行政官员来说,目前尚无直接选举,一个由群众直选的"村长"在官阶上还没有级别。二是我们的一些民主的法律制度之间还存在相互的冲突。部门法的一些具体规定与宪法赋予的公民基本自由权利相矛盾,影响了公民自由权利在法律上的具体化。

---

① 郭道晖:《法的时代呼唤》,中国法制出版社 1998 年版,第 103～109 页。

(三)法治和法治国家建设需要民主政治

法治和法治国家都是以民主作为前提、基础、保障和目标的,没有民主就没有法治。就整个民主而言,政治民主对于法治具有最为首要的意义,没有政治民主就没有法治。政治民主的建立,需要一个政治民主化的过程。政治的民主化既是政治民主的形成过程,也是社会民主化的关键,任何社会民主化要获得成功都必须或早或迟地将政治民主化。

法治作为一种思想理论,是人类思想积淀的结果,是人类法律文化的总结;法治作为一种社会实践,则是人类千百年社会管理的经验和教训的积累。千百年来,无数的仁人志士都曾加盟法治建设。

法治和法治国家建设是需要一定国家或社会多数成员共同劳动的结晶,在中国的社会主义法治和法治国家的建设中,尤其需要千百万人共同参与。法治或法治国家不是某个英雄人物或者少数几个人、几十个人、几百个人就能完成的,法治和法治国家建设的过程需要民众的广泛参与。只有在人民广泛参与下,法治或法治国家才能得以推进。中国法治目标的提出已经不是一个很短的时间了,至少有了上百年的历史,为什么一直进展缓慢,离法治的目标还道路遥远?答案是多样的,其中,缺乏民众参与无疑是一个极其重要的原因。综观世界法治发展的历史,也同样可以看到,一个成熟的法治或法治国家,都不是一蹴而就或一日之功,也不是由少数政治领袖闭门造车形成的。旷日持久的法治发展,必须有民众的普遍参与。

由于法治总是以政治民主作为前提的,所以,法治必须以政治的民主化作为条件。

三、公民社会是社会基础

公民社会是法治国家必要的社会基础,没有公民社会的建立就不可能有法治的国家。

(一)公民及公民社会

1. 公民是社会和国家的基本元素

“公民”这一语词和概念对于中国来说,是舶来品。中国历史上没有公民的概念,国民往往被称为“子民”“臣民”,而非公民。在现代的法学教科书中,公民已经成为一个最基本的概念。公民就是指具有一个国家国籍的自然人。这是对公民最基本的定义,其内涵异常丰富、复杂。它至少意味着公民自身的独立问题,公民之间的关系问题,公民与国家之间的关系。

第一,公民表明了公民自身的独立问题,即公民具有独立自由的法律地位,是独立的权利主体。公民可以说是相对于"私民"而言的,公民不是"私民"。在最早出现公民概念的古希腊、古罗马,公民都是相对于"私民"的。所谓"私民"也就是奴隶,他们为奴隶主所拥有,是奴隶主的财产和工具。在古希腊,被称为"希洛"的奴隶不是公民,当然不能享有公民权,甚至作为自由人的"庇里爱克"也还不能享有公民权,只有斯巴达人才能享有公民权。在古罗马,所有的人被划分为自由人和奴隶。奴隶当然不是公民,也不能享有公民权。"奴隶处于主人的支配权下。这种支配权来自于万民法。实际上在所有民族那里我们都可以发现:主人对奴隶拥有生杀权;而且所有通过奴隶取得的东西,均由主人取得。"[①]"为某人所拥有的奴隶,可以是归其享用,或者根据罗马法归其所有,或者既归其享用又归其所有"。[②] 在那个时代,公民的概念之中就不包括奴隶。这是因为在那个时候奴隶是被作为工具、被作为财富来认识和对待的,没有独立和自由,必须严格依附在奴隶主的身上。在任何社会之中,只有每个自然人都成为公民或者享有公民的法律地位,才可能有人人平等。在奴隶制社会结束之后,也只有有了公民意识与公民现实,社会现实的"奴隶制"才可能被彻底消除,每个人才可能取得与其他人平等的地位和权利,而不被任何人占有,也不会成为"私民"。谁也不能奴役谁、歧视谁,谁也不被奴役和歧视的时候,社会才进入了真正的公民社会。

公民身份意味着每个公民都享有公民权,公民是一种法定的身份。这种身份意味着,相应地,国家对公民承担着道德的和法律的义务,也意味着所享有的作为公民对国家享有着法律的权利。认识到了公民的权利意义,公民就可以更自觉而坦然地以主人的身份,享有实在的权利,以体现公民的地位和本质。

第二,公民表明了公民之间的关系,即公民之间是人人平等的。公

---

① [古罗马]盖尤斯:《法学阶梯》,黄风译,中国政法大学出版社 1996 年版,第 18 页。

② [古罗马]盖尤斯:《法学阶梯》,黄风译,中国政法大学出版社 1996 年版,第 18 页。

民的平等是法律意义上的平等,公民是一个具有平等意味的法律概念,公民的概念从其一出现即包含着平等的要求,只要是公民,就具有平等的权利和义务。古罗马的西塞罗就曾经明确论述说,“既然法律是公民联盟的纽带,由法律确定的权利是平等的,那么当公民的地位不相同时,公民联盟又依靠什么法权来维系呢?要知道,要是公民们不愿意均等财富,要是人们的才能不可能完全一致,那么作为同一个国家的公民起码应该在权利方面是相互平等的”。[①]“公民”既意味着权利也意味着义务。公民和公民之间,没有隶属关系。一个公民无论怎么富有,也不能富有到可以拥有其他公民的程度。只要是公民,至少在公民意义上就与其他公民没有区别。公民的地位是由法律确认的,公民的权利义务也是由法律确认的。国家和其他公民对某一公民的义务也应是法律意义上的。作为公民,当其权利受到他人侵犯时,有请求他人承担责任的权利,有要求国家强制他人承担责任的权利。作为公民,甚至当其权利受到国家侵犯时,也有请求国家予以赔偿的权利。国家必须在这两个方面对公民承担起责任。与之相较,我们传统社会的子民远不是公民了。子民是隶属于父君的。而父君对于子民即享有生杀予夺的大权。“君要臣死,臣不得不死;父要子亡,子不得不亡。”臣尚且如此,在臣之下的民就更可想而知了。人臣被称为人父,所谓父母官即是也。父母官对其子民的生杀予夺也同样是不言而喻的。在君、臣之下的民,只能是君、臣之下的官家私民。在公民概念之下,是不能有中国传统的君、臣、民关系的。有了君、臣、民的关系,就没有平等,民也就不是公民。

第三,公民表明了公民与国家之间的关系,即公民对国家具有基础的意义。公民是与国家相对应的主体。国家在范围上是由一定区域的领土构成的,更是由一定范围的公民构成的。公民是国家构成的基本元素之一,公民是国家的基础,没有公民就没有国家。不论是怎样的社会学家、政治学家、法学家,都无法否认公民是国家的基础。国家是以公民的存在,以及公民的认可作为前提的,这种认可包括心理的认可和政治的认可。公民对于国家的心理认可,对于国家来说是必需的,没有

---

① [古罗马]西塞罗:《论共和　论法律》,王焕生译,中国政法大学出版社 1997 年版,第 46 页。

这种心理上的认可，国家的合法性或者正当性就具有危机。公民对于国家的心理认可是在历史发展与渐变之中形成和固化的，它具有历史性、传统性、普遍性和整体性。公民对于国家的政治认可，是以心理认可作为基础的，也是以公民对相应国家的政治态度作为前提的。认识到公民对于国家的基础意义，任何代表国家的机关和官员都必须以对待公民的方式对待自己的国民，不得凌驾于公民之上，而对公民颐指气使。公民与人民是有区别的，尤其是在政治的意义上，公民严格地区别于人民。但是在表述社会成员与国家之间的关系时，公民在一定意义上也是人民的含义。我们在许多场合所讲的人民对于国家的意义，其实也就是公民对于国家的意义。

公民区别于“私民”，公民是权利一向被忽略和伤害的子民、臣民或者奴隶、农奴等的更新与涅槃，公民的权利必须被充分地肯定、尊重和保障。

2. 公民社会是由公民组成的社会

公民社会是与政治国家相对应的社会状态。公民社会是由公民构成的社会，也可以说，公民社会在社会主体意义上，是由公民及其相关组织构成的整体。

(1)公民是公民社会最基本的元素

社会总是由许许多多不同的个人组成的。这些个人可以是奴隶主、奴隶，以及非奴隶主的自由民，也可以是地主与农民，还可以是资本家与工人。但是，在这些主体身份的意义上，都是不可能建成法治或者法治国家的。法治是与民主相联系的，彻底的法治需要彻底的民主。作为民主来说它需要以各个主体都具有人身自由、独立身份、相互平等作为前提，并以程序保障作为条件。在奴隶制社会之中，由于奴隶不被当作人来看待，其所谓的民主不过是自由民之间，包括奴隶主与其他自由民之间的民主而已。在古罗马，公民的概念已经是很普遍了，但是能够被称为公民的仅仅是罗马的自由民，不包括罗马的奴隶，甚至也不包括被征服地的人。对于奴隶来说，任何一个奴隶都不可能具有人身自由、独立身份和与自由民相比较的平等，因此，奴隶制社会无论多么民主都是不彻底的，它在主体上就不具有彻底实现民主的可能性。在封建社会之中，农民也不可能具有与地主一样的地位，他们甚至在人身关系上还对地主具有某种程度的依附性。资本主义时代，才有了形式上普遍的公民制度,也才为资产阶级的法治奠定了必要的社会主体基础。其实这时的公民还不如说是市民,作为工人来说,其政治人格、社会地位仍然是不可能与资产者相提并论的。

(2)公民组织是公民社会的重要主体

公民社会是由公民作为基本元素以及相应的公民组织共同构成的。对公民组织必须予以科学认识。

首先,公民组织是公民社会性的需要与表现。人是具有社会性的,甚至可以认为社会性是人的本质属性之一。人们创造政治的目的并不是要消除或者减损人们的社会性质,参与政治、组成国家是公民的权利及其实现。在进入政治国家之后,公民设立和参加非国家或者非政府的组织及其活动,应当是他们的权利。设立公民组织及开展相应活动是公民社会性在政治国家背景之下的要求与表现。

其次,公民组织是维护公民权益的重要手段。公民组织是与政治国家相共存条件下的公民存在形式之一。政治国家从一产生开始就拥有公共权力,其力量就远远大于任何个人。公民在最基本的意义上总是个体的,但是如果公民始终以个体的状态运作就难免会力量薄弱。孤立的个人面对强大的政府和社会,必然显得无所作为或者无能为力。为了保证公民不因个体的孤立而遭受政治国家的强压,于是,公民设立并参加组织就成为了必需。公民组织实际上是公民维护自身合法权益的重要的依赖、形式和途径。公民可以通过自己的组织,获得公民权利的保障。公民组织可以在一定程度上阻挡来自政治国家的侵犯,也可以通过组织化的方式获得政治国家的保护。公民组织可以更好地请求并获得政治国家的帮助,以清除权利实现的障碍,以惩办侵权的违法犯罪。

最后,公民组织是实现公民自治的重要路径。进入政治国家的状态之后,公民并没有完全放弃自己的自治权利,政治国家也无法深入社会的每一个角落。如果真能如此,社会也将会因此而窒息。公民应该拥有自治权利,公民组织就是公民拥有自治权利的表现,也是公民实现自治权利的组织依据。公民组织是公民自由的表现,是公民自治的领域。在政治国家存在的状态之下,公民组织也不能不受到政治国家的影响。这种影响是不可避免,也是十分必要的,但必须有限度。否则,公民组织就可能演变为政府组织或者为政府所取缔,从而使社会降低活力。政府对于公民组织影响的限度只能是法律的明确规定。那种要求任何公民组织都必须要有一个主管单位的做法,实际上是高度集中的制度、机制和传统所致。面对一些公民组织因为没有主管单位而难以依法设立的情形,我们不是要去给它们找主管单位或者确认主管单位,而是要为其免除主管单位。只要有关公民对于其组织是依法提出的设立申请,政府有关部门就不能因其无主管部门或单位而不予登记或者就要限制其活动。衡量一个公民组织的根本标准,应当是它或它们是否遵守了法律,是否有违法犯罪行为。如果没有违法犯罪,一律应当受到法律的尊重和保护;如果出现了违法犯罪,不论它是什么样的公民组织都必须承担法律责任,直至被强制解散。

(二)公民社会是法治国家的基础

1. 为法治国家提供公民的政治素质

法治国家是政治国家的独特表现形式,也是政治国家的高级表现,它要求其公民具有必要的政治素质。也就是说,作为法治化的政治国家,它必须依赖其社会成员——公民——具有足够的政治素质,这种政治素质中应该包括他们参与政治、实现民主的能力。每个公民尤其是每个成年公民的政治素质是法治国家的社会基础,公民通过其自身的活动以及其自治的组织活动,使自己的素质得到提升,使自己的权益得到实现,使整个国家和社会充满生机与活力。公民社会的状态制约着国家的状态,没有一个有生机和活力的公民社会,法治国家就只能是形式意义的,其法治也很难是实质意义的。没有良好的公民社会,整个社会就会在政治国家的重压之下,难以自由和发展,法治就可能演变成为专制。

2. 为法治国家提供公民的组织元素

公民是公民社会最基本的组织元素,也是法治国家最基本的组织元素。法治国家的公民素质是由公民社会提供的,公民社会中的公民素质是法治国家的重要基础。公民在其自治社会中的生存状态,直接影响着他在政治国家中的地位与作用,也影响着在政治国家中公民自由和权利的实现程度。只有公民的地位受到了充分尊重,作用得到了发挥,自由得到了充分保障,权利得到了充分实现,法治国家才是真正的法治国家,法治国家才符合其民主的本质,而成为现代法治国家。如果公民没有足够的自由和权利,没有自己的自治空间,法治国家就是实际上的专制国家。从公民的素质与状态制约着政治国家的状态上讲,完全可以说有什么样的公民,就有什么样的国家。法治国家作为国家的独特形式,对于公民素质的依赖是不言而喻的。公民社会中的公民为法治国家提供了最基本的组织元素,使法治国家具有良好的公民元素而得以建立、维系和发展。

四、理性意识是文化条件

意识的理性与非理性,对法治来说具有决定性的意义。即使我们有了市场经济和民主政治的基础,如果没有理性的意识,法治也同样不可能得以建立。其实,在没有理性意识的状态中,市场经济和民主政治也同样是建立不起来的。因为市场经济和民主政治都同样不是非理性的产物,它们不仅不是非理性的,而且还必须依赖理性才能得以建立。没有受过非理性灾害的民族是永远也无法知道非理性的灾难性后果的,一个深受非理性灾害的民族要从非理性中站立起来,也是不容易的。中华民族是一个深受非理性祸害的民族。几千年的文明史中,社会普遍地存在对于皇权等的非理性崇拜,皇帝总是被作为人和神的总代表而备受尊崇。皇帝又名"天子",何谓"天子",中国的辞书是这样解释的,"天子指国王或皇帝(奴隶社会和封建社会的统治阶级把他们的政权说成是受天命建立的,因此称国王和皇帝为天的儿子)"。[①] 皇帝几乎享受了人间与天国的双重尊重与敬畏。在皇帝被推翻以后,还有人梦想当皇帝,袁世凯就是一个典型的代表。就是人们唱着《国际歌》那"从来没有救世主,也不靠神仙皇帝"歌词的时候,却也经历了一次次造神运动。皇帝作为神受到了人们的礼拜,皇帝作为权力的象征同样受到了人们的礼拜。被崇拜的远不限于那天下一尊的皇帝,几乎一切权力都笼罩着光环。光环的大小随着权力的大小而变异,哪怕是一个极小的权力在善于玩弄"权术"的人手中,也会放射出异彩,也会被发挥得淋漓尽致,也同样会受到应有与不应有的尊崇。"五四运动"是中国的一次声势浩大的文化革命,遗憾的是引发她的是国难。虽然民主、科学的口号被喊了出来,而且一大批思想家和革命家也着手批判中

① 中国社会科学院语言研究所词典编辑室编:《现代汉语词典》,商务印书馆 1985 年版,第 1136 页。

国传统文化的工作,但是反帝救国的任务太繁重了,历史根本就没有把时间留给中国人民来彻底清算自己非理性的专制文化。进入社会主义时期以后,频繁的政治运动也不允许人们对于自己历史所留存的非理性遗毒进行彻底的清除。直至现在,进行法治国家建设已经成为了时代任务,历史的遗迹还是建设法治的障碍。基于此,要进行法治国家建设,理性意识对于中国人民的觉悟来说,实在是太重要了。在中国法治化的历程中,意识的理性化实在是不可或缺的重要工作。没有意识的理性化,就不可能有现代的法治建设,震天的法治国家口号也不过是一时的虚妄,历史的悲剧还将重演。每一个负责任的学者和中国人都不能不进行一番认真地检讨。我们的教训已经够多了,够深刻了,不能没完没了地交学费。我们得认真地进行思考,学会怎么思考,怎么理智地对待历史、对待未来、对待自己。

(一)意识的理性化是法治的重要前提

1. 法治中的意识与理性

意识是人脑的机能和属性,是人对客观存在的高级心理反映形式。意识可以分为个人意识和社会意识。无论是个人意识或是社会意识对于任何社会的影响都是重大的,尤其是在社会文化交流越是充分的社会中,影响就越是重大。法治是一项社会性的工程,涉及全体社会成员,因此,社会成员个人与共同的意识状态就必然影响法治。他们对于法治的接受与排斥构成法治形成和发展的思想基础,制约着法治的产生、发展与进程。在整个意识中,又以社会意识对于法治的影响最为重大。我们一般所说的作为法治基础或前提的意识主要指的是相关的社会意识,而不是个人意识。法治所需要的意识不是一般的意识,而是关于法的理性化的意识。社会意识是社会文化的观念基础,社会意识只有在理性化的前提下,才可能为法治提供必要的思想的和文化的依据。

理性,是指人的概念、判断和推理等思维形式或思维活动,也指从感性认识上升到理性认识的阶段。它与感性相对应,是比感性更高层次的认识层面。有学者这样描述了“理性”和“理性的人”,相信可以帮助我们理解:“理性是人用智识理解和应对现实的(有限)能力。有理性的人能够辨识一般性原则并能够把握事物内部、人与事物之间以及人与人之间的某种基本关系。有理性的人有可能以客观的和超然的方式看待世界和判断他人。他对事实、人和事件所作的评价,并不是基于他本人未经分析的冲动、前见和成见,而是基于他对所有有助于形成深思熟虑的判决的证据所作的开放性的和审慎明断的评断。他也不会关注因辨识事实真相而会给他个人的物质利益所造成的后果”。①

人的意识有处于感性阶段的,也有处于理性阶段的。所谓意识的理性化就是指人们将原本处于感性阶段的认识上升到理性认识阶段,它是指人的认识从感性阶段到理性阶段的过程与转化的结果。

2. 法治要求意识理性化

法治之所以要求意识理性化,是因为法治是人类理性发展的结果,是人类理性的表现。非法治的人治、礼治、德治,都只有在理性的阳光下才可能受到彻底地批判。从一定意义上讲,人治并非“一无是处”。人治在管理方式和决策方式上,时常都比法治更加简便、快捷,比法治更少争论不休和议而不决,比法治更能满足奴化观念中的权威心理需求。而且,人类在特定历史环境和客观条件下,也在一定程度上依赖着人治。在人治的“优点”得以表现的同时,法治的“缺点”也表现了出来。在非理性的意识中,人们并不一定就能对人治、法治的优缺点明辨是非,错爱人治的情况时常有之。至于礼治或德治,不仅在非理性的意义上,就是在不彻底的理性意义上,也有一定的“可取之处”。然而,历史发展到现代,可以肯定,人治、礼治、德治都表现出了极大的不合理性。如果说它们还有什么益处,那也不过是一些“歪打正着”而已。就如同某乘客因生病而躲过了一场空难,某企业因行贿而得到了应得的出口权,人们当然不能因此就歌颂“疾病”和“行贿”。然而,现实中就难免有人会喜欢这样的“疾病”和“行贿”。要使人们认识到“疾病”“行贿”不值得歌颂和喜欢,就必须要有正常的社会理性。只有在社会意识理性化了的时候,人们才可能不受非理性的纠缠,作出自己明智的选择;只有在大多数人逐步认识到了非法治的“好处”并非好处时,法治才可能逐步地在社会中得以建立。

意识可以理性化。法的意识是人的意识之一种,法的意识只有被理性化,才能为法治提供最现实的思想基础与主观可能。法治不是天生的。法治来源于人们长期的社会实践,尤其是人们的法律实践。人

---

① [美]博登海默:《法理学——法律哲学与法律方法》,邓正来译,中国政法大学出版社1999年版,第454页。

类无数次的法律实践的成功经验和失败教训共同凝结成了一个共同的愿望——实行法治。法治的提出，就是人类理性思维的结果。在法治与非法治之间的明智选择，本身就依赖并表明了人的理性。人类对于法的一切期待、努力都是可以理性化的。只要人类正确地运用自己所拥有的理性天赋和理性能力，人类就会在法治发展的历程中作出明智的判断、推理，正确确定法的目标，寻找到达成该目标的最佳途径。

法治所要求的理性意识，涉及立法、执法、守法、法律监督以及法治的每一个环节和方面。其中任何一个方面或者环节由非理性占了上风，法治就会受到威胁和危害，必然无法达到法治的目的。法治对于意识的理性化要求是全面的，但最首要的还是立法上的意识理性化和执法上的意识理性化两个方面。有学者认为，法律是理性的，“意味着法律是由一般性规范所控制，有合乎逻辑的安排，并合乎逻辑地被适用于具体案件。法官运用推理来判决案件，而不是对具体案件或情况作出个性化或情绪化的反应来判决”。①

3. 理性化的意识与法律意识

理性化的意识并不等于真理本身，但它更接近真理。有了理性也未必能正确把握事物，但没有理性则根本就无法正确把握事物，这就是对于理性意义的认知。在法律事务中也完全如此。对于各种法律事实、法律制度及其法律规范，如果没有理性认识，就必然会出现错误，这是由事物本身的复杂性和人类思维的局限性双重因素所决定的。有学者曾经如此肯定地论述过，“在多数情形中，人之理性根本不可能在解决人类社会生活所呈现出的疑难情形方面发现一个而且是唯一的一个终极正确的答案。一个有理性的人往往会发现，在他判断一起事件或决定所应遵循的正确行动步骤时，他会面对各种各样的方法和各种可能性。如同人类集体生活的其他领域一样，立法和司法这两个过程亦是如此。仅凭靠理性，立法者或法官并不总是能够在两个或两个以上可以用来解决某个问题的方法中作出一个确然的和完全令人信服的选择。就此而论，古典自然法学派的一些代表人物的那种观点也是错误的，因为他们认为，只要运用人的抽象的推理能力，便能够建构出普遍

① ［美］弗里德曼：《法治、现代化和司法制度》，载宋冰编：《程序、正义与现代化》，中国政法大学出版社 1998 年版，第 114 页。

有效的和完善的法律制度及其所有的细节”。[①] 这种分析非常有助于人们全面而正确地认识理性和理性的意义，但绝对不能因此就否定理性。将自己的意识不断理性化，是人类永远的工作，也是法治对人们永远的要求。

作为法治基础的意识理性化的重点是法律意识的理性化。法律意识是社会意识的构成部分。法律意识可以是特意培养形成的，也可以是社会自发形成的。但社会自发形成的法律意识，更有可能是非理性的。因为社会法律意识的自发形成，其信息的来源具有不准确性、不系统性、偶然性。自发形成的法律意识一是来源于法律制度的传播，这可能是自发形成的法律意识中最准确的传播途径了。自发传播法律制度的方式也是多种多样的，其中有官方的、半官方的和民间的等多条途径。二是来源于社会舆论，社会舆论又有新闻舆论和大众舆论之分。对于新闻舆论来说，它本身就可能包含有新闻从业人员对于法律的理解，也掺杂着新闻从业者对于法律和法律事实的误解。要借助新闻舆论来形成理性的法律意识多为缘木求鱼。对于大众舆论更是难以肯定其准确性，口口相传中不可避免地会产生种种误差。对于法律或者某种法律事实、法律现象的评价，不同的人会有不同的结论，甚至可能相互矛盾与冲突，法律意识如果是依靠这种途径来传播，后果是不堪设想的。法律意识必须经过培养，只有这样才能使社会具有理性的法律意识，为法治奠定最直接的意识基础。

理性化的意识包括理性化的法律意识都应当是超然的。对于这种超然的把握具有特别的意义，尤其是对于法律问题的考量，超然性质的强调更显得必要。在笔者看来，这种超然，一是超然于相应主体对自身利害得失的考虑；二是超然于主体自身的个人偏好。每一个意识主体都是现实社会中的，他或他们都有自己的利害与得失。如果将自己的利害得失纳入了自己的认识，包括判断、推理之中，意识结论就无法是真正理性的。所以，理性的意识必须强调其超然于主体自己利害得失的性质，“不会关注因辨识事实真相而会给他个人的物质利益所造成的

---

① ［美］博登海默：《法理学——法律哲学与法律方法》，邓正来译，中国政法大学出版社1999年版，第454页。

后果”。[①] 每一个意识主体也会有自己的偏好,这种偏好常常是非理性的,有好多偏好甚至连相应主体自身也无法说清其缘由。在处理法律事务时,司法官员必须尽力排除其个人偏好。否则,在一个痛恨小偷的法官那里,就可能将他审理的每一个小偷都处以重刑;在一个有洁癖的法官那里,就可能让他审理的每一个身着脏衣服的当事人败诉。所有的司法官员都必须随时警醒自己,警惕自己因缺乏超然而缺乏理性,而最终丧失公正,玷污法律,危害法治。

4. 法律官员应当具有法律理性

法律理性是一种理性化的特定法律意识,是所有法律官员尤其是司法官员所必须具备的。“在现代成熟的法治国家,法律理性不论是在重成文法形式的国家还是重判例法的国家都得到足够的重视并发挥着有效的作用。”[②]具有法律理性的法律官员应当受过系统的法律专业知识教育,具有与法律职业相关的广博知识,包括一定历史、经济、政治和现代科学技术方面的知识。他们应当具有良好的价值认知能力,对于公平、正义、自由、平等、人权等价值准则有良好的把握与运用。他们具有敏锐的观察能力,能够准确地把握案件事实,进行很好的思维判断与逻辑推理。他们具有良好的领悟能力,较少对于法律规则的误解和对立法精神的误判。“法律职业要求具备的法律理性并非单纯的法律知识,更非一般的判断、分析和解决法律问题的能力,它是在坚定法律信念、系统地掌握法律知识、学会法律思维论证和推理的基础上的分析、认识、判断和解决法律问题的能力。”[③]如前所引,在理性状态之中,“法官运用推理来判决案件,而不是对具体案件或情况作出个性化或情绪化的反应来判决”。[④]

法律理性作为特定的理性法律意识并不是凭空产生的,它来自于相应主体的自我修养。按照西方有的学者的看法,法律理性是一种人

---

① [美]博登海默:《法理学——法律哲学与法律方法》,邓正来译,中国政法大学出版社1999年版,第454页。

② 葛洪义、朱继萍:《法治·法治化·法律理性》,载杭州大学法学院主编:《法治研究》,杭州大学出版社1998年版,第37页。

③ 葛洪义、朱继萍:《法治·法治化·法律理性》,载杭州大学法学院主编:《法治研究》,杭州大学出版社1998年版,第35页。

④ [美]弗里德曼:《法治、现代化和司法制度》,载宋冰编:《程序、正义与现代化》,中国政法大学出版社1998年版,第114页。

为理性。就司法官员来说，“人为理性通过使公认的法律成为判决的一种必不可少的成分而确认其权威；在如此做的过程中，人为理性显示出其独具匠心，成为一种解决矛盾、弥合‘差距’和提供所需要的法律变化的艺术。人为理性是法律正统性的修辞学。它援引公认的和有权威的东西，并使自己为寻找法律的某种专门技术所约束。与此同时，它也维护了法官的自治要求”。[①] 人为理性显然是需要修养的，这种修养包括知识基础、理论水平、法律认知、秉性修炼等几个方面。作为一般的社会成员，是否具有这几个方面，主要还是制约自身对于法律把握得好与坏，很少或基本不具有对于社会的危害。作为法律官员，其情形恰好相反。法律官员不具有这几个方面的修养，也就不会具有理性的法律意识，就无法正确处理案件，就会危害法治。

知识基础是现代社会中一个人认识和把握世界、认识和把握社会、认识和把握自己的先决条件。知识基础缺乏的人是难以准确认识自己的社会行为的。法律专业人士尤其应当具有良好的知识基础，深切理解案件的事实，案件所要适用的法律，相关裁判的法律意义等。一个法官，可能会处理涉及各个方面知识的案件。虽然不能要求他们成为各个方面的专家，但是他们至少要具有一定的知识作为其认识能力的基础。其知识至少要达到能准确了解案情，准确理解法律制度与规范，制作出合法、合理的法律文书的程度。

理论水平对于一般社会成员社会生活的影响常常不会引起人们的重视，一些人甚至认为，有无理论水平无足轻重。在“实践出真知”的引导下产生出“重实践轻真知”“要实践弃真知”的流弊。事实上，理论水平对于法律专业人士具有特别重要的意义。一个时期以来，国内外的学者对于中国法律裁判文书的“不讲理”状况颇有微词，就是一些水准较高的法官们对这种状况也很不满意。然而，法官要写出“讲理”的裁判文书，没有一定的理论水平是不行的。法律文书不能以理服人，也就失去了其存在的合理性，就会成为荒唐的事情。

对于法律认知要达到一定水平是法治国家和法治社会对一般社会成员的普遍要求，更是对其法律工作者的基本要求。在法治国家中，大

---

① ［美］诺内特、塞尔兹尼克：《转变中的法律与社会》，张志铭译，中国政法大学出版社1994年版，第69页。

众生活也会与法律密切相关，对于法律的足够了解是其生活与工作得以顺利进行的基本条件。法律工作是一种专门化工作，没有经过专业训练，不具有足够的法律认知是无法从事的。由于长期以来，中国误把法律工作当作政治工作来对待，否定法律的专业性质，以至于在法律官员的组成等方面出现了一些在法治国家不可能出现的畸形现象，成为严重的社会问题。这个问题在中国要得以彻底解决恐怕还需要很长的时间。

秉性锤炼是人生修炼的构成部分，更是作为人间是非曲直裁判者的法律官员们必须进行的。除了天生的秉性优良者外，没有足够的秉性锤炼不可能有良好秉性。即使有天生的秉性优良者也不能与生俱来地一成不变，后天的修持依然十分重要。就专门从事法律工作的法律官员来说，一定要具有良好的秉性才可能具有良好的法律意识。所以，进行秉性锤炼就特别值得注意。很长时期，我们关注的是如何讲一些空头的口号和大话，真正严肃认真的秉性锤炼被忽略了，甚至没有人提及。这实在是法律官员培养与修养上的悲哀。只有通过秉性修炼，使法律与法治成为法律官员人格、理念的构成部分，法治才在法律官员的内心深处具有最深刻的心理基础或心理依据。

法律官员的理性是具有特别要求的，其法律意识也应与众不同。1608 年英国国王詹姆斯一世与英格兰法官科克会晤时的对话，是有助于我们思考这一问题的。国王说他认为法律以理性为基础，而且他和其他人也与法官一样具有理性，他和其他具有理性的人为什么不能成为法官的问题也就提了出来。科克回答说："完全正确，上帝的确赋予陛下极其丰富的知识和无与伦比的天赋；但是，陛下对他的英格兰王国的法律并不精通，因为涉及其臣民生命、继承、动产或不动产的那些案件是由人为理性和法律判决来决定的；法律是门艺术，在一个人能够获得对它的认识之前，需要长期的学习和实践。"①

学习与实践始终是法律官员获得法律理性的途径。上述的知识基础、理论水平、法律认知和秉性锤炼这几个方面都必须依赖于特定主体的学习与实践。其中，法学教育就必然被提及。"在法治国家，人们为

① ［美］诺内特、塞尔兹尼克：《转变中的法律与社会》，张志铭译，中国政法大学出版社 1994 年版，第 69 页。

确保法律的权威性,法律共同体的自治性和独立性,严格要求从事法律职业的人必备的法律理性,并通过科学的、旨在传播法律思想而非法律知识或技能的法学教育来造就具有内在凝聚力的法律职业群体。"[①]

(二)法律文化的理性化是法治的保证

1. 法律文化对于法治的意义

法律文化的定义纷繁,西方有学者认为,法律文化一词泛指一些有关的现象。首先,它是指"公众对法律制度的了解、态度和举动模式";[②]或"法律文化意在指某些社会中的人们所持有的关于法律和法律制度的思想、价值、态度和观点";[③]"法律文化这个概念包括人们对法律、法律机构和法律判决的制作者,诸如律师、法官和警察等人的知识、价值观念、态度和信仰";[④]法律文化的外延远比法律意识广泛,包括"人们的感觉和行为是否认为法院是公正的? 他们什么时候愿意使用法院? 他们认为法律的哪些部分是合法的? 他们一般对法律有多少了解? 这种态度各人不同,但是我们可以谈一个国家或集团的法律文化,如果有能把它与其他国家或集团的文化区分开来的模式。一种特别重要的集团法律文化是法律专业人员的法律文化,即律师、法官和其他在法律制度的神奇圈子里工作者的价值观念、思想意识和原则"。[⑤]

法律文化是指与法和法律现象有关的理论、意识和传统学说的总体。法律文化的外延比法律意识更为广泛,作为法治或法治国家建设必须关注包括法律意识在内的整个法律文化。

法律文化是法治的重要支柱。作为法治支柱的不仅是法律制度或者法律机构,也包括法律文化,而且是理性的法律文化。法治的建立必须要有理性的法律文化作为支撑,只有在理性的法律文化的基础上才

---

① 葛洪义、朱继萍:《法治·法治化·法律理性》,载杭州大学法学院主编:《法治研究》,杭州大学出版社 1998 年版,第 37 页。

② [美]弗里德曼:《法律制度》,李琼英、林欣译,中国政法大学出版社 1994 年版,第 226 页。

③ [美]弗里德曼:《存在一个现代法律文化吗?》,载《法制现代化研究》(第 4 卷),南京师范大学出版社 1997 年版。

④ [美]L. S. 温伯格、J. W. 温伯格:《论美国的法律文化》,载《法学译丛》1985 年第 1 期。

⑤ [美]弗里德曼:《法律制度》,李琼英、林欣译,中国政法大学出版社 1994 年版,第 226 ~227 页。

可能建立起法治的大厦。在法律文化不正常或者畸形的情况下，将法律文化理性化是非常必要而可行的。“法治的存续，不仅要靠制度建设，而且还要靠一种新型的法律文化，一种为政治家、法官和所有公民所共同信奉的法律文化。这种文化使人们怀有这样一种信念，法律应当得到遵守，没有人能够例外，掌权者更不能例外。”①“法律文化对法治的支持却比制度设施牢固得多。”②

法律文化是人们在法治社会中的行为根据之一。法律制度是人们行为的准则，法律文化在一定程度上也发挥着法律制度同样的作用，甚至比法律制度来得更为自然。在法律制度与法律文化二者之间，一般的人们更经常地以法律文化作为自己的行为根据，而不是根据法律的制度性规定。特别是一般的对于法律没有经过专业培训的大众，他们对于法律的理解更多的是文化意义上的。他们在作出自己的社会行为的时候，也很少会去考订法律的制度性规定，往往都是凭借自己对于法律的理解，实际上是基于自身的法律文化水平。“可以确信，大多数人的行为标准并不是法律，而是文化（一般文化和法律文化），因为他们并不知道具体的法律规定，也从未熟悉过法律文件。”③

法律文化对于立法具有重要作用。立法者，如果被理解为法律的起草者，他们也许是法律的行家里手；如果被严格理解为立法机关的代表，显然，他们中的大多数，甚至绝大多数都不是法律专家。法律文化在立法过程中的作用是不容轻视的，它们在无形无影之中，以超文字，甚至超语言的意识状态对立法起着决定的作用。不管立法者是谁，立法者的法律文化观念都会伴随立法者，与他们一道，如影随形。鉴于法律文化对于立法的影响作用，有的学者甚至将这种作用命名为“产生”作用。“不要忽视文化在立法活动过程中的‘产生’作用”。④

法律文化对于法律实施的作用也是极为重大的。执法官员的执法活动离不开他们对于法律的文化认知，并以他们的法律文化作为基础。

---

① 刘军宁：《共和·民主·宪政》，上海三联书店1998年版，第170页。

② 刘军宁：《共和·民主·宪政》，上海三联书店1998年版，第170页。

③ ［俄］B. B. 拉扎列夫主编：《法与国家的一般理论》，王哲等译，法律出版社1999年版，第404页。

④ ［俄］B. B. 拉扎列夫主编：《法与国家的一般理论》，王哲等译，法律出版社1999年版，第404页。

法官和其他执法官员处理法律事务时,至少是把对法律的文化认知和对于法律制度认知放到同一个层面来作为准则或者工具使用的。法官不会区别哪些是来自文化的认识哪些是来自制度的认识。“在法律适用过程中,一般文化和法律文化(与法律一样,并与法律一起)对评价事实情况和解决法律事务起作补充作用。”①

对于法律文化的重视是十分必要的,从研究上讲如此,从司法实践上讲也是如此,但是,值得注意的是,我们强调重视法律文化,并不等于主张用倡导法律文化来取代对于社会物质生活条件的依赖、取代对于实际情况的调查研究、取代对于法律制度的研究和准确把握、取代对于法学或法律理论的深入学习与探究。李步云教授在研究法律意识的本原问题时,就告诫过我们,“把法意识的指导作用夸大到不适当的程度,把它看成是法制定与法实施的‘根据’,就可能造成任意立法和司法的错误。而这种性质的错误,如在法制中不重视对实际情况的调查研究而全凭自己的知识与经验起草法律;在审判中过分相信自己的经验和知识因而先入为主和主观臆断地处理案件等,在我们的现实生活中是屡见不鲜的”。②

2. 培养法律文化的目的

法律文化是可以培养也应当培养的。法治和法治国家都不是天然生成的,要人为地建立法治或法治国家,培养法律文化就是一个基础性、长期性的工作。要使这项工作能够被持之以恒地进行,对于其目的的认识就特别必要,它是坚持法律文化培养的内在动力和认识基础。

守法意识的培养,或者达成守法的目标,是法律文化的重要作用,或者也可以认为是培养法律文化的一个功利目的,但不是根本目的,更不是终极目的。对于培养法律文化的目的,一种普遍的认识是为了让公民学习如何守法。达成守法的手段很多,培养法律文化,增强法律意识仅是其手段之一。法律在很多情况下都会得到相当多社会成员的自觉或者不自觉地遵守,原因或许在于相关社会成员认识到了违法的危害,认识到了违法的后果,慑于统治者的暴力,甚至是迫于社会统治者

---

① [俄]B. B. 拉扎列夫主编:《法与国家的一般理论》,王哲等译,法律出版社 1999 年版,第 404 页。

② 李步云:《走向法治》,湖南人民出版社 1998 年版,第 735 ~ 736 页。

的恐吓等。将培养法律文化的目的定位于守法,就难以实现法治,甚至会成为法治的障碍。因为法治要实现的是法的统治,其内涵为民主,特征是人权的保障。即使人们都守法了,也不能说法治就实现了。在高度的专制之下,也可能出现阶段性的良好的守法状态,但肯定没有什么民主可言,人权也未必能够得到保障。片面的守法目标是义务本位观念在法律文化培养上的反映。守法对于任何公民来说都是必不可少的法定义务,但是法治和法治国家都是以权利为本位的社会目标,首重权利是必然的价值选择,以权利带动义务的履行,是所有法治或法治国家共同努力的目标。如果片面地强调守法义务,就难免会忽视权利。

培养法律文化的目的,是为法治国家建设奠定尊崇法治的社会文化意识基础。一个社会能否建立起法治,一个先决的条件是这个社会有无尊崇法治的心理,是否培养起了追求法治的信念。有了这种心理和信念,作为社会大众就会自觉维护自己的合法权益,自觉同各种违法犯罪作斗争,自觉举报违法犯罪,对违法犯罪疾恶如仇。有了这种心理和信念,行政官员就会自觉依法行政,自觉接受法律的约束和法律的监督,绝不会运用权力以求非法的利益;有了这种心理和信念,司法官员就会把法律视为自己的生命,就会有为法律献身与牺牲的精神。建立不起尊崇法治的法律文化,法治就没有希望,因为"没有落实到每个人的观念和行动中的尊重法治的法律文化的支持,任何法治都不可能横空独立"。①

3. 如何培养法律文化

培养法律文化在当代就是要培养法治文化。法治文化关注的是法治原则与法治精神的实现,而不是如上所述的仅仅是为了法律的贯彻实施或者仅仅是要求公民的遵纪守法。在法治文化中,人们具有积极的权利意识,也具有正常的义务观念。为权利而努力不是个别人的行为,而是社会普遍的行动。权利的充分实现为社会增添了活力与动力,使社会更具有张扬而开放的个性。

国家主导、民众推进是培养法律文化的基本模式。在没有法治传统的国度进行法治教育,必须是由政府主导的。没有政府有计划的培养行动,法律文化建设的速度就会减缓,就会遇到更大的障碍或者阻

① 刘军宁:《共和·民主·宪政》,上海三联书店1998年版,第171页。

力。在培养法律文化上,政府主导则会比其他任何方式都更为有效。因为,我们的社会并不是一个法律文化的真空,其间已经有了形形色色的法律文化,现在我们所说的法律文化培养,完全可以更换为法律文化的更新的提法,是对于既有法律文化的更新。要全面有效地清除旧的法律文化及其影响,确实非一般主体所能为。国家拥有权力,国家权力本身就具有改变或影响社会成员思想意识和行为方式的力量,当然也具有在一定程度上改变人们法律文化认识与社会法律文化状况的能力。因为,"权力就是影响他人行为的能力。权力能让人去做本来不想做的事。它可能使用强迫(通常称为强制)、说服或奖励等手段,但它的本质是以某种方式改变他人行为的能力。支配他人的权力越大,使他人改变越大、越容易。拥有更大的权利也意味着能影响更多的人,使他们改变"。[①] 其中,强制难以甚至不可运用于法律文化的变革,但是其说服、奖励等影响总是可以的。在所有的权力中,国家权力是最大的,在权力的影响力上也肯定以国家权力的影响力为最。运用国家权力来更新法律文化,只要方法得当,显然是最有效的捷径。

民众的推进在法律文化的培养上始终是最重要的。法律文化的最深刻的社会基础是民众,法律文化的改变最根本的是民众法律意识的改变。不论是从法律文化培养的艰巨性还是从法律文化培养的基础与主体的角度都可以得出相同的结论:必须动员民众,依赖民众的广泛的参与和积极的推进。中国法治的经验或者教训都不能排除这一点。没有民众的广泛的参与,任何法律文化的培养都难以进行,法治永远只是设想,不会成为现实。

国家主导、民众推进的法律文化培养也就是有计划的法治教育。对于法治教育,有学者曾经指出过它与法制教育的差别。"与单纯的法制教育不同,法治教育不是教育民众盲目、被动地服从法律,也不仅仅是教育民众现在实行哪些法律、其内容是什么,而是教育民众如何运用法律捍卫自己的权利和自由,捍卫法律的尊严,如何主动地参与法律的监督,抵制任何置个人意志于法律之上的行为。只有形成了这样的法律文化,法治及其传统才能持久而弥坚。"[②]

---

① ［美］沃塞曼:《美国政治基础》,陆震纶等译,中国社会科学出版社 1994 年版,第 4 页。

② 刘军宁:《共和·民主·宪政》,上海三联书店 1998 年版,第 171 页。

第六章 法治国家与法制变革

一、法治国家建设与社会变革

（一）社会变革与法制变革

社会变革或社会改革，已经成为时代的主题。社会主义在改革，资本主义也在改革；发展中国家在改革，发达国家也在改革；穷国在改革，富国也在改革。变革与改革成为了激荡世界的旋律。这些改革与变革需要法制变革与之适应，在这些改革与变革中，本身就包含法制的变革。世界各国社会变革的情形与特征各不相同，变革的具体原因也各有所异，但所有的变革都源于理想与现实的反差，这一点却是共同的。有学者曾这样总结，“在所有的社会形态中，重要变革的程度和特点远不是相同的，相反，它们依每一种社会形态而各异。全部历史变革的最深刻的基础就是对理想的认识和现实的经验之间的或隐或显的冲突”。①

中国正处于急剧的社会变革之中。从 18 世纪末 19 世纪初，到 19 世纪末 20 世纪初，整个世界都风云诡谲，经历了种种变革。对于中国来说，整整一个世纪都是在激烈的震荡中度过的。这种震荡并不会因为 20 世纪的结束而归于宁静，相反地它还将在 21 世纪继续着，甚至还将在更广泛的意义上形成更强大的冲击，继续进

---

① ［美］昂格尔：《现代社会中的法律》，吴玉章、周汉华译，中国政法大学出版社 1994 年版，第 144 页。

行更大的社会变革。中国的现代变革,远不是枝节而细微的,而是主流而巨大的。它涉及了社会的经济、政治、文化等各个方面。改革开放以来,中国社会发生了有史以来极为重大的社会变革,“中国社会在经过20世纪的登峰造极的社会动乱后,开始了划时代的社会转型。这一伟大变革的光荣时代,是从农业文明向工业文明的跨越。它不仅有着超越法国18世纪启蒙运动、欧洲文艺复兴和宗教改革的那种思想变革的巨大的心灵震撼。而且伴随产生社会结构、生活方式与人际关系的革命性变化”。①

就经济来说,在20世纪上半叶及其以前的传统社会之中,中国基本上是自然经济与农业经济;在20世纪下半叶的前30年,中国经济是以自然经济为底蕴的计划经济。从1978年以来,中国开始了以市场经济为导向的经济改革。从自然经济、畸形的计划经济走向市场经济,就是一场经济体制的大革命。中国的自然经济经历了数千年的发展,超强稳定,难以变易。20世纪中期,中国在其基础上建立了计划经济体制。自然经济为底蕴、不合时宜的计划经济依靠政治强力而艰难挺立,它们与在其基础上产生的政治、文化、历史传统相联系,交织在一起,改革经济体制必然牵一发而动全身。要改革经济体制必须进行全方位的社会改革。但中国在20世纪的后期毅然决然地采取了改革措施,迈开了经济体制改革的步伐。

就政治来说,中国既有的政治是中央集权的政治,从集权政治走向民主政治的序幕已经拉开。传统的中国社会强大的政治权力自上而下,层层构设,层层相因,呈垄断之势,普遍缺乏政治自由与政治民主。社会不问政治的大众观念,与学而优则仕的正宗文化彼此消长,永远处于动态平衡之中。皇权一直是至高无上的权力,专制、集权都是政治的重要特色。从近代以来所进行的政治改革都是走民主政治之路。在当代进行的这场声势浩大的政治改革是把中国引向民主、文明、富强的改革,新型政治体制正在逐步形成之中,这对于既有政治来说必然是一场深刻的革命。

就文化来说,中国的传统文化是一种宗法——专制社会结构下的伦理——政治型文化。传统社会严重的家国一体化形成了“家是缩小

---

① 李江涛:《变革社会中的人际关系》,暨南大学出版社1999年版,前言第2页。

了的国,国是扩大了的家”的格局。全国从上到下、从下到上都以宗法制度来构设。封建帝王享有绝对的权力,全国上下形成统一的权力金字塔。皇权文化与家长文化如出一辙,得到了天衣无缝的契合。甚至一开始就是比着一个样本定做的,无非是大小样而已。在家国一体化的宗法、专制的伦理政治文化范式中,任何变革都可能被视为异端,任何宣传革命与变革的主张,都有可能被批评为邪说。在20世纪中叶,由于政治上的种种失误,使得文化的正常发展受到严重障碍。新的文化成为既有传统与不当现实杂合的畸形儿。要将这种文化改革成为现代文化,必然是一场极为剧烈的变革。

传统社会的经济、政治、文化与法制经过数千年的融通早已达到了水乳交融的程度。要改革既有的经济、政治、文化无一不涉及法制的问题。不改革法制,整个改革都将无法推进,整个改革也都是与法制变革联系在一起的。

在经济上,自然经济早就被法制所固化。综观整个经济发展史,殷商、西周时代,我国的经济是土地国有及公社所有,集体劳作的自然经济;从东周、秦汉到明清时代,我国的经济不过是土地私有、个体劳作的自然经济。它们仅仅是自然经济、实际上是农业自然经济的两个阶段。① 传统中国的整个法律制度都可以说是建立在自然经济之上的。长期而严重的“重农抑商”的法律精神与相关制度,就是自然经济的产物。早在先秦时代商鞅就“依法”推行重农抑商政策,首先是把农人固定在土地上,其次是把非农业人口转入农事劳作。《管子》则高倡以“农”为“本”,以“工商”为“末”,主张“重本”而“抑末”。各朝各代都把农业摆在极为重要的位置,对于农业的重视是必要的,而对于工商的抑制就有失偏颇了,而且对于农业的重视正是通过抑制工商而得以实现的。

在政治上,专制的集权政治也与法制融为一体。政治身份、等级被极端强化,从享有绝对权力的皇帝到各级官员,层层相因的权力拥有者具有不同的等级特权。任何人都不得僭越和违反,否则都会受到法律的制裁。民主和自由在社会生活中不存在,也同时被排除在政治之外。即使是那些“明君”也不过是乐于或者能够听取不同意见的皇帝而已,

---

① 冯天瑜等:《中华文化史》,上海人民出版社1990年版,第6页。

其实质是“君主”而不是“民主”。皇帝的指示还是“金科玉律”,任何人都不得违反,在中国古代所要打击的“十恶大罪”中首要的还是“谋反”“谋叛”。在历史上的改革者们也不会反对封建王权,他们总是在维护王权的旗子下,至少是在维护王权的口号下进行改革。在古人看来,法制本身就是专制的工具。李斯曾说“今皇帝并有天下,别黑白而定一尊”。要求禁止“入则心非,出则巷议”的情形。[①] 董仲舒进一步将专制与法制联系了起来,“《春秋》大一统者,天地之常经。古今之通谊也。今师异道,人异论,百家殊方,指意不同,是以上亡以持一统;法制数变,下不知所守。臣愚以为诸不在六艺之科,孔子之术者,皆绝其道,勿使并进。邪辟之说灭息,然后统纪可一而法度可明,民知所从也”。[②]

在文化上,宗法专制的伦理政治文化也为中国法制所确认并维护。宗法的文化特别注重血亲与血缘。“六亲”“九族”等不仅是亲缘的文化概念,而且是重要的法律概念。中国法制发展到传统社会的后期,还把表明亲缘关系的“服制”纳入法典。《元典章》有丧服图六,明清两代还把“丧服图”列在法典文本之首,凡八图,而且图后还有《服制》一卷,将持服的亲属一一列举,加以特别强调。“服制”既是调整民事法律关系的根据,也是定罪量刑的重要标准。文化学者们总结说,“中国是在血缘纽带解体不充分的情况下步入阶级社会的,形成独特的宗法制度。与之相随,血亲意识,即所谓‘六亲’(父子、兄弟、夫妇)、‘九族’(父族四、母族三、妻族二)观念继续构成社会意识的轴心,而且其形态愈益精密化。经过历代统治者及其士人的加工改造,宗法制度下的血亲意识有的转化为法律条文(如不孝成为犯法的‘首恶’),更主要的是形成宗法式的伦理道德,长久地左右着社会心理和行为规范”。[③] 文化学者们所看到的主要是文化意义上的宗法影响。在法学家看来,这个还可以得到更多的论据。在惩罚上,中国古代法律中的“株连”就是以血缘关系作为基础的,把“不孝”列为“十恶大罪”加以制裁,也同样是以血缘关系为依据的。在法律责任的免除上,也同样有血缘关系的考虑,“父子相为隐”制度就是以血缘关系作为免除举报、控告责任的法律制度。

---

① 《史记·秦始皇本纪》。

② 《汉书·董仲舒传》。

③ 冯天瑜等:《中华文化史》,上海人民出版社 1990 年版,第 232 页。

非但如此,宗法文化还导致了人们对于传统的极端尊重。由于人们对于传统的极度推崇,从而进一步将传统加以强化,使得历朝历代的变法者们,要推行自己的改革措施,也免不了使用“托古改制”的绝招,以此来获得社会对其改革的认同和拥护。于是,许多新的法律的推行都得假古人之名以行。

春秋战国时代,中国经历了剧烈的社会变革。经济、政治、文化全方位地经历了一场深刻的革命性变革。奴隶制被彻底清算,奴隶制的经济、政治、文化等社会体制在这一革命中被摧毁了。此后也许还出现过奴隶制,但在基本的历史潮流中,封建的经济体制得以建立,封建的政治得以建立,封建的文化得以建立,逐步发展完善形成了一个牢不可破的封建体系。它既决定了中国历史发展的每一个环节,也决定了其发展的基本趋向。封建的经济、政治、文化使中国的历史总是沿着一个无法变易的轨道延伸,形成了一个经济、政治、文化等因素协同一体的社会,这些因素彼此适应,相互协调。其中也有偶尔的变化,但这种变化并不影响社会沿着既定的轨迹发展,所有的一切改革不过是“黄河多转了几个弯”而已,历史一直按照自己的潜在的构架逐步展现。中国传统社会成为了极为典型的范例,它延续了两千多年,为什么能持续如此漫长的历史时期,关键就在于它有一个难以改变的经济、政治、文化构架。其中每一个因素都很难改变,即使有一两个因素在一定时期被改变了,它也会在历史的发展中被恢复,继续沿着原有的道路向前发展。也就是说社会虽然经历了某个插曲,但是毫不影响它的整个历程。

春秋战国之后历经两千多年,中国社会几乎没有发生与之等量齐观的革命或变革。近代以来,中国社会又发生了可以与春秋战国时代相提并论的新的革命性变革——从中国的传统社会走向现代社会。这场革命并没有结束,而是正在进行。

当然笔者并没有否认在两千年的传统社会中也存在这样那样的改革,在这漫长的历史中也的确曾经出现过无数次改革,只是笔者认为,它们都不过是历史长河的朵朵浪花或小小转折,它们对于历史虽然有所影响,尤其是对于“当时”甚至具有巨大的推动作用,但终究不能改变历史的根本发展方向。所有这些改革都无法与春秋战国时代的社会变革和现代正在进行的社会变革同日而语。

社会变革必然导致法制的变革或者革命,并将相应的法制变革纳入整个社会变革的体系之中。即使是一些非根本性的社会变革也往往与法制的变革联系在一起。因为"社会在不断地变动和发展,反映并用以调整社会关系的法制也必然要相应地改变自身。从实用主义的视角来看,旧的法律手段如果已经不能够解决当前的社会课题,就应该摸索新的方法"。[①]

春秋战国时代是中国社会急剧变革的时代,同时也是法制变革的时代。春秋时期,由于群雄争霸,各国或者自主或者被迫地开始了自己大规模的社会改革。改革的主要内容为田制、兵制、地方制度等,其中的田制改革也就是土地制度的改革。齐国的"相地而衰征",承认土地私有,根据土地的肥瘠征收赋税;晋国"作爰田",将井田制度下的土地分给庶民自己耕作;鲁国实行"初税亩",对公私土地一律按亩征税;楚国"书土田",测量土地面积,根据面积和产量征收军赋等,这些相对于井田制的巨大变革,无一不是在相关的法律法规伴随下强制推行的。其他方面的改革也无不类此。在改革推行和改革完成的同时法制也进行着自身的变革。

近代以来,中国社会的变革也牵动着中国法制的变革。远从鸦片战争起,近从戊戌变法后,中国晚清被迫进行大规模的社会变革,其间中国法制也进行了大规模的改革。晚清法制改革的突出代表就是晚清修律。法史学家总结中国法律近代转型的新律制定与司法改革时说,"晚清修律是中国法律史上的一件大事,从此中国传统的封建法系解体了,开始仿照大陆法系的架构建立了中国近代的法律体系。晚清修律的主要成果,不仅表现为制定了一系列新法,而且还由此引发了全国性的司法制度改革,和新式的法律教育的实施"。[②] 建立起了"六法"体系,至少在制度层面上确立了包括罪刑法定主义、人道主义、平等等法律原则,初步建立了近代司法制度。在清末进行的法制改革其"主要标志是中国传统的中华法系的破坏和大陆法系在中国的确立,从此中国法律的发展摆脱了孤立的状态,而与世界法律的发展有了衔接"。[③]

社会变革中的法制变革往往在内含新的历史趋向的同时,又保留

---

① 季卫东:《法治秩序的建构》,中国政法大学出版社 1999 年版,第 295 页。
② 张晋藩:《中国法律的传统与近代转型》,法律出版社 1997 年版,第 448 页。
③ 张晋藩:《中国法律的传统与近代转型》,法律出版社 1997 年版,第 472 页。

着某些旧时代的历史遗迹。就清末的法制变革来说,"由于传统的中华法系的基础是相当深厚的,因此在新旧法系交替之际,必然引起新旧势力的冲突,这是不可避免的"。[①] "这一改革是在西方法律文化东渐、传入乃至挑战的情势下所采取的一种回应姿态,是按照传统文化与近代文化的双重标准所进行的一项法制改造工程。因此,它固然存留着传统法律文化的深厚遗迹。"[②]

(二)法治国家建设中的法制变革

西方学者认为,在当代的社会变革之中,"不管来自何方的人都想搞清楚到底法律能不能给社会带来显著的进步,使社会正义得到真正的发展,并且要逐步消灭暴虐"。[③] 法治国家建设本身就是法制变革,而且是有史以来最为壮观的法制变革,同时也是重大的社会变革的组成部分。法律在其中如何发挥作用,如何促进社会发展是特别令人关注的问题。在法治国家建设的社会变革之中,一些法律制度会过时,一些法律制度必须重建。法律制度的新陈代谢就是法制变革。由于法治与人治的根本冲突,国家在从人治走向法治的过程中,过时的法律制度有一个被淘汰的问题。过时的被淘汰了,新的法律制度如果不能及时建立,就可能使国家和社会处于一种失范状态之中,导致社会混乱。法治国家建设过程中的失范又反过来要求加速法制变革的进程,加速法治国家建设的进程。在社会学者看来,"变动中的社会出现失范现象,并不意味着社会倒退或世风日下。正是由于社会出现一些秩序混乱、人心浮躁,才使人们认识到建立新的文明风气、新的道德规范、新的法制的紧迫性和重要性。试想,如果没有那么多的假冒伪劣商品,像消费者权益保护、惩治生产与销售假冒伪劣商品的法律怎能出台?如果未发生各种新的犯罪现象,又怎么会修改刑法?从这个意义上来说,失范现象是社会走向新秩序和新文明的前奏和阵痛,也是完成社会转型所必须付出的代价。只不过我们应尽量缩短它的过程,尽量减少由此而带来的不良后果"。[④]

---

① 张晋藩:《中国法律的传统与近代转型》,法律出版社 1997 年版,第472~473 页。

② 公丕祥:《法哲学与法制现代化》,南京师范大学出版社 1998 年版,第 521 页。

③ [美]安·塞得曼等:《法律秩序与社会改革》,时宜人译,中国政法大学出版社 1992 年版,第 17 页。

④ 李江涛:《变革社会中的人际关系》,暨南大学出版社 1999 年版,第 34 页。

法治国家的目标是在中国社会变革的历史潮流中提出的,是适应中国社会经济、政治和文化改革发展的产物。中国社会在20世纪中叶发生的一个极为重大的变化,就是中华人民共和国宣告成立了,社会主义制度开始在中国推行。由于种种原因,发生了一连串非常重大的失误,“反右斗争”“文化大革命”都导致了灾难性的后果。当我们从噩梦中觉醒,时代已经进入了20世纪的后期。1976年结束了“无产阶级文化大革命”,经过1年多的反思,1978年我们制定了第三部中华人民共和国宪法,即1978年宪法。这部宪法中包含了许多对于过去与现实乃至未来的误解,但是也在三个方面开启了未来。它强调“进行四个现代化建设”,为以后的“以经济建设为中心”的经济体制改革奠定了基础;它强调要“发扬社会主义民主”,为以后的政治民主和政治改革奠定了基础;它强调要“健全社会主义法制”,为以后的法制建设、法制改革和从法制到法治的转变奠定了基础。1978年12月的中国共产党十一届三中全会全面揭开了中国改革开放的序幕。陆续地,中国的经济体制改革、政治体制改革、文化体制改革等各个方面的社会改革都得以启动。经过改革发展,中国社会逐步认识到了建设法治国家的必要性和重要性,直到1999年将其写进宪法,成为我国宪法意义上的治国方略与发展目标。可以说,法治国家目标本身就是适应中国社会改革发展需要而提出的,它本身就是中国社会改革发展的产物。

法治国家建设相对于历史是一次巨大的变革。中国是一个具有漫长人治历史和牢固人治传统的国家。历代统治者从来就没有谁真正希望法治,没有谁真正地建设过法治。法律从来就没有被作为过目的,始终只是被当作维护统治及其社会安宁的工具。历史上曾经有梁启超等思想家提出过建立法治国家的构想,但是它只是一个构想,根本就没有得到政治领袖和法律制度的认可。非但如此,梁启超等变法革新者还受到种种迫害,甚至如“戊戌六君子”等还为此付出了生命的代价。此后,法治国家虽然偶有提及,也没有得到国家权力层的认可,更没有上升为宪法或者法律的规定。在“反右斗争”和“文化大革命”之中,任何宣传法治的人都可能被扣上“右派”或者“反革命”的帽子而受到种种迫害。即使是在“文化大革命”结束以后,法治被提出和确认也经历了一个复杂而曲折的过程,并不是一帆风顺的。法治国家的提出,经历了从“法制”到“法治”,从“法制国家”到“法治国家”的过程。法制在历史上都会受到非难，至于法治更是长期被当作否定的对象，加以批判和抵制。在短短的改革开放十多年间，中国社会就从否定法制，到强调法制，从法制到法治，从法制国家到法治国家。相对于数千年一贯的传统，这种变化当然是历史的突变。然而社会改革不是一个口号、一次行动，而是一种持续的社会过程，从否定法制到建设法治国家的飞跃，是质的飞跃，切不可等闲视之。

法治国家建设为法制提出了全新的要求和目标。法制可以解说为法律制度的简称，在这里笔者更愿意把法制解释为以法律制度为基础而建立的包括立法、执法、守法、法律监督在内的法的总体状态。法制并不仅仅出现或存在于法治国家之中，人治的社会中也有法制的存在。在中国的历史上从夏商周以来都有法制，只是在越是古老的年代，它越是简约、粗陋，随着时间的流逝，才逐步完善，才有了制度与体制、结构与机制的全面法制建设。在人治状态中，有人治的法制，这时的法制是适应人治需要的，不过是统治者的工具、手段，根本就不是目的。人治国家的法制就是人治状态中的法制。在法治国家，法制也会存在而且必须存在，但是法治国家对于法制具有不同于人治国家的基本要求。在笔者看来，法治国家的法制至少在以下方面与人治国家的法制存在根本的分歧：

首先，法治国家的法制是民众意志的体现，而人治国家的法制只是个人或少数人意志的体现。法治国家的法制是由民意机构通过法定立法程序建立的，因此它体现着民主。人治国家的法制可以是君王的指示或者命令，有时就可能是专制者的个人兴致与偏好。中国历代皇帝几乎都是立法上绝对权力的拥有者，其大臣们所起草的正式律令也总是以君王的意志为依归。君王可以“一言九鼎”，一言以兴法，一言以废法。

其次，法治国家的法制存在对于权力的制约，而人治国家的法制始终都只是权力的工具。是法律至上还是权力至上，是权力服从法律还是法律服从权力，是法治与人治、法治国家与人治国家的根本区别。对于权力的不同法律态度是区分人治与法治的重要依据。法治国家的法制中内含对于权力进行制约的规定，而人治国家是不会有这样的规定的，权力不仅不受到法制的约束，甚至整个法制都是以权力作为核心的，为权力服务的。

再次,法治国家实现法制本身就是目的,人治国家并不以实现法制为目的而是以维护权力为目的。法制,在任何意义上的法制,面对人类自身与人类至高至善的价值追求,从应然的视角看都只是手段。在实然状态下,法治国家的法制只有面对整体的人,作为民众的人,面对人的至善追求,才是手段。面对权力,面对每一个具体的权力,实现法制本身就是目的,唯法是尊。在人治国家中,法制是权力的手段,并不是权力的目的。

最后,法治国家的立法、执法、守法和法律监督等各个法制环节是一个整体,必然也必须相互协调,而在人治国家中,法制的各个环节未必是一个整体,残缺、不协调是人治国家法制各个环节之间相互关系的普遍状态。

二、建设法治国家需要法制变革

(一)法制变革与法治国家建设

"商品经济的发展和政治体制的改革,对法治的意义,不仅在于提供经济沃土和政治前提,而且在于把这种发展和改革的规则、程序以及由此形成的新的经济、政治模式法律化。唯其如此,经济、政治的改革才会成为推进法治的巨大力量,并转换为法治本身。因而,在人们思考从商品经济发展和政治体制改革的角度建设法治的同时,必须探讨法律制度的改革。而且,法律制度的改革,也是推动中国社会全面改革和健全社会主义民主政体的基本力量。总而言之,对建设法治国家来说,法律制度的改革是极其重要的。"①法制变革在法治国家建设中具有的意义是特别重大的。在启动法治国家建设的时候,提出法制变革的口号,并展开法制变革,对于法治国家的发展有着重大的促进作用。"明确而响亮地提出法制改革,不仅是适应中国改革实践和社会主义现代化建设事业的需要,而且标志着我国社会主义法制建设走过恢复、重建为主的阶段之后登上了一个更高的台阶,标志着我国实现高度民主的社会主义法治国家进程的加速。"②

变革的法制是法治国家建设的基础工程和基础设施,是法治国家

---

① 程燎原:《从法制到法治》,法律出版社1999年版,第114页。

② 王家福、刘海年、李步云:《论法制改革》,载《法学研究》1989年第2期。

建设的必要起点。不管是将法治解释为法的统治或是法律主治,法或法制的率先成立都是法治的前提条件或首要环节。任何法治国家的建设都首先是从法律制度的建设开始的。亚里士多德曾说,法治应包含两重意义:已成立的法律获得普遍的服从,而大家所服从的法律又应该本身是制定得良好的法律。从亚里士多德的论述中可以知道,良好的法律得到良好的服从就是法治,法制还是法治的基础。戴雪在《英宪精义》中对法治的结论为:"法治"这一词有三个意思,也就是任何人不应因做了法律未禁止的行为而受罚;任何人的法律权利或义务几乎是不可变地由普通法院审决;任何人的个人权利不是联合王国宪法赋予的,而是来自宪法赖以建立的依据。① 其中法律制度的先决存在,还是法治的基础。没有法律制度,就谈不上执法、守法和法律监督,没有立法、执法、守法和法律监督,就没有法治。法制建设伴随法治国家建设进行,是法治国家得以建立的始终而坚实的支撑。法治国家不可能在非法治的法制上建成,因此,必须率先进行法制变革。

变革的法制为法治国家建设确定目标。法治国家建设是一个历史过程,这个过程是漫长而悠远的。在这个过程中,法治的发展,法治国家的建设并不会一帆风顺、一路高歌。其中,还会有曲折,甚至在特定的历史条件下还会出现倒退。为了使法治建设少走弯路和不走弯路,就必须有一个确定的目标,并将这一目标始终作为自己的方向,加以不懈地坚持和追求。在一切记录工具中唯有法制对于法治国家目标的记载最具有确定性和有效性,而不易动摇。在法治国家建设之初,需要用法制确认法治国家的目标,将其作为行动的指南,指导法治建设。既有的非法治的法制显然不能为法治作出目标设定,要使法制完成为法治确定目标的使命,须先行法制变革。

用法制为法治国家的建设开辟道路,用法制为法治国家的建设敷设轨道。法治国家的建设都是在非法治国家的基础上启动的,既有的历史基础既是财富也是包袱。面对未来,不知所措,就是人类漫无目标下的精神痛苦。法制确立了法治国家的目标,人们可以感到心中明亮,但是,何以达到这一远大的目标,使理想转化为现实,还要颇费周章。

---

① ［英］沃克:《牛津法律大辞典》,北京社会与科技发展研究所组织翻译,光明日报出版社1989年版,第790页。

通向法治国家的道路并不是现成的。由于历史背景与国别国情的差异,几乎任何一个既有法治国家的模式都无法为后来的其他法治国家所仿效,每一个国家的法治化道路都不完全等同于别的国家,这就要求每一个走向法治的国家都必须探寻自己的道路。每一个国家如同每一个人,面前的道路,可能是多条的,但是,有的道路是通往成功,有的道路却是通往失败;有的通往法治,有的则是通往非法治。有了目标,有了道路,并不等于就能到达目的地。因为,还可能走上歧途。一个人如果成为了歧路快跑者,后果可能不堪设想。一个国家如果成为走向法治的歧路快跑者,后果可能更不堪设想,那就意味着是一个国家的不幸,一个民族的灾难。这也就提出了敷设轨道的问题,从现实到法治国家的目的地之间敷设轨道,使国家这列列车能够顺利前行,而且不会出轨。这个轨道是用什么来设定的,用法制,用法制所包含的制度、用法制所内含的机构与机制,法治国家需要法制变革。

法制是打破传统、实现变革的重要力量。没有变革,社会就会在既有的轨道上前进或者滑行,传统在其中就会发挥重要的主导作用,成为无形中的社会发展的前导者,在无意识中牵动社会的发展与变化。“传统是社会的一种生存机制,是民族内聚力的源泉、维系民族生命的抗体,借助它,各代人方能相互联系起来,并将前人的经验传递给后人;通过传统,社会的精神成就才得以保存和实现。正因为如此,文化传统绝非仅仅滞留于博物馆的陈列品和古籍室的线装书之间,它还活跃于今人和未来人的实践当中,成为其思想——行为范式的重要构造因素。而与此同时,传统的惯性作用,又使它形成一种惰力,当历史进步要求摆脱或改造某些传统时,必须作出艰巨的努力。”①打破传统,必须靠强力突进。打破传统的强力不能是一种无序的力量,它必须是有目的、有组织的力量。在中国历史上法治没有出现过,更没有法治的传统。如果一定要说有什么传统,那倒是有人治的传统、非法治或反法治的传统。在所有能够变革人治传统与历史惯性的力量中,应当说,只有法制才是最符合强力与有序这两个基本要求的力量。法制作为一种新的制度范式可以作为蓝图率先绘制,并成为社会实践最理想的比对样本与行动准据。

---

① 冯天瑜等:《中华文化史》,上海人民出版社1990年版,第6页。

法制要实现为法治国家建设服务的目的，就必须进行变革。我国的法治国家建设并不是法制空白的状态下进行的，而是以既有法制作为历史前提而进行的。尽管现行的法制不能令人满意，还有诸多严重缺陷，但法治国家的建设依然不能离开这些基础而得以启动。在这种基础上提出法治国家建设的目标、推进法治建设，就必然有一个对既有法制进行改革的问题。

（二）现实法制的变革要求

现实的法制状况要求进行变革。现存的法律制度中有的是改革开放之前就制定的，有的是改革开放的过程中制定的，它们在法治国家的建设中都有一个适应法治国家需要的变革问题，甚至还有一个不断变革，再变革的适应法治国家建设需要的问题。在新的形势下，既有的法律制度要能适应法治国家的需要，也必然会提出对自身进行改革的要求。

改革既有法律制度，首先是改革那些历史性的法律法规，即那些在计划经济体制和政治集权模式下产生的法律制度。改革开放数十年来，我们已经对改革开放之前的法律制度进行过清理，但是仍有一些早该改革的法律法规还继续存在，虽然为数不多，但是它们中的许多规定都由于时代的变化而变成了不当的制度，需要予以废止或修订。

对于既有法制的变革，将主要是针对改革开放之后陆续建立的法律法规进行。我国现存的大量法律法规虽然是在“文化大革命”结束以后制定的，但由于中国的改革有一个渐进的过程，法制变革也有一个渐进的过程。法制变革的渐进性决定了在新的改革阶段对于变革中产生的法制还需要进行再变革。在改革之初，与改革相适应的法制变革多少有一些自发性。在改革中对于相应改革将会发展到何种纵深的程度，无法预料；对于改革过程中将出现哪一些新问题也不可能完全地未雨绸缪，因此即使是在改革过程中制定的法律，在改革进一步发展中也同样存在进一步变革的问题。回想我们走过的改革之路，就不难发现改革本身的渐进性，决定了法制变革的渐进性。卢云教授在总结我国法律模式的转换途径时，指出：“我国法律模式转换的实践表明，它是通过渐进的途径来实现的。大体上经历了三个发展阶段。”根据他的见解，我国法律模式转换的“第一阶段，是在坚持计划经济法律模式的前提下，探索改良这种法律模式的途径”；“第二阶段，是由计划经济法律模式开始向有计划的商品经济法律模式的转换”;“第三阶段,是从走向有计划的商品经济法律模式的轨道转向社会主义市场经济法律模式的轨道”。[①] 在我国法律模式转换进入第三阶段,乃至进入第四阶段,再来回首前面各个阶段的法律制度,就很可能得出其中许多法律制度又需要变革的结论。

对改革开放后的法制进行变革,其实也是由社会变革和法制变革的过程性所决定的。社会变革与法制变革都是一个历史过程。这个过程中有前后相继,也有先后更迭。从改革的无限性上讲,每一个对于既有体制或者制度的变革都是对于“变革”的再变革。从历史的总体上看,改革的阶段性和过程性同样决定了法制变革是一个不断的过程。对于改革开放以来的新立法,如果它的确不适应形势发展和改革需要,都应当进行修正或废止——变革。

有的人批评我们的法律制度更迭过快,这种批评是有道理的。过快的法律法规更迭,既影响法律制度的稳定性,也影响社会生活本身的连续性和稳定性。我们务必谨记这一批评,尽可能地将法律制度拟订得更好,努力避免新法一出台即过时的悲剧发生。对于新颁布的法律制度如果不是确有必要,就不必随意修改、变化。唐太宗早就看到过这一点,他曾断言,法不能数变,数变则会使官不知所从,民不知所就。但是,当变的还得变,我们也绝不能为了一个稳定性或连续性,而让已经认识到的错误继续错误下去,造成更大的损失。绝不能因为有这种批评,就要保留落后与失误,延缓改革发展的进程,延缓法制发展的进程。因此,对于必须改革的法律制度即使才颁行不久,也应当进行适合法治和法治国家建设需要的变革。

三、法治国家建设中的法制变革

(一)体制创新与法制变革

社会变革中法制变革首要的任务便是为未来社会设立新的体制构架和理想模式。中国春秋战国时代为了适应社会改革的需要,法制曾经担负了重要的使命。各个诸侯国所进行的土地制度与管理制度改

---

① 卢云主编:《社会主义市场经济法律问题研究》,四川人民出版社1995年版,第27~31页。

革,如“作爰田”“初税亩”“编户齐民”等无一不是先制定相关法令,再依法而行的。法律法令在春秋战国时代的社会变革中扮演了极为重要的角色。中国清末的法制改革也是作为其社会改革的构成部分与先导被加以特别重视的。我们现在可以对清末的立法作这样或者那样的批评,实际上,不可否定的是,它所开辟的“六法”体系的法制格局是成功的。其后的北洋政权也好,国民党政权也好,其法律体系的构架基本上未出其右。从一定意义上讲,中国现存的社会主义法律体系也是以“六法”体例作为历史前提,在批判继承的基础上发展起来的。我国现在正在进行的法制变革,正是以我国政治体制、经济体制等的创新为服务对象的。法制变革为政治、经济等各个方面的体制创新提供了强有力的制度与机制支撑,成为体制创新的重要手段。

在政治体制改革上,我国宪法和法律已经发挥了极为重要的引导作用,而且这种作用还在继续发挥和不断增强。我国在 1982 年以前基本上实行的都是领导职务的终身制,也就是我国的 1982 年宪法第一次写明了领导职务的任期制和限任制,从此,中国干部职务终身制的问题在宪法上得到了解决。从此开始,国家领导职务开始了新一轮的民主化改革。上面是从宏观大政上讲的,在微观上,中国村民自治的改革发展更是与法律的变革与引导直接相关。1987 年 11 月,全国人大常委会通过了试行的《中华人民共和国村民委员会组织法》,该法律于 1988 年 6 月在全国生效。根据这部法律的规定,一个以村民直接选举村民委员会为标志的村民自治制度随即在全国推行起来,而且获得了极大的成功,受到了广大村民的热烈欢迎和国际社会的普遍赞誉。1998 年 11 月 4 日,第九届全国人民代表大会常务委员会第五次会议通过了修订的《中华人民共和国村民委员会组织法》,并从当日开始实施。有著作评价说,这部法律“充分反映了广大农民获得经营自主权之后更好地行使当家作主权利的愿望,完全符合我国农村的实际,赢得了亿万农民的衷心拥护”。①

我国目前的市场经济体制,与相关法律对于其发展蓝图的基本设计分不开。国有经济、中外合资经济、中外合作经济、外商独资经济和

① 中华人民共和国司法部宣传司等:《共和国法制建设 50 年》,中共中央党校出版社 2000 年版,第 155 ~ 156 页。

私营经济等几种经济形式,都是我国经济的组成部分。这几种经济形式构成的经济形式格局就是在改革开放以来的相关法律作为前置设计的基础上建立起来的。“自 1979 年起,截止到 1999 年 8 月底,除新宪法外,共和国最高立法机关——全国人大及其常委会已审议通过了 253 件法律、106 件有关法律问题的决定,此外,国务院颁布了 800 多件行政法规,各地出台了约 7000 件地方性法规,国务院各部委和地方政府还发布了 3 万多件规章。”[①]改革开放以来,我国“在社会经济秩序和法制建设方面,初步建立起与新体制相适应的法律体系框架”,“在规范市场经济主体行为、维护市场秩序、加强宏观调控、增强法制意识、扩大对外开放等方面,起到了重要作用。”[②]

法律以何种方式促进社会发展或社会变革,有的西方学者认为:“法律以两种方式进入社会发展的进程。首先,今天国家常常有步骤有目的地促进社会变革。一般只有国家才会有足够的能力、资源和合法性去完成这一令人生畏的任务。国家通常是通过改变规定重复性行为方式的规则,让官员以新方式从事——改变法律秩序,来促进社会发展的。发展的需要因此变成了对法律的需求:土地使用权、市场委员会、计划机器、选举政治、教育制度、货币体制、税制等新规则。”[③]“其次,国家有时也以剧烈动荡的形式促进社会变迁。在这种情况下,可能会伴随着革命、战争、饥荒、通货膨胀等。因为社会甚至是在法律秩序的逼迫下才进行变迁的,通过改革法律来形成新的行为方式却不是要将变革引入另一个静态社会,而是将现存的变迁过程变得更加急迫。”[④]

法治国家建设相对于非法治国家来说,无疑是一项重大的社会改革。法治国家建设中的社会变革不仅包括法制制度的改革,而且还包括法制机制的转换,是一种法制体制的创新。这种体制创新首先是为经济体制、政治体制的创新服务的。社会变革需要借助法律得以推行。

---

① 中华人民共和国司法部宣传司等:《共和国法制建设 50 年》,中共中央党校出版社 2000 年版,第 33 页。

② 国家体改委研究所等:《中国法制建设 20 年》,中州古籍出版社 1998 年版,第 10 页。

③ [美]安·塞得曼等:《法律秩序与社会改革》,时宜人译,中国政法大学出版社 1992 年版,第 21 页。

④ [美]安·塞得曼等:《法律秩序与社会改革》,时宜人译,中国政法大学出版社 1992 年版,第 21 页。

“为了发展，对社会控制所提出的问题不仅是要保证不脱离社会秩序，而且还要促进变迁。法律对社会发展具有重大意义并不是因为法律对行为的影响显著——许多、或许是大部分情况下，法律的实际影响不只是边缘性的——而是因为它是政府完成设想中的变迁的主要工具。”①法制适应政治、经济体制创新的变革，也是其自身体制的创新。法制变革从来都不是孤立进行的变革，更不是仅仅局限于自身范围内的变革，相对于社会整体的体制变革，法制变革是第二位的、第二层次的。在实现社会体制创新的同时，法制也进行着自身的体制创新。

(二)制度变革与法制变革

制度创新与制度更新是制度变革的两种重要形式。制度创新对于改革来说是十分重要的，许多改革本身就是制度的创新，而法律为制度创新提供了最为有效的手段。制度创新遇到的主要问题是经验不足，带有一定试验性。改革就是要去探索从未走过的道路，改革的新路上难免荆棘丛生、风险相随，为改革而新创的制度就难免有所失误。新创制度的失误一旦发生又会影响新创制度的声誉，甚至会因其一两处失误而使其遭到社会的整体性否定。有的新创制度本身是很不错的，也许就是因为一两个失误或者挫折，就使其进程被延缓或者被抛弃。这都是改革的悲剧。

但改革并不完全是制度的创新，甚至更多的是对既有制度的更新。制度更新也许比制度创新更富有挑战性，更加艰难。因为，在一般意义上，创新是在没有相关制度，或者相关制度不健全的情况下对某种制度的创立或者重大的新发展。制度更新则是在既有制度存在的情况下，一改既有制度的内容和规定而别开生面。它会受到既有制度的阻碍，更会受到人们对于既有制度依恋情绪的抵触和惯性思维、惯性习惯行为方式的抵触。

制度创新与制度更新并不是截然分别的，许多时候都交织在一起而无法分辨。在一定意义上制度创新也是制度更新，制度更新也是制度创新，我们也没有必要去一一予以区分。

(三)不当制度的修正或摒弃

社会变革的过程，从制度意义上讲也许就是一个修正或者摒弃不

① [美]安·塞得曼等:《法律秩序与社会改革》，时宜人译，中国政法大学出版社1992年版，第22页。

当制度的过程。“社会在剧烈变动的过程中,原有的社会规范会受到冲击发生破损,不再起作用。”[①]那些受到冲击,不再起作用的规范或者制度中,大部分就是不当的制度。社会变革的过程也是制度的更新过程,其中既包括非法律制度的更新,也包括法律制度的更新。

不当制度会形成社会发展的阻力,给新制度的建立形成障碍。不当制度只要不是完全丧失效力,其存在的每一天都在产生着危害。对于不当制度的修正或摒弃就是制度更新的重要方式。在社会改革与法制变革之中,人们都会遇到对于不当制度的摒弃问题。如果抽象地谈论不当制度的修正或摒弃,不会有任何人持反对的意见,甚至可以说每一个人都会毫无疑问地回答,不当的制度应当被修正或者淘汰。这里的关键不在于是否应当修正或者摒弃不当制度,而在于如何认定不当制度。

不当制度之不当的情形是多样的,有的制度在制定时,本是符合事物的性质、符合客观规律的,后来由于客观事物的发展、客观情况的变化,原本尚好的制度逐步成为了不好的制度,变成为不符合事物性质或者违背客观规律的制度,这种制度显然应当在新的形势下予以废弃。也有的制度从其一产生就是不当的,之所以能够产生就是基于人们的某种失误或者错误认识,这一类制度从其一产生就应当被摒弃,其实它被废弃得越早越好。

不当制度的认定是困难的,同一制度从不同的角度进行评价就会有不同的结论,人们认识问题的差异决定了对于制度当与不当认识的分歧。这里关键是一个选择视角的问题,只要选择的视角是基本一致的,人们就有可能获得基本一致的认识。对于一个制度的评价显然不应只从某一个方面来看,而应当全面估价。但任何制度只要有一点不当,而可以有更好的制度设计将其取代,我们就应当毫不犹豫地选择更好的制度,而不是抱残守缺。

修正或摒弃不当制度,必然涉及创立新制度的问题。制度的新旧交替,尤其需要制度制作者的智慧。在成功的制作者那里,的确可以达成新旧交替、以新代旧、以新胜旧的目的。但如果制作者是失败的,就可能使旧制度的不当被继续保留,甚至还增加了新制度的失误,这可是

---

① 李江涛:《变革社会中的人际关系》,暨南大学出版社 1999 年版,第 30 页。

最糟糕的事情。更多的是将不当制度的不当之处去掉,又建立一个不完善的制度。之所以会出现新制度的新失误,原因也是多方面的。一是由于新制度制作者对于旧制度的不当之处缺乏认识,既然认识不到旧制度的不当之处,显然就无法对旧制度进行修正;二是由于新制度制作者对于新制度涉及的问题把握不好,认识不够,在新制度的设计上出现疏漏;三是由于制作者对于旧制度具有留恋的心理,自觉不自觉地在新制度中保留了旧制度的弊害,有意无意地使新制度在一定程度上对旧制度复归。社会制度的变革如此,法律制度的变革如此,由社会变革引发的法律制度变革同样如此。制度的吐故纳新,是制度具有无限生命力的保证,制度吐故的过程也就是摒弃旧制度的过程。制度有多种划分,各种划分都不会否定其中包含着基本制度和具体制度等。制度可以是指宏观的基本制度,也可以是指微观的具体制度。制度改革可能是针对基本制度的,也可能是针对具体制度的。被摒弃的有可能是基本制度,也有可能是具体制度。在改革的过程中,只要某种制度不适应改革发展的需要,成为社会发展进步的阻力,就应当毫不犹豫地摒弃它。这里不应当存在废与不废的问题,有的只是何时废止、何以取代的问题。旧制度的废止应该选择恰当的时机,对于影响不大的制度,一般不存在摒弃时间的选择问题;对于那些影响重大的,为了改革的成功就必须注意时机的把握,以便改革能够顺利推行。尤其是何以取代的问题,要引起改革者的高度重视,用一个错误取代另一个错误,固然不可取;用一个大错误取代一个小错误更不可取,改革者必须具有非常良好的是非判断与价值认知。

（四）新型法制的整合与互动

在法制变革中,新制度或许是为了弥补既有制度的不足而产生的,或许是为了取代旧制度而产生的。新制度与新制度之间有一个整合的问题,新制度与既有制度之间也有整合的问题。它们之间何以协调,是新制度的制作者要考虑的,也是贯彻者要考虑的。新制度除了在制定时要考虑与既有制度、与其他新制度的协调之外,还要在实施中发现问题,适时修订以达成协调的目的。这种协调是一种整合,是一种一体化的制度整合。在整个制度体系中,新制度与既有制度之间、新制度与新制度之间应当是互动的。不互动的情形一旦发生就会产生制度之间的矛盾与冲突,制度的效用就会衰减,达不到应有的社会效果。

经过变革而形成的新型法制的整合与互动,不仅是在制度之间进行与存在的,在制度与执行机构及执行人员之间也有整合与互动的问题。一项制度确立了,执行相关制度的机构必须适应制度的变革。制度先行改革后,如果没有执行机构改革与之相匹配,执法机构或执法人员将以自己的利益与便利扭曲法律制度。其实,任何执法机关或者执法人员都不应通过执行行为来"改革"制度以适应自己的能力或者适应自己既有的运行机制,而是要提高自身的能力,改变自己既有的运行机制来适应新制度的要求。在改革的发展过程中,将制度畸形变化以适应自身素质和机制的情形屡见不鲜。如果这种情形发生,制度改革的成果就毁于执法机关或者执法人员的个人任性与机构任性,法制就会受到破坏,制度改革的成果就会在无形中被消解。

改革中的制度整合与互动,是改革者与相应的机关、人员,乃至大众都必须考量的。没有整合与互动,就会影响制度运行的效率与效益,甚至使新制度搁浅,无法运行。制度整合与互动出现问题就会导致难以解决的制度灾难,使社会蒙受重大的损失。法制的变革也同理。通过变革形成的新型法制,其内部的整合与互动是发挥法制整体优势的保障,也是整体效能得以充分发挥的力量源泉。

(五)法制随法治发展而变革

法律制度是法治的制度前提。法治总是建立在法律制度的一定发展的基础上的。法制也许会在人类进入政治国家状态的任何历史时期存在,但是法治却不尽然。法治只是人类法律发展到一定阶段的产物,并且随着人类社会的发展而发展。一旦法治出现,法制就与法治如影随形。在法治发展的各个时期就有与之相适应的法律制度与法治相伴随。当法治要求或者开始发生重大变化的时候,法律制度的变革就会成为新的时代主题,或者成为法治变革的先导,或者成为法治变革的表现,或者二者兼而具之。

当人类的法治还处于初创阶段,相应的法律制度也是初步的,更不可能超越法治发展的程度。在法治发展还处于形式法治的时期,法律制度尽管可能是良好的,但是就其总体来说还远远没有进入普遍的良法阶段,真正的良法也只有在真正的实质法治建立之后才可能真正建立。法律制度伴随着法治从形式法治向实质法治的转换,也发生着重大的变化,甚至是一种本质的变化,这种变化的结点就是一种特殊的法律制度变革。人类法治与法制的发展历史与互动关系都为其作出了极好的说明。

四、中国法制变革的历史特点

综观中国法制史，法制变革可以说是一项生生不息的事业，不论人们如何评价每一次变革，它们都是社会变革的重要构成部分，并形成了法制变革的历史。近代以来中国的法制变革与历史上其他的法制变革相比较具有一系列重要的特点，其中一个就是从千百次重复的传统的"以法治国"理想，转变为对于现代"依法治国"的社会实践。

（一）逐步认识到应以民主政治为前提

中国法制变革的第一个特点便是逐步认识到，法制变革必须以民主作为政治前提，以法治作为理想目标。必须将民主与法治有机地结合起来，法制变革才可能取得预期的成就。

除中国正在延续的法制变革之外，历史上所有的法制变革，都只是在既有专制的社会制度与人治的社会管理方式不改变条件下的一种改良。通过法制变革，法律制度可以得到完备、改良，但始终未改变的是，它所依赖的政治背景是专制而不是民主，它所依赖的社会管理方式是人治而非法治。近代以来的中国法制变革总是模糊或明确、直接或间接地围绕民主和法治展开的，在这两点上，正在推进的法制变革与历史上的法制变革形成了极大的反差。

以民主为政治前提，以法治为理想目标的法制变革理念，并不是在近代法制变革之初就被意识到或者就被明确提出来的。它在历史发展中也有一个由自发到自觉、朦胧到清晰的认识过程。当初的法制变革，在有的思想家或者法学家那里，主要是出自师夷长技以自强的理想；在有的思想家或者法学家那里，则主要出自对专制统治和人治传统的深恶痛绝。对于法制变革必须以民主作为政治前提，以法治作为理想目标的明确认识，则是在法制变革过程中逐步形成的。

中国目前正在进行的法制变革，可以说，民主和法治的两个方面都成为了思想家、法学家乃至整个社会的共识。不仅存在于理论家们的著述中，而且为同时代的政治领袖们，至少是在口头上的认可或者公开宣示，甚至被作为社会发展的目标确立起来。以民主为政治前提，以法治为理想目标的法制变革是中国法制变革发展到当代的最高表现，也是其变革理念的重大进步和根本变化。

(二)自始即以现代化作为直接的目标

中国法制变革的第二个特点是自始即以法制现代化作为直接的目标,并以推进国家的现代化作为法制现代化的目的。法治国家建设,将法制现代化与国家的现代化紧密地结合在一起。

近代以来的中国法制变革,从一开始都是以现代化作为自己的直接追求。揭开中国法制变革帷幕的不是法制内的任何因素,而是在外敌侵略的现实痛苦中,通过优秀分子的自发、自觉所产生的驱动力量。它在最初是社会在经历外敌入侵、国家衰微、民族蒙羞的耻辱中,发愤图强的不自觉产物。随着历史的发展,逐步成为中国优秀分子的自觉认识和理性追求。

现代化是一个过程,一个与世界发展同步的过程。今天的现代化是现代化,昨天的现代化也是现代化。在以上这种受外来强敌逼迫的背景与心态下的法制变革,当然是谋求与万国同制,师夷长技以自强。而这种与万国同制、师夷长技以自强的法制变革,也就是当年的法制现代化。

也正是在这种现代化的直接目标驱动下,中国才进行了一系列可歌可泣的法制变革。延请外国学者或官员帮助立法,乃至直接移植外国的立法。即使是在中国清末的法制变革,也表现了谋求法制现代化的浓厚色彩。一些在现代看来也十分需要而且缺乏的立法,在当年就已经从国外搬到了中国,其中有公司律、破产律和监狱法等。

当然,法制变革的现代化,只是国家现代化的构成部分,而且它总是以国家现代化作为自己的目的的。也就是说,相对于国家的现代化,法制的现代化不仅是其内容,而且是其手段与途径,法制变革本身的目的意义相对较弱。随着历史的发展,法制变革中法制现代化也依然有着达成整个国家的现代化的意义,但是其本身的目的性也在逐步增强,甚至使它在更大意义上被当作了目的。

(三)法制变革的迁延因缺乏社会基础

中国法制变革一直迁延难成,原因是多方面的,但是其中一个根本的原因是缺乏法制变革的社会基础。由于社会基础的缺乏,仁人志士甚至政治权力的种种努力都收效甚微,没有能够尽快完成期待中的改革。

近代以来的中国法制变革，其进程也不能说是太短，之所以收效甚微、不断失误、迁延不已，一个根本的原因就是缺乏进行法制变革、达成法治理想的社会基础。中国近代以来的法制变革比历史上任何法制变革更难获得相应的社会基础。历史上的改革，都是中国社会自发发展的产物，其社会基础具有更大程度的先天已备或与生俱来的性质，而近代以来的法制变革却是受外力压迫的无可奈何的选择。它的改革动因不是“内生”的，而是“外迫”的。这种基于外力的变革，是否具有必要的社会基础就成为非常严重的问题。

法制变革的社会基础是多层次、多侧面的。其中最严重的是缺乏民众基础和文化基础。

民众是法制变革最深刻的社会根据。没有民众在法制上的普遍觉醒，要进行法制变革或者要取得法制变革的成功都是不可能的。法制变革或法治理想的实现都是社会演变发展的过程和结果，仅有先锋引导并不能实现真正的法制变革，更无法实现社会整体的法治化。

法制变革，尤其是要建设法治，更需要社会的文化基础。中国固有的法律文化中，正统的主流文化是专制的法律文化，非主流的法律文化至多只是民本主义的法律文化。没有民主和法治的法律文化，法制变革中既有的法律制度可能作民主化、法治化的变革，更可能作民本主义甚至专制主义的变革，使以民主和法治作为精神企求的法制变革走向民主和法治的反面，使法制变革归于失败。

法制变革的民众基础和文化基础是共生、联系、互动的两个重要因素，它们对于一国法制变革的成败具有根本性的决定作用。在当代中国，法制变革的社会基础依然是不完备的，但我们不可能等待法制变革的社会基础完全具备了才进行法制变革。不能以简单的符合社会基础或者类似的适合“本土资源”等理由，放慢法制变革的进程。近代以来的法制变革之路，其实也是中国法治的形成与发展的历程。

第七章　法治国家的西方历程

由古希腊缘起、古罗马发展,并由中世纪传承,到近代经资产阶级更新的法治,走过了一条漫长的历史道路,西方形成了自己建设法治国家的社会环境、文化背景、思想观念、理论学说和社会实践。本书将对西方古代社会法与国家的理论和西方资产阶级以来的法治国家理论分别进行考察。

一、西方古代法与国家认知

(一)古希腊

许多研究法治国家的学者均从德国使用"法治国"(Rechtsstaat)的概念讲起,[①]这无疑是正确的,因为是由德国的思想家在18世纪初最先使用了这一概念。但是必须注意到这样的两个问题:一是这并不意味着在此之前就没有关于法治国家的思想或者学说,没有法治与国家关系的理论;二是这并不意味着其他国家没有类似的思想家提出过类似的概念或者作出过类似的论述。忽略了这两个问题,得出的认识结论就显然是失之偏颇的。

在古希腊的神话传说之中,就有着关于法律与国家关系丰富的思想资源。荷马的著作中,权杖被描述为宙斯所设定的世俗国王统治的基础与象征。权杖被作为

---

① 陈新民:《法治国家论》,学林文化事业集团有限公司2001年版,第3页;郑永流:《法治四章》,中国政法大学出版社2002年版,第81页。

君权或者统治权所依托的神意根据，法律则被认为是这种神意的体现。“此种‘神法’所代表的在 Homer 论著中仅是——统治权所必须遵循与实现的神意，且此神意非是主观，而是客观具规范特性之法！”[①]古希腊诗人赫西俄德（Hesiod）在其著作之中，论述的是 Dike 女神将天上的法取至世间。在古希腊作为神法当然是高于统治者的。至于古希腊的 Nomos，则被理解为国家也即城邦与人民的生存基础。“国王违反规范时——不论是成文法律或不成文的道德规范，则会受到 Dike 女神的报复。”[②]

古希腊古罗马的思想家们更有着丰富的法治与国家思想，并对相关问题作出了精彩论述。“欧陆上古时期，虽未有如现代清晰明确‘法治国’概念出现，但法治国理念却已在此时期中有深入的讨论，此未尝不是现代法治国理念重要思想渊源之一。”[③]因此，“法治国理念之形成与确立此理念制度等均须由此时代作为研究的开始”。[④] 有学者认为“‘法治国’用语在希腊政治实务与理论中均出现其踪迹”。[⑤]

在古希腊，“Jaeger 在其‘Paideia’著作中，即提出法治国与其国民之理念”。[⑥] 这是到目前所知的，最早的关于法治国的理念。柏拉图在早年，期待的是贤人政治的“理想国”，美好的政治梦想淋漓尽致地体现在了他的《理想国》之中。等到晚年，他在《法律篇》里，面对无法实现的梦想退而求其次地正视了法治。“柏拉图在《法律篇》探讨的次佳城邦，即着眼于法治观点。在这部作品中，柏拉图将法律界定为任何政治体制都赖以维系的绳墨。”[⑦]认为在贤人政治不可得的情况下，法治就成了第二等的选择。其实，在贤人政治不可得的情况下，法治也就成为了最好的选择。他实现了从人治观向法治观的转换。他在著作中，对于法律与国家的关系展开了十分广泛的探究，并得出了国家必须法治化的诸多结论。首先，他论证了国家与法律的不可分离，法律与城邦为同

---

① 陈慈阳：《人权保障与权力制衡》，陈慈阳 2001 年版，第 138 页。

② 陈慈阳：《人权保障与权力制衡》，陈慈阳 2001 年版，第 141 页。

③ 陈慈阳：《人权保障与权力制衡》，陈慈阳 2001 年版，第 134 页。

④ 陈慈阳：《人权保障与权力制衡》，陈慈阳 2001 年版，第 136 页。

⑤ 陈慈阳：《人权保障与权力制衡》，陈慈阳 2001 年版，第 136 页。

⑥ 陈慈阳：《人权保障与权力制衡》，陈慈阳 2001 年版，第 136 页。

⑦ ［新西兰］John Morrow：《政治思想史》，李培元译，韦伯文化国际出版有限公司 2004 年版，第 321 页。

时创建。“一个由各种不同的人群组成的混杂联合体也许更乐意服从一种新法律,但要使他们共呼吸,永远团结(像人们说马群时那样),那就需要许多时间并且困难重重。免不了的是:建立一个城邦并为它立法乃是使人脱离孩提时代的一种最好尝试。”①在谈到理想的国家时,他也改变了既有的看法,“让我们敦请神来关注这个国家的创建。祈求他能听到我们的祈祷,听了祈祷就通情达理地、仁慈地帮助我们创建城邦和该城邦的法律”。② “法律怀着众神的良好愿望使我们的国家幸福昌盛。”③其次,他论证了政府必须服从法律,并且成为法律的奴仆。他说,“在法律服从于其他某种权威,而它自己一无所有的地方,我看,这个国家的崩溃已为时不远了。但如果法律是政府的主人,并且政府是它的奴仆,那么形势就充满了希望,人们能够享受众神赐给城市的一切好处。这就是我的看法”。④ 再次,他认为官员必须服从法律,官员对于国家和法律都具有重要的意义。他说,“为众神服务的最高职位必须授予最善于服从已制定的法律并在城邦中取得了此种成就的人”。⑤ “这些人通常被叫作‘统治者’,如果我们叫他们作‘法律的仆人’,那不是因为我想杜撰一个新词语,而是因为我确信一个国家的兴亡取决于这一点,而不是别的什么东西。在法律服从于其他某种权威,而它自己一无所有的地方,我看,这个国家的崩溃已为时不远了。但如果法律是政府的主人并且政府是它的奴仆,那么形势就充满了希望,人们就能够享受众神赐给城市的一切好处。”⑥“在法律服从于其他某种权威,而它自己一无所有的地方,我看,这个国家的崩溃已为时不远了。但如果法律是政府的主人并且政府是它的奴仆,那么形势就充满了希望,人们就能够

---

① [古希腊]柏拉图:《法律篇》,张智仁、何勤华译,上海人民出版社 2001 年版,第 113 页。

② [古希腊]柏拉图:《法律篇》,张智仁、何勤华译,上海人民出版社 2001 年版,第 118 页。

③ [古希腊]柏拉图:《法律篇》,张智仁、何勤华译,上海人民出版社 2001 年版,第 123 页。

④ [古希腊]柏拉图:《法律篇》,张智仁、何勤华译,上海人民出版社 2001 年版,第 123 页。

⑤ [古希腊]柏拉图:《法律篇》,张智仁、何勤华译,上海人民出版社 2001 年版,第 121 页。

⑥ [古希腊]柏拉图:《法律篇》,张智仁、何勤华译,上海人民出版社 2002 年版,第 123 页。

享受众神赐给城市的一切好处。”[①]最后，他甚至提出所有的公民都必须服从乃至服务于法律。他说，“一个人，如果他没有先做一个仆人，就永远不能成为一个值得受人尊敬的主人。一个人不应该以统治得好，而应该以服务得好而感到骄傲——并且首先是服务于法律（因为这是我们尊崇众神之路）”。[②] 他甚至警告世人说：“组织一个社会有两个阶段。首先，你设立机关职务并派人去担任这些职务：你确定应该有多少个职位，应该如何去使这些岗位上有合适的官员。接着，每个职务都必须有它的特有的法律，你必须确定，每个职务要有哪些法律，需要多少条款和哪种类型。……你有了一个组织得很好的国家，这个国家又有着制定得很完整的法典，那么任命不称职的官员负责施行法典乃是浪费了优良法典，整个事业沦为一出滑稽戏。而且不仅如此，这个国家将发现，它的法律正在大规模地损伤它本身”。[③]

亚里士多德通过对 150 个城邦国家进行比对研究后，认为共和政体是最为理想的政体。其之所以最为理想，就因为它实行的是法治，而不是一人之治，而法律是一种完全没有感情的中道的权衡。他说，“凡是不凭感情因素治事的统治者总比感情用事的人们较为优良。法律恰正是全没有感情的；人类的本性（灵魂）便谁都难免有感情”。[④] 他认为，“让一个人来统治，这就在政治中混入了兽性的因素”。[⑤]“法律是最优良的统治者”。[⑥] 亚里士多德在柏拉图的基础上继承和发展了法律与国家之间关系的法治学说，提出了明确的法治主张。他对于法治的最著名的定义，就是以国家（城邦）作为视域的。亚里士多德对法治作出了自己的解释，认为，“法治应当包含两重意义：已成立的法律获得普遍的服从，而大家所服从的法律又应该本身是制订得良好的法律”。[⑦]

---

① ［古希腊］柏拉图：《法律篇》，张智仁、何勤华译，上海人民出版社 2002 年版，第 123 页。

② ［古希腊］柏拉图：《法律篇》，张智仁、何勤华译，上海人民出版社 2001 年版，第 175 页。

③ ［古希腊］柏拉图：《法律篇》，张智仁、何勤华译，上海人民出版社 2002 年版，第 161 页。

④ ［古希腊］亚里士多德：《政治学》，吴寿彭译，商务印书馆 1965 年版，第 163 页。

⑤ ［古希腊］亚里士多德：《政治学》，吴寿彭译，商务印书馆 1965 年版，第 171 页。

⑥ ［古希腊］亚里士多德：《政治学》，吴寿彭译，商务印书馆 1965 年版，第 171 页

⑦ ［古希腊］亚里士多德：《政治学》，吴寿彭译，商务印书馆 1965 年版，第 199 页。

作为国家机构、官员与权力必须由法律来确定并借助法律来实现权力。“法律实际是、也应该是根据政体(宪法)来制订的,当然不能叫政体来适应法律。政体可以说是一个城邦的职能组织,由以确定最高统治机构和政权的安排,也由以订立城邦及其全体分子所企求的目的。法律不同于政体,它是规章,执政者凭它来掌握他们的权力,并借以监察和处理一切违法失律的人们。”①“法治应当优于一人之治。遵循这种法治的主张,这里还须辨明,即便有时国政仍须依仗某些人的智虑(人治),这总得限制这些人们只能在应用法律上运用其智虑,让这种高级权力成为法律监护官的权力。”②

古希腊的法治实践是以其法治思想作为先导和支持的。在古希腊,伴随对法治与国家关系的思考,法治国家的实践已经开始。“古希腊政治之基础本质是一种‘法规统治形式’(Herrschaftsformen von der Nomokratie),在字义上正与 Platon 所称的法律国相似之‘法律统治’(Herrschaft des Gesetzes)。此时即是非完全,但亦不离德文中之‘法治’国概念轮廓。”③梭伦改革开启了古希腊的法治国家建设的大门,发展到伯利克里斯时代,雅典民主制度发展到了相当高的程度,雅典政制成为雅典法治的基石,法治得到了相当大的发展,在后世,就有学者将雅典称为“法治国”,“阿道尔夫·门泽尔认为,伯利克里斯时期的雅典,个人自由所受到的限制少于大多数现代法治国。阿道尔夫·J. 默克尔指出,近代法治国的一个重要标志——一切国家机关,即使最高级的国家机关,也受到法律的约束——在雅典的宪法中虽然没有原则的规定,但它是通过实践中的法院保护予以保证的。此外,维拉莫维茨在其名著《论雅典国家的壮观》中同样谈到了雅典人的国家具有法治国的特点,文格尔在《欧洲古代的宪法和行政》一书中也有类似的话”。④

(二)古罗马

古罗马承袭了古希腊的法治精神,创造了自己的法治理论和法治实践,并尤其以自己的法治实践引人注目。“在论述古罗马时期有关对法治国理念内容与体系上之影响,不得不承认,与古希腊相比之下,毋

① [古希腊]亚里士多德:《政治学》,吴寿彭译,商务印书馆 1965 年版,第 178 页。
② [古希腊]亚里士多德:《政治学》,吴寿彭译,商务印书馆 1965 年版,第 167~168 页。
③ 陈慈阳:《人权保障与权力制衡》,陈慈阳 2001 年版,第 138 页。
④ 张中秋:《中西法律文化比较研究》,南京大学出版社 1991 年版,第 298 页。

宁古希腊在抽象理论上所带来的多于古罗马时期，但是在具体制度与内容上，古罗马时期基于其政治与法文化在帝国成形后，以灿然大备，所以对欧美法文化至今仍具不可抹灭的影响力。”①“罗马人的法治观，导源于希腊文明——不仅是制度（宪法）文明，而且是思想文明，包括柏拉图、亚里士多德及其斯多葛学说（自然法观念）构成了连接希腊法文化和罗马法文化的桥梁。尽管罗马人不善于思辨，却精于行动。除了西塞罗和罗马法学家以外，罗马人主要是通过实践方式来接受和阐扬希腊法文明的。因此，在西塞罗的著作中，在罗马法学家的理论中，在辉煌的罗马法以及在罗马人的日常观念、情感中，都反映了罗马人对法治的探究、思考和态度。或许，罗马人的制度、行动能够成为他们高耸的纪念碑。”②古罗马庞大的法律体系、广泛的法律实践中，都蕴含着深刻的法治精神。即使是古罗马进入了帝国时期，法治的影响也还十分强大，并与皇权的横行相抗衡。就连东罗马的查士丁尼大帝也认为，“皇帝的威严光荣不但靠兵器，而且须用法律来巩固，这样，无论在战时或平时，总是可以将国家治理得很好；皇帝不但能在战场上取得胜利，而且能采取法律手段排除违法分子的非法行径，皇帝既是虔诚的法纪伸张者，又是征服敌人的胜利者。”③

在古罗马，最具有与法治国相关理念的社会实践，是罗马共和国时期。“在那里，‘法律’被称为‘整个共和国民众的共同誓约’（communis rei publicae sponsio）。这种形式上的类似也很好地反映出城邦宪制所经历的对偶制进程；一方面，执法官拥有他的治权（一种原本的权力），行使着国家的最高指挥权，另一方面，民众把这种治权框定在一个具体的制度之中；在这两端之间表现出法律（lex）的协议特征。”④罗马共和国的“宪制成分和机构是在其独特的法律制度中发展起来的”。⑤“治权发展的历史进程使人突出地看到这样一个起点，即原本的权力概念，这种权力直接体现着君权，它并不是由民众所代表的宪制直接创造和

---

① 陈慈阳：《人权保障与权力制衡》，陈慈阳 2001 年版，第 138 页。

② 王人博、程燎原：《法治论》（第 2 版），山东人民出版社 1998 年版，第 14～15 页。

③ 张中秋：《中西法律文化比较研究》，南京大学出版社 1991 年版，第 300 页。

④ ［意］朱塞佩·格罗索：《罗马法史》，黄风译，中国政法大学出版社 1994 年版，第 190 页。

⑤ ［意］朱塞佩·格罗索：《罗马法史》，黄风译，中国政法大学出版社 1994 年版，第 199 页。

从正面完善的,而是由这种限制加以限定并具体化的。”[①]在罗马共和国之中,城邦是一个政治组织,也是一个法律组织。作为政治组织的元老院、民众会议,以及各种官职都为法律所规范,具有法定的职责。罗马共和国是以社会实践的方式,协调法治和国家之间的关系,在客观上使国家为法律所规范。正是由于法律等因素作用的共同发挥,古罗马才有了那么灿烂的政治文明。

古罗马的法学家们的著述也给我们留下了他们对法律与国家关系的精彩论述。在西塞罗看来,自然法是最崇高的,并先于国家而存在。他提议“让我们对法论证时从那条最高的法律开始,它适用于所有时代,产生于任何成文法之前,或者更确切地说,产生于任何国家形成之前”。[②] 对于国家体制来说,他认为,“如果元老院处于国事协商的主导地位,那么所有的人都应该维护元老院作出的任何决定,而如果其他阶层希望国家根据第一阶层的意见进行管理,那么那种有节制的、和谐的国家体制便可以通过法权的适当分配来维持,即权力属于人民,元老院享有权威……”[③]

(三)中世纪

中世纪欧洲,法学笼罩在神学的光环之中。但是自古罗马以来的法治影响并未因此而在历史中彻底消弭。许多人往往只看到其时人从属于神、人被神统治的一面,似乎由此也推导出法的地位也被神所否定。其实,他们对于神与人的关系的认识是正确的,而对神与法的关系认识则是错误的。在欧洲中世纪,封建神学并不是简单地用神来否定法,而更多的是借助于法来服务于神,客观上又借助于神张扬了法。在中世纪基督教笼罩的欧洲,法律被认为是神意的体现,而不是人民或者贵族意志的产物,具有超越世俗的地位、力量,她被视为与正义相一致的秩序和规范。这样的法与古希腊、古罗马的神法、自然法具有异曲同工之妙,他们都是超越于世俗的,世俗的任何规范或者任何人都不能与

① ［意］朱塞佩·格罗索:《罗马法史》,黄风译,中国政法大学出版社 1994 年版,第 200 页。

② ［古罗马］西塞罗:《论共和 论法律》,王焕生译,中国政法大学出版社 1997 年版,第 190 页。

③ ［古罗马］西塞罗:《论共和 论法律》,王焕生译,中国政法大学出版社 1997 年版,第 270 页。

之相抵触。由于习惯法在当时具有重要地位和重大影响，人民对于习惯法又具有历史和心理的认同，于是，这些习惯法就具有了崇高的地位，被视为神意、正义的体现。世俗的国家权力必须服从这些从神意而来的法律，包括宗教法、自然法和习惯法。"依此而得的是，统治者（国家）不得恣意的（willkürlich）制定或变更法绝不得与'好'的法，亦即来自神意之习惯、习惯法或自然法——相抵触。……在此前提的确定下，统治者亦是存在在'法'之下，亦即其权力之行使非是不受限制的，而是取决于其行使是否符合法的内容，且为实现法与确保法存在的行使。"①甚至有人称国家在中世纪的欧洲仅是保护法的机构。②

中世纪的奥古斯丁，是著名的哲学家、神学家，被称为基督教最大的教父。他认为法律产生于上帝，是正义的体现，法律的目的在于维护和平与秩序。国家只有作为维护人间和平的工具才是正当的。③ 在奥古斯丁的逻辑中，法是上帝的意志，是正义的体现，人们包括国家及其统治者都必须服从上帝，也必须服从法律。在最著名的神学家托马斯·阿奎那那里，法被分为了永恒法、自然法、人法和神法四种。法被作为上帝、神的理性的产物和表现。其中除了认为法从属于神之外，也有对于法的肯定——人类的最高主宰上帝和神的意志的体现，君主也必须服从法律。他说，"按照上帝的判断，一个君主不能不受法律的指导力量的约束，应当自愿地、毫不勉强地满足法律的要求"。④ 如同奥古斯丁一样，阿奎那对于上帝的强调并未导致对于法律的否定，甚至将法律作为上帝的意志加以了特别的强调，这就成为其后资产阶级建设法治与处理国家与法律关系的思想资源。资产阶级只需要赶走上帝，让上帝将神法带到教会与教堂中去，世俗的法律依然矗立于世俗的权力之上。于是人和民主也就有了生存的空间，法治就可能得以建立，法治国家就可以在没有神意笼罩的背景中成为现实。我国台湾地区的学者认为，欧洲的中世纪对于现代欧洲的形成具有重要的意义。在神意支配之下，使国家权力的行使和个人行为都必须在神于世俗所创造的秩序下受到拘束。不仅国家是实现基于神意所形成的法的工具，个人也

---

① 陈慈阳：《人权保障与权力制衡》，陈慈阳 2001 年版，第 150 页。
② 陈慈阳：《人权保障与权力制衡》，陈慈阳 2001 年版，第 150 页。
③ 李龙主编：《西方法学名著提要》，江西人民出版社 2002 年版，第 69 页。
④ ［意］阿奎那：《阿奎那政治著作选》，马清槐译，商务印书馆 1963 年版，第123 页。

是。神意所形成的法与秩序似乎在思考的脉络上仍然受着古希腊以来自然法中所强调的正义与公平法则的支配,使思考模式趋向于有利于人民权利的保障而对国家权力行使的限制。“此时如不考虑基督教为神所支配的神意为一虚构之形式——此当然从世俗观点出发,则其与现代法治国理念所欲达成国民主权确保所必要的国家权力限制措施与制度以及人权保障具有其同一性。”①

(四)资本主义时代

当代资本主义世界中,许多国家都在宪法明文规定自己是法治国家。如《德意志联邦共和国基本法》第1条规定,“人之尊严不可侵犯,尊重及保护此项尊严为所有国家机关之义务。”“德意志人民承认不可侵犯与不可让与之人权,为一切人类社会以及世界和平与正义之基础。”第16条规定,“德国人民不得引渡于外国,在符合法治国原则的情况下,得以法律就引渡至欧盟会员国或国际法庭为其他规定。”第23条规定,“德意志共和国为实现欧洲之联合,参与欧洲联盟之发展,而欧洲联盟系以民主、法治国、社会与联邦原则以及补充性原则为其义务,且提供与本基本法相当之基本权利保障。”第28条规定,“各邦之宪法秩序应符合本基本法所定之共和、民主及社会法治国原则。”法治国的精神渗透在整个宪法之中。《俄罗斯联邦宪法》第1条规定:“俄罗斯联邦——俄罗斯是具有共和制政体的民主的联邦的法治国家。”《土耳其共和国宪法》第2条规定:土耳其共和国是一个民主的、非宗教的、社会的法治国家。《摩纳哥公国宪法》第2条第2款规定:“公国是一个法治国家,尊重自由和基本权利。”2002年3月22日,东帝汶制宪议会通过并颁布《东帝汶民主共和国宪法》,规定东帝汶民主共和国是享有主权、独立、统一的民主法治国家。其他如《葡萄牙共和国宪法》则以序言宣布:“制宪会议庄严宣布:葡萄牙人民决心保卫国家独立,捍卫公民基本权利,确立民主制度的基本原则,确保法治在民主国家中的最高地位。”

二、法治国家的德国模式

当代法治国家理论是世界近代的产物。在近代以来,资产阶级的学者、政治家乃至资产阶级国家对于法治进行了新的探索。德国、英

---

① 陈慈阳:《人权保障与权力制衡》,陈慈阳2001年版,第152~153页。

国、法国、美国都有一套自己的法治国家理论和法治国家建设的实践。其中尤其以德国对法治国家的探索最具有典型意义。德国的法治国理论与建设实践是人类理论思考和社会实践的构成部分，它的成功、失误、挫折甚至灾难都是人类世界共同的经验、教训，都是极为宝贵的财富。我们要吸取经验、牢记教训，并珍视这些历史财富，推动各国自己乃至整个人类世界的法治国家建设。

（一）时代前提与学术准备

德国的法治国家理论在法治国家理论中具有典型的意义。我国台湾地区的法学家在研究德国法治国家概念时论述道，"'依法而治的国家'（a rule of law nation），被称为'法治国'，却是不折不扣的德文用语（Rechtsstaat）"。[①] 德国的法治国家理论产生于 19 世纪。"德国在 19 世纪是一个人文科学高度发展的时代，法学亦不例外。对国家的研究，如以法律的角度来观察，即产生所谓的'国家学'（Staatslehre）或'一般国家学'（Allgemeine Staatslehre）。这种将国家的'属性'侧重在与人民的关系或法律关系上讨论，便产生法治国家理论。横亘 19 世纪德国法学界讨论法治国家蔚为风潮，其中好几篇脍炙人口的著作，不仅讨论法治国的概念，同时也把法治国当成书名。按法治国家的德文用语为 Rechtsstaat，便是将国家（Staat）和法（Recht）结合在一起，以和所谓的强权国家（Machtsstaat）相对应。此用语使人一望可知，系彰显国家应'依法而治'的意义。"[②]祖国大陆学者也认为，"'法治国'的思想与实践对西方之外的世界产生过广泛而深刻的影响，在许多地方甚至超过了起源于英美的'法治'的影响。"[③]德国的法治国概念、理论是在什么样的时代前提和学术基础上产生发展的呢？

1. 德国法治国理论的时代前提

资本主义的经济发展是德国法治国理论提出的经济基础。在 18 世纪初期，德国是一个落后的农业国，到 1740 年，普鲁士成立了工业、商业和交通部。到 18 世纪后期，德国就有了一千家大型工厂，完全为国家所有的就有 60 家。"德国工业革命起点低、起步晚，发展却极其迅

---

① 陈新民：《法治国家论》，学林文化事业集团有限公司 2001 年版，第41 页。

② 陈新民：《法治国家论》，学林文化事业集团有限公司 2001 年版，第83 ~84 页。

③ 陈新民：《法治国家论》，学林文化事业集团有限公司 2001 年版，第 142 页。

速,成果引人注目。在这场工业革命的基础上,德国人创造了落后国家实现现代经济增长的第一个模式,建立了一个带有鲜明日耳曼文化特点的工业资本主义经济体系。”①18 世纪正是德国资本主义工业革命的时期,也是资本主义经济快速发展的时期。资本主义经济基础的发展,生产方式的形成,为代表资产阶级利益的法治国概念的提出和理论的产生奠定了基础。可以说法治国概念与理论的形成是为约束王权与政府、行政权力,从而扩大资本主义经济发展空间的努力。

市民社会的发展及其与政治国家的冲突是德国法治国理论产生的社会前提。18 世纪,欧洲资本主义的因素不断增长,市民社会与政治国家之间的紧张关系日益突出。“政府还通过自己的权威,全方位干预经济活动,主要集中在这样三个领域:首先,政府作为立法者——制定和颁布专利法、贸易法和关税法;其次,政府作为管理者——制定财政政策、一般经济政策,特别是工业促进政策,建立基础设施;最后,政府作为企业家——拥有土地所有权(包括森林)、矿山和工业、银行、保险以及形成资本的机构。”②如何确保市民社会不受国家的干预或者少受国家的干预,使市民社会确实拥有自己自治的空间,成为重大的社会问题。要确保市民社会的自治,就必须控制国家、控制政府,控制国家和政府的手段当然只能是法律。法律作为保护市民社会与制约公共权力的工具意义得到了凸显,形式法治国的理念也就呼之欲出。

法国资产阶级革命的影响是外在条件。法国的资产阶级大革命发生在 1789 年。法国资产阶级大革命所伴随的是资产阶级的民主、人权、法治思想。这场革命加速了相应思想的传播,强化了其影响力。与法国邻近的德国不能不受法国革命的影响。法国的资产阶级法治学说也同样会影响德国的思想界和法学界。③ 1848 年法兰克福圣保罗教堂宪草所显现出来的宪法国理念正是受法国大革命影响所产生的法治国理念之一。

君主专制激发了作为其对抗理论的法治国概念的提出。在德国伴随整个欧洲神权的衰落,神法的没落,君主专制出现了。君主专制导致

---

① 马克垚主编:《世界文明史》(中),北京大学出版社 2004 年版,第 230 页。

② 马克垚主编:《世界文明史》(中),北京大学出版社 2004 年版,第 231 页。

③ 陈慈阳:《人权保障与权力制衡》,陈慈阳 2001 年版,第 164 页。

了王权高度集中,国家权力为封建君主所操控。这也导致了人民权利的受到伤害,封建贵族和人民大众的利益都被王权所忽略。这时,反对封建专制的呼声不断高涨。君主又被迫进行着对封建贵族与社会大众的妥协,于是倡导以法约束国家权力、以法律约束政府权力就成为了时代的要求,君主也被迫地与贵族乃至人民既斗争又妥协。法治国家的概念就是在这样的背景中被提出并初步发展的。

2. 德国法治国理论的学术准备

法治国的概念虽然自德国 18 世纪提出,但是西方早就有对法与国家、法律与国家、法治与国家关系的探讨。从古希腊、古罗马,经中世纪绵延以来,到了 18 世纪,德国又产生了对于相关问题极其关注的思想家,他们是康德和洪堡等。

德国的法治国家理论源自著名思想家康德的名言,“国家是许多人以法律为根据的联合”。[①] 康德的国家观和法律观主要体现在他 1793 年的《政治权利原则》、1795 年的《永久和平》和 1796—1797 年的《法律哲学》之中。他认为,人原本生活在自然状态之中,在自然状态中的个人,难免会出于恣意而侵犯他人的自由,自然状态就难免成为战争状态,缺乏安全。基于理性,每个人都必须从自然状态中解脱出来,于是就依靠一个由人群组成的团体,以其实力来界定个人的义务与行为界限。这个团体就是国家。国家就是许多人依据法律生活而组织起来的联合体。法律的作用就是调整人们的行为,使彼此之间互不侵犯而人人自由。法律既限制了自然状态下的那种自由,又使人们有了不受他人侵犯的自由。康德由此给自由下的定义就是:一个人的自由行为不得妨碍他人的自由行为。国家这种文明社会组织是唯一的法治社会。在国家中,人们过着一种用法律来规定秩序的生活。市民社会中不可缺乏的法的特征是自由、平等和市民的独立性,国家通过制定法律来规范个人的自由。这种法律就是规定个人何者可为,何者不可为的法规,它是全体国民意志的体现。国家拥有统治权、统治人的执行权和法官的司法权。国家是法律之下的人民集合的整体,它必须靠法律来统治。法律与自由是康德国家思想的核心,人们之间的平等是在法律之下与他人受同等对待。市民具有独立性的特征,它是国民自我的权利与力

① 或者将这一名言译为:“一个国家为一群人在法律下的结合体。”

量。国民是一自治和经由自由、平等和独立性的特征所表现出来的主体,国家所显示的法状态或所制定的宪法的任务在于由法或法律来确保社会成员的自由、平等与独立性。他倡导权力分立原则。

洪堡(Wilhelm von Humboldt)是德国自由主义的重要代表之一。他认为人类真实的目的和永恒的颠扑不破的理性,是以最大限度和最妥当的方式,全力发展自我。人类就是依赖这种动力,才造成了文化的多样性,找到了进步的源头。自由或者是最大自由成为不可或缺的因素。国家的任务要么是积极地给国民提供任何形式的福祉,要么就是消极地以消除罪恶为目的。他呼吁人民不可信赖国家权力这种以为"全民谋福利"为任务所给予的授权。因为,一个为国民谋福利的行为或者以其为出发点,往往会转换成造福少数人的福利,也成为赤裸裸的权力滥用。国家任务应力求单纯,只要维护法律秩序即可。任何对于人民的福利措施,都只有在最不得已的时候,也就是人民依靠"自行性"和"自助性"都无法自力达成的时候,国家方得伸出援手。他认为国家不应干预人民的自由,宪法应为自由建立制度保障的机制。国家的目的仅仅在于排除内在纷争与外在敌人,以确保国家与人民之安定。国家就是要排除和禁止对自由的干扰,这也是制定刑法、民法和警察法的作用。

康德和洪堡等思想家的思想为德国法治国概念的提出和相关的理论发展,奠定了学术的思想基础,成为法治国概念及理论的思想准备。对德国法治国概念和理论进行研究,不可忽略这些前提性思想和理论的先导与铺垫作用。

(二)概念提出与理论形成

1. 德国法治国概念的提出

法治国概念最先是由德国提出并使用的。在德国,最早使用"法治国"(Rechtsstaat)一词的是哲学家普拉西度斯(J. W. placidus)。他在1798年出版的《国家学文献》这一著作之中,最先使用了这一名词。普拉西度斯自称这一著作为具有批判性质的"法治国家学"。他在使用"法治国"的用语时,是合并法与国家两个单词而成,即"Rechts-staat",在两个单词中间有一个连接号,而现代"法治国"在德语中为"Rechtsstaat"。他在使用这一名词时没有强调它所应当具有的含义,也没有主张和预料这一名词在日后所具有的重要性。许多著作认为第二个提出“法治国”名词的是米勒(Adam Müller),他在1809年出版的《国政艺术之要素》一书中将国家司法部长当成是“法治国的代表”(Repräsentantten des Rechtsstaates)使用了“法治国”的名词。但是由于他使用的“Rechtsstaates”中的“staat”不能被解释为国家而更有法律事务的含义,于是人们又认为他的“法治国”名词不是严格意义的法治国含义。第三个使用法治国名词的是魏克(Carl Theodor Welcker,1790—1869),他在1812年出版了《法、国家及刑罚的最后理由》一书,其中第二篇的篇名就是“客观理性法及法治国的理由”。在这一著作中,他把国家的发展分为三个阶段即专制国家也即意念之国、神权国家也即信念之国、法治国家也即理性之国。在他看来法治国家是以理性作为基础的,是人类国家发展的高级阶段。魏克的法治国概念包括三层含义:一是法治国最高的法律应在外观上是一个规范全民的客观的“法形式”,内在的却是一个自由的法。法律的基本精神是保障人民的自由。二是国家的终极目的在于,透过并在客观“法形式”中尽可能达成美德及和谐的目的,促成全民最大的福祉。三是透过客观法,使法治国的原则契合良知的声音及全民对于尊重自己及他人道德尊严的义务感。法治国不可或缺的是全民透过公意而非个人判断所产生的“确信法律”,这些法律应该公告周知,使人民知道自己产生哪些意志,从而应当承担起哪些义务。魏克将法治国提升到一个确定性的概念,并对其含义进行了阐释,不仅论及了依法律而治,而且对国家任务的重视及价值判断已经接近于实质意义的法治和实质意义的法治国的内涵。① 德国的法治国概念由普拉西度斯最先提出,经魏克的论述而得以成立。

2. 德国法治国理论的初步形成

法治国的概念提出后,莫尔(Robert von Mohl,1799—1875),在1831—1834年,首次将法治国纳入书名中,写作出版了《法治国原则的警察学》一书。由于这一著作被莫尔生前修订再版过三次,成为德国警察法学的经典著作,加之莫耳曾经在1848年担任德国司法部长,他的学术和职位都使法治国这一概念得以广泛传播。莫耳是使法治国概念得到广泛认可的极为重要的法学家。莫尔将国家分为神权国家、专制国家、世袭君主制国家、族长(酋长)制国家以及法治国家,法治国是所

① 陈新民:《法治国家论》,学林文化事业集团有限公司2001年版,第12~14页。

有国家种类中最高的种类。他认为,每个人都依照自己的意志行为,就可能侵犯他人和自己一样的权利,若不加以限制,一个共存的社会就不能存在。因此,就要对人民的权利和国家权力加以限制。对于人民权利和国家权力行使的限制都应当随时在法律上明确,必须具有法律的形式。

史塔尔(Friedrich Julius Stahl,1802—1861)是与莫尔同期的学者。1830—1837 年,他出版了著名的《法律哲学》一书。该著作将国家分成两种属性,一是外在的"法之国",即是"法治国";二是内在的"道德(风俗)之国",即"道德的团体"。他认为国家必须是法治国,这是真理。国家应该将其活动的轨迹及界限,以及人民的自由范围,以法律详加规定及予以慎细地保障,并且应考虑国家的目的乃将道德理念直接地,即不打折扣地实践,但必须在涉及人民的法律关系且在绝对必要时方得限制之。所以法治国概念不在于国家仅是拥有一个法律规范而欠缺行政目的,或是单纯地保障人民的权利,也完全不再意味着只是实践"国家的目标及内容",而仅是达成此目标及内容的方式及特征。他的法治国理论特别注意如何实践国家任务的方式及种类的问题。国家存在的目的不在于保障个人,而是保障整个国家共同客观存在的基础,是以整体的眼光来考虑。有学者认为:"史塔尔对法治国采行'形式意义'的认定,且必须透过实证法律来界定国家权力运作之轨迹及范围,已经相当符合现代法治国家,特别是英美国家所谓的'依法而治'(the Rule of Law)。"①

贝尔(Otto Bǔhr,1817—1895)是一位终生以法官为职业的法律实务工作者。他在 1864 出版了《法治国——一个构想的发表》一书。这是德国第一部单纯以"法治国"作为书名和主要内容的著作。他对史塔尔的法治国理论是完全肯定的,他称自己这一著作的写作目的仅在于填补一般人对史塔尔法治国理念的不明了,以及不知如何达成此目的的缺憾。他的著作的重点在如何达成一个法治国的方法上。贝尔法治国理论具有四个特点:第一,法律高于国家的行政权和司法权。他认为法是规范国家生活的主要依据。法由法律和司法判决构成,法律是抽象原则,经过立法者冷静衡量且多方判断后所定下的规定,故是国家最

① 陈新民:《法治国家论》,学林文化事业集团有限公司 2001 年版,第 19 页。

神圣的产物,也是构成法的主要来源。国家的行政权即政府权及司法权都必须臣服于法律之下,行政权应该像一般的人民一样服从法律。第二,国家必须分权。他认为法治国是建立在行政权与司法权相分立的基础之上的。司法权要与行政权相分立,由另一个国家机构主管,就是要树立一个原则,即行政权必须臣服于司法判决之下,行政权不能与司法权分庭抗礼,这是法治国家得以建立的重要前提。第三,确立公法的地位与任务。他认为公法的目的在于国家统治者与被统治者的关系,其界限应该在有利于被统治者的考虑下,明确地规定出来。行政权可以限制人民自由权利,但是必须依照"目的性考虑"来限制。行政权对人民自由权利的限制,必须由法律及法加以明确地限制。一旦行政权逾越法定的界限,人民即可诉请人民法院予以保障。第四,建立公法诉讼制度。贝尔认为,由于司法权必须膺服司法权,即司法权优位于行政权,以及行政权必须依法行使,所以就必须设定司法判决可以拘束行政权的公法诉讼制度。考虑到私法法院的法官对于公法问题的不甚了解,他建议成立公法法院来审理有关公法的诉讼案件。尽管他没有提出设立独立行政法院或者行政法庭的具体建议,但是他的主张无疑是行政诉讼制度的先驱。

格耐斯特(Rudolf von Gneist,1816—1895)继续了贝尔对于法治国的倡导,在1857年出版了《当今英国宪法及行政法》后,1872年又出版了《德国的法治国及行政法院》。他积极主张并推动德国成立独立于普通法院系统之外的三级审行政法院体系。他认为德国没有遭受法国大革命那种"浩劫",德国这种命运应该归功于德国理想主义传播的成功,以及德国自普芬道夫以及康德以来所提倡之国家的法治观,使国家权力受制于法律已成为通说所致。① 在他看来,国家对人民具有"法律任务",为了完成这一任务,国家亟须能有将社会置于法律及法控制之下的,及使之习惯这一控制的立宪政体下的政府。要使不论是哪个政党执政都必须在政府内解决政策歧见一样,来接受法律及法的控制。国家及国家权力必须透过明确的法规规范人民的财产、营业及职业权利,提供给人民法律的保障,援助弱势族群。为了使人民外在权利界限具有强制力,国民享有自由的第一前提便是服从法律及公权力。

---

① 陈新民:《法治国家论》,学林文化事业集团有限公司2001年版,第25页。

继格耐斯特出版《德国的法治国及行政法院》之后,毛鲁斯(Heinrich Maurus)在1878年出版了《评现代宪政国为法治国》的著作。他的基本观点包括:其一,一个国家的立法与行政必须依"法"规范,一切为了国家而对人民自由所加的限制,都构成了"法"。国家维持秩序及安全,必须全部依据立法程序产生的法律来实行。法治国就是"法之国",法治国注重的是达成国家任务的方法及特征。其二,规范行政及立法的法律必须是全民或国民的意志。立法应决定于人民。法律的规定必须明确而周详,要使人民知悉其权利的界限,避免可能造成恣意的解释。其三,行政权必须屈服于立法权。一旦行政权摆脱了立法权的控制成为独立的政府,政府就会与国民利益相冲突、无限滥权和高度地控制人民。行政权不能掌握任何形式的立法权,如果行政权能够自行决定其权威的范围和限度,国家就会成为专制的国家。其四,法治国的建立关乎国体和政体。法治国除了不能在专制国家建立之外,在君主国和共和国都可以得以建立,反对只有共和国才能建立法治国的主张。其五,确立国家侵权责任制度,防止国家滥用权力。国家公务人员都应当有法定的权限,一旦超越权限,侵犯人民权利,就必须承担侵权责任。法治国都要用立法规定由法院来保障人民不受这种来自公权力的侵害。要防止这种侵权行为,就应该创立行政行为公开化的政府制度。

奥托·麦耶(Otto Mayer,1846—1924),他是德国行政法学的著名学者,在1886年出版了《德国行政法原理》一书。这一著作虽然没有提及法治国的概念,但是他的法治国理念已经体现在其中。他认为行政法应当对于行使管理权的国家与居于其下的人民之关系,给予一个规则,国家对人民行使的管理必须受到行政法的规范。作为行政只能执行法律,而不能表达任何违反法律的国家意志。他区分了政府权和行政权,如批准公布法律、统帅军队、任免官员、政策制定、政党合作等都属于政府行为而不是行政行为。政府权不受法律的制约,而要受到"合宪权限"规范。如果逾越就是宪法问题,制裁的途径是弹劾、倒阁、解散国会、诉诸选民等。行政则必须获得法律的授权才能干涉人民的自由及剥夺其财产。行政法就是这种授权的法律,就是用以维持国家和社会现存的规范,行政权就要受行政诉讼的约束。司法权的中心点和首要目的是确保人民权利,于是司法权就应脱离行政权并保持独立,以致任何国家权力都不能干预司法权的运作。但是司法权也是执行法律的权力,必须受法律的严格拘束,包括对适用法律的选择和在具体案件中将法律规定加以实践。在1895年出版的《德国行政法》第一册,专门讨论了法治国问题。他认为,法治国首先应该强调“法律统治”。由国会通过的法律,行政和司法都必须完全服从。权力分立制度是法治国的前提条件,拘束行政权力是法治国的第一要求。行政应该用法的方式来确立,也尽可能用法规的方式来拘束。宪法要将这一任务交付给立法机构,立法机构也应该尽可能地用法规等来拘束行政权力。他认为法治国理念具有国际共通性,它并不是德国所独有的,其他的国家也有法治国的权力分立、法律优位、为人民权利而限制行政权力等理念,并且都实践过。在他的眼中,法治国是实践中的国家形式,不存在要不要实践法治国的问题,所面对的只是如何实践法治国的问题。一个国家如果没有为行政创造法律和没有行政处分的制度,便不是法治国。他认为,国家所有的公权力都必须受到法律的拘束,法治国的实践就在于对行政权的法律控制。

德国的形式法治国的理念到了麦耶就已达到成熟阶段。正如当代有的法学家所总结的,“德国在19世纪发展的法治国理念,到了奥托·麦耶时期已达到成熟期。这些法治国理念虽然在理论基础上多半膺个人主义、自由主义及启蒙思想中的权力分立及国民主权理论,但其更重视的却为实证法律所发挥规范国家生活的秩序。由立法者通过的成文法规容易极清楚地确定及建构一个秩序,可避免空泛地援引类似民主、人权等其他源自自然法之标准所招致的不明确性,故本法治国理念逐渐地偏重在其‘形式’方面。易言之,法治国理念强调把法律当作治理国家及课与人民服从义务的‘工具’,至于法律本身的‘品质’是否符合宪法所追求之保障正义及人权,就失去其重要性”。①

(三)法治国的畸变与重生

1. 德国法治国理念的演变与法西斯扭曲

19世纪,德国法治国理念形成之后,在20世纪,德国进入了魏玛共和国时期。这一时期的法学家们继续着对于法治国理论的探讨。其著名的代表有凯尔森、史密特和但斯达特等人。

凯尔森(Hans Kelsen)出生于布拉格,原籍奥地利,在1911年受聘

---

① 陈新民:《法治国家论》,学林文化事业集团有限公司2001年版,第99页。

担任维也纳大学教授,1920—1930 年出任奥地利最高宪法法院法官,1940 年流亡美国,后来加入美国国籍。1925 年,他在德国柏林出版了《国家学总论》,首先正式提出实质意义法治国与形式意义法治国的差异。在凯尔森看来,任何国家都有法律秩序,不是国家是法律秩序的前提,恰恰相反法律秩序是国家的前提。法治国也就是将法的概念与国家的概念相结合。任何国家其实都应当是法治国家。凯尔森对法治国作了这样的两类划分,他明显地抛弃了实质意义的法治国,所重视的当然是形式意义的法治国。

史密特(Carl Schmitt)在 1928 年出版了《宪法学》,对法治国的概念作出了自己的阐释。他把当时德国的法治国称作"国民法治国"。他认为法治国不能仅仅强调国家有客观的法律秩序和保障的法律权利,法治国与强权国家和警察国家的区别就在于对为涉及国民权益的法律秩序提供保障,维护人民权利。在法治国家应当坚持法律保留原则,国家要侵犯个人自由和权利,必须具有法律的依据,所有的国家行为都应无一遗漏地规范到其权限之中。法官是独立的,国家行为和争议都可以有类似司法的途径加以解决,包括对于政治案件也可以进行司法的审查。法治国的法律必须符合法治国家的原则和保障国民的自由。法治国的"法律之治"必须讲求法律的"品质",这个品质重在保障人民和防止人治,并包含着正义、公平及诚信原则等。史密特注意到了实质法治国的要求,但是他所执着的还是实证法律的重要性,因此,后来有的法学家就认为他对于实质法治国是既已"登堂"但尚未"入室"。

但斯达特(Friedrich Darmstaedter),在 1930 年出版了《法治国家现实之界限》。提出了对于法治国概念转型的疑虑。当时的德国由于受到法西斯主义的影响,已经开始以"公共利益"和国家应追求"实质正义"为借口,进而将传统的法治国理念,如权力分立、议会政治、保障人权等宣布为"不正义"。他注意到了这一社会发展的动向,认为德国的法治国观念已经遇到了危机,将形式意义的法治国向实质意义的法治国转变,滥用公共利益的概念。于是他提出,实质意义的法治国是法治国的敌人,强权国家可以利用它来胡作非为,因此还是以坚持形式意义的法治国为宜。但斯达特对于实质意义的法治国的反对,是有其特定的背景和考虑的,但是也代表了当时德国一些法学家对于实质意义法治国的排拒立场。

1933 年德国纳粹政权粉墨登场，传统的形式法治国的理念遭到了否定，相关的法律制度也被废止。支持纳粹政权的法学家则宣扬传统的法治国概念已经式微，取而代之的应是所谓“符合时代”的新国家观——领袖国家。1935 年，史密特发表了《法治国概念争论的意义为何?》，认为:形式法治国时代已经终结，接着应是国家社会主义法治国；只有国家社会主义法治国才是追求实质正义的“正义之国”。从这里，我们可以看到，实质法治国的概念已经产生，但是它是被希特勒法西斯利用甚至直接就是为法西斯服务的“实质法治国”理论，无如称之为“法西斯法治国”理论。纳粹公法的大帅胡柏(E. R. Huber)，在 1937 年出版了《大德意志帝国宪法》，批评传统的法治国理念，认为限制国家权力、行政权必须受法律制约等观点已经落后，要使法律学说符合集权于希特勒的需要。随着法西斯的肆虐，形式法治国理论及其法律制度已荡然无存，实质法治国的理论不过是被恶意利用而已。本来应该是比形式法治国更加美好的实质法治国，在这里遭到了严重的玷污。

2. 第二次世界大战后德国的现代法治国理念与实践

1945 年纳粹垮台了，纳粹的垮台与第二次世界大战的结束，为世界尤其也为德国的法治国理论及其实践的再发展迎来了新的历史契机。“‘法治国’理念(Rechtsstaatlichkeit)是一具德国传统特色的公法学专门术语，在第二次世界大战后之德国所受到重视的程度远远超过以往在德国宪法史上所出现的地位。”[①] 1946 年拉德布鲁赫(Gustav Radbruch)就在《南德法学报》上发表了《法律上的不法与超法律的法》一文。这一文章对纳粹时期对实证主义的滥用提出了严厉的批评，认为“法律就是法律”的主张使法官们不能秉持良知来对抗恶法。他提出法治国家的司法权应该具有合法性、追求正义性和法律安定性。法西斯实质上是毁坏了德国的法治国，使德国成为了“非法治国”，要以“追求正义”作为标准来重建德国法治国。拉德布鲁赫的学说，一是强调了正义是法治国的目标，二是将法治国概念与民主联系了起来。他曾经写诗来表达对于民主与法治国关系的认识:“民主诚然是一个极为可贵的东西，但法治国家正如同每日的食粮，也像饮用之水与呼吸之空气

① 陈慈阳:《人权保障与权力制衡》，陈慈阳 2001 年版，第 133 页。

般;最好的民主乃在于其有能力妥善地维护一个法治国。”[①]

德国在1949年制定了作为宪法的基本法。这一基本法规定,所有国家权力必须尊重及维护人类尊严。基本人权条款可视同现行法来拘束所有国家权力。各邦的宪法秩序必须符合联邦基本法所定之共和、民主及社会法治国原则,这些基本原则的确立为德国法治国概念的重新确立提供了宪法根据。这一基本法还赋予联邦宪法法院执掌国家司宪审查权的权力,从司法组织上保证了法治国家的建设。根据这一基本制定或者修订的整个法律体系,使德国新的法治国家得到了全面确立。法治国“不仅在德国基本法中出现,甚至还出现于各邦邦宪法当中”。[②] 经过努力,他们既完成了从形式法治国向实质法治国的制度性转换,同时也摒弃了法西斯畸形的实质法治国概念与内涵,使德国的资产阶级法治国理论与实践在经历了血与火的考炼后,实现了凤凰涅槃般的重生。

1960年萧勒(U. Scheuer)发表了《德国法治国的新发展》一文。他认为德国追求和实施形式法治国已经一百余年,但是法治国只剩下了一个“合法性的空壳”。新的法治国必须具有特定的、实质的基本价值与基本要素。这些基本价值一是必须保障个人自由,二是必须将国家权力用法律来规定。法治国家的法律不能仅仅是实证主义意义上的,它必须具有正义与平等的精神,必须符合民主的立法程序。法治国家的目的在于保障人民的人权及国家权力的约束。实质意义的法治国还应当承认欧洲文化中的传统价值观念如承认人性尊严、法律保留、权力分立、审判独立等,都应该被纳入实质法治国的理念之中。实质法治国容纳且不排斥形式的法治国;形式法治国有助于建立实质法治国。由此可见,以萧勒为代表的德国新的实质法治国理念,既不同于法西斯的实质法治国理念,也不同于法西斯否定形式法治国的理念。萧勒教授进而提出了实质法治国必须一系列的具体原则与制度加以配合。这些制度包括授权的明确性原则,行政裁量必须受司法审查的原则,禁止溯及既往原则、诚信原则、信赖保护原则、比例原则等,法律平等原则,广泛的权利救济途径,行政程序法制化,诉讼程序注重对人民权益的保

---

① 转引自陈新民:《法治国家论》,学林文化事业集团有限公司2001年版,第108页。

② 陈慈阳:《人权保障与权力制衡》,陈慈阳2001年版,第133页。

障，体现法治国原则的刑法制度，公务员责任及政治责任制度，公平的征收制度，违宪审查制度和宪法诉愿制度等。① 萧勒对于法治国的具体制度设计，就是为了保证新的实质法治国得以建立而拟订的。从此也可以看出，第二次世界大战之后的法治国家的含义已经完全不同于历史上的形式法治国和法西斯的实质法治国了。可以认为它是汲取了形式法治国的精华以及法西斯实质法治国腐烂的养分而成长开放的资本主义法治之花。

到了当代，德国的法学家们对实证主义法学有着更清醒的认识。魏德士（Bernd Rüthers）2002 年在德国出版的《法理学》中分析实证主义法学时就认为，其第一个缺点和危机在于“实证主义否认存在前法律或超法律的基本价值”。第二个是“立法者的国家拥有无限的权力的这一命题与历史上不断增长的超民族的法律意识产生了矛盾”。第三个是“实证主义方程式（根据这种方程式，立法权力也就是对一切法律内容的支配权）没有在法律上对极权主义的嬗变作出限制。如果不公正也被规定为‘合法’，法律实证主义就不能将法治国家与恶法制度区分开来”。第四个是“实证主义（特别是凯尔森的纯粹法学说）试图将法的中心要素（价值实现）从法律概念中排除出去。因此，实证主义失去了核心内容，并因此而成为形式上的（在国家制定的形式内的）肆意”。②

德国的法治国家理念在第二次世界大战之后得到了全面更新，实质意义的法治国家得到了普遍认同。虽然在此前已有人提出过实质意义的法治国，甚至还有人恶意利用实质法治国理论，但是实质法治国理论及其实践的真正发展形成还是在第二次世界大战之后。正如有的学者所总结，“实质意义的法治国家理念系德国在第二次世界大战之后，在经历纳粹政权所带来的浩劫之余，面对德国自 19 世纪以来，强调‘法律统治’（Herrschaft des Gesetze），及 20 世纪初期威玛时代所盛行的法律实证主义（Rechtspositivismus）所形成的形式意义的法治国家理念，而进行‘反省’后的产物”。③

---

① 陈新民：《法治国家论》，学林文化事业集团有限公司 2001 年版，第 111 页。
② ［德］伯恩・魏德士：《法理学》，丁小春、吴越译，法律出版社 2003 年版，第 224 页。
③ 吴志光：《比较违宪审查制度》，神州图书出版有限公司 2003 年版，第 102 页。

三、其他国家的法治国发展

西方资本主义国家为了适应资本主义发展的需要,伴随资本主义的发展先后建立和发展了自己的法治。它们对于自己的法治有着不同的命名,也有着不同侧重,但是都共同选择了法治化的目标。从不同的起点,沿着不同的路径实现着自己的法治化。

(一)英国的法治发展

在现代严格意义上的英国法治应该说是英国资产阶级革命及其胜利的产物。但是,论及英国法治的思想源头当然可以追溯到最古老的古希腊与古罗马。就英国法治的制度源头来说恐怕应该追溯到《自由大宪章》的制定、诺曼征服乃至日耳曼习惯法,但是单就法治的制度实践来说,还以资本主义制度的确立较为适宜。资产阶级的著名的法学家为英国资本主义法治奠定了深厚的思想和理论基础。

1. 英国的法治思想

资本主义法治是伴随资产阶级革命和资本主义正确而建立的。此前的一切思想和制度都不过是资产阶级法治的准备。在众多的资产阶级思想家和法学家中尤其是密尔,他提出并论证了他的代议制法治国理论,戴雪提出了“法律主治”的法治思想。

(1)哈林顿的法治共和国

哈林顿(James Harrington,1611—1677),他是英国资产阶级革命时期的政治思想家,在英国资本主义政权尚未产生的时候,就对资产阶级的法治国家进行了构思,提出了法治共和国的设想。他的思想体现在他写作于1649年、出版于1656年的《大洋国》或者被称为《大洋共和国》中。在这一著作之中,他通过对霍布斯《利维坦》的批判,维护了亚里士多德的结论:一个秩序良好的共和国,不应该由人来统治,而应该由法律来统治。[①] 他认为,“如果一个国家或城邦的灵魂是主权,那么国家或城邦的美德就必然是法律。但是如果政府的法律就是美德,美德就是法律;那么它所治理的国家就是权威,权威也就是它所治理的国家”。[②] 他羡慕的情形是“除了法律之外,不受任何东西的约束。法律是

---

① [英]詹姆士·哈林顿:《大洋国》,何新译,商务印书馆1963年版,第7~8页。

② [英]詹姆士·哈林顿:《大洋国》,何新译,商务印书馆1963年版,第20页。

由全体平民制定的，目的只是在保护每一个平民的自由。不然，他们就是咎由自取了。通过这个办法，个人的自由便成了共和国的自由。”①他提出了法治共和国中极为重要的问题：“一个共和国之中制定法律的是人。因而主要的问题似乎是：怎样才能使一个共和国成为法律的王国，而不是人的王国？”②在他的设计中，“凡是元老院辩论过的任何事项，得向人门提出。经人门批准之后，就通过长老的权柄和人民的权力加以制定，两方面汇合起来就制定成了法律”。③ 而“共和国中的这两个组织——元老院和人民大会——只是立法机构，因而必须有第三个机构来推行制定的法律，这就是行政机构。行政机构加上其余人为的东西，共和国便包括提议案的元老院、批准议案的人民议会和执行议案的行政机构。共和国即通过元老院而又具有贵族政体的性质，通过人民大会而具有民主政体的性质，通过行政机构而具有君主政体的性质，所以便是完美无缺的。除了这种人为的或自然的共和国之外，再也没有其他形式的共和国了。”④“行政官员的手既是执行法律的力量，那么行政官员的心就必须向人民负责，保证他施政时是按照法律行事的。”⑤至此，哈林顿的理想的法治共和国也就跃然纸上了。

（2）密尔的代议制法治国思想

密尔（John Stuart Mill，1806—1873）被誉为英国19世纪杰出的政治思想家。他的名著《代议制政府》于1861年出版，被认为是议会民主制的经典作品，对英国和西方各国都产生了重大的影响，这一著作也表述了他的代议制法治国思想。

在密尔看来，“奴隶制在其一切细节上都和法治抵触，而法治却是一切现代生活的基础”。⑥ 开化的人民应该和法律及政府合作，使恶人受到法律的制裁。“一国人民如不愿积极地和法律及公共当局合作镇压作恶的人，就应被看作仅仅适于有限制的自由。”⑦他认为，民主是非常重要的。“能够充分满足社会所要求的唯一政府是全体人民参加的

① ［英］詹姆士·哈林顿：《大洋国》，何新译，商务印书馆1963年版，第21页。
② ［英］詹姆士·哈林顿：《大洋国》，何新译，商务印书馆1963年版，第21页。
③ ［英］詹姆士·哈林顿：《大洋国》，何新译，商务印书馆1963年版，第25页。
④ ［英］詹姆士·哈林顿：《大洋国》，何新译，商务印书馆1963年版，第25～26页。
⑤ ［英］詹姆士·哈林顿：《大洋国》，何新译，商务印书馆1963年版，第726页。
⑥ ［英］密尔：《代议制政府》，汪瑄译，商务印书馆1982年版，第32页。
⑦ ［英］密尔：《代议制政府》，汪瑄译，商务印书馆1982年版，第9页。

政府;任何参加,即使是参加最小的公共职务也是有益的;这种参加的范围大小应和社会一般进步程度所允许的范围一样;只有容许所有的人在国家主权中都有一份才是终究可以想望的。”[①]人民都应当参加政府,但是又遇到“所有的人亲自参加公共事务是不可能的,从而就可得出结论说,一个完善政府的理想类型一定是代议制政府”。[②] 有学者认为,密尔“其理论为19世纪议会主权、政府有限的英国式经典自由宪政法治国家的现代化提供了合理依据和有益指导,同时维护了手握国家统治权的工业资产阶级利益”。[③] 密尔的代议制法治国思想对后世产生了深远的影响。

(3)戴雪的法治思想

戴雪(A. V. Dicey,1835—1922)是英国著名的宪法学家,他著有《英宪精义》一书,也被翻译为《英国宪法学导论》。法治成为这一著作的核心,在这一著作中他总结了对于法治的认识。首先,他积极倡导法律至上。认为正式的法律居于绝对至上或支配的地位,人们只受法律的统治或因违法而受到惩罚。法治就意味着普通法律具有绝对权威或者居于社会主导地位,反对专制权力的影响,并反对专制、特权甚至政府方面广泛的自由裁量权的存在。除非明显违反了法律的明文规定,并且由普通法院通过合法程序判定,任何人都是不可被惩处的,不能使其身体或财产蒙受非法损害。其次,他提出了法治就意味着法律面前人人平等的观点。他认为所有的人,不论其贵贱都应平等地服从普通法院执掌的普通法。那些超越普通法或者超越普通法院管辖权的其他法律和法院管辖权,都是不合乎法治的。最后,法治表示一个法律事实:在其他国家里,由宪法所载明的所有规则都构成宪法的内容,而在英国,宪法不是个人权利的渊源,而是由法院所确认和保障的个人权利的结果。英国宪法是普通法实施的结果,个人权利是宪法的根据。如果说第三点表现了英国法治的独特性,前面两点则是人类法治普遍的内涵与标准。

2. 英国法治实践

英国的法治国家实践可以说是源远流长。限制王权的思想由来已

① [英]密尔:《代议制政府》,汪瑄译,商务印书馆1982年版,第55页。
② [英]密尔:《代议制政府》,汪瑄译,商务印书馆1982年版,第55页。
③ 张彩凤:《英国法治研究》,中国人民公安大学出版社2001年版,第127页。

久,及至1215年《自由大宪章》的问世。《自由大宪章》将自由民的一些习惯权利加以了成文的法律确认,宣布了法律至上,对王权加以了限制,使法律至上成为了法定制度。"《大宪章》可以说是13世纪英国法治进程的一座里程碑。但是其重要性并非仅限于此,更值得一提的是,它对近现代英国宪政或世界宪政和法治所产生的深刻影响,真可谓是一种'蝴蝶效应'。"[①]随后根据这一法律文件而成立的25人委员会和议会,将《自由大宪章》的规定予以了现实化,使法治国家的观念演变成为制度和机制的实践。

英国的"议会"一词于1217年首次使用,及至13世纪中叶,议会的组织机构得以建立并在国家权力体系中开始运作。议会的产生是以早期的法治国家思想作为基础的。但议会的产生及其作用的发挥进一步固化和发展了法治国家的思想理念。自从议会产生之后,就不断地与王权进行斗争。议会与国王之间的权力呈现出彼此消长的态势,但有时国王也必须借助议会来实现自己的政治目标。议会对征税权的控制,严重地约束了君主,并使国王不得不对议会作出某些妥协。议会对于立法权的控制,使得议会的法律地位逐步提升,并以此限制国王。1258年《牛津条例》甚至规定,议会法是最高权威的法,任何法令都不得与之冲突。议会拥有弹劾国王的权力,甚至曾经利用这种权力废黜了国王,这就为议会权威的树立提供了有力的手段。1297年国会正式获得批准赋税的权力。在14世纪,国会获得立法权并且成为审判国王政治案件的最高法庭。国王登基都要作出尊重法律的宣誓,这种宣誓的惯例不断强化着"法在王上"的理念,也使社会和国王都因这一宣誓,而在定义国王与法律的关系时,获得了这一特定的共同认识。在其后的历史发展中,英国议会和国王不断博弈,作为博弈工具和标志的往往就是法律的地位。议会总是利用法律来制约国王,国王也总是希图将法律作为自己的仆役来贬低议会和扩大王权。"英国议会是一份切实的民主政治,从其产生之日起就确确实实表明了一种也许对法治的形成至关重要的态度,即在一个政治共同体中,任何人都不得忽视,任何人(包括国王)都得受制于王国的普通法、议会主权,法律面前人人平

---

① 张彩凤:《英国法治研究》,中国人民公安大学出版社2001年版,第53页。

等。”[①]逐步形成了议会行使立法权,国王和枢密院共同行使行政权,普通法院行使司法权的政治权力格局。在中世纪的中后期,由于宗教改革、圈地运动、货币地租、工业和城市发展、大规模人口流动等因素的出现,迫切需要建立中央集权的国家,国王的权力因此而得到强化。随着资产阶级的发展壮大,他们不断提出和增加自己的政治诉求,要求建立适应资本主义发展的宪政体制。在17世纪的资产阶级革命之后,资产阶级的法律发展进入了一个重要的历史时期。资产阶级利用议会制定了1628年的《权利请愿书》和1679年的《人身保护法》,继承和发展了《自由大宪章》以来的宪政传统。王权不断受到限制,直至1689年制定了《权利法案》、1701年制定了《王位继承法》,确立了英国的君主立宪政体与资本主义法治。经过17—18世纪的努力,英国法治在19世纪得到了进一步的发展,议会制度、政党制度、公民权利制度等都得到了现代化的转换,逐步形成了以自由民主宪政为核心的英国现代法治。到20世纪英国资本主义法治进一步巩固和完善,分权制与代议制成为英国法治的重要支柱,自由民主宪政成为英国资产阶级法治的特色。君主立宪制度、议会主权制度、有限政府制度、责任内阁制度、分权制衡制度、政党制度、文官制度、司法独立制度、财产保护制度、罪刑法定制度、无罪推定制度等,成为英国资产阶级法治的元素。

(二)美国的法治发展

美国的思想家们也曾为建立法治国家作出过重要的思想贡献,并推动美国在自己的政治实践中建造了典型的资产阶级法治国家。人们必然会想到杰斐逊,他倡导州权联邦主义模式的法治共和国。美国的潘恩着眼于以人权为轴心的法治观。汉密尔顿则倡导国家联邦主义模式的法治学说。在资产阶级法治学说的指导下,他们开始了资产阶级的实实在在的法治国家建设。

1. 美国的法治国家思想

(1)杰斐逊的法治共和国思想

杰斐逊作为著名的政治家,在美国享有崇高的威望,具有重大的历史影响。编辑《杰斐逊文选》的菲利普·方纳认为,“在伟大的开国元勋当中,就奠定国家的民主方针来说,没有人比托马斯·杰斐逊所起的作

---

① 张彩凤:《英国法治研究》,中国人民公安大学出版社2001年版,第56页。

用更大，同时人们了解到，他所争取的和一贯倡导的基本原则同联合国在今天所争取的基本原则是一致的”。[①]

杰斐逊说：“我认为构成一个社会或国家的人民是那个国家中的一切权力的源泉；他们可以自由地通过他们认为适当的代表处理他们所共同关心的事情；他们可以随时个别地撤换这些代表，或在形式上或职能上代表的组织。”[②]“左右政权的势力必须归全体人民共有。假使人民群众中的每一个人都享有几分最高权势，政权就可安如磐石了，因为任何私人资财都不够用来对全体人民群众进行贿赂；而用于这方面的公共资财是不能靠向人们征税来取得的。”[③]他把人民意志与法律紧密地结合起来加以阐述：“热爱秩序好遵守法律是美国公民的非常显著的特征，是我国国泰民安的可靠保证；如果我们把普选制度当作一种安全措施来加以维护，它就会和平地驱散一切旨在破坏宪法的阴谋诡计，而这个宪法是由人民的智慧制定的，并且是以人民的意志为基础的。人民意志是任何政府的唯一合法的基础。”[④]他主张法律应与时俱进。“法律和制度必须和人类思想的进步齐头并进。当人的思想更加发展和更加开朗，当人们有了新的发现并揭露新的真理，人的习惯和见解已随着环境的改变而改变时，社会制度也必须向前迈进，不落在时间的后面。”[⑤]他积极主张保护少数人权利。“大家都会记住这个神圣的原则：虽然多数人的意志在任何情况下必然要占上风，这种意志必须合理才能正确；少数人享有同等的权利，这种权利必须用同等的法律加以保护，如果侵犯，就构成压迫。”[⑥]“如果人民的法律是最好的，并且得到最好的执行，他们就会十分幸福，同时，制订和执行人民法律的人越是明智和公正，法律也就能够制订得愈加明智，执行得愈加公正。”[⑦]

（2）联邦党人的法治政府思想

论述联邦党人的法治政府理论，首先应该从《联邦党人文集》说起。该文集是 1787 年美国费城的制宪会议之后，由詹姆斯·麦迪逊、亚历

---

① ［美］菲利普·方纳：《杰斐逊文选》，王华译，商务印书馆 1963 年版，第 3 页。
② ［美］菲利普·方纳：《杰斐逊文选》，王华译，商务印书馆 1963 年版，第 51 页。
③ ［美］菲利普·方纳：《杰斐逊文选》，王华译，商务印书馆 1963 年版，第 57 页。
④ ［美］菲利普·方纳：《杰斐逊文选》，王华译，商务印书馆 1963 年版，第 58 页。
⑤ ［美］菲利普·方纳：《杰斐逊文选》，王华译，商务印书馆 1963 年版，第 59 页。
⑥ ［美］菲利普·方纳：《杰斐逊文选》，王华译，商务印书馆 1963 年版，第 65 页。
⑦ ［美］菲利普·方纳：《杰斐逊文选》，王华译，商务印书馆 1963 年版，第 80 页。

山大·汉密尔顿、约翰·杰伊三人为了争取美国宪法获得各州批准，以“普布利乌斯”为笔名，发表在纽约报刊上的论文的汇编。《联邦党人文集》在1788年首次以合集方式出版时，书名就是《联邦党人》（The Federalist）。在论文中，他们自称为联邦党人，积极拥护宪法所设计的以代议制为基础的联邦共和国制度，为宪法辩护。他们在反驳对于宪法的各种攻击的同时，阐明了对联邦共和国的认识。联邦党人的法治政府理论就体现在这一系列著作之中，当然也就体现在这一文集中。这里值得特别说明的是，在联邦党人眼中的法治政府并不是狭义的政府，而是包括立法、行政、司法等在内的广义政府，其法治政府的论述完全可以认为也是对于法治国家的论述。

首先，联邦党人设计了法治化的共和政体。联邦党人积极主张代议制的共和政体，①论证了共和政体相对于民主政体的优越性，进而得出结论：“在联邦的范围和适当的结构里，共和政体能够医治共和政府最易发生的弊病，根据我们赞成共和政体，并以此自豪的程度，我们应该以相应的热情拥护联邦党人的精神，并支持他们的人格。”②在他们的眼中，共和国就应该是“它从大部分人民那里直接、间接地得到一切权力，并由某些自愿任职的人在一定时期内或者在其忠实履行职责期间进行管理。对于这么一个政府来说，必要条件是：它是来自社会上的大多数人，而不是一小部分人，或者社会上某个幸运的阶级……这样一个政府是有资格的：它的管理人员，是直接、间接地由人民任命”。③ 在他们看来，如果把制宪会议设计的宪法与理想标准进行比较，就可以立刻看出，在最严格的意义上它是符合理想标准的。众议院至少和所有州议会的某一议院一样，是直接由大多数人民选举的。参议院是由人民间接任命的。总统人选，则依照大多数州的实例，由人民间接选举。合众国的法官和所有其他官员，和若干州的情况一样，也由人民自己间接选择。众议院任期2年，定期选举，参议院6年选举一次，总统任期4年。“合众国总统在任职期间的任何时候都可以弹劾。法官的任期理所当然的应该是他忠实履行职责的时期。各部部长的任期按照情理和

---

① ［美］汉密尔顿等：《联邦党人文集》，程逢如等译，商务印书馆1980年版，第49页。

② ［美］汉密尔顿等：《联邦党人文集》，程逢如等译，商务印书馆1980年版，第51页。

③ ［美］汉密尔顿等：《联邦党人文集》，程逢如等译，商务印书馆1980年版，第193页。

州宪的实例，一般是由法律规定的问题。”[①]

其次，联邦党人对分权制予以了具体的制度设计。“立法、行政和司法权置于同一人手中，不论是一个人、少数人或许多人，不论是世袭的、自己任命的或选举的，均可公正地断定是暴虐。”[②]“掌握全部行政权的长官，虽然他能否决每一条法律，但是自己不能制定法律；也不能亲自管理司法，虽然他能任命司法管理人。法官不能行使行政权，虽然他们是行政系统的分支；也不能执行任何立法职务，虽然立法会议可以同他们进行商量。整个立法机关不能执行司法法令，虽然通过两院的联合決案，可以将法官撤职，虽然某一院作为最后一着拥有司法权。此外，整个立法机关不能行使行政权，虽然某一院能任命最高行政长官，另一院在弹劾第三者时能审判行政部门的一切部属，并给他们定罪。”[③]

再次，联邦党人强调宪法和法律在联邦中的地位和作用。他们特别强调了联邦宪法的地位。“宪法事实上是，亦应被法官看作根本大法。所以对宪法以及立法机关制定的任何法律的解释权应属于法院。如果二者间出现不可调和的分歧，自以效力及作用较大之法为准。亦即：宪法与法律相比较，以宪法为准；人民与其代表相较，以人民的意志为准。”[④]他们区分了宪法和政府的法律，并借以阐述了宪法由人民制定、政府不能更改的性质。认为“一部由人民制定、政府不能更改的宪法，和由政府制定、政府不能够更改的一种法律之间的重要区别，在美国是很好理解的，然而在其他任何国家似乎不大理解而且很少注意”。[⑤]“也许有人会问：用什么来限制众议院在法律上搞出差别，使其有利于他们自己和社会上某一阶级呢？我的回答是：整个制度的文明，公正的宪法的性质，尤其是激励美国人民的警惕性和勇敢精神——培养自由又为自由所培养的那种精神。”[⑥]宪法的效力高于法律，“宪法应作为解释法律的准绳，在二者发生明显矛盾时，法律应服从宪法。”[⑦]对于法律，

① [美]汉密尔顿等：《联邦党人文集》，程逢如等译，商务印书馆1980年版，第194页。

② [美]汉密尔顿等：《联邦党人文集》，程逢如等译，商务印书馆1980年版，第246页。

③ [美]汉密尔顿等：《联邦党人文集》，程逢如等译，商务印书馆1980年版，第247～248页。

④ [美]汉密尔顿等：《联邦党人文集》，程逢如等译，商务印书馆1980年版，第392页。

⑤ [美]汉密尔顿等：《联邦党人文集》，程逢如等译，商务印书馆1980年版，第273页。

⑥ [美]汉密尔顿等：《联邦党人文集》，程逢如等译，商务印书馆1980年版，第292页。

⑦ [美]汉密尔顿等：《联邦党人文集》，程逢如等译，商务印书馆1980年版，第405页。

他们认为,众议院“他们所制定的法律,对他们自己和他们的朋友同对社会上绝大多数的人一样,必须完全有效,这点经常被认为是通情达理的政策能把统治者和人民联结起来的最坚强的纽带之一。它在统治者和人民之间造成共同的利益和情感,很少有政府提供过这种例子,但如果没有这一点,每个政府都会蜕变为专制统治”。①

最后,联邦党人强调司法独立。他们是美国司法独立的倡导者。之所以提出并要维护司法独立,其理由首先在于,司法权容易遭到强大的立法权和行政权的侵犯。“行政部门不仅具有荣誉、地位的分配权,而且掌握社会的武力。立法机关不仅掌握财权,且制定公民权利义务的准则。与此相反,司法部门既无军权、又无财权,不能支配社会的力量与财富,不能采取任何主动的行动。故可正确断言:司法部门既无强制、又无意志,而只有判断;而且为实施其判断亦需借助于行政部门的力量。”②“司法机关为分立的三权中最弱的一个,与其他二者不可比拟。司法部门绝对无从成功地反对其他两个部门;故应要求使它能以自保,免受其他两方面的侵犯。”③其次,司法独立是限制立法权的需要。在限制立法权的限权宪法中,司法的完全独立尤为重要。“立法机关不得制定剥夺公民权利的法案;不得制定有追溯力的法律等。在实际执行中,此类限制须通过法院执行,因而法院必须有宣布违反宪法明文规定的立法为无效之权。”④司法独立还是保卫宪法和人权的需要。“法官之独立对保卫宪法与人权亦具有同样重要的意义。”⑤

2. 美国的法治实践

1492 年,哥伦布发现了美洲,西班牙人、荷兰人、法国人、英国人相继来到美洲,并在美洲的土地上演绎着疯狂的殖民争夺。18 世纪 40 年代,英国逐步取得了在北美的统治地位,建立了北美的 13 个殖民地。1775—1782 年,北美 13 个殖民地的人民开展了大规模的独立战争。1776 年通过了《独立宣言》,它宣布“人人生而平等,造物主赋予他们若干不可让与的权利,其中包括生存权、自由权和追求幸福的权利。为了

---

① [美]汉密尔顿等:《联邦党人文集》,程逢如等译,商务印书馆 1980 年版,第 292 页。
② [美]汉密尔顿等:《联邦党人文集》,程逢如等译,商务印书馆 1980 年版,第 391 页。
③ [美]汉密尔顿等:《联邦党人文集》,程逢如等译,商务印书馆 1980 年版,第 391 页。
④ [美]汉密尔顿等:《联邦党人文集》,程逢如等译,商务印书馆 1980 年版,第 392 页。
⑤ [美]汉密尔顿等:《联邦党人文集》,程逢如等译,商务印书馆 1980 年版,第 294 页。

保障这些权利,人们才在他们中间建立政府,而政府的正当权利,则是经被统治者同意授予的。任何形式的政府一旦对这些目标的实现起破坏作用时,人民便有权予以更换或废除,以建立一个新的政府”。自然法学说成为独立宣言的理论基础,资产阶级的政治要求在宣言中得到了充分的表达。北美13个殖民地独立之后,成立了美利坚合众国。独立了的美国与英国“在历史上存在着法律的渊源关系,因此美国统治者仍然以英国的法律为基础创制新法律。例如美国宪法沿用了传统的英国法律术语;条文法的实施仍然按照英国的标准解释;英国法学家布拉克斯顿的《英国法释义》,在美国被广泛应用;英国的衡平法被作为正规法律,适用于美国的一般法院”。[①] 美国对于英国法的采用并不是全盘照抄,而是有所选择的,对于英国法中具有明显封建性质的内容予以了摒除。1777年大陆会议通过了《邦联和永久联合条例》,即一般所称的《邦联条例》,这一条例成为后来的美国联邦宪法的基础。随着客观形势的发展,这一条例日益表现出了它的局限性,它无法适应巩固独立战争成果和促进资本主义发展的需要,所以,在《联邦条例》的基础上制定新的宪法就成为了新的需要。1787年,美国召开了制宪会议,制定出草案并交付各州批准。1789年美国联邦的第一届国会召开,联邦宪法宣布生效。随之成立了美国的联邦政府。

美国的法治首先体现在它的宪政分权上。依照宪法规定,美国国会由参议院和众议院两院构成,共同行使立法权。参议院由各州议会选派代表两人组成,众议院由各州根据人口比例选举代表组成。行政权由美国总统享有,他既是国家元首又是行政首脑,还是军队最高统帅,对议会的立法享有批准后搁置否决的权力。总统的任期为4年,原本没有任期连任次数的限制。1796年,美国第一届总统华盛顿拒绝连任,就创立了美国总统不能连任两届以上的先例,经过历史发展,现在已经成为美国的宪法制度的内容。联邦的司法权由联邦法院行使,联邦最高院为最高司法机关。法官人选由总统提名,经参议院同意后加以任命,在没有失职行为的情况下,法官职位为终身任职。具体说来,在美国,国会拥有立法权,但是总统对国会的立法可以批准也可以搁置否决,当然国会也可以通过必要的程序否决总统的否决。总统拥有行

---

① 法学教材编辑部:《外国法制史》,北京大学出版社1982年版,第197~198页。

政权,但是总统所任命的部长与缔结的条约必须经过参议院三分之二的议员通过,议会有权对总统和部长们的违法行为进行弹劾。法院拥有独立的司法审判权,但是需要由总统提名、任命并经国会批准。由此可见,美国立法权、行政权和司法权的三权分立制度是依照法国孟德斯鸠的设计来确立的,三个国家权力由三个机构相互分权、相互制衡地分工和行使。

美国的法治也体现在对公民权利的法律保障上。在美国宪法实施之后,不断进行着修正。其第一次修正案,也即是前十条修正案,都是关于公民自由权利的规定,也被称为《人权法案》,是美国迫于各方压力和历史发展而作出的宪法修正案。它规定国会不得制定法律确立宗教或者禁止信教自由、剥夺人民言论和出版自由、剥夺人民和平集会及向政府陈述救济之请愿权利;人民有保护其身体、住所、文件与财产的权利,不受非法的拘捕、搜查与扣押;宪法所未授予中央或未禁止各州行使之权限,皆保留于各州或人民。

美国的法治还体现在美国的违宪司法审查制度及其实施之中。在美国,司法审查是指法院审查国会制定的法律是否符合宪法,以及行政机关的行为是否符合宪法和法律。这两种审查都是由普通法院进行的。在法律没有特别规定的情况下,甚至适用一般的诉讼程序。① 在美国之所以有违宪审查制度,是因为美国立法机关在理论上有层次的划分。为了保证法律的有效性和整个法治不被破坏,不同层次的立法理当有不同的效力,下位法不得与上位法相抵触。具体说来,最高层为制宪会议,与会代表受权制定了作为美国基本大法的宪法。宪法的规定即构成了全美国最高的法律。其他机关所制定的任何法律都只能在不与宪法相抵触的情况下,才有其效力。在宪法之下为由选举产生的议员所组成的议会,议会有制定法律的权力,但法律的内容必须不违背宪法。最低一层次的立法机关为行政部门。行政部门的立法权是由立法机构委托而产生的,因此,行政部门所制定的法规就既不能抵触宪法,也不能与国会所制定的法律相左。"立法机关及行政机关在立法阶层中处于从属的地位,因此,法院认为复核权有其必要。如果处于最高地位的宪法仍继续有效,而立法或行政机关所制定的法律或规定竟然与

① 王名扬:《美国行政法》,中国法制出版社1995年版,第565页。

之冲突,法院唯有拒予适用。不然宪法所设定的各项限制,势将失去其意义。”①美国违宪审查制度确保了宪法实施,有效而有力地制约了立法权和行政权,进而有效地制约了议会和政府,防止立法权和行政权的违宪与滥用,这也就有力地保障了美国的法治。

(三)法国的法治发展

在法国,孟德斯鸠对法治进行了自己的思考,论证了“法律下的自由和权力”的法治。卢梭以社会契约论、人民主权学说为基础确立了自己的法治学说,倡导自由、平等、人民主权、合法政府和法律至上。

1. 法国的法治国家理论

法国的法治国家的理论是由孟德斯鸠和卢梭等著名的思想家所建构的,他们的思想不仅仅影响了法国法治的发展,甚至影响了全世界各国的法治建设。在此我们可以集中考察孟德斯鸠和卢梭的法治国家思想学说。

(1)孟德斯鸠的法治理论

孟德斯鸠对于自然法学说的倡导,如同资产阶级的其他法学家一样,为资产阶级法治确立了思想理论的基础。尤其是他的政体思想包括三权分立学说,为法国乃至整个资本主义法治的发展起到了重大的理论基础的作用。

孟德斯鸠把政体分为三类:共和政体、君主政体和专制政体。三种政体伴随三种政体与法律之间的状态。“共和体制就是全体人民或部分人民拥有最高权力的体制;君主政体意味着只有一个人统治国家,只不过遵循业已建立和确定的法律;至于专制政体非但毫无法律与规章,而且由独自一人按照自己的意志以及变化无常的情绪领导国家的一切。”②在民主政体之中,“为建立投票权而制定的法律是民主政治下的基本法。在民主政体下的选举法应该如何规范、由谁规范,对于谁就什么事情进行投票都必须予以阐明”。③ 他认为在共和政体中应当划分拥有选举权的人员,规定投票选举的方式,只有人民才能制定的法律才是

---

① 陆润康:《美国联邦宪法论》,陆润康 2001 年版,第 10 页。

② [法]孟德斯鸠:《论法的精神》,孙立坚等译,陕西人民出版社 2001 年版,第 13 页。

③ [法]孟德斯鸠:《论法的精神》,孙立坚等译,陕西人民出版社 2001 年版,第 13 页。

民主政治的基本法律。[①]

孟德斯鸠首先论述了在一个国家之中,自由与法律之间的关系。他说:“在一个国家,即在一个有法律的社会里,自由只能是人们能够做应该做到事,而不是被迫做不应该做的事。”[②]“自由是做一切法律所允许做的事情的权利。然而,如果一个公民能够做法律所禁止做的事情的话,那么它就不再有自由了,因为其他人同样有这个权利。”[③]孟德斯鸠进而对分权原则进行了深入讨论。他认为,任何国家都有三种权力:一是立法权,根据这种权力,国王或执政官制定临时的或长久的法律,并且修改或废止原来制定的法律;二是国家的行政权,即对有关国际法事务的执行权和对民法有关事务的执行权,根据这项权力,作出讲和或宣战的决定,派遣或接纳使节,维护公共安全,防御侵略;三是司法权,即惩治犯罪或仲裁民事争端。“为了获得自由,就得有这样的政府,在它的治理下,公民相互之间没有惧怕感。”[④]他警告说:如果司法权和行政权集中在同一个人之手或同一机构之中,就不会有自由存在。因为人们会害怕这个国王或议会制定暴虐的法律并强制执行这些法律。如果司法权不与立法权和行政权分立,自由同样也就不复存在了。如果司法权与立法权合并,公民的生命和自由则将任人宰割,因为法官就有压制别人的权力。如果同一个人或者由显要人物、贵族和平民组成的同样的机构行使以上的三种权力,即立法权、司法权和行政权,后果则不堪设想。[⑤] 孟德斯鸠的三权分立学说为资产阶级法治找到了政治权力结构上的依据和载体,也可以认为他为资产阶级法治确立了政治权力意义的结构基础。

孟德斯鸠的法治国家理论与其法的普遍存在观是联系在一起的,在他看来,“法是源于客观事物性质的必然关系。从这个意义上推断,所有的存在物都有属于自己的法;上帝有他的法;物质世界也有它的法;高于人类的‘先知圣人们’有着他们的法;畜类也有自己的法;人类

---

① [法]孟德斯鸠:《论法的精神》,孙立坚等译,陕西人民出版社 2001 年版,第17~18页。

② [法]孟德斯鸠:《论法的精神》,孙立坚等译,陕西人民出版社 2001 年版,第 182 页。

③ [法]孟德斯鸠:《论法的精神》,孙立坚等译,陕西人民出版社 2001 年版,第 182 页。

④ [法]孟德斯鸠:《论法的精神》,孙立坚等译,陕西人民出版社 2001 年版,第 184 页。

⑤ [法]孟德斯鸠:《论法的精神》,孙立坚等译,陕西人民出版社 2001 年版,第 184~185页。

拥有他们的法。”[①]人为了在社会中生存，“他必定要有所作为，但是他可能将别人置之度外；立法者们以政治和民事法律促使他们尽其义务。”[②]“社会必须得到维护；被视为这个社会生存者的人类，在统治者和被统治者之间的关系中也有着法律，那就是政治法。另则，所有的公民之间的关系中也有法律，这便是民法。”[③]孟德斯鸠认为法律是有国别的，他对世界上不同国家的法律的制度及其精神进行了详细的考订。他认为“法律是为了某国的人民而制定的，所以理应十分贴切地适用于该国民众；如果这些法律适用于另一个国家，那只是极其偶然的事”。[④]他对于如何制定出良好的法律作出过十分精彩的论述，诸如法律必须具有法律的形式特征，必须秉持宽和对精神，必须保持一定的稳定性。[⑤]此外，孟德斯鸠还特别强调对于法律的遵守，“即使在纷繁的人类社会中，遵守法律乃是天经地义”。[⑥]

(2)卢梭的法治理论

卢梭是法国著名的资产阶级法治主张者，他继承和发扬了自然法学说，并提出了他的社会契约理论，并以此作为法治思想的理论基础，建构了他的法治学说。

首先，他认为法律是人民的公意的体现，人民的公意高于政府的团体意志，法律是国家的基本要素。他反复申明“法律乃是公意的行为”，“法律只不过是我们自己意志的记录”。[⑦]“在一个完美的立法之下，个别的或个人的意志应该是毫无地位的政府本身的团体意志应该是极其次要的，从而公意或者主权的意志永远应该是主导的，并且是其他一切意志的唯一规范。”[⑧]“人民在一切社会关系上，既已把他们每个人的意志结合成为一个单一的意志，所以一切表现这个意志的条款，同时也就成为对于国家全体成员无不具有拘束力的根本法。这些根本法之一并规定着负责监督执行其他各项法律的官员的选任和权力，这种权力可

---

① [法]孟德斯鸠:《论法的精神》,孙立坚等译,陕西人民出版社2001年版,第5页。
② [法]孟德斯鸠:《论法的精神》,孙立坚等译,陕西人民出版社2001年版,第8页。
③ [法]孟德斯鸠:《论法的精神》,孙立坚等译,陕西人民出版社2001年版,第11页。
④ [法]孟德斯鸠:《论法的精神》,孙立坚等译,陕西人民出版社2001年版,第11页。
⑤ 李龙主编:《西方法学名著提要》,江西人民出版社2002年版,第163~164页。
⑥ [法]孟德斯鸠:《论法的精神》,孙立坚等译,陕西人民出版社2001年版,第6页。
⑦ [法]卢梭:《社会契约论》,何兆武译,商务印书馆1980年版,第51页。
⑧ [法]卢梭:《社会契约论》,何兆武译,商务印书馆1980年版,第83页。

以包括维护宪法所需要的一切职权,但不能涉及宪法的变更。……在官员方面,他们则负有以下的义务:他们必须按照委托人的意思行使所受的权力,必须维护每个人能以安全享受他所有的一切,而且必须在任何情形下都把公共利益放在个人利益之上。……官职的设置和官员的权利既以根本法为唯一依据,因之,根本法一被破坏,官员们就丧失了他们的合法地位,人民就没有再服从他们的义务。而且因为国家构成的基本要素不是官员而是法律,所以每个人就当然恢复了他天赋的自由。"①

其次,他认为法律的目的在于人民的自由与平等,尤其是他努力倡导法律面前人人平等。"如果我们探讨,应该成为一切立法体系的最终目标的全体最大的幸福究竟是什么,我们便会发现它可以归结为两大目标:自由与平等。自由,是因为一切个人的依附都要削弱国家共同体中同样大的一部分力量;平等,是因为没有它,自由便不能存在。"②"人人都服从,却没有人发号施令;人人都服务,却没有骑在人头上的主人;而且由于在这种明显的服从关系中,谁都没有损失任何自由,而只损失可能有害于别人的自由的东西,反而更加自由——这种情况又是怎样造成的呢?这些奇迹都是法律创造的。人们之有正义与自由应该完全归功于法律。以民权的形式在人与人之间确立自然的平等地位的,就是这个公共意志的有益的机构。"

再次,他认为法律具有普遍性,论证了法律的普遍性的特点。法律结合了意志的普遍性与对象的普遍性。作为意志的普遍性意味着法律必须是公意的体现;作为对象的普遍性意味着法律必须是公共的规则。"法律既然结合了意志的普遍性与对象的普遍性,所以,一个个人,不论他是谁,擅自发号施令就绝不能是法律,即使是主权者对于某个个别对象所发出的命令;那不是主权的行为,而只是行政的行为。"③

最后,他认为共和国应当是法治的国家。他说:"凡是实行法治的国家——无论它的行政形式如何——我就称之为共和国;因为唯有在这里才是公共利益在统治着,公共事物才是作数的。一切合法的政府

---

① [法]卢梭:《论人类不平等的起源和基础》,李常山译,商务印书馆1962年版,第138页。

② [法]卢梭:《社会契约论》,何兆武译,商务印书馆1980年版,第69页。

③ [法]卢梭:《社会契约论》,何兆武译,商务印书馆1980年版,第51页。

都是共和制的。”[①]他表示，我愿意生活在一个法度适宜的民主政府之下。不论是我或任何人都不能摆脱法律的光荣的束缚。我愿意不但国内任何人都不能自以为居于法律之上，而且国外的任何人也不能迫使这一国家承认他的权威。因为，不管一个国家的政体如何，如果在它管辖范围内有一个人可以不遵守法律，所有其他的人就必然会受到这个人的任意支配。[②] 统治者是法律的臣仆，他的全部权力都建立在法律之上。一个管理完善的政府，根据任何理由也不准许有人不遵守法律。对于有助于国家的人应该奖以荣誉，但绝不奖以特权。因为任何人能认为不遵守法律是好事时，这个国家就临近灭亡了。

孟德斯鸠与卢梭等思想家和法学家的法治思想为德国资产阶级的法治和法治国家发展奠定了理论基础，提供了认识前提。

2. 法国的法治发展

从 1789 年法国资产阶级革命开始到雅各宾专政时期为止的历史阶段，是法国资产阶级法治的创立阶段，再经拿破仑一世的法兰西第一帝国到第一次世界大战时期，法国资本主义法治得以完整形成。在这一时期，法国资本主义法治的雏形得以建立，资本主义大陆法系的基础也得到了建立。

1789 年的《人权宣言》的目的在于阐明自然的、不可让与的神圣的人权。它宣布人们生来并且始终是自由的，在权利上是平等的。一切政治结合的目的都在保存自然的不可消灭的人权——这个权利是自由、财产、安全和反抗压迫。整个主权的本原，主要是寄托于国民。任何团体、任何个人都不得行使主权所未明白授予的权力。自由就是指有权从事一切无害于他人的行为，因此，各人的自然权利的行使，只以保证社会上其他成员能享有同样权利为限制，而此等限制仅得由法律规定之。法律仅有权禁止有害于社会的行为。凡未经法律禁止的行为即不得受到妨碍，而且任何人都不得被迫从事法律所未规定的行为。法律是公共意志的体现，全国公民都有权亲身或经由其代表去参与法律的制定。法律对于所有的人，无论是施行保护或处罚都是一样的。

---

① [法]卢梭:《社会契约论》，何兆武译，商务印书馆 1980 年版，第 51 页。

② [法]卢梭:《论人类不平等的起源和基础》，李常山译，商务印书馆 1962 年版，第 51～52 页。

在法律面前,所有的公民都是平等的,故他们都能平等地按其能力担任一切官职、公共职位和职务,除德行和才能上的差别外不得有其他差别。除非在法律所规定的情况下并按照法律所指示的手续,不得控告、逮捕或拘留任何人。凡动议、发布、执行或令人执行专断命令者应受处罚;但根据法律而被传唤或被扣押的公民应当立即服从;抗拒则构成犯罪。法律只应规定确实需要和显然不可少的刑罚,而且除非根据在犯法前已经制定和公布的且系依法施行的法律以外,不得处罚任何人。任何人在其行为未被宣告为犯罪以前应被推定为无罪,即使认为必须予以逮捕,为扣留其人身所不需要的各种残酷行为也都应受到法律的严厉制裁。意见的发表只要不扰乱法律所规定的公共秩序,任何人都不得因其意见甚至信教的意见而遭受干涉。自由传达思想和意见是人类最宝贵的权利之一,因此,各个公民都有言论、著述和出版的自由,但在法律所规定的情况下,应对滥用此项自由承担责任。以及宣布凡个人权利无切实保障和分权未确立的社会,就没有宪法。私人财产神圣不可侵犯,除非当合法认定的公共需要所显然必需时,且在公平而预先赔偿的条件下,任何人的财产不得受到剥夺。上述《人权宣言》宣布的法无明文规定不为罪,法律面前人人平等,禁止非法控告、逮捕后拘留,法不溯及既往,无罪推定,任何人不得因其意见甚至信教的意见而遭受干涉等,从而全面确立了资产阶级的法治原则,成为资产阶级国家的纲领性法律文件。它不仅直接促进了法国资产阶级法治的建立,而且对其他资本主义国家的法治发展也产生了深远的影响。

法国的1791年宪法以《人权宣言》作为自己的序言。宪法根据孟德斯鸠的分权理论将法国的政体确定为三权分立的君主立宪政体。立法权属于最高权力机关的国民议会,行政权属于国王,司法权属于人民按时选出的审判官。规定"国王只根据法律来治理国家,并且只有根据法律才得要求服从"。1793年法国资产阶级的雅各宾派根据新的形势,推出了新的宪法,仍然以《人权宣言》作为序言,内含124条正文。这一宪法宣布法国是一个中央集权的资产阶级共和国,以卢梭的权力不可分割的思想为根据,否定了三权分立,授予国会至高无上的权力。国会是国家最高权力机关,实行一院制,议员由普选产生,享有立法权。执行会议则是最高行政机关,隶属于国会,是国会的执行机关,向议会负责。大理院为最高审判机关,只对违反程序和显然违反法律者作出判决。由于国际国内的形势,这一宪法并没有得到实施。其后的 1804 年公布实施了《法国民法典》,这也就是我们习惯所称的《拿破仑法典》。此后,法国的宪法几经变易,直至 1875 年宪法,恢复了法国队资产阶级共和国政体,规定立法权由议会行使,行政权由总统负责的责任内阁行使。

在第一次世界大战之后到第二次世界大战结束,法国一直奉行着 1875 年宪法,但是法国资产阶级法治的具体制度发生了一系列现代化的转变。尽管如此,法国资产阶级法治的基本性质和整体构架没有改变。随着法国资本主义的发展,法治也逐步完善。

四、西方法治国家辨识

(一)法治国理论与法西斯

1. 形式法治国理论与法西斯

法学界一直有著作和学者认为,包括形式法治国理论在内的德国实证主义法学曾经在法西斯时期存在罪恶甚至是法西斯的帮凶。"正因为德国实证主义法学的这一系列的片面性,使它在纳粹统治年代里充当了相当不光彩的角色。希特勒一垮台,它由于被指摘为'纳粹帮凶',顿时陷于极端孤立的状态,而濒临消灭。"①笔者认为其中存在对形式法治国理论乃至整个实证主义法学的误解。其实,形式法治国理论的产生有其独特的历史背景,离开它的历史背景来解释它就必然流于武断。它仅仅是由于理论的局限而使之无法抵制法西斯的倒行逆施,它也在一定程度上被法西斯所利用,甚至自身还遭到了法西斯的否定,它并不是法西斯的帮凶。

首先,形式法治国与其所属的实证主义法学一样,有其独特的历史背景,不能把握这一背景我们就无法理解它的理论逻辑,甚至会简单地将其归属于荒唐。如果认为实证主义法学在英国是基于反对王权而产生和发展的话,实证主义及其形式法治国理论在德国也同样是基于制约王权的需要而产生的。在实证主义法学产生前,德国王权不断扩大,它取得了神权退让的空间,新生的资产阶级和人民则处于无权的地位。代表资产阶级利益和意志的议会制定出来的法律则不断受到王权的挑

---

① 吕世伦:《法理的积淀与变迁》,法律出版社 2001 年版,第 511 页。

战,甚至被王权所否定。封建王权也寻找出各种理由来反对代表资产阶级的法律,因此,资产阶级学者和法学家以“法律就是法律”甚至“恶法亦法”来为法律的权威性辩解,来强调法律的崇高地位也就变得可以理解了,以实证主义的法律态度对抗来自王权的反对和否定就理所当然了,形式法治国也就应运而生。

其次,让我们来看形式法治国理论由于自身的理论局限使之无法抵抗法西斯,并为法西斯所利用的问题。形式法治国理论是法律实证主义的产物,主张“恶法亦法”。因此,使人民在面对法西斯恶法时,“恶法亦法”的主张就无异于自觉放下了反抗的武器。法西斯恶法的肆行无忌在一定程度上是利用了形式法治国的“恶法亦法”的理论缺陷,使相关的法学界和法律界难以对其进行反抗与抵制。其实,形式法治国理论只是不特别注重法的价值问题包括法的正义问题,它所侧重的是实证法律,但是它并不反对法的价值,也不反对法的正义。就是主张形式法治国理论的法学家中,也有许多人都有着对于属于实质法治意义的法的正义性问题的关注,甚至也呼唤法的正义。

最后,让我们来考察形式法治国理论的被否定的情形。正如前面所论述,纳粹的法学家们对于形式法治国理论并没有予以尊崇,形式法治国理论也没有在纳粹的旗帜下受宠。恰恰相反,形式法治国理论中关于国家权力必须受法律制约、行政权力必须服从法律、行政权必须受制于司法权、人民利益是法律目的的许多观点都为法西斯所否定,也正是因此,在法西斯肆虐的时代,形式法治国本身也遭到了批判。从这个意义看,形式法治国及其理论都是法西斯灾难的受害者,我们不可以把受害者作为作恶者加以谴责或者看待。如果真是那样,我们就缺乏公允、公正与善良。

学术评价应该比一般的社会舆论与公众认知更具有良知性和责任感,不可随意作出不负责任的结论。当然,形式法治国理论中的实证法律主张也有被利用的一方面。其实,某一理论只要它本身不具有邪恶的动机,也没有歪曲事实与扭曲真理的蓄意,甚至本身也是对真理的探索与求证,只是无力抵制邪恶或者被邪恶恶意利用了——这与为邪恶而去制造歪理邪说不同——我们也不能去责怪这些无辜的理论或者理论家。邪恶势力要恶意地曲解,乃至最终利用它来误导实践,都不是理论和理论家本身所能阻止的。这种被利用,甚至不是被利用者的罪过,尽管他们在理论上有所失误，但是这种学术理论上的失误与道德上的罪过一定是有区别的，不可混同。我们必须诅咒的是法西斯的罪恶，而不是学术理论上的失误。在特定的情况下，如果相关学者能说明而未予以说明，能抵制而未予抵制，以致听任曲解，在其人格值得疑问之外，我们再也没有必要予以过多指责。只是后来的作为理论制造者的理论家们必须更为审慎，一个理论的失误一旦被邪恶势力所利用就可能成为灾难。客观地说，形式法治国理论还不是一个完全被法西斯利用的理论。它在一定程度上被利用过，它又在一定程度上被法西斯法学视为眼中钉而作为过时的理论加以否定。也正是由于形式法治国理论并不是一个支持邪恶的理论，甚至还在许多方面不利于邪恶势力达到罪过的目的，所以纳粹法学理论也才要坚决地否定它、反对它、抛弃它。

2. 实质法治国理论与法西斯

对于实质法治国的认识上，存在这样的误解，以为实质法治国是在第二次世界大战以后才被提出来的。“实质意义的法治国家理念系德国在第二次世界大战之后，在经历纳粹政权所带来的浩劫之余，面对德国自 19 世纪以来，强调‘法律统治’（Herrschaft des Gesetze），及 20 世纪初期威玛时代所盛行的法律实证主义（Rechtspositivismus）所形成的形式意义的法治国家理念，而进行‘反省’后的产物。”①这里关键在于如何理解“产物”。如果将其理解为完整的形态，这一论述无疑是正确的；如果是指概念的提出，那就需要特别审慎。因为，实质法治国概念在第二次世界大战之前就已经产生了。证明实质法治国概念在第二次世界大战前就已经提出的论据有三：一是凯尔森 1925 年在德国柏林出版的《国家学总论》就提出了实质意义法治国与形式意义法治国的概念及差异；二是史密特（Carl Schmitt）在 1928 年出版的《宪法学》中，已经注意到了实质法治国的要求，只是他仍然执着于实证法律，对于实质法治国是虽然已经“登堂”但是尚未“入室”；三是但斯达特（Friedrich Darmstaedter）在 1930 年出版的《法治国家现实之界限》，甚至对实质法治国进行了批判。所以实质法治国并不是在第二次世界大战之后才提出的。

许多法学著作和学者认为，实质法治国理论就是反法西斯的。要

---

① 吴志光：《比较违宪审查制度》，神州图书出版有限公司 2003 年版，第 102 页。

说实质法治国理论是反法西斯的,这是指第二次世界大战之后的实质法治国理论,而不是真真假假的实质法治国都笼而统之的言说。第二次世界大战前的实质法治国概念甚至也曾被法西斯利用过。论据至少有二:一是1935年史密特发表的《法治国概念争论的意义为何?》就认为形式法治国时代已经终结,接着应是国家社会主义法治国;只有国家社会主义法治国才是追求实质正义的“正义之国”;二是胡柏(E. R. Huber)在1937年出版的《大德意志帝国宪法》对形式法治国理念进行了批判,提出要建立新的法治国理念,这也是他所认为的实质法治国理念。史实说明,法西斯反对形式法治国理论所假借的武器之一也就是实质法治国的名义。在历史上,实质意义的法治国,的确在一定意义上被法西斯利用了,它被法西斯用作反对形式法治国的工具。但是对于这种被利用的理论,我们也要理性地看待。科学意义上的实质法治国理论,它追求正义、探寻法的价值,并无任何错误而且是理所应当的。其中许多法学家都是真诚地为着发展法学、推进学术而为的,无可指责,也不必指责。至于那些纳粹的法学家,假借实质法治国理论之名,行法西斯之实,为法西斯开道、张目,那是人类的邪恶与罪恶,对此必须予以坚决的批判与摒弃。对于这类法学家理论和人格的不适当宽容,就是对真理的亵渎,就是对灾难的麻木,就是对邪恶的放纵。我们必须坚决否定为法西斯邪恶服务的所谓实质法治国理论及其理论家的人格,还学术以道德是非。但是对于实质法治国的称谓还不可放弃,追求还不可停止,不能因为实质法治国曾经被法西斯所曲解、所玷污过,就抛弃它。我们要为实质法治国洗尽污垢、正本清源,还实质法治国以本来面目,重树追求崇高的实质法治国的理想与信念。第二次世界大战之后,德国和人类世界正是进行了这样的努力。

(二)西方法治国与社会主义法治国家

西方的法治国理论及其实践是人类法治理论与实践的构成部分。从地理区位上讲,人类所居住的地球空间就是被划分为东方和西方、东半球与西半球的。其实,东方和西方都是人类生活的方位或者空间。从政治地图来看,东西方至今依然在一定意义上被认为是意识形态、社会制度与政治制度的分野。在当代,东方已经不再被理解为统一的社会主义阵营,但西方依然是资本主义的代名词。其实,东方和西方也都是人类世界政治地图的构成部分。没有东方或者没有西方,人类世界就不完整。东方或者西方的法治国实践都不过是人类世界法治化的表现，都是人类社会法治国家建设的构成部分。

如果认为资本主义是社会主义的前夜，资本主义是社会主义之前的社会历史阶段，即使如此，资本主义的法治国家理论和实践也是人类法治思考与探索的构成部分。社会主义法治与资本主义法治的关系，无疑是一种超越的关系。人类社会发展到资本主义社会是一种进步，发展到社会主义社会是更大的进步。因而社会主义社会就不是要走向资本主义的反面，而是要超越资本主义，体现出社会主义的优越性。从这个意义上讲，社会主义法治国家建设如同整个法治建设一样，应该是以资本主义法治国家的理论和实践作为基础，再继续加以推进，进而超越资本主义，最终建成并不断推进社会主义法治国家的发展。

资本主义法治国家建设是人类法治实践的构成部分，也就意味着社会主义法治国家建设不能走资本主义法治国家建设的老路，必须在其基础上，吸收其长处与优点，将其理论和实践加以扬弃，实现其历史性超越。资本主义的法治或法治国家发展中有过沉痛的教训，也有成功的经验。对于他们的教训要理解为人类的试错活动，毫不犹豫地加以避免，引以为戒；对于他们的经验，要理解为人类的共同财富，要毫不犹豫地加以总结，借鉴吸收。即使是法西斯法治，尽管极其低劣，是人类的灾难，也要予以关注，因为人类永远也不能重犯这样的错误，必须远离灾难。从横向看，资本主义法治国家与社会主义法治国家是人类在现阶段并存的国家状态，他们有优劣、有影响、有互动。不关注它们就等于闭目塞听，视野狭窄。从纵向看，资本主义法治国家是社会主义法治国家的历史准备，社会主义法治国家就不能不认真对待和科学认识资本主义法治国家的历史与现实，因为它们是社会主义法治国家的历史基础。不关注资本主义法治国家就等于不关注自己的历史渊源。

第八章　法治国家的实践反思

中国现代法治伴随现代化的启动而启动，并正在推进之中。我们是沿着怎样的路径，经历了怎样的抉择走到今天，还将怎么走向未来，是值得反思和思考的。从基点、区域、文化和性质的四大方面来看，中国现代法治是中国的还是世界的，是城市的还是农村的，是传统的还是现代的，是革命的还是建设的，都难以一言以蔽之。"现代法治既不是历史上的无论中西方'法治'理念的逻辑展开，也不是传统'法治'在数量或规模上的扩大。"[①]中国现代法治是中国现代化过程中伟大的社会建设事业。但是，我们在有的时候，在有些方面，面对世界或西方，却找不到自己的路；面对城乡二元结构，或者过度超前或者阻滞于后；面对传统与现代的选择，或者墨守成规或者数典忘祖；面对革命与建设，却误判当今法治发展的性质而谬以应对。其实，目前的中国现代法治既是世界的更是中国的，必须立足中国并关注世界；既是城市的，也是农村的，必须同时关注城市与农村的现状与发展；既以传统为基础也以现代为目标，是传统在现代的更新和发展；不是革命的，而是建设的，应是以革命作为历史前提的现代化建设。

---

① 苏力：《道路通向城市——转型中国的法治》，法律出版社 2004 年版，第 6 页。

一、中国与世界的重要基点

要在法治问题上正确认识中国与世界的关系,包括中国与西方的关系,在宏观上似乎不存在任何问题。稍微具有理性的人都能明白中国现代法治建设必须立足中国、放眼世界的道理,但是我们真正的问题却可能出在,面对世界或西方的时候迷失了自己,找不到自己发展的道路。

(一)法治问题上的对外心态

一个国家与外部世界是什么样的关系,既是一个理论问题,更是一个实践问题。在法治问题上,对于中国与外部世界的关系包括与整个世界或者与西方国家之间的关系,似乎一直都存在这样那样的误解。面对西方和世界的法治,正常的现代法治心态理当是既不妄自尊大,也不妄自菲薄,努力见贤思齐,力争实现既卓然而立又与世界同步。我们当然有正确对待西方和世界法治的一面,除去科学对待西方法治的正常心态不说,自傲、自卑、自闭却是我们处理对外关系的三种不正常心态。从清末以来,这种心态也一直影响着中国法治发展。

中国的传统制度曾经创造过灿烂的文明,包括作为传统文明构成部分的法制文明。在长期的传统时代,我们曾经是那么自信的天朝大国,期待着四方来朝、八方进贡,几千年养成的虚骄之气一直影响着我们的思维。许多人都还沉醉于过往的辉煌之中,他们不愿意承认中国已经落后的现实,但严酷的现实又不能不面对。过度的自傲使我们失去了谦逊的美德,也使我们失去了整个世界。

自卑与自傲时常是一体两面地共生的。在我们始终保持着世间少有的自傲时,另一方面又是那么的自卑。当西方列强侵略中国的时候,我们不得不师夷长技以自强。法律制度的大规模西化与对传统的不适当批判所营造的过度自卑,又使我们在一定程度上失去了自我。面对西方和世界的情形,我们转而缺乏足够的自信。有的人丧失了信心,有的人甚至提出了"全盘西化"的口号。"全盘西化"作为一种极端的主张,在理论和实践中都是不可能的,于是"全盘西化"的结果就演变为邯郸学步后的灾难性后果。面对历史,有的人甚至陷入历史虚无主义的泥潭,对我们自己的历史传统文化一概排斥,视而不见。

在自傲、自卑两种情形之外,我们也还由于缺乏自信或狭隘的意识形态原因而排拒整个世界,走向了自闭。自闭是以自傲或者自卑作为内在的思想基础的,无视世界的自傲或自卑往往演化为可悲。我们曾被西方国家称为铁幕的国度,这有西方的偏见,也有闭关锁国的影响在其中。尤其是在极端意识形态的左右之下,我们无须数典,本来就已经忘祖;无须崇洋,当然地不会媚外。置身自傲与自闭中看不清自身也看不清世界,于是在忽略世界的同时,自己也失去了发展完善的机会,甚至迷失了自己的方向。

过高的自我估价、过低的自我贬损,以及对于世界的自闭,都使我们无法理性地正确处理中国与世界、中国与西方之间的关系。在当今中国,在西方法文化的影响之下,如果我们被迫放弃自我,或者公然放逐自我,都必然会导致灾难性的恶果。

(二)法治的世界共性与中国特色

法治应有其共同属性。法治尽管存在社会制度与意识形态的差异,但是它是人类共同的发展目标。人类社会从人治向法治的发展,是历史大势与法律发展的双重必然。世界各国发展的过程不同,但是走向法治则是各国共同的追求。法治既然是世界共同的目标,就应有世界共同的标准。尽管人们对于法治内涵与本质的认识存在着严重分歧,有时甚至是极大差异,但法治或者法治国家一定有共同的元素与标准。如果没有这些元素与标准,便无法区分或者评价法治与非法治、法治国家与非法治国家。法治的共同标准是由法治的共性所决定的。现代中国已逐步融入世界的法治潮流,改变了闭关锁国的国际形象。新世纪的中国积极参与国际政治事务,与世界各国一道推进着国际社会的法治化进程。中国在经济上加入世界贸易组织,接受世界组织贸易规则,并与有关国家一道完善和维护世界贸易组织规则,这在推动世界法治发展的同时,也使中国逐步与世界法治化的进程同步。在国际人权事务中,中国积极参与国际人权的法治建设,用自己的努力与其他国家一道共建世界人权法治。

中国法治也应有自己的特色。以国家作为视域的法治认识总是最基本的,尤其是当论及法治国家的时候,国别的差异更进一步得到凸现。法治具有国别的独特性,但是这种独特性从来都不否定法治的共同性。同理,法治的共同性也从来都不否定各国法治的独特性。我们正在进行的法治建设当然是中国的,它必然具有中国特色。各国法治的特色并不是人为地设立或者建设的，它应该是法治在其本国土地上生长发育的必然结果，是由本国国情所决定的。同理，中国法治应当是法治在中国土地上生长发育的必然结果，是中国国情的产物。中国法治应当具有自己的特色，而且这种特色就是建立在中国自身的社会现实、文化基础与历史传统之上的，而不是人为刻意地附加的，它应该是法治建设立足中国实际符合逻辑地自主发展的结果。

"西方法制现代化和其他民族的法制现代化之间，共性多于个性，所以我们说后起现代化国家的法制现代化在主要方面是移植西方法律；但共性并不能否定个性，所以我们又说后起现代化国家的法制现代化又不是全盘西化。"[①]在法治建设之中，我们在对待世界关系上必须克服这样的情形：一是以中国特色排拒世界法治共识，用特殊性对抗普遍性；二是以世界或西方的法治作为模本，以全盘照抄而不是借鉴吸收的方式，建构或要求中国法治。这两种倾向都是不良倾向，对中国法治发展必然是有害的。

（三）法治上的中国与世界的统一

中国不能拒绝世界。从近代以来，中国从屈辱的开放走向自主的开放，已经成为世界大家庭的重要成员。现代的中国期待并已经在许多方面担当起大国的责任。这样的国家是无法拒绝世界的。世界是背景和周遭，我们本身就在世界之中，中国法治必须尊重这一客观现实，并以此为条件来建构自己的法治国家。

立足脚下的土地始终是中国法治的根本，法治是中国的，就必须也只能以中国作为自己的基点。以中国为基点，至少应该包括这样的含义：一是以国情作为法治的现实基础。不论法治的这个基础是好还是坏，都必须受到尊重，并以其为基础来进行决策和加以推进。国情是可以改变的，但却是没有选择的，所以必须充分认识国情。二是根据国情确定法治目标。依法治国，建设法治国家，那只是一个总目标，其中还必须有一系列阶段性的、过程性的目标作为过程和环节，这些阶段性目标不能脱离国情与实际。三是推进法治的手段不能脱离国情实际。如何提升法律意识，如何开展普法宣传，如何引导社会进入法治状态，这些具体的措施与方法必须立足于中国的国情实际，确保确实有效。

---

① 郝铁川：《儒家思想与当代中国法治》，河南大学出版社1994年版，第290页。

将中国与世界相统一,是法治的发展道路,忽视任何一个方面都会导致法治偏离方向,或者使法治遇到挫折。中国与世界的关系似乎是一个大而无当而又老生常谈的话题。然而法治现代化不可回避这一问题,因为法治建设是在世界的背景下和范围中进行的,如何推进中国的法治建设,它与世界的法治状态是什么关系,是必须考虑并很好解决的问题。当代各国法治建设既有与其他国家法治发展相一致的问题,也有为本国社会状况所决定或制约的问题。中国现代法治可以说是中国现代化的产物,它与其他国家的法治是什么关系,尤其是它与自身的国情是什么关系,这是我国在现代化的法治建设之中必须回答和解决的问题。对于这些问题的思考不能仅仅停留在哲学层面,更必须将这种思考结论融入制度设计与规范拟制的法治实践中,否则,立足中国、将中国与世界相统一就只能是空谈。

二、农村与城市的视域范围

城乡二元结构是中国的现实,中国法治遇到的一个极为重大的问题就是:面对城市与农村,应该怎样推进法治,如何使法治既尊重城乡二元结构的现实,又统一于中国现代法治之一体。

(一)中国农村制约着中国法治

在中国传统社会中,农业一直是经济的主要形式。自然经济是基本经济形态。在自然经济之下,缺乏商品流通和人口流动,族规、地方习惯规则,加上不得已而适用的国家法律,社会也就能得到有效的调控了。在传统的中国社会之中,尤其是在广大农村,大量的立法必然成为多余。严密有效的家族自治、地方自治发挥着极为重要的作用,繁杂的国家管理在许多地方成为多余,因此国家管理常常十分简略。国家是否法治,对于许多社会成员来说,是不予关注也难以关注的。近代以来,中国工业化和城市化的进程不断加快,尤其是改革开放以来中国农村以前所未有的步伐开始了自己的现代化和城市化进程。但是农村、农业对于中国社会依然具有举足轻重的影响,甚至在最终的意义上制约着社会发展。

农业大国的特点决定了中国是农村大国。农村经济与社会发展水平远远落后于城市,农业经济的现状是无法回避也不容回避的现实。对于客观现实的任何视而不见都是自欺欺人,必然遭受现实的报复。

中国的现代法治建设是在大农业的基础上启动并推进的，对此，我们没有理由加以否定或者置若罔闻。农村的法治需求与法治状况显然不同于城市，但是我们在城乡建立的法治机构与组织却是高度统一的，执法活动与机制也是高度统一的。统一的法治，在逻辑上，既可能是统一于农村也可能是统一于城市，但实际的情况总是农村被城市所统一。法治一直是被城市所主导并且是按照城市的标准与方法来建设的。这有它的必然性和有益性，但是问题也就隐藏在其中。

农业大国的特点必然意味着中国是农民大国。在一个很长的时期，中国农村人口占了人口的大多数，尤其是贫困人口大多数集中在农村。农民的经济收入总体处于较低的状态，许多农民的贫困状况还难以在短期内得以改变。农民的文化素质总体上低于城市人口，这不仅不是农业的错，甚至是农民更应该受到关爱的理由。但这是客观的实际，不容许回避或者逃避，对于农民占据人口大多数的现实必须予以尊重。在农村推行法治，必须考虑农民的现实文化状况与法律意识水平，既不能迁就农民意识水平的现实，但又不能脱离农民文化意识的实际状况。

（二）中国法治未能充分注意农村实际

相对于农村的实际，现代法治的确过于城市化。对于法治过于城市化的批评，不是说要使中国的法治远离城市，或者成为农村法治，而是说现有的法治措施都是以城市为基础来拟制的，我们对农村社会没有足够尊重，对于农村利益没有充分保护，对农村经济没有给予应有重视，并未从农村、农民、农业的实际出发。

现行的法律制度，对农村社会没有足够尊重。农村社会虽然也在现代化，但是在许多地方，还是亲属、家族结邻而居的现状。农村的婚姻还是相对近距离男女之间的婚姻，各种姻亲关系必然呈网络状格局。儿女与父母相距不远，尤其是父母子女、兄弟姐妹往往是邻近居住，这种人际关系的持续化必然会导致邻里关系或农村村落的亲属化与家族化状态，在此基础上建立的农村社会组织与土地制度又不可避免地在一定程度上固化和强化了这种社会关系。现代中国农村的家族主义问题是以亲缘结构、邻里结构、行政结构和土地制度作为支撑的，因此，农村的亲属、家族因素一直是不可忽略的因素。个人—家庭—亲属—家族之间的利害牵连与矛盾冲突，错综复杂，他们之间的关系远远不同于城市中的“陌生人关系”。农村纠纷易于发生,也易于化解。许多纠纷如果通过协商、调解得以解决了,就不会有大的后遗症。如果一旦经过国家司法机构解决,或者通过国家机构的强制执行,通过刑事上的刑罚制裁,在当事人及其亲属之间就会形成难以愈合的伤痕。他们之间的一般矛盾就可能演化为子孙仇恨,世代延续,成为农村社会矛盾冲突的隐患。我国目前的农村纠纷解决制度都是根据城市人的生活状态与人际关系来设计的。在城市里,当事人之间一般都没有亲属关系,也很难有世代聚居的历史渊源,更没有土地和土地制度将他们约束在一起。农村村组是由历史上的自然村落,或人民公社的大队、生产小队演变而来的,组织关系远比街道和居委会严密,城市中同一街道与居委会的成员甚至并不一定属于同一个工作单位。城市里的当事人之间有了矛盾,可以通过改变居住区域或改变工作单位的方式得以缓解甚至消除,但是在农村不行。农民基本上还是以乡村作为自己的生活和工作区域的,即使他们外出打工,他们的根也还在农村。之所以称为外出务工或者打工,本身就意味着城市不是他们的家,他们的根在固有的家乡。

既有的法律制度,对农民利益没有充分考虑。我国农村,人均耕地不到1.5亩,东部9个省区人均耕地仅有0.87亩。如果以人均耕地1亩计算,我国每年向农村征用耕地250万~500万亩,[①]以此计算,每年至少使250万~500万农民失去土地,成为失地农民。由于在法律制度上,农民个人并不享有土地的所有权,集体所有的土地也没有任何法律制度认可其可以通过土地市场获得对价,因此,通过行政命令方式使这些农民的土地被征用,政府在给价格不等的补偿后,农民即没有了劳动对象——土地。征地往往伴随农房拆迁,征地补偿与农房拆迁补偿加在一起,一家农民获得几万元、十几万元乃至几十万元的补偿,在买房、装修、买家具之后也所剩无几。由于就业困难,社会保障缺位,失地农民很快进入贫困状态。在以前无论多么贫困,也无论土地的收益多少,土地总是他们维持生计的基本依赖。现在连土地也没有了,他们除了打工就没有其他的生存手段。但是工作也并不好找,生活对于他们来

---

① 连玉明、武建忠主编:《中国国力报告》,中国时代经济出版社2006年版,第401页。该报告表明,2004年新增建设用地641.7万亩,占用耕地为343.6万亩;2005年新增建设用地401.7万亩,占用耕地为217.6万亩。这些耕地数据之中应不包括以荒地为名而违法占用的耕地。

说是十分艰难的。也许可以这样认为,“虽然经济权力在法律规定范围内最终取决于土地的所有权,但是在现代社会,那享有最多权力的并不是名义上的土地所有者”。[①] 目前的城市就业指导与服务,除了劳务工市场,实际上主要是服务于城市人口的。农民即使就业也是被作为农民工对待,多数都从事的是笨重的体力劳动。社会保障也主要在城市,农村贫困人口普遍缺乏社会保障。有的地方已经开始在农村普遍实行社会保障,但是这还需要国家的经济能力和法律制度的保障作为基础。许多地方政府和政府官员依然认为,农民的征地与拆迁获得补偿后,政府就没有了责任,根本就没有意识到救助被征地或拆迁的农民,对他们实行社会保障还是政府的义务。在社会的法律制度上,还没有对农村人口实行普遍的社会保障,也没有应有法律法规对此进行专门的法律调整。

现行的法律制度,对农村经济缺乏充分考虑。“经济之于法规的内容,应具有因果关系,经济的基础,既有变换性,则法制的内容之必受其影响,自属无疑。”[②]法治总是以一定经济形式作为基础的。古罗马的法治,虽然不是现代法治,但是它也是以古罗马发达的商品经济作为基础的。没有古罗马商品经济的发达,古罗马法治就无法建立。在西欧的中世纪为什么没有法治,其中一个重要的原因就是它的经济是领主经济而不是商品经济,缺乏建立法治的经济基础与经济要求。西方资产阶级法治的兴起,是与西欧社会资本主义经济关系的萌芽分不开的,是与西方海上贸易的兴起与发展分不开的。正是有了这样的经济基础作为前提,罗马法才借机得以复兴,才有了所谓的罗马法复兴运动。复兴罗马法的运动正是适应前两者需要的产物,他们又共同构成了资产阶级法治建立的前提。中国当下的农村经济,还不是完全的市场经济,它兼有自然经济和市场经济的某些因子,是二者的混合状态,如何在二者基础上建设现代法治,是值得我们思考的重大问题。

三、传统与现代的时空背景

认识中国现代法治,不要仅从改革开放重新开始法治建设这 30 年

---

① ［英国］伯兰特·罗素:《权力论》,载《罗素精品集》,中国社会出版社 1997 年版,第 267 页。

② 梅仲协:《法学绪论》,三民书局 1981 年版,第 13 页。

来考察,而应该放眼从清末以来的这100多年的法治实践,应该着眼中国数千年的历史演变。如果在法治发展的过程中忽略了传统文化,法治建设就必然会遭受严重阻碍。

中国传统文化在整体上是不利于现代化的,因此,现代化的发展必然要求对传统文化进行扬弃,在法律文化上的情形也是如此。“我国的传统法律文化,是以自给自足的自然经济为基础,以巩固皇权神圣不受侵犯为宗旨。这与市场经济为基础、以发展社会生产力为根本宗旨的法制现代化相对立。这就决定了传统法律文化总体上是无法和法制现代化沟通的。”①对此,必须有深刻而清醒的认识。

但是传统文化始终是十分重要的,它是一个国家或民族发展的起点与基础。中国法治是现代的,但是它又是以传统文化作为历史基础和前提的。“虽然我们认为传统法律文化的主要内容与法制现代化水火不容,但决不意味着要全盘否定传统。”②传统文化是由古及今持续发展演变而来的文化、习惯、道德、思维方式、价值观念等的总称,它是中国自古以来就一脉相承并变革发展到现代社会的文化总体状态。法律文化传统也是如此。“不同文明国度在其社会历史演变中产生了各具特色的不同法律文化传统。它们构成了民族精神的载体,体现了民主的价值准则与价值追求,蕴含着民族法律调整的丰富历史经验,也成为民族观照和反思自身的一面镜子。”③中国传统文化博大精深,源远流长。它是以儒家文化为主轴,以道家文化和法家文化等众多思想为补充的思想体系、价值体系。其中,良莠并存,有的有价值,有的没意义;有的有益,有的有害;有的应当继承,有的应当抛弃。不论对中国传统文化如何评价,它都客观、历史而又现实地存在,并发挥着效用。中国法律是由传统而现代化的,并成为现代法治的基石。“法律发展的本质性意义,就在于伴随着社会由传统向现代的转变,法律也同样面临着一个从传统型向现代型的历史更替。法律的这一转型与变革过程,就是法制现代化的过程。”④

---

① 郝铁川:《儒家思想与当代中国法治》,河南大学出版社1994年版,第291页。

② 郝铁川:《儒家思想与当代中国法治》,河南大学出版社1994年版,第297页。

③ 公丕祥:《东方法律文化的历史逻辑》,法律出版社2002年版,第9页。

④ 公丕祥:《法制现代化的理论逻辑》,中国政法大学出版社1999年版,第21页。

（一）传统文化被现代法治所忽略

在文化的意义上，中国法文化历史悠久，根深蒂固。中国法制起步很早，已有数千年的传承。“伏羲神农教而不诛，黄帝尧舜诛而不怒，及至文武，各当时而立法。”①“圣人制礼作教，立法设刑。”②中国法学作为一个现代学科起步并不早，但是将法或者法律作为一种知识或者学问来加以研究则是古已有之。据史家考证，早在春秋战国时期中国就有了职业的法学家，即以“律学”研究为其职业的人。“古代中国人在这个领域创造的如此丰富的思想文化成就，使我们无论如何也无法否认中国古代法学的存在。因此，笔者认为，中国古代不仅存在法学，而且还是一种比较发达的法学形态。”③“我国自西汉中期以后，形成了以儒学为母体，吸取诸子百家的主体思想文化。与此同时，在法的领域出现了奉儒家经典为最高法典，引经决狱，以经代律，以经注律，纳经入律的法文化思潮。”④中国的法学由是便产生发展起来。从此之后，经过日积月累，出现了浩如烟海、汗牛充栋的相关论著。传统的法律文化中蕴含着丰富的思想资源，并且与整个中华民族和中华文化具有内在的联系，积淀和内化在民族的心灵深处与意识之中。然而，中华法文化如同整个中华文化一样，从近代以来就没有被认真理性地对待过，被片面批判的多，被理性对待的少。从戊戌变法，到五四运动，到新中国的社会主义改造，再到无产阶级“文化大革命”，包含着法文化在内的整个文化，一次一次地因各种原因而备受摧残，很少或者基本上没有被理性地解析，进而客观而冷静地梳理，给予应有的扬弃。传统文化包括法文化难以在制度的层面保留，而更多地以内化的残缺状态存在于社会与观念之中。

鸦片战争，西方以船坚炮利打开了中国的大门，中国人看到了外面世界的精彩，发现自己远离了世界的先进行列，于是自我批判性质的反思就自然而然地成为文化的主流。在这种批判之中，出于爱之越切，责之越深的自然心理，许多学者对传统文化包括传统法文化进行了最彻底的否定，先后产生了许多反传统文化的先锋。他们的出发点是为了

① 《商君书》。

② 《汉书·刑法志》。

③ 何勤华：《中国法学史》，法律出版社2006年版，第44页。

④ 俞荣根：《道统与法统》，法律出版社1999年版，第419页。

民族自救、奋发图强,激励国人的自尊心,但是他们的批判也不可避免地导致了极为严重的低贬历史、轻谩传统、废典谤祖的恶果。

在这种背景下启动和推进的中国法治就难免会是忽略传统文化的西化产物。从中国现代法治启动时开始,传统文化包括传统法文化都是处于被排斥状态的,中国法治建设很难立足于自身的传统文化之上。随着时间的推移,到了当代,传统文化在“文化大革命”期间的遭遇就自不待言了。通过“文化大革命”,传统文化受到了毁灭性打击。即使到了今天,中国传统文化包括传统法文化对于中国法治的意义,在许多场合都同样是被忽略的,甚至在许多方面都是被否定的。“文化大革命”结束后,现代的中青年学者没有再对传统文化踏上一只脚,但是不闻不问几乎是主流。即使是批评性的引证,也鲜见。除了法制史学和法律思想史学方面的著作之外,其他理论法学和整个部门法学似乎都将中国传统文化置之脑后,似乎中国5000年的文明史从来就没有出现过法制。论述法治的著述,引证古代的总是柏拉图、亚里士多德、西塞罗,引证近代的总是卢梭、洛克、孟德斯鸠、康德、黑格尔,引证当代的总是庞德、凯尔森、德沃金、罗尔斯、波斯纳。如果统计一下中国最有影响力的法学期刊,你不难发现,除了法史学的论文之外,引证中国古典文献的论文,即使是批判性引证的都是凤毛麟角。一些近代法律著作也“由于印刷技术低下、纸质粗劣、馆藏条件落后,许多法学书籍破旧枯朽,不堪翻阅,有些甚至图文蚀褪无法辨读。加之种种人为原因,那些汗牛充栋的法学资料长期尘封蛛网,很少有人记起,半个世纪的探索和成就竟被视若虚无”。[①] 中国传统文化整个地被忽略。中国法学界在推进法治发展的过程中,集体失忆。“中国近百年的‘法律西化’运动,有许多矫枉过正的缺失。这种‘矫枉过正’的法律变革,使我们的法制不但过分对抗中国文化传统,也偏离了西方法文化的精神传统。”[②]

(二)传统文化被忽略的必然性

在中国法治建设的百年历史中,传统法文化的被忽略,并不是无缘无故的,有它特定的历史原因。

---

① 谢振民编著、张知本校订:《中华民国立法史》,中国政法大学出版社2000年版,总序。

② 范忠信:《中西法文化的暗合与差异》,中国政法大学出版社2001年版,自序。

一是中国传统社会中从来就没有现代法治的传统。中国传统社会中从来都没有过法治的概念，即使偶然提及，也根本就不是现代法治的含义。中国历史上，法家眼中的“以法治国”不过是“一断于律”“王子犯法与庶民同罪”罢了，它并没有以民主为基础和目标，也没有对于权力的全面而有效的制约“法的统治”与“法律至上”。既然中国传统社会中没有现代法治，中国古代学者也从来没有论证过现代法治，在论述现代法治的著作中不会提及它们，自然是情理之中的事情。

二是中国传统法文化著作甚至比外国名著还难读懂。中国传统的法文化著作都是文言的，对于少有文言功力的中青年来说，了解和阅读的难度是可以想见的。中国传统的经典著作《礼记》《论语》《中庸》《孟子》等之中都有许多关于法律的论述，但是这些著作文字的晦涩程度远胜于西方著作。对于外国法学名著，即使是外文的，对于新生的法学后继者们，也许也比中国古文好懂，更何况外文著作还有大量的中文译本可以阅读。

三是中国教育中一直忽略传统文化的内容。从 20 世纪中叶以来，我国从小学、中学到大学、研究生的教育中，传统文化总是处于次要的地位。严重的时候，中国传统文化甚至被整体地当作封建糟粕加以抛弃。在法学教育之中，西方法学所受到的重视程度也远远超过了中国传统法学。在法学著作的出版中，西方法学的出版数量远远超过中国传统法学著作。法学古籍的整理和出版门庭冷落，而翻译西方法学著作的盛况则可以说是炙手可热。对西方法学的热情与对传统法学的冷落形成了鲜明对比和极大反差。

（三）忽略传统文化的危害性

在现实制度上，我国的现行制度和规范，都是在西方近现代法律文化的影响之下建立的。近代以来，由于中国国力的衰微，基于自我反省与批评、西方的压力，加之中国急于现代化的需要，祖宗之制被迫进行了西化的改革。虽然近代以来中国政权不断更迭，但是法律西化的脚步却断断续续地一路向前。改革开放以后，中国法律制度又继续着既有的历史路径向前延伸。应该说中国目前的法律制度主要还是以西方的法律制度作为重要的参照范式来建立的。这应该说是一条正确的道路，毕竟现代法治肇始于西方。

中国作为后发达国家和后现代化国家，其法律制度要以先发达国家和先现代化国家的法律制度作为范式,当然是无可厚非的。甚至可以说,作为发展中国家的中国要借鉴西方的法律制度,是势在必行,理所当然。“由于西方的法治理论历史悠久,内容丰富,条理清楚,因而,在我们建设中国式的法治国家的过程中,西方的法治理论是一种非常重要的参考经验。”①但是对于传统完全地不屑一顾,则是令人忧虑的,久而久之,我们将失去自己的历史依据和文化根基。一方面我们忽视了传统法文化,但是另一方面“20 世纪中国法律文化现代化的历史进程中,无时无刻不受到中国传统法律文化的影响和制约。中国法律文化现代化与中国传统法律文化之间的关系,是每一个研究者都无法回避的问题”。② 不能说中国传统的法文化都是精华,甚至还必须承认其中存在很多糟粕。中国的现代法治绝对不能是中国传统法文化的自然延续与简单翻版,这是我们不能不正视的。当然,也不能认为中国现实法律就有多么严重的问题。但是,我们在法律制度和显性文化上割断传统的做法,实在是中华法文化的悲哀,更重要的是,它使我们出现了灵魂的分裂。在文化的底层,中华法文化的某些因素内在地发挥着作用。另外,我们又在法律制度、司法实践的层面上效法着西方的法律理论和法律制度。传统法文化作为隐性文化发挥着作用,而又缺乏显性制度与司法实践的支持;现代西化的法律制度的确是显性的,又时不时受到作为隐形文化的传统法律思想与观念的制约甚至左右。

中国传统法律文化的被忽略,所产生的是我们预想不到的恶果。它可能使我们的现代法治失去中国根据、历史基础和文化前提,最终远离这块土地而成为空中楼阁。长此以往,中国法学家也许将会成为既不精通西方,又很少了解中国,甚至根本就不了解中国传统的法学家。中国法治如果完全由这样的法学家来研究和推动,实在是匪夷所思。这样,对于中国法律现象包括法律现实的认识难免会脱离实际。如果我们培养的法律实践人才,完全接受西方法学思想,而对中国历史、文化和国情包括中国的社会关系的独特性质等缺乏认识,就必然使其立法和执法活动背离中国实际。在他们满以为可以圆满成功的时候却遭致现实无情的否定。我国有的法律规范仅仅是纸面的工夫,除了与立

① 吴玉章:《法治的层次》,清华大学出版社 2002 年版,第 3 页。

② 刘作翔:《法律文化理论》,商务印书馆 1999 年版,第 303 页。

法者素质欠缺有关之外，与此也是不无关系的。

（四）传统—未来—现实

在法治发展之中，对于传统的关注是非常重要的，它是我们的出发地，是我们开始新的法治建设的起点之所在。“传统决不意味着腐朽、保守；民族性也不是劣根性。传统是历史和文化的积淀，只能更新，不能铲除，失去传统就丧失了民族文化的特点，就失去了前进的历史与文化基础。我们需要从固有的法律传统中，引出滋润了五千年中国的源头活水，需要科学地总结和吸收有价值的因素。”①正是因此，有学者针对我国法律体系对传统的疏离而指出：“由于我们的法律体系整体是以市民伦理为价值取向建立起来的，是以彻底地背离中华法系的亲属伦理法传统的态度、立场而建立起来的。所以现在我们要赶紧做的，不是向以亲属法伦理为价值取向的法律体系里掺进体现市民法伦理的制度因素，恰恰相反，而要是往市民性质法律体系里掺进一些体现亲属法伦理的制度因素，以矫其偏，以合国情，以使法治能更被国人诚悦地接受而更好地生效力。”②

如同对传统的关注一样，对于现实的良好把握同样是智者的共同特征，但是我们经常在过去与未来的时间上错位，导致对于现实的误读。有的人误将现代等同于过去。最突出的表现，其一是将我们现阶段等同于阶级对抗的社会，在法学理论上强调阶级和阶级斗争，这是我们很长一个历史时期都在犯的错误，其影响至今没有完全消除。到目前我们有的法学教科书，有的法学学者还大谈现在的法仍是统治阶级意志的体现，过度强调法的阶级性质与社会的阶级斗争，把所有的法和国家机器都等同于阶级斗争与阶级统治的工具。其二是将我们现代社会混同于中国历史上的传统社会。中国传统社会是自然经济和农业经济的社会，也是家族主义和专制主义的社会，与今天相比较实在是相去甚远。然而在现实中，还存在这样的倾向，即崇尚专制反对民主，崇尚人治反对法治，看不到世界的发展，看不到中国改革开放的历史性进步，看不到中国社会转型性的跨时代飞跃，仿佛中国法制与法治的基础就是那个遥远的旧时代。其三是误将我们现阶段等同于未来社会，拔

---

① 张晋藩：《中国法律的传统与近代转型》，法律出版社1997年版，前言。

② 范忠信：《中西法文化的暗合与差异》，中国政法大学出版社2001年版，第345页。

高中国法治所处的历史阶段,对法治提出不切实际的要求。我国正在现代化的过程之中,从戊戌变法以来,一直在进行着现代化的变革,这场变革就是一场接力赛。我们还没有完成现代化,从体制、观念、理论到文化,现代化都还需要不断努力并假以时日。我们离现代化都还有距离,后现代是在现代之后产生的,中国还不具有后现代的社会条件。我们所做的,最多是用后现代的眼光来审视现代化和现代,利用前车之鉴,努力防止现代化的某些问题发生。如果我们在还没有完成现代化的现在,盲目地批判现代,崇尚后现代,就可能阻碍法治现代化的步伐,导致严重的时光倒错。

四、建设与革命的性质判定

中国法治的历史发展,到今天的法治实践其性质是建设还是革命,这也同样是一个重要的问题。有的学者认为,“在20世纪中国法律发展的历史进程中,伴随着三次历史性巨变,产生了三次法律革命,即1911年辛亥革命所引发的第一次法律革命,1949年中国人民大革命胜利所形成的第二次法律革命,以及与1978年改革开放相伴而生的第三次法律革命”。[①] 他们所认为的三次法律革命,引发的原因是不同的,前两次法律革命是由革命(包括社会革命和政治革命)所引发的,后一次法律革命则是由社会改革所引发的。第三次法律革命从其变化之巨来说,称之为革命并无不妥。但我们经常不加特别说明的革命并不是指的改革,而是指的社会革命和政治革命。再说,法律革命也严格地不同于社会革命和政治革命。这里所说的“第三次法律革命”它确实是以法律改革的方式表现出来的,它更是社会改革(而不是激烈的社会革命)的直接产物,而不是社会革命与政治革命的直接成果,它是法治建设的一种特殊形式与状态。在这一点上,第三次法律革命与前两次法律革命是截然不同的。第三次法律革命实际上是中国法治建设中的巨大变化,是法治建设的独特环节和阶段。中国正在进行的法治建设是在完成了社会革命和政治革命的基础上,正在进行的社会建设事业。在社会和法治发展中错把建设当革命,错用革命代建设都会导致严重的失误。

---

① 公丕祥主编:《当代中国的法律革命》,法律出版社1999年版,第38~39页。

(一)以革命建立法治的政治前提

人类社会一进入法律社会,并不首先就是法治,甚至就是人治。只是,这种人治可能是开明的也可能是专制的。但即使是开明的人治,也还不是民主,也还不是法治。法治都是从人治的基础上发展形成的,是人类总结社会管理经验,总结人治教训的理性成果。在法律产生以后的社会发展之中,特别是在从人治向法治的转换之中,都是通过革命性的变革来完成这一质变的。中国现代法治也是以革命性的变革甚至是直接以革命作为动力来建立政治前提的。为什么这样认为,我们可以从这样两个方面来思考:

第一,中国传统社会的专制制度,决定了法治的政治前提必须依赖革命才能得以建立。传统中国是一个政治专制的国家。“中国封建社会君主专制的集权程度,总趋势是愈益强化,皇帝本人集立法、司法、行政、军事指挥大权于一身,将中央集权推至极端。”①“皇帝集权的法律形式是‘口含天宪’,言出法行。一言兴邦,一言丧邦,全在帝王意志的须臾闪念之中。”②高度集权、皇权至上,是中国传统社会的政治状况,传统社会的法制不过是专制的附庸和工具。法治与专制是根本对立的,法治强调的是对权力的约束,而专制的特性就是不受约束。在专制与法治之间,天然地存在不可调和的矛盾,存在着不共戴天的本质冲突,在专制之下绝对没有法治可言。法治反对专制,同样专制也会反对法治。“人们曾经想使法律和专制主义并行,但是任何东西和专制主义联系起来,便失掉了自己的力量。中国的专制主义,在祸患无穷的压力之下,曾经愿意给自己带上锁链,但却徒劳无益;它用自己的锁链武装了自己,而变得更为凶暴。”③法治是无法与专制相共融的。要推行法治就必须推翻专制,而任何专制都不会自动地退出历史舞台。即使到了行将就木的时候,也还会垂死挣扎。任何专制权力都不可能自动地退出历史舞台,或者自动地让位于民主与法治,要推翻专制常常都只能依赖革命。因此,要使法治得以建立,就必须采用革命的手段推翻专制制度。

---

① 冯天瑜、何晓明、周积明:《中华文化史》,上海人民出版社 1990 年版,第 218 页。

② 冯天瑜、何晓明、周积明:《中华文化史》,上海人民出版社 1990 年版,第 218 页。

③ [法]孟德斯鸠:《论法的精神》(上册),张雁深译,商务印书馆 1961 年版,第 129 页。

第二,中国的人治体制必须革命才能打破。中国人治体制经历了数千年的发展,到了近代已经是十分僵化而固定。它依靠的是政治领袖少数人甚至是个人的智慧,是与专制相联系而并存的。中国的人治经过历史的发展,早已是体制性和制度性的人治,它是在几千年的社会发展与流变中培育起来的,到了近代社会已经是牢不可破的体制了。对于这种体制性和制度性的人治,是不能依靠法治来消除的。法治是对人治的反动,是对人治的否定,但是法治本身并不具有摧毁人治的力量。法治的建立必须以民主作为政治前提,这个政治前提只有依赖革命才能得以建立。没有革命的发生和质变,社会与法治必将在既有的轨道上滑行。"法治与人治之间存在着根本的对立,是不能相互'结合'的。"①因此,摧毁人治体制的重任必然落在革命的身上。

中国法治正是在革命的基础上全面启动的。在清末,我们的改制是在维护皇权之下进行的,是皇权至上的法治。它必然地具有不彻底性。清末改制的历史贡献是巨大的,但是终究是在皇权之下展开的,当然是非现代非民主的。辛亥革命正是否定专制和人治的十分坚决的革命手段。在这一革命中,专制与人治的堡垒——帝制——被推翻了。中华民国时期的法治就是革命性变革的产物,人治随着封建制度的形式上的被推翻而隐形。由于中国社会的资本主义发展遭遇了帝国主义入侵的干扰,它对封建的革命并不具有彻底的性质,所以继续中国传统社会的不是严格意义的资本主义社会,而是半殖民地半封建社会。在那个社会中,它有着对封建制度的妥协。后来中国人民,在以革命力量推翻半殖民地半封建统治之后,对中国法律与法治予以了新的审视,开始了新型法治的建构。20 世纪中叶,中国的法治建设揭开了新的篇章。

(二)以建设推进法治的发展完善

"如果说晚清修律是中国法律近代转型的开端,此后经过中华民国,至新中国成立,再到今天的改革开放是中国法律向现代化的目标前进所经历的几个阶段。"②清末,中国现代法治开始萌生。如果认为清末改制还只是社会改革的话,国民党领导的资产阶级革命和中国共产党领导的无产阶级革命则是严格意义的革命。通过这两场革命的洗礼,

---

① 李步云:《走向法治》,湖南人民出版社 1998 年版,第 107 页。

② 张晋藩:《中国法律的传统与近代转型》,法律出版社 1997 年版,前言。

人治在体制性和制度性上遭到了致命打击，法治伴随着革命的成功而起步，随着社会的发展而不断推进。法治建设成为了新时代的旋律。为什么社会发展及其法治在经历革命之后还需要建设呢？

政治专制与人治统治被推翻后，需要以法治建设作为后续措施。刚刚经历了社会巨变之后，尤其需要社会的快速发展建设新的社会。建设就成为新时代的主题。从制度的意义上讲，对人治的体制和制度进行革命后，人治体制和制度被推翻了，新的法治体制与制度必须建立，以取代旧的体制和制度。没有新的体制和制度，旧的体制和制度就会继续发挥作用，甚至死灰复燃。这是一件除旧布新的工作，没有它就无法使社会有序发展。建设法治也就是除旧之后的布新。从思想文化的意义上讲，传统专制和人治的国家即使发生和经历了革命，专制与人治的余毒也不可能在短期内肃清。作为一种文化，它不仅是以体制和制度状态存在的，它更以文化和心理的状态存在。这就使得我们在摧毁了体制和制度性的专制与人治之后，在思想、文化、意识、心理层面都还有一个重新建设问题。没有新的法治文化建设，旧的制度及其思想文化就有立足之地，社会就难以彻底清除专制与人治的影响。因此，对法治进行不断地建设式地推进，是革命之后新型法治体制建构与文化发展的必然。

法治所依赖的社会发展是渐进的过程。法治的完善是一个渐进的过程，是由社会发展的渐进性所决定的。社会发展总是渐进的，社会政治、经济、文化都需要建设。新型政治制度的确立并不等于新型制度的完善，制度从确立到完善还有一个历史发展过程。经济和经济基础的发展，也是渐进的。法制现代化必须以市场经济为基础，市场经济也需要在历史中发展完善。“所谓法制现代化，就是要建立起一套与现代化市场经济相适应的法律制度，以取代过去建立在自然经济和计划经济基础上的传统法律制度。市场经济是法制现代化的根本动力，是我们研究法制现代化的逻辑起点。”①没有市场经济就没有现代法治，现代法治所依赖的市场经济是逐步发展形成的，这也同样决定了法治本身必须依赖与经济发展同步的建设过程。社会文化的建构也是一个历史发展过程。社会的文化建设是社会法治建设的基础与条件，文化发展的

① 郝铁川：《儒家思想与当代中国法治》，河南大学出版社1994年版，第284页。

渐进性也制约着法治发展的渐进性。法治也许会有超前发展,但是在总体上,社会政治、经济、文化的发展总是法治发展的前提与基础,甚至是法治发展的动力之所在。“现代社会与传统社会尽管可能同样使用了法治这个语词,但它们的社会实践的内容却有一个巨大的质的变化,引发这一变化的是社会变迁,是现代化这个巨大的工程。”①社会现代化需要我们努力地建设。

法治发展是一个以建设作为动力的渐进过程。法治制度的建构、体制的完善、机制的完备都不是短期可以完成的,它需要的是一个历史的过程。这一过程是随着时间的推演而不断推演的,更是随着体制、制度、措施的科学累加而完备的。就是发展到完备状态的法治也还会在社会发展之中出现不完备。在某一个时期相对完备的法治,随着时代的发展也会变得不那么完备而需要进一步的发展。法治本身的渐进性质,决定了法治发展是一个渐进的过程。

以建设推进法治与以革命推进法治有着重大的差异。以革命推进的法治变革,是法治的突变,带来的是法和法治的本质性转化。社会因革命而获得巨大的进步,社会也因革命而付出巨大的代价。那是社会发展的飞跃。革命可以分为暴力革命与非暴力革命两类,越是在生产力高度发达的阶段,革命尤其是暴力革命的代价会愈加沉重。在现代化的背景之下,暴力革命的损失和代价会更加巨大。革命实在是社会需要突变的产物,也可以说是社会不得已而为之的选择。随意地用革命的方式以解决社会冲突并不是负责的态度,尤其是在社会性质并不发生质变的情况下,革命的代价实在是不必的。因为这些代价最终都是由人民来承担的,任何人都必须对人民负责。社会或者法治若能通过改革而获得进步,就不必也不能使用革命的手段,否则冲动的结果是物质财富的大量浪费和人为破坏,生产力发展遭受严重障碍,人类文明受到严重伤害,由人民承受不该承受的代价,蒙受不该蒙受的损失,阻断社会的正常发展。对此,必须有对人民高度负责的精神来认识和决策。

以建设推进法治就需要我们从革命的心态调整为建设的心态,以建设的方式与方法来推进法治的发展。法治建设必须处理好建设与破

---

①　苏力:《道路通向城市——转型中国的法治》,法律出版社2004年版,第6页。

坏、愿望与行动的关系。建设是目的,一切破坏都应该是以建设为目标的。简单的破坏思路就应该改变成为建设而改革的思路。必要破坏仅仅是手段,建设才是目的。没有建设的破坏,只能是灾难和混乱,绝对不是人民和社会的福音。为建设而破坏,是以建设作为目标的破坏,其破坏的对象本身就是应该被破坏的,因为它已经成为建设的阻碍。为建设而进行的破坏可以认为是建设的构成部分;如果破坏的目的不是为着建设,仅仅是以破坏自身作为目的,那样的破坏将是灾难。恰如现代的旧城改造。不为着新的建设需要,没有新的民居安置或足够的补偿与赔偿,就不要去拆除现有的民居,哪怕是破烂的民居。不拆除,老百姓还可以安身立命,一旦拆除,他们将无处可避风雨。要以建设推进法治,坚决反对为破坏而破坏的不负责任的心理态度与客观行为。法治建设,必须处理好愿望与行动的关系。我们在主观上期望法治能够突飞猛进,但是建设中的法治总是缓慢的,而且总需要我们持之以恒地不懈努力。这种努力应该包括很多方面,但是实实在在地增强法律权威性和有效性,是法治建设中最基本的任务,也是社会领域法治建设的核心主题。法律权威性和有效性就是要实现法律至上。法律的至上境界不是一时达成的,它需要一个漫长的过程,这个过程必须靠逐步增强法律的权威性和有效性来充实。目前我国法治建设遭遇的严重问题就是法律的权威性没有确立,多种政治因素都可能使法律的权威性丧失,实际上则表现为法律的有效性受到伤害。"人们越来越明显地感到,我们所制定的法律连同这种新的调整方式,遇到了巨大的挑战和强烈的抗拒,其最直接、最显著的表现是,人们的秩序感和安全感迅速下降,各种破坏秩序的行为大量发生,作为法治的主要载体——国家制定法的有效性因此首当其冲地受到了极大的质疑。"①如果我们把价值问题留给立法者与法官来解决的话,在社会中,加强法律的权威性和有效性建设,是法治建设中最为现实的重大任务。

以建设推进法治的过程中,改革总是与法治建设相伴随的。以建设推进法治意味着:其一,法治建设是不断推进的。法治建设本身就是一个发展过程,建设中的法治总是阶段性的。最终的法治结果状态,乃至中间的任何一个节点,都是若干个阶段的总和,或者是不断推进的改

① 郑永流:《法治四章》,中国政法大学出版社2002年版,第222~223页。

革的阶段性情形。其二,改革是法治建设的动力。法治自身是稳定的,具有确定性的独特结构。改革为法治建设,尤其是为法律进步提供了手段和途径。改革是一种强大的推动力,是建设过程中的重大变革。其三,改革是法治建设的记录。法治的进步是全方位的,每个方面的进步都是对既有体制包括制度和机制的改革。改革是法治进步的动力,也是对法治进步的确认。每一次、每一个改革措施都是法治进步的足迹。改革本身也是渐进的,它意味着一个递进的发展过程。在社会的发展中,法治也许逐步地不适应社会发展的需要,经过一个阶段的法治改革,它又适应了社会发展。但是这种适应总是暂时的,随着社会的进一步发展,法治还会出现不适应社会发展的情形,改革又将再次成为必要。不适应情形不断重复地发生,牵动着改革的不断重复进行。改革不断地推动社会发展,也不断地推动法治发展和社会发展相适应,推动着法治建设的发展。有了这样的认识,就应该将法治建设与整个改革结合起来,将整个社会改革作为法治建设的时代背景和内在动力,使法治建设与社会改革相协调,并通过改革而进步、完善。

第九章　法治国家的现实发展

一、中国法治国家的初步发展

（一）中国法治国家发展的轨迹

中国古代，并无西方意义上的法治学说或法治实践。所有的仅仅是将法作为手段或工具的“以法治国”含义的法治。以法治国的法治并不等于近现代法治的含义。西方意义上的法治，尤其是西方资产阶级所主张的法治和法治国家概念，在中国是近代才从西方引入的，具体地说是经过日本吸收的德国的用语。“法治国（Rechtsstaat）一词，不论在法学界或社会中，早已成为一个共通名词。此名词乃是一个标准的德语产物，既不是由英文翻译而来也不是源自法文——虽然法国的‘宪政国家’（état constitutionelle）和法治国颇有相通之处。德语的‘法治国’嗣后也随同其他德国法律制度及用语，先传日本，再由日本传至我国。”[①]梁启超等人就是引入西方法治和法治国家理念的第一批中国思想家。梁启超在《中国法理学发达史论》（1904 年）一文中就多次使用了“今世之法治国”的用语，认为“法治主义，为今日救时唯一之主义。立法事业，为今日存国最急之事业。稍有识者，皆能知之”。[②] 他在《管子传》一文中

---

① 陈新民：《法治国家论》，学林文化事业集团有限公司 2001 年版，第 3 页。

② 梁启超：《中国法理学发达史论》，载范忠信选编：《梁启超法学文集》，中国政法大学出版社 2000 年版，第 71 页。

专门论证了管子的法治主义，并说，“今世立宪之国家，学者称为法治国。法治国者，谓以法为治之国也”。[①]

由康有为、梁启超等人倡导的法律变革，其目标就是要建立中国的法治或把中国建设成为法治国家。由此推算，法治国家已经是中国的百年梦想，也可以说是中华民族未了的百年心愿。

在 1895 年，面对甲午战争中惨败、民族危机日益严重的中国，以康有为为首的中国知识分子 1300 余人发动了公车上书，认为“使前此而能变法，则可以无今日之祸，使今日而能变法，犹可以免将来之祸”。提出了拒签和约、迁都抗战、变法图强的主张，而在三主张中又尤重变法。文廷式在北京组织“强学会”，发行《中外纪闻》和《强学报》，号召“变法图强”，掀起了民众的变法维新运动。这实际上是中国民众法治之梦的开篇，是中国启动法治建设的准备。1898 年，光绪接受变法主张，颁《定国是诏》，重用变法维新人士，颁发了数十道维新法令，推行新政。内容涉及政治、经济、军事、文教等诸多方面。“康有为、梁启超把制定宪法作为变法维新的三要义之一，同时提出制定‘民法、民律、商法、市则、舶则、讼则、军律、国际公法’等。”[②]这就是历史上著名的“戊戌变法”。“戊戌变法”虽然仅有百日，当时也仅仅是不得已而为之，远没有要在中国实现近现代“法治”的明确意识，但其确实应被视为中国政治当局（官方）谋求法治的朦胧开端。遗憾的是，它不幸地归于了失败。1901 年，中国清政府发布了“变法自强”的上谕，拟制了宪法性文件、民律草案、商律草案、新刑律、刑事诉讼律、民事诉讼律，以及关于警务、新闻、教育、金融、税制，甚至商标、国籍等方面的行政法规。开创了与世界先发达国家类同的六法体系，开始了中国法制发展的重大改革，在中国法治化的漫漫征程上迈开了第一步。

20 世纪上半叶的中华民国时期，也提出并努力探索过中国的法治之路，由于历史的局限使得它根本就无法把法治国家的口号喊响，更不可能提出建设法治国家的目标。民国时期的著名法学家蔡枢衡先生的见解堪称代表。他在 1942 年 10 月 1 日在云南《民国日报》发表《警察

---

① 梁启超：《管子传》。

② 张晋藩：《中国近代法观念的转变与法制变革》，载刘笃才主编：《走向法治之路》，中国民主法制出版社 1996 年版，第 98 页。

国与法治国之矛盾及归宿》一文，就当时的情形说，“今日中国之理想为法治国，今日中国之现实尚属警察国。因之中国业已进入由传统的警察国脱化为法治国之过程中。在脱化之过程中，警察国之特点与法治国之特色间，矛盾错综，尖锐对立，实为应有风光”。[①] 在 1942 年 5 月在云南的《中央日报》发表的《中国法治诸问题》满怀期待地说，“明日中国将实现法治，这是中国历史社会必然的归宿”。[②] 1946 年 10 月他另外发表了《法治之路》一文，则表现出了极大的悲哀情绪，“以历史观点言，今日中国显然彷徨于法治之门，而不得入。四十年来的中国史似乎启示我们：到法治之路是条迷津。目前社会现实似乎还没有发现迷津中的正确路线，更谈不到有效的实践。法治之于明日的中国，当然非常渺茫”。[③] 1949 年以后，应当明确的法治国家目标并没有得以明确，甚至还没有来得及明确，人为夸大的阶级斗争就取代了法治建设。法治被作为反动的资产阶级的东西加以了彻底的批判，人们甚至忌讳谈及“法治”二字。

我国新一轮，而且是真正一轮法治建设开始准备的时间，也许可以定在 1976 年“文化大革命”结束，或 1978 年 12 月党的十一届三中全会。笔者认为确定在 1978 年 3 月我国“1978 年宪法”的公布为宜。因为，法治准备的开始应当以足以代表法治萌动的根本大法的产生作为标志。1978 年宪法明确了我国新时期的总任务是实现四个现代化，强调了必须发扬社会主义民主和加强社会主义法制。1978 年宪法的这一特征，不能表明其已经开始了社会主义法治建设，但是它为社会主义法治作出了经济、政治、法制三个方面的准备。

随后，到 1978 年 12 月，中国共产党第十一届三中全会召开，社会主义法治的准备得到了党的政策的升华。这次会议制定了以经济建设为中心的政治路线，果断地停止了“阶级斗争为纲”的口号，作出了把工作重点转移到社会主义现代化建设上来的战略决策；提出了健全社会主义法制和加强社会主义民主的方针；审查和解决了党的历史上一批重要冤假错案和一些重要领导人的功过是非。中共党史誉之为“开创

---

① 蔡枢衡：《中国法理自觉的发展》，清华大学出版社 2005 年版，第 121 页。
② 蔡枢衡：《中国法理自觉的发展》，清华大学出版社 2005 年版，第 134 页。
③ 蔡枢衡：《中国法理自觉的发展》，清华大学出版社 2005 年版，第 135 页。

社会主义现代化建设新局面的伟大起点”。这次会议使社会主义法治的准备阶段被进一步确立。

1982 年宪法及其 1988 年修正案就是这一准备阶段法治发展状况的标志。从经济制度的角度看,它为市场经济的提出及其法治建设进行着准备。这一宪法从根本大法的角度确立我国社会主义初级阶段的基本路线为“一个中心,两个基本点”,即以经济建设为中心,坚持四项基本原则,坚持改革开放。规定了我国社会主义经济制度的特征为,以生产资料公有制为主体,多种经济成分并存;以按劳分配为主体,多种分配形式并存。与此相适应,它还具体确认了城乡劳动者个体经济、私营经济和外资经济在我国经济体制中的地位和作用,规定国家要保护其合法权益。从政治制度的角度看,它也为市场经济的提出及其法治建设进行着准备。这一宪法扩大了全国人民代表大会常务委员会的职权与组织,加强了人民代表大会制度;赋予了省级人大及其常设机构的地方性法规制定权;规定了国家领导人的任期制和限任制,从而废除了国家领导职务的终身制,等等。

1993 年 3 月宪法修正案公布。这一修正案将宪法原有第 15 条关于计划经济的规定修改为“国家在社会主义公有制基础上实行计划经济。国家通过经济计划的综合平衡和市场调节的辅助作用,保证国民经济按比例地协调发展”,将“禁止任何组织或者个人扰乱社会经济秩序,破坏国家经济计划”修改为“国家实行社会主义市场经济”,“国家加强经济立法,完善宏观调控”,“国家依法禁止任何组织或者个人扰乱社会经济秩序”,从而启动了中国市场经济及其发展中的法治建设。

1993 年 11 月中国共产党的十四届三中全会通过的《关于建立社会主义市场经济体制若干问题的决议》,从党的政策上进一步深化了上述宪法修正案。它明确提出要建设社会主义市场经济体制,要高度重视社会主义市场经济建设中的法制建设。它指出,“社会主义市场经济的建立与完善,必须有完备的法制来规范和保障。要高度重视法制建设,做到改革开放与法制建设的统一,学会运用法律手段管理经济。法制建设的目标是:遵循宪法规定的原则,加快经济立法,进一步完善民商法律、刑事法律、有关国家机构和行政管理方面的法律,本世纪末初步建立适应社会主义市场经济的法律体系;改革、完善司法制度和行政执法机制,提高司法和行政执法水平;建立健全执法监督机制和法律服务机构,深入开展法制教育,提高全社会的法律意识和法制观念”。

1997 年中共第十五次全国代表大会召开,大会提出了“依法治国,建设社会主义法治国家”的治国基本方略与法治发展目标。1999 年 3 月全国人民代表大会又对 1982 年宪法进行了修改,将法治与法治国家予以了宪法确认。法治的目标意义更加突出,而且成为了宪法的规定:“中华人民共和国实行依法治国,建设社会主义法治国家。”[①]2002 年中共十六大召开,提出要全面落实依法治国革命方略,2007 年中共十七大召开,要求加快建设社会主义法治国家,2012 年中共十八大召开,宣布全面推进依法治国,并于 2014 年的十八届四中全会作出了《中共中央关于全面推进依法治国若干重大问题的决定》,一场声势更大的法治建设运动在神州大地拉开了帷幕。

(二)中国法治国家发展的评析

反观百年的法治之路,法治发展在我国是有制度移植,少社会根据;有机械模仿,无整体共进;有先锋引导,少民众基础;有羡鱼织网,无迎头赶上。

1. 有制度移植而少社会根据

从清末的法律改革以来,中国的法治发展都可以说有相当大数量的制度移植。在 20 世纪初的前十年,清王朝所进行的制宪修律活动,基本上是对西方法治的制度移植。不仅颁布或草拟了取法西方的六法框架(大体包括宪法、民法、刑法、民事诉讼法、刑事诉讼法、商法或行政法),甚至移植了在当时的中国似乎没有多大必要的《公司律》和《破产律》等。其中的《大清监狱律草案》基本照抄了日本的监狱法,但又抄得“犹豫不决”,乃至草案内部也“相互矛盾”。辛亥革命中的《临时约法》将中国法治发展推进到了一个新的高度。国民党政府前十年的立法,应当认为是很有成效的。其《宪法草案》(五五宪草)、《民法典》《刑法典》《民事诉讼法》《刑事诉讼法》的草拟和颁行,为国民党政府的法治发展奠定了基础。其立法目的固然有维护国民党统治的一面,同时也还有继承中国法律传统,吸收西方先发达国家立法成果,谋求中国法治

① 《中华人民共和国宪法修正案》(1999 年 3 月 5 日第九届全国人民代表大会第二次会议通过,并公布)第 13 条规定,在 1982 年《中华人民共和国宪法》第 5 条中增加该段文字为第 1 款。

的另一面。

从清末到国民党统治在大陆的结束为止,应当说,中国从西方移植的法律法规已经不少了,而且经历了至少半个世纪,为什么在中国还未建立起真正的法治呢?

真正法治的建立,是社会经济、政治、文化等多方面综合发展的自身要求,是社会发展的顺理成章的结果,而不是靠简单的模仿、抄袭就能成功的。中国之所以长期未能建立起真正的法治,关键就在于,当时的中国缺乏建设法治的社会根据。从经济上看,中国的经济一直是农业经济、自然经济,而不是作为法治基础的工业经济和市场经济;从政治上看,中国的政治长期是专制集权统治,而不是作为法治基础的民主政治;从文化上看,中国的文化,几乎一直是封建文化,集权、特权、宗法等传统观念没有被摧毁,民主、自由、平等等社会文化尚未形成,而现代法治却是以民主、自由、平等等为文化、思想基础的。

2. 有机械模仿而无整体共进

在长达一个世纪的历史过程中,中国本着师夷长技以自强、与万国同制,赶上先发达国家的理念,竭力学习西方列强。或是在法律规范上抄袭,或是在法治组织上模仿,不一而足,但终未能建立起中国先进分子所期望的那种法治。这又是为什么?

法治是一个整体,是一个由法治观念、法治原则、法治制度、法治组织、法治实践和法治现实共同构成的整体;是一个由合乎法治要求的立法、执法、司法、守法、法的监督共同构成的整体;甚至是法治内部各元素及其机制与社会协调统一的整体。它需要各个要素的共同作用和有机协调,任何一个方面或几个方面的发展,都不可能带来真正的法治。法治发展过程应是其内在各要素的整合发展过程,是其内在各要素的一体化共振共进过程。法治是一个内在有机联系的系统,不是简单的机械模仿就可以建立的。通观中国百年的法治建设,不能不说缺乏整体共进,是其未能达到理想目标的重要原因之一。

3. 有先锋引导而少民众基础

中国法治的百年发展都是由先锋引导得以推进的。其引导的历史可以作两段来分析。

前 50 年(1949 年前),中国法治的发展基本上是“以学为先,以官为主”的。在中国法治建设之初,首先是由康有为、梁启超、文廷式等学者率先倡导,继而为君主所看中的。然而真正从事法治建设的并不是学者,因为中国学者无权从事法制改革,无权将西方的法律制度引入中国。法治,应当说是西风东渐的。没有官方的参与,法制改革根本就无法进行。"以学为先,以官为主"的模式一直延续到国民党统治在大陆的结束。

后50年(1949年后)又可以分作两部分来考察。在前期近三十年(1949—1978年)的时间中,可以说是"以学为主,以官为否",意即主张"法治"的基本上是学者,而"官方"则基本上是否定法治的。因此,所有主张法治的学者都免不了受到打击、迫害。在后期的近二十年的时间中,可以说是"以学为先,官学互动"。主要表现在,在20世纪80年代初,中国的法学家们就已公开而较深入地研究、探讨了现代法治,并且历久不衰,千方百计地通过为国家领导人上法制课等形式,引导国家领导人实行"法治"。这对于国家领导人主张法治,并把"依法治国,建设社会主义法制国家"或后来的"依法治国,建设社会主义法治国家"作为目标写进国家和社会发展规划乃至宪法中去,起到了不容忽视的重要作用。其间,如果没有学者的先导固然不行,如果仅有学者的先导而无领导的互动,仍将十分困难。

然而,在漫长历史中,中国法治竟然未能在这些先锋的引导下顺利建立,原因何在?一个根本的原因就是:缺乏民众基础。在百年的法治发展过程中,法治似乎并没有成为中国民众的心理要求。在长期的封建传统法制思想的影响下,中国民众所拥有的仅是传统的明君思想和清官期望。民主未能成为民众的普遍追求,至于自由、平等等不是缺乏就是畸形,自由被无政府主义所取代,平等被平均主义所等同。面对非法,人们首先是忍受,其次是以非对非,再次是寄希望于明君与清官。民众自己缺乏法治意识,也必然不会对社会提出法治要求。法治,往往是先进分子的理想,而不是社会整体的期望。所以,中国百年法治建设的未能成功,在很大程度上都源于中国法治缺乏民众基础。仅靠社会的优秀分子,无论这些优秀分子是多么优秀,要建立起以社会状态存在的法治,也是绝无可能的。

4. 有羡鱼织网而无迎头赶上

中国法治建设启动的历史原因是多重的,或许是为了主动变法,或许是为了被动图存,但可以肯定的是,这其中包含着仁人志士对法治的向往,包含着仁人志士谋求与万国同制的理念。

事实上,他们不仅临渊羡鱼,而且更退而织网。他们苦心孤诣地学习西方法治,翻译西方法学著述,引进西方法律制度,构建中国法律体系。在中国建成法治,是他们中许多人梦寐以求的学术目标和人生理想。然而他们一直未能成功,甚至往往是"出师未捷身先死,长使英雄泪满襟"。在他们的理想破灭时,中国的法治也形同泡影,被历史所湮灭。

二、民众法治意识的形成

民众是社会最基本的构成元素和最深厚的普遍基础。民众的法治意识中的理性认识部分即是法治理念。法治意识包括法治理念对于一国法治的形成具有关乎成败的影响。民众法治意识能否形成,对于法治能否建立具有根本性的决定作用。要培养和形成全体社会成员的法治意识,绝非一件简单的事情,而且应当说它是整个法治建设中最艰难的课题之一。尤其是在中国这种缺乏法治传统的国家,要形成全社会的法治意识,将更加艰难。在进行法治建设的时候,我们必须考虑的是培养和提高民众法治意识的目的何在,以及如何培养和提高民众的法治意识。

(一)培养和提高民众法治意识的目的

培养和提高民众法治意识的目的主要有二:一是为民众提供法律技能;二是为法治提供民众基础。

1. 为民众提供法律技能

在现代法治社会和法治国家中,人们无法摆脱法律而生存。从人的出生到死亡,许许多多的事务都与法律密切相关,人们的行为及其社会生活都不可能远离法律。在法治社会之中,人们与法律之间的联系更加紧密。必要的法律技能是公民生存的基本手段之一。

当然,社会会有职业化的法律服务者为公民提供多种多样的法律服务,但是任何法律服务都是有限的。作为公民来说,也不可能将每一个与法律相关的事务都委托法律服务人员代为办理。尤其是公民作为具体的法律关系主体时,其意思表示或许可以由他人代为作出,但其"意思"还得出自作为每一个法律关系主体的公民(或法人)自身。即使是委托代理,也首先得让作为委托人的公民知道他需要委托,并能够委托。公民掌握一定的法律知识,对于公民的社会生活来说是必要而有益的。

法学教育可以为社会民众提供法律技能。正是因此,法学院校毕业的学生也未必一定要从事职业的法律工作。法科毕业生毕业后没有从事法律工作的,他们所接受的法学教育也并非毫无意义,法学教育使其获得的法律知识是其社会生活的基本技能之一,对其未来社会生活和事业发展是有所裨益的。我们也要改变法科毕业生只能从事法律工作的传统法律人才观。在法律人才匮乏的时候,适当强调法律人才的工作对口是必要的,因为我们的司法、执法工作总不能由法盲来进行。尽管现实的确如此,但现实未必都是合理的。在法律人才缺乏的时候,强调法律人才的专业对口是必要的。随着执法、司法部门都是由法律专家组成的时候,法律人才的普遍适应性与普遍适用性就更加突出。学习法律就在更大程度上不仅是职业的需要,而且是更加广阔的社会需要了。

由法学院校来承担给公民普及社会生活中常用的法律技能的任务,固然非常好,然而这是正规的法学教育所无法完全承担的。中国有十多亿人口,而法学院校不过数百所而已。全社会的法律知识、法治意识的培养,还需要更广泛的社会支持,采取更多的手段和方式。

2. 为法治提供民众基础

实行法治,建设法治国家已经成为我们的社会目标。在法治和法治国家中,仅有法学和法律专家熟知法律还远远不够。我们要实现法治,首先是我们的领导干部要学习并熟知法律,其次是我们的广大人民群众要学习并熟知法律。领导干部们大多都是具有一定文化知识基础的,甚至也具有一定的法律知识基础,对于他们的法律知识的培养,尽管也有很大的困难,但是相对于对人民群众的法律知识培养来说要容易得多。对广大民众法律知识的培养将更为艰难。

任何法治都是以民众具有较高的法律意识作为社会意识基础的。只有全体人民都具有良好的法律知识,法治成为人民的理想,人民才可能当家作主,依法监督权力的正当行使,保障权力对人民的忠诚,有效地防止腐败、打击腐败,权力也才可能尊重而不践踏人民的权利,人民的利益才可能得到保障,法治才可能成为现实。

(二)培养和提高民众法治意识的措施

培养和提高民众法治意识的措施很多,在众多的措施中,尤其应强调法治制度的先行、法治实践的驱动和法治传播的优化等。

首先,法治制度先行。认为法治建设必须要有一定的基础,这是从逻辑上讲的,也是从最佳状态的意义上讲的。在法治建设的实践中,不同国情下的法治建设会有不同的实在起点。先有完备的条件,再进行法治建设固然是最好的,然而现实并不都允许人们等待一切条件都具备后,再进行法治建设,更何况何谓条件具备也还有认识的差异。法治建设的实践中,人们总是在条件并不完全具备的情况下开始法治建设的。中国的法治建设也不能等待法治的经济基础、政治基础、文化基础都一应俱全了再进行。法治的外在条件与法治的自身发展是互动的。进行法治建设,不必等待外在条件都具备后再进行,而应当在创造条件的同时开展法治建设,在进行法治建设的同时完善条件。在法治自身建设中,应以法治制度为优先。法治建设,人们可以从执法着手,也可以从守法、立法着手,但最有效的是从立法着手;可以从法的实施着手,也可以从法的制度着手,但最有效的是从法的制度着手。这两者并不矛盾,从执法、守法着手,也就是从法的实施着手;从立法着手,也就是从法的制度着手。这里的法的制度,并不是一般的制度,而应当是法治制度。从法治制度着手,在中国法治建设中具有特别的意义,甚至是最符合中国传统与国情的明智抉择。首先是因为制度较之于执法、守法即法的实施活动,具有更大的确定性,有利于保障法治的性质万变不离其宗,有利于防止法治实践背离法治制度。其次也因为法治制度有利于法治意识的传播。人们通过对于法治制度的学习,就可以较好地把握法治的要求,并可以克服从其他方式着手所容易具有的以讹传讹的弊端。法治制度也是法治建设的首要环节,从法治制度着手,可以使法治建设循序渐进,不断进取。最后是因为我国有成文法的历史传统。我国历史上的法律绝大多数都是以成文法的制度进行记载和存续。人们具有尊崇制度及其文本的历史、文化心理。法治制度是行在中国有着重要的国情与传统依据。

其次,法治实践驱动。法治实践是法治建设的动力系统。法治建设远不是单纯的理论活动,它是一种复杂的社会实践,而且只有经过这种社会实践,法治的理想才能成为社会的现实。法治运行过程必须具备一定的驱动力量,法治实践正是法治建设的驱动力量。第一,法律制度必须依赖法治实践才能转化成为客观现实。再好的法律制度也不可能自动地成为现实,没有法治实践,法律制度始终只是纸面上的。第二,法治理论必须通过法治实践才能成为社会实际。法治实践是过程与目的的统一,体现并实现法治理论。法治理论是为法治实践而提出和创立的,法治理论必须转化为社会现实才能具有应有的意义。没有法治实践,法治理论永远也无法转变为社会的实在。第三,法治实践是法治发展的检验过程。法治发展的方向与措施是否正确,固然可以通过理论予以检测,但法治实践无疑是相应检验中最客观的方式。通过实践的检验,人们才能从实践的角度知道法治的发展是否科学并予以修正。法治实践可以为法治发展提供成果得以产生的场所、空间、过程和手段,并对法治发展进行检验。

最后,法治传播优化。法治传播对于法治是非常重要的。因为法治是一种社会化的状态,它需要全社会的参与。法治传播在发动民众、组织民众上的作用是不可忽视的,法治传播问题理当受到足够的重视。必要的法律宣传、教育是法治传播的重要方式。法治传播是重要的,法治传播的优化在法治建设中尤为重要。因为畸形的法治传播不仅无益于法治建设,而且可能对法治建设构成危害和破坏。因此,法治传播一定应当是正确的,而不是错误的。法治传播的主要方式有大众传播媒介的传播和社会舆论的传播。大众传播媒介的传播包括广播、电视、报刊所报道的案件、判例等法治新闻,或宣传的法制或法治讲座,以及出版发行的有关法制和法治的文学作品等。社会舆论的传播主要存在于人际交流之中,而无需特定的形式。大众传播媒介是法治传播中影响力最大的,因此必须准确。它对于法制和法治的任何误导都可能产生意想不到的严重后果,并且往往会成为一般民众进行法律评判的根据,并深入意识之中,作为相应行为的指导。由于大众传播媒介的从业人员较少经过专门的法律教育,因此对于法律的了解就难免望文生义,或主观臆断。他们在使用法律术语、名词、概念的时候,不是从法律技术的角度使用,而是从自己的既有知识出发使用,就难免出现这样那样的偏差,有时甚至十分荒唐。起诉、上诉、申诉,一审、二审、再审,原告、被告、第三人,所有权、债权、继承权、知识产权,主债、从债,等等,最基本的名词术语在新闻报道中都可能发生错误。在 1982 年颁布的《中华人民共和国民事诉讼法(试行)》试行了近10年后,《中华人民共和国民事诉讼法》(1991年)颁布了。在报道这一新闻时,一个权威性的中央大报竟然在大标题上将"民事诉讼法"简称为"民法",殊不知民法与民事诉讼法是两部完全不可等同的法律。此外一些大众传播媒介还在法律意识上进行有意无意的误导。例如,对于大义灭亲的宣传,有时就完全忽略了我国诉讼法的回避规定,错将当事人的违法行为(该回避者而不回避的行为)作为护法义举来加以宣传。我国许多宣传法制或法治的文学作品中,出现的法律常识性错误就更多,有的作品塑造的法治英雄不是现代社会主义法治建设的法官、检察官、警察,而是封建时代包公式的"清官"。他们的行为远离现代法制和法治的要求,似乎是古代清官的复活。在司法的新闻监督中,大众传播媒介对于司法的介入,较为严重地影响了法治原则的实施,影响了司法的独立性。于是有的学者甚至提出要取消司法的新闻监督。笔者认为,取消新闻监督的说法是不对的,但是新闻所进行的司法监督的确有一个如何优化的问题。现实社会舆论的法治传播,主要的问题在于不规范,甚至以讹传讹。社会舆论传播多以口传口授的方式进行,随意性很大。它渗透在人们日常的社会生活之中,侧重于人们自己对于法律的切身感受,这种感受,是基于人们对于某些法律和法律事务的了解与身受。现在,有关法治的社会舆论传播多是低层次的,要优化社会舆论的法治传播,关键还在于要优化执法、司法状况,同时也还要发挥新闻舆论相互修正,社会公众广泛监督的作用,通过市场、社会、法律等多个方面的作用来加以校正和培育。在根本上,只有执法、司法机关严格依法办事,我们才有可能最大限度地校正社会舆论的不当传播,尽可能使之以正常而良好的状态存续和发展。简单的舆论控制与口径一律,都是极为愚蠢的做法,会在伤害社会自由的同时,降低法治的水准,甚至危害法治。

三、法治国家建设模式与要素

行为模式与行为目标具有内在的联系,对于行为结果具有决定性的意义。任何一个后法治国家启动法治时都必然存在关于法治的行为模式的选择问题。中国社会和法学家们也对法治建设的行为模式进行了十分有益的探索,提出了各种主张。笔者认为中国法治建设的模式,应当选择国家推进为外在动力、民众推进为内在根据,国家推进为主导、民众推进为主体的国家推进与民众推进相结合的合力推进模式。

（一）法治国家的建设模式

1. 法治国家建设的行为模式选择

中国法治或者法治国家建设的模式选择的问题，是从法治建设的道路选择的角度被提出来的。有的学者认为，可供选择的中国法治建设的道路为政府推进型的法治和社会演进型的法治。① 据此道路设计，其行为模式中行为主体不同，一是政府，二是社会；行为方式也不同，一是推进，二是演进。有的学者认为，中国法治的道路为政府推进和社会推进。② 据此道路设计，其行为方式是相同的，其主体则不同，一为政府，二为社会。有的学者认为，中国法治只能是政府推进，“选择强制的法治模式，即国家强行实施法治”。“中国只有选择在社会各个领域全面、强制推行法治，才可望在短时期内改变中国法治的落后面貌。”③有的学者认为，法治建设只能依靠社会的演进，其理由主要是“人的理性认识和判断能力的局限性，决定了人们不可能按预先设定的计划去构建完备的法治秩序。法治和整个进程一样，在相当程度上是一个自发演进的过程”。④ 也有学者认为“中国法治应该走政府推进型与社会推进型相结合的道路，以政府推进法制的改革为主导，辅之以社会民间自然生存的具有现代法制精神的制度、规范和力量”。⑤

针对中国法学界对于法治理论的有关研究，有的学者将其概括为改良主义法治论方案、历史主义法治论方案和折中主义法治论方案。改良主义法治论方案，强调国家在法治建构中的主导地位，认为中国目前还处在向法治转变的历史过程中，法制建设主要还是一种政府推进型的法制，其前景在很大程度上取决于政府对法制目标和实现步骤的战略设计与思考，取决于国家对近期行动计划与长远目标行动的统筹

① 蒋立山：《中国法制现代化建设特征分析》，载《中外法学》1995 年第 4 期；蒋立山：《中国法治道路初探》，载《中外法学》1998 年第 3 期。

② 舒国滢：《中国法治建构：历史语境及其面临的问题》，载《社会科学战线》1996 年第 6 期。

③ 汪太贤：《跨世纪的中国法治建设》，载卓泽渊主编：《法理学》，法律出版社 1998 年版，第 434 页。

④ 叶传星：《论法治的人性基础》，载《天津社会科学》1997 年第 2 期。

⑤ 舒国滢：《中国法治建构：历史语境及其面临的问题》，载《社会科学战线》1996 年第 6 期。

谋划和适时合理推进的结果。历史主义法治论方案,认为中国依法治国、法治现代化的实现是一个渐进的历史过程,作为一种制度的现代化法治不可能靠“变法”或移植来建立,而必须依靠中国人民的实践,利用本土资源,重视社会活动中形成的习惯、惯例和传统。折中主义法治论方案,主张中国的法治化应当走政府推进型与社会推进型相结合的道路,以政府推进依法治国、进行法制改革为主导,辅之以社会自然生成的具有现代法治精神的制度、规范和力量。①

综观有关观点,对于法治建设的模式,普遍将国家强力推行法治的模式称为政府推进。这种被称为“政府推进”的推进模式,实际上是国家推进模式。对此模式,笔者认为称之为“国家推进”更为恰当。因为“政府”一词可能被理解为政治权力,也可能被理解为与议会、法院相对应的行政机构。国家可以比政府更准确地表达政治权力机构的意思。

与国家推进相并行的,可能是社会演进,也可能是社会推进、民众推进。社会演进、社会推进、民众推进是在不完全相同的意义上,与国家推进相对应的另一种模式。笔者认为,就行为主体而言,民众是一个比社会更为具体,更具有生动性与活动力的主体,他们才是国家最终的基础。再说,社会在广义上还包括国家在内。如果从这个层面来理解,还可能因“社会”一词而导致其与国家的无法分别或认识上的误解。因此,笔者认为,与国家推进相并存的另一个主要推进力量,最好称之为“民众推进”。作为我们选择的模式应当是以国家推进为主导的,国家推进与民众推进相统一的模式。

2. 国家推进是法治建设的主导因素

法治建设的模式是一个整体,它由多种因素构成,其中最主要的力量,一个是国家推进力量,另一个是民众推进力量。在这两个力量因素中,国家推进的因素起着主导性的作用。

中国法治建设之所以需要国家推进作为主导力量,是因为中国社会缺乏法治传统。没有法治传统的国家要进行法治建设,国家推进是最基本和最必要的模式。传统对于任何国家和民族的发展都具有某种倾向和定式的意义,在没有足够外力的作用下,任何一个国家或民族都会沿着其传统所固化的方向继续向前发展,而不改变其固有的方向。

① 刘瀚、李林:《依法治国问题研究概览》,载《人民日报》1998 年 5 月 9 日,第 5 版。

中国传统社会中所拥有的是人治传统,人治与法治是根本对立的。在中国这样一个没有法治传统的国家要推行法治,如果没有国家的强力推行,是不可能取得成功的,国家和社会就会在人治的历史轨道上继续延续。

中国法治建设之所以需要国家推进作为主导,是因为中国社会缺乏足够的法治基础。一国的法治建设需要必要的、与法治建设相适应的经济基础、政治基础、文化基础、道德基础等,它们都是一国法治建设得以成功的基本依据和客观保障。缺乏法治基础的国家,其法治是无法自然生成的。中国正是一个缺乏法治基础,并正在建立自己的法治基础的国家,因此国家主导性的推进就成为了中国法治建设的必由之路。法治的建立要依赖社会的政治、经济、文化、道德、意识等各个方面的现实基础和相互配合,它是一种整体状态。中国必须走向法治已经是我们坚定不移的目标,那么,作为主导力量的国家推进就成为了中国法治建设的必然选择。

中国法治建设之所以需要国家推进作主导,是因为中国有崇尚政治权力的传统文化。中国的政治权力机构在总体上总是具有极大权威的,在人民的心目中具有在其他国家,尤其是在西方国家所不具有的那种社会威望。社会普遍存在权力崇拜的倾向。这种传统,会在一定程度上成为法治建设的障碍,但其如果被很好地因势利导,也会成为法治的启动力量和推进力量。在没有法治传统的国家,启动法治建设的时候,权力对于法治的倡导,无疑具有重要的,甚至不可缺少的意义。在这种情形之下,不是我们是否选择国家推进的问题,而是不能不依靠国家推进。完全可以说,没有国家的引导,中国法治建设根本就无法得以进行。因为,非国家推进的法治,在民众心目中会因缺乏足够的权威而难以推行。

中国法治建设之所以需要国家推进作主导,是因为中国有服从权力的社会心理。简单地服从权力,必然会影响民主,甚至也可能破坏法治。然而在一个崇尚权力的社会中,要实现法治,又必须要依靠权力的引导。在古今中国,民众普遍的意识或者观念之中,权力始终具有崇高的地位。反对权力往往都是在权力出现严重异化,以至于会影响民众生存的时候,才不得已而为之的事情。社会一般地都会敬畏权力,在这种心理状态无法彻底改变的情况下进行法治建设,就必须考虑到它的存在与性质,以使我们的法治建设在这种客观的心理条件下得以顺利进行。作为一种社会心理,它有受传统影响的一面,是传统发展到现代的结果,社会心理更有在现实社会中生成、延展和发挥作用的一面,它是现实社会发展所必须考量而不可回避与回绝的因素。中国法治建设不仅是在一定传统基础之上的,也是在一定社会心理的基础之上的。在权力服从构成普遍心理的社会中,法治作为一种治国方略不依靠权力的启动根本就不可能得以建立。

3. 民众推进是法治国家建设的决定力量

民众是任何社会法治建设的最深刻的社会基础。没有全社会民众的参与,法治至多只是社会管理者的理想或社会先进分子的期望,而无法成为客观的社会现实。一个社会的法治化最根本的还在于其社会成员思想意识、社会行为的法治化。中国的法治建设也概莫能外。在中国这样一个泱泱大国,发动民众与民众的直接参与,必然是决定法治建设成败的关键与根本。

民众才是法治建设的最终推动力量。真正的法治必然要求民主和推行民主,法治和民主又都必然包含着对于权力的制约。任何政治权力要自始至终自觉接受法律的约束,坚持法律至上,是难以做到的。尤其是在法律要直接制约政治权力的范围与行使的时候,更难保证法治建设的顺利进行。这时,人民对于国家权力的决定与监督就必然成为法治建设的要求与内容。人民担负着对于国家权力的最终监督与制约的责任和使命,因此,人民大众当然是法治建设中最不可忽视的、根本性的决定力量。

中国法制和法治发展的历史事实充分说明,没有民众的参与就根本不可能成功地进行法治建设。中国20世纪之初的戊戌变法,就是由一批具有先进意识和革新精神的知识分子所发动的政治运动。他们满腔热忱地期望能够通过自己的奋斗实现包括法治在内的政治理想,但他们失败了。从一定意义上说,自戊戌变法以来,中国的优秀分子一直在寻找走向法治的道路,并身体力行地进行着法治建设。然而,结局却是十分悲壮的,他们或者是失望或者是绝望,甚至为此付出了生命的代价,可是法治还只是存在于希望之中。没有民众的参与,任何先知先觉都无能为力。

历史发展到当代,民主已经成为普遍的世界潮流。现代世界各国,民主化浪潮不断高涨。在当代中国的发展中,民众曾经发挥了极为重要的作用。在现实中,民众对于中国社会的发展依然起着极为重要的作用,民众的当家作主意识明显增强。法治建设事关中国社会的未来走向和兴衰荣辱,是对传统社会的革命性变革。这一伟大的社会实践如果没有民众的参与,根本就不可能被切实发动和顺利推进。

4. 法治国家建设的合力推进模式

反对国家推进的观点,是有失偏颇的。有的学者反对法治建设的国家推进,认为国家或一定意义上的政府推进,其"法治道路天然地把人民大众推到了被动的、被管理的位置上"。笔者认为,这是对国家推进型法治道路的误解,因为国家推进并不必然要把民众推到被动的、被管理的位置。国家推进仅仅是指在法治建设中,政治权力发挥着主导性的作用,作为法治建设最直接的主导力量,其最深刻的社会基础还在于人民大众,民众在其中并不是无能为力或无足轻重的。那种以为强调国家推进就会忽视民众意义的观点,显然是有失偏颇的。

忽视民众力量的观点,也是有失偏颇的。民众对于任何社会的发展都具有最终决定者的意义,法治建设也不例外。具体地说:一是民众是国家的基础,是一切政治权力的终极来源,对于一切权力属于人民的中国尤其应当如此;二是国家推进的法治建设只有得到民众的理解、支持与参与,国家才可能获得最强大的支持力量;三是国家推进的法治建设只有民众的合力推进,才可能演化成社会客观的法治现实。

国家推进与民众推进二者之间,以国家推进为外在动力,以民众推进为内在根据;以国家推进为主导,以民众推进为主体。两种力量从不同角度共同作用于法治建设,形成推动法治发展的强大合力,更好地推进法治建设,使法治得到更大的发展。

(二)法治国家建设的基本要素

依法治国,建设法治国家已成为我国的发展目标。建设法治是摆在我们面前的历史重任。赶上了这样一个前所未有的历史时代,我们没有任何理由止步不前。然而我们是否能取得成功,与历史的遗憾相较,又何以能取得成功,关键在于我们现在法治国家建设的一些基本要素,即它有无得以成功的基础与动力、关键与核心、目标与途径。

1. 法治国家建设的基础与动力

中国法治国家建设的基础和动力在于经济的市场化、政治的民主化以及意识的科学化。

从上面的分析也可以看到,中国法治国家建设之所以如此迟滞,与中国经济的非市场化(自然经济)、政治的非民主化(专制集权)、意识的非科学化(宗法思想教条主义、非理性化等)有着必然的联系。然而历史发展到现在,情况早已今非昔比。中国市场经济不断发展,市场经济体制逐步形成,经济的市场化已成为不可阻挡的历史潮流。经济的市场化必然要求政治的民主化,并推动政治的民主化。目前中国政治体制改革正待深入,政治民主得到了进一步的发扬,民主政治体制正在形成之中,政治民主化的进程不断加快。作为经济市场化、政治民主化的前提和结果的思想意识,也愈益科学化。中国的思想文化愈益解放,许多迷信都将破除,宗法思想教条主义等非理性的东西就会越来越没有市场,科学与文明就会更加受到重视。尤其是全民普法宣传和普法教育,为我国法治发展奠定了较好的社会意识基础。在这样的基础上建设法治,必将不同于以往的任何时代。经济的市场化、政治的民主化、意识的科学化,不仅是法治建设的基础,而且是法治建设的动力,必将推动中国法治以前所未有的速度和状况向前发展。

2. 法治国家建设的关键与核心

中国法治的关键在什么地方,不同的学者也许有不同的看法。有的学者认为,中国法治的关键在司法。笔者认为,中国法治的关键并不在司法,而在政治的法治化。政治的法治化关系着中国法治的存亡,包括政治体制的法治化、政治权力的法治化、政治组织的法治化和政治行为的法治化。政治组织的法治化中,最根本的是中国共产党及其领导下的政府的法治化,这是我国法治成败的关键所在。党和政府必须在法治上率先垂范。所以研究并解决好党和法的关系、政府和法的关系,是我国法治建设中的根本任务之一二。

对于中国法治的核心,学者们也有不同的看法,有的认为在立法,有的认为在法的监督。笔者认为,中国法治的核心在于司法的法治化。司法法治化至少包括司法体制的法治化和司法人员的法治化。与之相反的客观现实是,我们司法体制的非法治化和司法人员的非法治化。历史和现实中的司法体制并不都是法治化的司法体制。在专制的人治、礼治等治国方式下,都有司法体制,但是它们都不是法治化的司法体制。改革我国目前的司法体制是我国目前法治建设的重大难题,它牵涉中国共产党对于司法机关的领导组织、方式的变化，牵涉政府与司法机关之间的关系的从新界定或设定，牵涉司法机关相互之间的组织变革与关系重组。司法体制改革是政治体制改革的重要组成部分，牵一发而动全身。只有在政治体制改革中与政治体制改革同步进行。在司法法治化问题上的另一个重大的难题，也是法治建设的最大的难题，是司法干部队伍素质太低，严重阻碍了法治发展的进程。一些司法官员，甚至成为了中国法治建设的破坏力量。中国司法官员中也有优秀分子，但是仍显力量单薄。也正是因此，这些优秀分子优秀得比其他行业的先进人物更加艰难，更值得钦佩。我们一再要求严肃吏治，实际上最应当严肃的首先是我们的司法官员。因为，如果我们的司法官员是好的，其他官员的违法犯罪都很容易受到制裁而被遏制，但司法官员的腐败却令我们束手无策。整肃司法干部队伍，在目前必须而唯一的途径，只能是“清源治流”。对那些道德素质低下、法律修养浅薄的人，不论他来头如何，都必须予以坚决堵住，再也不能让那些无德无能之徒混入司法队伍；对那些已置身司法干部队伍的无德之辈、不学无术和“无术不学”之徒，必须坚决地予以扫地出门。中国人民的百年梦想绝不能败坏在那些江湖混混、江湖骗子的手里和不法之徒的腐败之中。

3. 法治国家建设的目标与途径

中国法治的目标是实行法治，建成真正的法治国家，进而建立法治社会。这种法治是立法、执法、守法、法的监督有机协调的法治；是法治观念、法治原则、法治制度、法治组织、法治实践和法治现实一体共振的法治；是法治内在统一，并与社会政治、经济、文化等外在协调的法治；是一种呈社会总体态势的、以社会总体状态存在的法治。

中国法治建设的途径，可以从不同的角度予以描述。

中国法治建设有一个“提倡依法办事—主张依法治国—实现理想法治”的过程。作为第一个阶段的“提倡依法办事”，它是泛义的。一是不顾及法是否是民主的良法；二是不强调对权力的特别约束。要说这是法治，这仅仅是法律制度意义上的法制，是法治的初步阶段。作为第二个阶段的“主张依法治国”，其间，法治依然不是十分明晰的，一是这里的法依然有一个是否是民主之良法的问题；二是“主张”的动机并非都意在法治，相当多的领导干部都还可能局限在“治国”“治省”“治市”，最终在“治民”上。作为第三个阶段的法治，才进入真正的法治阶段,法治的真谛才为社会所理解并为社会所实行。21 世纪初期,我国正处在从第一个阶段向第二个阶段转换的历史区间。

中国法治也有一个“党治—国治—法治”的过程。第一个阶段即是在党的领导下依法办事,党直接领导立法、执法、司法、法的监督等各项法制建设工作。党直接居于国家之上,指挥国家的法活动。第二个阶段是将党的意志依法定程序转化为国家意志,由国家来负责立法、执法、司法、法的监督等各项法治建设事宜。国家的权力较少受到法的约束,国家也难免作出违法违宪的行为。第三个阶段,国家也得依法办事,而且必须首先依法办事。这个阶段执政党愈加成熟,愈加能运用法的手段管理国家和社会事务,更能反映人民的呼声,更能得到人民群众的拥护。这个阶段也不是不要国家,而是国家也变得更加成熟,它在主导法治的同时,本身就是法治的楷模。21 世纪初期的中国,正处在由第一个阶段向第二个阶段转换的历史时期,其中也当然地包含着第三个阶段的某些元素。

四、法治国家的发展措施

(一)实现立法民主

立法民主是法律民主的首要内容,是立法机关的民主,立法过程和立法内容的民主的总称。

立法民主中最首要的是立法机关的民主。在我国,立法机关为全国人民代表大会及其常务委员会。立法机关的民主建设要求尽可能扩大直接选举的范围,保证选举的民主性,让选民选出真正代表其意志的代表组成代表机关,代表人民行使权力;人民代表应深入人民群众中去,了解民情、民意,反映人民群众的呼声和要求,真正代表人民的意愿;强化人民代表的职权,使其能充分行使作为人民代表的调查、视察、质询、监督、提案等权力,为其立法工作中的职能实现做准备;重视人民群众对人民代表提意见、进行监督和罢免的权利,确保人民代表在立法活动中对人民的忠诚,确保人民代表及其立法建议与意见的人民性;人民代表大会的工作应更加民主,切实贯彻少数服从多数的民主原则,保证人民代表大会的民主运行,保障法律法规是依照民主的立法程序制定或认可的。

立法民主中最重要的是立法过程和立法内容的民主。立法过程应是一个集中人民意志、反映人民意志的过程，这个过程离不开民主的提案、起草、审议、表决和公布等法律程序。立法程序的设定应当是民主的，立法程序的实行也同样应当是民主的。立法内容的民主，在根本上就是立法的制度或其规范的设计要能体现人民意志，体现民主与推进民主。在立法时，立法机关应避免人民意志在立法中的失真和扭曲；在立法后，立法机关应根据人民意志通过法定程序将其修改、完善。人民意志应始终是法的根据，法的立、改、废都应以人民意志的状况及其变化为轴心。只有立法体现了人民意志，是真正民主的，法治和法治国家才有可能成为现实。

（二）重构法律观念

法治建设是一项伟大的社会工程。这一工程的建设和完善都必须具备与之相适应的并作为其构成部分的法律观念。在我国目前，亟须确立适应市场经济和民主政治需要的法律观念。

1. 自由、公平、秩序相统一的法律价值观

市场经济应是一种以自由为主旋律的法治经济。市场经济法律关系的主体、客体、内容无不反映着自由的要求。自由是市场经济的生命，没有自由就没有市场经济。没有市场主体的自由流动、自由决策、自由交换、自由竞争，就没有真正的市场经济。民主政治也必然是自由的政治。在民主政治之下，人民享有充分的自由，被保障的自由，这个自由就是法治中的自由。法治为自由提供了制度前提，也提供了有力保障。

市场经济与民主政治中的法和法治，在以自由为价值主旨的前提下，必须以公平为保证，法的公平价值是对其自由价值的制约和配合。谋求绝对的自由，必然会以大量公平的牺牲作为代价，公平的牺牲太大又可能反过来影响自由的发展，甚至使自由畸变为不自由。而且绝对的自由还会导致道德上的困境，没有公平相辅助的自由难免会导致不道德、不正义的发生。公平价值是对自由价值的道德校正与有效保证。绝对单纯的自由，其发展毕竟有限，自由只有与一定的公平相适应，才能在相对平衡的基础上获得新的发展，具有永久的生命力。

法治，包括市场经济下的法律制度，除了要有自由和公平的价值企求以外，秩序价值是必不可少的，它是自由、公平的条件和保证。没有一定的秩序，自由和公平都会流于空谈。市场经济中的法律秩序，也是

我国走向法治的秩序，它不是静止的、凝固的，而是变化的、发展的。既不应因有序而僵化，也不应因发展而混乱。秩序是市场经济中法治的必然要求和基本内容。

2. 事前立法的立法观

我国法的制定工作一直奉行着先实践后立法的信条，立法长期滞后。有学者说，我国经济方面的法规大概只有两个是法律规定在前、经济实践在后的，一是专利法，二是中外合资经营企业法。在这两个法律通过之前没有批准过一项专利和一家合资经营企业。其他经济方面的立法都是实践在先、立法在后，包括破产法也不例外。①

曾几何时，我国法学工作者激烈地探讨、争论立法或法律的超前性问题。法本来就应以实践的需要为根据，走在实践的前面指导实践的发展。以实践的需要为根据，并不是要先在实践上突破既有法律，或在实践上先立新法。法制定于法律调整之前是顺乎逻辑的必然，是民主和法治的要求。这样，就可以避免以先实践为由违反既有法律，更好地保证既有法律的权威性、严肃性，保证法制的统一。

当然，在走向法治，建立市场经济体制的过程中，要处处都先立法后实践，确实不易。在某些必要的方面实行某些试点性的实践，的确必不可少。但是试点也必须事前获得法律的授权这其实也是事前立法，是试点的事前立法。对于这种情况，应注意对试点性实践的范围予以严格的法律控制。对突破现行法律规定的试点期限也应作必要的限制，避免试点性实践长期化。一旦条件成熟应及时通过法的制定程序拟定新的法律规范，或对现行法律规范进行修改、补充，以结束这种"试点性"实践。这即是事后立法为要，无法做到绝对的事前立法，事后立法就是必不可少的补充了。在强调事前立法的重要意义时，切不可忽视事后立法的必要价值。撇开事前立法与事后立法的观念之争，能事前立法的就事前立法，不能事前立法的也得依法突破陈旧的法律规定，条件一旦成熟即迅速地事后立法，努力避免事前事后均无法的状态，这才是走向法治的立法道路。

3. 学习国外立法与衔接国际法律的制度观

市场经济，是社会资源通过市场得以配置的经济形式。它在社会

---

①　江平：《完善市场经济法律制度的思考》，载《中国法学》1993 年第 1 期。

主义社会和资本主义社会中都有着共同的运行规则和发展规律。在当代世界,有的资本主义国家已进行了数百年的市场经济建设,颁布实行了一系列与之相适应的法律制度。这些法律制度也体现着市场经济的要求,反映着市场经济的规律。反映市场经济要求,体现市场经济规律的资本主义法是值得学习、借鉴甚至移植的。这既可以使我国法律少走弯路,不去从头实践—认识—再实践—再认识,又可以解决我国现实市场经济和法治建设迫切需要大量经济立法而目前又难以及时"独创"的矛盾。要对外开放,发展市场经济,就必须加入国际市场,参与国际合作与竞争,就必须与国际市场经济方面的法律沟通、接轨。作为现代法治,世界各国也有一个相互借鉴、彼此协调的问题。我国立法工作必须与有关国际公约、国际惯例和外国有关法律相衔接或协调。

4. 依法办事与遵法循理的执法观

在我国走向法治的过程中,许多本应制定的法未能及时制定,许多本应修改和废止的法未能及时修改和废止,这就使我国法的实施机关在许多方面左右为难。有的司法机关甚至以法律缺乏规定为由,拒绝对于有关案件的受理或处理。没有受理的,不予受理;已经受理的,驳回起诉,使当事人甚至受害人的合法权益得不到应有的法律保护。

什么是法或法律,是不是一定要有明确的法律文字规定的事项,司法机关才能受理或处理,对此,执法机关(包括司法机关)应当有一个明确的认识。作为法律渊源的,并不仅是法律的文字规定。法律原理、法律原则、法律学说或者是法理,在一定程度上都是法的渊源。在古罗马,五大法学家的著作曾经被罗马皇帝宣布为法律渊源之一。除了极少数法学教材之外,我国大量的法学教科书长期忽视了法律原理、法律原则和法律学说在司法中的作用,至于司法界更长期忽视法律原理、法律原则、法律学说的司法意义。将法律原理、法律原则和法律学说运用于法的实施,对司法人员和其他执法人员的素质提出了更高的要求。尤其要避免机械地死搬律条,而应倡导重视法律理性,强调以法律原理、法律原则和法律学说为依据,在更高层次上依法办事。但是绝不能因此就否定法的权威,甚至随意执法。

5. 公平正义的司法观

司法的终极目标是维护和实现社会的公平正义。司法官员和社会公众都需要树立公平正义的司法观。

对于社会公众来说,要努力克服和抑制为了私利而不顾公正的法律行为。在处理矛盾纠纷时,应自觉约束自己的行为,止乎公正。不作过分要求,更不能通过合法方式来满足非法或者不当之诉求。

作为司法官员更是必须以公平正义为圭臬,以实现公平正义为职业理想。心怀公正目标,坚守法律底线,力争使自己处理的每一个法律事务,每一个案件都能体现出公平正义。

6. 权力与保障权利的守法观

在法的实施上,对政府等国家机关而言,法有授权方合法,法律没有授权的,国家机关无权行为,如果作出了相应行为即是非法,必须承担相应的法律责任;对其他社会主体而言,法不禁止即不制裁,只要其行为不是法律所禁止的行为,其就不应当承担违法的法律责任。法有授权方合法,对于国家机关来说,其意义在于,有利于国家机关依法行政,依法执法,实现国家行为的法治化;有利于防止国家机关权力的膨胀和滥用;有利于国家机关接受法律规制和民众监督;有利于国家机关严格按照分工各尽其职,各负其责,防止越俎代庖。法不禁止即不违法的观念,对于社会组织和公民来说,其意义至少在于,扩大民主,尽可能保证公民充分享有各项权利;保证社会成员的安全,调动社会成员的积极性,改变社会成员的权利由法一一地、十分有限地赋予的传统,使权利走上民主化的法治轨道。这两种守法观念和守法要求,不得相互易位。否则,就可能走向民主与法治的反面,导致集权与专制。

(三)确保法的统治

法的统治是法治的根本。法的统治是否得以实现,除了思想观念上的变革之外,关键在于是否实现了全面依法办事。依法办事,是法治的重要内容。在我国现实的法治建设中,最为滞后的是执法,执法中最严重的问题是有法不依、执法不严。这一问题早已成为影响我国法治建设的严重障碍。

执法人员素质低下的问题特别突出。执法人员本应是社会的优秀分子,具有较高的法律知识水平和思想道德修养。然而中国的现实却大打折扣。长期以来,我国一直未能对执法人员进行严格的执法道德、执法公正和执法良心的培养。即使是法学院校的科班生,由于教育体制等原因,也未能受到严格的执法品格教育。在执法和司法机关内部相当多的不合格人员出不来,在社会上相当多的合格的法律人才进不去，我们所面对的唯一正确的出路，必须是打破既有的人事组织体制，创制出优者能进、劣者能出的人事组织机制，实现司法官员的精英化。

在文化浅薄，法律知识水平低下，道德修养缺乏的前提下，某些执法人员不学无术，无术不学，恣意妄为。依法办事的原则完全可以因金钱、关系、权力而被抛诸脑后。然而，我国目前对执法违法处罚极轻，甚至在许多方面没有处罚。许多丑恶的执法行为，如受贿"执法"、索贿"执法"、敲诈勒索"执法"，在个别地方甚至被公开化，被事实上"合法化"。正当权益在这种情况下也只有通过"非法"的途径才可以获得本应获得的法律保护，这不能不说是法和法治建设的悲哀。在这一点，我国可以考虑采取"两高一严"的措施，即"高要求""高待遇""严处罚"。所谓"高要求"，指对执法官员的水平与素质，应当有高要求，其中包括高的道德水平、高的专业能力、高的教育程度和高的工作实绩等；"高待遇"指对执法官员应当给予相当高的报酬，使他们生活无虑，成为法律规定和容许的高收入者；"严处罚"一是指执法官员一旦违法，绝不允许他们依仗职权而逃脱法律制裁；二是指他们因职务而构成违法犯罪，应依法承担严格的法律责任。具体地说：

第一，纯洁执法队伍。对执法人员中徇私舞弊、枉法裁判者予以坚决制裁和彻底清除，绝不能听任执法人员的腐败现象继续发展下去。

第二，提高执法素质。对于所有执法人员实行执法人员资格考试。不合格的，令其参加非考试部门组织的培训，培训后仍通不过考试者，不得再从事执法工作。

第三，严格执法品格。培养执法人员的执法道德和执法良心。执法人员的违法犯罪行为必须严厉制裁，执法人员背离执法道德的行为也应予以罚当其过的处理。其中，最有效的方式就是清理出执法部门。

第四，公开招考录用。对执法人员的来源，必须走公开招考录用的道路。所有报考者必须持有大专以上的法律专业文凭，法官等甚至应当要求具有数年以上的律师工作经验。整个招考录用过程等都必须公正、公平、公开。

以上措施的提议也许比较书生气。但可以肯定的是，如果没有根治的决心和行动，执法就无法适应法治的要求，法治可能因执法畸形而失败。

依法办事并不仅局限于以上内容，在此仅择要地说明，依法办事的最大问题在于执法,执法的最大问题在于如何解决执法人员素质低下。对如何确保法律至上、依法办事,真正实现法治对依法办事的要求,我们还需要作更多的探讨。法的统治最深刻的基础和最根本的内容都不在执法上,而是在社会生活之中和全民对于法和法律的尊崇之上。要实现法的统治,必须使我们的人民学会在法律的指导下生活,学会在法律中生活。将法律作为自己从事社会生活的根本依据、评价人间是非的重要准则。

(四)依靠司法推动

司法是一个社会最具有活力的法治机制,推进法治国家建设必须把司法推动作为重要的力量。司法推动主要是通过诉讼制度来实现的。

诉讼制度是以社会成员包括社会组织以自身利益作为基础和动力的,因而也就具有恒久的生命力。只要社会还有纷争存在,还有利益的分野,诉讼对于法治的推进作用就不可低估。只要司法裁判是公正的,对于社会的法治建设就有益而无害。通过诉讼及其公正裁判的推动,法治国家建设就具有强大的动力源泉。普遍化的诉讼推动对于法治国家建设是极为必要而不可忽略的。

在所有的诉讼中,又以行政诉讼最为具有意义,因为它是对国家行政权力的司法约束,对于规制行政行为、维护法律权威都具有特别重大的意义。以行政诉讼作为龙头以整个诉讼体制相配合的诉讼推动,是法治国家建设的现实路径与重要措施。

(五)启动违宪审查

依法治国最首先表现为依宪治国。宪法是国家的根本大法,它确认着公民的基本权利,规定着国家的权力及其分配。它是人民自由的大宪章,也是约束一切国家权力的大宪章。遵守宪法就成为依法治国的首要要求。

但是宪法一旦被违反,就有一个何以追究违宪者的违宪责任,违宪者应当承担何种责任的问题。违宪审查制度就成为保障宪法实施的根本措施。在世界各国的法治实践中违宪审查的方式是多样的,但是确保宪法的神圣性与权威性,则是共同的。我国正在尝试和探索违宪审查的制度建构,只要违宪审查制度能够确实有效,法治就必将因此而有效地推进。

违宪审查中的被审查者常常不是一般的公民或者社会组织,他们往往是特定国家权力或者国家权力的拥有者,因此,对他们进行审查就更具有对权力进行监督的意味,就更能规范权力,防止权力滥用,就更能实现法治的目的。良好的违宪审查制度是建设法治国家的必由之路。如何建立起良好的违宪审查制度,还需要我们不断探索。

第十章　法治国家的未来旅程

法治的理想结构模式如何，将如何推进法治国家建设，是中国在法治国家建设中必须考虑的重大问题，也是未来的历史性展望。

一、法治的理想结构模式

法治的结构模式是指法治各个要素、各个层次相互关系的确定性状态，是各个要素、各个层次固化的结构关系。法治结构模式是对法治的总括，理想的法治结构模式即是未来法治的理想预设，也是法治建设的奋斗目标。为什么在法治建设中，我们要提出并研究法治的要素结构？是因为在漫长的法治建设中，难免出现目标的失落与内容的偏颇。因此，深化对法治结构模式的研究，是在法治建设过程中始终把握法治目标与内容的需要。法学界对法治的研究很多，但是对其结构模式的关注甚少，尤其是在法治的持续推进中，人们往往会不自觉地忽略法治的理想结构模式。

（一）认识法治结构模式的意义

认识法治模式是启动法治建设的需要，深化认识法治结构模式则对于继续推进法治建设具有重要的意义。

首先，认识法治结构模式有助于把握法治的整体性，防止将法治建设碎片化。法治是一种整体的社会现象与社会状态，尤其是理想的法治一旦形成，即具有相应的固定状态并持续存在，因此必然有其相对确定的结构模式。它包含着法治的不同要素之间、层次之间彼此连接、联系、互动的关系。表现为法治的要素联系、层次结构所组成的整体状态。无论是要素结构模式还是层次结构模式，都表明的是法治的整体状态。法治是各个元素的综合体及其结果状态的总称，包含着各个元素的作用、联系、结构、互动等。法治既包括要素结构也包括层次结构，是一个将要素与层次综合统一的整体。要防止将法治建设碎片化的倾向，使法治能够整体推进，使其各个要求、各个层次能彼此互动，相互促进，形成全面推进的态势与成果。

其次，认识法治的结构模式有助于确保法治的全面性，防止将法治建设片面化。法治的结构模式可以使我们明晰法治的全面性，避免将法治片面化。法治的要素是多个的，层次是多面的，它是多个要素和层次的综合体。在法治建设的过程中，尽管不同的要素或层次也许有不同的法治目标与要求，但是任何一个要素或层次都不可忽略，必不可缺少。法治要素与层次的整体性，对法治建设提出了全面性的要求，也就必然要反对法治建设中的片面行为。

最后，认识法治结构模式有助于我们尊重法治的过程性，防止将法治建设简单化。期望法治各个要素的齐头并进是应该的，但是实际上是难以做到的。法治发展的过程中不同要素当然会有快有慢，不可避免地会渐次发展。法治的各个层次的发展形成也有一个不断进步的过程，这种过程性也就决定了法治的长期性。法治的长期发展就要求我们避免将法治的发展作为习惯上的政治运动来认识和推进。运动方式有利于法治的快速推进，但也存在将法治建设简单化，而难以恒久坚持的问题。甚至不是快速的台风或飓风，虽然猛烈，但稍纵即逝。法治建设是一个历史的过程，不能雨过地皮湿，将其快餐化，那样是不能建成法治这一社会工程的。

（二）法治的要素结构模式

法治的结构模式体现着法治的要素联系，是法治要素有机联系而构成的统一整体。理想的法治要素结构呈现出内在协调、外在统一的结构特征。

法治是由立法、执法、司法、守法、法律监督等要素构成的。这些要素是为法学界甚至为社会大众所熟知的。但是，必须注意，这些要素之间的有机联系和协调关系，直接影响着每个要素的外部环境与效能发挥。立法作为执法和司法的前提，对于执法、司法、守法、法律监督有着前置条件的意义;执法、司法、守法与法律监督的状况影响并反映着立法的效果;执法、司法、守法相互作用、相互制约、相互影响互为环境。各个要素的情形及其相互关系形成了法治的整体。法治的要素结构模式包含着要素彼此之间的联系,也包含着各个要素与整体之间的关系,决定着法治的整体状态。

法治也是由主体要素、客体要素等构成的。主体之间的关系或联系、相互作用与影响制约着法治。主体与客体之间的结构关系也是法治之间的要素关系。首先,从主体角度看,法治主体是法治最基本的元素。社会活动主体是多元性的,法治的主体也是多元的。作为法治主体的,人们常常称之为自然人、法人,有国家公务人员、国家机关、企业、事业组织、公民等,大体上可以划分为自然人、法人和非法人社会组织三大不同类别。每一类主体都有自己的独特性,具有不同的功能与作用,因此它们对于法律的意义是不同的,在认识上当然地不可简单等同。不同类别的主体有着不同的特性与特征,在法治之中,有着不同的参与和活动方式,法律对于它们主体地位的确认与设定都是不同的。其次,从客体看,法律调整对象是法治结构模式中的必要元素。法律总是对特定社会关系、行为和事件进行调整的规范体系。作为法治客体的要素为特定的社会关系。法律是调整社会关系的,但是法律只调整应该由法律调整的那部分社会关系。法律调整社会关系的范围是有限的,被法律调整的社会关系,人们称为法律关系。从立法的意义上可以说,法律关系是由法律调整所形成的,它是法律调整的结果。但是,我们必须清楚的是,如果一个社会关系不属于法律关系的范畴,已经制定的法律便不予以调整,它就不是法律调整的对象。法律行为和法律事件都是具有法律意义的,前者是指特定的人或组织,在一定意志支配之下的动与不动的、具有法律意义的外部状态;后者则是指不以人的意志为转移的具有法律意义的客观情况。

法治还是由政党、立法机关、行政机关、司法机关与社会组织等要素及其活动等结构而成的。所有的现代法治都包含着这些基本元素,中国法治的结构状态也不例外。在中国,法治要素也包括政党依法执政、立法民主科学、司法公平正义与社会普遍守法四个方面。其中,最重要者是政党、社会两个要素。首先,就政党要素来说,政党要素在中国法治建设的实际过程中还没有得到应有的实实在在的重视。政党的依法执政，在中国现实中也就是中国共产党的依法执政。中国共产党能否依法执政，在什么程度上依法执政，是中国法治建设的关键元素，在政治意义上决定着法治的成败。这是中国法治建设面临的重大问题与关键环节。其次，就社会因素来说。强调法治的社会因素，就必须明确社会是由各个成员与组织构成的。社会构成因素的法治化转化，对于法治具有根本的影响。要使法治的社会因素得以具备，就必须首先使法治成为各个社会成员与社会组织内在的本质要求。

（三）法治的层次结构模式

法治的结构模式包括法治的层次结构。法治结构是有层次的，从不同角度来考察，就可以发现和认识到法治的不同层次。

法治有形式法治和实质法治的层次的差异。所谓形式法治，也就是法律之治，其强调的是形式意义上的法律至上，表现为有法必依。所谓实质法治也就是良法之治，其强调的是实质意义上的法律至上，表现为有良法可依，并有法必依。法治的这种分别也只是一种理论上的概括，其实就是形式法治也并不是没有价值内涵，并不是不追究崇高价值目标，而仅仅是说它的突出特征是法律之治，体现为有法必依。同理，实质法治并不是要抛弃形式法治，它是对形式法治的深化和升华。法治发展之初也许只是形式意义的法治，但是随着法治的发展，法治之终必须是实质法治。值得特别注意的是，目标是实质法治，但并不意味着在实现实质法治的时候就要抛弃形式法治。在实质法治实现的时候，形式法治的精神依然被保留着，并成为整个法治的最基本要求和最基础的状态，成为实质法治的构成部分。一定要摒弃实质法治是对形式法治的否定的观点。实质法治是形式法治质的飞跃的表现与成果，是形式法治的升华，但是它并不是对形式法治的简单否定。在实质法治实现的时候，形式法治就蕴含其中。

法治包括观念层次、原则层次、制度层次、实践层次和现实层次，分别表现为法治观念、法治原则、法治制度、法治组织、法治实践和法治现实六个方面的法治化状态，六个层次的法治状态各具特色。我们所说的法治意识、法治理念、法治精神都属于法治观念的范畴。法治观念属于法治的认识层次，是关于法治的思想认知。加强法治观念的培养，加速法治观念的全面确立，是法治建设重大的思想文化工程。法治原则是在法治观念引导下，人们将法治指导思想加以提升、锤炼、精练而成的,并得到社会普遍认同的确定性概括。法治制度是法治实实在在的客观需求,没有相应制度的建立与完善,法治就没有制度载体。法治实践是将法治观念、原则和制度加以具体化的过程,它是法治建设的关键层次。只有在实践之中形成了法治,法治才是社会的和现实的。如果说法治实践是法治的动态过程,法治现实则是法治发展的静态结果。由于法治发展具有无限延展性的特点,法治现实始终只是相对静态的,它将随着实践的发展而不断完善。法治的这种层次结构与解析,有利于人们将法治看作一个观念、原则、制度、组织、实践与现实的统一整体。只有在各个层次全面实现法治,整体的法治才可能得以建立或者实现。

二、法治国家与法治社会的时段

立足现实,瞭望乃至,设计未来,这是人类应有的积极心态。对于法治,我们抱有同样的心态。中国社会主义法治,包括法治国家将于何时形成,这是中国法学和法工作者乃至整个中国社会都十分关心的重要问题之一。要确定其形成的时间表,并不是一件容易的事情,要列出绝对准确的时间表甚至根本就不可能。但中国的新世纪一定是新的法治旅程,整个21世纪都可以毫无疑问地归结为法治建设的世纪。

(一)时段预期的基本思考

法治发展的进程要受多种因素的制约,一个偶然的重大事件甚至可以使法治发展受阻或搁浅。一国法治的发展要受制于一国所处的国际环境,国际和平是一国法治发展的外在条件,一个不断与他国发生纷争的国度是无法进行良好的法治建设的。国内的安定更是一国进行法治建设的基本要求,任何重大的内乱对于正在进行法治建设的国家来说都不是一件幸事,甚至是一场灾难,法治会直接受阻于斯。一国的政治体制与政治制度也是一国法治建设能否成功的重要制约因素,在专制的背景下,是无法走向法治的。这些都可以说是比较重大的方面或者因素,其实,就是一些细小的因素,诸如国家领导人的改变、领导人注意力的转变,有时都会成为法治建设能否进行的决定性因素。对于各种变数,法治发展的进程和发展方向并不是坚定不移的。缺乏法治传统的中国要进行法治建设,可以左右法治发展的因素就更多,被其他因素左右的可能性就更大。法治建设能否按预期的时间表进行并不是绝对肯定的，对此，应当有一个清醒的认识。

法治形成的时间界点要依据法治形成的标准来确定，而这一标准及其运用具有极大的可塑性。要预知法治形成的时间表，首先必须确立衡量法治形成的标准，该标准尚未拟订，尚无定论，具有不确定性。这个标准应当由谁来拟制？有无特定的拟制程序？法治的形成是以法治国家的形成作为标准，还是以法治社会的形成作为标志？法治国家与法治社会之间有无差别、有何差别？其次运用标准的主体具有不确定性。宣告法治形成必须确定运用标准来衡量法治形成的主体，衡量法治形成的主体尚无定论。一国法治形成与否，是由专家学者们认定，还是由当时的政治当权者宣布，还是由国际社会公认，还是由那个时代人们的普遍认同或者内心确信，等等，不一而足。同一标准由不同的主体来使用，其结论也未必同一。尤其是难以量度化的社会状况更是如此。这些都使法治发展程度具有了一定的不确定性。

法治形成不是一个时间点，而是一个时间段，是一个过程或者期间。法治形成，恰如法治的准备与起步一样，不是一个绝对的时间点。法治形成，是一个社会过程，它需要的是一个时间区间，而不是一个简单的时间点，它是两个时间界点中间的整个时间段。法治建设是一个重大的社会工程，其运作过程的阶段划分得遵从社会发展的逻辑，得受若干意料之内或者意料之外因素的影响。阶段划分中，如果一定要找出一个具体的时间界点，那也只是一个相对确定的时间界点而已。基于这种认识笔者才认为，中国法治国家初步形成的时间区间大体为2000—2050年，其完善的时间区间大体为2050—2100年。法治国家的完善区间也就是法治社会的形成区间。因此，我们完全有理由说，新的21世纪，对于中国来说，是一个法治的世纪，是一个国家全面法治化的世纪，是一个建设法治国家的世纪。

从2000年到2050年这一期间，乃至从2050年到2100年，中国法治将如何发展，能否在这个期间形成法治国家，形成法治社会，我们可以作一个简要的管豹之窥。

中国法治于19世纪末20世纪初启动，经过了长达100年的由兴到衰、由衰到兴的历程。这100年的时间可以说都是整个中国法治化的准备。在21世纪即将来临的时候，中国法治开始了第二次勃兴，这是中国法治最具有现代意义和实践意义的勃兴。21世纪的中国法治，按照基本的历史轨迹,如果能够顺利发展,可以预期将经历两个阶段而得以完成:其前50年左右的时间为形成阶段;后50年的时间为完善阶段。如果从法治国家的角度看,21世纪实际是中国法治国家建设的世纪。前50年是法治国家的形成期,后50年是法治国家的完善期。如果从法治社会的角度来看,前50年是法治社会的准备期,后50年是法治社会的建设期。如果要更具体地加以区别,笔者更愿意称前半个世纪为"法治国家建设时期",称后半个世纪为"法治社会建设时期"。至22世纪的到来,中国法治全面进入一个良好的法治状态,又是一个世纪的历程。如果认为20世纪是中国断断续续而又持续不断地进行法治准备的世纪,笔者更期望21世纪是一个始终如一不断进取的法治世纪。

面对历史发展,个人总是那么微不足道,个人的预想总是那么无足轻重。尤其是对于学者,历史常常会搞出许许多多的恶作剧来捉弄他们,使他们自惭形秽。时常傲慢的历史会忽略任何学者的预想,而按照自己的轨迹前行。这些笔者都考虑过,所以,笔者必须声明的是,以上的时间预期,只是一个预期,能否如期地进入相应的法治发展阶段,实在是无法保证。历史发展的制约因素和偶然因素都实在太多,有许多因素都是人们无法把握的,至于学者更是无能为力的。

这种时段预期只是一种学理的分析,现实并非像年代的划分那样清晰和简单。法治的发展始终都是一个过程,难以确定其起点,更难以确定甚至根本就找不到它的终点。其间的阶段划分有时会是清晰的,有时则是模糊的。法治国家、法治社会并不是截然分离的两个阶段,它们前后相继而又前后交错,法治国家的形成就是法治社会建设的准备,法治社会的形成也是法治国家建设的继续,法治国家、法治社会作为法治的存在状态之二,相伴同行。笔者相信法治始终或永远都是一个过程,有始无终是其基本特点。

这种预期也只是对于法治发展的一种展望,其他学者未必能够赞同,也很难说这种预期具有多大程度的科学性。之所以愿意去作这种别人不一定赞同的预期,是因为对于中国法治,笔者具有如同其他学者一样的关注和急切的心情。这也许是自己对于未来与命运关注的构成部分。

(二)法治形成阶段——法治国家建设时期

也许可以认为,中国法治将在21世纪前50年中初步得以形成,法治国家将在这一时期得以建立。之所以如此认为,主要的思考是中国现代化的历程,中国民主化的过程,中国法治的渐进发展,也许都需要这么长的时间。

中国的现代化已经开始了一个世纪,在这长达100年的现代化历程中,中国人民历尽苦难。中国法治建设启动的原因是与中国现代化启动的原因联系在一起的。中国最初的现代化并不是自觉的现代化,它是迫于帝国主义的压力,为了民族的独立和富强而开启的。这种现代化是在外力重压下被提出和推行的,因此,这种现代化对于中国本身来说就会缺乏社会根据,就会缺乏自觉意识和心理准备。中国法治也是在中国现代化的过程中,甚至被作为现代化的重要内容被提出并推行的,在其创建中就不具有法治的土壤。经济上的自然经济、农业经济,政治、思想、文化上的封建主义、宗法主义、家族主义、专制主义,重叠、交叉而又相互纠缠、相互包含。经济、政治、思想、文化的社会现实,成为中国现代化发展的严重障碍,也是中国法治化发展的强大阻力。20世纪的后半期,中国的传统政治构架、思想文化都受到严厉批判,但并没有用真正先进的政治构架与思想文化将其取而代之。社会在经济、政治、思想、文化各个方面都表现出了不成熟性,旧的桎梏又以新的形式阻碍现代化和法治的发展。整个20世纪中国的现代化,民主与法治的悲剧,使中国人民觉醒,使中国人民认识到了现代化及其法治的必由之路。尽管开局状况不错,但毕竟仅仅是一个开端,而且偶然的失误导致长期损失的事例还在出现。

中国的民主化已经起步,然而民主的进步并不是一蹴而就的事情,民主的发展需要时间来提供空间与场景。中国是一个缺乏民主传统的国家,几千年的专制统治、专制文化都在历史、心灵上留下了深深的烙印。专制作为制度已经消除,但是专制作为一种思想文化观念还在现实社会中活跃着。在专制文化的基础上绝对建立不起现代的民主。现代民主如何从无到有、从少到多,不是轻而易举的变化,而是深刻的社会变革,这个变革的过程需要时间。民主的发展不仅是思想的进步,更重要的是要有政治制度的变革,要有社会现实的变革。从思想到制度,从制度到现实的变革历程实在是一个艰难的过程,它需要时间。考虑到中国民主已经经历的里程,到21世纪中叶,中国民主的发展必将达到更高的水平。民主的这个发展变革的过程是法治国家建设所必需的基础与前提。

中国的法治建设从自发发展逐步过渡到自觉发展,从少数人的自觉到大多数人的自觉,再到全体人民的自觉,需要时间。中国的法治从19世纪末20世纪初开始启动的第一次勃兴,到20世纪末21世纪初的第二次勃兴,就处于从不自觉到自觉的发展之中。第一次勃兴是中国的知识先锐面对西方列强的侵略,痛定思痛,对西方社会进行考辨之后,临渊羡鱼的结果。他们从西方列强的船坚炮利、经济发达,进而认识到其法治的先进,于是发起了中国的法治启蒙与法制变革,希图实现中国的法治,甚至还梦想着把中国建设成为法治国家。当年的梁启超就认为,法治国家是极为成功的典范。到现在,中国的法治发展正在由自发转向自觉,但自觉程度依然有待提高。就社会普遍的大众来说,法治依然是不自觉的,还需要启蒙。一百多年来,法治经受了风风雨雨,法治的道路还比较漫长,还需要时间和努力。因此,新世纪的到来并不意味着法治的实现,而是法治由准备转向形成。中国经济要达到中等发达国家的水平将是在21世纪的中叶,中国政治的民主化的完备发展也应当在21世纪中叶,中国现代化的基本完成也应当是在21世纪的中叶,因此,中国法治的形成也可能会在21世纪的中叶。

(三)法治完善阶段——法治社会建设时期

中国法治经21世纪前50年的发展以后,到21世纪的后半叶,将会由形成走向完善,由法治国家向法治社会转化,并进入法治社会阶段。这一阶段是以21世纪前50年顺利完成历史任务为前提的。如果我们把法治国家建设完成的时间往后推延,其后这一阶段的法治社会建设也必将同样被往后推延。所以我们应当把法治国家建设与法治社会建设结合起来,把法治国家作为法治社会的基础来准备。从法治国家到法治社会这个发展历程是与中国的经济、政治、思想、文化乃至整个现代化联系在一起的。如果从20世纪初中国法治的第一次勃兴起算,到2050年左右,中国法治已经经过了长达150多年的准备和形成过程,应当说已经发展到比较好的程度,法治国家已经形成。但是社会还在发展,一些新的问题还会被提出来。法治社会还有它不同于法治国家的历史任务,使法治社会化将比使国家法治化更加艰难。那时的法治虽然仍然会把对于国家权力的约束摆到重要的位置，但其根本的目标已经转变成为了使法治成为一种社会管理方式、社会活动方式和社会秩序状态。而且在中国法治发展的同时，世界各国的法治也在发展。中国法治要不落后于时代并与世界同步发展就必须立足于社会发展的实际，逐步完善。只有这样才能使中国成为世界先进的法治国家，营造出良好的法治社会。那时的中国法治也一定是与世界沟通的法治，与世界的法治发展并驾齐驱，或者作为世界法治发展前列的法治。

从法治国家到法治社会，将是中国法治在21世纪后半叶的历史使命。在法治国家建设的阶段，法治是以国家权力的法治化为首要特征的，是以包括权力组织、权力行为等的法治化为主要内容的法治建设。在21世纪的后半叶，中国法治的使命将从法治国家建设转向法治社会建设。那时候，法治建设将担负起新的使命。其主要的努力方向将是使法治不再仅是一种社会管理方式，而且更是一种社会活动方式和社会秩序状态，法治以一种社会整体状态存在和发展。那时不是没有不法，而是任何不法的事件一旦产生，都可以循着法治的轨道和途径加以解决。法治成为中国社会的一种最普遍的社会现实。显然这个阶段的任务还比前一个阶段更为沉重，前一个阶段的效果直接影响着这一阶段的速度与进程。

法治社会的形成是一个很遥远的目标。即使法治社会形成了，它也还不是法治的终点，法治社会也还有一个不断完善的问题。法治的发展也许是一个没有终点的过程，法治社会也不会是它的终点，而是它的一个新的驿站。法治可能是一个不断更新的过程，其更高阶段为法治社会。法治在什么时候到达最终点？笔者认为，如果真有法的消亡，相信这个最终点一定是在法消亡的时候。最完善的法治不过是法律发展的最高境界和最终归宿。只有当法都不存在，或者没有必要存在的时候，我们才有理由宣告法治也消亡了。那是一个远大的理想和宏伟的目标，我们没有理由去怀疑它，也没有理由因为它在目前的不可望、不可及而放弃它。相反地，我们应当把法治国家与法治社会的建设过程看着是向法治最高顶点迈进的过程，是走向法和法治的消亡的过程，更加努力、更加脚踏实地地孜孜以求、奋力向前。

三、法治国家建设的现实特点

(一)以自觉认知为前提

自发与自觉是描述人对自己社会活动的意义是否理解以及理解程度的一对范畴。自发是人们在社会活动中盲目地为历史必然性所支配,不能预见自己活动后果的情形。自觉则是指人们在社会活动中在一定程度上理解了自己活动的意义,并且具有较为明确的目的性和计划性的情形。当人们认识和掌握了客观规律,按照客观规律的要求去行动,能够预见到较长远的后果时,就达到了高度自觉的状态。从自发到自觉是一个发展的过程,中国法治发展已经开始并正在经历着这样的过程。

在理论上也许应当认为,任何一个国家的法治建设都会是理性的选择。但是就每一个具体国家的情况进行讨论,情况也许就大相径庭。中国从清末开始的法治,从总体上讲本身就不是一种理性的选择,而处于一种自发的不自觉状态。它是迫于国内外的压力,中国知识阶层和政治权力阶层的部分人士看到自己国力贫弱、政治腐败,临渊羡鱼的结果,许多法律制度的产生都是急就章式的舶来品。完全可以说,中国清末的法治不是自觉的法治。且不说中国自己的御用法学家,就是外国的洋法学家也常为中国帝王所用,代为起草了不少的中国法律,更多的是代为抄袭了不少西方的法律制度。其后,在20世纪末期中国启动的新一轮法治建设,一开始也是不自觉的。促使中国发动第二次大规模法治建设的动力是近百年的屈辱,尤其是中国共产党自己领导中国30年中的种种失误。在人民共和国时期,经过了短期发展,随即大量的冤假错案发生,甚至一些政治领袖也无法自保或身陷囹圄或身首异处,警醒了一些政治家,他们从倡导法制再到法治,从依法办事到法律至上,从以法治国到法的统治,一步步觉醒一步步走向法治。是那些惨痛的教训,让20世纪末的中国人民认识到,没有法治,国家和人民都无法免除类似的灾难。就是这样,中国启动了新一轮法治建设,逐渐地中国法治建设才从自发走向了自觉。

21世纪中国法治建设的社会环境,已经与20世纪末期有很大的不同。在20世纪的最后20年左右的时间里,中国法治建设开始了从自发到自觉的过程,这个过程到现在也还没有结束,甚至才刚刚开始。但可以肯定的是,整个21世纪的中国法治建设再也不会如同过去那个世纪那样——绝大多数人都对于法治是无知的或漠然的。在整个20世纪的大部分时间里,即使有本身数量就极少的中国法学家或法律家们能够理性而自觉地追求法治,也只是他们的理想,无法得到社会普遍的认同。在21世纪就会不同了,主张法治的法学家、法律家们将不再寂寞,他们对于法治的思考和呼吁,都可能在更大程度上得到社会的回应。经过20世纪几乎整整一个世纪的洗礼和法治的萌动,中国社会大众已经在一定程度上认识到了法治的意义。城市人口的法治意识在高涨,中国最广泛的农村人口的法治意识已经超过了历史上的任何时代,具有无限增长的生命活力。国家权力层面也会更加理性地对待法治,甚至会自觉地追求法治。民众法治意识觉醒的进程与起而追求的脚步已经伴随新世纪的钟声在中国的大地上震响。自觉认知的法治将以史无前例的速度向前发展,这是21世纪法治建设与20世纪法治建设的重大差别之一,也是21世纪中国法治的重要特征。

(二)以市场经济为基础

法治都是以市场经济作为基础的。但是,中国的法治建设也并不是在市场经济已经全面建立的基础上启动的。其他许多国家在走向法治的过程中,似乎从来就没有担负过像我们现在这样繁重的经济体制改革任务。中国法治将在改革自然经济和计划经济、走向市场经济的过程中逐步形成。中国法治的启动点,不同的学者会有不同的看法。在笔者看来,中国法治的启动点,可以认为有两个,最早一个应当确定在清朝末年,也即是20世纪初。那时中国的经济是以农业为主的自然经济,也不是市场经济,那时为什么会有启动法治的动机呢?那是由中国的内忧外患所决定的。在内在方面,传统制度已经走到尽头,如果不进行革命性的变革,它就难以自拔,所以必须对包括法律制度在内的整个制度体系进行变革;在外在方面来看,中国从鸦片战争以来,经甲午战争,饱受西方资本主义国家的侵略,力图师夷以制夷,变法以自强。其中也就包括要学习和借鉴外国的法律制度,走资本主义的法治之路。中国法治在清末启动后,并没有自发地走下去。清末、北洋军阀、国民党各个时期无不处于极其激烈的政治冲突,乃至国际冲突之中,法治建设无可奈何地让位于战争。直至1949年,中国经济在频繁的战争之中也没有进入市场经济状态,官僚资本主义经济倒是在中国大行其道。

广大农村的自然经济与封建买办经济、官僚资本主义经济混杂交织在一起,与真正的市场经济体制相较,还有很远的距离。

在1949年以后,这时中国的法治建设又有了新的希望。但是当时的中国经济又在恢复重建中走上了计划经济的道路,旧的自然经济的痕迹还十分明显。从未经历过市场经济的中国实行计划经济显然是违背经济发展规律的,而这种在自然经济之上建立的计划经济也同样不可能为法治提供必要的经济基础。政治上,一个个重大的政治运动又使法治建设长期被搁置,甚至还遭受到了前所未有的批判,直至发生了"文化大革命"那种严重的内乱,法治受到了极为严厉的否定。1978年宪法和中国共产党十一届三中全会上,关于进行社会主义现代化建设,发扬社会主义民主,健全社会主义法制的口号被提出来。从计划经济、有计划的商品经济走向市场经济的经济体制改革在摸索中开始启动,法治的火炬才在倡导"法制"的基础上被重新点燃。也正是基于计划经济和"文化大革命"给中国人民和国家所带来的灾难性后果,中国人民才意识到必须走市场经济与依法治国的道路,法治才在一片废墟中重新启动。

到20世纪末,中国宣布市场经济体制已经初步形成,如果说这一估计是正确的,那么它也不意味着中国市场经济体制已经全面建立或十分完善,更不意味着市场经济已经完全建立。新的21世纪中国必然担负着进一步完善市场经济体制,发展市场经济的任务。中国法治的启动是以市场经济为基础并与市场经济的启动大体同步的,其发展也必将以市场经济为基础并与市场经济的发展大体同步。

可以预期的是,加入世界贸易组织后的中国,其市场经济因与国际经济的一体化交流而得到重大的发展。与之相适应,中国法治也必将随之发生一系列新的变化。如果说中国20世纪的法治是缺乏市场经济基础的法治建设或者是在市场经济建设启动中的法治建设,那么21世纪的中国法治必然是在市场经济体制得以初步建立基础上的法治,这就与20世纪的法治建设形成鲜明的对照。

(三)与民主政治相共生

政治民主是法治的基础。法治建设并不一定要在完善的民主基础上才开始启动,它完全可以而且也正是与民主政治同步推进的。其实,在世界各国,法治的形成过程,也是其民主政治建立的过程。中国20

世纪初的法治是在与专制相纠缠，甚至借助于一定的专制体制，又与专制进行斗争中起步的，它与专制结下了畸形的不解之缘。其发展基本上是在政治民主创立的过程中进行的。20 世纪，在中国历史上可以说是从专制走向民主的历史，也是从人治走向法治的历史。21 世纪的情形将与此迥然不同，政治民主将与法治同在，同步发展，彼此互动共振。

深入历史之中，我们可以清楚地看到，在 20 世纪前半叶，中国清朝末年，虽然建立了大量的法律制度，但是由于其政治上的专制统治，必然严重地制约民主政治的发展，法治只能是梦想而不会成为现实。在北洋军阀和国民党政府时期，民主依然不可得，专制统治同样成为了中国法治发展的桎梏。在 20 世纪后半叶，中国共产党在政治上的失误又使法治建设根本就无法启动。及至改革开放以后，中国的法治才获得了新生，民主政治逐步露出端倪，并蓬勃发展，一些在历史上不可想象的民主现象成为了社会现实。应当认为，从改革开放以来，中国民主政治取得了重大成就，法治建设也结出了可喜成果。法治随着民主的发展而发展。

21 世纪中国的民主政治以 20 世纪末的民主政治作为基点，进行新的发展。随着中国对于国际社会的积极参与，以及在国际社会作用的加强，中国的民主政治必将吸收包括西方资本主义国家民主政治积极因素在内的政治文化，而形成社会主义新的民主政治。21 世纪的中国法治，既以 20 世纪的民主和法治成就为基点，也以 21 世纪民主政治的新的发展作为动力，可以相信，必然会得到更加迅速的发展。中国在 21 世纪的法治建设与民主政治建设是同步共生的，它们相互促进、彼此互动、协调共振。21 世纪的法治也以这一特征与 20 世纪的法治相区别，并使法治与民主政治一道进步和完善。

（四）与世界法治相沟通

20 世纪中国的法治建设呈现出法律制度与法律文化的固有与继受的二元分立与冲突。机械固守中国法律传统的人，坚持中国传统的法律文化，拒绝来自西方的法治。其典型的代表就是对于法治本土资源的过分强调，始终抱定传统不放，以为中国既有的法律文化中有着包治百病的良方，将传统法律文化视为解决中国法治问题的最佳良策。简单继受西方法律文化的人，又自觉不自觉地忽略了中国传统法律文化和西方法律文化的中国化问题，使西方的法治观念无法在中国立足。

其两者都主张法治,他们都以拯救中国作为自己的出发点,以中国的法治化为归宿。但他们都有其自身的不足与缺陷:保守的固有文化论者,拒绝与世界进行法治交流;机械的继受论者又没有与世界进行真正的法治沟通与交流。因此,可以说过去中国的法治建设主要是封闭地进行的,即使是那些借鉴西方立法而建立起来的法律制度,也是封闭于自身所认知的需要,满足于为我所用的。综观近百年历史,中国法治始终缺乏自觉自主地与世界对话与交流的意识与行动。这种情形与中国的历史背景有关,中国在清末以前一直以东方帝国自居、自称,直至西方的大举入侵也没有能够彻底改变中国人所具有的这种自大心态。被迫开放以后,法律依然是立足于自我,并满足于自我的。排拒世界似乎始终在或多或少的量度上影响和制约着中国法治的发展。

21 世纪的中国将是在更大的范围和幅度上参与世界活动的国家,将以历史上从未有过的风貌出现在世界上。她将更多地与世界对话,和世界交流。现代世界的发展给各国提出了交流与沟通的使命,未来世界在经济上的全球化或者一体化发展,为法治的交流提供了便利也提出了要求。中国作为一个世界人口最多的发展中国家,必须与世界交流。这种交流会涉及各个方面,法治是其中的一个重要内容。在法治的沟通中可以借鉴别国的成功经验,吸取别国的失败教训,也可以将自己法治发展经验贡献给世界,为别国所吸收。法治的与世界沟通就是要让中国的法治在广泛借鉴和吸收各国经验教训的基础上迅速发展,也使中国法治能为世界各国所接受,并为世界法治的发展作出中国应有的贡献。

四、影响法治国家建设的主要因素

(一)国内的改革与发展

中国的经济体制改革早已启动并取得了重大的成就。市场经济体制正在逐步建立和走向完善。市场经济体制的完善程度制约着经济发展的速度,经济发展的状况又影响着市场经济体制的完善进程。市场经济体制与经济发展状况又分别或共同地决定着法治发展的速度与进程。中国经济和经济体制对于法治的影响,在未来的 21 世纪可能得到更大的显现。中国的经济体制改革并没有结束而且正在艰难推进,国有企业的改革还需要假以时日。新的市场经济体制即使已经建立,要发展完善，还有一个过程。这个过程可能非一日之功，经济的改革与发展依然任重道远。

如果认为经济对于法治的决定作用是根本上的，那么政治对于法治的直接制约却是现实中的。法治总是与民主政治相伴随，在不民主的政治之上断然结不出法治的果实。中国法治对于许多政治生活现象的规范，都得以政治民主化的程度作为基点，而法治对于政治生活的规范程度和水平又是一个国家法治状态的表征。中国21世纪的政治体制改革的任务还十分艰巨。从改革开放以来，中国一直在谋求政治体制改革，政治体制方面也的确发生了重大变化，政治民主已经成为了国家与社会的目标，然而最根本的还在于究竟实实在在地改革了些什么。与经济体制改革相比较，可以肯定地说，政治体制改革滞后了。但要推进政治体制改革，远比经济体制改革的推进还要困难。推进得过快容易引起不良的社会后果，甚至引发社会动乱，最终葬送改革本身；如果过慢，时不我待，经济体制改革和其他方面的改革也会因此而受阻，延缓改革发展的速度，影响改革发展的进程，最终引发国家和社会的动荡，形成新的实难。

改革与发展是一项涉及全社会方方面面的伟大事业，不仅限于经济和政治这两个方面。在文化、科技、教育等各个方面都还有改革和发展的问题，它们都在不同程度和不同方面影响着法治发展。如果我们要大力推进法治，整个改革和发展事业的推进都是法治发展不可缺少的重要基础和条件。未来法治发展的状况与整个改革和发展的进程都息息相关，紧密联系。

（二）国际的冲突与互动

世界经济一体化的进程越来越快，世界各国经济体制与相关法律规则之间的协调日益成为了必须和现实。中国从改革开放以来就有了自己的经济体制与相应法制怎么与国际社会的普遍规则相适应的问题。在21世纪之初这个问题会更加凸显，因为21世纪是在中国加入世界贸易组织的时候到来的，中国不完善的市场经济体制与世界贸易组织规则的冲突必然会现实化和表面化。其冲突与协调都会客观存在，法治建设就会出现与之相应的外在表现。如果这些冲突能够顺利地解决，法治就可能得到顺利的发展；如果这些冲突的解决受阻，法治就可能出现暂时的停滞不前或内在矛盾。

中国与世界的互动与冲突并不仅仅表现在经济层面,而是表现在以经济为主的多个层面。政治、文化的相互影响会逐步加大,彼此的冲突也会凸显出来。政治意识形态的差异,是构成冲突的首要原因,也是最为敏感的原因。当今世界的许多冲突都是由意识形态的差异与对立所导致的。既有的文化是民族与民族之间的区别所在,也是冲突所在。中国累计了数千年的文明,显然具有自己的特色,世界上一些国家也难免以自己的文化观念强人所难。文化上的冲突并不亚于其他方面的冲突,甚至会成为其他冲突的诱因。中国与世界在各个层面或者方面的冲突与互动情形将直接影响中国法治的发展。

有冲突就有互动,互动有恶性互动和良性互动之分。冲突发生后,各国能理智地对待,用良性互动加以解决,世界就可以得到安宁,相关各国的经济、政治、文化就会以最小的损耗获得发展的机遇,各国的法治也将不会受到或者将很少受到冲突的影响而继续发展。否则,以恶性互动来对待冲突,各国都可能为此付出沉重的代价,最终导致各国都得不偿失,相关各国也许会付出法治迟延发展的代价。作为正在进行法治建设的中国,尤其需要安全稳定的国际环境,面对冲突力求以良性互动的方式加以解决,为法治的发展提供一个有利的国际环境。

(三)国际国内的稳定与和平

现代世界越来越一体化,政治、经济、文化的联系越来越紧密。国际环境的和平与否直接影响着一个国家的发展速度。任何时候的战争给人民带来的都只能是灾难。即使是一些不得不进行的战争也是人类无可奈何的结果,它永远都不应当是人类的期望。一旦本国或者邻国卷入战争,中国就会受到牵制,经济发展会受到影响,政治民主化进程也会受到影响,法治的发展也同样会受到影响。维护世界和平是中国的基本国策。维护和平不仅对于整个世界有利,对中国更是有利的。中国尤其需要一个安全稳定的国际环境来发展自己的经济,推进自己的民主,完善自己的法治。

如果认为国际环境对于一国的法治化具有重要影响的话,一国自己国内的秩序状况更是与其法治的发展息息相关。在一个动荡的国家,是不可能进行法治建设的。任何国家一旦陷入混乱与动乱之中,国家和社会的注意力都会转向混乱或动乱本身,经济建设、民主政治、法治发展都无一例外地会被搁置起来,等到国内秩序的恢复,才可能被重新提起，那些因混乱或动乱而破坏的法治还必须加以重建。中国要推进自己的法治建设，国际社会乱不得，国内秩序更乱不得。如果说我国不得不介入的国际纷争对于我国法治建设的影响还未必巨大的话，国内的混乱或者动乱必将极大程度地妨碍法治化进程、阻碍法治发展。

稳定的国内形势，是一国长治久安的表现，是一国改革发展的基础，也是一国法治得以顺利推进，法治国家得以快速建立的基本前提。动荡的国内形势，将使社会混乱，民不聊生，法治更难推行，法治国家更不可能建立。未来中国国内社会的稳定与否，决定和影响着法治国家建设的进程和成败。

在国内稳定的问题上，一直存在这样的误解，以为社会矛盾被掩盖起来社会矛盾就不存在了。其实，这是极大的误解。社会矛盾是不可避免的，我们所要做的努力首先是减少矛盾的发生。一旦出现了矛盾，我们的努力则是如何尽快消除矛盾。只有这样，社会才会更少阻碍地向前发展，社会才会进步，人民也才会给予政治权力最高的信赖。被掩盖的矛盾虽然不一定会马上激化，但随着时间的推移，完全可能养痈遗患，为未来的社会稳定留下祸根。

在国内的稳定问题上，我们还存在另一种更严重误解，以为社会矛盾被压制了，社会矛盾就被解决了。社会矛盾一产生，就必须予以足够的重视和正视，应当尽快予以解决而不是予以压制。现实的问题是，有些社会矛盾产生了，解决起来的确有困难，我们的一些官员和机关就对相关的单位和个人采取强硬的压服措施，迫使有关人员就范。这实在是有害的态度与方法，它会导致十分严重的社会后果，甚至直接引发更为严重的社会问题与社会冲突。

对于国内的种种矛盾，我们只能认真地加以解决，而不是拒之门外；只能依法解决而不是强行压服。解决的方式必须是合法的，只有依照法律来解决各种社会矛盾，社会矛盾才可能被真正消解，社会才能重归于和平与安宁。否则就可能累积社会冲突，导致更为严重的后果。改革与发展中一定会有许多冲突。在国内冲突的各个问题上，如果冲突着的各方都能够以良性的互动态度对待冲突，冲突就可以得到很好解决，法治也将获得较好的生成与发展空间。法治不仅不会因为冲突而受到阻碍，而且还可能因冲突的解决而得到进步与完善。

中国 21 世纪法治发展的情形与中国 21 世纪所处的国际环境和国

内秩序状态具有十分密切的联系,因此21世纪的中国不仅要谋求国际的和平,也要谋求国内的稳定。国际和平与国内稳定的有机结合,构成了中国法治发展最好的时代场景,中国应抓住历史机遇,将法治建设事业不断推进,从而使各项事业因法治的发展而发展。

下　篇

第十一章　法治国家与法治理念

一、法治理念的学理阐释

（一）法治理念的含义

法治理念是存在于人们意识中，引导人们进行法治实践的相关指导思想、基本原则和思想认识的总称。法治理念是理性化了的法治观念，也是一种理性化的法律意识。

法治理念是与法治实践紧密联系的思想理念。离开法治实践，就谈不上法治理念。二者之间的这种联系包括这样的几个方面：一是法治理念是法治实践发展到一定阶段的产物。在法治创建之初，是不会形成普遍的法治理念的。只有随着法治建设的发展进步，为了适应其需要，才有相应的法治理念应运而生。也只有有了一定的法治建设的社会实践，包括经验积累和教训总结，我们才可能从中找到法治理念的基本精神和应有内涵。二是法治理念是法治实践的需要。理念作为系统、理性的观念，引导着人们的社会实践。正确的理念对于人们的实践具有良好的指导作用，错误的理念对于人们的实践则有着不良的影响，甚至会成为障碍。法治建设也同样如此，正确的法治建设是在正确的法治理念的指导之下进行的，否则，法治建设就可能遇到挫折、遭遇失败。三是法治理念还将随着法治实践的发展而不断完善。法治理念的形成是一个渐进的过程，法治理念的完善也是一个渐进的过程。这个渐进的过程并不是孤立存在的,它总是与法治发展的进程相一致、相协调的。法治理念在法治的实践与理论的互动之中形成发展起来。

社会主义法治理念,是现代的法治理念。理念具有时代性,特定的理念总是与特定的时代相联系的,而且必然会打上那个时代的烙印。从严格的意义上讲,在奴隶制和封建制时代并没有现代意义的法治。只是到了资本主义时代,现代法治才适应社会发展的需要而得以产生。社会主义的法治理念,正是与社会主义法治实践相伴随的,是社会主义法治建设的指导,也是社会主义法治建设的理论概括与升华。社会主义法治理念与社会主义法治不可分离,紧密联系,是相伴随的社会观念与社会实践之间的关系。鲜明的社会主义时代性,是社会主义法治理念所具有的时代特征。社会主义法治理念是现代的法治理念,不同于历史上的奴隶制和封建制的法律理念,也不同于资本主义的法治理念。由于社会主义与资本主义在目前处于相同的历史时代而和平竞争,因此,在现时代,资本主义的法治理念,就是其重要的参照系和参照物。

社会主义法治理念要借鉴和吸收资本主义的法治理念。资本主义法治理念是历史发展到资本主义社会阶段的产物。它是人类法治文化发展的结晶,是人类法治文明进入资本主义时期的表现与成果。因此,对于资本主义法治理念不能用排斥的态度,恰恰相反,我们对其应该采取的是借鉴甚至吸收的态度。资本主义是人类历史发展中的一个环节,一个阶段。如果认为人类从原始社会到奴隶制社会,从奴隶制社会到封建制社会是历史的巨大进步,历史从封建制社会过渡到资本主义社会,也同样是历史的巨大进步。无产阶级要摧毁的是旧的社会制度,但并不是要摧毁人类有史以来的文明成果。对于资本主义管理国家和社会,推行民主和法治的经验,我们还要广为借鉴和吸收,以使社会主义的民主和法治具有人类历史上最优秀的性质。

社会主义法治理念超越于资本主义的法治理念。正如社会主义是对资本主义的超越一样,社会主义法治理念同样是对资本主义法治理念的超越。这种超越是以吸收和借鉴作为基础的,但又不仅限于借鉴与吸收,它应当比资本主义法治理念更加优越。社会主义法治理念对资本主义法治理念的超越,是社会主义法治优越于资本主义法治的重要表现。社会主义作为战胜资本主义而建立的新型社会,它要以超越资本主义作为自己的目标,并将实现对于资本主义的超越。因而社会主义将借鉴资本主义法治理念,并以其为基础加以提升,使自己的法治理念达到更高的高度。

(二)法治理念与法律意识

法治理念是整个法律意识的重要构成部分,属于法律意识的理性意识范畴,属于高层次的法律意识。法律意识是人们对于法律的各种认识、看法、观点和见解的总称,是人们对于法治的认识的总括。其中有高层次的理性化的法律意识和低层次的非理性化的法律意识。低层次的法律意识,是现代社会中几乎所有的人都具有的,高层次的理性化的法律意识则只有经过法律学习才可能具有。当然这里所说的法律学习并不是指一定要进入法律院校的法律专业学习,同时人们也可以通过自学和相关培训而具有。获得高层次法律意识的途径是多样的,但是必须通过较为系统的学习。没有这种学习,要具有高层次的法律意识是不可能的。高层次的法律意识并不是人们直觉的产物,它是人们理性认知的结果。

在法治建设的过程中,培养和提高人们的法律意识的重点,就是培养法治理念。法律意识的培养,是中国普法工作的目标之所在。我们所开展的普法工作,其目的并不在于要培养人们对于法律的肤浅的感性认识,而是要培养和提升人们关于法律的理性认识。作为社会主义法治建设来说,所要求的社会意识基础,也必须是理性的,只有建立在理性基础上的法律意识才可能包括法治理念。我国目前的法律意识培养与提升的社会背景就是依法治国,建设社会主义法治国家的社会实践,我们是在建设法治的背景下来增强法律意识的,增强法律意识的直接目的就在于推动法治发展,实现法治。

在法治基本建成之后,法治理念依然是培养和提升法律意识的重点。首先是因为,法治化的过程是一个始终需要相应理念相伴随的过程。在法治启动和实现的过程中,需要法治理念;在法治实现之后,还有继续坚持法治的问题,也同样需要相应的法治理念。因为在坚持法治的过程中,同样必须有相应的法治理念与之相适应。法治既是一种结果,更是一个过程。其次是因为,法治的发展中,其理念还需要随着时代的变化而与时俱进。世界、社会、形势以及法治本身的变化性,都要求法治理念有所发展,而不能一成不变。法治理念的变化会提出如何加以培养和提升的问题。最后是因为,人的代际交替需要维系社会的法治理念。社会是在一代一代的传承中发展的,人的代代相传,也包含着相应理念的代代相传。人类代际交替的生生不息也就决定了人类法治理念教育、培养和提升的永无止境。在法律意识的培养与提升中,法治理念始终会是重点和关键之所在。

(三)法治理念与法治精神

法治精神是法治理念得以确立并予以集中的概括,是法治的思想内核,是法的价值的体现,是法治思考凝聚而成的思想精华,是法治实践必须奉行的基本原则。法治精神与法的价值、法治实践都有着重要的关系,可以认为,法治精神是法的价值的体现并应指导法治的实践。

法治精神应体现法的价值。法的价值是法或法律对于人的意义,是人关于法或法律的绝对超越的指向,它既引导着法治的过程也标示着法治的目标。从应然的意义上讲,法的价值体现着法律的主体性和目的性。法的价值中包含着生命、自由、平等、人权、民主、公平、正义、人的全面自由发展等众多的价值目标。法的价值是人类法律发展的理性成果,也是人类法律发展的思想结晶。法的价值产生于法律的社会实践,又指导着法律的社会实践,是法律发展的目标与过程的双重统一与保障。法的价值具有极大的涵盖力与指导性。法治的重要意义就在于实现法的良好价值。法治精神是法治的内核,是法治内涵的指导思想,是法的价值在法治问题上的体现。法治精神理当包含法的价值目标于其中,并将法的价值追求作为自己加以实现的理想。法治精神本身就应该包括对于良好价值的追求与实现。只有以良好的法的价值作为自己的理想目标与内在品质,法治精神才可能具有无可怀疑的科学性、崇高性与神圣性。只有以法的价值作为指导,那些体现为法治精神的思想原则和理想目标才可能成为法治的真精神。

法治精神不能背离法的价值。法的价值是美好与神圣的,是人们关于法的期待与追求。法治是人类法律发展的高级阶段,是良好的法律得到良好实施的社会状态,它应该是体现并维护生命、自由、平等、人权、民主、公平、正义、人的全面自由发展等价值准则和目标的。法治与法的价值是根本一致的,法治的目标就在于实现法的价值。法律实践中,对于法的价值的背离,也就是对于法治实质与实质法治的背离。背离法的价值的法治精神其实是反法治的精神。应当把法治精神与法的美好价值追求统一起来,绝对不可对立起来。

法治实践应贯彻法治精神。法治精神不应仅仅是空洞的口号,它应该是法治实践所奉行的指导思想和基本原则。法治精神应该转化成为社会现实,即应该转化成为客观的社会实际。法治精神的社会化,是法治社会化的要求,也是法治社会化的精神动力。法治精神社会化的桥梁与途径只能是法治的社会实践,它应该被贯彻在法治的各个实践环节之中。

作为国家的法律机构及其工作人员,必须在立法和执法的工作中严格贯彻法治精神。在立法上,我们也许应该思考,所制定的法律应该如何体现法治精神,既有的立法是否秉持了法治精神,有无违背法治精神的方面。新的立法,如果没有体现法治精神,就应该努力探寻体现法治精神、进行科学立法的路径。如果既有的立法违背了法治精神,就应该对其进行修改,在必要时甚至应该加以废止。在执法上,就应该思考我们的执法措施的采取、法律的具体适用,是否符合法治精神的要求。如果发现有违法治精神之处,就应该反思具体的执法活动和相关的法律文书是否存在对于法律立法原意的误解或者曲解,是否符合法的价值要求,从而自觉修正和完善自己的执法行为。

作为社会大众,也有一个坚持法治精神的问题。守法是每个社会成员与社会组织当然的义务,自觉地服从法律就是法治精神的体现。不能因为狭隘的个人利益或者单位与组织利益就置法律于不顾,始终遵守和服从法律,是社会大众包括每个公民对法治精神的贯彻与尊崇。法治精神当然地包含着遵守法律的精神和服从法律的精神。此外,社会成员还担负着监督法律实施的道义责任。面对各种违法犯罪行为,社会大众都有举报、申诉、控告的道义责任。坚守法治精神,就应该不畏强暴,不畏强权,勇于依法维护法律的尊严与权威,敢于同各种违法犯罪的邪恶势力作斗争。

法治精神对于各个法律主体来说,都具有他律与自律的双重要求。法治精神是他律的,更是自律的。在营造法治环境,培育全社会法治精神的同时,必须首先培养自我的法治精神。法治精神应该成为全体社会成员与各个社会组织,在法律问题上共同拥有的认识、原则、信念和目标。每个社会成员与各个社会组织依照法律的原则和规范的自律状态,将是法治精神是否在社会生活中得以确立的根本表征。只有当法治精神切实为每个社会成员与各个社会组织所共同秉持,法治才可能以最佳的状态呈现在世人面前,法治也才可能得到真正地实现。因此,从法治的社会实践视角来看,法律主体运用法治精神进行自律与他律是法治精神得以弘扬的具体表现。

二、法治理念的意义与确立

(一)法治理念的意义

法治理念对于法治发展具有重要意义。这一意义体现在立法、执法、守法和法律监督的各个环节和每个方面。

法治理念是立法的思想前提。从立法的角度来看,如果不具有应有的法治理念,人们就不可能对社会生活的法治现状有一个良好的理性认识,人们也不可能制定出符合社会客观实际,符合社会发展规律的法律。在对法律的规范设计与表达上就可能出现种种失误和错误,使立法出现不应有的偏差。立法的不科学必然会影响整个法治的发展,因为立法是法治发展的第一步,也是最首要的环节。

法治理念是执法的重要保障。从执法的角度来看,法治理念是准确理解法律和执行法律的需要。理解法律是执行法律的前提。对于既有法律的理解,必须以法治理念作为认识基础,否则就无法真切把握法律的精神内核,就难免会在认识上出现偏差。既然法律是在法治理念的指导下制定的,也只有在法治理念的指导下,才可能把握法律制度及其法律规范的真谛。理解法律只是运用法律处理相关事务的前提,真正的执法活动,才是更为重要的环节。没有遵循法治理念的执法人员,就不可能有法律的良好执行。再好的法律也是通过执行与遵守才转化为社会现实的,纸面的规定如果不被执行,就是徒具虚文的废纸,不会产生实际效用。

法治理念是守法的必要保证。从守法的角度来看,法治理念是守法的重要保障。对于法律的遵守并不一定需要多么丰富的法律知识,尤其是在传统社会更是如此。在传统的农业社会之中,对于许多乡间百姓来说,他们甚至一辈子都没有系统学习过法律,但是他们依然能够守法,并且终生不会违法犯罪。这是因为他们有良好的道德观念,有良好的道德操守。能够严守道德规范的人绝大多数是不会违法犯罪的,他们虽然没有系统的理性的法律意识,但是他们有着基本的法律观念,甚至是一种以道德作为基础的法律理念。随着现代社会的发展,完全靠传统的道德操守与法律理念，已经不能适应社会发展的需要了，必须具有与法治发展同步的法律理念。如果具有法治理念，就可以肯定地说，即使在当今中国的法治时代，依然不会违法犯罪。

法治理念是法律监督的科学指导。从法律监督的角度来看，法律监督是一定主体对他人包括其他机关、企业事业单位等社会组织的执法和守法情形，所进行的监督。一般的社会监督，如人民群众的举报、控告等，当然地具有相当的自主性质，并无特别的程序与特定的法律后果。由于它本身并不产生特定的国家强制效力，其是否能对被监督者产生法律意义的影响，还要借助于国家特定的法律监督机关的力量，所以他们监督的严格程度和正确性质并不被特别要求。他们做出的常常是举报、控告而已。但是对于国家特定的法律监督机构来说，情形就大为不同了。这种专门的法律监督要切实有效，无所失误或错误，从专业上讲，当然要具有特别的法律专业知识。但是仅仅具有相应的专业知识还是不够的，这些知识必须是在法治理念指导之下的，必须是根据法治理念的要求来运用和实践的。没有正确的法治理念，法律监督的进行就可能出现失误和错误，有的组织或者个人的合法权益就会受到损害，法律就会被扭曲。

（二）法治理念的确立

如何确立法治理念是一个十分重要的问题。要切实确立法治理念，必须注意到以下几个方面：

首先，学习必要的法律知识。法治理念是不能自发产生和形成的，因此系统的法律知识学习就成为确立法治理念所必备的认识基础。人类的认识经验与实践告诉我们，各种科学的观念——正确的理念——的形成都不是非理性的产物，它们都是建立在足够的科学认识的基础之上的。这些科学的认识缘于对于相关知识的拥有，没有足够知识作为基础的理念根本就无法保证其正确性。法治理念是在总结人类社会法治发展的规律、对法治进行深入地理性认知的基础上建立起来的，它有着深厚的学理基础和深刻的理论根据。没有相应的知识作为基础，对于法治理念的把握都将成为困难和问题。所以随时加强法律知识的学习与更新，始终是十分重要的任务，也是我们始终能够紧跟时代步伐的重要保证。

其次，确立正确的法律意识。法律意识是法治理念的基础。法律意识是人们对于法律的认识的总体或总称,它包含着人们对于法律的感性认识和理性认识。确立正确的法律意识,是确立正确法治理念的前提。连法律意识都不具备的人,是谈不上法治理念的,就是在低层次的法律意识中也不可能有正确的法治理念。法治理念是建立在正确的法律意识的基础之上的。法律意识本身是一个中性概念,倾向守法的法律意识是法律意识,倾向违法的法律意识也是法律意识,法律意识这个概念不具有价值判断的内涵。但是法治理念则是包含着价值判断的。作为法治理念,它必然反对非法治的理念,违法的理念,犯罪的理念,反法治的理念,都不属于法治理念的范畴。法治理念要以法律意识为基础,但是这种法律意识不能是错误的法律意识,不能是主张违法犯罪或者反对法治的法律意识。

最后,修正错误的法律观念。社会的法律观念是发展的,个人的法律观念更是发展的。我们的现实社会正处于急剧的社会转型之中,社会改革的发展变化,也对法律观念产生着深刻的影响。现有的法律观念,与历史上的相较,已经发生了重大的变化,在未来必将发生重大的变化。现实社会的改革开放,以及中国社会自身的进步,也提出了变革中国既有法律观念的任务。在现实社会中,中国法律的本质观念、功能观念、价值观念都必须发生变化。从本质观念上讲,我们不能再固守法是统治阶级意志体现的传统本质观。在今天,我们的法早已转化成为了人民意志的体现。从功能观念上讲,我们不能再将法律定位为阶级统治的工具,它已经转化成为了社会主义社会的管理手段和建设手段。从价值观念上讲,我们应旗帜鲜明地将法的价值定位于公平正义之上,并将其与人类的彻底自由解放联系起来,以真正地实现全社会的公平正义。

三、法治理念要求树立法律权威

法律具有权威是实现法治的要求,是法治得以实现的标志。维护法律权威和体现法律权威是法治的重要理念,我们必须确立法律权威的理念。

(一)法律权威的含义和特点

法律必须具有极大的权威性。法律权威的含义是什么,法律权威有何特点,当然是我们首先关注的基本问题。

1. 法律权威的含义

法律权威,是指在社会规范之中法律具有应有的神圣不可侵犯的性质,必须得到有效的贯彻实施。任何人无论他地位多高、职务多高,都没有超越法律的特权。也就是说法律不应该受到任何个人意志的支配,也不应该为任何非法权力所左右。正如《中华人民共和国宪法》第5条所规定:“国家维护社会主义法制的统一和尊严。一切法律、行政法规和地方性法规都不得同宪法相抵触。一切国家机关和武装力量、各政党和各社会团体、各企业事业组织都必须遵守宪法和法律。一切违反宪法和法律的行为,必须予以追究。任何组织或者个人都不得有超越宪法和法律的特权。”

法律权威应该体现在这样几个方面:一是宪法具有最大的权威;二是任何社会组织或者个人都必须遵守法律;三是任何违法行为都必须受到追究;四是任何组织或者个人都不能享有法外特权。

从宪法的最高权威性来讲,宪法是国家的根本大法,是统率整个法律体系的根本法。因此,要维护法律的权威必须首先维护宪法的权威。由于宪法确认的是公民的权力与权利,规范的是国家与公民之间的相互关系,规定的是国家的性质、机构等,约束的是国家权力,所以宪法在国家的政治生活与社会生活中具有最为重大的意义。

从任何社会组织或者个人都必须遵守法律的意义来讲,法律的权威来自并体现在人们的自觉遵守上。任何法律都需要人们的自觉遵守,人们自觉守法的行为是法律得以良好实施的根本保障,也是其最坚实的社会基础。法律是否具有权威性,一个根本而重大的判别标准就是看法律是否为人们所自觉遵守。如果人们都能自觉按照法律办事,遵守法律,法律的权威性也就当然存在,也能够充分发挥法律在社会生活中的效用。

从任何违法行为都必须受到追究的意义来看,法律的权威性也体现在其强制力上。对违法犯罪的强制而有效的制裁,是法律权威性的表现。面对违法犯罪,能否予以应有的处罚,是法律是否具有权威的又一判别标准。有效地制裁违法是法律权威的最佳注释,也是法律权威得到体现的重要方面。如果人们都自觉地依法办事,法律制裁的功能当然无须实现。但是它强制威慑力量,是从其一产生就被赋予了的,并不因为它实际上没有转化为强制措施而被否定。法律的权威性,既通过它的威慑力得以体现,这是权威性的一种实现,同时它也通过实施惩罚而使权威性成为另一种现实。

从法律禁止法外特权来看,也同样表明了法律的权威性质。任何人都不能谋求法律之外的特权。什么是法律所反对的特权,其判别的标准只能是法律。符合法律规定的,当然是法律所保护的;法律所不禁止的,当然也是法律所不制裁的;但是法律所禁止的,必然是法律所要惩罚的。任何人都没有违法而不受处罚、不承担法律责任的特权。

2. 法律权威的特点

任何事物的特点都是在与其他事物的区别之中体现出来的。如果将法律权威与权力权威和个人权威相比较,我们就可以发现法律权威有其独特的特点。相对于权力权威来说,法律权威是法治的权威;相对于个人的权威来说,法律权威则是民主的权威。

(1)法律权威是法治的权威

法律是法治的基础,也是法治的规则前提。没有法律制度和法律规范,当然就无所谓法治。法治是制度之治,也是规则之治。强调法律权威实际上是强调制度和规则的权威,也就是强调法治的权威。

就法律与权力的关系来说,如果权力服从法律,我们可以说,它体现的是法律的权威。法律之下的权力,作用再大也只是法律作用的具体化,是权力在依法运行,是权力在实现法律。它所体现的最终力量不是权力的,而是法律的。相对于法律来说,权力是第二位的,是次要的;法律才是根本的,是第一位的。

就法律与权力的关系来说,如果权力大于法律,权力可以超越法律,不受法律的约束任意作为,这时法律的权威就为权力的权威所取代,这时就不再是法治,而是权力之治,本质上就是人治。在人治之中,人的主观意愿可以突破法律的制度规定,可以随意地废弃法律或否定法律。但是在人治之中可以突破、废弃或者否定法律的人,并不是一般的大众,而是那些手握权力的人。这时如果说是人在发挥超越法律的作用,还不如说是拥有权力的人在发挥超越法律的作用。

法律权威就是强调要对权力进行约束,要反对人治并实行法治。法律权威,实际上是法治的要求,也是法治的体现。法律权威所强调的,在制度和规则的意义上讲,就是法治的权威。

(2)法律权威是民主的权威

法律权威应该是民主的权威。因为在现代的民主和法治的视野中,任何立法活动都应该是民主的,立法要经过民主的过程和程序。民主的立法程序是良法产生的必要前提。立法的过程也就是集中人民意志、反映人民要求、体现人民愿望、实现人民目标的过程。立法的民主化程度越高,立法的民主性就越强。

在民主社会和民主政治之下,法律既然是民主的体现,是民主的制度化与法律化,那么,实现法律就是实现民主,维护法律的权威也就是维护民主的权威。换句话说,只要我们坚持立法的民主性质,努力确保立法是民主的,维护法律的权威也就是维护民主的权威。作为人民意志体现的法律只有被付诸实施了,真正成为了社会的现实,我们才可以说,民主是真实的。

民主,在我国目前就是人民当家作主。表现在立法上就是,立法的内容和程序必须体现人民的愿望和要求,必须是人民意志的体现。民主需要许多表达和实现的方式、路径,法律、法治无疑是其中极为重要的方式和路径之一。法律权威反对专制、集权权威,要求严格依法办事。法律权威要求一切权力和拥有权力的人,都自觉服从法律、遵守法律。在民主的立法之下,法律的权威也就是民主的权威,维护法律权威,就是维护人民民主,就是实现人民民主。

(二)法律权威的意义

法律权威是现代社会必不可少的基本理念,也是法治建设所必须建立和依赖的基本理念。法律权威理念在法治建设与社会发展中具有极为重要的意义和作用。

1. 法律权威是法治理念的要求

法律是独特的社会行为规则。人类社会是由若干个体和群体所共同组成的。众多的个体和群体要共同生活,当然需要一定的行为规则。没有这种规则,社会就会陷入混乱之中,人们就无法协调行动、共同生活。社会需要共同的行为规则,法律正是其中最具有明确性和肯定性的规则。对于规则的遵守或者违反,往往直接关乎相关行为主体的利害得失。因此并不是每一个社会成员或社会组织都愿意自觉地遵守这些规则,一旦因违反规则而需要被处罚时,也未必都愿意自觉地服从这些规则并接受处罚。于是,法律规则的权威性就必须被强调和维护,否则法律就可能被肆意违反,这样人类的共同行为规则就将失去其权威性。所以人类的理性就会告诉人类,必须维护自己法律的权威性。

法治也就是法律的统治,是依法而治。治就是管理,就是调整与协调,就是对于共同秩序的维护。这种管理、调整与协调,以及共同秩序,都需要以共同规则作为根据和准绳。在社会管理之中,管理者和被管理者,必须以一定的规则作为依据和共同遵守的准则。法律就是在这样的意义上最为人类特别重视的,这是人类社会管理的经验和教训的结晶。维护法律的权威性,是人类进行社会管理的需要,是社会正常运行的需要。

2. 法律权威是推行法治的前提

法治是社会发展的必然,也是中国社会发展的必然,是历史经验和教训的总结。经过半个世纪的社会主义实践,依法治国、建设法治国家已经成为我国的治国方略与社会发展的目标。推行法治已成为我国的基本国策。法治的实行,必须有法律,没有法律制度作为前提,就不可能有切实的法治建设。

法治首先需要的就是完备的法律制度,这是推行法治的基本前提和必要基础。法律对于法治来说是一种必要的准备,没有完备的法律,必然没有法治。但是再完备的法律,如果没有严格地遵守执行,也不可能有法治。法治的内涵是异常丰富的,它也有着对于政治、经济、文化的独特要求,对于民主也有着根本的依赖,但是法律制度被严格实施、被切实地执行和遵守是其最直接的要求。

法治是法律之治,是法律获得至高无上的地位、被遵守和服从的一种良好状态。法律被执行和遵守的情形,直接影响着法治的情形。法治在任何意义上,都无法离开法律的基础作用。法律要被良好地执行和遵守,一定需要应有的权威。社会生活是丰富多彩的,也是复杂多变的。在社会生活之中,人们需要大量的规则,这些规则中包含着道德、习俗、传统、宗教教规、组织纪律、乡规民约等,更有法律制度和法律规范。法律是进入国家状态的社会的基本行为规范,也是其中最具有外在强制力的规范。

法律都是明确的、具体的,以权利义务为内容,并由国家强制力保障实施的行为规范。这就使其具有其他规范所不具有的特性。人类的其他社会规范并不都具有这样的基本特征。法律以其独有的性质,成为社会独具特色的行为规则,而为人们所不得不服从。法律的强制性质等,都是其权威性的重要根据。法律的权威性为法治的推行创造了前提性的条件。法治也正是依赖法律的权威性,加以固化、强化而得以建立的。法治的建立,相对于法律来说,不能是无源之水、无本之木。法律的基本属性和社会功用,是法治的基础。

3. 法律权威是法律神圣的表现

人始终需要信仰,没有信仰的人类就好像始终在没有目标的黑夜中盲目航行。人类的信仰是众多的。如果说人类对于神的信仰,对于某种思想的信仰还可以选择的话,人们对于法律则应该是难以选择的。因为特定国家或民族的法律,对于任何个人来说总是相对特定的、提前预设的,人们难以像对神、对思想那样对法律进行选择。法律应该成为人们信仰的对象。

法律成为信仰是法律神圣的一种极致状态的表现。法律一旦成为信仰就具有了神圣的性质。法律神圣,是需要特别加以强调的。法律之所以神圣,不同的时代与不同的文化对其有不同的阐释。当代社会,法律之所以神圣,更多的是因为法律是人民意志的体现。法律是一定范围之内的多数或者绝大多数人民的愿望和要求的反映,这就是其神圣性的根据。

法律是神圣的,就必然要求被尊重,被严格地贯彻实施。法律的神圣性质也促进着人们对于法律的信守,引导着人们的思想观念与社会行为。人们需要根据自己的理性判断来遵守和执行法律,人们也需要根据信仰而不假思索地自觉守法。恰恰是不假思索地自觉守法,对于法律有着更为重大的意义,对于法治具有更大的推动力。

法律神圣必然会有法律权威的要求。法律连被遵守的神圣性质都没有,就当然也不可能得到人们普遍的尊重。法律的神圣性也当然地表现为法律的权威性,法律具有了权威性质,才能得到有效实施。人们心目之中才可能有良好的法律形象和对于法律的必要敬畏。人们对于法律的敬畏来自于法律的神圣性质,这种神圣性质是其权威性的精神依据之一,也是权威性的心理依托。

法律权威性来自法律的神圣性,而法律的神圣性也不是空中来物,法律神圣性来源于它的公正性、正确性,以及它的无可抗拒的性质。法律要神圣还需要法律本身的神圣。邪恶的法律是没有神圣可言的,邪恶的法律会受到严重的挑战,甚至被公然违反。人们面对恶法而产生的心理,不是服从而是抗拒,是违反和破坏。对于法律的神圣性,我们应该有正确的认识。

4. 法律权威是司法权威的基础

司法需要有权威。司法是国家专门化的特殊活动,是国家权威性的体现,也是一个社会其秩序被强制维护的重要体现。除了采取行政措施之外,国家在很大程度上都是通过司法来对社会进行管理和调整的。司法是国家力量的外化,是国家作用得以发挥的表现。人们常说法律是具有国家强制性的,它的效力并不取决于相对当事人的意志或者意愿。只要具有法律的根据和依照司法的程序,不论司法强制的对象是否愿意,司法强制都将毫无疑问地加之于被强制者身上。司法具有人们不能不服从,即必须服从的性质。司法正是将法律强制性具体化的重要环节,是法律走向社会现实的重要桥梁,也是法律权威的重要体现。司法权威是法律权威的构成部分,是法律权威的重要内容,也是重要基础。司法无权威的恶果,就是直接损害法律权威。司法如果没有权威性,法律就可能受到肆意违法的挑衅。司法裁判的无效必然导致民众对于司法的不信任,对于司法效力的怀疑。司法无权威还会败坏人们关于法律的道德观念。

一个时期以来,我国的司法权威受到了严重的挑战。其中的主要表现,一是法官被殴打的现象相当普遍,被杀害的现象也不乏其例。法官是法律的执行者,社会法律纠纷的裁判者,他们在社会生活中理当具有神圣性,绝对不应该出现某个公民因为其是法官而要特别受到社会的歧视。法官被殴打正是社会法律无权威、司法无权威的表现。法官如果有舞弊,有关当事人、参与人乃至社会大众都可以依法进行监督、举报、控告。如果认为其裁判偏颇,既应当也可以通过司法程序加以解决,殴打法官乃至杀害法官,从任何意义上讲都是对司法、对法律的藐视。二是法庭被冲击的事件不断发生。法庭是神圣的场所,自古以来,都为人类所敬畏所景仰。无论人们如何认识具体个案的裁判结果,以及人们无论是否服从法庭的裁判,都不应该冲击法庭。对于法庭的冲击是有关当事人的无知,也是司法无权威的表现。三是司法裁判不被执行。一个时期以来,我国的司法裁判遭遇了严重的障碍——不能被执行,司法裁判形同虚设。这种现象的普遍化严重损害了人民司法的形象,影响了法律的尊严,最终损害了法律权威。

四、维护法律权威与人民当家作主

人民是国家的主人,人民的实际地位如何,是衡量法治建设是否成功的根本标志。人民当家作主是维护法律权威的目的,维护法律权威是人民当家作主的需要。

(一)人民当家作主需要法律权威

人民当家作主是我们的政治原则,是出发点与归宿。但是人民是一个整体,是由大量社会成员与社会组织所构成的。人民当家作主是根本的政治原则,这一原则的真正确立需要经过艰苦卓绝的努力。如何实现人民当家作主是远比确立这个政治原则更为艰巨的任务。如何集中广大人民群众的意志,如何体现广大人民群众的意志,如何实现广大人民群众的意志,是我们面临的重大问题。

通过立法来集中广大人民群众的意志,这是经验总结和现实路径。立法过程是一个收集人民群众的意见、集中人民群众的智慧,并将其具体化为制度性规定的过程。随着民主的发展,以及现代传媒与通讯作用的发挥,立法的过程越来越成为一个形成共同意志的过程。立法在整合意志,统一意志上的作用越来越突出。人民的意志只有通过立法表现出现,我们才有可能将人民的意志转化为社会实践活动,实现人民的意志。立法既是集中人民意志的过程,也是体现人民意志的过程。

人民意志的集中和体现是十分重要的,但它仅仅是首要的环节,更重要的还是如何将人民的意志付诸社会实践,使人民的愿望成为社会的行为规则、社会的法定目标,实实在在地成为人民行为的准则,成为社会的实践和现实。法的执行、遵守以及法律的监督等法的实施过程更是不可缺少的环节。如果说立法,即法的制定是人民民主的直接表现,法的实施则是人民民主的具体实现。

人民当家作主需要以人民民主作为宗旨的法的制定和法的实施,那么维护法律权威就成为人民当家作主能否实现的关键。在法律确实体现了人民意志的前提下,法律如果有权威,人民的意志就有权威;法律如果无权威,人民的意志就无权威。法律的无权威,导致的人民意志的无权威,必然导致人民当家作主的无法实现。因此,我们切不可将法律权威与人民当家作主割裂开来、对立起来,必须认识到维护法律权威与人民当家作主是根本一致的。没有法律的权威,人民民主就无法找到得以实现的最佳路径,人民当家作主就会因此而受到严峻的挑战。

(二)法律权威需要人民民主维护

法律可以设定对于各种违法行为的处罚措施,法律也可以宣布自己是神圣不可侵犯的准则,但是法律的权威并不完全是由法律自身来维护的。即使法律可以对自己的权威作出字面的规定,那也只是纸上的规定而已,仅仅局限于法律自身,是无法真正维护法律权威的。

法律权威需要国家来维护,更需要人民来维护。国家拥有其他组织所无法具有的暴力工具和强制力量,国家有警察、监狱和法庭;国家可以通过警察、检察官和法官的执法活动来保障法律的实施。国家具有保障法律实施最有力的手段和方式,但是国家并不是其力量的终极来源,国家力量的终极来源应该在人民。人民是国家的主人,没有人民实际上并没有国家,国家对于人民的依赖是必须的。因为没有人民,国家就失去了它的根本和它的灵魂,人民才是国家最广泛的社会基础和最深刻的力量源泉。

法律权威需要社会来维护,更需要人民来维护。法律是社会的规则,社会是由各种社会活动主体构成的,社会主体又是社会中最积极最活跃的因素,是社会发展的内在动力的来源。因此,社会主体对待法律的态度,以及是否切实地遵守法律,是法律能否实际存在的决定因素。全体社会主体是否认同法律,是否遵守法律,是法治能否建立的关键。社会主体,在社会中,主要就表现为人民大众。人民是社会主体的主要部分,人民大众是社会的主导力量。法律权威需要社会大众的维护,也就是需要人民的维护。法律权威所受到的威胁,最主要的一是违法者的破坏,二是国家权力的失职。任何违法都是存在于社会之中的,如果执法和司法机关得到了人民支持就能够有效地打击各种违法乃至犯罪行为,维护法律的权威,这是使被损害的法律权威得到恢复的最有力的手段。执法或者司法机关要侦破案件,确定违法者和犯罪者,都离不开人民群众的支持。如果作为社会主体的人民群众都拒绝作证,都对违法犯罪置若罔闻,结果是显而易见的,违法犯罪者就将逃脱法律的制裁,进而使法律的权威荡然无存。法律权威是通过专门的国家机关来维护的,国家执法、司法机关及其工作人员一旦失职,法律的权威不仅会因违法犯罪而受到损害,也会因国家机关及其工作人员的失职而受到损害。要防止国家机关及其工作人员的失职,人民群众的监督就是必需的。没有人民群众的监督,国家机关就难免懈怠,有关的工作人员也难免会渎职。有了人民群众的监督,就可以避免失职、渎职的情形发生,即使一旦发生了,也可以在人民群众的监督之下,得以修正。国家机关及其工作人员对其失职渎职责任的依法承担,本身也就是对法律权威的维护。所以要维护法律权威,从制裁违反犯罪和防止国家机关及其工作人员的失职渎职的意义上讲,人民群众都是最终的依赖力量。

（三）人民民主何以维护法律权威

人民当家作主是人民民主制度的现实化和通俗化表述。人民通过自己当家作主,实现自己的民主权利,保障法治的建立和实现。人民可以通过多个方面多种途径实现自己当家作主的权利,同时维护法律的权威。

首先,人民可以通过参与立法,确保立法的科学性,进而保证法律的权威性。科学性是良好的立法必须具有的基本属性,也是法律是否具有应有权威的重要根据。没有科学性的立法必然是错误的,必然难以实施,也难以具有权威性。即使被强制实施了,也会导致极为严重的社会后果,甚至阻碍社会发展,成为社会进步的破坏力量。科学性是法律在内容的意义上是否具有生命力的根据。法律是否具有科学性,也是其能否得到群众拥护,能否得到贯彻落实的关键之所在。人民群众对于立法的参与,有利于将他们的实践经验和切身感受熔铸于立法之中,避免立法上的闭门造车与脱离实际。广大人民群众参与立法可以避免一些失误,减少一些错误,修正一些错误,使立法更加全面和完善。只有有了人民群众的广泛参与,这样的立法才可能最大限度地具有科学性,才可能真正具有权威。

其次,人民可以通过参与立法,确保立法的民主性,确保法律的权威性。民主是现代社会的本质要求,立法民主是现代社会民主的重要方面,也是政治民主的重要体现。在法治国家中,立法必须具有民主性,民主性是立法具有实质合法性的根本依据。只有程序上是民主的立法,才可能得到人民的真心支持,一旦付诸实施,人民群众才可能实实在在、不折不扣地奉行。民主立法是法律科学性的必然要求和重要保障,没有民主立法,就很难产生科学立法。民主除了对于立法的科学性具有保障的意义之外,本身也是立法的内在要求,人民对于立法的参与情形,反映着民主的进步程度和发展水平。

再次,人民可以监督法律执行适用,使法律被良好地施行,以维护法律的权威性。法律适用是包括执法和司法在内的法律实施活动的总称。法律适用中的司法和执法活动都是在人民群众之中进行的,许多社会成员就是相关案件的当事人、参与人或者知情者,他们对于执法和司法,都有切身的感受。他们对于执法和司法的评价,直接关系到社会对于有关国家机关及其工作人员执法或司法情况的认识,这也会影响社会成员对于执法和司法的心理感受。不能严格执行法律的执法和司法,都会极大地损害法律的权威性。人们就可能在蔑视执法和司法的同时,也蔑视法律,法律的权威性就会大打折扣。人民对于法律适用的监督,是对国家权力监督的构成部分,是人民当家作主的体现,有效的法律监督必然有利于法律权威的树立和维护。

最后,人民可以监督社会守法,使法律被良好遵守,以维护法律的权威性。任何法律都是以被严格遵守和服从以体现其权威的。如果可以被随意违反,法律的权威也就荡然无存了。违法犯罪都是对法律权威的直接挑衅,对于违法犯罪的制止与制裁都是对法律权威的维护。所有的违法犯罪都是在社会中发生,都可能为某些群众所知晓。一旦违法犯罪发生,只有人民群众勇于制止,法律才可能不被违反。只有人民群众勇于对违法犯罪进行举报、控告,或者在有关机关追究违法犯罪时敢于作证,有关的违法犯罪才可能受到应有的制裁。这时,法律的权威才可能得以真正的维护。所以,可以说人民群众对于守法的监督,对于违法犯罪的制止、举报和控告等,就是对法律权威的有力维护。

第十二章 法治国家与法律体系

法律体系是由一国全部现行法律规范按照不同方式组合而成的有机联系的统一整体。一国法律体系的形成,受到多种因素的影响,其中包括一国的历史传统、文化发展、经济状况、社会背景等因素。法律体系尤其是为一国法制或法治发展的历史过程所决定。法治国家有无自己的法律体系,法治国家的法律体系与非法治国家的法律体系有无区别,以及他们之间的区别是什么,是值得我们去思考的,而且也应当作出回答。在有的学者看来,法律是否适应法治的需要,关键是看其内容与法治的要求是相一致或是相背离,而不是去考察它的体系或者结构。法治国家必须有自己与法治相适应的法律体系。要依赖非法治或者反法治的法律体系来建设法治国家,显然是不行的。离开了这个特定体系孤立地看待某些个别法律制度,就很难认识这些法律制度的性质。法律体系建设是法治国家建设的重要方面。

一、法律体系的法治化架构

(一)既有法律体系结构理论的主要疏漏

探讨我国既有法律体系及其理论疏漏是构建适应法治国家发展需要的法律体系的认识前提。前车之覆,后车之鉴,总结法律体系及其理论的不足是启动法律体系建设的前提条件。这是一般的分析,从我国法律体系的情形来看,的确有许多地方可评可点,及时地加以评点,则可以起到温故知新的作用。

首先,我们对于法律体系的结构方式认识过于褊狭与简略。我们的教科书和工具书都认为,法律体系仅仅是由各个法律部门所构成的,至多有时会提及作为法律体系元素之一的法律制度,基本上忽略了法律体系的其他构成方式,从而降低了从不同视角对现行法律体系进行观测和自省的可能性。教科书几乎众口一词地说,法律体系是由法律部门构成的,而对法律部门之外的其他构成方式全都避而不谈。中国的权威性的法学辞书也往往在诠释“法律体系”或“法的体系”时,只注意到了法律体系的部门结构,对于法律制度略有提及,对其他结构形式在有意无意之中,一律不予论述。它们经常所表述的都是,“法的体系通常指由一个国家的全部现行法律规范分类组合为不同的法律部门而形成的有机联系的整体”。[①] “在统一的法的体系中,各种法律规范,因其调整的社会关系的性质不同,而划分为不同的法律部门,如宪法、行政法、刑法、刑事诉讼法、民法、经济法、婚姻法、民事诉讼法,等等。在各个法的部门内部或几个法的部门之间,又包括各种法律制度,如所有权制度、合同制度、公开审理制度、辩护制度等。制度与制度之间,部门与部门之间,既存在差别,又相互联系,相互制约,于是形成一个内在一致的统一整体。”[②]法律体系的结构方式并不仅限于部门结构,从整体上讲,法律的等级结构、内容结构也是法律体系的重要结构形式;从构成元素的角度讲,法律的要素结构也同样是法律体系的重要结构形式。对这些内容,本书将在后面的文字中逐一进行简要地论述。

其次,在法律体系的部门结构方面,我们忽视了不同法律部门的价值目标与追求的差异与共融。从部门结构的角度来看,任何一个国家的法律体系都不是由一个单一的法律部门构成的。法治国家的法律体系,在不同法律部门,乃至不同法律部门的不同法律制度之间,在价值层面上是协调的,有共同的价值追求。虽然不同的法律部门或法律制度在价值追求上各有侧重,但彼此之间是可以融通的。秩序、民主、自由、平等、人权、公平、正义,都会得到应有的尊重,而不是被忽略或践踏。法治国家的法律体系在调整社会关系上的分工适当,法律部门的相互关系设计合理,不同部门或不同制度的法律规范之间能相互照应

① 《大百科全书·法学》,中国大百科全书出版社 1984 年版,第 84 页。
② 《大百科全书·法学》,中国大百科全书出版社 1984 年版,第 84 页。

而不彼此冲突。不同法律部门及其法律制度和法律规范共同构成一个完整的法律体系,成为一个有机协调的整体。一个法治国家,如果是英美法系的,它的衡平法与判例法之间就应当有一个协调统一的机制,而不是各自分立、互不相干,它们在价值追求上能够协调统一;如果是大陆法系的,它的公法与私法之间虽然有较为严密的分工,但是二者之间的关系必然是相互融通、互补的关系,其价值追求也应当是统一的、相互整合的。

最后,在法律体系的理论中混淆了法律部门与部门法、法律体系与法制体系、法律体系与法学体系等相关概念之间的界限。在法律体系上的概念混淆,是一个非常普遍的常识性错误。我国许多教科书和工具书,乃至一般的法学著作都不自觉地将二者混用,对"法律部门""法的部门""法部门""部门法律""部门法"不加区别。早在20世纪80年代初李步云教授就发现了这个问题,并在学理上加以了分别。[①] 法律部门也有人称之为法的部门或法部门,是指按照法律规范调整的社会关系的性质和相应的调整方法的不同对法律规范所作的一种分类,其中包括宪法部门、民法部门、刑法部门、行政法部门,等等。部门法也可以称之为部门法律,是指除宪法以外,在宪法统率之下的,各个具体方面法律的类别。此外,也有学者将法律体系与法制体系相混淆。其实,"法制体系比法律体系的内容要广泛,它应包括法律体系以及立法体系、司法体系、法律监督体系等。在整个法制体系中,法律体系是核心,是基础,立法和司法等体系的原则和主要内容应当以现行法律为依据"。[②] 法学体系,有学者认为,可以称为法学理论体系,或法律科学体系,是以理论法学为主导、以部门法学为基础而组成的一个有机联系的统一整体。法学体系与法律体系之间既有联系也有区别。法律体系是法学体系赖以建立和发展的前提和基础,法学体系则是法律体系完善化的理论指导。法律体系中的各个法律部门的划分是建立法学体系中各个部门法学的基本依据。法律体系与法学体系之间,有着明显的差别。法律体系与法学体系的数量可能不同,一个国家只有一个法律体

---

① 李步云教授于20世纪80年代初,在西南政法大学(当时称西南政法学院)为全国举办的法学理论师资培训班讲座上有过这样的讲述。

② 李步云:《走向法治》,湖南人民出版社1998年版,第542页。

系,却可能有两个或者更多的法学体系;法律体系与法学体系的构成要素与内部关系不同,法学体系中有理论法学、法律史学、边缘法学等,法律体系并无理论法学部门或理论法部门,也无法律史或法律史学部门;法律体系与法学体系的主导元素不同,法律体系的主导元素是宪法部门,法学体系的主导元素是理论法学或理论法学部门。①

（二）法治国家法律体系的基本要求

法律体系是法学研究包括法律研究的一个基本课题。多少年来,许多学者曾对法律体系进行了卓有成效的探讨。有学者针对各种的不同认识,提出了法律体系的特征为内容完善、结构严密、内部协调、形式统一四个方面的主张。② 对于这四个方面的提出和论述,都是值得借鉴的,它既是对法律体系的特征描述,也是对于良好法律体系基本要求的探讨。法治国家法律体系必然不同于非法治国家的法律体系。对于法治国家法律体系的研究也是认识法治国家的重要方面。笔者认为,对于法治国家法律体系的认识,还可以从以下三个方面进行探究。

1. 适应法治要求的完备性质

法治国家的法律体系应具有适应法治要求的完备性质。这种完备性质,是法治国家对于法律体系的基本要求,也是法治国家法律体系与非法治国家法律体系的重要区别之所在。它是指整个法律体系中各方面的法律制度都应有尽有,能够使社会生活得以有效而很好地调整,而不是残缺不全、漏洞百出,也不会使社会生活缺乏法律调控。法律体系的完备性,包含着三个方面的要求:

一是法律体系的形式完备。法治国家的法律体系在形式上应当是完备的。法律体系是一国法律的形式结构整体。法律体系是否完备,从形式上也可以从不同的角度进行描述和观测。在法律部门的意义上,法治国家的法律体系在形式上的完备所要求的首先就是法律部门没有残缺。不论人们对于法律体系进行怎样的部门划分,各个法律部门的名称也可以有所不同,但是相对于各种社会关系而言,相应的法律部门总是存在的,并发挥着各自的实际效用,调整着相关的社会生活。不论从哪一个视角出发来观察法律部门,在它本身的逻辑意义上应当

① 李步云:《走向法治》,湖南人民出版社 1998 年版,第 542 ~ 544 页。
② 李步云:《走向法治》,湖南人民出版社 1998 年版,第 539 ~ 542 页。

是完备的。在实体法与程序法的意义上，法律体系的形式完备则要求，相应的实体法要有与之匹配的程序法来实现其所要达到的目的。尽管笔者并不是主张实体法与程序法机械地一一对应，但不能有实体法而缺乏程序法，或者有程序法而无相应的实体法。在形式上所要求的不仅是实体法与程序法的并存，更要求二者之间的相互适应。形式完备的法律体系不是某个国家在一时之间就能建立起来的，它有一个逐步发展完善的过程，它有一个作为其构成单元的各个部门或部分相互整合而达成一体化的过程。只有各个部门或部分的法律规范性文件、法律规范都实现了一体化的演变发展，我们才能说法律体系在形式上完备了。这个过程是一个不断由相对不完备到相对完备，又从相对完备到相对不完备，再由相对不完备到相对更完备的无限反复递进的过程。

二是法律体系的内容完备。法律体系在内容上的完备要求，远比在形式上的完备要求更高。它所要求的是应当调整的法律行为和法律事项都已经被法律制度及其规范规定得清楚明白，无所疏漏。应当立法的各个社会方面都制定了相应的法律，社会没有无法可依的情形。即使偶然出现了这样的情形也能很快在立法上得以完善，使法律体系达到完备的状态。法律体系在内容上的完备也是一个相对的过程。因为社会的发展随时都会给法律体系提出新的完备要求，任何一个阶段法律体系在内容上的完备都是在相对状态之中的，永远也不会有绝对完备的情形。尽管法律体系在内容上的完备总是相对的，法律体系也总处于不完善的状态，但相对完善总是法治国家法律体系的外在表征，追求完善总是它永恒的理想。各个法律对于各种权利、义务的设计应适应社会生活的要求，而且少有冲突与残缺。作为一个法律体系，它的内容应是协调而整合的，此法与彼法之间，此规范与彼规范之间，彼此衔接而无相互矛盾。

三是法律体系的切合实际。法律体系切合实际，是指法律制度的构想和目标都适合于国情，适合于法律的整体，适合于法治发展在各个时期的“现阶段”，适合于立法、执法、守法、法律监督各个环节与整体协同的实际需要。法律体系是否切合实际可以被列入是否在形式或内容上完备的一个重要方面。但法律是否切合实际，似乎又不能完全被形式或内容是否完备所涵盖，甚至还在一定意义上可以被认为是法律体系是否完备的一个重要的评价标准。所以我将其作为法律体系完备的一个相对独立的问题,加以特别的论述。法律体系切合实际,意味着法律制度是来自现实而又能作用于现实的,能够切实有效地调整社会关系,成为各种适法行为的准则,而不是对于客观现实的隔靴搔痒或在社会调整上的一纸空文。法律体系的设计不是远离现实或者无视现实的,而必须立足于现实,以现实的社会需要、制度实际、司法实践为根据。法治国家的法律体系尤其要求切合法治发展进程的实际。不切合实际的法律体系,在形式上再完备也是不完备的,其始终也不具有内容上的完备性。换句话说,如果法律体系不切合实际,即使可以认为它具有某种形式完备,也终究不具有内容的完备性。

2. 适应法治要求的形式结构

法治国家的法律体系应有适应法治要求的形式结构。法律体系的形式结构是具有时代性的,在不同时代、不同的背景之下,法律体系的形式结构是不同的。

在专制集权的中国传统社会,建立和拥有的是"诸法合体、民刑不分"或"诸法并存、民刑有分"的法律体系。"诸法合体、民刑不分"的概括是中外学术界对于中国传统法律体系的既有结论。近有学者认为,这种概括是由于中国古代没有法理学,没有对于法律体系的研究所致,是错把"法典体例"与"法律体系"混淆,错把"法典体例"当作"法律体系"的结果。"由于中国传统律学很少涉猎法理学范畴,因此对于各个部门法的划分,从来没有进行理论上的概括和实际上的界定,更谈不上对法律体系的研究,这不仅使得'诸法合体,民刑不分'的法典体例得以长期延续,并且产生了一种误解,似乎这就是中华法系的基本特点,这就是中国古代法的法律体系。"进而"从法律所调整的社会关系的特殊性和具体性以及由此而形成的法律体系而言",提出了中华法系的法律体系为"诸法并存、民刑有分"。① 尽管对于中华法系的法律体系的概括各有不同,而且分歧颇大,但是中华法系的法律体系有别于现代中国的法律体系却是无疑的。无论人们怎样用今天的概念、范畴去解说历史上的法律体系,都无法否认历史上的法律体系是那个特定社会的产物,它有与那个时代各种相关因素相适应的结构形式。

在整个中国古代,独立的、以保障人民民主、自由、权利,实行宪政

① 张晋藩:《中国法律的传统与近代转型》,法律出版社 1997 年版,第 310 ~ 311 页。

为使命的宪法是没有的。在历史进入近代，随着民主被倡行，宪法才逐步在中国出现，成为中国法律体系的构成部分。到现在，在法治国家的建设中，宪法获得了前所未有的意义，法律体系才成为以宪法为主导、由各个部门法所构成的一个整体。"在人类的历史进程中有一个不可忽视的特点，这就是人类在不断地为共同生活制定规则。特别是近代以来，人类以国家为单位的各个历史阶段，每走过一个艰难困苦的里程，都要通过宪法来制定为克服困难所需要的新规则，以此来继续人类的发展；每经历一段苦难深重的生活，都要通过宪法来确定为消除苦难所需要的新的政治及社会的基本形态，从而进入新的历史阶段。"①宪法的产生、存在以及在整个法律体系中的主导地位决定了近代以来的法律体系不同于古代，它是与近代社会、经济、文化和整个法律体系的变化相一致的，相适应的，是新的法律体系的产物与重要特征。

其实，适应法治需要的法律体系是一个立体、多维的整体，远非一个简单的部门法体系。反观我国法学界的认识，可以发现，对于法律体系的形式结构，一直倾向于从法律的部门结构方面进行设计与分析。法律体系除了部门结构之外，完全应当而且也可以从等级结构和内容结构上进行设计和解析。对于法律体系的等级结构和内容结构，历来的法学理论著作几乎不予以提及或者论述，这显然是法律体系理论的严重缺失。李步云教授曾经建议在法律体系中除了法的部门划分之外，再增添两个方面：纵向的法律效力体系和横向的实体法与程序法体系。② 这是很有见地的。在笔者看来，笔者更愿意在李步云教授的启发下把实体法与程序法的体系放到要素结构中去与其他要素结构一并论述，而从整体结构上，把法律体系描述为部门结构体系、等级结构体系和内容结构体系三个方面。

3. 适应法治要求的开放体制

法治国家的法律体系应有适应法治要求的开放体制。这种开放体制意味着，法律体系的法律部门、法律规范在数量上不是一成不变的，它要在法治化的进程中，随着整个法治的发展而不断地充实、完善，永

---

① ［日］杉原泰雄：《宪法的历史——比较宪法学新论》，吕昶、渠涛译，社会科学文献出版社2000年版，第1页。

② 李步云：《走向法治》，湖南人民出版社1998年版，第537～538页。

远以一种开放的态势走向未来。这种开放体制还意味着，法律体系的内部结构包括法律部门结构、法典结构、法律规范之间的结构也不是一成不变的，它也会随着时代的发展而作出自己的内部结构调整，以适应社会发展和法治发展。

一定历史阶段的法律体系，是一国在那个特定阶段对其法律整体现实状况的总结和对体系未来发展合理展望的统一。法律体系的内部构建与组合，既考虑现实的立法状况，也关注未来的发展趋势。以前没有的法律部门可能会产生，以前存在的法律部门也可能随着形势的发展或者认识的变化而被取消。一些法律法规数量较大的社会方面，如果在逻辑上成立，也有可能构建起新的法律部门。一些法律法规数量较小，但从发展的角度看是有必要予以立法强化的社会方面，相应的法律部门也可能会得以认可并设立。一些原本属于此部门的法律法规，也有可能被归入彼法律部门。"法的体系同任何事物一样既是相对稳定的，又是绝对变动的。我们必须处理好这两个方面的关系。法的体系的建立，要经历一个长久的过程。这一方面是由于法律的制定要有一个过程，另一方面是由于人们对于法律体系的认识也有个过程。体系基本形成后，还会不断发展和完善。"①

一个法律体系是怎么组合的，其中包含哪一些子项，子项与子项之间是怎样的联系，子项与子项之间是否是并列的，哪些是并列的，它们有无层次的分别，如果有层次的分别又可分为哪些、怎样的层次，这些情形在一定的时期可能是相对稳定或确定的，但随着时间的推移它们都可能在法治的发展过程中出现某种变化。以前的下一层次的法律部门，可能升格为上一层次；以前上一层次的法律部门也可能降低层次，成为下一层次的法律部门。以前属于这个法律部门的法规可能会属于另一法律部门，反之亦然。总之法律体系的内部的元素及元素之间的关系，不是僵死的，而是具有活力的。我们在法治的发展中所追求的不是法律体系没有变化，而是法律体系何以变化得最为科学，最能反映法律发展的现状与前景，最能适应法治发展的需要。

综观法律体系的情况，任何一个良好的法律体系都是相对的。在社会发展中，以前完备的法律体系，随着时间的变换也会出现不完备的

---

①　李步云：《走向法治》，湖南人民出版社1998年版，第546页。

情形。对于这种不完备,我们只能采取积极的措施,使之能够得到不断的充实和发展。应该认为,"法律体系既不是对现实法律状况的描绘,也不是一个封闭而自成体系、自行调节的纯粹规范体系,而是一种不确定的、开放的、变动着的理论预想的实践过程"。①

二、法律体系的整体结构

(一)法律体系等级结构的确立

法律体系是一个内容丰富的整体,不同的规范性法律文件或不同的法律规范具有不同的法律效力与法律地位。法律作为一个整体,是由等级不同的各种规范性法律文件或法律规范所构成的统一体。在世界上的大多数国家,权力都是分别在不同层次上行使的。如果立法权也被不同等级的立法机关分别行使,就必然会产生不同等级立法者的立法具有不同效力的问题。一个地域广大,并存在权力分层的国家,其法律体系必然是由不同等级的法律法规所构成的多层次的整体。

法律的不同等级的划分是多样的,从不同角度着眼,就存在不同的观测结果。从立法机关的等级来看法律体系,我国法律体系由中央与地方两个层次的法律法规构成。在中央一级,有全国人民代表大会及其常委会制定的宪法、法律,国务院制定的行政法规;在地方一级,有地方人民代表大会及其常委会制定的地方法规。从法律规范性文件或法律规范的不同效力来看法律体系,则由三个层次的法律制度构成。第一层次是宪法,第二层次是狭义的法律,第三层次是行政法规和地方法规。根据我国宪法和立法法的规定,我国的宪法具有最高的法律效力,是最高等级的立法。法律是由全国人民代表大会或其常委会制定的,属于第二等级层次的法律或者法规,其效力低于宪法、高于行政法规和地方法规。作为同为第三层次的行政法规和地方法规,其效力等级相同,二者之间的矛盾依照立法法的规定而得以协调。

无视法律的等级体系显然是一个极为重大的疏漏。法律体系的等级结构的确立,对于建构合理的法律体系具有重要的意义,对于法律的有效实施也具有重要的意义。法律体系的等级结构的建立有利于建立

---

① 刘丽君、潘大松:《关于传统法律体系理论的思考》,载《法律社会学》,山西人民出版社1988年版。

一个有序的立法体制和适用法律制度,使人们正视法律规范性文件或法律规范之间的效力差异,通过下位法服从上位法的规则,轻易地解决不同级别法律规范之间的冲突。避免法官不顾法律效力等级随心所欲地取舍,减少司法的随意性,确保司法在适用不同等级法律上的公正。

(二)法律体系内容结构探析

从法律体系的内容方面来考察,可以知道,法律体系由法律原理、法律原则、具体法律制度和法律规范构成。[①] 这四个方面层次不同,共同构成法律体系的整体。

法律原理。法律原理是法学著作和司法实践中经常使用的概念与术语之一。虽然人们可以意会,但法学界并无明确而统一的定义。英国《牛津法律大辞典》也认为"法律原理"一词没有固定或确切的意义和用法。同时又指出,法律原理"概括性最强,常用来表示实质性的法律规范,包括带有共同主题的、系统的一套处理特殊情况、典型事例和法律秩序的原则、规则和准则"。[②] 对于该定义,笔者也不以为然。因为它混淆了原理与原则、规则、准则之间的界限,同样使人无法把握。在我国,法律原理虽然常被提及,但是很少对其作理论上的解说与界定。笔者认为,法律原理是指关于法律的、具有普遍意义的、最基本的、可以作为法律原则、具体法律制度和法律规范的基础的道理。法律原理是法学研究的成果,是法律原则、具体制度和规范的理性依据,而在我国一直未能将其作为法律体系的构成元素受到应有的重视。在许多法律专家看来,法律原理不过是法学家们在课堂或者在学术著作中讲述或论证的话题,殊不知法律原理本身就是法律体系的构成部分。建设一国的法律体系远不是一件随意的小事,它关涉一国的行为准则、政治运作、社会生活等,任何一国的法律体系的构建都有其依赖和凭借的理论根据,而不是一时的心血来潮。法律原理是很多的,选择哪些或者何种法律原理作为自己法律原则、具体法律制度和法律规范的根据,与一国法学家、法律家,尤其是立法者的认知紧密相关,更与一国的现实状况、时代背景、国际环境等密切联系。法律原理具有一定的主观性和可选

---

① 程燎原:《法律体系》,载卓泽渊主编:《法理学》,法律出版社1998年版,第106页。

② [英]沃克:《牛津法律大辞典》,北京社会与科技发展研究所组织翻译,光明日报出版社1989年版,第533页。

择性,但法律原理并不是任人揉捏的泥团。不应当是谁希望有什么原理就有什么原理,或谁愿用什么原理就用什么原理。这样被随意使用的法律原理根本就是谬误而非科学真理,就是暴君手下的婢女。

法律原则。对于法律原则的含义,《牛津法律大辞典》也作过解释,它认为,法律原则“一般指对众多的较具体的简单陈述、法律适用进行论证、统一和解释,并作为更细一步的法律推理的权威前提的普遍性规范”。[①] 这一解释同样是十分粗糙的,很难把握。在笔者看来,法律原则是指制定法律、解释法律或实施法律的行为所必须遵循的比较抽象与概括的基本准则或指导思想。它来自法律原理,但比法律原埋更为精练,是法律解释、具体法律制度和法律规范的依据,是制定、解释、适用与遵守法律的基本准则和指导思想。法律原则对于立法、执法都具有十分重要的意义。西方的法学家曾经如此看重法律原则的作用,“一般法律原则往往是判案遇到困难的法官的救生圈。这些原则都是笼统的大框框,这就使人能把它们适用于许多不同的案情。因此,当法官需要时,很少有找不到一条能解决问题的一般法律原则的情况。因此,这些原则含义的含糊,也使它们特别富于可塑性。它们可以被援引来适用于各种截然不同的情况。因此,它们让法官或仲裁员在改正因严格适用不恰当的法律规则而产生的不幸后果方面,或在补救实在法的各种不足之处方面,享有很大的作判断之自由。一般法律原则极其恰当地为法官作出撇开法律去设法体现公平原则的判决,提供了牢固的法律基础”。[②] 一个浅薄的法官是不可能运用好法律原则的。在我国,目前许多法官都以为法律制度中的原则规定是没有什么意义的。在司法实践中遇到了缺乏具体规定而无法处理的问题,他们想不到要运用法律原则来解决,即使想到了,也无法对法律原则予以准确地理解和诠释,偶有运用也难免失之偏颇。

具体法律制度。“法律制度”一词可以在多重层次上使用。在广义上,法律制度可以被作为“法”或“法律”的同义语使用。正如中外的法学辞书所解释的,法律制度是“指某主权者或权力行使者(这种权力是

---

① [英]沃克:《牛津法律大辞典》,北京社会与科技发展研究所组织翻译,光明日报出版社 1989 年版,第 533 ~ 534 页。

② [法]米歇尔·维拉利:《国际商事法——第三种法律秩序的理论探讨》,载《法学译丛》1986 年第 6 期。

基本规范直接或间接赋予的)直接或间接地为一个社会制定的全部法律的总和,亦即某国或某地区法律的总体”。[①] 在狭义上,也可以被理解为某一相对独立单元的所有法律规范所构成的整体,即指“调整某一类社会关系的法律规范的总称”。[②] 也有在“超广义”上使用的“法律制度”概念的情形,其含义甚至广于“法”的含义,包括除制度之外的“传统、个人、技术、实践以及作为法尚存疑问的其他因素”。[③] 为了避免理解的偏差,笔者特地将这里的“法律制度”前加上一个定语——“具体”一词,称之为“具体法律制度”,实际上也就是指的前述“狭义的法律制度”。如我们常说的婚姻制度、家庭制度、物权制度、合同制度、诉讼制度等即是在这一意义上使用的,这些制度都可以被称为具体法律制度。为了避免在理解上的歧义,在这里笔者不采用此前在相关著作中所主张的直接使用“法律制度”的提法,[④]改而称之为具体法律制度。虽然这样称谓也许有一些繁杂,但笔者认为这也许更为准确。具体法律制度是介于法律原则和法律规范之间的法律结构层次,它体现法律原则,包含若干同类的法律规范。法律制度作为一个单元,在法律原则的指引之下,集合多个法律规范而构成,是一个相对完善的整体。在整体法律体系之中,具体法律制度占有十分重要的地位,因为每一个法律部门都是由若干个相关的具体法律制度组合而成的。

法律规范。法律规范这一概念在各种教科书中都已经被反复定义,本书不再详述。法律规范既是构成法律制度的细胞,也是构成法律体系的细胞。在法律体系所有的内容元素中,它是最小的单位或者单元。有人认为它由假定、处理、制裁或假定、处理、后果三个逻辑成分构成,有人认为它由法律行为模式和法律后果两个部分构成。法律规范是最为具体的规则,它可以直接适用于各种案件。法律体系的完备,最基本的是法律规范的完备。法律规范置身于法律制度之中,以法律原理为基础,以法律原则为指导。法律规范的这种地位和特性,决定了当

---

① [英]沃克:《牛津法律大辞典》,北京社会与科技发展研究所组织翻译,光明日报出版社1989年版,第545页。

② 《法学词典》,上海辞书出版社1981年版,第467页。

③ [英]沃克:《牛津法律大辞典》,北京社会与科技发展研究所组织翻译,光明日报出版社1989年版,第546页。

④ 卓泽渊主编:《法理学》,法律出版社1998年版,第107页。

人们尤其是执法官员，一旦发现所要适用的法律规范与法律原理相违背，或与相关的法律原则相抵触时，就必须进行更深入地探究。其中有可能是我们自己对于相应法律规范理解错误，我们就有必要对自己的认识进行反思、反省，以求自我修正。其中也有可能是法律规范的文字表述不清，那么我们就应当去查找有无相关的有权解释，以明晰法律规范的具体含义，防止对于法律规范的认识错误，使执法结果符合法律原理和法律原则。其中还有可能是立法本身的问题，我们就应当去寻找有无与之相矛盾的上位法、同位法，若有相应的上位法，理当转而适用符合法律原理和法律原则的上位法；若有颁布在其后的同位法，也理当转而适用符合法律原理和法律原则的颁布在后的同位法。如果一个违背法律原理或法律原则的法律规范，非要被适用不可，也一定是在最无可奈何状况下的结果。即使是这样的情形发生，法官等执法官员也同样可以在自己法定的职权范围内，将某个不符合法律原理或法律原则的具体法律规范的不正义降低到最低最小的程度。

法律体系中的原理、原则、具体制度和规范的四个层次是由高而低组合的。法律规范是法律体系结构中最低层次的单元，对于法律规范的理解、解释、适用与遵守，都应力争符合法律原理、原则、制度以及具体的法律规范。只有这样，才不至于在理解、解释、适用与遵守法律时出现失误。只有原理、原则、制度、规范四个层次的结构关系得以良好建立，才能说已经建立起了良好的法律体系。

三、法律体系的要素结构

法律体系作为一个整体，当然可以从不同的角度进行观测，而且不同角度的观测结果显然会有所差异。这种差异不仅是正常的，也是必然的。也许是这种必然性才使其差异具有了正常的意味。从不同的角度，可以对法律体系这一整体进行不同的考察，不同角度的考察必将有助于我们充分认识这一整体，甚至更好地构建和完善这一整体。从中国法律体系的现实状况和未来发展上看，它除了具有以宪法为主导、由各个部门法所构成的有机统一的整体结构形式与等级结构形式之外，还以多个二元要素结构状态存在。这些二元要素结构中的不同结构状态与方式，必将导致对法律体系的结构状态的不同描述。这种不同侧面的考察与分析，必将有助于法治国家的法律体系建设。

(一)制定法与判例法的主从结构

制定法与判例法是两种主要的法律形式,选择其中之一,或者二者并用,以及二者之间的不同状况的结合,都可能使一国法律体系呈现出不同的情形。在我国法律体系的构建中,应当是一种制定法与判例法在主从意义上的二元结构。

我国的法律体系应当以制定法为主。在历史上,制定法是中国法律的主流;在现实中,制定法是中国法律的主干。在中国的法律传统中,判例法也曾经发挥过重要的作用,但始终总是以辅助状态存在的。从《法经》,经秦律、汉律、唐律、宋律,到元律、明律、清律,可以说制定法都是中国法律的主要形式。律、令、格、式、比中最主要的是成文的律。近代以来,中国积极向西方学习,其主要学习的也是欧洲的制定法,甚至可以更直接地说是学习法德两国的制定法。法德两个大陆法系国家的制定法传统与中国固有的制定法传统不谋而合,这也许是大陆法系的法文化为何可以迅速地在中国得以借鉴和滋生的重要原因。大陆法系制定法的主流法文化与中国传统的制定法主流文化的结合,更在新的层面上固化了中国的制定法。

判例法在中外历史上曾经发挥过重要的作用,至今仍然具有重要作用,成为世界主要的法律渊源或形式之一。就判例法在中外出现的背景与目的来看,判例法的兴起有两种主要的情形:一种是英国判例法的出现,其意在创制,即创制英国的法律;另一种是中国汉初判例法的出现,其意在改革,一是将秦律的法家指导思想改革为汉朝的儒家指导思想,二是改革秦律的苛繁。在英国法的形成中,英国判例法的出现,是因为诺曼底人进入现在的英国领域后,面对无法可依的情形,在尊重传统与立足现实的基础上建立起新的法律制度。这时判例法的出现是为了统一英国法律,最后创制英国法律体系。在中国汉初,汉承秦制,随着汉朝的发展,秦朝偏重法家思想所形成的残酷律令已经不适应汉初社会发展的需要。这时,要从制度或者规范的层面改革制定法,改革法律传统或习惯,显然都是十分困难的。于是董仲舒倡导了春秋决狱,以儒家思想为指导,以儒家学说为根据,通过判例法的形式达成改革汉初法制的目的,应当说判例法的产生对于汉初的法律改革发挥了重要作用。在现代中国倡导判例法,则具有改革与补充的双重意义。中国社会正处于转型期间,旧的法律思想根本无法适应改革发展的需要,因此急需与新的需要相适应的新的法律制度。当新的法律制度的建立还十分困难的时候,采用判例法以应所需,实在不失为妙策。一旦条件具备即将这些判例法所确认的原则设定为法律制度,转变为制定法。这样"循环往复",判例法永远是制定法的补充,在改革法律和补充法律的两个方面发挥重要的作用。

在现代中国,也没有普遍推行判例法的现实条件和可能。首先是法官的素质无法适应普遍推行判例法的客观要求。判例法,对于法官有着比制定法下的法官更高的要求。法官没有良好的专业修养和道德修养,就无法担负起创制判例、适用判例法的重任。这里的专业修养主要是指法律专业的理论修养,能从理论的高度认识案件,适用法律;这里的道德修养,主要是指良好的司法道德修养,要求法官能够用正确的道德观念和价值观念来判断和认识是非,把握正义、体悟正义和实现正义。在法官不具有这样的水准的情况下,滥用判例法就可能导致始料不及的后果。在权力、金钱和人情的多重干扰之下,判例法的滥用完全可能为司法专横和非法司法留下可乘之机。其次,中国法律的形式的传统和现实都表明判例法无法也无必要在中国普遍推行。历史上中国的法律主要是制定法,即使存在一定的判例法或类似判例法的法律形式,也仅仅是制定法的补充。在现实中,中国的法律也是以制定法作为自己的存在形式的。最高人民法院虽然也发布了一些判例,也总是被作为下级法院理解制定法和适用制定法的参考。现在,若过分夸大判例法的作用,必然不利于制定法的贯彻实施,甚至会破坏法制和法治的统一,导致不必要的混乱,也不利于维护法律的尊严。

(二)实体法与程序法的并行结构

实体法与程序法是相对独立而又相互联系的独立单元。实体法与程序法之间的关系,是法律体系内部的重要关系之一。二者之间首先有一个彼此协调与配合的问题。实体法通过对于权利义务的分配和规定,调整着最为基本的社会关系;程序法则通过特定的程序规定,确保实体法得以实现,调整着基于实体法对社会关系的调整而产生的社会关系,它们担负着不同的使命。对于二者之间的统一协调关系,学术界没有人反对。人们往往误解了二者之间的密切关系,错误地将其称之为"内容与形式之间的关系"。这也就大谬不然了。这种观点表面上似乎强调着二者之间的密切关系,但更容易导致对于程序法的忽视。在这种观点里程序法相对于实体法而言不过是“形式”而已，殊不知，实体法与程序法之间根本就不应当是内容与形式的关系，它们各自有自己的内容，也有各自的形式。实体法与程序法之间不是内容与形式的关系，而是并存并重，相互为用，甚至程序法比实体法更为重要。

在中国，程序法更需要被特别的强调和重视。因为在中国历史上，程序法一直没有受到应有的重视。整个中华法系的法律制度基本上都是关于实体法的，程序法的观念在很大程度上是在近代才从西方引入的。程序法对于实体法的意义一直都未能受到中国法律界的应有重视。司法部门一直占据主导地位的观念是，实体法才是最重要的，只要实体上没有什么太大的错误，即使在程序上违反了法律的规定也无所谓，二审法院也一般不以程序原因而发回重审或变更判决。久而久之就形成了一种事实上歧视程序法的司法观念，这种观念严重地影响了程序法的实施，也使实体法作用的发挥受到了极为严重的局限。

良好的实体法与程序法结构尚待建立。在中国，良好的实体法与程序法的二元结构长期未能得以建立。在这一结构中，程序法的地位和作用应得以充分的认识，得到提升和强调。尤其是程序法优位于实体法的观念要加以特别强调，以修正长期形成的忽视或歧视程序法的观念。

（三）公法与私法的理论结构

公法与私法的划分有利于从多个角度来认识法律，进而使法律更好地实现其应有的价值，发挥出应有的作用。这种划分的前提是把人们生活的领域划分为了公共领域和私人领域，但其本身也是相对的，特别是随着现代社会的发展，绝对的“私”领域已经越来越少。也就是说，“私法”的“公法化”或者“公法”的“私法化”两个方面的变化已经成为了客观的现实。一些原本有严格的公私法划分的国家，其划分的界限也似乎越来越模糊。在这种背景下要倡导公法与私法的彻底分离，似乎根本就不可能。可以说公法与私法的彻底划分没有现实的可能。

当代一些学者所倡导的严格的公私法划分，只是一种美好的期望。重要的不是要彻底划分开公法与私法，而是要凭借这一划分以确立私法观念与权利意识。也就是说，公法与私法划分的要义并不局限于法律的类别划分，或一种客观的、清晰的结构设计，而重在强调政治国家与市民社会的适度分离，强调社会的自由、平等与民主，防止权力的专制、专断与专横，确保私人权利，进而确保社会的生机与活力。

（四）国际条约与国内立法的待建结构

从闭关锁国到对外开放，加强国际交流与合作，在不长的时间内我国加入或缔结了一系列重大国际条约，国际条约的法律地位问题必将被提上议事日程。但由于我国长期的封闭，社会相对缺乏有关国际条约的法律意识。

国内立法与国际条约之间的协调日益成为重要的法律问题。我国的许多立法都是在加入相关国际条约之前就制定了的，由于时代、条件、环境的制约，这些立法也许与后来的国际条约存在严重的差异和分歧。为此我们就得修正既有的立法，以保证国内立法与国际立法的一致性和协调性。

（五）中央立法与地方立法的预期结构

中国区划复杂、领域辽阔、人口众多等特征都要求有统一的中央立法。三十多个有级行政区划，十几亿人口，没有中央立法全国就可能变成一盘散沙，国家的统一、领土的完整都会成为问题，法治建设就没有统一的部署。中央立法的欠缺，必然不利于全国的协调发展和法治统一。

经济、政治、文化乃至法治本身的不平衡状况与不平衡发展都要求有良好的地方立法。中国东部与西部、南部与北部的差异种种。发达地区与落后地区有着不同的法律需求，无相对独立的地方立法，既不利于发达地区的发展，也不利于落后地区的开发。

我们应当使中央立法与地方立法相对独立地协调发展，将法治统一与地方特色有机地结合起来，在促进社会全面发展的同时，逐步形成中央立法与地方立法完备的二元立法体制和相应的立法机制。

四、完备的中国特色法律体系

法律体系的建构是一种自觉的法制建设行为，它是通过一系列的立法活动来实现的。在中国特色社会主义法律体系建立之后，还需要为建立完备的法律体系而努力。如何建立完备的法律体系是我们面临的重大任务。

（一）法律体系的完备目标

何谓完备的法律体系，是一个有不同认识的问题。我国法学界具有代表性的学术观点认为法律体系应当是内容完备、结构严密、内部协调、形式统一的整体。① 在总体上,完备的法律体系应该是内容上完善、结构上科学、形式上规范、价值上公正的整体。

1. 内容上完善

完备的法律体系,其内容一定应该并能够适应社会发展,内容完善。具体说来包括两个方面,一是能够适应社会发展的现实,是社会发展现实状况的反映。"要求做到法律各部门门类齐全,以保证社会生活的各个领域都有法可依。"②社会的现实永远是立法和法律体系的基础,没有这个基础,任何法律体系都是无本之木。完备的法律体系一定是立足于社会现实状况,并满足社会需要的。在法律体系的发展过程中,一些新兴法律部门的建立即法律体系的充实与完善,无不是法律体系建设适应社会需要的结果。就我国的情况来看,环境保护法部门就是我国社会更加关注环境保护问题,加大环境保护力度,推进环境保护立法的产物。社会法部门的形成也是一例,它是我国加强社会建设,在社会全面发展中形成的。二是能够适应社会发展的需要,是社会发展加速进步的动力。法律不仅能够反映现实,更要引导社会良性发展,推动社会文明与进步。法律并不是既有社会的简单维护者,它应进而成为社会发展的推动者。环境保护法部门、社会法部门都是我国法律体系适应社会发展的反映,也同样是满足社会发展需要的成果,并进一步推动着社会发展。随着工业化的加快,生态环境的破坏越来越严重,中国经济与社会要得到真正的发展,并能持续发展,环境保护问题就必须得到更大的关注。于是,环境保护法部门建立了。市场经济的发展,带来了大量新的社会问题,不解决这些新的社会问题,就无法推进中国社会的进步,于是社会法部门便应运而生。环境保护法部门和社会法部门既适应了经济与社会发展的需要,同时又在新的层面上推进经济与社会发展。

2. 结构上科学

法律体系理应具有科学的内在结构,是一个有机协调的统一体。但事实上,法律体系科学的内在结构并不是天然的,它必须经历一个长

---

① 李步云:《走向法治》,湖南人民出版社 1998 年版,第 539 ~ 541 页。

② 李步云:《走向法治》,湖南人民出版社 1998 年版,第 539 页。

期的建设过程,它需要人们的主观努力。再说,法律体系的目标和状况都是在发展变化之中的。以前科学的法律体系,随着时间的推移和社会的发展有可能变得不科学了。法律体系的科学状态永远是一个相对状态,一个无限过程,法律体系正是在这个无限递进的过程中获得发展的。

法律体系是由众多法律部门构成的统一整体,科学的法律体系必然要求具有科学的内在结构。这种内在结构表现为诸多方面:其一,法律部门齐全,法律体系之内的主要法律部门应该无所遗漏,应有尽有;其二,部门划分合理,各个法律部门的调整领域有合理的划分与分工,相互之间既能够彼此衔接,而又不至于相互矛盾或彼此重叠;其三,层次结构井然,法律体系不仅有着不同的部门划分,而且还有不同的层次结构。完备的法律体系一定有着严密的内在逻辑层次关系,法律部门、法律文件、法律规范之间都应有科学的结构状态,而不能结构混乱和相互冲突。

3. 形式上规范

规范的表现形式,是法律体系科学性与统一性的要求,也是法律体系易为人们所掌握的需要。法律体系作为一个整体,必须具有规范的表现形式。具体说来,法律体系的形式规范的表现是多个方面的。首先是名称应当规范。法律文件是有序位的,规范性法律文件的不同名称表明了不同的地位、等级或位阶。宪法是国家的根本大法,具有最高的法律地位与效力;法律是全国人民代表大会及其常委会制定的规范性文件,其地位低于宪法但高于行政法规、地方性法规以及自治条例与单行条例等;行政法规、地方性法规、部门规章与地方政府规章,这些名称无一不表明了它在规范性法律文件序列中的地位、等级和位阶。其次是用语应当规范。法律文件的用语切忌模糊、生僻,力求简明和准确,严格准确的语言表达是对规范性法律文件的基本要求。最后是格式应当规范。规范性法律文件都有固定的表现形式,公布日期、生效日期、制定机关的表达方式,条、款、项的不同意义及其准确运用,都应当符合统一的形式要求,这些也都是格式规范的要求。

4. 价值上公正

法律制度在价值上都应当是公平正义的,并成为公平正义的维护者。完备的法律体系要求所有的立法和整个法律体系都符合公平正义的价值要求,体现出公平正义的价值精神。一个法律体系即使做到了内容上与社会发展适应,形式上高度科学完善,但如果价值上与公平正义相背离,也不能被认为是完备的。完备法律体系不仅仅有内容的要求、形式的要求,更有价值的要求。公平正义作为整个法律体系的价值目标,是指任何立法、任何法律部门都要无一例外地坚守和维护公平正义。即使是一些特别技术化与专门性的法律,只要是调整人与人的社会关系的,就有是否公平正义的问题。任何法律都是调整社会关系的,所以都必然存在公平正义的问题,尤其是在市场经济发展中,经济利益与经济发展被反复强调和强化,如果对法律体系整体性的公平正义问题视而不见,就必然会导致灾难性的后果。对于完备法律体系的价值要求,绝非画蛇添足,而是特别具有现实的必要性和重要性。

(二)我国法律体系的中国特色

我们所要建构的法律体系,是中国特色的法律体系。这个法律体系的中国特色应该有其特定依据与内涵和外延,而不是随意的标签。

1. 中国特色的基本依据

中国特色法律体系,应当以国情为特色基础,以传统为历史前提,以现实为客观依据。

首先,以中国国情为特色基础。一个时期以来,中国特色似乎是一个无所不包的容器,人们随意地使用这一概念,并赋予不同的内容。这实在是对中国特色的误解。中国特色应该是中国与世界上其他国家的区别之所在,也是中国为世界增添光彩的独特贡献之所在。中国特色不是无本之木、无源之水,它植根于中国国情。

其次,以中国传统为历史前提。中国传统是中国现代的历史背景与时代前提。中国传统是中国所独有,别国无法也不能分享的。中国的法律体系不能不受中国传统的制约和影响,所有的中国法律从形式到内容都或多或少地受其制约,并为其所影响。传统是在有形与无形之中发挥效用的,只要有社会的延续和文化的传承,传统就不可被忽视。

最后,以中国现实为客观依据。对于法律体系来说,更重要的还是它所依赖的现实。现实是国情的最根本的内容和最主要的部分,是中国特色的客观依据。实事求是,一切从中国的实际出发,在根本上也就是要从中国的现实情况出发。认识中国的现实情况,是建构中国特色法律体系的前提。

2. 中国特色的主要内容

从国情,尤其是从传统与现实出发,中国法律体系至少应该具有这样的基本特色。

一是成文法典是法律体系的制度基础。成文法和不成文法是重要的法律形式和渊源,世界上不同法系的国家或者以成文法为主或者以不成文法为主,或者兼而有之。成文法在不同法系具有不同的地位与意义。中国具有悠久的成文法传统,从夏商周以来,中国就是以成文法为主的国家。在我国目前,依然以成文法为主,习惯法仅仅是在特定状态下发挥作用,判例在中国并不具有法律效力,但是上级司法机关的判例对于下级司法机关的司法活动具有重要的参照意义。

二是实现和谐是法律体系的社会目标。实现和谐应当是所有法的目标,因为法在本质上就是减少社会矛盾或冲突、解决社会矛盾或冲突的规则。对于中国来说,实现和谐具有特别重要的意义,因为中国具有世界上独特的和谐文化。和谐是中华民族数千年的历史期待,也是中国现实国情的时代呼唤。尤其是在当代中国和谐社会建设已经成为了时代要求和社会目标,和谐对于整个法律体系的意义必然得到凸显。在法律体系之中的和谐应该体现在两个基本的方面,其一是法律体系内在要具有和谐的结构关系,其二是法律体系要与社会发展相和谐。

三是以人为本是法律体系的价值归宿。以人为本是对法的价值归宿的经典概括,法律的价值主体必然也必须是人。人民已经成为社会的主体,法律应当是人民意志的体现,以人为本实际上是以人民为本。以人为本与以人民为本,在现代社会之中理应达成了高度的统一。

第十三章　法治国家与依法执政

依法执政是指特定政治主体依照法律规定的方式和程序,拥有和行使国家权力的过程和结果。在政党政治中,执政主体就是执政党。依法执政就是执政主体依法行使执政权力。在我国,依法执政是指中国共产党提出和运用正确的理论、路线、方针、政策和策略,领导制定和实施宪法和法律,动员和组织人民依法管理国家和社会事务、经济和文化事业的过程和结果。依法执政是法治国家对政党执政引为的基本要求,是法治状态中执政党执政的基本方式。

一、法治国家必须依法执政

法治国家要求相应国家所有的政治权力都必须法治化。这一要求,对于权力机关来说就是要严格遵守宪法和宪法性法律的规定,行使各项权力;对于行政机关来说就是要依法行政,构建和维系法治政府;对于司法机关来说就是要公正司法,实现司法公正;对于执政党来说就是必须依法执政,使执政行为法治化。

(一)执政党的地位与依法执政

依法执政是由执政党的地位决定的。执政党也就是在众多政党中执掌着国家政权的政党,它是与其他政党包括在野党和参政党相并存的,区别于一般政党。执政党一个特别引人注目的地方就是它能否尊重法治、奉行法治。它如果尊重法治,就可能带动其他政党的相应行为,也才能有效地发挥执政党的示范效应,成为其他政党守法的榜样。执政党如果违法,或者违法而不受追究就会破坏法治,甚至引发其他政党的不法行为,严重者还会危及执政党的执政地位。执政党不仅对其他政党会产生重大的影响,它对于整个社会也会产生重要的影响。全体社会成员都会瞩目执政党及其行为。执政党的最大行为也就是行政行为,其执政行为的合法与否直接关系着社会民众的守法观念与法律行为。执政党的独特地位决定了它必须依法执政,它的执政方式影响甚至直接决定着执政的状态,决定着法治国家建设的成败。

(二)执政党的作用与依法执政

依法执政也是由执政党的作用所决定的。在政党政治的国家中,执政党的作用是巨大的。在议会制的国家,执政党就是多数党,它控制着国家的权力机关、立法机关;在总统制国家,作为总统的行政系统主导着国家与社会的发展,执政党就是派出领袖出任总统的政党,或者说是在总统竞选中获胜的政党。执政党在国家与社会生活中发挥着极为重要的作用。执政党对于一个国家的政治生活具有毋庸置疑的影响力,它可以在有形与无形之中影响一个国家的法治建设。这种作用的巨大就使其具有了依法执政或破坏法律的可能性,也具有了破坏法律并难以受到法律制约的危险性。因此,执政党的依法执政就具有更为特别的意义。

二、依法执政是时代发展要求

(一)适应社会发展

中国社会正经历着双重意义的社会转型。谈到中国目前正处于转型期、现实社会是一个转型期社会,人们往往认为是指在20世纪末期进行的社会改革。这是对的,但是这并不全面,甚至还缺乏用历史的眼光来看待中国的整个历史发展,尤其没有能够很好地认识中国的近现代史。

中国社会正在经历的第一个重要意义的社会转型,是中国从传统社会向现代社会的转型。从鸦片战争、洋务运动、戊戌变法、五四运动以来,中国社会开始并推进着现代化的历程。从传统社会向现代社会的过渡,是中国社会尚未完结的历史使命。这一过程也就是现代化过程。它已经有一百多年的历史了,至今还持续地进行着。现代化的进程是以世界各国,尤其是世界上的先发展国家作为参照系的,现代化的标准具有明显的时代性。中国的现代化进程全面地更新着中国的经济、政治和文化,谋求的是“与万国同制”与“与万国同行”,目的在于使中国社会适应时代和世界的发展趋势,自立于世界民族、国家之林。在整整一个半世纪乃至更长的历史中,一直持续不断地发展着、更新着,朝着现代化的目标迈进,为此涌现了一代又一代杰出的思想家、政治家,尤其是革命家和改革家。

中国社会正在经历的第二个重要意义的社会转型,是指从20世纪末期的最后20年以来,中国社会正在进行的新一轮社会变革。中国社会经过了几千年的发展,经历了奴隶制、封建制和半殖民地半封建社会,并进入了社会主义社会。在社会主义社会初期,我国的社会曾经在政治上实行着高度的集权、经济上实行着高度的计划、文化上曾经一度出现过严重的专制。随着社会的发展,我们应时代的要求开始了一场社会主义的自我改革的革命。我们正在推进政治的民主化进步,经济的市场化进程,文化的多元化发展。中国社会在20世纪后期所发动的这场改革正与第一重意义的社会转型相契合,并内含于其中。

在两个意义上的社会转型中,社会的政治、经济和文化的更新都对中国提出了从专制向法制,进而向法治进步的要求。一百多年来,法治就成为了中国人民的理想,尤其是经历了最近几十年的实践,我们更深刻地感受到了推行法治的必要性和重要性,以及不要法治的灾难性后果。双重的社会转型都提出了一个共同的要求——法治化变革。在法治口号和目标被重新提出之后,依法治国、建设法治国家成为社会的整体要求,也成了改革开放的需要。在这种背景下,提出并实行依法执政,是中国社会对执政者的要求,是中国社会要完成现代化变革与完成当前的体制改革所必需,也是中国执政者政治自觉的客观反映和政治进步的外在表现。

(二)推进法治进程

中国的法治发展经历了百年之久,新一轮法治化变革正如火如荼。法治是从传统社会向现代社会过渡的需要,也是近半个世纪历史的经验与教训结晶。到现代,法治已经成为不可逆转的发展潮流。社会的法治化发展不断推进,取得了令世人瞩目的重大成就,建设法治国家成为了理想目标与现实的任务。在这样的背景之下,执政党的依法执政就成为了法治发展的客观需要,也是我国法治建设向纵深发展的必由之路。

法治内在地要求制约权力,必要求制约执政党。权力是社会的产物,社会不可没有权力。但社会也不能容忍权力的滥用,任何权力的滥用都是对于人民权力和人民权利的侵犯,也都是对于权力本身的败坏。法治之治首先就在于规范权力,防止权力滥用,保障权力的正当性和合法性。执政权力显然是重要的社会权力之一。在政党政治中执政权力都是为执政党所掌握的,不论人们是否认可,政党都发挥着重要的作用,尤其是执政党主导着一个社会的政治,也主导着一个国家的发展。由于执政党拥有执政的权力,法治对于执政党执政权力的规制必然首先体现在对于执政党的规制之上。

依法执政是中国宪法与中国共产党党章的共同要求。就中国当代社会的实际情况来说,1982 年的《中华人民共和国宪法》就确立了一切政党都必须在宪法和法律范围内活动的原则。作为执政党的中国共产党,也于同期在自己的党章中写进了党的组织和党员必须在宪法和法律的范围内活动的组织规则,但是一直没有进一步具体化。随着法治的发展,如何使宪法的规定和执政党党章的规定具体化,是中国社会和共产党都面对的问题。在这种情形之下,提出并实行依法执政,是法治发展的客观要求,也是任何政党必须在宪法和法律范围内活动原则的具体化和法治化。

依法执政是中国社会全面法治化的重要启动点。法治发展过程是社会整体化的演进过程,这个过程需要一个客观的启动。法治不是一蹴而就的,有其不断推进的历史进程。这个进程有其发展的规律,但是人们对其进程并不是无能为力的,人们完全可以发挥自己的主观能动性推进法治的迅速发展,使法治得以加速推进。在法治的发展中也有众多的因素产生着影响,其中政治的因素是尤其不可忽略的。在政治因素中,执政党如何认识法治是一个思想前提,解决了思想认识问题的执政党才能够正确地面对法治。但是法治毕竟是一种独特的社会实践,它需要在社会中发挥着重要政治作用的执政党身体力行地推进,既是法治的动力,又是法治的典范。从典范的意义上讲,依法执政无疑是执政党的最佳表现。执政党的依法执政,将会给社会确立一个守法的范式供社会效仿,并提高全社会的法治观念和守法水准。执政党若能严格地依法执政,必将极大地促进法治发展,推进法治发展进程。

(三)加强执政党建设

世界各国的执政党运用并不完全相同的执政方式,执掌着国家的政治权力。执政党的执政方式,反映着执政党的执政能力与执政水平。是否依法执政,能否依法执政,是执政党是否成熟的标志。成熟的执政党,都会寻求最佳的执政方式来实现自己的执政目标。在执政的方式中,依法执政是最具有严肃性、稳定性和连续性的方式,也是优秀的执政党所特别注重的方式。

执政党依法执政的提出,本身就表明了执政党认识水平的提升。执政党若能实实在在地推行依法执政,对于社会的益处自不待言,就是对于执政党自身来说,也是执政能力的重大提高。在依法执政的过程中,执政党必须具有足够的政治意识、法律意识和艺术地达成自己执政目的的政治技巧。依法执政会给执政党提出全方位的素质要求与能力要求。执政党实行依法执政的过程,也是执政党自我提高的过程。在依法执政的发展中,执政党的能力也会自然而然地得以增强,依法执政的推行必然会加强执政党的建设。

中国共产党执政已经半个世纪,渐近一个世纪,从身份和地位上讲,它早已完成了自己从革命党向执政党的转换。但是从思想观念和理性认识上讲,这种转换还没有彻底完成。它在一定程度上还继续着革命党的思维,并用革命党的既有思维主导着执政实践,导致了一些严重的后果。经验和教训都一次又一次地警醒我们,必须尽快完成思想观念与理论认识上的从革命党向执政党的转变,必须学会用执政党的执政方式来达成领导党的政治目的。然而长期以来,都混淆了执政党与革命党的差异,错误地用革命党而不是执政党的方式来实现领导党的目的。在此问题上,存在两个主要问题。

1. 从革命党向执政党的转换

我们需要注意的是革命党是执政党的前身,中国共产党所领导的中国革命的胜利是其取得执政党地位的根据。随着既有的革命任务的完成,中国共产党就应该进行自己工作内容与性质的转换。从革命向执政的过渡,是必须完成的历史性转换。执政与革命有着重要的区别。粗略看来,即可以发现:

第一,二者的目的是不同的。革命的目的是获得政权,执政的目的则是如何很好地执掌政权。虽然革命与执政都是围绕政权进行的，但其方向则是相向的。革命要摧毁旧政权，建立新政权；执政则是自己新的政权已经建立，执政者面临的不是摧毁政权的任务，而是建设政权和运行政权的问题。革命与执政在政权问题上的态度是截然不同的，一旦混同了这一点，就会发生自己对自己实行革命的悲剧。

第二，二者的性质是不同的。革命是一种推翻旧统治的激烈的政治斗争，性质是政治斗争。执政则是一种如何进行良好统治，良好地运作政治权力，达成自己政治目的的管理过程，本质上是一种社会管理。革命的政治斗争性决定了革命行为的方式，执政的社会管理性质也同样决定了执政的行为方式。如果一个革命者发生认识错误，就等于是放弃革命，甚至成为执政者的助手。如果一个执政者将二者混同，后果必然是破坏自己的执政基础，错误选择自己的行为模式，最终危及自己的执政地位。

第三，二者的手段是不同的。除了通过议会而实现的和平革命之外，革命更多地要依赖暴力的军事手段，而执政则必须依赖法律手段。在从革命转向执政之后，暴力的军事手段将随之成为社会安全稳定的保障力量。革命能够通过和平的方式实现当然是很好的，但是革命往往不能通过和平的方式进行，于是暴力常常就成为了革命无可奈何的选择，或者是一种无可选择的选择。如果革命是暴力的，它就无须运用法律来达成自己的目的。但是执政就完全不同。在执政者看来，革命已经是历史，自己已经由社会的弱势者转而成为社会的强势者，从旧政权的破坏者转化成为新政权的建设者。暴力包括军事手段也许还被保留，但是其地位和作用已经转变为新生政权的保护措施，执政者对于暴力包括军事手段的运用也必须依法进行。

第四，二者对待法律的态度是不同的。革命的时候总是没有取得政权，没有自己的法律的时候，所以革命是不会顾及法律的，因为那时的法律都是敌对者的法律，除非那些法律是在自己根据地施行的自己制定的法律，除此之外，所有的法律都不会为革命者所遵从。因为革命的一个重要目的就是要摧毁包括旧的法统在内的整个旧的政治统治，破坏旧的法律甚至是革命的目标之一，所以革命是无视作为革命对象的法律的。而执政则不是这样，执政中所产生的法律都是执政者自己的法律，就当然地负有保障法律被严格施行的任务。对于法律来说，革命者基本上是仇视、藐视和力图破坏的,而对于执政者来说,对法律则必须是尊崇、坚守和身体力行的。是否坚持法治甚至可以等同于是否坚持自己的执政地位。法治就成为了执政者的圣物,成为确保其执政地位的重要法宝。

2. 执政党领导方式的更新

在民主革命中,中国共产党是革命党,也是领导党;在社会主义建设中,中国共产党是执政党,也是领导党。以前是根据革命党的性质来发挥领导党的作用的,现在则应当根据执政党的性质来发挥领导党的作用。但是我们长期错误地用革命党的方式来达成执政党的目的,结果南辕北辙,革命党的行动常常与执政党的目标错位。其实执政党和领导党也是有重要区别的,在许多方面都有着重要的差异,作为执政党的领导党其领导方式,一定不同于作为革命党的领导党。

首先,二者与政权的关系不同。领导党的存在并不以是否拥有政权为标志。一个领导党,在执政时可以是若干政党或人民的领导党;在革命时,在不执政时,也可以是若干政党或人民的领导党。而执政党则完全不同,执政党必须拥有政权,没有政权的政党就不是执政党。是否掌握政权,是执政党与非执政党根本的划分标准。

其次,二者的基本性质不同。执政党是法律性质上的,领导党是政治性质的。执政党的地位是由法律确认的,并具有法律意义上的合法性。诸多的政党中,谁是执政党,谁不是执政党,怎么才能成为执政党,都应该有法律根据。即使某一政党在其执政前并无法律的身份确认,它一旦执政也会自觉地运用法律手段确认自己作为执政者的身份和地位,以确保自己执政的合法性。领导党仅仅是政治意义上的,它需要的是其他政党和人民群众的心理认同和行动响应。

最后,领导党需要借助执政党的方式依法执政。作为领导党,它必须从政治上担负起它的政党责任,成为若干政党和群众的领导者,政治方法依然是它的重要方法;但作为执政党,它则必须依法执政,确保政权的合法运行和良好运行,它除了首先进行政治考量之外,还必须进行法律上的严格考量,法律与执政党紧紧伴随。领导党没有成为执政党,其行为只能是政治上的领导行为;但是领导党一旦从革命党转化成为了执政党,就应该立即转换自己的行为方式,就应该运用执政党依法执政的合法途径实现作为领导党的政治目的。法律的行为方式,应该是作为执政者的领导党面对社会最基本最主要的行为方式。

中国共产党既是从革命党发展而成的执政党,也是兼具领导党和执政党双重性质的现代政党,依法执政是历史发展的要求与结果。中国共产党一直没有能够从思想观念和行为方式上完成从革命党向执政党的转变,没有能够很好地将自己既是领导党又是执政党的双重身份予以深刻地认识。在依法治国,建设法治国家的历史进程中,提高中国共产党的依法执政能力就具有特别重要的意义。

(四)促进政治文明发展

政治文明是政治发展的必然要求和良性表现,是人类文明的重要构成部分。政治文明与否,往往直接影响着国家与社会的安全稳定,政治文明的发展状态也表明了政治的进步程度和现代化水平。任何国家的执政党都是其政治建设的主力,它起着对于整个国家乃至全社会的政治文明的示范作用。执政党的执政方式的阴暗,必然会使整个国家和社会陷入铁幕与恐怖,专制和集权就不可避免。

历史发展到现代,政治文明已经被赋予了民主政治和法治政治的内涵。不民主的政治和不法治的政治,都是不文明的政治,就没有真正的政治文明可言。政治自古以来就被赋予了许多邪恶的内容,而且难以改变其历史形象,政治需要被良性化。在政治良性化的发展中,政治文明对于政治具有极为重要的影响力。促进政治文明的力量是多种多样的,其中来自执政党的力量是巨大的。执政党的依法执政将在相当大的程度上改变政治的不良记录,重塑政治形象,执政党坚定的依法执政将使政治文明因此而得到提升和强化。

三、依法执政与现实任务

中国当今的执政党担负着重大的现实任务。这些任务包括推动物质文明、政治文明、精神文明的协调发展,不断提高驾驭市场经济的能力、发展民主政治的能力、建设先进文化的能力、构建和谐社会的能力以及应对国际局势和处理国际事务的能力等。提高中国共产党的依法执政能力,正是这些现实任务的要求。

(一)依法执政与建设市场经济

执政总有其时代背景和社会背景,依法执政如此,中国共产党的依法执政也同样如此。21 世纪初期,正是中国走向市场经济的时期,整个社会也面临着建设市场经济的重任。在走向市场经济的时代背景和社会背景之下,如何进行依法执政是一个崭新的课题。依法执政必须是在能够有效地驾驭市场经济的基础上的,没有对于市场经济的良好把握,没有对于市场经济的法律规制,市场经济就会遭受严重障碍,就无法得到顺利发展。

市场经济建设是中国历史的选择,中国共产党领导人民因应时代的需要,提出了市场经济的目标,也只有中国共产党担负起推动市场经济建设的重任,市场经济才能顺利的发展。建构与适应市场经济是社会的历史性要求。适应社会发展需要,发展市场经济是历史发展到特定时期的必然。驾驭市场经济的能力,实际上也是中国共产党与时俱进能力的表现。只有顺应历史的要求,与市场经济的发展协调一致,市场经济才能发展,中国共产党也才能赢得自己的历史性进步。

市场经济是法治经济。市场经济与法治是密切联系,不可分割的,市场经济的发展必然要求法治的形成和发展。如果可以说没有市场经济就没有法治,也完全可以说没有法治就没有市场经济。市场经济对于法治的需求,以及与法治之间的内在联系,也就要求在发展市场经济的同时加快法治发展的进程。依法治国本身就是市场经济发展的必然要求。中国共产党的依法执政,是在市场经济和依法治国双重背景下进行的,要全面建立起完善的市场经济体制,就必须学会依法调整和规范市场经济。

(二)依法执政与推进民主政治

民主政治的发展必然要求政治运行的民主化。在政党政治之中,执政行为的法治化是民主政治发展的必然要求。执政党的依法执政对于整个民主政治的成败与状况具有关键性的意义。民主政治的不断发展完善必然会对执政党提出依法执政的要求。

人民当家作主要求依法执政,人民是国家和社会的主人,是国家政治权力的终极拥有者和主权者。人民作为主权者,当然就要行使自己的主权权力。人民是一个整体而非个体,他们如何实现自己的主权权力就成为一个至关重要的大问题。人类经过了几千年的历史实践与经验总结终于发现,人民必须将权力交由它的代表者来行使,才是实现其权利或权力的最经济、最有效的途径。为此,人民就选举代表、组织政府以及各种法律机构。随着政治生活的丰富和发展，作为人民代表的不仅仅是个体的人民代表，还有政治党派。政党作为人民意志的代表，或者正常或者畸形地产生之后，在作为人民代表的政党和议会成员与组织它们就相互交替、相互作用地代表人民。人民的意志通过政党或者议会的人民代表来表达。作为人民主体的代表是政党和议会的成员，作为其意志内容最准确和最严格的表达形式的，当然是法律。既然人民意志是通过法律来表达、记载并以此来贯彻实现的，人民当然地就会要求其政党、代表、政府以及各种法律机构严格执行法律，作为执政党就必须被要求依法执政。如果假定法律是人民意志的体现，我们就可以肯定地说依法执政也就是实现人民执政的路径。任何执政党，任何优秀的执政党，在应然的意义，都不过是代表人民执政，实现人民执政而已，人民当家作主就必然会提出相关政党必须依法执政的要求。在中国现代，推行依法执政也就是实现人民当家作主的需要。

民主决策要求依法执政民主除了社会制度意义的，还有决策意义的。现代民主要求我们坚持少数服从多数的原则，这是坚定不移的原则。同时我们还要坚持尊重和保护少数、尊重和保护反对者的原则。只有这些原则被法律所确认，并被切实施行，民主决策才是真实、全面和持久的。将民主决策法治化，是确保民主切实运行、长期有效、始终坚持的需要。反之，历史上民主决策一直得不到有效贯彻，关键在于我们没有将这些原则制度化、法律化，更没有获得法律的强制性保障。决策过程没有强制性要求，决策好坏没有一个法定的评价机制和标准，决策的失误责任没有确定的主体承担，这都是决策不民主化也不法治化的产物。在我们未来的发展中，一定要重视相关的制度建设和法律建设，使决策始终是民主而科学的，这样，将民主决策法治化就成为了必然的要求。执政上的决策，是最重大的决策，关乎一个国家和社会的兴衰成败。因此，依法执政是民主决策法治化的需要。

（三）依法执政与建设先进文化

1. 解放和发展文化生产力的要求

一谈到生产力，人们首先就想到的是物质生产力。其实就生产力来说，包含着物质生产力和精神文化生产力两个方面。满足人民的物质需求固然重要，但是满足人民日益增长的文化需求也非常重要。满足人民群众的精神文化需求和促进人的全面发展,始终是文化发展的目标。现在我们的文化生产力还有一个调动积极性,发展生产力的问题。文化市场的活跃和规范,是一个两难的问题。要促进文化事业的全面繁荣和文化产业的快速发展,增强文化的总体实力,我们就必须以体制创新为重点,增强微观活力,健全文化市场体系,加强依法管理,依法促进文化生产力的发展。要使管理与发展协调起来,并以管理促进发展,规范管理行为的法治就成为必需,执政党的依法执政就成为文化事业发展的必然要求。

2. 发展教育和科技事业的要求

教育和科技事业在我国现代化建设中具有基础性、先导性和全局性的作用。发展教育和科技事业是我们必须重视的重要的社会方面,也是社会发展的基础与动力之所在。教育和科技事业的发展,越来越需要大量的法律制度与之相适应。但是我们在这方面的法治建设还十分薄弱,首先是立法较少,其次是有法难依和有法不依,一直没有能够培养起依法管理教育、科技事业的良好的习惯和能力,这些都需要引起我们的高度重视。在现代社会,随着法治发展,随着教育、科技事业国际交流交往的日益频繁,法治的地位和作用必然愈加重要。在全球化和市场化的双重背景下的中国教育与科技事业,要保持自己良好的发展态势、达到良好的发展效果,就必须重视法治的意义。在这样背景下,在教育与科技方面要逐步培养和形成良好的法律意识,切实予以法治化保障。

3. 抵制不良文化影响的要求

要学习和借鉴古今中外的优秀文化,是毫无疑问的,问题是在学习和借鉴的同时,如何抵制不良文化。我国在很长一个时期,不良文化主要是两个方面:一个是封建文化糟粕的残余,另一个是资本主义的腐朽文化侵蚀。就文化层面来说,清除封建文化糟粕的残余将如此,抵御资本主义腐朽文化的侵蚀也同样是一个长期的过程。在现实社会中,西方资本主义对于我们的文化渗透是十分明显的。既不能闭关锁国,也不能无动于衷。最好的办法就是拿起法律的武器,依法管理文化建设和文化市场,对不良文化依法处置。要对不良文化进行处置,首先就需要对于不良文化进行认定。这个认定得有确定的标准和严格的程序,这个标准和程序就必须由法律予以提供。处罚更不能随意进行,必须遵照法律的具体规定。当事人对于处罚不服应当给予其申请复议、提起诉讼以及上诉和申诉的权利,这些都必须借助法律的制度规范与程序手段。对于依法抵制不良文化来说,依法执政是一个具有政治、法律双重性质的重要前提。

(四)依法执政与构建和谐社会

1. 解决矛盾纠纷

社会矛盾纠纷是任何社会都客观地存在的。有史以来的人类社会只是矛盾或多或少而已,并无有或者无的差异。一个良好的社会只是很少有矛盾发生,即使发生了也能得到有效的控制和解决。综观人类历史,可以说没有矛盾的社会是没有的,至少在人类历史上还没有出现过。矛盾是人和人共同生活的产物,是社会所存在的必然现象。面对人类社会的重重矛盾纠纷,我们一是尽力使其少于发生,二是使其尽快得以解决,三是尽力解决得好。使社会矛盾纠纷发生少、解决快、解决好,也许是我们对待社会矛盾的最基本的态度。我们所要构建的和谐社会,也就是社会矛盾较少发生,或发生之后能够得到有效解决并能很好解决的社会。

社会矛盾也许是社会进步发展的动力,但是社会矛盾也可能成为阻碍社会发展的因素。社会矛盾的累加不但会减缓社会发展的速度,而且也会形成社会的破坏社会力量。社会矛盾的存在及其冲突往往导致社会的分裂,甚至对抗。分裂与对抗社会,当然不是和谐的社会。社会为了消除已经产生的社会矛盾就会消耗必要的社会成本,付出必要的社会代价。通过这些社会成本或代价的付出,社会矛盾解决了,社会当然赢得了继续发展的机会,但是这些成本和代价本身就是以减缓社会发展的速度作为牺牲的。

社会矛盾的解决的方式是多样的。有道德的方式、政治的方式,也有法律的方式。我们不可以否认道德方式、政治方式的作用,但是我们必须清楚地认识到,在众多的解决方式之中,唯有法律的方式最具有外在的强制意义,只有法律的解决方式,才具有迫使人们不得不服从的性质。用一切方式来解决社会矛盾都是必需而可以的,但是这一切的方式中断然不可缺少法律的方式,其他一切的方式都必须在法律的范围内加以适用,并不得与法律相冲突、相对立。

依法执政就是要有效地防止社会矛盾和有效地化解社会矛盾,推进和谐社会的建立,并推进和谐社会的发展。对于依法执政来说,过多过大的社会矛盾必然会影响依法执政的推行。社会矛盾总是难免涉及这样那样的违法甚至犯罪,违法犯罪的存在就会成为执政的威胁。对于社会矛盾的有效控制,既是依法执政的前提,又是依法执政的目标,不能将其与依法执政割裂开来。构建和谐社会,依法执政是其必然的要求,减少和消除社会矛盾是其内在的基本方面。

2. 创新管理体制

我国既有的管理体制是在计划经济的背景之下,为了适应计划经济的需要而设计的。在中国社会全面推进市场经济建设之后,我们的管理体制也进行了许多卓有成效的改革,但是就现实的情况来看,还难以适应经济社会发展的要求。创新社会管理体制,是我国面临的重要任务,我们所要创立的新的社会管理体制一定是法治化的管理体制。社会管理体系和相关法律制度,都是通过立法、司法、执法来确立的。在体制创新之中,我们要整合社会管理资源,建立健全党委领导、政府负责、社会协同、公众参与的社会管理格局,就必须借助法律的力量。要创新管理方式,充分发挥城乡基层自治组织在协调利益、化解矛盾、排忧解难等各个方面的作用,都需要法律的相应规范与调整。各种社会团体、行业组织和社会中介组织及其社会活动的规范,必须依赖法治化的手段和采用法治化的方式。社会保险、社会救助、社会福利和慈善事业必须在法律上与社会保障体系的制度设计相协调。社会管理体制的创新离不开法治,领导我国进行管理体制创新的执政党就必须实行并实现依法执政。

3. 维护社会稳定

社会稳定是改革发展时期必须解决的重大而现实的社会问题。如何维护社会稳定,使社会稳定而不僵化,稳定而有活力,法治化措施就成为首选。我们要依法建立健全社会的预警体系,形成统一指挥、功能齐全、反应灵敏、运转高效的法制化应急机制,确保各级党政组织都拥有依法保障公共安全和处置突发事件的能力。我们在处置突发事件上的法制建设还需要加快步伐。同时,我们还必须有效发挥司法机关解决纠纷、惩治犯罪、维护稳定的职能作用,依法全面开展社会治安综合治理,打击各种犯罪活动,保障人民生命财产安全,这些都是与法律息息相关的。与社会稳定相关的许多问题,都需要我们熟练地运用法律的手段,严格依法办事地加以解决。只有这样,我们才能真正为人民服务,确保共产党执政下的中国社会长治久安。

4. 处理国际事务

国际社会交流日益频繁,国际纷争也在不断增加和加剧,在这样的国际背景之下,国际社会的法治化进程也日益加快,这是人类国际社会和世界发展的必然要求与客观反映。各国的法治化与世界的法治化形成了良性的互动状态。在当今世界,各国在推进国内法治化的同时,也在共同推进国际法治化的进程。国际法治化对每个国家都提出了新的要求,对中国也不例外。复杂的国际关系和国家环境,更需要理性面对。严格遵守和保障国际法的实施,是担当大国责任、推动世界和平与发展所必需。我们要积极参与国际法治活动,就需要运用法律的武器来处理复杂国际的政治、经济、军事法律问题。

四、推进依法执政的现实路径

(一)确立法治理念

依法治国,建设社会主义法治国家的目标已经得到了各级领导干部的认同,依法执政也被认可为新的历史条件下中国共产党执政的基本方式。依法治国已经不能再停留在表面的口号上,更需要把依法治国和法治内化为人们的意识,转化为依法治国、依法执政、依法行政、公正司法和依法办事的具体行动。但是,相应的法治理念是否深入了执政类每一个领导干部的内心,还大可疑问。人们要将法治从口号演化为行动,特别是要将其转化为社会的现实,还需要做更大的努力。其中首要的就是要确立法治理念。加强法治理念教育与培养,确立法治理念是依法治国、依法执政的思想要求。法治理念的确立是法治的认识基础和思想基础,没有法治理念的确立,人们就会缺乏应有的主体自觉性,法治就可能随处遭到破坏。

(二)建立法治体制

建立法治化的体制是非常重要的。许多法治措施都具有阶段性和时间性,唯有体制才是相对恒久的、长期的,会不断而又持久地发挥作用。体制能够解决一般制度或措施所解决不了的问题,体制的改革往往能起到事半功倍的作用。我们现在所谋求的也就是要建立起一种体制,确保法治不是短期而是长期地被坚持。目前,我国至少有以下的几个方面的体制需要注意法治化的发展。

党领导国家的体制应该法治化。中国共产党作为执政党,通过什么方式来领导国家,党员如何进入国家机关,党的组织与立法机关、行政机关、司法机关是什么关系,它们之间是怎样的组织结构和运行模式,这些都需要成为体制建设的内容。通过创新立法以建物科学的党政结构体制,再切实推行而使之法治化,只有建立起了体制性的党政关系,才可以说党政关系得到了良好的设立。

立法、执法、司法、法律监督的体制需要法治化。从立法来讲,如何实现立法权在中央与地方之间的科学分配,如何避免地方立法与中央立法的冲突,地方立法和中央立法之间如何分权、分工与协调,都需要总结和开创。从执法上讲,政府如何实现依法行政,如何构建法治政府,如何接受司法监督,都是非常重大的体制性问题,必须通过制度设计来加以解决。从司法上讲,法院与人民代表大会、与政府、与检察院之间的关系架构需要科学化和制度化。如何在它们之间建立起科学的相互关系,并建立完备的法律制度,进而建立起良好的体制,都是极为重要的体制问题。在法律监督上,怎么才能法治化,怎么才能符合法治化的要求,什么体制才是良性体制,还需要探索和建设。法律监督需要法治化以克服其随机性与随意性。在此问题上,还存在许多误解。比如要廉政就要严惩,这种思想也是值得研究的,因为法律之严在于严密,而不在于严厉。恰恰相反的是,我们需要建立严密的法律制度,而不是发现了就予以其过度惩罚,发现不了就听任其逍遥法外,解决腐败问题的根本出路就是要使腐败无处产生和藏身而归于消灭。

(三)切实实行法治

依法执政不仅是一个口号,它应该和必须转化为一系列的制度设计,并加以切实实行。具体来说,执政党执掌政权的形式和路径必须遵循法治的要求。通观世界各国执政党的执政模式,不外乎或者控制议会或者控制行政。控制议会的方式是以多数党的方式出现的,它在议会中拥有多数席位,当然也就拥有多数表决权,执政党在议会中也就能够起到决定性的作用,执政党通过对议会立法和权力运作的控制,从而实现对整个国家和社会的方向性的影响。控制行政的方式,也是一些执政党所采取的执政方式。它们作为执政党,所拥有的是组阁权力,它们的党内官员可以其执政党党员的身份入主国家机关,运作国家权力。执政党不论采取什么方式来运行国家权力,这种方式第一必须是科学的,第二理应是法治化的,第三必须切实实行。假如有了科学性的保障,也能够法治化,但是没有切实的执行,任何科学的和法治化的制度都是没有实际意义的。

第十四章　法治国家与民主立法

民主立法是法治的本质要求。在法治的所有环节之中,其民主本质首先是体现在立法之中的。民主立法既是法治的本质要求,也是其基本理念和指导思想。在立法的每一个环节都应当体现民主这一理念,并以其作指导,以更好理解和实施现行法律,推进法治建设。

一、民主立法与体现人民意志

民主立法是指立法机关通过民主的立法程序制定出能够充分体现人民意志的规范性法律文件的过程与结果。民主立法既是民主的体现,也是法治的要求。在民主和法治的建设中,民主立法都具有重要的意义。

(一)民主立法的基本内涵

民主立法首先是指立法内容的民主。任何法律都是一定意志的体现,法律体现的意志内容既是法律民主的根本方面,也是法律民主的根本依据。随着民主政治的发展,法律逐步成为广大人民意志的载体和体现,法律内容的民主性质就当然地成为其人民性的要求。法律内容的民主状态,直接表现着它的人民性程度与状况。民主立法首先是对立法内容而言的。所有的民主立法,其内容必然是能够体现人民意志的。没有内容的民主,则必然没有立法和整个法律的民主,立法内容的民主是整个法律民主的核心。

利益是意志的基础,立法要体现人民的意志就必须维护人民的利益。人民意志并不是空洞地存在,它以人民的利益为基础。只要有法律存在，利益在任何社会的任何时候都是法律最重要的社会基础。人们对于法律的态度，是以利益为基础并为利益所决定的，人民的意志也是存在于人民利益基础之上的。体现人民意志的法律必然维护人民的利益，法律要为人民利益提供全面、明确与强制的保障。这种保障首先所指的是对于人民利益内容的确认，将重要的不可侵犯的人民利益宣布为法律上的权利。其次，法律对于人民利益的保护也体现在具有有效的落实措施，并使之实现上。法律要为人民利益的现实化提供路径，使人民在法律上的利益成为社会实实在在的利益。最后，法律还要将危害人民利益的行为宣布为违法或者犯罪，加以制裁。法律要打击侵犯人民合法利益的违法行为，通过法定手段将其加以有效制裁，以使违法犯罪者受到应有的惩罚，也使其他社会成员引以为鉴，最终使人民的利益获得有效的保障。法律对于人民利益的强制保护，促使社会成员规范自己的行为，约束自己的行为，使人民的利益具有更好的不受侵害的法治环境。

意愿是意志的先导，立法要体现人民的意志就必须尊重人民的意愿。人民的利益是基础，人民的意愿则是人民意志的先导。人民需要什么，人民期待什么，这是我们必须真切把握的。对于人民的需要与期待没有了解，就不能真正了解人民的意志，制定出来的法律也就很难得到人民的赞同和拥护。立法若以人民的需要与期待作为依归，就不会导致谋私的问题。为人民而谋，就是为公而谋。背离人民的需要与愿望的法律，就可能是谋私的产物，进而危害人民的利益，违背人民的意愿。法律要尊重人民的意愿就是要体现人民的意志，维护人民的利益。

民主立法其次也是指立法程序的民主。法律内容的民主当然是根本的，但是民主立法还必须依赖民主的立法程序。立法只有在人民群众广泛参与之下被制定出来，这样的立法才是全面的民主立法。在特定条件之下，少数人制定的法律也可能体现多数人的意志。但是民主并不仅仅是指的一种结果，它应该是过程与结果的高度统一。立法程序的民主本身就是民主的主要形式和重要方面，没有程序的民主，结果的民主是没有保障的，即使结果是民主的，而由于过程的不民主，也会使相关的立法因缺乏基础而无法得到社会的民主认同。

立法程序是由法律确定的。在长时期发展的立法中，要不断积累立法经验，形成了一整套严格的民主立法程序。这种民主程序往往为其立法法所确认并加以具体化。对于这种程序的尊重,就是对于法律的尊重。有关立法机关对于立法法的遵行,是立法、执法和守法三者的统一。立法机关根据立法法来制定法律,既是立法,也是执法和守法。反之,如果立法的实际程序违背立法法的民主程序设计,就会违背法律,就是违法。坚持民主的立法程序,就是坚持法治原则,更是坚持民主原则。立法程序的严格执行是实现民主立法的重要保证。

(二)民主立法的基本要求

民主立法要求我们必须体现人民的意志,把体现人民意志作为立法的本质要求。人民意志是社会主义法内在的精神本质,民主立法的一切努力都是为实现这一目标服务的。在立法中,与人民意志相比较,任何其他意志都是等而次之或微不足道的。人民的利益至上,人民的意志至上,应是法的最高指导思想。法律必须体现人民的意志,成为人民意志的载体。

民主立法要求必须由人民及其代表决定。民主立法实质上是人民立法。因此,人民不仅是要参与,而且应当是由人民作出决定。人民有权作出关于立法事项及其内容的决定,甚至要倒过来表述,立法事项及其内容应该由人民来决定,而不是简单地由人民群众参与。那些实行公投或者全民表决的立法,其实就是民主立法的重要表现形式。要使所有的立法都由全体人民来共同决定,实在是困难也无完全之必要,因此,我们就实行代议制,由人民的代表来代表人民行使相当大部分的立法权。这就必然要求人民代表由人民产生,切实代表人民意愿,准确反映人民诉求,真正成为人民的代言人,成为人民作出立法决策与决定的代表。

民主立法要求必须由人民群众参与。民主立法的具体实现,需要人民群众的参与。人民群众在立法中的重要作用,是法的本质得到体现的根本保证。人民群众参与立法,才能把他们的社会实践的经验、教训熔铸在立法的条款之中,才可能把他们在社会实践中获得的经验上升为立法的理性表达,成为立法的制度内涵。人民群众的参与状况对于立法的性质、质量都具有决定性的影响。人民群众参与立法是民主立法的基本要求。

民主立法要求必须坚持民主的立法程序。立法是一个极为复杂的过程,有着严格的法律程序,这个程序必须是民主的,只有民主的程序才可能成为民主立法的保障。民主,也是对程序设计的本质要求。此外,立法程序还要有利于民主的运行与实现。有了民主的立法程序,还仅仅是一个开端,更重要的还是要使民主的立法程序成为民主的立法过程与现实。民主的立法程序是使立法实现其民主的现实化路径。民主立法要求有一套完备的程序,并且加以切实的贯彻落实。

二、民主立法与科学立法

(一)科学立法的含义

科学立法与民主立法一样,是法治对于立法的基本要求。科学立法是指立法能够适应社会发展需要,体现或者反映客观规律。法律是治国之重器,法律制定得如何,直接影响着国家和社会治理的效果。只有立法科学,才可能有科学的立法。

科学立法是指法律能够按照严格的立法程序进行提案、起草、审议、通过、公布等。立法程序一旦确立就具有必须尊重的性质。对于立法程序的是否遵从,也是衡量立法是否科学的重要标尺。

(二)民主立法助推科学立法

民主立法,是指立法过程能够集中体现人民的共同智慧,反映人民的法律要求,并由多数人决定。民主立法有助于科学立法,首先是因为,立法是关乎一定范围内多数人乃至每个人的事情,因此,只有民主立法才具有公正的意味,只有公正的立法才是科学的立法。立法是人民的失误,人民的事务最终由人民来决定是天经地义的。其次是因为,在总体上多个人的智慧总是超过个别人的智慧。个人的智慧总是有限的,只有更多的人共同参与,才可能有效地克服这种有限性。民主立法做的越好,立法的科学性程度就越高。最后是因为,经过民主立法的过程,草案中的错误可以更多地被修正,进而提升正式法律文本的科学化水平。无论一个人多么伟大,都存在犯错误的可能性。如果能够通过民主的程序进行立法,不同的意见可以相互修正,就可以最大限度地纠正草案中可能存在的错误,使法律的正式规定趋于完善。

(三)民主立法的促进措施

民主立法要得到很好的实现,需要诸多的客观条件。其中最必不可少的是立法者的民主产生、会期为民主立法提供可能,立法审议过程切实民主,立法表决符合民主程序。

立法者的民主产生。立法者是如何产生的,决定着立法者能否代表人民,与立法的民主程度具有极大的关系。凡不是由人民选举的代表,当然地难以真正代表人民。由谁产生对谁负责,由谁赋权对谁负责,是当然的政治逻辑与客观现实。因此,人民代表人民选,人民代表为人民,应当是对议会组成人员的本质要求。

立法机关的会期制度要为民主提供现实可能。立法是由议会进行的,议会的会期制度要足以为民主立法提供可能。目前的许多国家,议会开会时间为每年 220 ~ 250 天,剩余 110 天为其社会调查、收集资讯与意见的时间。如果会议的会期太短,时间太少,代表们就无法充分发表意见,更无法展开讨论乃至辩论,也无法延请专家证人出席,等等。走过场式的审议必然影响立法质量,从而影响立法民主、妨碍科学,扩展为影响立法效果,为实施效果埋下隐患,影响法律实施和法治状况。

审议过程民主。在对法律草案的审议过程中,必须充分发扬民主,给各种意见的表达提供空间、创造条件。首先要允许不同意见的表达,其次要允许不同意见之间相互辩论。要让审议过程成为不同意见表达、展示、辩论、说服的过程。立法机关关于法律问题的辩论正是使立法趋于完善、克服随意立法的良法。对于法律法规的仓促出台具有重要的抑制作用。

表决符合民主程序。表决一定要是表决者真实意志的体现,使之能够明确地表达与别人相同或者不同的意见,投出赞成或者反对或者弃权的表决票。相应主体不能受外力强制乃至被某种外力强迫而违反本意。表决结果的法律效力,必须依照法律的规定予以确认。该是“过半数”就必须“过半数”,该是“过三分之二多数”就必须是“过三分之二多数”,严格依法办事。

(四)人民主权与民主立法

人民民主除了国家制度意义之外,还表现为人民主权的人民民主。人民的根本权利是人民作为国家和社会主人的权利,这些权利的根本原则就是人民主权原则。人民主权意味着人民是国家权力的来源,同时也意味着人民是国家权力服务的目标,还意味着必须实现人民的各种权利与自由。

人民是一切国家权力的终极来源,决定了必须实行民主立法。人民是一切权力的终极来源,是一切权力的基础。人民对于法律拥有的第一位的权利，就是立法权。人民是立法权的唯一的终极主体，也是相关主体运用立法权制定法律文件与法律规范的最终归宿。民主立法是人民主权的体现。

人民是国家权力服务的终极目标，决定了必须实行民主立法。国家权力自己并不是自己的目的。国家所有权力的配置、运行都是以人民的利益作为目的。全心全意为人民服务是国家权力的宗旨，离开了这一宗旨，国家权力就失去了自己的方向。在一切为了人民的目标昭示之下，国家立法权的运用必须尊重和符合人民的意愿，这是必然的要求。

人民权利和自由的实现也要求实行民主立法。人民拥有终极意义的政治权力。在人民手中的权力，一旦加以运用或者为法律所确认，就成为法律意义的权利与自由。人民权利与自由要得到实现，就必须要求相关的立法能够体现人民的意志。法应该是人民权利的体现和保障，民主立法就成为立法的基本要求。

三、民主立法与法治建设

民主立法与法治建设具有紧密的联系，良好的法治建设必须包含着民主立法的要求。实行民主立法最基本的意义在于促进立法的民主化，加速立法民主化的发展。法治建设是全体人民的共同事业，需要全体人民的积极支持，缺乏人民支持的法治必然会遭遇失败。人民是社会最根本的决定力量，这种力量决定着立法在社会实施中的成败。我们要有民主的立法就必须推进立法的民主。民主立法是法治建设的基础性环节和基本内容，民主立法对于法治建设具有重大的意义，二者之间具有内在的密切联系。

（一）民主立法提供良法前提

良法与恶法的划分，是人类进入法律社会以来，关于法律的基本分类之一，也是对于相关法律最基本的道德评价和科学评价，具有形式的和实质的双重性质。良法具有对法律的道德和科学、形式和实质的双重要求。

良法具有道德和技术两个方面的特性。首先，良法必须具有其道德上的良好特性，即良好的合道德性。凡是良法都必须符合人类普遍的道德要求，反映为良好的道德价值取向。依照人类普遍的认识，凡是追求和保护善良的法律即为良法,凡是追求和保护邪恶的法律即为恶法,良法与恶法是人们对法律进行道德评价的结论。其次,良法必须具有科学上的良好特性,即良好的科学性。凡是良法都是在立法技术上无所弊病,而能准确体现其立法意图的法律,它能反映社会生活的客观实际与满足社会对于立法的现实需要,相关法律的内容和表达形式都具有合科学性的特征。我们追求的法治之法应该是在道德和科学双重意义上都是良好的。

良法之良也体现在其形式和实质的两个方面。也就是说,作为良法,不论其形式或者其实质都应该是优良的。严格意义的法治,首先就要具备最基本的形式上的良好状况,连形式上都无法做到良好的立法无论如何都不会是良法,这是对良法的最基本、最初步的要求。但是对于法律作为良法的要求,不仅是形式上的要求,当然也是实质上的要求。实质法治的一个根本点,就在于法治必须是实质上的良法之治。现代法治显然不是一般单纯的形式意义的法治,它应该是形式法治与实质法治的高度统一。

数千年来,人们对于何谓良法、何谓恶法见解各异,但是对于良法的崇尚与对于恶法的唾弃则是不言而喻、普世皆然的。我们所进行的法治建设必须是包括良法并以良法作为基础的法治建设,需要民主立法为良法提供基本前提。

(二)民主立法提供守法基础

民主立法为守法提供良好的基础。任何立法都要谋求得以实现,而实现的最根本最普遍的方式是法律被遵守。一部法律怎样才具备被遵守的条件呢?

人民群众参与立法,有助于他们更准确地把握法律,切实遵守法律。对于法律的理解,是良好地遵守法律的重要前提。人民群众在不理解法律时也许仍然会遵守法律,但是这种遵守往往是被动的。一旦人民群众对于法律有了真切理解和良好把握,他们就会具有更好的守法自觉性,自觉地服从法律。在不理解法律的情况下的法律遵守,即使是出自真诚的,也还可能产生对于法律的误解,甚至导致从守法的目的出发以违法的恶果告终。如果是那样,就不仅仅是法律的悲哀,还是社会的悲哀。

民主立法有利于人民认同法律,继而遵守法律。人民群众对于法律的认同,是法律得以遵守的心理条件。在任何社会,社会成员对于法律的心理认同,就是那个时代法律得以遵守的根本条件,唯有得到心理认同的法律才可能获得被普遍遵守的心理基础。民主立法有利于形成民主的立法认同,因为其有利于人民群众参与立法,参与立法的人民,他们在法律遵守时就具有对于法律更大的心理认同和更多的主体自觉。任何法律都需要得到有效的遵守,法律如果不被遵守,就发挥不了应有的作用。法律得不到遵守,也就意味着法律会被违反,违法对于法治是一种破坏。如果凭借对于违法行为的有力打击,法律也就得到维护。但是法律如果得不到普遍的遵守,或者获得的是普遍的不遵守,那么法治就根本不可能得以建立。

民主立法有利于人民了解法律。人民群众对于法律要求的了解,是法律得以遵守的认识基础。任何人要守法都必须知法,知法是守法的前提,守法在一定意义上说是知法的延伸。人民群众要守法就必须了解法律。对于法律常识、法律知识、法律资讯的了解,是人民群众守法的前提。人民群众不理解法律,对于法律为何作出这样的规定、这样的规定对社会和人民群众有何意义如果缺乏认识,就可能演变成为守法的障碍。

人民群众对于法律的参与、认同和了解是人民群众守法并保障法律实现的前提。实现人民参与、认同和了解立法的重要途径就是推进立法民主,因此,立法民主或民主立法必将有力地推动全社会的守法进步。

(三)民主立法提供监督动力

一般地说,在法律社会的任何时候,法律都不可能为人们完全自觉地全面尊崇。如果真是那样,法律也许本身就已经没有存在的意义了,也只有到了人类最崇高的伟大理想实现的时候才可能有这样的局面与盛况。法律只要有可能被违反,对于法律实施的监督就成为必需。在法律社会中,只要有法律存在,就需要有法律监督与之并存,作为法律的保障。法律监督对于法治发展来说,意义是深远而重大的。法律得以实现的最深刻基础在于其广泛的人民性。民主立法有利于人民群众参与立法,参加立法的人民群众就更能积极而准确地监督法律的实施,发挥监督法律执行与遵守的重大作用。

民主立法可以更好地调动人民群众监督法律实施的积极性。国家的立法活动,是国家的重要活动,对于整个社会生活都具有重大的影响。人民是国家和社会的主人,需要在多个方面得以体现。人民群众参与立法,是其主人地位得以体现的重要方面,是其主人权力得以运用的具体路径,是其主人作用得以发挥的重要场所。人民作为国家和社会的主人,并不应是空洞的政治口号或者是简单的政治原则,而应该是社会的行动与现实。民主立法正是人民当家作主的现实化和具体化。有了民主的立法过程,人民在国家和社会中监督法律实施的积极性、主动性才可能得到激发和增强。任何法律如果不能获得人民群众的支持,就必然会导致失败,人民对于法律实施的冷漠必然会转化为法律实施上的障碍。

民主立法可以使人民更深刻理解相关立法的意义,为法律监督创造条件。什么是合法,什么是不合法,什么是违法,什么是不违法,都是以法律的既有规定作为依据的。法律是判别人们行为法律属性的准绳,人们对于法律的切实了解与掌握,是人民自我守法的基本保证,更是实施法律监督的必要前提。所有公民对于任何国家机关和国家工作人员,都有提出批评和建议的权利;对于任何国家机关和国家工作人员的违法失职行为,都有向有关国家机关提出申诉、控告或者检举的权利。公民要很好地行使法律所确认的监督权利,一个重要的条件就是对于法律的知悉、了解与掌握。人民群众参与立法就可以使其对于法律有更好的了解,以帮助其法律监督权利的实现。

四、民主立法与立法质量

立法质量问题是关系到法律自身品质与实施效果的重大问题。没有质量良好的立法,必无良好的法律实施。法律实施包括法的执行与遵守两个方面。质量低劣的立法不仅会影响法律执行,也同样会影响法律遵守。由于立法对法的实施具有前提性质的制约性,所以提高立法质量就必然成为立法的重要目标。如何提高立法质量,一直是立法改革和立法发展的追求。立法实践告诉我们,提高立法质量的路径很多,但是民主立法无疑是其中最有效的路径。

(一)立法质量制约着法治的进程

立法质量的水平制约着整个法治的发展程度。立法质量是一个时代法治发展程度的重要标志,它标志着特定历史时期人们的法律认知,以及对相关社会关系的调控手段与能力。立法对于法治的影响是全局性的、长期性的。法律是普遍的行为规范，一旦被制定出来，其所影响的范围就不仅仅是一个狭小的方面，它会对全社会的同类现象、同类行为、同类社会关系产生深刻的影响。它会影响人们行为方式的选择、行为模式的建立，影响人们的权利和义务，影响人们的利害与得失。法律本身就具有相当的稳定性，不会朝令夕改，那么法律的影响也具有长期性。只要法律制定出来了，无论它是正确还是错误，都具有一定的法律效力，都会对社会产生应有的影响。只要它不被修改或者废止，就将一直具有法律效力并发挥作用。法律的全局性和长期性的社会功用，就决定着立法的质量将对整个法治产生重要的影响。

法律效果是通过法律实施的过程而得以体现的。法律效果反映着立法质量，并受立法质量的制约。制约法律实施效果的因素是很多的，法律适用主体的自身素质与基本状况，法律遵守的主体自觉与行为方式，法律实施的社会背景与相关因素，都会对法律实施产生影响。立法质量是法律实施的前提性重要因素，重视立法质量是提升法治水平，促进法治发展的首要环节。重视法治必先自提高立法质量开始。

立法质量体现在多个方面，体现在法律文件的文字表达中，体现在法律的实施效果上，为多种因素所制约或影响。立法者自身的素质，立法程序设计的科学与否，立法对社会现实的反映程度，立法表达技术的优劣，立法语言文字的运用等多种因素都会对立法质量产生影响。法律就其被制定出来的情况来说，一经产生其就基本确定，并不受社会发展的影响。这是从最狭义上讲的。其实，在广义上讲，立法的质量还会随着社会的发展和法治的进程而发生变化。第一，随着社会环境的变化，原有立法也许不再适合社会发展需要。社会总是不断地发展变化的，原本适合社会需要的立法，在社会发展了的背景下，也许就变得不再适合社会。这时，原本质量颇高的立法也会逐步变得质量低下。第二，随着法律体系的发展，原有的立法也许会不再适合变化了的法律体系。良好法治的国家，必有其良好的法律体系。法律体系并不是固化的、僵硬的。作为已经制定的立法也许其本身并无任何错误，但是由于上位法的变化，也可能导致作为下位法的相关立法的质量出现问题，从原本尚可的立法转化成为不再合适的法律。

(二)民主立法是立法质量的基础

立法是现实社会的产物。就立法与社会之间的关系来看,我们可以清楚地发现立法是社会要求的反映,是社会管理经验的总结。尤其是良好的立法它必须以社会作为自己的基础。法律离不开社会,并必须以社会的现实状况作为最客观的依据和最深刻的基础。社会不是一个抽象的存在,是人与人关系的总和,是一个现实的客观存在物,是由许许多多人组成的。社会是由千百万人民群众组成的,人民群众是现实社会的活跃主体,他们的活动是社会活动的根本内容,人民群众的积极参与始终是社会活力与生命力的体现。

立法是广大人民群众进行社会实践的产物。实践是理论的基础,实践也是立法的基础。立法作为人们社会实践的产物,是以广泛的社会实践作为现实基础的。作为立法基础的社会实践是千百万人民共同的社会实践。任何立法的动因都源自社会的现实需要。社会对于立法的现实需要,是在人民的社会实践中产生的,也是在社会实践之中体现出来并为立法者发现的。人民群众的社会实践为立法奠定了深刻而深厚的社会基础。这种基础是立法科学性的保障。人民群众在社会实践中的得失成败,为法律文件与法律规范的拟制提供了实践前提。

(三)民主立法是立法的智慧支持

立法是一种社会性的理性活动。人民群众的群策群力,是立法良好的智力基础。广大人民群众在社会生活中,一直不断地运用自己的理性能力开展社会活动,进行社会管理,使社会充满生机与活力。在人民民主的国家,所有的国家机关包括立法机关,也不过是人民的代表者而已。人民的认识是它们的认知基础,人民的愿望是它们的理想追求,人民的期待是它们的奋斗目标。立法是最能表现人民理性与智慧的过程,人民通过自己的立法机关将自己对于法律及其社会调控的理性认知表现为具体的立法活动,或者创制新的法律,或者对既有的法律进行修正,甚至废止已经过时的法律规范与法律文件。

立法的完善需要人民群众的积极参与。立法是一个复杂的过程。在法律尚未发布之前,随时都处于可能的变化之中,人民群众随时都可能为其草案的修改完善创造条件。即使在法律颁布之后,也还有进一步修改完善的问题。人民群众的社会实践和修改相关法律的建议,也可以为立法的进一步完善提供机会与可能。大量立法都是在广泛征求群众意见的过程得到完善的。立法也是专门技术的智慧产物。立法中,语言文字的运用、逻辑关系的处置、相关规则的协调、规范含义的解读,都需要法律的智慧。法律有其独特的属性与技术要求,有些立法表面看来十分完满与周延,在社会实践,则会暴露出它的失误与疏漏。就失误与疏漏暴露的情形来看,有些失误与疏漏是一旦付诸实践就能被发现,有些失误与疏漏则需要漫长的社会实践才能为人们所认识。这些失误与疏漏的发现与修正,都需要必要的社会实践。立法完善需要人民群众将其在社会实践中发现的问题提出来,并寻找到解决的现实路径。立法只有在人民群众的广泛参与之下才可能得到真正的完善。

第十五章　法治国家与依法行政

依法行政就是国家行政机关依照法律行使行政权力。依法行政的主体是国家行政机关及其工作人员。依法行政的范围涉及行政权力所及的各个方面和所有领域。只要有行政权力的行使就应该有依法行政。依法行政既是法治的要求,也是法治国家建设的构成部分。依法行政能够切实实现直接关系着法治国家建设的成败。

一、法治国家的依法行政

依法行政具有丰富的内涵,既是建设法治国家的必然要求,也是法治国家区别于其他国家状态的基本特征。

(一)依法行政解读

依法行政是指国家行政机关依照宪法和法律的规定行使行政权力。依法行政既是依法治国的具体要求,也是依法治国的构成部分,还是法治国家的显著特征。全面认识依法行政是全面推进依法行政的需要。

1. 西方国家对依法行政的理解

依法行政是由资产阶级最先提出并付诸实践的,西方资本主义国家为此积累了相当丰富的理论学说与实践经验。

在英国,依法行政包括自然公正原则、越权无效和行政合理性原则。自然公正原则,是指任何人或团体在行使权力可能使别人受不利影响时,都必须听取对方的意见，每个人都有为自己辩护和防卫的权利。行政与司法上，任何人不能未经审问就受处罚，行政裁判官和司法官都必须听取相关的意见才能作出判决。英国以自然公正原则为核心，配以零散的单个法规，形成了自己完备的行政程序法治，自然公正原则成为其现代行政程序制度的核心。越权无效即是指越权的行政行为不具有法律效力，它从实体和程序的两个方面约束着行政行为，实体或程序越权的行政行为都被视为无效行为。[①] 英国的行政合理性原则是对行政行为实质上是否显著不合理的判断。它依靠一系列判例发展形成起来，从程序审查逐步过渡到包括程序和实体的两个方面的全面审查。这一原则有效地控制了行政权的滥用，成为英国依法行政的有力保障。

在美国，对其行政法治有学者这样评价道，“美国是一个高度法治的国家，实行法治的保障非常完备，法治是美国行政制度的一个基本要求”。[②] 美国的依法行政是通过行政的法治原则得以体现的，其基本内容包括基本权利、正当程序与司法审查三个方面。从基本权利的视角出发，他们根据法治原则认为，“在宪法中必须规定公民享有某些基本的权利，作为一切立法必须遵循的标准和政府权力行使的限制”。[③] 美国宪法和其他法律以及各州的宪法、法律和判例等都确认了美国公民的基本权利，政府行政不得侵犯这些基本权利。正当的法律程序是从程序角度对政府权力行使的限制。正如《美国宪法》第5条所规定的，不按照正常的法律程序不得剥夺任何人的生命、自由和财产。美国的宪法有正当程序的规定，国会的立法也对政府的活动规定一些程序，其中适用范围最广的是1946年的联邦行政程序法。这个法律对行政机关制定法规，进行正式裁决，以及司法审查和行政公开都规定了必须遵守的程序或标准。有时国会还就特定的行政活动规定特定的程序，行政机关为了公正地行使权力，也往往自己制定程序规则，或根据法律的要求制定程序规则。法院的司法审查也特别重视对于程序的审查。各州的情况和联邦相同，在州的宪法、立法、行政机关制定的法规或法院的判决中，都有程序规则的要求，限制政府的权力。[④] 在美国，对于行政

---

① 王名扬：《英国行政法》，中国政法大学出版社1987年版，第151～177页。

② 王名扬：《美国行政法》，中国法制出版社1995年版，第114页。

③ 王名扬：《美国行政法》，中国法制出版社1995年版，第114～115页。

④ 王名扬：《美国行政法》，中国法制出版社1995年版，第115～116页。

的司法审查是确保依法行政的重要措施。美国法院在司法审查中,严格要求行政机关遵守实体规则和公正的程序规则。司法审查原则与制度对于保证依法行政发挥了重大的作用。

在法国,依法行政包含三项基本的内容。首先是行政行为必须根据法律。“行政机关不能自由采取行动,只能在法律授权的范围内采取行动。法律规定每个机关的组织和权限。权限以外的行为是无效的行为。”[①]其次是行政行为必须符合法律。在总体上,行政活动必须受法律的拘束,符合法律的规定。行政机关的权限受法律约束的情形有两类:一是羁束权限,即法律为行政机关规定了采取行动的条件,以及在这种条件下所应当采取的行为。二是自由裁量权限,即法律授权行政机关在某种具体情况下,究竟采取何种行为有一定的灵活性。最后是行政机关必须采取行动来保证法律规范的实施。它要求行政机关积极采取行动,保证法律实施,甚至在制定行政条例为实施某个法律所必要时,行政机关则有义务制定这个条例。[②]

在日本,有学者认为其依法行政的主要内容有三项:一是法律保留,即建立议院内阁制,通过国会对政府的行政权力进行限制;二是法律优先,即行政立法、行政裁量和行政手续中存在立法权优先的要求或者立法的统治问题;三是司法救济,即通过法院审判对政府行政进行司法的事后救济。[③] 在第二次世界大战之前,日本的依法行政的原则与制度主要是受德国的影响,并借鉴德国的经验。“二战”之后,它确立了国民主权原则,公民权利日益受到重视,依法行政也得到了新的发展。日本成功地运用行政指导的方式来管理日本经济与社会,得到了世界的普遍公认。日本将“二战”前的行政法院进行司法审查的体制改革为由普通法院审理行政诉讼案件的模式,经过不断完善,到现在日本已经形成了包括司法救济与行政救济在内的正式程序救济制度,包括苦情处理制度和行政监察员制度等在内的非正式程序救济制度。这一双重救济制度的建立既标志日本依法行政制度的完善,也有力地保障了依法行政的推行,成为日本法治国家的重要标志。

---

① 王名扬:《法国行政法》,中国政法大学出版社 1989 年版,第 205 页。

② 王名扬:《法国行政法》,中国政法大学出版社 1989 年版,第 205 ~ 207 页。

③ [日]和田英夫:《现代行政法》,倪健民、潘世圣译,中国广播电视出版社 1993 年版,第 27 ~ 28 页。

2. 中国当代依法行政的基本内涵

在中国,依法行政是指行政机关依照宪法和法律的规定行使自己的职权的原则、制度与行政行为的总称。依法行政包含着丰富的内容。

依法行政意味着必须行政。行政是政府机关现实存在和实际运行的外在表现,也是实现行政职能所必需。没有行政,政府就无所作为,政府的机关及其工作人员就处于失职或渎职的状态。行政是政府活力的外化,是政府的职能工作。由于行政机关是国家的法律执行机关,也就决定了行政必然是政府执行法律的活动。

依法行政意味着必须依法规范行政行为。行政机关既不能不行政,也不能乱行政。行政行为必须以法律为根据,以实现法律为目标,因此就必须依法进行。行政行为是行政的具体化和现实化,是行政机关作用得以发挥的媒介。在一定意义上说,行政行为就是行政,没有行政行为也就没有行政。依法行政就是要依照宪法和法律来行政,宪法和法律所规制的也就是行政行为。宪法和法律对于行政行为的意义并不是要限制行政作用的发挥,也不是要使行政行为作出艰难,而是要使行政行为适合宪法和法律的规定,具有宪法和法律的根据。

依法行政必须依照宪法和法律。依法行政中的"法"是包括宪法和法律的"法"。在广义上法律包括宪法,但是由于宪法是更直接来自人民的,具有最高的法律效力,因而人们又特别地将宪法与法律区别开来。在依法行政上,将宪法置于法律之前加以特别强调,是非常必要的。这不仅是因为前述两个原因,更重要的是宪法是对国家权力进行配置的法律。行政权力的行使是否得当,必须首先用宪法来加以衡量和评价。在宪法之下,法律是依照宪法制定的,同时法律又贯彻和实现着宪法的规定,法律将宪法具体化。因此,在强调依照宪法行政的同时还必须强调依照法律行政。这是行政机关遵循宪法的需要,也同样是行政机关本质的要求。行政机关本质上就是法律的执行机关,作为法律执行机关必须遵守法律的规定并将法律加以实现是天经地义、理所当然的。西方行政法治理论认为:行政必须从属于法律、符合法律的规定,不得违反或变更法律;凡是违反法律的行政行为都是无效的,如果造成了损失,政府必须承担赔偿责任。他们将其确立为"法律优先原则"加以特别强调。

依法行政是行政全方位地依法。行政是国家公权力的运行与实现,面对国家公权力的是私权利和社会权利。如果国家公权力滥用或者不受约束,公民的私权和社会的公共权利就会遭到危害和破坏,因此为了保护公民或者法人的私权利,为了保护社会的公共权利,就必须全方位依照宪法和法律的规定来行使。依法行政应当包括行政权力的内容、行政行为的运行等各个方面都必须依照宪法和法律的规定,同时也要求行政机关必须在实体和程序的两个方面全面执行法律。实体法规定着行政机关的权限,其中既包括权力的范围也包括权力的界限。既是政府行使权力的根据,也是对于政府行使权力的限制。依法行政还包括行政行为必须符合程序法的规定,法律没有根据的程序行为依然不能作出,程序行为也必须具有法律的根据。实体与程序两个方面应该是结合在一起的,是依法行政的总体要求的构成部分。西方国家的行政法治理论将行政行为必须合法概括为"法律保留原则",即行政行为只能在法律规定的情况下作出,法律没规定的就不得作出。法律保留原则是为确保行政机关行政行为的严格合法而设定的。

依法行政就是要依法实现行政的目的,最终服务于人民。依法行政的目的与行政的目的是一致的。行政的目的是多重的,这也决定了依法行政的目的也是多重的。行政的直接目的是规范行政运作,约束政府的行政管理行为,实现政府的行政管理职能。一方面要保证行政职能的实现,另一方面又要防止行政权力的膨胀与滥用,其中当然包括构建和保持法治政府,推进和实现法治等。依法行政在根本上则是保证公民和社会组织的合法权益,保障人民民主,服务社会大众即全体人民。从人民主权的原则来说,国家任何机关包括行政机关及其行政行为都必须尊重人民意愿、实现人民意志,人民的意愿和意志都是通过宪法和法律来记载和体现的,也是通过行政来实现的。因此,依法行政就必须将实现法律、推进民主、服务人民作为自己的法定目标遇到的目标。

(二)依法行政对行政的作用

依法行政有利于维系行政运行。行政本身就是行政的职权、职责与职能的统一,既是行政机关最基本的活动,也是行政机关的外在标志。行政机关作为法律的执行机关,其使命就是要通过政府的活动将法律现实化。有关统计资料表明,我国80%的法律法规都是由行政机关执行的。行政机关的行政就是法律活动,就是实现相关的宪法和法律规定的过程。可以说，行政的所有运作都是为了实现既有的宪法和法律规定，也都必须在宪法和法律的范围内依法进行。严格依法行使职权、履行职责与实现职能是行政的根本，也是行政的主要内容。保证行政的合法性是行政的重要保障。法律对于行政首要的作用就是确保行政的有效运行，其次就是确保行政是科学的、正确的。行政科学性的有力保障就是全面推行依法行政，切实实现依法行政。

依法行政有利于实现行政目的。行政并不是社会的盲动，更不是国家的随心所欲，行政有自己的理想目标与价值期待。行政的目的可能是多元的，但是在总体上看来，行政的直接目的当然是确保行政运行，实现行政职能，这也即是实现法定的行政职责。因为行政的职能或者职责都是由宪法和法律确认和具体规定的，所以行政目的依法行政具有高度的一致性。行政运行及其职能的实现仅仅是行政第一位的任务，行政的终极目标还是实现为人民服务，实现人民民主，成为名副其实的服务型政府。实现人民民主，建构起服务于人民的服务型政府是行政的终极目标。依法行政是这两个方面的保证，也是对这两个方面的统一。

依法行政有利于保证行政合法。行政相对于立法来说，就是执行法律的活动。根据行政机关的自身本质，在逻辑上讲它们理所当然地应该合法。但是在实际的社会生活中，行政机关及其行政行为往往会有意与无意地逃避法律甚至违反法律的规定，因此，强调依法行政就显得特别必要与十分重要。依法行政可以从实体与程序的两个方面保障行政的合法性和科学性。合法是行政的本质规定性，行政是否合法，是行政是否拥有其本质的标志。依法行政也是防止行政违法的最有效的途径，只要是依法行政的，行政机关就不会违背自己的职责与职能，就不会违法，并且始终合法。从这个意义上来说，依法行政有利于保证行政的合法性质。只要行政是合法的，行政机关就不会承担违法的法律责任，行政机关也就能够切实行使自己的职权、履行自己的职责、实现自己的职能。

依法行政有利于提高并确保行政效率。行政是法律行为也是社会管理。随着社会发展日益迅速，对于行政的效率要求越来越高。这不仅仅是日益快速运行的行政本身的需要，更是人民群众和社会组织快速发展的需要。所以说如何确保行政的效率，对于政府的形象与效能都是非常重要的。在快速发展的当今社会中,行政的效率甚至是行政是否适应社会发展要求的反映,也是人民是否满意的重要评价指标。法律对于行政的规范,在很大程度上都是通过对程序规定的严格执行来实现的。这些程序规定,就是对于行政合法的前提下效率的保障。法律总是以其严密的规定,以相对最科学的程序规定、时效、时限设计保障行政的效率。提高行政效率并不意味着越快越好。过快的行政也许是违法的行政,甚至欲速不达、适得其反。行政的高效一定是在法定时间或时限范围内的高效。因此,这就必须依赖依法行政。行政如果不能依照法定程序来推进就可能反而延长行政的过程,最终影响效率。只有通过依法行政来提高效率,才可能获得真正的不会适得其反的高效率。

依法行政有利于统一行政。全国统一的行政,必须通过依法行政才能得以实现。首先从行政管理的广泛性来看,依法行政有利于统一行政。行政管理遍及一国领土所及的所有领域,也遍及国家和社会生活的方方面面。如果各个地区或者各个方面各行其是,就必然导致行政混乱。其次从行政机关和行政官员的属性来看,依法行政有利于保证行政的统一性。行政机关机构异常庞大,行政官员数量巨大。如果各个机关或者各个公务员都不执行统一的宪法和法律,不仅宪法和法律会废弛,关键是行政必然混乱。最后从对国家行政机关及其公务员的行政行为进行评价的标准意义上看,依法行政也同样是必需的。统一的立法不仅为各个行政机关和每个行政公务人员提供了统一的行政规则,而且也提供了评价准则,这些统一的行政规则当然是统一行政行为、评价行政行为的重要标准。总之,要使遍及全国各地、各个领域的各个机关、每个公务员都能统一而正确地行政,被依法评价其行政行为,依法行政就成为最重要与最必要的选择。

(三)依法行政与国家权力法治化

1. 行政权力是重要的国家权力

行政作为国家权力的具体化必须依法进行。行政权与立法权、司法权等共同构成国家权力。法治国家首要的就是要规范国家权力,实现国家权力的依法行使。在实现国家权力的法治化——规范国家权力的过程中,一个重大的问题就是限制国家权力。在整个国家权力体系之中,行政权是极为重大的主要国家权力之一,对于国家权力的规范必然包括对于行政权力的规范。在当代世界各国包括中国,行政权遍及社会生活的各个领域,影响着社会生活的方方面面。行政权力一直是十分庞大的,在交通、能源、国防、文化、教育、科技、财政等各个方面无一不涉及行政权力。没有对于行政权的法治化就不可能有国家的法治化,对于行政权力的法律规范,是对整个国家权力法治化的需要。

行政必须符合实体法和程序法的双重要求。国家行政权等在内的国家权力的法治化,并不仅仅是指行政权力要在宪法和法律的范围内行使或者被称为要在宪法和法律的范围内活动。其实,在宪法和法律范围之内活动,是对所有国家权力与其他任何社会主体的要求,对于国家权力的法治化来说,这还是远远不够的。在宪法和法律的范围内活动,也仅仅是不违反宪法和法律的规定而已。但是,从法治的视角出发,所有的国家权力都必须依照宪法和法律的规定行使权力,这里的依法行使国家权力,包括依照实体法规定和程序法规定来行使权力。从权力主体的角度来看,如果法律没有授权,就不可以作为,因为对于权力来说,法无授权即非法。因此,就行政权力的行使来说,除了必须在宪法和法律的范围内活动之外,还必须进一步要求全面合法、严格遵守实体法和程序法的规定。只有既符合实体法又符合程序法的行政才可以说是依法行政。

2. 依法行政与行政机关法治化

依法行政以及行政机关的法治化是依法治国的基本要求。国家行政机关是国家机关的构成部分,所有国家机关的法治化必然要求国家行政机关的法治化。法治国家首先要求各个国家机关以及各个国家权力必须是法治化的。行政机关不过是国家机关之一,行政权力也不过是国家权力之一,因此对于国家机关与国家权力的要求自然就会对于所有的国家行政机关提出。

任何行政工作人都是附属在各个行政机关之中的,对于各个工作人员的要求也就是对整个行政机关的要求。对于国家公务人员法治化的要求,是对国家行政机关法治化的具体要求与体现。

国家行政机关在法律上是机关法人,作为机关法人当然也有其意志与行为。国家行政机关的意志与行为何以符合法律的规定,是确保行政机关法治状态的重大问题。如果认为公民个人的意志只要没有演化为行为即不为法律所调整,而国家行政机关则未必。就国家行政机关来说,其意志只要表现为立法、政策与决策,就必然涉及何以符合宪法和法律规定的问题。这些都是十分重要而重大的问题。因为国家行政机关的意志一旦通过政策和决策表现出来,就转化为国家行政机关的行为。对于国家行政机关的制定行政法规和政府规章,发布行政政策和作出行政决策的法治化要求,是对行政机关法治化要求的具体体现。

国家行政机关作为机关法人,当然有执行宪法和法律、制定行政法规与政府规章,以及制定政策与作出决策之外的法律行为。它们的这些法律行为同样必须在宪法和法律的范围内活动,并符合法律的实体与程序要求。

3. 依法行政与行政官员法治化

行政总是由政府官员来进行的,行政权力总是由行政官员来行使的。行政官员和行政机关是行政的主体,其中行政官员对于行政来说是其最基本的主体。任何行政机关或部门都是由行政官员组成的,没有行政官员就不可能有任何行政或者行政权力的行使。行政官员及其所组成的行政机关构成行政主体,也是行政权力的拥有者和行使者。行政的情形如何与行政官员的行为的合法状态具有密切的联系。

行政官员的法治化是行政机关法治化的前提和基础。从根本上说,没有对于行政官员权力的法律规制,就不可能有法治化的行政。如何确保国家行政官员在权力行使的过程中严格依法,是一个必要而又艰难的问题。离开对于行政官员的法治化,追求行政机关及其行政行为的法治化,无异于舍本逐末。没有行政官员的法治化,片面地追求行政机关和行政行为的法治化不过是缘木求鱼。

行政官员的法治化既是一个极其巨大的社会工程,也是一个历史过程。作为社会工程,意指行政官员的数量庞大、范围广泛,全面法治化将是异常艰难的,需要全社会关注、动员和投入。作为历史过程,意指行政官员的法治化需要逐步发展和不断推进,需要一个客观的历史过程,时间的推移是其中必需的客观条件,绝对不会一蹴而就。对于行政官员的法治化的艰巨性要有充分的思想准备好长期的不懈努力。

二、依法行政与法治政府

(一)法治政府是政府的法治化状态

政府原本就是与法律紧密联系的,也不可以与法律相分离。在人类设立政府之初,就有一个何以设立的问题,必须要有并遵循或多或少的设立规则。那些设立政府的规则,在一定意义上也就是政府组织法或者类似的准法律规则的雏形。政府设立之后就面临着如何运行的问题。政府运行的规则又是更长期地发挥效用,引导政府行为的规则,它们在一定意义上也就是行政行为法的萌芽和发展。

政府拥有国家和社会管理的行政权力,也就难以避免地具有一切权力拥有者的共同特性,诸如权力膨胀、不受拘束与难以约束等倾向,于是法治就成为必要。加之政府的行政管理权是极为重要与重大的权力,所以对行政权力的约束就成为必需,甚至法治政府的政府模式也被建构、被追求。

法治政府也就是法治化的政府,或者是指政府的法治化状态与结果。法治政府本当是所有政府的状态,但是人类由人治向法治发展的进程与权力从非法治向法治转化的特点决定了政府的法治化需要一个历史的过程,这个法治化的过程也就是法治政府的建设过程。

法治政府或政府的法治化首先意味着政府作为整体必须严格依法行政,它所作出的行政决定、决策、指令都必须是具有法定授权并符合法律规定的。凡是以政府的名义发布的规则与决定都是政府行为的构成部分,所以政府制定规则、发布决定都必须严格地符合法律的规定与要求。其次,法治政府也意味着它的每一个部门必须依法行政。各个政府部门是政府的构成部分,它也必须严格依法行政。再次,它也意味着每一个行政官员即每一个行政公务员在行使行政权力的时候都必须严格地依法行政。每个政府机关都是由若干个公务人员所构成的,政府的行为也是由政府官员来作出的,因此政府法治化必然要求政府官员职务行为的全面法治化。最后,它意味着政府必须对于自己及其公务人员的行为承担法律责任。也许公务员的行为中夹杂着个人的私利与私欲,甚至是其个人的任意与任性,但是这丝毫不能减损政府所应当承担的责任。政府可以依照法律或纪律处罚自己的工作人员,政府也必须对于公民和社会承担应有的法律责任。

法治政府是依法行政的直接目标。依法行政有诸多的目的,其最终是为了保护和保障人民的合法权益,但是它对于政府的直接意义,还在于实现政府的法治化并维系政府的法治化状态。依法行政重要的直接目的就是建构法治政府,确保政府长期依法行政,从这个意义上完全可以说,法治政府是依法行政的直接目标。

(二)国家法治化包括政府法治化

政府是国家最基本的元素,在许多情况下国家就是由政府来代表的,政府掌控着范围最大的国家权力。人类社会只要有国家存在,就会有政府存在。国家法治化的内涵极为丰富,首先就包括政府的法治化。因为从权力的角度来看,国家权力主要是由政府享有的,尤其是国家行政权全部是由政府承担的。依法行政既是政府法治化的要求,也是国家法治化的要求。法治政府建设是法治国家建设的构成部分。法治国家体现在国家权力的各个方面与各个机构。法治国家的立法、司法、行政都必须依法运行。依法行政是法治国家对于行政的必然要求,也是行政法治化的基本标志。

(三)依法行政是法治政府的特征

法治政府是与非法治政府相对而言的。非法治政府可能是指已经法治化的政府蜕变为的不依法行政的政府,也可能是指尚未法治化的政府。在尚未法治化的政府中,依法行政还没有成为政府的基本行为模式与方式。在政府法治化尚未实现的时候,政府还可能在一定程度和某些时候、某些方面拒绝执行和服从法律。依法行政对于法治化中的政府来说,还不是现实,而是其目标。只有在法治政府建立之后,法治化的政府才可能始终不渝地坚守法治,法治才成为政府行政的外在表现,依法行政才成为区别于非法治政府的重要特征。

三、依法行政与司法监督

(一)司法监督是依法行政的有效保障

依法行政必须有确定的动力,也必须有确定的压力,这是依法行政得以长期坚持的重要保障。如果认为动力是依法行政的启动因素,压力则是依法行政的持续保证。

所有的国家权力不能由某一个人或者某一个机构完全拥有和行使,已经成为政治公理,为世界所公认,也成为法治的政治理论基础。

如果一个国家的全部权力归属于任何一个人，这个人便可以成为专制君主；如果一个国家的全部权力都归属于任何一个机构，这个机构便可以成为专制集团。在这样的体制之下，人民就会成为最大的牺牲者，人民的权利就没有保障。所以，自古以来就有许多思想家一直在追寻分权的理想，并为此进行一系列的制度设计。亚里士多德、洛克、孟德斯鸠都对这些问题进行过极为严肃的思考，尤其是孟德斯鸠他的三权分立学说成为近代资产阶级政权的理想蓝图，并为资产阶级政权所奉行。确切地说，国家权力未必只能分为三权，但是权力必须分别行使则是无疑的。在法治构架之中，法律是分权的规则，也是权力制约的根据。法律总是把分权制衡的机制转化为现实的制度，供人们所遵循。行政的司法监督，是对行政进行法律监督的有效措施与重要途径。

依法行政的动力在于行政机关满足人民的要求，对人民的负责，实现法定职责。依法行政的压力则来自人民的监督。人民的意志是通过法律来记录的，人民监督是通过依法监督来实现的。人民的依法监督一个是通过普遍的检举、控告、申诉等权力的行使来实现的，这是普遍意义的人民监督；另一个就是由人民通过司法来监督的。社会成员如果认为国家行政机关违反法律、侵犯了自己的合法权益，就有权通过行政诉讼的方式来提请法院审判。法院通过对行政诉讼案件的审理和判决，就可以对行政机关行政行为的主体资格、法律根据、合法性质进行审查，这个审查的过程也就是监督的过程。法院对于行政行为合法性的确认也是审理之后的确认。如果法院判决行为机关败诉，行政机关就必须承担行为违法的法律责任，由是行政机关便受到司法的有效监督。司法审理与裁判的权威性，对于行政行为的法治化，对于依法行政具有重大的促进和推动作用。

（二）行政诉讼是监督行政的司法手段

在世界法治化的各国，行政行为无不受到司法的有力监督。行政诉讼总是监督行政行为的重要司法手段，西方国家行政的司法监督都是通过对于行政诉讼的司法审判来完成的，这种制度设计与西方的三权分立的理论学说、制度设计和机构设置都是相适应和一致的。具体的形式在不同的国家也许存在差异，但是其机理是一致的。“世界各国审判机关的监督体例大致可以分为两大类：以法国为代表的大陆法系行政诉讼监督制度和以美国为代表的英美法系司法审查制度。”[①]在英美法系国家,他们将行政诉讼纳入一般诉讼的范畴,由普通法院审判。“在美国,司法审查实质审查国会制定的法律是否符合宪法,以及行政机关的行为是否符合宪法和法律而言。这两种审查在美国都由普通法院执行,在法律没有特别规定时使用一般的诉讼程序。”[②]这种制度设计也就意味着政府只是具有民事诉讼等诉讼中一般的诉讼地位,更与行政相对人平等。在大陆法系国家,则设立专门的行政法院或类似的审判机关专门审理行政诉讼案件。“行政诉讼是法院对行政活动的监督,这种监督依当事人申请而进行,是当事人不服行政机关行为的一种救济手段。行政诉讼是法国行政法上最主要的救济手段,但不是唯一的救济手段,在其他救济手段无效果时,或当事人认为其他救济手段没有必要时,可以针对行政机关的违法行为提起行政诉讼。……法国行政诉讼的特点是不受普通法院管辖,而是在普通法院的审判以外,建立行政审判制度,由行政法院受理行政诉讼。”[③]行政法院的审理与判决对于行政机关来说无疑是强有力的法律监督。

(三)中国缺乏对行政进行司法监督的传统

在传统的中国社会中,实行着高度的中央集权甚至就是君主集权。行政权、司法权、立法权都是为封建君主所掌控的。封建君王拥有着几乎所有的国家权力,而这所有的国家权力中又是以行政权为主导的。在总体上,君主的行政权是不受监督的,其下面的行政权力即使受到监督,这种监督也多半来自行政机关内部的监察机关。我国历朝历代的御史台、御史大夫、都察院所进行的监督都属于行政机关内部的监督,行政兼理司法被作为中华法系的重要特征而为世人所瞩目。司法本身就隶属于行政,因此,断无行政还要受到其体系之外的司法监督之说。独立于行政体系或行政机关之外的司法本身就没有,更不存在司法有没有独立的法律地位问题,依附于行政之中的非独立的司法更不可能反过来监督行政。也就是说,在中国古代既无独立于行政机关之外的司法机关,当然也就不存在还要受到行政系统之外的司法监督的问题。

---

① 张正钊、韩大元主编:《比较行政法》,中国人民大学出版社 1998 年版,第 712 页。

② 王名扬:《美国行政法》,中国法制出版社 1995 年版,第 565 页。

③ 王名扬:《法国行政法》,中国政法大学出版社 1988 年版,第 549 页。

即使是到了当代,行政的司法监督是在中国当代改革开放的历史背景之下才真正启动并逐步发展形成的。也正是因为中国缺乏独立司法机关的传统,在中国推行司法对于行政的监督才那么艰难,我国行政诉讼法中所遇到的阻力与障碍也许就是其影响的历史反映。

四、依法行政的障碍及其克服

(一)依法行政的主要障碍

1. 行政主体庞大众多

行政机关无疑是整个国家机关之中体系最为庞大的机构。从国务院到各省、直辖市、自治区,再到各地区、地级市,以及各县、区,直至农村乡镇与城市街道办事处,行政机关及其工作部门特别巨大,这是检察机关、人民法院或者人民代表大会所难以比拟的。行政机关不仅仅机构庞大,而且其工作人员也特别众多,无论政府官员的数量与实际需要相比较是多或是少,其总量总是特别巨大的。

庞大的行政机关与数量巨大的行政官员,要全面实现法治化,显然比其他任何机关或部门及其工作人员的法治化都更为艰难。我国的行政公务员数量,在全世界也是首屈一指的。我国要在短期完成行政系统的法治化远非易事。行政机构的庞大与行政官员的众多就当然地成为法治政府建设的障碍。

2. 行政官员素质参差

行政总是由行政官员进行的,行政官员的素质决定着依法行政的状况。随着依法行政的推进,尤其是公务员队伍的建设与公务员法的实施,一大批资深的行政官员的素质得到了极大的提升,一大批优秀的公务员也正在茁壮成长。在有的地方或部门,有的行政官员十分优秀,但是,也有的行政官员在素质和能力上都还存在严重的问题。优秀的行政官员当然有利于依法行政,但素质低劣的官员就会成为依法行政的严重障碍。素质低下的行政官员尽管数量有限,但是严重地影响着行政的效率,也影响着依法行政的推行。

在个别地方或部门,如果素质低下的行政官员数量较大就会形成一种不良的行政环境甚至文化,也会使原本不错的行政官员被不良的行政环境所同化,降格为素质低下的行政官员。如何使行政官员能够优者留、劣者出,在目前的体制和机制中还难以做到,还有赖于进一步的行政体制改革和组织人事制度改革。在这两个改革没有完成之前,要实现行政官员素质的普遍优化实在是困难重重,全面的依法行政也将难以推行。

3. 行政权力客观强大

行政权力在各国都是十分强大的。有效的政府往往会是强大的政府,世界各国的政府普遍地主导着一个国家的政治、经济、文化与社会发展,它管理着国家的财政、税收、教育、科技、文化、国防、卫生、环保、城建、规划以及行政立法、社会保障等。对于行政的法律规制是民主政治与法治国家的重要使命,依法行政是民主政治与法治国家建设的双重要求。

在中国法治政府建设的过程中,首先遇到的重大困难也许就是权力的结构问题。在我国的国家权力结构体系之中,人民政府具有最为重大的权力,立法机构和司法机构等所拥有的国家权力都无法与之相提并论。虽然作为国家权力的行政权也受制于执政党的执政权,但是,执政党的权力更多的还是政治领导权而不是行政管理权。至于具体的行政权力行使,执政党往往不予过问也难以过问。在国家权力的范围内,行政权的独大状态决定了对其进行规制也是困难的,要求其严格依法行使也难以奏效。

行政权的膨胀可以说是世界趋势。在中国的改革开放之中,政府一直是社会发展与社会生活的主导力量。行政的作用如果得不到充分发挥,改革开放的步伐就必然减缓,就难以实现经济与社会的跨越式高速发展。这是后发达国家必然的路径,其实是无可选择的选择。这一现实也就决定了在改革开放的过程中政府权力会不断被强化,会不断膨胀。政府的强力作用对于改革开放,对于社会的发展进步是有益的,也是必需的,但是客观上也会带来政府权力难以制约的问题。

4. 内部监督有所虚化

行政机关原本有较好的内部监督的制度设计,体现了一般监督与专门监督的结合。在法治政府建设中,如何在实践中强化行政机关的内部监督,也是一个重大的问题。

5. 人大监督相对乏力

人大对于行政权的监督是极为有效的。它既可以被动监督,也可以主动监督;既可以通过立法来监督,也可以通过会议来监督;既可以对官员进行监督,也可以对机关进行监督等。在人民代表大会是最高国家权力机关的制度设计中,它对行政的监督应该是最有效的监督,但是实际上却并非如此。在国家权力的结构体系之中,各种权力相互之间存在相互消长的关系,一个权力的膨胀也许就意味着另一个权力的萎缩,这是不言而喻也不容回避的事实。中国现实的立法权的弱小必然导致政府行政权力的庞大,而使之更难以规制。

中国人大权力的弱小是由其自身制度决定的。就中国的立法权来说,我国立法机关是全国人民代表大会,它是一个非常设机构,作为常设机构的是其常务委员会。由于制度设计的原因,我国现有的全国人大常委会也不是一个名副其实的日常工作机构。人大常委会委员的非专职化状态与短会期制度决定了人大常委会工作的有限性和间断性,也决定了其权力的过度有限性。人大常委多数是兼职的,使其个人的履职出现困难甚至难以履职,也制约了整体的职能发挥。人大常委本身有自己的本职工作,由于他们绝大多数都是领导干部,因而本职工作的繁重就是可想而知的,在繁重的本职工作之余再履行常委的职责,实在是有些强人所难,因而人大常委的工作因兼职而被简化为开会。有时,因为本职工作的影响还不得不请假。多数人大常委都只能在开会期间才能工作,而会期又是有限的,所以人大常委会的机构工作方式与状态就决定了它难以承担全职状态的职责。每 2 个月一次的例行会议实在难以使其作用得到充分发挥,其权力就必然有限。

人大对行政权的监督不力还是由其立法任务过于繁重而无暇顾及所导致的。我国的立法机关从改革开放以来担负着极为繁重的立法任务,它几乎是在一片废墟之上重新开始法制建设和法律体系建构。经过几十年的努力,在立法上取得了辉煌的成就,使中国特色的法律体系已初步建立。但是中国社会的快速发展使其不堪重负,新的法律尚未制定,既有的法律又陈旧过时。在可以预见的一个很长的历史时期,我国立法机关都还将长期忙于法律制定工作而疏于法律监督。在这样的背景之下,行政权的立法监督就多少有些减弱,行政权的继续独大与膨胀也就成为必然,立法机关对于行政机关的监督也就更加困难。

要改变这一状况,就必须从改革人民代表大会的组织结构做起。在人民代表大会的组织结构没有进行有效改革之前的历史阶段,行政权必然难以受到有效的立法监督,依法行政就仍然难以全面实现。

6. 司法监督缺乏效能

我国司法权对于行政权的监督主要是被动监督,即是通过诉讼来进行的监督。依照宪法的规定,人民检察院可以通过一般的法律监督来督促行政机关严格依法行政,人民法院可以通过行政审判来监督并促进依法行政,然而这两种监督都十分乏力。

首先,我们来看人民检察院对行政机关的监督。人民检察院在一般监督意义上对行政机关的监督,常常为检察机关自己所忽略,疏于进行。即使对于这种监督权有所行使,也可能以行政机关的不予理睬而告终。检察机关对行政机关作出的真正确实有效的一般监督少之又少。

其次,我们来看人民法院通过行政审判进行的监督。这种监督本身就是有限的。因为敢于对行政机关提起诉讼的相对人并不是每一个被行政侵害的当事人,控告行政机关对于当事人来说的确需要足够的勇气和胆量。就是在这样的前提下,敢于起诉的当事人也难以得到司法的应有保护。司法机关要完全做到公平正义地裁判行政案件,还有诸多的顾虑,还会受到比审判民事案件更多的干扰和压力。

之所以出现这样的情形,这与人民检察院与人民法院的经费来源是有关的。在 2013 年 11 月中共十八届三中全会之前,两院的经费都是来自所在地区相应行政区划的,在财政分配制度中,其预算都是由政府主导的。政府如果不能提供足够的经费,两院的活动都十分困难。面对这样的财政体制,两院对于行政机关的监督不力就是必然的。在 2014 年实行人财物两级(中央与省级)管理体制改革这后,情况有了较大的改观。

在我国历史上,一直将司法隶属于行政,这就形成了司法依附于行政的历史文化和社会心理。一些司法机关自觉不自觉地自称是行政机关的下级部门,一些行政机关和官员也自觉不自觉地将司法机关作为其下属加以对待,这种文化与心理下的司法机关要对行政权进行监督是根本不可能的。

司法权对于行政权的监督不力就必然导致依法行政缺乏保障,违法行政有禁不止。行政的司法监督始终是依法行政有效保障,是人民群众社会监督的法治化机制。要使依法行政得到坚持和巩固,必须改革和强化现实的司法监督。

（二）依法行政障碍的克服

1. 树立行政即执法理念

从严格的意义上讲，行政其实就是执法。有了这样的理念，我们首先就可以得出，没有法律根据的行政就是违法的结论。任何行政行为都必须具有法律的根据。但是一个时期，我国有关理论与实际部门不适当地将行政与执法区分为两个概念，造成行政未必是执法，执法未必是行政的误解。甚至进而提出行政执法的概念，将行政与执法不适当地分立，淡化了行政的执法性质，这是不妥的。在法治国家的建设中，必须注意到行政与执法的同一性与统一性，强调行政的执法意义，这必将有力地提升行政行为的严肃性与神圣感，进而推动依法行政的实现。

确立行政即执法的理念就必须强调行政的法定程序性。行政既然是执法，就必须遵守法定执法程序。在严格的程序推进过程中，行政官员就会不断地查明与适用相应的法律法规，也就会在日常工作中培养法律意识，养成依法行政的行为习惯，并演化为自觉的行为模式。只有当行政官员都把法律作为自己执法的行为根据与程序保障的时候，依法行政才能成为现实，法治政府建设才可能收到实效。

2. 改进法律培训的制度

一是将法律培训制度化。鉴于行政机构与行政官员过于庞大并且时时处于新老交替之中，因此对于行政公务员的法律培训应该注意到以下的几个结合：首先，录用必考与在职培训相结合。即是指参加公务员考试与公务员竞聘中应当将相应法律知识纳入招聘与录用考试的内容。一旦录用之后，在职培训依然必不可少。在中国法治的构建过程中，没有一劳永逸的法律学习，法律知识如同其他知识一样也需要不断更新。其次，定期培训与新法辅导相结合。行政机关应当建立公务员定期进行法律培训的制度。一旦有新法公布，尤其是与业务密切相关的新法，即应组织公务人员进行执法学习。最后，专业学习与理念培养相结合。要求行政官员对于与自己工作部门相关的，尤其是对自己所执行的法律，必须熟悉并能准确理解和适用。同时，还要强调，必须树立法治理念，坚持法律至上，自觉服从法律。

二是将法律培训类别化。随着社会发展，行政官员的类别划分越来越细密，不同行政机关所执行的法律相距甚远。例如，规划部门与质检部门、国土部门与计生部门、体育管理与食品卫生、文化管理与森林管理等,跨度大,涉及的法律制度的各不相同,对于这些行政机关,必须在一般培训的基础上,将法律知识的培训内容类别化,以增强培训的针对性和实效性,确保培训能够有效地推动行政或执法。行政官员在自己日常的行政工作之中严格执行自己所熟知的法律,逐步地强化法律意识、法治观念,提升法治理念,将严格执法作为自己的自觉行动。

三是将法律培训与考评任用结合起来。法律培训在许多地方和部门被简单地等同于政治学习。法律培训只要被等同于政治学习,在实际上也就不会被认真对待。因此,要切实推动行政官员的法律培训就必须将其纳入考评体系作为考评的指标之一,也要将其参与法律学习与培训的情况作为任用的条件与因素加以考虑。

3. 强化行政的内部监督

行政机关的内部监督,有的有效,有的则流于形式,在有的机关或部门往往只在出了问题的时候才显示出效用。这种监督尽管也是必要的,但是并未发挥其应有的效用。

行政机关内部的监督应该成为行政机关自我调适的重要机制,也应该成为自我约束的重要手段。由于它们置身于行政机关内部,对于行政机关自身的组织来说更容易发现问题,其所作出的监督也更容易为被监督者所接受。行政机关内部的监督应当是经常化和常规性的监督。

4. 加强行政的外部监督

人大监督与司法监督都是对于行政的外部法定监督。从目前的情况来看,对于人大的监督,行政机关还是十分重视的。因为通过宪法确立的监督制度,每年人大会议对政府工作报告的监督与对代表提案与建议的办理,都能收到较好的效果。但是与之相比较,司法监督的效果就相对有限。许多行政机关都由专职人员出庭应诉,有的行政首长对于自己作为法定代表人的行政诉讼案件或不甚了了,或置若罔闻。

第十六章　法治国家与司法改革

一、法治国家的司法状态

（一）现有状态的历史由来

1949年《中央人民政府组织法》规定，中央人民政府设立最高人民法院、最高人民检察署、公安部和司法部，分别行使国家的审判、检察、侦查和司法行政职权，这个阶段实行的是审判、检察从属于行政的体制。1954年《中华人民共和国宪法》和《人民法院组织法》、《人民检察院组织法》颁布，各级法院、检察院被赋予与同级政府平行的地位，各自对本级国家权力机关负责，同时确立了国家审判权、检察权只能由法院、检察院分别依法独立行使的原则。这一时期，逐步建立起人民陪审制度、公开审判制度、辩护制度、两审终审制等。1966年到1976年，历经十年浩劫，公、检、法被砸烂，审判权一度由公安机关行使，检察机关被撤销。1978年3月，五届全国人大一次会议修改《宪法》，决定重建检察机关，确定其为国家法律监督机关。司法改革实践的全面启动是在1997年党的十五大以后，司法改革逐步走上前台，引人注目，开始了诉讼程序和管理方式的探索。主要的内容：一是1999年10月22日最高人民法院发布了《人民法院五年改革纲要》，2000年2月15日最高人民检察院颁布了《检察改革三年实施意见》，这都是在已有的实践基础上，对改革的理性思考和规划；二是2001年6月全国人大修改《检察官法》和《法官法》，强调以明显的司法属性特征来管理司法人员;三是2002年3月开始实行国家统一司法考试制度,它不仅确立了法律职业准入制度,而且有利于法律职业共同体的形成,并将带动司法人员选任、升降、惩戒和退出等一系列深层次的改革。2002年中国共产党的十六大,勾勒出中国司法改革大势,其目标和方向是保障在全社会实现公平和正义。到2003年年底,人民法院陆续完成了普通刑事案件简化审、民事诉讼简易程序的完善、法官任职审核制、书记员单独序列管理等多项改革任务,标志着人民法院第一个五年改革纲要确定的七大方面39项改革任务已经基本完成。2004年12月中国最高层发布了《关于司法体制与工作机制改革的初步意见》,从此拉开了新一轮大规模司法体制改革的序幕。

2008年11月,中共中央政治局原则通过了中央政法委《关于深化司法体制和工作机制改革若干问题的意见》,又一轮司法体制改革由此展开。在这一轮司法体制改革中,启动了包括推进司法公开、促进裁判统一等在内的60余项改革。2012年11月,中共十八大召开,在其政治报告中提出要进一步深化司法体制改革。2013年11月,中共十八届三中全会召开,会议作出了《中共中央关于全面深化改革若干重大问题的决定》。它又对司法体制改革作出了新的部署。一是确保依法独立公正行使审判权检察权。改革司法管理体制,推动省以下地方法院、检察院人财物统一管理,探索建立与行政区划适当分离的司法管辖制度,保证国家法律统一正确实施。建立符合职业特点的司法人员管理制度,健全法官、检察官、人民警察统一招录、有序交流、逐级遴选机制,完善司法人员分类管理制度,健全法官、检察官、人民警察职业保障制度。二是健全司法权力运行机制。优化司法职权配置,健全司法权力分工负责、互相配合、互相制约机制,加强和规范对司法活动的法律监督和社会监督。改革审判委员会制度,完善主审法官、合议庭办案责任制,让审理者裁判、由裁判者负责。明确各级法院职能定位,规范上下级法院审级监督关系。推进审判公开、检务公开,录制并保留全程庭审资料等。三是完善人权司法保障制度。国家尊重和保障人权。进一步规范查封、扣押、冻结、处理涉案财物的司法程序。健全错案防止、纠正、责任追究机制,严禁刑讯逼供、体罚虐待,严格实行非法证据排除规则。逐步减少适用死刑罪名。废止劳动教养制度,完善对违法犯罪行为的惩治和矫正法律,健全社区矫正制度。健全国家司法救助制度,完善法律援助制度。完善律师执业权利保障机制和违法违规执业惩戒制度，加强职业道德建设，发挥律师在依法维护公民和法人合法权益方面的重要作用等。2014年10月，中共十八届四中全会召开，作出了《关于全面推进依法治国若干重大问题的决定》，在对依法治国事业进行全面规划的同时，又对司法体制改革作出了更为详细的部署。内容包括完善确保依法独立公正行使审判权和检察权的制度、优化司法职权配置、推进严格司法、保障人民群众参与司法、加强人权司法保障、加强对司法活动的监督六大方面。随着全面推进依法治国的启动，全面深化司法体制改革与之一道加速前行。

（二）法治国家的司法图景

在法治国家中，理想的司法应该是司法官员是优秀的，行使权力是依法、不受非法干涉的，可以实现公平正义，且司法享有绝对权威。

司法官员优秀。理想中的司法机关理当是由优秀的司法官员组成的，其中的每一个成员都应该是社会的精英，他们在业务上是精深的，道德上是高尚的。业务上，他们都是经过专门法律知识学习、训练有素的法律专家，甚至有多年的律师工作经验，严格的法学专业教育与漫长的法律职业生涯给了他们良好的专业修养。深厚的社会阅历以及对于法律的热爱与执着构成了司法道德的基础，使其成为社会的良心。他们能够熟练而准确地运用法律评判是非、制裁邪恶、维护公正。

依法行使权力。在法治国家之中，在法律体现了应有的人民的意志之后，司法必须而当然地具有严格服从法律的品德。它不为政治时尚所左右，不受政治权力的干扰。虽然它也会考虑现实与形势的变化，但是那也只是在法律的范围内作为适用法律的考量，而不能直接成为司法的根据。政治力量除要求司法严格服从法律之外，没有格外的要求。任何政治领导都不会干预司法问题。司法机关充分地依法独立行使司法权。

不受非法干涉。在法治国家之中，司法权是国家重要的权力之一，除了法定的制约机制之外，它并不例外地受制于行政权力。司法权与行政权相并列，并对行政权实施有效的司法监督。司法权力怎么也不会被行政权力作为自己的附属或者下属，行政机关不能对其颐指气使、指手画脚，行政权对于司法权具有当然在法律和社会双重意义上的敬畏与尊重。

实现公平正义。在法治国家的司法权,必须也必然是公平正义的。公正是司法最高的价值指导与理想的终极目标。在司法官员与机关的眼中,没有比公正更为动人的口号与原则。司法官员与司法机关以公正精神指导下的严格执法来达成公正,本身即是公正的化身。司法的制度与程序设定能够最大限度地维护公正和实现公正,并能有效地修正不公正的错误裁判,将不公正降低或减少到最低的限度。

享有至上权威。司法至上是法律至上的具体实现方式之一。在法治国家之中,司法权在社会中享有至上权威。这种至上权威表现为它的裁判的权威性和神圣性,所有的裁判都必须得到执行,即使是错误的裁判,非经法定的重审程序而不得改变。这种至上权威还表现在其裁判所具有的既判力上,凡是经司法裁判认定的事实即为被法律所认可的事实,对其后的判决具有预决性,无须再论证即可被认可。如果要对法律所认定的事实予以修正必须通过法定的程序加以变更或者修正。

二、司法改革与司法公正

司法公正,是人们对司法的最低也是最高的期望。司法在价值上没有比公正更好的目标,只有公正才是其最基本也是最崇高的理想。什么是司法公正,司法公正是谁在评价和评价什么,对于司法公正有哪些制约的因素,如何促进司法公正的实现,都是必须从理论上首先厘清的问题。

(一)司法公正的诠释

讨论司法公正,我们必须弄清司法和公正的含义。司法是指特定的国家机关——司法机关将法适用于具体的人或事项的国家的特殊活动。司法机关是哪个机关?一个时期以来,我们产生了种种误解。新中国成立以后,我们不愿意使用司法机关这个似乎是资产阶级的概念,总是把公检法机关称为“专政机关”。在改革开放以来,随着法治的发展,我们逐步摒弃了专政机关的概念,司法机关的概念得到了正视,但是哪个机关或哪些机关是司法机关,又产生了各种歧见。一般认为,最严格意义上的司法机关只是人民法院,在广义上则包括人民法院和人民检察院。实际社会生活中使用的“司法机关”其外延似乎更大,它甚至包括公检法司都在内。笔者认为,还是把司法机关严格界定为审判机关为宜。

公正至少可以有两种理解，一是指公平正直，二是指公平正义。“法”本身就有公平正直和公平正义的两层含义，二者是一致的，只是所强调的侧重点有所不同。“公平正直”侧重对于行为主体的品质描述，“公平正义”更侧重于对行为意义的社会评价。这两个方面都是公正的内涵，并无严格的区别。因为公平正直有利于公平正义，公平正义必然要求公平正直。因此，司法公正既包含司法的公平正义，也包括司法的公平正直的双重含义。

司法公正作为一个整体，既是司法机关包括司法官员的自我要求，也是社会的外在期望。就司法公正来说，在强调司法机关和司法官员的自我要求时，笔者倾向于理解为公平正直；在强调社会对于司法的要求与评价时，笔者更倾向于将其理解为公平正义。司法公正具体到司法活动之中，其基本的内容包括，司法的实体符合法律的规定；司法的程序符合法律的规定，司法的实体和程序都符合社会主流的道德准则。

（二）司法公正的评价

司法公正的评价具有主观性和多元性等基本属性。首先，司法公正的评价具有主观性。公正与否的评价毕竟是有关主体的思想结果，它与评价者的素质、认识、利益都具有重要而密切的关系。其次，司法公正的评价具有多元性。司法机关与当事人、当事人与当事人、司法机关与司法机关等不同的评价主体，对于同一司法现象都可能会有不同的评价结论。司法公正在评价上的这两大属性，决定了司法公正得到普遍认同的艰巨性，也为司法机关和司法官员提出了特别的公正要求。

1. 评价主体

司法官员是对司法进行自我评价的首要主体。任何司法官员对于自己承办案件的处理方式和结果，应当自认为是公正的，是在自认为公正的基础上作出的。也就是说，法官对于自己所下的裁定或判决，必须具有自我的公正确信。如果司法官员自己都不能确信自己的裁判是公正的，那么这一裁判结果必然是值得怀疑的，甚至可以说根本就不可能公正。首先，法官对于案件有着其他任何人都不具有的对于案情的认识。在民事诉讼中，对于案情的了解，就当事人、律师（包括代理人）和法官三者来说，当事人和律师对于案情的了解都具有片面性，意见也都难免具有倾向性。而法官却可以听各方当事人的意见，克服各方当事人的片面性。法官是中立的裁判者，案件本身及其裁决结果对于法官没有像当事人或律师那样的利害关系。在刑事诉讼中,控辩双方都难得其中,唯有法官的意见具有中立性的特点。在刑事诉讼中,法官裁判的中立性同样是司法公正的保障。法官不应混淆自己与控辩双方的角色差异。其次,法官是社会的精英,他们具有或应当具有裁判是非的最高智慧。法官只能是由社会的优秀分子来充任,所以全世界都对法官有特别严格的选任要求。法官独特的智慧和对于人生与社会的深刻把握,是他们公正裁判案件的素质基础。

诉讼当事人是对司法进行公正与否评价的利害主体。案件当事人对于案件的处理结果至为关心。一个刑事案件的判决能得到被告人的公正评价是不容易的,一个民事案件要能得到双方当事人的公正评价将更难,因为原被告之间的冲突客观存在,而且会影响他们对于法官的客观评价。案件的裁决对于当事人来说,是很难进行客观评价的,因为他们置身事中。但是诉讼当事人他们最关心案件的审理过程与裁判结果,他们是率先对司法的公正性质进行评价的人。他们的评价必然会对社会产生影响,并最终影响社会对于司法公正性的评价。

社会大众是对司法进行公正与否评价的广泛主体。社会大众是对司法进行评价的最广泛主体。社会大众通过舆论、新闻等渠道了解司法进而评价司法,这种评价具有一定的随意性。因为社会大众的评价可能会受到传媒的误导,这是客观的事实。但是最根本的还是司法机关究竟把案件办得怎么样。司法工作,对于司法机关和司法官员来说,是日常事务,没有什么大不了,但对于当事人和社会大众来说则是不得了的大事。司法机关和司法官员对于案件的处理都必须慎之又慎,不可失去公正。社会大众也往往是根据一个个案件是否被公正裁判的印象,得出司法机关是否公正的结论。

2. 评价客体

司法结果是司法评价中最为重要的客体。司法结果,是对司法进行公正性评价的最为首要的客体。一个案件处理得是否正确,过程固然重要,但结果尤其重要。如果处理程序上有点小问题,只要结果是公正的,当事人也都还能谅解;但如果处理结果不公正,当事人和社会大众都会不满意,就是司法官员自己也会感到失之偏颇而愧疚。绝大部分上诉、申诉所针对的都是司法结果而非司法过程。司法结果主要是指司法裁判的结果。这个结果,首先表现为社会道德和法律都否定的行为，是否受到司法裁判的制裁；社会道德和法律都肯定的行为，是否都受到了司法裁判的保护。如果该制裁的都制裁了，该保护的都保护了，我们就可以说司法裁判的结果是公正的。其次表现为制裁与保护的程度是否适当。如果对于应受制裁者的制裁手段和程度是适当的，我们就可以说这个司法结果是公正的；如果对于应受保护者的保护措施和程度是适当的，也同样可以认为这个司法结果是公正的。

司法过程也是司法公正评价的重要客体。司法过程，是司法公正与否的第二个重要的评价客体。没有过程的公正必然没有结果的公正。然而由于传统的原因，我们 向不太重视过程，常常以为程序是次要的，只要有结果的公正就行了，殊不知没有过程或者程序的公正，就不可能有结果的公正。在司法活动中，处处涉及过程及相应的程序问题。在法庭调查中，法官是否允许各方同等地发表对于证据的意见；在法庭辩论中，法官是否实际赋予了双方同等的辩论权等，都可能影响公正。

司法行为是司法公正评价的当然客体。司法行为，同样也是司法公正与否评价客体，而且是评价的重要客体。司法官员在审理案件中的一颦一笑都会对当事人产生影响。司法官员在司法过程中，如何向双方交代诉讼权利，如何征求双方的意见，如何对每一个证据进行质证，如何作出司法裁决，都是公正与否的评价客体，这些方面也都体现和包含着法官对待双方当事人的态度与对于事实的认识。法官的有意识与无意识的行为，都可能会引起当事人和其他诉讼参与人的反应，从而影响对公正与否的评价。

3. 评价视角

法律视角与道德视角是两大重要的视角。对于司法的公正性质进行评价，法律视角的评价是第一位的。从法律的角度，就是看其在实体和程序的两个方面是否符合法律的规定。如果说道德意义上的公正特别难于把握的话，法律意义上的公正则相对好把握得多。因为我们可以从程序和实体的两个方面来检测司法是否严格符合法律的规定。如果符合法律的规定，我们就可以说，在法律意义上司法是公正的。在道德视角上，正义与否则往往是看相关法律行为在法律上的被肯定或否定，以及肯定与否定的程度，并以此作为道德评价的依据。道德的公正评价具有更大的模糊性质，人们更注意的是司法的质的判定。司法是否让邪恶受到了制裁,是否让善良获得了保护,这是衡量司法公正与否的首要判识。道德评价更源于人们的道德观念,具有更大的不确定性,因而更注重它的宏观性和方向性。法律视角的评价,具有较大的确定性和一致性。道德视角的评价具有很大的模糊性和多样性。

职业视角与社会视角是司法公正评价的又一视角。职业视角的评价是专业人士采用的评价方式,他们使用的是专业的眼光。这种评价包括职业的有效评价与职业的任意评价。职业的有效评价往往是以裁定或判决的方式来表现的,例如,二审裁定或判决对于一审裁判的评价。职业的任意评价是由专业人士所作出的,不具有法律效力的评价。

社会视角的评价则是由公众根据自己的社会经验作出的评价,它具有极大的不确定性与多样性,其载体往往根据社会的发展变化而变化。在传统社会中,往往是通过舆论、新闻的方式得以表达。在现代社会,除了口口相传、新闻舆论的方式之外,还有通过互联网来表达的社会评价。

(三)司法公正的制约因素

1. 法律制度

法律制度是否健全直接制约和影响着司法公正。制度公正对司法公正是有先决的意义。在邪恶的制度下,公正的司法总是艰难的,甚至就没有公正。尤其是在中国这样一个具有成文法传统的国家,法律制度的意义更不容低估。在许多时候,只要制度上有的,人们就无话可说;如果制度上没有的,人们就会怀疑其公正性。而且在法律文件上找不到根据的,法官们常常不敢依照法律的原理和自己的认识来判决,这也就是为什么人民法院那么多拒绝受理在法律上难以找到裁制概要的案件的原因。其实拒绝受理是最大的不公正,因为来起诉的人总是觉得是自己权益受到侵犯的人,他们来到法院起诉,目的就是要寻求公正。结果一到法院,还没有进门,法院就在接待室把人家拒之门外了,这样他的公正显然得不到维护。人民法院的立案范围的许多规定,都是值得我们反思的。

2. 司法官员

司法官员的道德修养对具的影响是权其巨大的。司法公正要得以实现,首先依赖的是司法官员,依赖司法官员的品德修养和法律修养。司法官员面对各种诱惑和影响,要做到风雨不动安如山,必须依赖其定力,这种定力来自司法官员自身良好的品德修养和良好的法律修养。司法官员的品德修养对于司法公正与否是有决定性的。没有良好德行的人,一定成不了好法官。人们常常讨论"好人"与"好官"的关系,用以讨论"好人"与"好法官"的关系。可以肯定的是,好人不一定是好法官,坏人一定不是好法官,而好法官必定是好人。这里的"好"首先便是道德意义上的好,没有为人之德的人,必然没有为官之德。司法官员对于法律的忠诚是首先取决于其道德水平的,越是缺乏道德修养的人就越是胆大妄为,肆无忌惮,他不可能因道德的约束而不违反法律。

司法官员的法律修养,即是司法官员具有的法律知识水平,对于能否公正司法有着重要影响。作为司法官员应当具有良好的法律知识修养,对于法律有准确的把握。司法官员应当具有良好的法律理论功底和法律制度知识,法官对于法律理论掌握得好与差,对于其司法有着极为重要的影响。法官面对缺乏具体法律规定的案件就束手无策,一次又一次地驳回起诉——实际上是因法官的无知而彻底剥夺了原告的诉权,就是法官法律理论欠缺的表现和恶果。法官对于法律制度的了解范围与程度也直接影响着司法的状况。法律现象之间并不是孤立的,它们之间相互联系。制度与制度之间也不是截然分离的,甚至恰恰相反,它们是紧密联系的。法官对于民事审判、刑事审判、行政审判,乃至执行等法律理论和制度的掌握仅仅局限于自己所从事的审判工作的方面,就必然是欠缺的,他们自己单一的司法工作不可能做好。一旦成为领导,要审批各类案件就只能凭感觉,就会严重妨碍司法的科学性,也就无法实现公正司法。

司法官员的业务素质对其的影响是最为基本的。司法官员的业务素质对于司法具有决定性的影响。任何法律制度再好,如果没有良好的司法作为保障,也就没有应有的意义。影响司法水准的基本因素还是法官的业务素质。我国法官的知识水平呈现出参差不齐的状态。有的水平很高,有的水平低。就整体来说,素质普遍令人忧虑。个别法官的无知也如同其他专业性的组织一样,首先是一般知识的缺乏,其次是专业知识的欠缺。许多法官的裁决文书不堪卒读,连事实和理由都说不清楚,文字粗疏,病句连篇,语义含糊。这首先不是一个专业素质的问题,而是一个知识水平,文字功夫的问题。专业知识,是需要通过专业教育的训练才能获得的。由于法官知识的欠缺,公正就难以得到实现。法官的能力是非常重要的。法官的无能,是影响司法公正的重要原因。

3. 司法机制

司法机制对于司法公正的影响是至关重要的,在好的机制下坏人做不了坏事,在坏的机制下好人做不了好事。司法机制包括司法机构的设置、司法制度的状况和司法程序的设计等。

司法机构的设置既包括在宏观上的司法机关与其他机构之间形成的政治构架,也包括司法机构内部的组织元素和组织形式。如果司法机构受到的外在约束过多,它就不可能具有独立的品格。司法机构不自主的情况下,要公正司法就只能是美好的愿望而不是现实。

司法制度的设计要具有合理性与科学性,制度设计本身不合理就不可能有公正的司法。

4. 客观限制

司法机关所要证明的事实是无法完全证明的,所获得的不过是依赖证据证明的"法律事实"而已。有些真相永远无法知道,因此也会出现失误,使绝对的司法公正不能实现。人类认识的无限性,是从上讲的,人类认识的有限性才是客观的现实。就每一个案件来说,则未必能完全查明其客观的实际情况。在民事案件中,当事人也难以举出所有的证据,有时甚至无法举证。因此出现错案,责任当然不在法官,但是就案件本身来说,是没有查明事实的。在刑事案件的处理上,法律对于各个机关的办理案件时间都有严格期限规定,司法机关所承担的工作任务也不允许无限地进行,在有限的时空中要完全百分之百地了解案件是不可能的。由于案件本身的复杂和司法机关的时限而不能完全查明案情,显然都会导致司法的失误。

5. 社会意识

社会的公正意识是很重要的,它是司法的外在环境。如果社会的意识是畸形的,即使是公正的司法也会受到不应有的责难,病态的社会意识必将妨碍司法公正。畸形的社会意识是从多个方面影响司法公正的,首先影响的是法官对于案件的认识与评判,必然会影响法官的裁决,其次是形成不当的社会舆论,构成不良的社会舆论环境,使即使是公正的司法也被曲解或误解。社会有良好的公正意识就一定能够在一定程度上促进司法公正。

社会仅有公正意识还不够，还应当有追求司法公正的社会良知与良能。对于不公正的司法，社会应当有足够的舆论监督。社会公众也应当具有为社会公正而奉献自我的精神，至少应当有疾恶如仇的美德和支持弱者的善行。体现在司法上就是要帮助司法机关或司法官员，将维护公正的法律付诸实施，使公正不仅是理想而是现实。

（四）司法公正的促进措施

1. 力行司法改革

我国的司法体制已经是非改不可了。审判活动的行政化，司法权力的地方化和法官职业的大众化已经成为司法公正的严格障碍。司法改革是促进司法公正的根本途径。我们既有的现行司法体制是在计划经济和高度行政集权的背景下建立的，在设立的一般基本理念上都存在误区。畸形的司法制度严重地阻碍着司法公正的实现，有许多司法不公正都可以说是制度性的原因所导致，对此必须有清醒的认识，从制度改革抓起，从机制改革入手，从司法官员着眼，才是改革的出路。由于种种原因，我国司法改革总是推进甚慢，远远不能适应市场经济、民主政治和法治发展的需要，更不能满足新形势下的社会公正要求。司法公正是中国司法改革的目标。建立起科学的司法体制也就是要建立起能够实现司法公正的司法体制。2012 年中共十八大之后，尤其是 2013 年中共十八届三中全会、2014 年中共十八届四中全会之后，以司法责任制为核心的司法体制改革，以及司法大数据的运用都取得了重大成效。改革原有的中央、省、市、县人财物四级管理体制为中央和省两级管理体制。排除司法中的外部和内部干扰，建立领导干部干预司法活动、插手具体案件处理的记录、通报和责任追究制度，以及司法机关内部人员过问案件的记录制度和责任追究制度，有力、有效地保障了司法机关及其司法人员依法独立行使司法权。强化司法公开，在审判公开、检务公开、警务公开、狱务公开方面都取得了重大实效。加强司法人权保障，强化司法监督，实行法官、检察官员额制，完备法律服务体系。在 2017 年中共十九大之后的司法改革，将更加注重改革的综合配套，深化既有的改革措施，尤其司法职权配置改革，为公正权威高效的司法体制得以最终确立而努力。

2. 确保司法独立

司法独立是法治的基本原则。司法独立的思想渊源，最早可以追溯到 1608 年英国普通法院首席大法官爱德华·柯克与英王詹姆士一世的冲突。到十七八世纪,资产阶级启蒙思想家针对封建专制制度和等级制度,提出了三权分立的主张,其中著名的代表人物是法国的孟德斯鸠。孟德斯鸠认为,国家权力应分为立法权、行政权、司法权,三种权力分属三个不同的国家机关。“如果司法权不同立法权和行政机关分立,自由也就不存在了。如果司法权同立法权合而为一,则将对公民的生命和自由施行专断的权力,因为法官就是立法者。如果司法权同行政权合而为一,法官便握有压迫者的力量。”德国学者将司法独立而不受干涉分为 8 个方面:独立于国家和社会间的各种势力;独立于上级官署;独立于政府;独立于议会;独立于政党;独立于新闻舆论;独立于国民时尚与时好;独立于自我偏好、偏见与激情。美国法学家亨廷顿认为,司法机关的独立表现在它只遵循自己特有的司法原则,表现在观念和行为不被其他政治机构和社会团体的观念和行为所左右。1985 年联合国大会发表的《关于司法机关独立的基本原则》宣布:“各国应保证司法机关的独立,并将此项原则正式载入其本国的宪法或法律之中。尊重并遵守司法机关的独立,是各国政府机构及其他机构的职责。”我国 1982 年《宪法》第 126 条规定:“人民法院依照法律规定独立行使审判权,不受行政机关、社会团体和个人的干涉。”

司法独立原则是指司法机关或司法官员依法独立行使职权,不受非法干涉。这种独立,是依法独立,而不是非法独立,它是在法律至上下的独立,并不是法官或法院的擅断与随心所欲。它对于保障法律的切实施行具有必需的意义,只有保证了司法的独立,才有可能实现司法的公正。

3. 实行司法公开

司法公开包括对当事人公开、对社会公众公开、对新闻媒体公开。司法公开是确保司法公正的重要措施和有效手段,它可以在一定程度上防止司法审判的“暗箱操作”。既可以防止舞弊的发生,又能消除当事人和社会不必要的误解,给司法一个清正廉明的形象。

司法不公开曾经表现得十分突出,司法过程普遍呈现出“暗箱操作”现象。在刑事诉讼中,案件何以从公安机关移送检察机关,又何以从检察机关移送到人民法院,其过程当事人不知道,其亲属更不知道。开庭时,明为公开审理,实际上法院常常以各种理由拒绝或限制公民旁听，而且假借各种理由阻止或逃避新闻机构的舆论监督。至于从开庭到判决下达之间的过程，更是无人知晓。在民事诉讼中，何时开庭，何时作出裁决，庭审到判决的过程如何，其间是否经过审判委员会，等等，当事人很难知晓，司法官员自己也没有一个定准。在 21 世纪初的改革中，人民法院还把公开审理作为司法改革的重要内容，实在说明了中国司法神秘主义影响之深远。

司法不公开是源于传统的司法神秘主义。司法如果是神判当然具有不可知性。如传统的“油判”“火判”“水判”就不可知其何以裁决，那是传说的神在起作用。在今天神早已不存在了，但神判的神秘之风却保留了下来，实在是时代的悲剧。现代司法再也不是神判，而是一套科学的裁判是非曲直的机制。只要不是神判，我们就充分的理由要求其过程和理由的公开性。

中国传统文化中就有临事制刑、威不可测的司法传统，其中饱含着司法神秘主义的精神，正是传统社会专制与司法专横的表现。作为现代司法，公开性已经成为其公正性的客观保障。我们有充分的理由要求司法是公开的。有许多人还认为公开审判等是什么重大的改革措施，还要慢慢来，其实它是我们早在新中国成立初期的《共同纲领》和第一部《中华人民共和国宪法》中就对人民作出的承诺。在法治建设中，必须对人民兑现承诺。本身就已经迟延的兑付，不能再被迟延了。司法公开的推行，必将有助于司法改革的进行并切实推进。

4. 改善司法环境

如果说司法的内在状况是司法作用得以发挥的内因，那么司法的外在环境就是司法作用得以发挥的外因了。人们常说，内因是变化的根据，外因是变化的条件，这并没有什么错误。但是，它往往被人们误解为，内因才是重要的，而外因是次要的甚至是无足轻重的。这种认识显然是错误的，而且会在实践中导致极为严重的后果。因为，内因与外因之间并没有绝对的决定关系。内因并不能决定外因，也正如外因不能决定内因一样。如果说内因和外因对于特定事物有无决定作用，那么则可以说，一般的是内因起决定作用。但在内因处于既定的情况下，则是外因起决定作用。没有必要的外因条件，再好的内因也产生不了应有的意义。考察我国既有的司法状况，不能不认为，其在内因上存在问题，在外因上也存在问题。甚至外因在某种情况下，还起着决定性的作用,对司法具有根本的影响。

司法的内在状况决定着司法的功能与作用,司法的外在环境影响着司法的功能与作用,有时甚至决定着司法的功能与作用。正如淮南为橘淮北为枳一样,并非内因所致,其实,都是外在环境使然。司法改革只有将内在的结构改革与外在的环境改革相并重,才可能取得真正的成功。

司法改革第一方面的改革内容当然是司法内在状况的改革。这种状况,包括内在的元素状况与结构状况。从元素角度来看,法院、法官、陪审员、合议庭、审判庭、审判委员会以及各种审判程序等,都是其内在元素。从结构角度来看,可以认为,结构的第一层次是不同审级的审判机构之间的关系;第二层次是各个审判机构内部的元素关系。在审判机构内部,包括法官与法官之间的关系、法官与合议庭之间的关系、法官与审判委员会之间的关系、法官与庭长、与院长之间的关系、庭长与院长之间的关系。

司法之外的相关因素就构成了司法的外在环境。司法改革当然要与其外在环境的改革相协调。具体地说,司法是在一定经济、政治、文化、道德、意识背景下存在的,它们构成司法的第一层次的外在环境。司法是与立法、守法、法律监督紧密联系的,它们构成司法的第二层次的外在环境。司法改革是与法制改革,乃至整体的社会改革相并存的,司法的外在环境当然包括外在的社会改革环境,司法改革应当与法制系统改革和社会整体改革相协调。我国所进行的改革是全方位的改革,其中有经济改革、政治改革、科技改革、文化改革、教育改革,等等。司法改革仅仅是社会整体改革的构成部分,仅仅是社会整体改革中法制改革的构成部分。为了使司法改革得以推进,为了使司法改革不因环境而夭折或得而复失,因此必须改革司法的外在环境。

三、司法改革的主要问题

(一)改革方案的拟制问题

改革的方案是改革的先导。没有好的改革方案一定不可能有好的改革成果。拟订一个良好的改革方案的条件是:拟制者对于相关的客观情况有良好的把握;拟制者对于相关的理论与业务知识的有良好的把握;拟制者与改革事项没有直接的利害得失关系。

（二）司法机构的建设问题

一是司法机构的范围问题。一个时期，有的部门或学者认为只有人民法院才配称为司法机关，于是司法改革就是不再保持独立的检察机关，检察机关也不再在司法机关的含义中。这种观点至今还有赞同者。但是从主流的认识上看，主张司法机关仅仅指人民法院的观点，在中国的权威主张中并不占上风。主张将人民法院和人民检察院都列入司法机关的观点，一直是主流观点。笔者个人认为，检察院是否独立存在并不重要。从目前世界各国的实践来看，美国的司法机关仅仅是指法院，没有独立的检察院。但是英国有独立检察机关，意大利和俄罗斯不仅有独立的检察机关，而且检察机关还属于司法机关的组成部分。从抽象的意义上讲可以说是两可，但是基于中国的现实状况，为了减少改革的成本与减少阻力，笔者认为，人民检察院可以相对独立存在，但以不列入司法机关为宜。

二是司法机构的设置问题。司法机构是否与行政区划相匹配的问题。在既有机构设置上，我们高度集权的政治模式被套用到了司法机关的设置上。中央有最高人民法院，全国各省、自治区、直辖市设立有高级人民法院，地区一级行政区划有中级人民法院，县市一级有基层人民法院，这种体制很容易导致将司法机关纳入行政机关的后果。在各个省市县政府看来，相应的法院和检察院不过是它们的一个附属机构而已。由于区划和经费、人事、组织等因素的影响，司法机关不得不自觉或不自觉地作为地方政府的组成部分。这是司法机关无法独立的体制性原因，也是司法机关实行地方保护主义的重要根源。2012 年之后的司法改革，推行人财物两级管理体制，必将在司法机构的设置上产生重要影响。

三是司法机构的人员问题。1995 年《中华人民共和国法官法》实行后，中国采取“堵”的办法，严把法院“进人关”。1995 年之后，由于法院进人控制得很严（基本上要达到大学本科或本科以上，不发达地区也要大学法律专科以上学历者才能进入），法院系统总人数没有多大的增长。司法机构人员的问题制约着司法公正的问题，司法效率的问题和法官待遇的问题等。2012 年之后的司法体制改革中，推动法官、检察官员额制的实施，对于司法机关人员进行分类管理，并由此推进相应的司法官薪酬制度改革，相应一定会产生良性的重要成果。

（三）司法机制的设置问题

司法机制上的行政化倾向严重。既有司法运行机制基本上套用了行政管理模式和行政运作方式，蒙上浓厚的行政色彩。

一是人民法院内部机制的行政化问题。在人民法院内部来说，审判员、审判长、合议庭、审判委员会、人民法院之间究竟是什么关系，需要理清。为此，人民法院作出了很多的努力，基本的格局正在变革之中。其中最典型的是审判委员会制度。据笔者了解，目前中国主流的法学观点都认为，审判委员会是中国法院在“文革”后恢复重建中，面对大量司法官员素质不高而不得不采用的权宜之计；但是也有学者认为审判委员会是非常有必要、非常重要的组织，必须在司法改革中加以维持。主张保留审判委员会的观点认为，它能集中很多人的知识或智慧，能比合议庭或法官个体更公正。

二是人民法院内部上下级之间的运行机制的行政化问题。司法机关的审级形同行政上的上下级关系。下级服从上级是行政的基本准则，这在全世界都大抵如此，而司法机关则不应当是这样的。司法裁判所依据的是法律和司法官员的知识与良知，没有理由认为同样是法官，一定绝对是下级法院的法官就不如上级法院的法官。法院的上下级之间是审级监督关系，不是领导与被领导的关系。上级法院比下级法院更为高明是应当的，但不是必然的和任何时候的。由于上下级法院关系被误解，有些地方组织部门在安排本级法院领导人选时常常要听取上级法院的意见。这是毫无根据的错误做法，在宪法和人民法院组织法上都找不到根据。由于上下级法院的关系被误解，下级法院就会向上级法院请示。革除这一弊端是很好的，但是要改掉这一传统做法，并不是一日之功。

（四）司法独立的保障问题

司法独立是世界法治发展到现阶段的普遍要求。现代国际社会的众多国际条约都规定了司法独立的法治原则。1948 年《联合国人权宣言》第 10 条、1966 年《联合国公民与政治权利公约》第 14 条都规定了司法独立的原则。1985 年联合国第七次防止犯罪与犯人待遇大会专门通过了《司法独立的基本原则》。该文件明确规定，“司法独立应由各国以宪法或法律加以保障，尊重并遵守司法独立是所有政府及其他组织的义务”。1993 年世界人权大会一致通过的《维也纳行动纲领》将司法独立列为实现人权和可持续发展的重要条件。到现在,世界各国都在宪法和法律中规定了司法独立的基本原则,司法独立成为人类法治文明的共同成果。在历史上,中国司法的独立性主要受以下因素的影响:

1. 司法受到严重的行政干预

首先,我国政府系统都有主管政法的行政官员,这些行政官员稍微不能进行有效的自我约束,就可能在有意无意之中干预司法。其次,政府系统掌管着司法机关的财政大权,司法机构很难对行政机关进行司法监督。司法经费由同级政府财政预算划定,这是司法行政化的严重后果之一。既然法院的办案经费,甚至人头费用都来自同级政府,那么法院又怎么可以对政府实行审判监督以要求政府依法行政呢?最后,政府官员中存在以干预司法为政绩的思想观念与实际状况。

2. 司法受到党派与社团的不当干预

中国共产党的领导是司法必须坚持的,但党的领导有一个如何科学领导的问题。在有的地方,司法会受到个别党组织或党的干部的不当干预。其外,司法也受到民主党派和其他社会团体,如工会、妇联等的不当干预。凡是谈到司法改革的文章无一不谈到坚持党的领导,怎么坚持,是一个很大的问题。如果司法体制改革了,党的领导体制一点不改,被改革的司法体制还会恢复。事实上如果党的领导方式不改革,司法体制改革,在根本上就改不了,改不动。这也是我们当前思考提高党的执政能力,尤其是依法执政能力时必须予以考虑的。

3. 司法受到人大的不当干预

人大对于司法的监督是必需的,甚至一定意义上,人大的干预也未必错误,但在不当的人大干预之下,司法难以独立。现在个别人大对于案件的直接指挥,影响司法机关的自主裁决;人大深入案件具体审判的个案监督在个别地方已经演化成为法院的第三审。

4. 司法受到不当的新闻舆论干预

新闻舆论的监督是必要的,但是新闻舆论的监督不是干预,它不能先于司法裁判对任何个人或组织作出有罪宣传以迫使司法就范,操纵司法。司法机关应当严格以事实为根据,以法律为准绳,不断提高自身素质,增强自身的定力。只有自身素质提高了,定力增强了才可能面对那种莫衷一是的新闻舆论,固守司法的自我,维护和确保法律的尊严。任选就用舆论的狂风暴雨般威猛,我自岿然不动,执法如山。

(五)司法权威的确立问题

司法是神圣的,司法本身应当是有权威的。从法律制度来讲,法是国家意志,具有国家强制力,当然具有权威。司法机关本身也就是国家强制机关,怎么会无权威呢?然而事实上,司法的确无权威。

司法无权威的一个重要原因和重要表现是司法活动可以被许多组织和个人所支配,可以为社会舆论所左右,没有真正的司法独立。在司法不独立的背景下,寻求司法权威只能是幻想。可以左右司法者会藐视司法,不能左右司法者也同样会轻视司法,而司法则会在这种藐视与轻视中丧失权威。

司法无权威的另一个重要原因和重要表现是司法裁决得不到有效的执行。现在人民法院的裁决得不到执行的现象非常普遍,虽然经过努力,情况虽然有所好转,但问题依然非常严重。人民法院的裁决形同白条,无法兑现。尤其是在民事、经济的审判方面,应当受到法律处罚的可以逃脱法律的处罚,应当承担法律责任的人可以逃避法律责任。在这种情形下,司法绝对不可能有什么权威。

针对司法无权威的实际情况,我们应当着力重塑司法权威,从司法体制、司法组织、司法官员、司法过程等各个方面努力,使司法机关成为人们敬畏的权威机构。这个过程之漫长是可以想见的,它需要的是人们的心理认同,是一个渐进的历史过程。

(六)司法公正的实现问题

司法公正是人们对于司法程序和结果公平正义性质的要求与评价。谈到司法不公,人们总是责难种种,司法不公的典型个案实在是令人发指的程度。我们的司法组织中的确有一批兢兢业业的司法官员,他们辛勤劳作而不被社会所理解,甚至往往还被社会所误解、曲解,但司法组织中也有一定数量的司法官员滥竽充数、玩忽职守。

人们对司法的公正性要求,远比对于其他任何方面的要求都为高,原因就在于人们对于司法的公正冀望很高。法本身似乎就是公正的化身或者公正的代名词,而司法本身理所当然就应当将法定的“公正”现实化,因此人们总赋予了司法很高的“公正”期望。

司法公正的评价者有三个,即司法官员、当事人和社会公众。具体说来,一是司法官员的自我确信。司法官员对于自己经手的案件,对于自己的司法行为,必须首先具有内心的确信,确信自己是公正的。否则连自己都不相信自己的裁决,就必然会产生问题。二是当事人的主观认识。当事人对于司法的评价,当然会有比较个体化,欠缺公允性的问题,但是当事人的评价又是特别重要的。尽管各方当事人都满意的裁决是很少的,但一定是很好的。三是社会的普遍认同。社会对于司法公正的普遍认同是一个总体的评价,它具有概括的性质。它不是某一个案件的处理过程或其结果的反映,而是一系列司法活动给人们的一个总的印象,也是人们对于司法的社会化结论。

司法公正的评价对象是什么?一是司法程序,二是司法结果,三是司法行为。这三个方面任何一个方面都可能导致司法不公的结论产生。司法程序的错误会是十分肯定的错误,它本身可能就是不公正的产物,它常常会导致不公正的司法结果的产生。一些认为程序无所谓的观点显然是极为错误的,因为司法结果往往比程序更令当事人所关注。司法官员对于司法结果负有重要的责任,是公正与否的本质性决定因素。司法行为是司法官员在司法过程中的行为,它对于当事人和社会都有着重要的影响。严格依法办事,坚持法治原则,应贯彻在司法官员的司法活动的每一个行为之中。这也就对司法官员提出了特别的要求,司法官员的本质也决定他必须力求司法公正。

综上所述,目前的司法体制改革,在方案拟制、司法机构、司法机制、司法独立、司法权威和司法公正等几个方面都还存在相当大和相当多的难题。但是,集中起来看,应该认为,根本在司法机构的自身建设,条件在社会环境,目标在司法公正。我们选定了司法体制改革作为我们政治体制改革的突破口,我们就应当一往无前地推进这一伟大的事业,以便为我国更为伟大的政治体制改革事业的纵深发展开辟道路。

四、体制是司法改革的重点

司法体制改革是我们面临的重要的政治任务和法治任务。人民对司法体制改革寄予了厚望,民主政治建设和法治建设都对司法体制改革提出了新的要求。在我们筹措与启动全面的司法体制改革的时候,什么是司法体制改革的重点,是必须清楚认识并明确回答的问题。对于司法体制改革重点的认识和把握,将直接影响整个司法改革的发展乃至整个法治的进程。笔者认为,司法体制改革的重点应该定位在司法体制这个不言而喻的中心点上,我们必须对司法改革的这一重点具有明确的认识。

(一)改革应以体制为重点

司法改革要以司法体制作为重点,是由我国法治与司法的整体性质所决定的。法治是一个整体,司法是法治的一个环节,也是法治中相对独立的单元,也可以说司法本身也是一定意义上的一个整体。法治是一个系统,司法则是这个大系统中的子系统。法治具有整体性质,在法治之中的司法也具有自身的整体性质。既然司法是一个相对独立的整体,我们在对司法进行改革时,必须全面关注作为整体的司法,并对司法进行整体性的变革。要对司法进行整体性变革,就必须关注司法体制。司法体制是司法在制度意义上的整体表述,是对司法的制度性概括,是被国家的法律定型化了的司法结构体系与内在机制。要想对司法进行整体化的改革,就必须从司法体制入手,并始终围绕司法体制这个重点来展开改革工作。只有这样,才可能在尊重司法本身的性质基础上进行,司法改革才符合于司法本身的性质与要求。

司法改革要以司法体制作为重点,是由我国司法所存在的问题所决定的。我国目前司法所存在的问题,并非是细枝末节的事项,而是事关全局的诸多方面。从执政党与法律的关系,到党对司法工作的领导方式;从司法与立法、行政之间的关系,到司法自身的内在结构;从刑事司法、民事司法到行政司法;从审判、检察到侦查;从一审、二审到再审;从审理、裁判到执行;从司法自身的监督体系到司法所承受的国家监督和社会监督;等等。这些都需要我们重新审视。司法所存在的问题,也不是某一个单一的原因所导致。司法所存问题的成因十分复杂,而且具有历史形成的整体性。这些整体性的成因在历史发展中不断整合,已经演化为固定的结构性问题。各种因素相互交错,彼此重叠。各种问题的多种成因之间又相互纠缠、混合,大有疑难杂症之嫌。面对这样的问题,必须从全局着眼,抓住体制这个根本。只有这样,才能对症下药,对司法的弊病予以彻底的治疗,有效的根除。在根除了既有弊端基础上的新的司法体制,才可能真正地成为影响深远、造福后世的制度基础。

司法改革要以司法体制作为重点,是由我国司法改革的目标确定的。我国现在正在进行的司法改革,其目的在于实现司法的公平与正义。我们已经达成的共识至少包括,司法制度必须保障在全社会实现公平和正义。必须按照公正司法的要求,完善司法机关的机构设置、职权划分和管理制度,进一步健全权责明确、相互配合、相互制约、高效运行的司法体制,从制度上保证司法机关依法独立公正地行使司法权。完善诉讼程序,保障公民和法人的合法权益。切实解决执行难问题。改革司法机关的工作机制和人财物管理体制,逐步实现司法同司法行政事务相分离。加强对司法工作的监督,惩治司法领域中的腐败。建设一支优秀的司法队伍。公平正义是法的最高价值期求,也是司法改革的目标,所有的改革工作都应当是以公正为核心来展开的。司法公正,必须在制度性保障下,才可能为人们与社会所长期拥有。否则,公平正义就可能在一时获得,在另一时又将其失去。如果司法改革只是一时的得失,这就是改革的悲剧,甚至最终会葬送改革,使改革成为徒劳。基于改革目标的全局性影响和决定性意义,司法改革必须抓住司法体制这个重点来全面推进。

司法改革要以司法体制作为重点,也是历史的经验与教训所证明了的必然选择。从改革开放以来,我们就在探索司法改革的路径,也采取了相当多的改革措施,但是几十来年的改革并没有使司法得到根本改观。这当然与经济的市场化与政治的民主化有关,但是,司法改革未能明显见效也不能不说是一个客观的现实问题。尽管我们因应时代需要,对司法进行了多年多项的改革,但是由于市场经济的迅速发展和民主政治的快速进步,司法还是捉襟见肘,难敷使用,这不能不引起我们的高度重视。我们的司法改革不是要走历史的老路,千百次在一些细节上纠缠,而是要从全局出发,为未来开辟新的道路,为未来的司法发展奠定坚实的体制性基础。鉴于此,司法改革就必须着眼于制度的建构和机制的设立。只有有了良性的、可以自我修正的制度与机制,才能认为我们新的司法改革达成了预期的目的,实现对于既有改革的历史性超越。司法改革为了达到历次改革所无法企及的目的地,必须从一直未能很好解决的体制问题入手,提纲挈领,纲举目张地进行。

(二)司法体制改革的重点

司法体制改革的重点在司法的制度体系与运作机制。作为体制,应该认为,它包含着制度体系与运作机制两个基本的方面,对司法制度体系与运作机制的改革是改革司法体制的重点。司法的制度体系,是司法体制的框架,它将在整体上决定着司法的基本情形与状态,它是关于司法宏观的制度性规划与安排。它首先涉及的是政治权力、国家权力、社会权力、人民权力与公民权利之间的关系问题,应该理解为司法体制改革的目标在于对这几个方面进行合理的配置,并为这种合理的配置提供制度化的体系。其次,司法体制改革当然地包括司法权力各个部分之间的设置。其中理应把前面论及的政治权力、国家权力、社会权力、人民权力与公民权利的设计理念加以贯彻,最终制作出尽可能完美的司法制度性图景。司法的运作机制,是指司法的要素及其整体互动与运动的内在机理与关系状态,是司法体制的重要构成部分,是司法体制中最具有活力和最富有变化性的因素。如果司法体制改革对此没有充分的考量,就必然会使即使是设计得十分美好的空中楼阁也难以在大地上生根。运作机制制约着司法体制的实际效能与现实状况。

司法体制改革的重点在司法的组成要素与结构状态。作为司法的组成要素,就要明确司法由哪些机构和哪些环节构成,这些机构与环节的职责如何设定和为什么设定。司法是由多个要素的组合而成的。首先是司法与非司法要素之间的关系问题,这是我们必须考虑的。它涉及的是司法权外在结构关系的制度安排,比如司法权力与政治权力、立法权力、行政权力是什么关系。其次是司法权自身的内在要素与结构问题。从广义上讲司法权是否包含着侦查权、公诉权、审判权三者,或者是否包含着裁判权和执行权,各种权力拥有者各自的职责是什么,侦查权、公诉权和审判权是怎样进行权力配置与权力协调的,司法裁判的执行权与司法裁判权是由一个机构行使或是由不同机构行使,彼此之间如何衔接与互动,这就要求我们在确定各个要素的同时,还必须具体设计出各个要素之间的结构状态。司法也是由各个环节组合的,起诉、受理、审理、裁判、执行;一审程序、二审程序或者三审程序、审判监督程序,何以设定,何以衔接。无论是要素或是环节都有一个结构的问题,司法的要素与环节的结构都将影响司法的效能与效用。这种结构状态既包括静态的布局,也包括动态的运作轨迹。司法权内部的管辖、制约、协调、互动都是结构的问题。这些问题得不到很好的解决,司法的运行就会遇到障碍。

司法体制改革的重点还在于要把长效的体制建设摆在改革的首位,而不能只顾眼前不顾长远。在处理各项事务中,从宏观上讲都应该兼顾现在与未来,现实与理想。但是在具体的事务中,则需要有所侧重。在拟制具体的改革措施时，需要更多地关注现实；在制定长远的宏观体制时，就不能目光短浅。一叶障目、不见泰山的改革，所带来的仅仅只是眼前的实效，从长远来说也许还是有害而无益的。我们现在要谋求的是进行一种长期有效的体制建构，而不是仅仅去获取立竿见影的短期效应。长期以来习惯于政治运动的工作方式，运动式的行为方式在指导思想和行动口号上早已被否定，但在事实上，这种思维并没有从我们头脑中彻底根除。在司法体制改革中，如果还不得不采用运动的方式来进行推进的话，而我们的体制方案绝对不能是运动式的，否则就可能葬送改革本身，使改革成为徒劳。笔者赞成在推进方式上容忍和采用一定的运动方式，但是在体制建构、机制设置、要素设计与结构配置上，是不应该是运动式的。即使是在推进方式上采用运动方式，同样也要保持必要的警醒。必须警惕运动式的推进思维在无意中向体制设计延伸，必须防止运动思维成为未来体制不良的病因。

司法体制改革中，不能错把司法体制之下的某些具体程序或规定作为重点。司法体制改革，顾名思义，所要改革的对象就是司法体制这一宏观架构。如果沉醉于过于具体化的细节改革，而忽略了改革的根本任务，最后会使轰轰烈烈的改革削减其应有的效用。哪些是属于体制的问题，哪些是司法工作中的细枝末节，要有一个清醒的认识。这里不是说细节不重要，而是说在体制改革中不可以夸大细节的作用，更不可拘泥于细节。在司法活动中，也许一个物件或一个程式都是重要的。但是其效用和影响是否具有全局性和根本性，是令人疑虑的。具体来说，法袍、法锤都是重要的，但是如果以法袍、法锤或类似物件的增减来替代司法体制改革本身，那么司法体制改革就只能是一场闹剧。使某些具体的程序或做法更符合法理的要求，更有利于人民的诉权的享有和行使，当然是我们的目标。但是司法体制改革的根本目的还是要建立一种整体性的制度，使人民能够在这个制度中永远受益，而不是收之东隅，又失之桑榆，甚至得小而失大。

司法改革应该以司法体制为重点，也必须以司法体制为重点，并且始终围绕这一重点加以推进。只有这样，司法改革才可以达成预期的目标。

（三）改革司法体制的推进

认识到了必须把司法体制作为改革重点，也把握了司法改革以司

法体制作为重点的含义,还不等于就能坚持这一重点。怎么抓住司法体制这一重点呢?笔者个人认为必须注意以下的几个方面:

第一,在改革方案的拟制中要把司法体制作为重点来考虑。改革方案对于任何改革来说,都具有蓝图的意味。谋定而后动,是成功的保证。我们在谋的时候,首先就要抓住司法体制这个重点,围绕司法体制做文章。以司法体制作为改革重点的方案制定之后,才有可能事半功倍地开展改革。在制定司法改革方案的时候,就要努力从组织上排除本位主义、部门利益的影响,充分发挥人民的力量和学术的力量。只有无私的改革方案才是最好的体制设计,任何掺杂狭隘利益的改革方案都非常容易使改革无法触动体制,而归于流产。

第二,在改革方案的推行中要始终不忘司法体制这一根本。改革司法体制的方案拟订之后,并不是就万事大吉,这也只是走完了第一步。更艰巨的任务还在于如何实施改革方案,使方案所蕴含的改革意图能够得到全面实现。实施方案的过程中,我们还可能对既有的方案进行修正,这种修正是不可缺少也十分重要的。但是,在对既有方案进行修正时,就有着远离初衷的危险。因此,要警醒我们自己,修正方案,但不要偏离改革的方向,不要偏离改革的中心,不要失落了改革的重点。

第三,发现出现了重点的移位或偏差之后,要有及时修正的机制、勇气和行动。在实施改革的过程中,我们可能发现既有的方案或正在进行的改革已经远离了改革的重点,舍本逐末了。这时就需要一个修正航向的机制,就需要重新回归到改革的重点,即对于体制的改革上来。这时,首先需要的是一个救济的机制,同时也需要具有修正的勇气,最后还需要有具体的修正行动。机制、勇气和行动,这三者恐怕是一个都不能少。缺少任何一个因素,改革就难以回归到正途。不但要迷途知返,而且还要有迷途能返的机制和能力。只有具有从迷途回归正途的机制和能力,并具有实际行动,我们才永远不会失落体制改革这一重点。

需要特别说明的是,笔者并不认为司法改革的内容仅仅是司法体制改革,或者改革了司法体制就等于改革了整个司法。更重要的是强调司法体制改革是司法改革的重点,没有对于司法体制的改革,就不是彻底的司法改革,就不完全是我们所要追求和推进的司法改革,就无法实现司法改革的目标,也无法完成司法改革的任务。改革司法体制往往比改革司法细节具有更大的阻力,因此要有足够的心理准备、坚强的改革决心和有力的改革行动。改革司法体制,是推进司法改革的坚定不移的重点。我们应该、必须,也完全能够完成历史所赋予的改革使命,使司法改革因体制改革的成功,而为司法公正的崇高理想开辟道路。

第十七章　法治国家与农村法治

一个时期以来，我们似乎忽略了在中国法治建设中，最不应该忽视的重大问题之一，也是中国法治化中重大的难题——中国农村的法治化。我国农村占有最广大的地理区域，拥有最大多数的人口。农村是任何国家最基本生活资料的终极来源，农业在整个国民经济中具有基础地位。可以断言：没有中国农村的法治化就没有整个中国的法治化。如果对此问题没有清醒的认识，不从法治建设一开始就予以足够的重视，那么就会犯历史性的重大错误，法治建设不可能成功，新农村建设也难以成功。

一、农村法治及其特殊性

农村法治建设是法治国家建设的构成部分。必须十分清醒地认识到，就是城市也还不完全具备建设良好法治的客观条件，还需要我们做很大的努力，至于农村进行法治建设将更为艰难，尤其应当引起我们的重视。

（一）农村法治的界定

农村法治的概念已经在各种著作中被广泛使用。但是对于什么是农村法治，不同的学者或者著作有着不同的理解。这种不同理解不仅会导致认识的分歧，甚至会导致行动的差异，所以厘清概念对于统一认识、协调行动是非常有意义的。一般地说，农村法治可以认为是以农村作为区域范围的法治建设的总称，也可以认为农村法治是有关农村的法治建设的总称。这两种使用都客观地普遍存在。显然，后者的外延大大超越了前者的范围。为了使农村法治建设受到应有的关注，并使其全面推进、整体发展，应以后一定义为宜。

农村法治是以农村作为核心地域的法治，但是并不仅仅限于农村。首先关于农村的立法可能就是在城市进行或者完成的。研究农村法治要把有关农村的城镇、机关、事业单位等都纳入考察研究的视野，以便对农村法治问题有一个全面观测和准确认识。所以农村法治是以农村作为核心区域的，但是它并不仅仅限于农村。

农村法治并不是仅仅以地域作为对象的法治，它还包括与农业、农民相关的法治。农业是在农村存在的，但是农业问题就不是简单的农村问题，它涉及产业结构与产业关系。因此凡是与农业发展相关的工业法律问题、商业法律问题也会被纳入农村法治的视野。农民是一种职业身份，也是一种社会身份，不管是否承认这一点，客观上就是如此。如果户籍制度没有彻底改革，农村与城市的差距没有消失，农民与非农业人口的概念还在使用，农民问题就会出现在有关的法律制度之中，农民问题同样是农村法治不可忽视的重大问题。

（二）中国农村法治的特殊性

认识农村法治的特殊性是研究农村法治的重要方面，是农村法治建设的重大课题。农村法治的特殊性是与城市法治相比较而得出的认识。综观农村的法治状况，可以认为它具有以下的特殊性质。

1. 法治观念淡漠

经过改革开放以来的法治建设，包括农村的普法宣传与教育，农村的法律意识有了较大提升，农民普遍增强了法律意识。法律意识有层次的区别。高层次的法律意识在理论上被称为法律思想体系，低层次的法律意识则被称为法律心理。就我国农村来说，发展当然不平衡。在一些落后的老少边穷地区，许多农民所拥有的还不是现代的法律意识，更不是科学的法律意识，甚至只是简单的法律心理。这些法律心理，由于理性认识水平相对较低，因而就难免包含着许多错误的认识在其中。他们甚至是用既有的观念来解读现代的法律制度，结果使他们心目中所具有的法律观念与应然的法律内涵相距甚远，个别的甚至还是背道而驰。

法治观念对于法治建设当然是至关重要的。法治观念是法治建设的基础与保障。可以想见,在许多农民连正常的法律意识都不具有的情况下,要让他们准确把握、充分理解法治,具有法治观念实在是难乎其难。农民法治观念的欠缺必然会影响他们的法律行为,影响他们的法律遵守,当然也会影响他们权利的正常行使与保护。

2. 潜在习惯影响

在传统的中国社会,习惯发挥着重大的作用。经过了现代社会洗礼,旧的习惯逐步被摒除,其影响力与历史上的情形相比较当然是日渐式微。但是就现实社会来看,尤其是与城市法治相比较来看,不能不说,农村残存的习惯规则仍然发挥着重要的作用。

对于农村的习惯也要辩证地看待。并不是习惯都是错误的,也并不是说习惯都不利于法治发展。习惯是历史上留存下来的并且得到人们心理认同的规则,具有深厚的历史渊源与社会基础。但是也不可否认的是其中的确有许多内容是不符合现代法治要求的,甚至是与现代法治的要求相悖的。就整个习惯规则来说,在它们符合现代法治要求的方面或者时候就有利于法治发展,在它们不符合现代法治要求的方面或时候就有害于法治发展。它们对于法治的有利因素好的方面,可以因势利导,但是对于它们不利于法治的方面,也要加以警惕甚至予以革除,以扫清法治发展的障碍。

无论如何评价习惯在今天的影响与意义,都不可否认的是,它的确是中国农村法治建设所不可忽视的重大问题,必须理性地面对,更不可视而不见、充耳不闻。要对现有习惯进行认知,给予必要尊重,予以适当利用,加以科学更新,使农村的既有习惯在新的形势下发挥应有作用。

3. 宗法因素作用

宗法传统是中华民族传统文化的构成部分,在中国延续了数千年之久,至今仍然具有相当的生命力,产生着重要的影响,发挥着重要的作用。尤其是在农村,家族的结邻而居成为宗法传统的社会基础与客观条件。宗法力量在农村的客观存在是不争的事实,我们所要做的工作不是否认它的存在,或者不适当地加以消灭,那样就可能导致我们犯严重的错误。没有农村生产方式、生产组织、居住方式、交往形式的改变,要彻底消除农村宗法组织的影响是不可能的。在宗法组织没有自动退出历史舞台之前,我们有责任正视它,引导它的健康发展,发挥其正向作用。

要正确认识宗法力量在农村的作用。宗法观念与宗法组织在农村有促进农村社会和谐的积极作用,也有离散农村正式组织关系的消极作用。尤其是在宗法组织不适当地发挥作用的时候更容易引发我们所不期望的结果,它们可能成为与国家组织对抗的力量,制约国家组织作用的发挥。它们既可能推动法治建设,也可能破坏法治发展。

要引导和调动宗族组织的积极性,使它们依法活动,促进农村精神文明建设,促进农村各种矛盾纠纷的化解,增进村民团结,协调村民关系,使农村法治建设因为宗族组织的参与而得到更好的推进。在农村家庭成员之间的宅基地纠纷、赡养纠纷、抚养纠纷、扶养纠纷、继承纠纷、分家析产纠纷中,宗族组织及其领导人的作用不可小觑。宗族组织和领导在邻里纠纷、村民斗殴导致的轻微伤害案件中,也具有重要的协调与调解功能。

4. 法律组织欠缺

由于生产区域与方式的影响,也由于居住房屋的分散性状况,使得农村的法律组织不可能设置得像城市那样密集。事实上,农村的法律组织也相对地少于城市。同时,农村的法律组织当然地不如城里的法律组织那么健全。这是农村与城市在法治建设上的重大差别,也是农村法治建设的特点。

法律组织的量少以及不健全,也就必然使得农村一些纠纷要及时而有效地获得依法解决将是困难的,这也就要求我们充分调动农村纠纷的自我解决和矛盾纠纷的自动化解。农村纠纷由于人际关系的特殊性质以及宗族因素等的影响和作用,自动解决或协商解决都比城市具有更大的可能性。天然的血缘与姻亲关系具有天然的亲和力与修复作用,这些因素也在相当大的程度上弥补了法律组织欠缺的不足,使农村社会成员能够在诸多矛盾之中还相安无事、相邻而居。在未来的发展中除非农村加快了城市化进程,否则要像城市那样建立起密集的法律组织依然没有必要。但是组织机构的相对健全还是必须的,只是这些完善的法律组织机构依然不必堵塞农村社会的毛孔。农村社会纠纷的自我修复功能不能被忽视或否定,否则就会适得其反,只要中国农村还具有乡土社会的性质就不能不给农村与农民以自我调节的空间。

5. 改革作为背景

从改革开放以来,农村就经历着巨大的社会变革。首先是将一大二公的农村生产队的集体生产改为联产承包的家庭责任制,这一改革极大地调动了农民的生产积极性,推动了农村生产力的发展。在这一制度下,农村获得了空前的大发展,农民也不断增加收入、富裕起来。但是,也必须注意到,随着改革的深入和农村生产力的发展,尤其是随着农村城市化的进程加快,农业劳动力向城市的转移以及城市的扩展,农村城市化与农业工业化的速度加快。在这样的背景下,农村必须改革联产承包的家庭责任制的生产方式。农业的工业化、产业化、集约化经营被提上日程,这时,农村又面临着新的改革与飞跃。在新农村建设之中,这些问题都摆在我们面前,农村又将经历更大的改革和发展。

中国农村法治正是在改革的历史进程中发展过来的,又将在更大的改革中加速推进。因此,对于农村法治发展的制度设置与组织建设等都必须着眼于农村现实的改革任务与未来的改革发展。农村法治是在农村社会急剧变革的过程中推进的,这也同样是我们必须注意的重要特征。

二、农村法治建设的障碍

(一)生产力的低下与普遍贫困

农业生产力低下,就要求我们发展农村生产力,使广大农民脱贫致富,为农村法治建设提供坚实的物质基础。

我国农业生产基本上还是靠人力,机械化程度较低。一些农村劳动力的非农业化倾向,使农村劳动力“女性化”“儿童化”和“老年化”。农村劳动力的状况必然影响农村生产力的发展,影响农村的脱贫致富。到20世纪末期,我国除了在此前刚刚脱贫的农村人口外,尚有相当数量的农村人口仍然处于贫困线以下,还未解决温饱。这些尚未脱贫的人口大多居住在深山区、石山区、荒漠区、高寒山区、黄土高原区、地方病高发区和水库移民区,地域偏远、交通闭塞、生态环境恶劣、经济发展缓慢,他们的脱贫与其他脱贫者相比较更加困难。解决这部分人口的脱贫问题,是扶贫工作中难啃的硬骨头。近几年,虽然扶贫投入越来越多,但贫困人口减少速度越来越慢。那些已经脱贫的人口如果其再生产、再发展问题没能得到很好的解决,极有可能再度陷入贫困之中。农业生产力低下,极大地阻碍了农村经济的发展。农村经济不发达,或者不能达到相当的发达程度,农村的法治建设就会因缺乏必要的经济支持而受阻。

(二)市场经济体制的尚未完善

农村市场经济还不发达,要求加速农村市场经济体制的建设,使农村的市场经济融入整个市场经济的大潮,为农村法治建设创造条件。现代法治的发展已经一再表明,只有市场经济体制才是法治发展的经济基础。我国目前的市场经济体制正在建设之中,农村的市场经济体制建设任务更为艰巨。

市场经济所要求的农业产业化远未完成。农业本应是一个产业,但由于长时期的计划经济的影响,农业作为一个产业被城乡、所有制、行业、家庭所分割,农业产前、产中、产后本应具有的内在联系被人为割裂。在市场经济的条件下,使农业产业化,形成贸工农一体化、产供销一条龙,将农产品的生产、加工、流通连接起来。产业化后的农业将有更高效益,更能在市场经济中抵御风险,为农业的进一步发展提供更好的基础和条件。家庭承包责任制曾经极大地解放和发展了农村生产力,现在仍有重大的意义,但是着眼未来,家庭承包责任制必须进行制度更新,农村和农业必须进行生产组织形式、投资经营方式的变革。

农村与市场经济相适应的城市化(或者城镇化)与工业化道路,还在探索之中。土地承包制度曾经并正在发挥重要的作用,但是随着时代的发展,土地承包制度的效用逐步发挥殆尽,急需创设新的生产组织形式,甚至将资本运营方式引入农村和农业。农村市场经济的建立过程应该也是农村城镇化、城市化、工业化过程。

农村市场经济体制的缺乏必然使农民的利益难以获得应有的保障,使农民缺乏抵御经济风险的能力,必然使农村经济发展受到阻碍。同时,也使农村法治建设缺乏应有的经济基础,而难以成功。

(三)传统家族关系的不当作用

家族关系是农村重要的社会关系,将家族关系予以适当的协调,发挥其正当作用,防止其畸形发展,是农村法治建设的要求。

家族文化在中国这块土地上有其深厚的历史根源和社会基础。在过去相当长的历史时期中,家族关系被称为“封建余毒”而受到了批判,被强行压抑了几十年之久。畸形的批判被解除之后,家族又重新复苏,尤其是在农村,通过编撰家谱、族谱,重修祖坟和清明祭祖等活动,家族的联系逐步恢复,影响逐步扩大。到现在,许多地区一些同姓同宗者重新推举族长,家族的影响已经发展到了必须引起高度重视的程度。家族的复苏有其客观的必然性。家庭联产承包制的推行,首先就是对血缘和姻亲纽带在生产关系和生产活动中的意义的直接或间接认可,它对血缘的肯定与中国几千年依靠血缘关系的互助、交往传统相暗合。一家一户的农户,一旦遇到天灾人祸,在许多情况下,首先依靠的仍是亲属。家族在现实的农村发展中是有积极意义的,它有助于通过对家族内部关系的维护来维护整个农村的社会秩序;有助于农民之间的互相帮助和传统互助关系的传承等。但是其副作用也很明显,一是它可能与社会的法律要求与精神文明产生矛盾;二是它一旦与其他社会整合力量发生冲突,就可能成为影响安定的重要因素,严重时它很可能就是中国农村未来动乱的重要根源之一。在 20 世纪末期,中国的许多地方,家族已经成为农村法治化的严重障碍,其表现是多样的。一是一家一户的农民冲突,常常演化成为家族与家族之间的族际斗争。小规模的械斗,甚至演化为家族与家族之间的火拼。一旦司法机关介入,甚至会引发群体性的对抗,或群体性的反司法活动。二是农村的基层政权和基层司法机关受家族影响日趋严重。农村的基层政府和基层司法机关的领导与工作人员往往是土生土长的,他们与当地的各个家族有着种种联系,或同姓或同族或姻亲,严重影响着施政和执法的公正性,成为法治最严重的破坏力量之一。这是农村基层政权建设和法治建设中不可忽视的重要方面。

(四)农村主要劳力的外出务工

大量农村劳动力的外流,是新时期农村经济发展的要求,也是中国农村城市化和城镇化的需要。我国的大量人口都集中在农村,农村劳动力外流是社会发展的必然。首先,农村劳动力外流是农村人口生存的需要。我国大量地区农业的低收益,根本就无法满足农民生活的需要。农民要改善生活状态,要依靠农业本身的进步,在短期内是不可能取得成功的。要在短期内解决许多农民的脱贫问题,他们自己都必然会外出谋生,外流就成了农民改变生存环境的重要方式。其次,农村劳动力的外流是农业发展的结果。随着农村联产承包责任制的推行,农村生产力水平得到了较大的提高。随着农业机械化、自动化的推行,良种、化肥、农药等的使用和农业科技含量的增加,原有的农村劳动力再不必全部投入农业生产,剩余农村劳动力的一个最大的出路就是外流。他们除了在农村谋求发展之外,到城市劳动就成为自然而又必然的选择。

大量农村劳动力的外流,是我国城市经济发展的需要。中国城市的发展为农村劳动力提供了广阔的市场,城市经济发展离不开农村劳动力的补充。城市工业的发展需要大量的劳动力,这些劳动力要靠城市自己在短期内解决几乎是不可能的,农村劳动力就成为最广泛最可靠的来源,更何况城市服务业的发展也需要农村劳动力作为支柱。由于客观的原因,中国城市与农村的差别在总体上是较大的,一个畸形而又现实的问题是,城市人口不愿意从事的许多工作还需要农村劳动力来完成。农村劳动力外流有助于形成良好的城市劳动力市场,为城市劳动体制改革提供人力资源和市场根据。

大量农村劳动力外流是各国工业化过程中的必然现象。世界各个工业化国家都曾经经历了工业化的历程,在工业化的过程中,农民的外流是普遍的现象。英国、美国、苏联、日本,以及欧洲大陆的主要国家,莫不如此。到 20 世纪 80 年代末期,美国人口总数近 2.5 亿,但农业人口仅占 950 万,占人口总数的 38%;农业劳动力近 310 万人,占劳动力总数的 25%。与之相较,我国工业化过程中,农村人口的外流及其非农村化的任务还相当艰巨。由于我国工业和农业生产力均较低下,要迅速推进工业化进程,在工业和农业的两个方面都不可能。在逐步工业化过程中,农村劳动力的外流是无法阻挡而又异常必需的。

大量农村劳动力的外流,导致了农村人口文化水平的降低,影响农村对法治的接受程度。农村外流的劳动力大多是年轻力壮者,他们是农村文化层次较高的部分。他们的外流必然会影响农村的文化状况,降低农村的文化水平。而农村的法治化,如同城市的法治化一样需要较高层次的文化作为基础。农村劳动力的外流为农村法治化增加了困难,既使农村难以法治化,也使这些外流的劳动力难以法治化,从而制约了农村法治化发展的进程。

大量农村劳动力的外流,也影响着城市的法治化进程,并进而影响农村的法治化。大量农村劳动力进入城市,其中的绝大多数都能通过自己的诚实劳动来获取报酬,成为城市建设发展的中坚。他们耗费了远比别人更多的劳动,获得也许比别人更少的收入,其坚忍不拔的精神是令人钦佩的。然而也有一些农民,由于远离原来生活的社区,原有的社区文化对其的影响力逐步削弱,原有的社区规范也渐次乏力,而现代的法律规范他们又知之甚少。由于其游离于城市社区组织之外,城市社区的文化和规范对他们的约束力也十分有限,因而就难以避免其中的个别分子违法犯罪,成为社会治安的破坏力量。一些农民在历史积淀上形成的畸形"平均主义"观念会成为支持其违法犯罪的心理根据,他们中有的人会在这种观念下丧失应有的道德良知,并平衡自我心理,使自己的违法犯罪行为得到内心确认和合理解释。违法犯罪行为一旦失去道德约束和内在抑制,必然会变得更加肆无忌惮。他们中的个别人不仅不为城市法治化作贡献,甚至破坏城市法治建设。假定1年全国有1亿农民在城市流动(做不固定的工作),如果其中有5%的人违法犯罪,全国就会有500万人违法犯罪,全国500个大中小城市平均每一个城市就有1万个农民在违法犯罪,后果当然是不堪设想的。那时,城市不是是否法治化的问题,而是有无宁日的问题。目前农民在城市的违法犯罪问题已经成为中国法治建设的重大问题之一。由于这些违法犯罪的农民是往返于城乡之间的,他们在城市学会或开始的违法犯罪,并不会仅仅局限于城市,他们还会累及乡村。不仅城市的法治化会受到破坏,农村的法治化也同样受到威胁。对外流农民的法治化管理是城市和农村法治化的共同要求。

(五)基层村组干部的腐败现象

惩治腐败,依法保障农村政权的廉洁,是我国目前农村法治建设的重点之一。农村基层政权机构的工作人员较之于其他国家机关的工作人员,更为辛苦。他们甚至可能工作在田间地头,常年奔波在乡村,其辛劳可想而知。他们中不乏优秀分子和先进人物,然而,其中个别的乡村干部,他们依仗权势、横行乡里、贪污腐化。具体表现在:一是乘改革之机,发"改革之财"。一些村社干部在农村改革中,在原集体财产处分时,或化公为私或贪污挪用。虽然他们极少受到处罚而现在已事过境迁,但老百姓心中的那本账并未因时间的久远而彻底销毁,可以说积怨犹存。这本身就是对法治的破坏,而且还是引发农民其他违法犯罪的重要因素。二是怂恿亲朋为非作歹,为虎作伥。这是乡镇干部腐败的又一种形式。那种"一人得道,鸡犬飞升"的现象,在乡村并不鲜见。有的直接为不法亲朋张目，有的间接为不法亲朋开路，使无权无势的村民有冤难伸、有苦难诉。三是以地霸自居，与地方恶势力相勾结，危害乡邻。这种人即是所谓的现代“南霸天”或“北霸天”。四是对农民的困难、灾难、冤屈不闻不问，浑浑噩噩，得过且过，饱食终日，无所用心。这种人在农村严重地败坏着政府形象，断不可以为其非主流而掉以轻心。这种状况若不改变，中国农村的法治建设就无法成功。

农村的廉政建设的意义，并不比城市差。然而由于城乡差别过于悬殊，用城市的“腐败”标准去考察农村的腐败现象，当然会觉得农村的腐败是小巫见大巫。但是我们千万不能认为对“小巫”的惩罚无足轻重，其实相对城市中的“腐败”是“小巫”的农村腐败者，对于低收入的农民或农村来说，“小巫”就是“大巫”，其危害根本就不容许低估。

（六）村霸地痞作恶的破坏作用

惩凶警顽，是农村法治建设的重要任务，是确保农村安定团结的一剂良方。

农村原有的旧道德规范，曾被笼统地批判为封建主义的东西而被淘汰。就是其中的优秀部分也随之被淘汰了；新的道德规范又由于种种原因而未能深入人心。在改革开放和市场经济的时代背景下，新型的道德规范正在形成。农村正处在一个道德的相对真空时代。农村一些家庭教养缺乏，学校教育异常的个别分子，就可能摆脱软弱的道德约束，在乡间为非作歹、称王称霸，或偷盗牲畜，或投毒下药，成为害群之马。一个村只要有一个这种村霸地痞，整个村就无法安宁。更何况，村霸地痞之间具有很大的亲和力和对抗性，亲和时，拉帮结伙，危害乡邻；对抗时，互相械斗，扰乱秩序。

由于农村复杂的家族和姻亲关系，这些村霸地痞往往可能得到一些干部的包庇和保护。加之这些村霸地痞也竭力与有关干部相勾结，寻找靠山，在一定时候，他们甚至成为一些干部的依靠力量。如果有这种情况发生，村霸地痞的危害更加难以估量。有些执法部门由于其多为本地出生的干部构成，在对其的惩治上，难免心慈手软，养虎遗患。打击时，网开一面；不打击时，任其妄为。

村霸地痞在一些地方已经成为农村法治建设的严重障碍，必须予以清除，还老百姓一个太平世界，是农村法治建设最起码的目标。做不到这一点，农村的法治建设就无从谈起。

(七)村民土地纷争的不断发生

土地问题是中国农村的重大问题,甚至是影响中国现实状况与未来发展的重大问题。在我国农村,人多地少的矛盾早已十分突出,农民的土地纷争,早已在联产承包制开始推行时就已出现,而且愈演愈烈,酿成许许多多的民事纠纷,甚至刑事犯罪。概观农村土地纷争,一是承包地纠纷,二是宅基地纠纷。就承包地纠纷来说,首先是农村集体经济组织与承包户之间的纠纷。由于各承包合同的签订者大多疏于法律上的考虑,其合同的完备性和合法性都可能存在一定的问题,这些问题都可能引起纷争。其次是承包户与承包户之间,往往因田边地角的边界产生矛盾,而这些纠纷的解决常常无法可依。就宅基地纠纷来说,随着农村住宅建设的发展,农民邻里之间因宅基地而发生的纷争越来越多。农民不经国家有关部门的批准,擅自用地修建住宅,造成农民与国家土地管理部门或土地管理人员之间的纠纷。有的由于乡村干部和管理部门的不负责任或随意偏颇,甚至引发恶性刑事案件。

这些方面的法律引导、疏导都存在一些问题。现在的重要工作,一是要改革完善承包土地使用、管理的立法,使农民承包土地的使用和管理更好地有法可依;二是要加强农村建房用地的法律制度建设,使建房用地能有法可依;三是在农村建立起良好的解决土地纠纷包括宅基地纠纷的法律机制,减少和解决有关纠纷。

(八)贫富分化严重的不良影响

依法保护"先富",努力实现"共富",是农村法治建设的组成部分。在农业的集体生产时代,人们非常平均,贫富差异较小,贫穷的平均主义虽然阻碍了农村的发展,但是也降低了有关问题引发社会矛盾的可能性。在农村实行了联产承包制以后,由于农业收入的差异,由于农业收入与非农业收入的悬殊,人们的贫富分化加大了,有的成为了百万富翁,有的仍然特别贫穷,于是平均主义思想就有了新的肆虐条件,因贫富差异而引起的社会问题也不断增多。

贫富分化使中国传统的平均主义思想有了作祟的客观基础。平均主义在中国具有十分悠久的历史和极其深刻的社会意识基础,尽管我们一再鼓励一部分人通过诚实劳动和合法经营先富起来,但是它并未转化为我国社会的共同认识,尤其是在我国的农村,平均主义的影响更为严重。改革开放后,面对一些先富起来的村民,就有许多未富起来或后富起来的人喊出了“打土豪，分田地”和“吃大户”的口号。近年来类似的事件少了一些，但“嫉富”的思想在中国远未彻底清除。

在农村的一些违法犯罪案件中，许多罪犯都暴露出了自己对他人发家致富的不平衡心态。一些抢劫、抢夺、盗窃犯罪的动机中，都包含着对他人发家致富的不满情绪，包含着面对他人的富裕所不能接受，而导致的自己心理失衡。针对农村的“嫉富”观念，一是要加强法制宣传与教育，在农村重塑正确的财产法律观；二是要发展农村经济，鼓励更多农民富裕起来；三是要努力扶贫，减少农村的贫困人口。总之，应尽量减少因贫富差异而导致的违法犯罪。

加强法治建设必须加强农村的法治建设，实现中国社会的法治化必须实现中国农村的法治化。以上问题以及相应的努力方向，仅仅是中国法治建设及其农村法治化进程中必须考量的重大议题而已，并不是其全部内容，但对它们的必要重视和认真对待是不可缺少的重要方面。

三、农村纠纷及其依法化解

在传统的农业社会和计划经济时代，中国农村的纠纷并不多。随着农村体制改革、农村城市化或城镇化的发展，既有的继承、婚姻、抚养、赡养、宅基地纠纷持续上升。新型的村民自治、土地承包、农房拆迁、土地征用、农民工工资等纠纷，乃至大规模的农村公共群体事件又大量产生。面对我国农村纠纷的复杂状况，急需建立的更应该是农村纠纷的法治化调处机制，将新农村建设与农村和谐建设、农村法治建设有机统一起来，整体协调，同步推进。

（一）农村纠纷的特殊性质

1. 地域性

农村纠纷的地域性，是与大多数农民的生活和劳动区域紧密联系的。农村纠纷的区域性是在这样三个意义上成立的：一是农村纠纷的主体具有相关范围的地域性。纠纷的各方，他们往往居住与工作的空间距离并不遥远，均处于相对邻近的状态，以邻里、乡邻纠纷居多，也就决定了它的地域性特征。二是农村纠纷的性质具有地域性的经济、文化特征。纠纷的类别、利益的大小、解决的方式往往与一个地区的经济发展和文化传统有关。三是农村纠纷的影响具有地域性。农村纠纷往往在一定地域存在,并在一定地域内口口相传地传播的。它的影响力一方面会相对有限,另一方面也容易失真。口口相传的纠纷信息,在传递的过程中很容易被加工、虚构,一些情绪化的、误解性的、迷信式的内容也会在其中得以体现。农村纠纷的地域性,要求我们必须深入各地农村的实际之中去寻求解决农村纠纷的具体方式,切不可简单套用,随意照搬。

2. 亲缘性

农村纠纷具有亲缘性的特征,并不是说其每个案子的发生都具有亲缘性,而仅仅是说,其相当一部分案件的当事人之间具有某种亲缘关系,或者在非亲属之间的纠纷也可能出现某种亲缘因素的介入。农村传统的继承、婚姻、抚养、赡养、宅基地纠纷,无不是在亲属中发生的。当然,这些纠纷在城里也是在亲属之间发生的,但是这类案件,在城市的发生率已经明显降低,而农村则十分突出。至于村民自治、土地承包、农房拆迁、土地征用、农民工工资等新型纠纷,乃至农村公共群体事件,无不与亲属相关或者有亲属因素的介入。有许多案件,同姓同宗的亲属就形成一个纠纷群体,与另一方,甚至与社会和国家相对抗。亲帮亲、邻帮邻的纠纷模式,使纠纷具有了更为复杂的性质。认识到农村纠纷的亲缘性属性,有助于我们拟清农村纠纷的内在脉络,尤其是恩怨由来,准确地把握纠纷的实际情况。认识到农村纠纷的亲缘性属性,更有助于我们充分发挥亲属的作用,找到有效的解决途径,及时化解矛盾纠纷。

3. 利微性

农村纠纷争议的标的往往不大,所发生的各种纠葛,相对于城市来说,经济数额偏小,这与农村的收入状况和生活水平相对较低有关。大多数农民的家庭财产、生活需求相对较少,所以他们之间就会发生在某些城里人看来根本就不可能或者不必要发生的纠纷,争议不必争议的数额。值得注意的是,这里的利微性更多的是我们作为局外人的评论,在他们看来或者对于他们来说,争议的数额也许并不微薄。认识到利微性,我们在面对农村纠纷时,就不能以城里人的眼光来认识,忽略对于"小问题"的解决。在调解矛盾纠纷时,就既要开导当事人从大处着眼,也要严肃认真地重视小问题。在设定解决程序时,就要力行简便,以达成快捷的目标。在设定诉讼费用收取标准时,就必须适度,既不可过低，过低就可能因诉讼的严肃与重大而扩大矛盾，影响自动修复性作用的发挥；也不可过高，否则就可能将许多诉讼拒之于法院门外，影响农村安全稳定。

4. 修复性

这里的修复性，是指纠纷的当事人的关系具有自动修复的属性。它是指在纠纷发生后，经过一定时间期间，当事人之间的关系自动恢复到纠纷发生前的状态。这种修复性是与它的地域性和亲缘性相关的，正是由于当事人关系的地域性和亲缘性，使其相互之间的矛盾具有了自动修复的可能。就亲友来说，他们之间难免会发生纠纷。这些纠纷，有时是因家庭或亲属关系而产生的，有时也许是其他原因导致的。但无论什么原因导致的，他们之间的冲突都可能在时间的流逝之中得以修复。断绝来往也许是他们之间化解矛盾的手段，但是经过一段时间，一方的主动修好（包括婚丧、生日、节日时的礼尚往来、给予帮助），都可能使相互之间化干戈为玉帛。就邻里来说，他们之间发生了纠纷，也许一直没有获得解决，但是事过境迁，他们也许就自动淡忘或者故意忽略了，而又相互帮助、和睦相处。如果隔阂较深，过去的纠纷成为一种时而被忽略，时而又被想起的伤痛。只要没有新的纠纷发生，便不会再被公开提起。如果一旦发生新纠纷，旧的问题就可能成为新的纠纷的导火线，或者被作为陈年旧账被提及，当然，也许只是吵一架甚至打一架了之。就这样，周而复始，只要没有恶性的事件发生，他们都能相邻相待，相安无事。

当然对于这种修复性，也不能过度地依赖。它是认识农村纠纷时必须注意到的现象和性质，但是我们既不能寄希望以此来化解所有的农村纠纷，也不能忽略这些特性而适得其反地激化矛盾。

（二）农村纠纷应依法解决

1. 依法解决纠纷是法治发展的要求

中国法治发展提出了依法解决农村纠纷的社会要求。依法治国显然包括广大的农村在内。农民和农村没有法治化，他们不参与中国的依法治国和法治国家建设，必然就没有全中国的依法治国，也没有全中国的法治国家建设。运用法治化的解决机制解决农村纠纷，是历史发展的必然要求，是法治发展的必然要求。需要特别说明的是，运用法治化的机制解决纠纷，并非都要经过诉讼来解决。法治化的解决方式所反对的是违法的解决方式，并不是非法律的解决方式。恰恰相反的是，法治化的解决机制除了对于诉讼的解决方式予以充分的肯定之外，还特别强调和重视非诉讼的协商、调解、和解、行政裁决等解决方法。法治化的解决方式就是要将诉讼的和非诉讼的解决方式熔于一炉，使各种解决手段各尽其力，各显其能，相得益彰，共同构成化解农村纠纷解决机制的整体。

2. 依法解决纠纷是纠纷本身的要求

依法解决是农村纠纷数量与影响的要求。农村每天都有大量的纠纷产生。在历史上我们对许多纠纷放任自流，有的因为时间的延续而得以缓解或者消除，也有许多纠纷被长期化进而演变成为历史旧账，成为老问题而更难解决。此外，农村城市化的发展，以及工业和城镇用地的扩展，引发了新的纠纷。农民土地没有被征用，他们至少还可以依靠土地而生存，祖祖辈辈都这样过来了，他们也还可以过下去。但是在土地被征用之后，他们所获得的补偿与赔偿一旦被用完花光，甚至连生活都会成为困难。他们与开发商、与政府、与社会之间的纠纷如果没有一个法治化的解决机制，其后患是难以想见的。在农村劳动力向城市转移的过程中，农民工在城镇劳动，他们的工资没有获得足够的保障。工资对于他们来说意味着新房、结婚、家庭用度、疾病医疗费用以及儿女的学费等，但是我们的保护手段却是十分有限的。在许多时候，有的司法机关，出于地方保护主义或者各种不正当的人际关系的原因而作出不公正的裁判。这样，不但不能解决纠纷，甚至可能使纠纷激化。这些纠纷，如果采取非法治化的偶然或随机的方式解决，必然导致纠纷大量累积，甚至恶化，最终成为社会动乱的根源或者诱发的因素。

3. 依法解决纠纷是彻底化解矛盾的要求

在农村矛盾纠纷日益增加的同时，农村原有的计划经济的纠纷解决机制逐步丧失其功能，建立新型的适应市场经济体制、适应新农村建设、适应民主法治需要的法治化的纠纷解决机制，就成为解决农村纠纷的必需。在新的形势下，依法解决农村纠纷更能化解矛盾，促进农村的和谐与发展。

一是纠纷依法解决具有最大的彻底性。在解决纠纷的若干手段之中，唯有依法进行的解决手段，才具有明确地分清是非，切实地划分权利义务的特性。在所有的矛盾纠纷之中，不分是非的解决，就是和稀泥,就有可能在暂时压住矛盾之后,酿成更为严重的社会矛盾。所以依法解决纠纷是最彻底的解决。

二是纠纷的依法解决具有最大的强制性。在法律、道德、乡规民约、传统、习惯等众多的解决方法之中,唯有法律的解决方法,最具有外在的国家强制性。一旦由法律机构特别是人民法院作出裁判,就具有必须执行的性质。依法定程序作出的解决,更有利于有效地制约或处罚违法行为,切实保护受害人的合法权益。

三是纠纷的依法解决中包含着多种方式。在依法解决的同时,甚至在诉讼解决之中,都可以运用协商、调解、和解等解决手段。在行政裁决与民事诉讼的过程之中,人民政府包括公安机关,以及人民法院可以主持调解。一旦达成协议,纠纷就彻底解决了。我国目前农村诉讼案件的调解结案率还是太低,应该加大农村民事案件的各种调解力度。村民都是本土本乡,祖祖辈辈生活在一起的,并且还将继续生活在一起,他们能够和解或调解,对于他们未来的相处与互助,对于维护农村的和谐都是至关重要的。

四、农村纠纷的法治化解决

(一)建立法治化纠纷解决机制

1. 上访不能成为纠纷解决的主要途径

在现有的农村纠纷解决机制中,上访与司法并行,行政调解与民间调解减少,这对于农村纠纷的有效解决是极为不利的。目前农民上访数量大量增加,大量的本该由基层解决的纠纷,也通过被当事人运用上访来解决。在上访过程中,由于上访的受理与裁决没有确定性和必然性,就很容易使纠纷长期化。矛盾长期得不到化解,一旦一方采取私力救济的手段来自行解决,就可能由一般纠纷演化为恶性案件。因此,如果把农民上访作为解决纠纷的主要途径,就必然导致极为严重的后果:一是加大纠纷解决成本;二是损害基层组织形象以及群众对他们的信任;三是增加上级组织的法外负担;四是影响甚至威胁社会稳定与和谐。

2. 依法防止纠纷的发生是首要环节

农村纠纷,如同其他任何纠纷一样,防患于未然总是最首要的。为了防止发生纠纷,我们必须在农村采取有效措施,提高村级管理部门依法办事的意识和能力;普及领导和群众的法律常识,培养法律观念;引导农村社会普遍的法治化运行。在农村推行基层民主、实现村民自治、实行村务公开、搞好普法教育都是减少纠纷所必须的。农村纠纷在总量上减少了,我们才可能有足够的精力和能力来解决已经发生的纠纷。否则,我们就可能不堪重负,面对过多的纠纷而束手无策、无所作为。农村干部、农村各级组织只要严格依法办事,包括依法行政、依法管理、依法裁决,农村纠纷就会少于发生,即使发生了也能得到及时解决。

3. 以调解化解纠纷是解决纠纷的主要方式

法治化的调处机制就是要在运用严格法律程序依法解决农村纠纷的同时,充分注意民间调解、基层组织调解、行政调解和司法调解的作用。有的人认为,调解的解决方式,是对权利的漠视,是反法治的。其实这种看法是极其错误的。没有强制与强迫的调解的解决方式,并不是反法治的,恰恰是符合法治的。因为农村纠纷大量的是民事纠纷,民事权益的可让渡性、可放弃性正是基本的法治原则——权利可以放弃,义务必须履行。自己同意放弃自己的民事权益或者在相关权益上让步,并没有任何违法之处。它不但不违反法律,相反它正是符合法律和法治精神的,正是行使民事权利的体现。农村纠纷的当事人往往生活在一个村庄或者相距不远的地方,对于他们来说,纠纷的调解解决,肯定比司法解决更快捷,更不伤害感情,更有利于当事人之间的近邻生活,更有利于建立起真正和谐的新农村。

(二)发挥各种因素的积极作用

在法治化的调处机制之中,农村法律机构的作用是不容低估的。但是,必须充分发挥以下因素的积极作用。

1. 基层组织的作用

农村基层组织始终是解决农村纠纷最重要的组织基础。解决农村纠纷的重点应该在县级及其以下的基层组织的调解以及司法裁判,而不能把希望寄托在县级以上的党政机关。基层组织的领导,他们土生土长,具有良好的群众基础和威望威信,他们易于了解真实情况,具有解决纠纷的本土知识。这是其他外在机构或人员所不具有的优势。第一,从纠纷产生环节来讲,纠纷本身就是在基层发生的,不着眼于基层就等于是舍本逐末;第二,从对纠纷的了解来讲,只有基层最了解情况,最有利于问题的彻底解决;第三,从成本耗费来讲,只有解决在基层,不论是政府还是农民都是成本最低的;第四,从信任关系上讲,基层组织具有更大的可信任性。所以充分发挥基层组织解决农村纠纷的作用,必须引起高度重视。

2. 家族领导的作用

对于家族领导的作用,要客观面对。几千年的家族主义的思想文化传统,以及家族力量在农村的现实影响,是无法禁绝的。而且要强行禁绝,还会导致更大的社会矛盾。与其如此,还不如充分发挥他们的作用,引导和发挥他们在化解纠纷中的作用。一是对家族领导调解民间纠纷的行为,应持支持的态度;二是在基层组织主持的调解中,可以考虑吸收家族领导参加,充分发挥他们的影响力。其实我们的有关法律制度已经注意到了这一点,只是没有能够很好地突出这一点。

3. 亲友配合的作用

中国是一个特别重视亲情的国家,在农村尤其如此。农村纠纷如果是发生在亲友之间的,亲友的调停作用就不容忽视和低估。在传统社会中,亲属之间的纠纷往往就是由亲友之中的德高望重者出面调解的,这一作用,是不容否定的。现代社会并不是不要亲友,如果说在家族领导介入问题上,还可以有不同认识的话,在亲友配合这一点上是不应该有任何疑问的。所需讨论的,不是应该或不应该发挥亲属的作用,而是如何发挥他们的作用。

(三)建立机制与突出重点

1. 建立纵横结合的纠纷解决机制

在我国农村要整合各种力量,在县以下形成纠纷解决的纵横结合的双重机制,严格将所有的纠纷控制在县级以下,依法加以解决。需要突破县级的解决,应当是个案或特例。只有这样,才能保证社会的长治久安。要在县以下建立起一个较为完善的纵横结合的纠纷解决机制。从纵向看,要建立村民组(自然村)、行政村、乡或镇领导的纠纷解决机制;从横向看,要建立司法助理员、公安派出所、基层人民法庭的横向纠纷解决机制。可以考虑结合农村基层政府的职能转换,强化农村纠纷解决机制,设立一定规模的纠纷调解委员会或设立调解中心,开展调解工作。调解无效者,则劝其通过行政裁决或诉讼方式解决,防止恶化和长期化。

2. 抓住工作重点与解决现实问题

建立法治化的农村纠纷调处机制,必须抓住维护农民合法权益,维护农村社会公正,乃至整个社会公正这个根本。也许应该解决以下四个重点问题:保护农民合法权益;打击坑农违法犯罪;打击农村黑恶势力;公正解决农村纠纷。这需要多个部门的通力合作。但是值得注意的是,这种合作一定是在法律范围之内的,而不是职权的混淆或者违法的共同“舞弊”。各个部门、组织之间的合作与分工都只能是以法律作为根据的。

3. 强化农村各种纠纷的依法调解

为了建立法治化的纠纷调处机制,我们应当着力采取以下三个现实措施:一是确定并强化农村基层组织的纠纷调解功能,完善调解组织机构与机制;二是加强相关人员的调解技能培训,提升调解的效能;三是将农村纠纷的调解结案率作为评价乡镇工作与农村司法工作的重要指标,引导农村基层组织对于纠纷解决的思想认识与工作路径。

经过努力,我们应当建立起以法律为根本准则,以调解为重要方式,并注意发挥其他因素积极作用的农村纠纷解决机制。相信随着我国农村法治化纠纷调处机制的建立,新农村建设必将因此而推进得更加顺利和快速。我们应该迅速建立起农村纠纷的法治化调处机制,将新农村建设、农村和谐社会建设和农村法治建设结合起来,使亿万农民和广大农村能够因此而享有和谐、法治、富裕和幸福。

第十八章　法治国家与反腐倡廉

“翻开古今中外历史，无论是正史，还是野史，取诸流行的传闻，无论是公开的，还是私下的，贪污腐败之事，比比皆是，充耳可闻。就中国古代来说，各级官吏，上至宰相，下至未入流的小吏，一朝权在手，大多贪赃枉法，贿赂公行，假公济私，搜刮民财。手段之毒辣，程度之严重，实在触目惊心。而且尽管朝代频繁更迭，此风却绵延不绝。著名学者王亚南曾有言：中国一部二十四史，实是一部贪污史。总结得何等精辟。”①面对现实，国外的一些学者预期，“腐败就像贫穷一样，可能会长期伴随我们。”②中国学者惊呼：“无论是在发达国家还是在发展中国家，无论是在大国还是在小国，无论是在市场经济国家还是市场经济转型国家或是仍然保持独裁专制的国家，腐败已经成为各国政府最大的敌人。腐败无所不有、无所不在。”③这些认识自有它的合理性。但是，在所有国家之中，可以肯定地说，非法治国家的腐败最为严重而最难控制。当然，法治国家不是没有腐败，而是腐败相对地难以产生，一旦产生了也更可能为

---

① 汪太理等编：《中外反腐败史鉴》，中国人民公安大学出版社1991年版，第1页。

② ［美］韦尼·萨德霍尔次、W. M. 克特泽尔：《解释腐败：经济结构、民主制度和贸易》，载胡鞍钢主编：《中国：挑战腐败》，浙江人民出版社2001年版，第242页。

③ 胡鞍钢主编：《中国：挑战腐败》，浙江人民出版社2001年版，第1~2页。

法律所制裁。一个国家的法治化过程也许就是一个国家反腐倡廉的过程。我不敢断言世界上的所有法治国家的形成过程都需要反腐倡廉，但在中国却必须如此。在目前的中国,腐败已经成为严重的社会问题，以至于成为了法治化的严重障碍。历史不容回避地表明,中国的法治之路必然是一条反腐倡廉之路。也许中国走向法治的历程本不等于反腐倡廉的历程,但由于历史事实的偶然与必然的奇妙组合,使得中国的法治化过程,成为中国反腐倡廉的过程。反腐倡廉将是法治的一个恒久的任务,因为法治的启动需要反腐倡廉,法治的实现也同样需要反腐倡廉,法治的进一步发展同样需要反腐倡廉。

一、国家法治化与反腐倡廉

(一)反腐倡廉的政治基础

国家法治化是指国家实现法治的过程,以及国家实现法治后呈现出来的整体状态。权力法治化与国家法治化以一种奇特的关系存在：权力法治化是国家法治化的组成部分,而权力法治化又是国家法治化的前提,也是国家法治化的难点和关键;国家法治化包括权力法治化，又是权力法治化得以实现和存续的基础。

权力的支配性质要求反腐倡廉必须以国家法治化作为前提和基础。权力应当被监督,许多权力也实实在在地被监督着。但是这并不意味着社会中的一切权力或权力运行的一切方面都一定能受到监督，或者已经受到了监督。任何权力都存在支配性,这种支配性使权力具有摆脱义务和侵犯权利的可能。权力本身的支配性质就是其摆脱约束,不受监督的重要原因。在一切约束权力的机制中唯有社会普遍的约束最有成效,它可以在最大范围上监督权力,防止权力的恶性膨胀与滥用。

权力的广泛性质要求反腐倡廉必须以国家法治化作为前提和基础。权力具有广泛性并广泛地存在着,权力本身的广泛性质及其在现实社会中广泛存在的客观事实,在使权力易于腐败的同时,也为监督权力造成了困难。权力监督者如果是某个或某几个机关,其视野总是有限的。权力的广泛存在常常会使监督者难以全面顾及,监督的顾此失彼情形是难以避免的。权力监督的不周延就必然会使一些权力拥有者心怀侥幸,就企图滥用权力而不被发现。具有这种心理就无法根绝冒险者的冒险,腐败就无法禁绝。只有全社会都进入了法治化状态,冒险者才会尽力收敛,克制腐败的冲动。

(二)反腐倡廉的重要措施

国家法治化有利于推进反腐倡廉和廉政建设,确保政治清明与为政廉洁。它是反腐倡廉的社会背景,也是反腐倡廉的有效措施。

国家法治化可以使掌权者慎用权力,增强抵制腐败的自觉性,减少腐败的可能性,降低腐败的概率。国家法治化可以为权力拥有者随时敲响警钟,使权力拥有者消除侥幸心理,勤勤恳恳、踏踏实实、随心所欲而不逾矩。有一些权力者,他们并不一向都是腐败者。有的人在当初甚至是大公无私的,仅仅是在自己掌权的日子里,发现社会监督的缺乏,于是斗胆妄为,以至于走向腐败,走向滥用权力的违法犯罪。也正是这样,才有一些腐败分子在东窗事发以后,大肆抱怨国家法治化的监督机制缺乏。听到这种抱怨多少感觉到这些腐败犯罪者有些自欺欺人的味道。但平心而论,他们的抱怨,还是应当引起我们的反思的。如果一个国家当真法治化了,当然就只有极少数官员能够并敢于在众目睽睽之下胡作非为。

国家法治化还可以为监督者提供一个良好的监督环境,使监督者更好地发挥出反腐倡廉的作用。在法治环境尚未建立的时候,监督总是困难的,要求知情的公民出来指证腐败,他们都会有所顾虑。他们会害怕打击报复。尽管打击报复的情形并不普遍,有这种担忧是可以理解的。尤其是在国家法治化程度不高的情况下,更是如此。在一些特别的场合,也许腐败者尚未服法,举报者自己却被腐败者所迫害。一些监督者眼见被报复者的苦难,也会消极地对待反腐倡廉,或者容忍或者敢怒而不敢言。如果整个社会都法治化了,打击报复的事件必将大幅度减少,人们对于腐败者的恐惧就必然会减低,对于腐败的指控就必然更加勇敢,腐败者也就会在更大的程度上难逃法网,监督者必将有更多的法律意义上的保障。

二、腐败猖獗的法律原因

各国学者都对于腐败的成因有自己的探讨。中国有的学者认为,中国的腐败的成因在于:共产党在长期执政过程中缺乏有效的权力制约;在经济转型过程中,各类腐败活动异常活跃;改革开放以来,我国政治生活发生的重大变化,就是党或政府内部利益化与利益分化;改革开放以来中国政治机器运作的收入相当部分来自预算外和制度外收入,使政府和公共机构腐败具有制度化的特点。[①] 其实,腐败是在特定社会状态之中存在的。它的状态是由特定阶段社会的生产力、生产关系,以及社会结构等诸多因素决定的。即使仅仅从上层建筑的视域来看,也有许多因素相互交织地共同发挥作用。从法律的角度来考察腐败猖獗的原因,也许可以看到以下一些因素或者原因。

(一)权力的非法治设置

权力的非法治设置与权力"缺乏有效的制约"不同。"权力制约"相对于权力本身的设置来说无疑是第二位的。我国权力制约上的确有非常严重问题,但首要的不是制约的问题,而是权力本身的设置问题。有的权力在设定时就没有考量它具有的腐败倾向,也没有因此而刻意设置起防止其腐败的机制。防腐机制的缺失就为其中腐败的发生提供了可能性。权力设置的这种疏忽不是故意的,但其危害的确是重大的。面对权力的肆行,首要的现实问题不仅是对其进行制裁,而要在权力结构上设置起腐败难以或无法产生的体制和机制。权力设置上的不当远比制约机制的缺失危害更为严重。如果运行上"缺乏制约",弥补上制约机制就好了;如果是设置上就"无法制约",这还不是一个"弥补"的问题,而是无法从根本上预防的问题。在反腐问题上最根本的还是要从根子上消除腐败滋生的可能性,使腐败难以产生和形成,这是彻底反腐的良方。于是关于权力设置问题,就需要我们作深层次的反思。

远则数千年,近则数十年,我们既有的权力设置几经变异,变的都是形式,不变的是集权。常常是在权力等级体系中,将下级权力集中到上级,将组织权力集中到组织的最高领导人个人。在不同的权力等级之中,上级的指示远比法律更具有威力,这就使得各个组织的领导人难以受到法律的约束。他们的廉洁与否在很大程度上取决于他们的个人品德、自觉与自律,倘若领导人情操高尚、严于律己,也还能确保清廉,一旦遇到领导人缺乏品德、自觉、自律,腐败就成为不可避免的现象。

权力过度集中在历史上是政治高度集权,行政高度强制所留下的恶果。在计划经济向市场经济转换的过程中,虽然逐步地不再需要计

① 胡鞍钢主编:《中国:挑战腐败》,浙江人民出版社 2001 年版,第 18 ~ 21 页。

划经济状态中那么强势的权力状况,但也还不得不依赖既有的权力运作方式来启动改革,推进各项转换工作。这也就自然地使改革过程中,权力运作方式的改进具有保守性质。上级的指示或命令具有超乎法律法规的威力,这是法治所必然反对的,也是法治启动之初又不能不在一定程度上加以容忍的,甚至还会在某种程度上予以依赖的。只有经过了相当长时期的发展,权力运作的集权倾向才会得以改观。在这相当长的时期里,不同等级权力的法治化关系的建立还是渐进的。随着法治的发展,逐步地上级也不能违法地指挥下级,上下级之间的关系将依照法律建立和依照法律运行。

在一个权力范围之内,权力正当地位在法律上的确立与权力法治化状态的实现是一个过程。现实的转换过程中,一个部门一个机构的最有权力者总是难以控制的,他们可以在其辖区或权力范围内为所欲为、无所顾忌。一个时期,中国权力部门普遍存在的"老板"观念与现象就是其反映之一。一个局的局长,被全局称为"老板";一个厅的厅长,被全厅称为"老板";一个部的部长甚至也被一个部称为"老板"。"老板"意味着所有权人,就是可以任意支配自己财产的人,甚至可以是自己财产的"皇帝"。用这种思想来认识权力,后果必然是权力至上。有了权力至上,就谈不上对于权力的制约问题。说到底还是权力的设置的非法治状态在祸害,是在机制上没有对于权力进行法律上的定位。

要修正权力设置的现实状态,根本的就只能依赖民主。在中国古代没有民主而有的至多只是民本。孟子早就指出,"民为贵,社稷次之,君为轻。"①在现代中国,对于权力的民主性质,在我们的观念中并不是空缺的。但民主还是无法真正而全面地成为权力的基础,或者有效地制约权力。原因并不是民主的观念不明确或民主未能得到法律的确认,而恰恰是观念所认可、法律所确认的民主没有得到真正的现实化。法律的规定只是纸上的文字,这样权力照样没有任何法律的实际约束。因此这里的关键问题是权力的法治化问题,是如何使权力真正地具有民主的程序、结构、组合的问题。权力的非法治设置一定是违背法治精神的权力构架。权力设置的合理化的唯一途径就是权力在设置上的法治化。

---

① 《孟子·尽心》。

（二）权力的非法治运作

权力的不当设置是问题的一个方面，另一方面还存在权力的非法治运行的问题。非法治运行普遍存在，是腐败产生的又一个原因。一个权力只要它能循着法治的轨道运行，即使是一个极大的权力也不会是肆无忌惮的。权力的非法治运作是权力腐败的直接原因。

由于我们在官员录用上没有对于其法律知识和法律修养的要求，由于权力运作过程中的远离法治，由于我们对于官员的考核长期没有法律的指标，就很自然地导致权力的掌握者和行使者无视法律。现实问题是，一些掌权者缺乏足够的法律修养，[①]根本就不知法律为何物。他们偶尔也谈法律或法治，他们讲的法律是约束别人或者老百姓的法律，他们所讲的法治是“治别人”的法治，从来就没有想到法治要治掌权者“自己”。当自己的认识与法律相一致，或者运用法律才能满足自己的需要时就会按照法律办；当自己的利益或者意志与法律产生冲突时，就按照自己的意志办。这种唯我独尊的权力运作情况并不是少量或偶然的。

权力的非法治运作在社会由计划经济向市场经济转轨中表现得尤其突出。在计划经济之下，权力达到了空前的垄断地位，几乎所有的社会财富都由权力所控制。然而，这时的权力并非都无所不能。无所不能的权力仅仅限于最高权力而不是其他任何权力。由于高度严密的权力体制的存在，高度集中的权力也有效地遏制着最高权力之外的权力利用，也限制着权力不当利用的可能性。在社会由计划经济向市场经济转轨的时候，所有权力都获得了更大的运行空间。一些权力可以在冠冕堂皇的旗子之下，以权力运作的方式获取不当利益，包括非法利益，也就自然地形成了权力的腐败。权力演变成了特权，而且根本上是一种表现为政治、经济方面的特权，尤其是以经济方式表现的特权很容易地演变成为腐败。这也就是为什么在改革开放之前，在推进市场经济之前，腐败还没有现在如此严重的重要原因。

（三）权力的法治机制缺失

中国社会主义在当代也还处于初级阶段，甚至初级阶段还将经历几十代人的努力才能完成它的使命。在1949年之后建立的整个体制

---

① 这里的“法律修养”并不仅仅是指法律知识，甚至还包括依法办事的心理、习惯等。

都是以高度发达的社会主义为目标来设置的,整个体制设计都以人们应当具有高尚品德或者已经具有高尚品德作为认识基点。似乎当家作主的任何一个主人翁都具有永远的大公无私,大量公共财产与相应的利益分配,不是依靠法律,而是依靠强制、执政党政策或社会道德来调整。超越历史时代与客观实际的体制必然对于人们尤其是对于各种权力的拥有者,作出过高的估计和提出过高的要求。人们不具有这种过高的水准或不能满足这种过高的要求,就必然会引发社会问题。腐败便是其中的问题之一。

改革带来的体制转换诱发了大量的腐败现象。在原有体制中虽然容易产生腐败,但由于不断的政治运动的洗礼,腐败长期受到高度的政治钳制,不可能普遍获得滋生繁衍的时机,因而腐败实际上是被政治钳制了。偶有腐败产生,也会在不停地政治运动中因各种原因而被遏制。如果旧的体制继续延续,腐败也许并不会发展到现在这样的程度。但中国不可能不进行改革,中国必须对旧体制进行改革。这种改革早已启动,且正在进行之中。在新的形势之下,旧的政治钳制消失了,人们获得了更大发展空间。权力拥有者的权力失去了一层畸形的约束,而新的科学的约束机制的建立也需要时间。新旧体制之间的转换过程中,那些缺乏自律的掌权者就必然会利用体制转换中制度缺失的寻租机会,中饱私囊,腐败也就由此而产生。改革过程中的腐败是最容易败坏改革的毒瘤,“腐败最有可能葬送迄今为止中国改革开放所取得的一切成果,中断中国经济起飞,延误中国现代化进程。”①

尤其是在社会财富由公有公营转化为国有民营或民有民营的时候,手中掌握着权力的社会成员如果不能很好地约束自己,就会运用自己手上的权力来谋取私人的利益。经过长期积累,公有财产的数量、范围、种类都达到了空前庞大或广泛的程度,在这种背景下的经济体制转换,很容易为拥有权力的人所利用。如果有健全的法治机制,当然可以少一些腐败产生的可能性与危险性。但是法治机制的建立需要一个历史的过程,在法治机制形成的过程中,腐败就乘机扩展开来,恶性发展。

(四)权力法治化缺乏伦理支撑

全面的社会转型,也导致了社会风尚与社会道德的转变。任何社

---

① 胡鞍钢主编:《中国:挑战腐败》,浙江人民出版社2001年版,第2页。

会的道德风尚都是在社会发展中渐变形成的。道德风尚是社会的产物,它与特定时代的社会文化相适应和协调。政风政德是社会道德风尚的集中体现,既是一个社会道德风尚的缩影,也在整个社会道德风尚中起着重要的先导作用。

经过了几千年的文明历史,我国社会本有自己传统的政风政德,但是由于它隐含在所谓的封建官僚文化之中,因而从 1949 年以来也就被当作旧时代的遗物遭到了严厉批判。这种批判有它合理的方面,但是粗暴的否定并不能达成激浊扬清的目的,相反还可能良莠不分地一律加以铲除,后果当然是不堪设想的。我们的悲剧正在这里。近半个世纪以来,传统的政风政德不是被遗忘了,而是遭到了不应有的粗暴否定。但如果我们能建立起新的政风政德也就无所遗憾了,关键是我们新的政风政德又没有能够建立起来。

如果能顺应时代的发展而建立起新的政风政德,倒也并无不可。遗憾的是我们破坏有余而建设不足。中华民族传统的政风政德中的优良部分没有受到正视,而是被错误地加以了批判,新的为政伦理又没有及时建立,就必然发生政风政德缺失的严重情形。为人民服务被作为一种口号和标签,到处高喊或张贴,就是难以践履在行动之中。

法治并不反对政风政德,而且还会特别重视政风政德。孤立的法治如果没有深厚的伦理基础,就会因缺乏伦理根据而难以推行,权力的法治建设也会因道德的缺失而受阻。当然因强调道德而忽视法律或法治就必然会犯严重的错误。

三、反腐倡廉的目的追求

反腐倡廉的理想目标,有的人认为目的在于消除腐败,有的人认为目的在于保障社会健康发展……其实,根治腐败的目的在于确保政治清廉,实现人民民主。一些人认为,“反腐败的目的是消除已经产生的腐败和避免产生新的腐败”,这是典型的就事论事的目标观。有人认为“反腐败的目的,不是……而是为了保证社会健康发展”等。他们的这些见解都没有什么错,但是他们都舍本而逐末,未能把握根治腐败的根本目的。根治腐败的目的理当定位在两个层面,即消除政治腐败以确保政治清廉和实现人民民主,其中最基本的是确保政治清廉,最根本的是实现人民民主。

(一)直接目的在于确保政治清廉

根治腐败的直接目的在于确保政治清廉。政治清廉与否是一个国家或社会管理得好坏优劣的决定性因素,也是一个国家和社会能否持续地稳定发展的根本保证。凡是腐败横行得以长期延续,都难免会发生公正缺失、民怨沸腾、天下动乱的悲剧。腐败对于政治的破坏力是极其巨大的。

腐败会影响权力的正常运作。权力的正常运行,是权力存在和发挥作用的最基本要求。任何腐败都无非是利用权力或准权力对于权力与财富的非法攫取,并以牺牲政治清廉作为代价。政治一旦没有了清廉,政治的运作就会就因腐败而难以顺利进行。政治运行的性质、效率、后果都会受到严重影响。

腐败会败坏政纪政风。权力的运作要有良好的信誉作为保证。只有具有良好信誉的政治,才是具有权威的政治。政纪政风是政治廉洁得以维系的基本保证。所有的腐败都一定是对政纪政风的败坏,因为如果不与政纪政风相冲突,腐败就不是腐败,腐败最直接的恶果就是对政纪政风的损害。

腐败会破坏权力的公正性质。权力都应当是公正的,只有公正的权力才可能获得必要的社会信赖。但是,腐败总是对于公正的破坏。腐蚀权力者之所以要腐蚀权力,就是要谋取法外利益,任何法外的利益获得都必然不具有公正的性质,至少不具有法律意义的公正性质。因为一般地说,公正是无须通过腐败的方式来获取的。至于正当的合法利益也要通过非法的腐败方式获得,那是社会严重失去公正标准,权力失去公正性质后,对于畸形现实的非理性的反动。它是畸形社会的畸形矫正——根本就是部分社会成员在无可奈何之下对社会的再次破坏。

腐败会败坏政治的群众基础。政治权力清廉就能赢得群众的信任。当腐败出现以后,首先动摇的就是群众对于权力的基本信赖,群众就会嫌弃甚至厌恶腐败的权力。那样权力必然会孤立,会脱离群众,这对于权力来说,是具有决定意义的。任何权力如果没有群众基础,就失去了最重要的存在依据。如果群众普遍地不信任权力,权力也会因腐败的存在和发展而难以为继。当然腐败的权力也会有一个腐败的过程或苟延残喘的时间段。例如,明清的腐败,无不经历了漫长的历史时期,有的多达一两百年。但是现代社会已经不是明清时代了,政权性质也早已不是腐朽的专制权力,我们有理由期待将腐败降低到最低限度,乃至彻底根绝。

(二)最终目的在于实现人民民主

确保政治廉洁是非常重要的。但是确保政治廉洁,还不是反对腐败的最终目的,实现人民民主才是根治腐败的最终追求。

把根治腐败的目的最终定位在实现人民民主,是由我国政治权力的性质决定的。一切官僚所拥有的权力都不过是人民的权力,其廉洁与否,是他们对于人民忠诚与否的重要的检验标准和客观体现。政治廉洁,远离腐败,不过是为了保障其权力的正当性,使其始终属于人民,为人民服务。民主是权力的依归。任何腐败都是对于权力性质的背叛,都是对人民的背叛,也都是对于人民民主的反动。反对腐败就是要使权力始终具有属于人民、忠实于人民的性质。

政治民主是时代潮流与唯一归宿。政治如果不是民主的,就是专制的。专制权力的受益者是谁?是官僚,是权力的拥有者,当然最后是最大的权力拥有者,如君主。但无论专制权力属于谁,它都不会属于人民。不属于人民的权力就必然是背离人民民主的。

不属于人民的权力,其廉洁也是很有意义的,它可以保障人民在专制下获得相对公正的对待和较好的生存环境,这也就是清官在专制时代的意义。在历史中,清官也许很多,但是名垂青史的并不多。一个包公,威震千年,但是其中有许多故事都是公案小说家的创作。最有史料可考的清官是海瑞,可像海瑞这样的清官也并不多。也许正是这样,清官才为人们在千百年中怀念和景仰。

历史发展到现代,清官的梦想不仅在人们的追忆之中,而且还在人们现实的期盼里,实在是一个不幸的事实。但是我们不可能永远在清官梦里沉醉。任何清官,都是不贪污不受贿的,都是能明断是非的。但是皇帝的行为如何,立法的内容是否公正,都不是清官的事情了。清官们不能管,也管不了。在古代社会,皇帝根本就无所谓廉洁与否。因为普天之下莫非王土,率土之滨莫非王臣。皇帝拥有天下,当然拥有一切,他无须贪污受贿。但是在没有皇帝,或者人民成为“皇帝”的时节,所有官员都一定有一个是否廉洁的问题,都必须对成为“皇帝”(或应当成为“皇帝”)的人民负责。

人民民主才是我们治理腐败的终极目的。我们反对腐败，不是为了塑造一个一个清官。现时代的清官依然是很不容易的，也是必然需要的。但于个人，那最多是个独善其身的理想；于社会则是一个极为初步的目标。因为作为社会的目标，官僚制度的建设一定是将人民当家作主放到更为重要的地位加以强调，最终实现人民民主。也就是说，作为社会它不会拒绝清官，而且还会鼓励和要求清官，但社会不会也不应该把清官作为最终的官僚归宿和反对腐败的归宿。否则，现代化就是不彻底的现代化，社会理想就会因此而被矮化，人民民主就只能是梦想。

只有人民民主才能根本防止腐败。有人会疑问，以人民民主作为目标，是否是对政治清廉目标的否定。笔者认为它不仅不会否定政治清廉，而且正是政治清廉的最根本、最终的保障。因为任何监督机构对于官员的监督都将是有限的，唯有人民对于官僚的监督的力量和范围才是无限的。

人民民主是反对腐败的根本措施，与把人民民主作为根治腐败的目的并不矛盾，而且是如出一辙的。我们不仅要说人民民主是根治腐败的根本措施，而且也要说只有人民民主才是根治腐败的根本目的。

四、反腐倡廉的法治措施

（一）监督措施的理性反思

如何防止腐败，人们可以寻找出各式各样的措施。我们曾经花费了极大的精力并寄希望于强大的监督。古今中外，论监督体制在形式上的完善程度，现在的中国可以说是中外的旷古之最。我们有异常严密的监督体系。对于监督体系，不同的学者可以有不同的表述，为了简便，可以大体概括为执政党监督系统、国家监督系统和社会监督系统三大系统。

对于监督类别的划分可能会有这样或者那样的不同，但任何人都无法否认，这些监督在体制上都是存在的。这种监督体制，并非仅仅是为反腐而建立的，但是无疑包含着反腐的根本任务与使命。完全可以说，我们的监督在形式上已经严密到了如水银泻地、无懈可击的程度。我们监督的结果也应当说是很有成效了，那些腐败的高级领导人就是被现行的监督机构给监督，并且予以惩罚的，丝毫不应否认现有反腐机构的贡献与功绩。但是一个特殊的情况是,腐败并未因现行监督的建立或强化而出现锐减的势头。恰恰相反,似乎腐败愈演愈烈,远没有销声匿迹的迹象。我们再不能寄希望于单纯依靠现有监督就能根治腐败。这么多年来,在这些监督机构的打击下,腐败却越来越严重。绝对不可以明知这种体制无法根治腐败,却硬要依靠它们去根治腐败,结果是延误时机。中华民族再也经受不起时间的浪费,必须迅速寻找到行之有效的制度来达成根治腐败的目的。

新中国的反腐始自 1949 年。如果认为,从 1949 年到 1978 年改革开放之前,中国的腐败还是相对沉寂的话,从 1978 年改革开放以来的腐败发展,则是愈演愈烈。反腐的力度越来越大,反腐的成就越来越大,但是腐败的情形也是越来越严重。在改革开放前,社会的腐败现象较少,腐败的机会不多也是其原因之一。不可否认的是,当时的极左制度的确对于腐败具有重要的抑制作用。在改革开放之后,极"左"的制度显然不行了,被否定了,随之其所附带的特定反腐机制也被抛弃了——也必须被抛弃——遗憾的是更合理的、适应新形势需要的反腐机制并没有建立起来。新反腐机制的缺失,腐败机会的增加,以及腐败被查处的偶然性所导致的侥幸心理,都在一定程度上催化腐败的恶性发展,腐败成为一个严重的社会问题。

任何人都不可否认我们在反腐上所取得的巨大成就,不论是法定的反腐机构,或是非法定的反腐机构;都为反腐作出了重要贡献。反腐的路径可评可点的地方很多,成绩是十分突出的。每一年的人民检察院和人民法院的工作报告中,关于反腐成就的报告都足以令人振奋,可以说是战果辉煌,一年比一年打击得多,一年比一年打击得重。但是如果从另一个侧面反思,就会有新的思考。这也正说明了我们的反腐没有达到根治的目的,腐败还在蔓延。

反腐不能再仅仅在监督的层面上考虑,问题根本也不出在监督上。因为,监督主要还是事后的。尽管监督在理论上有事前监督和事中监督,其实主要的还是事后监督。监督在总体上都是对于腐败的"割毒草"的措施(之所以不用"割韭菜"的说法,是因为韭菜并非是有害的东西)。腐败这种毒草有众多的特性,其中一个极为重要的特性,就是它的再生性特别强。强调监督,主要是强调"割"。只要是"割",其差别只不过是在毒草长大了的时候"割",小的时候"割",还是刚发芽的时候“割”。我们必须明白的是，在毒草还是嫩芽的时候，你没法“割”。在毒草还很小的时候，恐怕大的刀具也不好“割”。等到毒草长大了，长老了，那时“割”起来，毒草也“痛”，我们也会“割”得辛苦。毒草的再生性又决定了腐败的难以根绝，甚至在气温适宜的情况下还会蓬勃生长。

不能再迷信单纯的监督。监督是必要的，但是监督并不是根本的，对于监督的迷信必将付出更加惨重的代价。在经历了这么多磨难，蒙受了这么多损失之后，我们没有理由再片面地强调监督。

（二）创新反腐的权力制度

面对监督的失效或难以根治腐败，许多人就对中国的反腐丧失信心。笔者大不以为然，笔者认为，腐败是可以根治的。目前的问题是我们主要或者过于信赖了监督——“割草术”所致，我们应该努力寻求更彻底的办法。与其如此艰难地割毒草，还不如构想改良土壤，改变土地的温度、湿度等方法，使毒草难以产生。在改良土壤，从根本上限制毒草生长的基础上，我们再割那偶然出现的毒草，一定会更好。土壤改变了，毒草难以生长；即使偶然有毒草生长出来，我们再采取割草术。先改良土壤，使腐败无法产生；再拔除毒草，使偶然产生的腐败无法生长，应该是反腐的有效途径。

如果说社会是第一的土壤，我们的制度也就是第二的土壤，而且制度还是最直接的土壤。从制度的意义上讲，它是指腐败借以产生的制度的整体。它首先是，但不仅仅是指干部制度，它包括一切关于公共权力的制度。

要根治腐败，必须查明腐败的根源在哪里。我们曾经找了很多原因，都似乎是对的，但是都有值得疑义的地方。我们必须做更多更深入的思考。在廉洁问题上犯了错误甚至犯罪的官员部，他们中的一些人原本是很优秀的，也曾经为国家和人民的事业作出了重要甚至重大的贡献。并不能说他们中的每个人一开始都是伪装，都是欺骗，都是贪官污吏。他们为何会产生腐败并成为腐败分子，我们必须从制度上去寻找原因，不能不考虑我们制度所存在的弊端。一些畸形的制度往往使清官清不了，贪官臭不了，甚至异化成为贪官产生的原因。在一些畸形的制度下，置身其中，不腐败也困难。我们必须痛定思痛。有的好干部变坏了，他们自身的原因是毋庸置疑的，在同样的制度状态中也还有那么多的清官和好官。但是贪官走向腐败，无疑是人民和国家的重大损失,是我们制度缺失或者畸形的反映。一个领导干部的培养,在现行的制度中,耗费是巨大的。人民花了非常大的心血,寄予了非常高的期望,结果他们却轻易地背叛了人民,走向了腐败。对于这些腐败分子的本衷当然是一种否定,对于他们应有的前途也肯定是一种损失,对于国家和人民的事业无疑是更为严重的灾难。

世界上也许没有绝对不产生腐败的制度,但是一定有难以产生腐败的制度,我们所要建构的就是腐败难以产生的制度,从制度上防止腐败是一个十分重大的问题和极其艰巨的任务。我们至少可以从权力的架构制度、权力的获得(官员选任)制度、权力的行使(官员的监督)制度与权力行使者的待遇(官员待遇)制度四个主要的方面来改良"土壤",更新制度。

首先,我们来看权力的架构制度。权力的架构,是权力体制的设计,对于权力的清廉与否具有决定性的意义。任何国家都有自己的权力结构。权力的一个单元划分与结构方式,制约和影响着其腐败的存在和发展状况。许多国家的腐败首先就是由其制度设计的不合理暗含着的,其后的许多努力都不过是亡羊补牢而已。现在我们已经到了必须反思我们的权力架构是否合理,以及应当如何架构的时候。只要我们寻找到抑制腐败滋生的制度,我们就应当坚决地弃旧图新,为根治腐败创真正的千秋基业。

其次,我们来看权力的获得制度。在权力的获得上,我们的权力与人民的分离状况必须改变。如果权力来源于上级权力,下级官僚显然只需要对上级负责,人民显然就会成为被轻视的对象。一般来说,如果权力仅仅来自上级权力,下级权力就可能只听命于上级或者欺骗上级,根本就不顾人民。如果权力直接来自人民,它就必须对人民负责。因为,它不对人民负责,它的权力就无从获得,即使获得了,也可能被人民通过法定的方式——弹劾、罢免、否决——加以剥夺。在这种权力获得的制度中,任何权力拥有者都不敢胡作非为,因为人民随时真正地监督着他。每一个权力如果都能对人民负责,天下就没有背离人民的权力,人民当家作主也就真正实现了,权力的来源也名正言顺了,权力的基础与根基的问题也就解决了,我们就不会害怕权力的背叛。

再次,我们来看权力的行使制度。在权力的行使上,由于新闻、舆论的大众化或社会化程度不高,人民的知情权没有受到应有的尊重和实现,人民参政、议政的途径也就相对有限,而使公共权力等同于被秘密行使。秘密行使的权力是无法被监督的,即使有监督也难以切中要害或确实有效。在人民知情权难以实现的社会中,腐败的权力既可以欺骗上级权力,更可以欺骗社会公众。所以,我们必须从制度上解决人民的知情权问题,让人民知道权力是被谁行使,被怎样行使的。人民知道权力被行使的情形,他们就可以决定权力的去留与取舍,对权力的行使过程实施最有效最广泛的监督,权力滥用就会大大减少。

最后,我们来看权力行使者的待遇制度。权力行使者,即官员,他们应当有相当高的待遇。一个时期以来,高薪养廉一直受到无情的嘲弄,这是不对的。能够成为社会公共权力拥有者的人,如果是通过民主程序选拔与任用的,都应当是社会的优秀人才,给他们以足够高额的薪金是应当的,不然优秀人才就不愿意从事公务。即使是优秀的领导干部,他们也要领取薪金和补贴。他们优秀,可是一旦从事公务,却要在拥有权力的同时接受贫穷,这是不合理的。优秀人物面临的是,竭诚奉献就必然贫穷,有所贪占就流于腐败。一些真正优秀而又有良知的精英人物,他们就会弃官而不为,一是给自己不坚定的意志一个根本制约,即使自己无法腐败;二是为自己现实的人生以更实在的合法收益,包括学术或者金钱。对于官员,给予了足够的待遇,至少可以减少一些为生计而“不得不”贪的贪官。待遇保障之后,对于哪些非为生计而贪者,我们也有了更为充分的惩罚理由。大贪都是由小贪发展而来的,良好的待遇制度就会使因生计而小贪,随后而大贪的情形大大减少,也为真正的精英志士一个利益认可,一个有效吸引,一个前途与经济的安全保障。

通过制度创新,我们可以对公共权力的行使者采取高素质、高待遇、严惩罚的“两高一严”措施。

高素质。即对我们国家的各级官员,将高素质作为法律对他们任职的基本要求。这种高素质,当然包括业务素质、道德素质、管理素质在内。其中,学历、学位、实绩都是其素质的外在标志和客观依据。权力行使者理应是社会的优秀分子,具有较高或者相当高的素质状况。有了高素质的人才,才可能减少管理人员、减少社会负担、提高人才待遇。

高待遇。社会和国家管理者是社会的优秀分子,其劳动理应得到社会承认,高待遇实际上是社会对他们价值、能力、劳动的一种认可。同时,这也符合按劳分配的法则。他们从事的社会和国家管理工作,是一种复杂劳动,复杂劳动的报酬高于简单劳动也是正常而必需的。需要提请注意的是,这种高待遇不是一般地略高于其他社会成员,而是应当大幅度地高于其他社会成员的一般劳动。这不是一个所谓的以金钱买廉洁的问题,而是一个按劳分配、优劳优酬的问题。

严处罚。有了高素质,就应当有高待遇。有了高素质和高待遇就必然有高的社会地位,有了高的社会地位就必须承担相应的社会义务。这里的"严"一是指"严密",任何腐败都无法逃脱法律的追究;二是指"严厉",如果他们无能、懈怠、舞弊、枉法,就必须承担严厉的法律责任,其中包括刑事制裁,也包括行政制裁。在若干处罚中最基本的则有令其"终身不仕"等。使公务人员因不愿牺牲其职位,不愿损坏其名节,不愿受到法律制裁而不愿腐败。一旦腐败发生,即重惩不怠,以除腐败,以儆效尤。

"两高一严"是一个整体。只有同时推行,才可能发挥其应有的效用。在推行"两高一严"的时候,应同步推行"断源清流"。所谓"断源"是指要首先断绝不合格人员进入国家机关,解决国家机关人员的入口问题。在"断源"的同时,必须对国家机关进行"清流"的工作。所谓"清流"即是纯洁国家机关,将其中滥竽充数者、尸位素餐者、贪赃枉法者、徇私舞弊者,分别情况或请君自便或扫地出门,逐步纯洁和提升国家机关的干部组织,以提高整体素质。"断源"与"清流"是统一的,必须并行采用,否则就可能旷日持久而难以奏效。

(三)实现权力的法治化

1. 权力赋予的法治化

权力的赋予与权力的获得是一体之两面。从给予权力的角度,权力起始于赋予。一切权力原本都属于人民,是人民将自己的权力赋予了国家机关及其相应的官员,国家及其工作人员才拥有了权力。人民通过直选或者通过议会选举将权力赋予特定机关和官员。其中,组织人民进行直选,或者组成议会并由议会进行的选举,就是人民赋予特定机关或者官员权力的过程与途径。从接受权力者来说,权力赋予过程则是权力获得的过程。权力的法治化必须首先从权力的赋予与获得上开始。人民怎样行使自己的民主权利或者权力就是第一步。人民依据什么法律来行使权利或者权力，其中有怎样的程序；人民的个体之间如何在权力赋予中进行协调与互动，人民怎么监督权力赋予过程的真实与正当，都值得我们去思考，都需要有相应的法律作为基本的准则。什么机关，什么人才有条件去获得权力，通过什么程序去获得权力，获得哪些权力，都需要法律的指引。其中涉及人民代表的选举立法，人民代表的权利与权力立法，国家机关的组织立法，国家官员的选举与任命立法，等等。

我国目前的权力不当赋予或不当获得的现象，总是与腐败联系在一起的。"买官卖官""跑官要官"就是一个特定权力滥用的起点，就是一个特定权力走向腐败的开端。"买官卖官"是金钱对于权力的赋予与获得的亵渎，它使官员权力的获得不是依赖自己勤勉的努力以及人民的选票，而是通过贿赂与收买。"买官卖官"一般地说都是非法的，除非那个时代本身就是一个公开卖官鬻爵的时代，法律也予以了认可，否则，卖官鬻爵就不可能具有合法的性质，就是违法或者犯罪。"跑官要官"难免与"买官卖官"相勾连。"跑官要官"主要根源于"跑官要官"者的厚颜无耻；"买官卖官"主要根源于"买官卖官"者的胆大妄为。"买官卖官"与"跑官要官"，都是对于权力的非法赋予和获得，都是对于人民权力本质的背叛。

如果能够将权力的赋予与获得全面法治化，使其在两个方面都具有合法的性质，每一个权力都会从一开始就有一个良好的起点。因为任何以不正当手段获得的权力都会以不正当的手段报复社会。大凡买官者，一旦有可能就会卖官。在别人那里跑来要来的官，也会轻易地把自己手中的官位赋予那些跑官要官者。

保障权力赋予与获得的正当性的根本，如果说是法治，还毋宁说是民主。只有民主的选任才可能把真正德才兼备的优秀人才选拔到领导岗位上来，使优秀者承担起更为重要的社会责任，为社会发展作出更大的贡献。任何依法赋予或获得的权力只要不是民主的，也必然会是不正当的。民主为权力的赋予与获得提供了最根本的合理合法的根据，也为权力拥有者拥有和行使权力奠定了伦理基础。民主对于权力的意义是根本的，是决定性质的。但是如果没有法治，民主就没有保障，民主就会为集权、专制所取代，权力就会从其起点就被扭曲、异化。

2. 权力行使的法治化

权力的行使应当是法治最大的着眼点。权力的腐败都是在权力运行之中实现的,可以认为,没有权力的行使也就没有权力的腐败。权力的行使为权力的腐败提供了场所和空间,即是腐败的载体。没有这种场所与空间,腐败也就没有得以生存的余地。权力的行使范围是广泛的,几乎一切社会方面都可以看到权力在行使着,在具体地发挥着作用。即使是我们在前面谈到的权力的赋予与获得,从赋予也是权力的一种运用形式的意义上讲,权力的赋予依然是权力的行使。

将权力行使法治化,首先要求将权力主体法治化。法定的权力是由法定的主体来行使的,特定的权力由特定的主体来行使,是权力行使的基本法则。各类权力主体各自享有何种权力都应当是由法律明确规定的。非权力主体对于特定权力的行使必然是非法的,此权力主体对彼权力主体权力的行使也同样是非法的。权力在主体上的特定性,是权力行使的严肃性、神圣性、权威性的依据。权力主体内在的法律意识与法律自觉状况在很大程度上决定着其行为的合法程度。我们根本就不能寄希望于法律的无知者和对立者能自觉地依法办事、循法而行。

其次,将权力法治化还包括将权力的内容法治化。一个权力主体享有哪些权力应当有法律的具体规定,各种权力拥有者也必须严格遵守法定的权力内容作出自己的权力行为。各种权力的内容规定,在法律上应当是清楚的。这种规定应当具体到相应主体循法而行即无疑惑的程度。在权力规定不明确的时候,就有可能出现权力滥用的情形。任何权力主体的权力都应当以法律的规定为限。每一个权力主体都不得超越法律之上,否则就不是权力而是特权,就走向了法治的反面。法治是秉持平等,反对特权的。权力的法治化中一个重要的方面就是权力内容的法治化,它是权力法治化中的核心部分。

最后,将权力法治化,要求将权力的行使过程法治化。权力的行使得依照法定的程序进行。不遵守法定的程序,权力就必然是滥用的。权力主体要根据法定的权力内容来行使权力,对于权力主体来说大抵并无理解上的困难。对于程序来说,有的权力主体总是轻视的。他们在权力的行使过程中经常会忽略其程序,将所关注的焦点集中到权力内容上,抱着以什么方式实现权力都无所谓的态度,这是非常有害的,它同样会败坏法治。不按照程序运作的权力极易腐败或者为腐败提供便利的条件。

3. 权力监督的法治化

权力监督也是权力行使的重要内容。但是与一般的权力行使相比较,它又有独特的性质和特别的意义。权力的监督是权力正当性的保障,如果权力监督出现非法治化状态,后果也将是特别严重的,甚至比一般的权力行使的非法治化更为严重。

权力监督的法治化是指权力监督的主体、对象、程序等方面的法治化。权力监督是必要的,在一般的意义上,所有的社会公众都享有监督的权利,但这是作为社会成员或公民的普遍权利,它构成不了必然会启动法定程序,并对于权力产生确定效力的法定监督。它主要地属于人民权利的范畴而不是国家的权力。对于权力拥有者的法定的程序化的监督是由法定的国家机关进行的,除了这些法定的国家机构之外,其他人如果不是依照法律的规定行使作为公民的普遍的监督权利,就会形成对于权力拥有者正当权利的侵犯,也会破坏正常的权力秩序。监督主体的特定性有利于尊重和保护各级官员的合法权益,维护正常的权力运行秩序和权力监督秩序,使权力监督真正有效,而不是陷入混乱之中。监督主体的特定性也就排除了非法定机构滥用监督权力的可能性。在我国,这种特定性就要求,法定的监督机关必须忠实而全面地履行自己的监督职责,防止其他机关对于监督权力的僭取。由于权力不限于国家权力,因此,在广义上的监督就不仅限于对国家权力的监督。在一个国家之中除了有国家权力之外,还可能有诸如执政党权力等。执政党权力不属于国家权力的范畴,但也同样存在需要监督的问题。这种监督不能被认为是国家的监督,也不能混同于对国家权力的监督。在这个问题上最容易犯的错误是错把政党尤其是执政党的监督当作国家的监督。其中,一个方面的错误是把执政党内部的监督扩大至执政党之外,形成超越法律之上的权力监督主体;另一个方面的错误是用执政党内的权力监督取代国家权力监督。

监督的对象是普遍的,除了作为整体的人民之外的,一切拥有国家权力的机构或者个人,都是权力监督的对象,没有任何权力可以不接受监督。由于权力监督的普遍性,使那些不受监督的权力成为畸形的权力,近乎特权的权力。如果我们进一步对权力监督的对象进行分析,还可以发现,权力拥有者真正被监督的不是他们个人本身,而是他们的有关行为和事项。之所以除了纯粹私人领域的行为和事项之外,权力拥有者的一切行为和事项几乎都在被监督之中,一个很可能的原因是权力行为与非权力行为存在难以区别的现实困难。也许正是因此,权力拥有者才无法具有普遍大众所具有的那么广泛的隐私权利,以至于一些在一般人看属于私人领域的行为也被纳入了监督的视野。这里也的确存在权力拥有者的正当权利何以得到切实保障的问题。但无论权力监督的范围多么广泛,权力拥有者如何运用权力的行为始终是权力监督的焦点。

对于权力的监督措施,也必须是法治化的。不同的监督机构拥有不同的法律地位。由于其作为法律监督者的身份不同,有权采取的监督措施也必然有所差别。人民代表大会可以用调查、质询等手段进行监督,人民检察院则可以使用刑事检察、民事行政检察、法纪检察、监所检察等手段进行监督。不同的手段具有不同的法律性质和意义,只能由不同的监督机构行使,不能混同。

监督的程序的法治化是监督法治化的重要内容。监督程序的法治化是值得被特别重视的。因为,监督程序的法治化的程度直接表明了监督制度的法治化程度和监督者的法律意识水平。没有监督程序的要求,就很容易使监督权因缺乏监督而成为失控的权力,在有意无意之中为监督者提供了任意滥用监督权的便利条件。这一点应当在监督法治建设中予以特别重视。

在反腐倡廉的意义上,权力监督法治化的关键与核心是对权力拥有者的经济财产状况进行监督。腐败总是与金钱相联系的,腐败的程度也往往是以金钱的状况作为重要标准的。在反对腐败的历程中,国家尤其要制定和发布对各级权力拥有者的财产及其收入进行公开的"阳光法案"。只有把权力拥有者的财产和收入公开,特定的监督机关和社会大众才有对于权力拥有者进行监督的基本依据,权力拥有者才会有严格自律而拒绝腐败的坚决态度,权力拥有者才会赢得更多信任、理解与支持,也才能保障权力的廉洁性质。

(四)建立法治化的权力制约机制

马克斯·韦伯认为,"权力是某种社会关系中一个行动者将处于不顾反对而贯彻自己意志的地位的概率,不管这种概率所依据的基础是什么”。① 权力的“不顾反对而贯彻自己的意志”的属性也就决定了权力不受拘束的性质。正是这种不受拘束的性质要求必须对其予以制约。彼得·布劳更明确地认为，权力是“个人或集团通过威慑力量不顾反对而把意志强加于他人的能力”。② 如果将这一定义与前一定义相比较，他更指出了权力“通过威慑力量不顾反对”的性质。在传统意义上的权力中，这种威慑力量，往往表现为国家的暴力。假如权力假国家暴力而行恶，人们就难将其驯服。何以使权力循规蹈矩，是一个历史性的课题。对于这个“规”或“矩”的内涵和外延，人们也一直在探索。

许多学者都认为权力的制约是近代或者现代才产生的，这是对权力制约机制误解。权力制约机制并不是在近代或者现代才有的，在权力产生以来就产生了相应的制约机制。在古希腊，在古罗马，在古代中国，只要有权力也就有权力的制约机制的存在，绝对专制的君王是极少的。在君权天授或君权神授的认识与相应的体制中，君权要受天或神的制约，风暴雨雪、皇天神圣都在一定程度上代表着天意或神意。君王的君权都要得到制约，更何况君权之下的其他权力，概莫能外。君权之外的其他权力既要受到天或神的约束，更要受君权的约束。当然，天或神的约束是有限的，甚至是无形的，甚至就是君王或臣僚们内心中存在的东西，并不是客观的现实存在物。但是，在那个特定的时代，君王的意识中一般还是存在的天和神的，有着对于天意或神意的遵从，并有着对于天或神的恐惧。君臣们滥用权力时也会顾及上天的旨意或神的旨意。即使是在君权父传的“无神论”中，君权也还要受到祖宗遗训等的制约。那种无天、无神、无祖的君王毕竟是极少数，是个别，是历史的偶然。在主权在民的时代，权力的制约机制更是客观存在的。那么，为什么历朝历代的权力都有制约而又难以真正有效制约，这是问题的另一方面。这是权力制约机制的健全与否、有效与否的问题。

确保权力制约机制的健全与有效所必须依赖的只能是法治以及其所依赖的民主，而不是其他别的任何东西。约束权力的手段既可以是纪律，也可以是道德；既可以是习惯或者传统，也可以是法律。的确，这

---

① ［英］罗德里克·马丁：《权力社会学》，丰子义、张宁译，三联书店 1992 年版，第 81 ~ 82 页。其中的译文似有语病，引用时未作校正。

② ［英］罗德里克·马丁：《权力社会学》，丰子义、张宁译，三联书店 1992 年版，第 83 页。

些手段在约束权力中也发挥着作用,并且甚至还有不可替代的作用。抽象地谈论其中谁最有力量、最有效力,是难以说清楚的。但从外在的约束力的角度看,在这些手段中唯有法律手段是最有力量、最有效的。权力的性质决定了它必须要有一种外在的约束,这种约束并不依赖于被约束者主观的愿望。从前述的几种方式来讲,纪律、道德、习惯或者传统都在一定程度上要依靠被约束者的自觉,都需要通过权力者的自觉,都要求一定意义上的自律。唯一的是法律,它一旦成立就具有了权力者难以随意改变的性质,法律也不会顾及当权者的态度而将既有的含义消失。只要有真正的执法者,法律对于权力的约束就可以成为现实。法律就是权力循规蹈矩运行中最重要的"规"和"矩"。对于法律对于权力的制约意义,在中国古代虽然没有得到普遍的认可,但也存在一些智慧者的精辟认识。王安石就说,"夫合天下之众者财,理天下之财者法,守天下之法者吏也。吏不良,则有法而莫守;法不善,则有财而莫理。"①只有在法治的机制与环境中,执法者才最能将法律予以彻底实现,使权力按照既定的规矩运行。

法治要求任何权力都必须接受约束而无所疏漏。人们常常批评不受约束的权力,或者批评某个时代或者社会的权力的不受约束。所批评的可能是笼统的权力,其实真正不受约束的权力并不是每一个权力,而仅仅是那些个别的权力,尤其是那些极为重要的权力,或者就是最大的权力。只要不是最高的权力,都可能受到其他权力的制约。在非法治的时代或社会中,最高的权力总是不受约束的,其他权力的约束总是不规范的、不经常的。呈现出的是有的权力没有监督,有的权力却可能不受制约——具有受制约的偶然性或不可预期性。法治所要求的是一切权力都必须接受法律的制约。在法律至上的旗帜下,权力始终只能服从法律,而从来就不能超越法律,更不可能将至上的法律取而代之。法治之下的权力无法或不可肆意畅行,都必须依法行使。

法治要求权力制约充分有效。权力制约机制难以建立,即使初步建立起来,也随时具有复辟的危险性。权力制约机制建立之后具有的复辟可能性,是权力必须受约束的性质与权力始终具有的摆脱约束的性质之间的矛盾所决定的。一旦权力不受约束的性质占了绝对优势,

① (北宋)王安石:《度支副使厅壁题名记》。

制约机制就形同虚设。为了防止权力制约上的复辟,消除其复辟的可能性,一个极为重要的方式就是坚持法治,实行民主,使权力根本就不具有摆脱约束的可能与机会,这就要求已经建立起来的权力制约机制必须受到尊重和被维护。在权力制约上坚持法治,也就是要相应机制的始终有效而不是被虚置。虚置的制约机制再健全或完备都是虚假的,都不可能给我们带来实实在在的权力制约与社会民主。法治及其所依赖的民主,是权力制约机制的内核与根基。

第十九章　法治国家与科学发展

科学发展是我国社会发展到21世纪初期所提出的客观要求,也是中国社会进一步发展的根本保证。没有科学发展,可能就是无效发展、错误发展,甚至会走到我们期望的反面,成为社会发展的灾难。目前,我国法治建设已经进入一个新的发展阶段,如何在科学发展观的指导下,全面落实依法治国基本方略,推进社会主义法治国家建设,是我们必须面对的时代课题。[①]

一、科学发展观指导法治发展

(一)法治需要科学发展观指导

发展观是一定主体关于发展的本质、目的、内涵和要求的总体看法和根本观点。发展观决定着相应主体对于发展道路的选择、发展模式的设计和发展战略的确定,它的正确与错误直接影响着发展的状况和后果,特定社会方面的进步还是倒退、先进还是落后都与相应的发展观有着直接的联系。科学发展观的内涵极为丰富,涉及经济、政治、文化、社会发展各个领域。对于法治建设来说,科学发展观不仅深刻揭示了其本质要求、根本目的和价值趋向,而且对我们思考和把握法治建设的发展基础、发展战略、发展模式和发展步骤具有重要的指导意义。

---

① 这一部分参考和援用了与石泰峰教授合作撰写的有关文字,在此特向石泰峰教授致谢。

首先,法治建设内部的各个组成部分的发展必须以科学发展观为指导。法治建设是一个整体,其中的每一个部分、环节都有一个如何科学发展的问题。法治是一个系统工程,在法治系统之中,最基本的组成单元需要内在元素自身的协调,应当具有内在的统一性和整体性。只有具有统一性和整体性,法治各个部分或者环节的发展才是协调的和可持续的,也才具有强大的活力。从法律运行来看,立法、执法、司法、守法各个环节必须体现科学发展观的要求;从法律体系来看,各个法律部门都必须按照科学发展观的要求加以构建和完善;从法律价值来看,科学发展观体现了我国法律的核心价值。如果没有科学的发展观作指导,就难以保证法律的科学性、合理性,难以保证法治建设内部各个部分的协调性,就难以避免影响法治在整体发展,从而导致整体不平衡,进而影响整个法治的发展。所以法治发展在部分或环节上都必须以科学发展观为指导。

其次,法治的整体发展必须以科学发展观作指导。法治是由若干部分和环节构成的整体,这种整体性需要以科学发展观作指导来建构、来维系、来发展更新。何以实现法治各个部分之间的协调、各个层次的协调,保障运行的良好,都离不开科学发展观所给予的指导。没有法治的协调的整体发展,就没有法治良好的整体状态。法治整体发展一定需要科学发展观作指导,这种指导可以使法治发展更具有全局性、长远性、稳定性。

最后,法治建设与其他社会方面之间的关系,也需要科学发展观作为指导。法治发展是在社会整体环境之中进行的,必然有一个如何与社会其他方面协调发展的问题。法治并不是孤立的社会存在,它与社会政治、经济、文化密切联系,并在与这些相关因素的相互制约与影响之中发展。如果没有与相关的因素之间的协调,法治的发展就必然会遇到障碍。法治与相关社会现象之间的协调,以及互动发展,相互促进,都需要科学发展观作指导,否则,法治的发展就会成为孤军奋战,就会受到不应有的羁绊,而很难获得成功。即使偶然有所成就,也会因相关社会现象的制约而难以全面发展,甚至同样会归于失败。

(二)科学发展观指导法治发展

科学发展观对于法治发展的指导,体现在法治的各个环节。无论是立法、执法、司法,还是法律监督都必须接受科学发展观的指导。

科学发展观指导立法。科学发展观对立法的指导，首先就要求立法工作必须实事求是，从实际出发。具体就立法来说，就是要从中国国情出发，从中国社会主义初级阶段的社会实际出发，从中国特色社会主义的需要出发，不能脱离中国的实际去推进立法工作，那样只能适得其反，欲速则不达。其次，科学发展观要求推进立法民主的发展。立法要达到预期的目标，就必须推进立法民主，使立法准确地反映人民的愿望与要求，体现人民的呼声，表达人民的意志。法是人民意志的体现，不能也不应成为一句空话，必须落实在立法之中，成为立法的本质要求与质的规定性。最后，科学发展观也要求总结人民群众的社会实践。立法工作要广泛总结人民的社会实践，广泛搜集人民群众的实践经验，发挥人民群众在立法中的创造性、主动性和积极性。人民群众才是社会主义社会最坚强最有力的建设者，他们的社会实践蕴含着极为丰富的资源，立法工作者必须广泛听取人民群众的意见，广泛吸纳他们的建议，使立法成为群众智慧的结晶。

科学发展观指导执法和司法。科学发展观对执法和司法的指导，要求我们在执法和司法中坚持以事实为根据、以法律为准绳的原则。因为执法和司法中所采信的事实，是客观事实中具有法律意义的事实，是能够说明案件真实情况的事实，而不是一般意义的事实。在处理案件中，能说明案件真实情况的，只有证据。以科学发展观为指导的执法观和司法观，就必然要求坚持严格的法律事实观，即坚持严格的法律证据观。在刑事诉讼中，必须坚持证据原则，以证据作为司法裁判的根据。严格把握认定犯罪与否的证据条件，确保定罪量刑是建立在确实、充分的证据基础之上的。坚持重证据，不轻信口供的原则。坚决反对和杜绝刑讯逼供，防止冤假错案的发生。在民事案件中，也应坚持谁主张谁举证的原则，坚持依法认定证据，正确评判证据的意义与效力。在特殊情况下的举证责任倒置，也要严格依照法律的规定施行，而不能随意地分配举证责任。在行政诉讼中，要坚持被告举证的基本原则，特定情况下的举证责任倒置也同样需要依照法律的规定实行。总之，证据原则，就是科学性原则的要求，就是推进执法和司法发展的要求。

科学发展观指导法律监督。科学发展观对于法律监督的指导，就要求我们必须坚持有法必依，有错必纠的原则。这首先表现在，对于有法不依的现象，要敢于进行严格的法律监督。法律监督是实现法律面前人人平等的保障，是反特权的有效手段之一。在科学的法律监督之下，不论违法者是谁，只要滥用公共权力，违反法律规定，给人民和社会造成了损失，依法应该承担法律责任，就应该追究其相应的违法犯罪责任。不论违法犯罪者的权力有多大，地位有多高，法律监督部门和机构都应当坚决地加以制裁，任何人也不能享有违法而不受追究的特权。科学发展观对法律监督的指导其次也表现在，对于冤假错案必须予以坚决纠正。历史上，我们没有法治，更没有有效的法律监督，导致了大量的冤假错案的发生。这些冤假错案导致了极为严重的危害后果，许多公民因此而家破人亡，蒙冤受屈。面对沉痛的历史，我们为平反冤假错案，花费了极大的精力。但是只要有执法和司法存在，只要其中有错误存在，冤假错案的发生就难以完全避免。面对冤假错案，需要有敢于纠正的勇气和彻底平反的行动。法律监督呼唤实事求是，呼唤严格依法办事，呼唤法律面前人人平等的法治精神。现在，大规模发生冤假错案的可能性已经很小，但是，依然无法完全杜绝发生的可能性。因此，一旦发现冤假错案，就要敢于纠正，而不能推三阻四，讳疾忌医，掩盖错误，否则，就会犯更大的错误。

二、科学发展观的法治要求

以科学发展观作指导来推进法治建设，就可以更深入和更准确地认识我们所面临的法治建设的重大任务。对于这些新任务的认识和圆满完成，是科学发展观提出的新要求。

（一）法律制度反映社会发展的时代特征

我国的法治建设首先必然是法律制度建设。法律制度建设必须反映我们这个时代的历史特征。我们所处的时代它要实现现代化，完善市场经济体制，发展政治文明，充分保障人权，建设法治国家。法律制度就必然要体现这些时代特征，并完成这个时代所赋予的历史使命。

法律制度要反映现代化建设的要求。在法治建设上，必须注意我们所处的时代是走向现代化的时代。建设现代化国家就是我们这个时代的重要特征之一。我们的政治、经济、文化等各个方面都有现代化的任务，也都正在经历现代化。在这个历史阶段的中国法律制度，必须是适应现代化建设要求的，与现代化发展同步的，并对现代化起着推动和促进作用的法律制度。

法律制度要反映市场经济的要求。在我国目前,正在进行市场经济建设,走向市场经济、建立市场经济体制同样是我们这个时代的特征。在这个历史过程中的法律制度,当然有一个适应市场经济发展需要,推动市场经济体制建立的问题。市场经济是与计划经济不同的经济体制与经济运行模式。法治总是与市场经济相伴随的,市场经济是法治经济,它内在地要求我们加快法治建设,推动法治发展。在市场经济发展中逐步完备的法律制度,当然要以市场经济作为自己的经济基础和出发点。

法律制度要反映政治文明的要求。在市场经济体制逐步发展形成的过程中,我国的政治文明发展也取得了重大的成就,政治文明建设也是我国这个时代的重要特征。民主和法治都是政治文明建设的重要内容。就民主与法治的关系来说,民主是法治的基础和前提,民主也是法治的理想与目标,民主需要法治为其提供有效的程序保障和制度保障。民主的发展也会提出一系列重大的法律要求,国家权力的配置、运行、职责、制约、监督等都需要法律提供有效的措施。民主的发展直接要求和推动着法治的发展,许多法律制度就是为了确认民主和实现民主而产生的,促进社会民主的发展是法律制度的任务。

法律制度要反映保障人权的要求。在人类进入 20 世纪的中后期以来,人权问题得到了普遍的关注,保障人权成为现代世界法治的基本特征。我国现在的法律制度是在当今世界建立的,它当然要反映这个时代的世界潮流。自改革开放以来,我国在人权保障方面也取得了重大的成就。这个时期的法律制度必然地具有这个时代的特征,法治理当成为人权的有力保障和推动力量,有关人权的立法必将获得更大发展。2004 年 3 月的第十届全国人大二次会议通过的宪法修正案,首次将“人权”概念引入宪法,明确宣布“国家尊重和保障人权”。这一修正案被誉为中国民主宪政、政治文明建设以及人权发展的重要里程碑。从此,保障人权在中国就不再仅仅是政治口号,而是必须演变成为法律制度建设上的具体行动和重要目标。但是,也必须清楚,我国具体的人权保障立法的任务还非常艰巨。

法律制度要反映依法治国、建设法治国家的要求。依法治国,建设法治国家,是历史发展到现在我们认识发展、思想进步的反映,是社会发展的时代要求。法治建设是民族的百年梦想,是中华民族振兴的必由之路。依法治国,建设法治国家已经被我国宪法所确认,成为治国方略与发展目标。在这个时期的法律制度,必须为依法治国和法治国家建设服务,成为法治发展的推动力量。法律制度是依法治国、建设法治国家的必要基础与基本条件。在法律制度的建设中必须顾及整个法治建设,将其作为一个整体来加以认识并全面推进。

(二)立法发展适应社会发展的客观要求

立法是法治建设的首要环节,立法的进步和发展也是社会发展到一定阶段的反映和要求。科学发展观对于法治的要求,首先就体现在立法上。科学发展观对于立法发展也具有独特的指导意义,成为立法发展的重要指导思想。

首先,立法要反映社会发展规律的要求。任何事物的发展都有其内在的规律在发挥支配的作用,社会发展也有其内在的规律性。立法并不是发现规律,仅仅是表述现实的规律而已。立法工作必须重视调查研究,必须重视民意、反映民意,适应社会发展规律的要求。社会发展的规律,不是在社会表面存在的,它存在于社会内部,需要我们透过各种现象全面分析、准确把握,才可以真正地了解规律的内涵。立法就是要在尊重客观规律的基础上,将客观规律体现在具体的各项立法的章节与条款之中。

其次,立法要适应社会发展的需要。立法必须从社会实际出发,除了对于现实情况的准确把握之外,我们还必须满足社会发展的实际需要。法律要始终能够引导社会发展,就必须能够把握时代发展的脉搏,随着社会的发展而不断发展。法律不断满足社会发展需要的过程,其实也就是法律自身发展的过程。我国目前正处于改革开放的历史时期,改革与开放是中国赢得现代化事业成功的重要保证,也是我国经历了半个多世纪的历史发展得出的科学结论。改革就是要变革和更新传统的思想、观念、体制、制度和机制,使社会获得新的发展活力与契机;开放就是要改变过去由于种种历史原因而闭关锁国的状态,以开放的心态对待世界,对待其他国家与国际社会。这同样是历史经验与教训的结晶。处于改革开放的历史过程之中的立法,它必然有其自己的特点。这个时期的立法就必须要体现改革开放的时代要求及其内在规律,反映由此带来的社会变化。立法所反映的社会发展应当是动态的社会发展。在改革开放的过程中,社会更经常地处于变化与发展之中,这时的法律就具有更大的发展性质,它不能故步自封,更不能抱残守缺。法律要随着社会的发展而发展,这就是在这个时代法律与社会同步的具体表现。

最后,立法要随着社会的发展而不断更新。法律的发展并是一劳永逸的。法律有自己渐进发展的过程,这个过程也就是法律不断根据社会发展而更新的过程。法律是社会的调节器,是社会调整的工具和手段,它当然要适应社会发展,作出适时的变化、不断更新。没有这种更新,法律就会逐步僵化,逐步背离社会发展的要求,甚至由社会发展的推动力量畸形异化为社会发展的阻碍力量。如果真是那样,那就是立法的悲哀,就是法律发展的悲哀。社会发展的性质决定了法律的适时立、改、废的必要性,要不断推出新的法律制度,以适应社会的现实需要;也要适时修改已经过时的,与社会发展不相适应的法律制度。同时,我们还要密切注意相关立法的实施效果,对于那些已经不适合实际需要或者在实际中已经丧失生命力,甚至成为发展障碍的法律制度及时进行废止。在立法上,要始终保持法律体系的活力,保持法律的有效性,使法律制度始终处于推动社会发展与进步的积极状态之中。

(三)法律实施促进社会和谐发展

科学发展观对法律制度和立法发展,都有着重要的要求,提出了新的任务。同样,科学发展观也对法律实施提出了新的任务。这个新的任务就是法律实施必须有力地保障和有效地促进社会的和谐发展。

法律具有促进社会和谐的意义。从化解社会纷争的意义上讲,法也是促进社会稳定,推进社会和谐发展的重要力量。在我国古代的思想家中,管子就认为"法者,所以兴功惧暴也;律者,所以定分止争也;令者,所以令人知事也;法律政令者,吏民规矩绳墨也"。法律可以平定争端、实现和谐的寓意跃然纸上。

当代中国法更是促进社会和谐的力量。当前,工人、农民、知识分子都是建设者,都是国家和社会的主人,他们之间的矛盾并不是根本的阶级冲突,而是不同社会力量与社会分工之间的关系。对于其中的问题,必须运用法律的手段加以及时地、有效地解决。只有这样,才能真正地化解矛盾,推动社会和谐。

当代中国法更是推动社会和谐发展的力量。和谐既是社会发展的目的,也是社会发展的条件。社会必须发展,没有发展,就没有进步繁荣，就无法实现发展生产力，提高劳动生产率，不断满足人民日益增长的物质文化生活水平的需要的目标。发展需要安全稳定的社会环境，没有这个环境作为条件和保障，发展就会遇到障碍，生产无法正常进行，生产力得不到正常发展，和谐就没有物质基础，社会的长远发展也没有物质条件。社会建设事业涉及各个方面，这些相关方面的发展必须是彼此协调的，有机联系的，相互促进的。依法进行的制度化运行和规则化运行，是建立良好社会秩序的重要保证。当代中国法就是要为这些不同方面的协调发展提供运行规则和调整措施，有时甚至需要法律提供特定的纠错机制来加以修正。所有这些努力都在于推动社会和谐发展。在和谐中发展，以发展促进和谐，是当代中国法新的历史使命。

三、法治保障科学发展

科学发展观对于法治发展具有根本的指导意义。在充分肯定科学发展观对于法治发展的指导的同时，还必须进一步认识到法治发展是科学发展观得以落实的具体体现，也是科学发展观得以全面落实的重要保障。法治对于落实科学发展观、保障科学发展具有的重要意义主要表现在，法律可以为决策提供程序保障，使决策更加科学；法治可以为纠正错误提供救济程序，使我们从错误回归正确；法治也可以为相关失误确立责任规则，以保障科学发展的切实实现。

（一）法治为科学决策提供程序保障

决策是十分重要的，任何国家任何社会都离不开决策。尤其是现代社会的飞速发展，更使当今社会成为一个不断决策的社会。决策是执行的前提，是执行的基础。正确的决策是正确行动的前提，错误的决策则是错误行为的先导。要避免错误，就必须首先从防止决策失误做起。防止决策失误的对策很多，但是最有效的措施之一，就是通过立法的方式设立决策的法定程序。法定决策程序的设立目的就在于，使决策成为严肃的法律行为，并予以严格的程序规制。决策需要程序保障，尤其需要法律的程序保障。有法定的程序设置，人们就可以更好地控制和把握决策过程，严格依照客观规律所要求，并表现为依照法律的操作规则来行动，我们就更多地把握获得良好的决策结果。同时，我们还有必要运用法律的手段力争在决策的过程中实现对错误决策的修正，避免决策的错误演变成为现实的错误。这种修正是需要程序作为条件和保障的,没有这种条件和保障,正确的决策甚至也会被错误地改变。法律对于决策的这种独特的意义应该引起我们足够的重视。

从法律的视角来看,立法本身所蕴含的就是一个个重大的决策,每一个法律条款的设定就是一个个法律意义上的决策。对于成文法国家来说,制定法律制度的决策意义就更为重大。在我国现行的立法中,为使立法决策更加科学,不仅要有一般法律议案的提出、法律草案的审议、法律的通过、法律的公布等基本立法程序,所以还要有各个环节的具体程序。在立法发展中,我们逐步创立了自己的立法听证制度,许多地方立法机关都逐步地开始了听证的社会实践。在立法决策之前,我国许多地方立法机关又开始尝试程序化的立法调研、立法公示、立法论证、立法说明等,所有这些,其目的都是为了保证立法的科学性,保证立法能够符合社会实际及其发展要求。随着我国依法治国的发展,在未来,立法的决策意义将更为重大,人们对于立法决策的关注也会加大。立法决策将会以前所未有的状态,备受社会关注,引发社会讨论,成为真正意义的社会决策和民主决策,当然也是依法决策。

从法律的视角看,法律也还为其他重大决策提供程序保障。法律可以为重大的行政决策、工程项目决策等提供程序保证。法律设定了必要的审批、核准程序,这都是为决策的科学性服务的。行政与经济活动中的程序一旦法律化,就成为法定程序,任何人都不得违反。相关项目的启动和实施都得依法进行,谁违反了相关的规定,谁就应当承担相应的法律责任。行政、经济决策程序的法律化,为相关主体的决定提供了操作的规程,也为相关责任的划分确定了标准与界限。法律对于行政决策程序的设定,是现代社会法治化的要求,也是决策科学性的保障。法律对于重大决策的规范与调整是社会科学化发展的必然要求,表明了社会科学发展观的影响和作用,同时也表现了法治进步的程度,是法治发展的结果。法律对于重大决策的意义,既具有科学性的价值,也具有法治性的价值,我们期待在更多的重大决策中,法律能够发挥出最大的作用,以确保社会的良性发展。

(二)法治为纠正错误提供救济程序

我们努力地防止失误,失误是可以尽量减少的,但要彻底消除,总是十分困难的。决策和行为中的违反科学的问题,就是没有按照科学发展观来进行决策或行为的问题，就是违背客观规律的问题，就一定会犯错误。违反科学与违背客观规律，是一致的，一个是从高度概括的科学理论意义上作出的结论，另一个是从相对于客观事物的内在联系来作出的结论。科学是对客观规律予以正确把握，提升而成的理性成果。一个重大的失误既是反科学的，也是违背客观规律的。任何违反科学、违背客观规律的决策或行为都会导致失误，有时甚至是极为严重的失误，就有可能导致重大的损失。因此，纠错机制与补救措施就显得特别重要。错误的决策和行为一旦出现，就有一个何以救济的问题。有一些决策和行为，从一开始就是错误，但是由于认识等原因，人们未能及时发现并纠正，这就有一个一旦发现如何纠正的问题。也有一些决策或行动在作出之时并无错误，而是在从决策到实施，从行为到结果出现的过程中，由于事过境迁成为了错误决策和行为。这时如果还要依旧执行过去的决策，继续以前的行为，就必然会犯错误，必须予以修正或者采取其他的补救措施，对正在执行的决策和正在进行的行为进行调整，予以补救。

但是纠错措施并不能随意采取，因为随意的修正措施也会导致轻率的否定，甚至会发生更为严重的错误。究竟以前的决策是否原本就是错误的，是否已经真的不适应形势发展的需要了，以前的真理是否已经变化成为了谬误，这都不能依靠直觉，它要依靠人们的理性判断和科学认知。这时，既要纠正错误，又要防止纠正中发生错误，如何正确地纠正错误就成为了一个十分艰难的问题。为了使既有的错误决策能够被及时有效地修正，又要防止因修正而导致新的失误，法律就担负起极为重要的责任。法律通过及时、严密的程序设定来加以防范、阻止和修正失误，既使人们的错误或失误有可能被及时纠正，用正确的决策将错误的决策取而代之，又能有效地避免错误的纠正引发新的错误。法律应当是防止错误和正确纠错的最有效的程序保证。随着我国社会发展，也随着法治进步，应该认为，运用法律、法定程序来纠正错误，具有越来越重要的意义。

（三）法治为相关失误确立责任规则

任何失误一旦发生，都会导致一定的损失或者危害。如果事关国家和社会事务，就难免会给国家和社会，给人民的事业带来损失。对于国家、社会和人民的这种损失后果，我们不能听之任之。就失误的总体来说,有的是无过错的意外事件或不可抗力所导致;有的则是故意或过失的违法犯罪所导致。如果是由相关违法犯罪导致的,就必须追究相关责任者的法律责任。

谈到法律责任,就有一个何以确定责任人的问题。有关的责任者是否是真正的责任者,如何判定其是否应该承担责任,都不能随意确定。法律责任当然需要严格依照法律的实体规定和程序规定来加以确定,追究法律责任既需要严格的实体法也需要严密的程序法进行。在追究相关法律责任时,我们既不能使真正的违法犯罪者逃避制裁,也不能让无辜者遭受冤屈,法律的作用就凸显了出来。法律准则是确保责任加乎真正责任者的最有效的辨别工具,我们也只能根据法律的既有规定来作出责任认定,而不能随意地对任何人加以处罚。法律责任人的确定是困难的、复杂的,只有严格依法进行才具有准确性,才能避免在相关问题上发生冤假错案。

法律责任者的确定是一个极为困难的问题,对于有关责任人员追究何种责任,同样是一个艰难的问题,应该由法律为相关决策的违法犯罪者规定应有的法律责任。我国的法律为此作出了大量的规定,例如,我国刑法对危害公共安全罪、破坏环境资源保护罪、渎职罪的规定就是典型的例证。危害公共安全罪、破坏环境资源保护罪、渎职罪都是具有概括性的概念。危害公共安全罪中有重大责任事故罪、工程重大安全事故罪、重大劳动安全事故罪、消防责任事故罪等,这些犯罪往往都与某种决策违反科学要求有关。破坏环境资源保护罪中的重大环境污染事故罪、非法捕捞水产品罪、非法占用耕地罪、非法采矿罪、单位破坏环境资源保护罪等,这些犯罪也同样与是否坚持科学决策有关。同样如此的,还有渎职罪中的滥用职权罪、玩忽职守罪、徇私枉法罪、枉法裁判罪、环境监管失职罪、传染病防治失职罪、放纵走私罪等。这些法律责任的追究,涉及的方面是多个,但是对于这些违法犯罪的制裁,在很大程度上有利于警醒人们注意尊重科学,依法办事,自觉确立科学发展观与科学意识,接受科学发展观的指导。

四、促进法治科学发展

法治发展与科学发展观具有重要的关系。因为,法治是一个内在有机联系的整体,作为一个有机联系整体的法治当然需要协调发展。

没有协调发展，法治就可能出现内在的矛盾，影响其自身的发展，进而影响它对社会应有功能和作用的发挥。然而法治的协调发展并不是一个简单的个别化的行为，它是一个系统的社会工程，在这个系统工程的建设中，法治的协调发展需要以科学发展观作为指导。在科学发展观的指导之下，我们的法治建设才可能少走弯路，并富有成效。科学发展观与法治协调发展之间的关系主要有以下几个基本的方面。

（一）法治协调发展要尊重科学发展观

科学发展观属于哲学的认识论范畴，它对于人类的社会实践具有普遍的指导意义。人类在自己的经济、政治、文化乃至社会生活的发展中都有一个如何尊重科学而发展的问题，指导人类行为的这种指导思想有科学的，也有不科学的。属于科学范畴的关于发展的指导思想，也就是科学发展观。科学发展观对于人们的普遍指导意义，当然会延伸到法律和法治的领域，成为法治协调发展的指导思想。法治发展要自觉地尊重和服从科学发展观的要求，力求使法治的各个环节各个方面协调发展，综合统一，只有这样，才能使法治成为一个科学的、有机的、协调的、统一的整体。

在历史上，我们既有法治相对协调发展的经验，也有法治不协调发展导致严重社会问题甚至社会灾难的失误。在“文化大革命”之时，中国的法治不能适应中国社会发展的需要，不仅未能发挥应有的作用，甚至还被任意践踏、毁弃。在法治遭到破坏的时候，中国社会也为此付出了极为惨痛的代价。一些错误的政策将法律取而代之，法律的尊严没有了，法律的效用也没有了。法治发展所遭受的破坏就成为社会发展所受破坏的一个重大缩影。法治整体被否定，当然更谈不上法治的内部协调与整体一致问题。在那时，我们的法治根本就没有，所以社会就难以避免地进入大动乱的状态之中。严重的社会动乱并不完全是由法治的缺乏所引起的，但是法治的缺乏无疑是社会动乱得以产生和恶性发展的重要原因之一。从成功的经验上讲，从改革开放以来，中国的法治是伴随着中国社会的现代化、市场经济，以及民主政治的发展而逐步建立和发展起来的。法治发展与中国社会的发展，与经济、政治、文化和社会生活的发展大体是协调的，因此，法治就在社会中发挥着重要的有益的积极作用，成为中国社会发展的推动力量和保障力量。在改革开放这个历史时期，我们的法治在大体上是协调发展的。立法、执法、司法和法律监督都取得了重要的成就,成为世界的法治发展的典范。但是法治发展也存在一定的不平衡、不协调的问题。现在这么庞大的成千上万的立法,在中国历史上是闻所未闻的,可谓旷古空前。在立法发展的同时,法律实施也在发展。但是与立法相比较,我们的法律实施则相对滞后。目前,社会普遍的有法不依还十分严重,违法犯罪的数量还十分庞大,民事商事裁判的执行率依然很低,甚至恶性的暴力抗法事件也时有发生。执法、司法的问题还十分突出,涉法上访的案件不断增加,成为严重的社会问题。人民法院的裁判大量无法执行,形成的"执行难"还没有得到彻底改观,总是困难重重,问题繁多。这些都是我国法治发展不协调的反映。

从理论上和实际上讲,任何事物各个方面的发展并不都是齐头并进的,有先有后,有好有差,是正常的发展现象,也符合不平衡发展的规律。但是事物的发展总是从不平衡向平衡发展的,这种发展倾向始终是人类的努力方向,并真正地推动人类社会的发展进步。所以,我们一定不能以事物的不平衡发展规律和现实来自我安慰,更应看到尽管不平衡发展是经常的,但是只有平衡发展,或者只有在发展中实现平衡才是最有效益的。因此,必须正视法治发展中的不平衡、不协调问题,推动法治各个方面的平衡发展,进而推动法治的全面协调发展。只有这样,才能建立起真正的全面协调的现代法治。

(二)法治协调发展要尊重法学理论

理论是实践的总结,是在实践的基础上总结概括的思想成果。理论来源于实践又高于实践,一旦形成,就是相关实践的指导。社会实践一方面必须从实际出发,另一方面又必须接受相关理论的指导,最佳的状态是理论来源实践、实践丰富理论、理论指导实践、实践与理论相结合的状态。一个时期以来,我们一直强调,理论要与实践相结合,这当然是正确的。任何理论都需要由实践来奠定基础,由实践提供经验来源,也需要根据实践的发展而不断充实、丰富和发展。所有的理论也许都存在不断完善和与时俱进的问题,理论的修正与完善,当然需要实践予以支持。没有实践,理论既无法产生,也无法发展,更无法完善。理论是实践的产物,对于实践有着天然的依赖。但是也要注意,在强调理论与实践相结合的同时,还有必要强调实践与理论相结合。没有理论指导的实践必然是盲目的,实践层次的提升,实践要达到最佳的结果状态，都离不开理论的作用。没有理论作指导，实践的发展就会遭遇到严重的局限，而难以取得理想的成效。理论是实践的思想指导，是既有实践经验的理性化成果，实践不可脱离理论。

法治协调发展是法治建设的社会实践，法治协调发展中必然接受相应的理论指导。在所有的理论之中，科学的发展观是根本的理论基础和指导思想，法治的协调发展必须是遵从科学发展观的发展。所谓科学的发展，至少意味着法治的发展要符合自身发展的规律，要适应社会发展的规律，要与相关的社会因素相协调一致。只有这样协调发展的法治，才可能是符合科学发展观的法治。科学发展观是在科学理论指导之下形成和培养的，科学的理论落实在法治上，就是科学的法学理论。

现代中国的法学理论，是人类先进文化的构成部分，是经过许许多多法学理论家的共同努力才逐步形成的。凝聚着法治实践的经验与教训，是上自马克思主义思想家，下至一般的马克思主义法学工作者努力探索的思想成果和理论贡献。法学理论和法治理论是法治发展当然的理论基础和学说根据，在中国法治建设中，必须强调法学理论的意义。是否尊重科学的法学理论，实际上是法治建设是否尊重和遵循科学发展观的重要体现。对于法学理论的尊重，是法治发展落实科学发展观的具体体现。在此之下，还必须尊重法学发展的理论成果，自觉地接受社会主义法学理论的指导，这是政治指导思想通过具体的法学理论而得以落实的基本途径。

当然法学理论也不是一成不变的，它还要在社会主义法治实践中不断深化、不断发展。法治发展是在社会主义法学理论的指导下进行的，同时又反过来推动法学理论的发展，形成更完善的社会主义法学理论，更好地指导法治实践。

（三）尊重法治和社会发展的客观规律

法学理论的深层次依据，是法治及其所依赖的社会发展的客观规律。法学理论是人类认识法治发展规律的产物，是人类关于法律和法治的思想理论成果。客观规律是不以人的意志为转移的、事物的内在联系。人们只能发现规律，尊重规律，自觉地适应规律的要求而不断调整自己的行为，但并不能创造规律，更不能背离规律地各行其是。一旦人们违法客观规律，就必然会受到规律的惩罚，走向主观愿望的反面。

法治要协调发展,当然要注意法治发展与社会发展的内在规律,要努力地把握这些规律,尊重这些客观规律,并用以指导自己的法治实践。强调法治发展的科学性,最根本的就是要尊重法治发展的客观规律。

人类法治发展的历史已经产生了无数个例证,有力地证明出这样的结论:人类的法治行为,如果与法治发展的规律相一致,人类的法治就可能获得应有的发展,否则,人类的法治就必然会遇到挫折,招致失败。法治是时代的要求,也是社会发展规律的要求。经过我们不断努力,终于在一定程度上认识到法治发展的规律,以及法治在社会中的运行的规律。我们就应当把已经掌握的规律,用来指导我们的法治实践。对于法治发展以及法治所依赖的社会发展客观规律的尊重,是法治的生命力之所在,是法治发展不可动摇的基础与前提。

要切实尊重法治发展的规律并不是容易的事情,因为人们要寻找到法治发展的客观规律是不容易的,而要将已经发现的客观规律加以很好的尊重也同样是不容易的。发现和尊重客观规律都是法治发展中所必需的,它是我们的法治建设获得成功的基本保证和必要条件。我们在未来的法治建设中,必须牢记成功的经验与失败的教训,始终坚持尊重客观规律的科学原则,自觉贯彻科学发展观。只有这样,法治建设才可能得到顺利发展,并达到预期目标,最终推动整个社会的进步与繁荣。

第二十章　法治国家与和谐社会

一、法治国家与和谐社会的联系

(一)构建和谐社会的重要原则

构建和谐社会,必须确立其基本原则,以作为构建行动的思想指导。构建和谐社会必须遵从协商原则、协调原则、诚信原则、法治原则和公正原则。

1. 协商原则

协商就是指不同社会主体之间通过友好沟通与商量进而形成一致认识的过程。协商原则是指导不同主体就相互之间的不同意志或者主张,通过沟通、商量,实现相互融通的原则,其目的在于实现不同主体之间认识的一致化,找到关于共同关注事宜的行动方案或者解决办法。

社会多元主体的存在要求相互协商。和谐社会是承认多元主体的社会,这种对于多元主体的承认,至少包括承认不同主体的意志、不同主体的自由、不同主体的权利三个方面。每一个主体就是一个个体,当集体被作为一个整体来看待的时候,这个整体也就是一个个体。也就是说,集体一旦与其他集体或整体相对应或并立,也就是一个特定的个体。个体是社会构成的元素,个体的独立存在为相互协商提供了前提,也提出了必须协商以达成彼此协调的要求。

个体意志的差异需要协商。和谐社会并不否认个体意志之间的差异,它恰恰是建立在承认个体意志差异,并建立在这种个体差异的基础之上的。和谐社会既要承认个体差异,又要谋求整体一致。这时,不同个体之间的协商就成为了必需,没有协商就不可能有一致意志的达成,也就难免会由差异演化为矛盾,成为和谐的障碍。协商是不同个体达成一致的桥梁,个体意志之间的差异性要求相互之间进行协商。

个体自由的存在需要协商。自由的个体都具有某种独立的性质。个体在与整体保持某种一致性的同时,也具有脱离其他个体或游历于整体之外的可能性。这时,个体与个体之间的融通就成为极为重大的问题,它直接关乎整体的统一性和一致性。为了达成整体的统一和一致,就有必要强调自由的个体之间相互沟通。这时,协商就是最为有效的路径。它有助于不同个体相互交流,形成认同,最终自觉地形成统一的整体,这种交流和认同的过程就是协商。

个体独立的权利要求协商。在任何集体乃至在整个社会中,个体权利都是特别重要的,它是集体权利和整体权利的基础与构成元素,也可以说,集体或整体权利是个体权利的延伸与集合。没有个体权利,便没有集体权利和整体权利。合理而正当地存在的个体权利,首先就是指其可以具有独立意志。要使不同主体之间达成统一或一致,由每个个体自主地参与相互的沟通、商量是极为必要的,它是赢得和谐的最佳过程。

要贯彻协商原则,就要在允许不同意志的表达,允许不同意志之间的自主放弃、彼此中和、相互说服,允许各个意志的自由改变。一旦共同意志形成就必须信守。只有这样,才可能有不同主体之间的协商,从而形成共同意志并坚守共同意志与实现。

要贯彻协商原则,就要建立社会的协商机制。一旦遇到矛盾和分歧,在个人与个人之间、个人与组织之间,乃至社会组织之间,人民与政府之间,国家机关相互之间都可以通过协商的方式来形成共识,进而协调行动。协商应当是社会成员之间经常的、正常的、普遍的沟通方式,良好的社会协商机制,是社会和谐的重要保障。

2. 协调原则

和谐社会是协调的社会。社会的各个元素、各个层次、各个方面之间彼此处于一种相互衔接、良性互动的状态之中。协调是一种社会状态,也可以是一种社会目标,还可以是指导社会建设的一种基本原则,其目的在于指导不同主体实现行动上的一致化、连续性和互动性。

社会是由多种元素、多个层次、多个方面构成的。社会的丰富性要求各个元素、层次和方面之间必须具有协调的要求与可协调性质，否则社会就会处于混乱之中。社会的确充满着矛盾，但是社会也充满着统一。只有冲突没有统一，矛盾本身就不存在；没有对立统一的双方，世界的统一性就不存在了。世界的统一性如同世界的对立性一样，必不可少，也是世界当然具有的属性。和谐社会与不和谐社会的差别，只是在于统一与对立哪一个性质居于主导地位而已。如果世界的统一性居于主导地位，社会就会处于相对和谐的状态之中，就能以较快的速度向前发展；如果对立居于主导的地位，就表现为社会冲突不断发生而且恶化，矛盾频发，进而影响社会进步发展。

各种社会矛盾与冲突的产生和存在本身就是社会不协调的反映和表现，各种矛盾会导致对立着的相关方面呈现出紧张的相互关系。如果这种紧张关系出现在一个事物的内部就会影响一个事物的整体，就会影响整个事物的存在状态与发展情形；如果出现在一个事物与另一个事物之间，就会影响事物相互之间的协调关系。所以，要恢复和获得和谐的状态就必须使矛盾着的方面或者事物彼此协调起来。协调就成为化解矛盾、消除纷争的手段和途径。

和谐社会是多元主体并存的社会，并存的多元主体之间能否处于协调状态，是和谐社会能否建立并维系的关键。因此，我们在构建和谐社会的过程中就必须注意使各种元素、层次与方面彼此协调，进而实现不同主体的协调。协调应该是我们的目标，我们的原则，必须在我们的社会建设中加以贯彻，并确保实现。

要贯彻协调原则，各个社会主体就必须自觉调整自己的行为。在社会活动之中，各个社会主体要有自觉实现相互协调的行动。一旦发现不同主体与自己，或自己与其他主体在行为走向上的分歧与差异时，就应当对差异与分歧的后果进行考虑。如果认为这将影响和谐，产生纠纷，我们就应该主动调整自己的行为，主动与其他主体相协调。

要贯彻协调原则，还要求促使其他主体适当调整其行为。社会和谐不是某一个主体独自的任务或使命，它需要全体社会活动主体都共同努力。特定主体一旦发现其他主体与自身出现了差异或分歧，该主体除了调整自身的行为之外，还应通过必要的方式使其他主体对此问题予以关注或促使其在行为上作出某种调整,以达到彼此协调的目的。

3. 诚信原则

和谐社会必须有自己的道德基础,诚信是一个社会处理人与人之间关系的道德原则,也是每一个社会活动主体必备的操守。社会道德的内容博大丰富,但是诚信无疑是和谐社会中极为重要的准则。社会是由人与人、人与组织组成的,人与人、人与组织、组织与组织之间就会有交往。诚信是各个社会主体在交往中诚实守信的道德守则,也应该是各自和相互的道德表现。

人们之间的交往具有长期性和重复性。长期、重复的交往就一定会形成人们之间信任与否的相互关系,以及是否诚信的道德评价。诚信是人们之间交往具有相互性和信赖性的基础。没有诚信,人们之间的交往就会出现障碍,甚至难以进行和持续进行。

一个和谐的社会必然是一个充满诚信的社会,也是一个诚信评价普遍很高的社会,反之就是一个不和谐的社会。不和谐的社会就会形成信任危机,就必然会降低社会运行的效率,增大运行成本。人们不得不把本该用于推动生产发展、提高生活水平的精力和资源耗费到相互防范的事务上去,导致毫无意义的资源损耗和人力花费,而严重地败坏社会道德,损害人们的精神健康。

不诚信的社会必将产生更多的社会矛盾纠纷,甚至违法犯罪,严重地破坏和损害社会和谐。现实社会生活中大量的矛盾纠纷甚至违法犯罪,都是由于诚信的缺失所导致的。在民事经济活动之中,违约、民事欺诈,就是最普遍的不诚信。在我国,几乎所有的企业都遭受过违约行为和民事欺诈的危害。对于合同的违约率居高不下,假冒伪劣产品层出不穷,不能不警醒。在刑事法律上,不断发生的诈骗犯罪、虚假注册资本金犯罪、虚报注册资本金犯罪、抽逃注册资本金犯罪、偷税犯罪、逃税犯罪和抗税犯罪,可以说无一不是缺乏诚信甚至背叛诚信的表现。

要坚持诚信原则,必须张扬诚信的社会公德。在虚假、欺骗之下,社会诚信丧失,人人自危,人们对他人、对国家、对社会组织的信赖没有了,从国家政治、市场经济到日常生活都会因此而受到影响,社会难以健康地顺利发展。

要坚持诚信原则,必须充分发挥法律的功用。那些严重的不诚信行为,本身就是违法犯罪。对于不诚信的违约行为、欺诈行为,理所当然地应该给予民事的、经济的或行政的制裁。对于严重不诚信所构成的违法犯罪，诸如诈骗、虚假注册资本金、虚报注册资本金、抽逃注册资本金、偷税、逃税、抗税等，必须予以坚决制裁。依法重塑社会诚信，已经是构建和谐社会的刻不容缓的当务之急。

4. 法治原则

和谐社会是法治的社会，和谐社会必须尊崇法治原则，并依靠对于法治的坚守而得以建立。法治就是法律主治，就是法律至上，就是严格依法办事的社会管理模式、社会秩序状态。

和谐社会之所以需要坚持法治原则，是因为和谐社会是安定有序的社会，是秩序良好的社会。所有有序的社会都必须具有良好的行为规范及其效用的充分发挥。在所有的行为规范之中，法律规范无疑是其中最明确、最肯定、最具有外在强制力的规范。因此，在和谐社会的构建之中，法律规范具有独特的社会作用。

和谐社会是一个需要法律切实发挥指引作用，减少矛盾发生的社会。和谐社会不是没有矛盾纠纷，而是矛盾纠纷较少发生。矛盾纠纷要少于发生，就必须要有良好的行为规范体系及其作用的发挥。法律是最明确的行为规范，通过它的授权性规范，告诉人们可以做什么；通过它的义务性规范，告诉人们必须做什么；通过它的禁止性规范，告诉人们不得做什么。如果人们都能依照法律的规定，自觉接受法律的指引，法律授予的权利即依法享有，法律要求的义务即依法履行，法律禁止的行为即依法抑制，社会矛盾必然会大大减少；即使发生了矛盾也很容易获得解决；即使经过了必要的裁判程序，有关的法律裁判也能够顺利地获得执行。总之，社会矛盾纠纷会因法律指引作用的发挥而有效地减少。

和谐社会之所以需要坚持法治，是因为和谐社会需要法律来解决纠纷。和谐社会并不是一个没有矛盾的社会，而是一个矛盾很少的社会，更是一个很少的矛盾发生后又能够得到有效控制和及时解决的社会。一个社会解决矛盾和纠纷的手段很多，道德、习惯、传统、宗教都在一定程度上具有解决社会矛盾的功用，但是，法律是其中专门以解决纠纷为己任的最为重要的规则。司法机关的所有工作其实都在于依法解决社会矛盾，依法促进社会的有序运行与发展。法律作用的充分发挥必定能够有效地化解社会矛盾，促进社会的和谐。

和谐社会中的法治原则要求我们尊崇法律,遵守法律,服从法律,以法律为最高的行为准则。强调法治的意义,并没有排除道德、习惯、宗教等的作用的意味。作为社会规范,它们与法律相比较具有不同的社会作用,但是,在行为规范的意义上,只有法律才是最高的行为规范。社会要形成守法光荣、违法可耻的风尚,法律理应受有人们的应有尊重并拥有足够的尊严。法律不仅是行为的规范,更应该是人们崇敬的法则。

和谐社会的法治原则要求我们在各种涉法行为和活动中体现法治精神,尤其是要杜绝以破坏法治的方式以追求社会和谐。以损害法治为代价的和谐,首先是不可得,其次是即使获得了,也是暂时的。我们所要谋求的社会和谐是长远的、恒久的和谐,绝对不是临时的或偶然的和谐。所以,必须尊崇法治,使和谐社会建立在坚实的法治基础之上,坚不可摧。法治化的和谐社会才是我们所追求的社会理想。

5. 公正原则

和谐社会最深刻的道德基础是公平正义,没有公正便没有社会和谐。公正应该成为制度拟制、权利分配、义务分担、纠纷解决的指导思想,从而为社会和谐提供深刻的道义基础。

公正是制度拟制的指导原则。制度是现代社会必需的政治工具和法律表现。就整体制度来说,制度设计的公正与否直接关系着整个社会全体成员的利害得失;就具体制度来说,制度设计公正与否则直接关系着许多社会成员的切身利益。一个制度的拟制或者会使某类社会成员受益,或者会使某类社会成员受害。只有公正的制度设计,才能使全体社会成员都因制度而受益,才能有真正的社会公正。

公正是权利义务分配的指导原则。社会的权利与义务的总量是相等的,权利的获得或者义务的被要求,都关系着社会主体的利益,对权利义务进行公正分配至为重要。权利义务的分配不当,就会导致有的人有很多权利而很少义务,甚至只有权利而没有义务;或者反之,则使有的人有很多义务而很少有权利,或者只有义务而没有权利,这就必然会导致权利义务分配上的不公正。

公正是解决社会纠纷的指导原则。社会纠纷总是难免的,而社会纠纷之产生莫不是因权利的纷争而起,所以纠纷的解决过程实际上是对权利义务进行划分、确定和变更的过程。纠纷的解决实际上是对权利义务进行分配的特殊环节,在这个环节中,如何解决纠纷就是如何分配权利义务。它与其他环节所不同的是,其他环节的权利义务分配未必具有终局的性质,但是解决纠纷中的分配则是终局性的,所以纠纷解决的公正就备受社会重视。作为社会纠纷的最终解决机制的司法也就具有了极为特殊的意义,它的公正与否直接关系着社会的最后公正。也正是因此,有关机构在拟订司法体制改革目标时才一再宣示,要把实现司法公正和在全社会实现公平正义作为司法体制改革的根本目标。

要坚持公正原则,就要求社会制度的拟制者具有公正之心和公正之行。这就对立法者或者准立法者,包括立法机关、人民代表,以及相关的工作人员在立法活动中的公正性提出了特别的要求。现实的立法中,必须克服不当的地区利益、部门利益和少数人利益,要从制度上防止不公正立法的产生。值得特别一提的是,在我国法制还不完备,人民代表大会的立法权还难以充分行使的情况下,司法机关通过过度膨胀的司法解释分享了立法权。这当然是我国走向法治过程中,难以避免的现象。但是司法解释随意性中的不公正是应该引起我们高度重视的,对司法解释的范围和功用进行限制和规范,应尽早提上议事日程。

要坚持公正原则,就要强调司法公正。司法公正已经被确定为我国司法体制改革的重要目标,然而司法公正的现实状况是不容乐观的。司法机关的公正性已经并继续在衰减,司法中的腐败现象屡禁不止,司法权威的逐步递减,实在令人忧虑。其根本的问题就出在司法的不公正上。严重的司法不公必然会导致信任危机,社会对于司法的信赖不足甚至会使本身就公正的司法也难以发挥效用。强调司法公正已经是迫在眉睫的历史性重任,没有司法的公正便没有公正的最终保障。

以上是构建和谐社会中必须坚持的相互联系的五个重大的基本原则。协商原则是达成共识的原则,协调原则是一致行动的原则,诚信原则是尊崇道德的原则,法治原则是提供保障的原则,公正原则是确保和谐的原则。它们是一个统一的整体,必须全面地得以遵行,构建和谐社会的伟大事业才可能顺利推进。

(二)和谐社会以法治国家为基础

在依法治国,建设法治国家的历程中,我们又提出了构建和谐社会的目标,和谐社会与法治国家建设是怎样的关系,需要我们加以认真的思考,并在行动之中将二者有机地结合起来,尤其是需要将法治国家建设作为和谐社会建设的构成部分,作为和谐社会建设的重要基础加以特别的重视。

中国自古以来都有关于和谐社会的理想,但并没有将和谐社会作为明确的社会目标提出。在20世纪初,中国在西方法治的影响之下,开始并推进着自己的法治和法治国家建设,直至20世纪末提出了依法治国,建设社会主义法治国家的治国方略与社会发展目标。在法治国家的建设中,我们发现了社会所存在的各种严重的不和谐的现象,进而发现和谐社会是远比法治国家更为宏大的理想。21世纪初,我们又明确提出了构建社会主义和谐社会的任务。和谐社会是民主法治,公平正义,诚信友爱,充满活力,安定有序,人与自然和谐相处的社会,它从另一个侧面指明了社会的发展方向。和谐社会是一个具有深厚文化根基的社会理念,对其的理解和把握有一个历史过程,它与法治国家之间的关系也还需要我们不断地探索。

社会和谐是和谐社会的重要目标与表现。我们所要实现的社会和谐主要包括社会结构的和谐,不同阶层之间的和谐,人与人之间的和谐,人与社会的和谐,人与自然的和谐等许多方面。就社会结构的和谐来说,就是具有良好的社会管理机制和社会利益协调机制,实现了社会经济、政治、文化等之间的协调发展,物质文明、精神文明和政治文明之间的协调发展,各个地区、各种行业,乃至各个利益群体之间的协调发展。就不同阶层之间的和谐来说,意味着不同财产状况、不同收入水平的社会成员之间和谐共处,社会的收入差距保持在适度的比例状态。就人与人之间的和谐来说,即是人与人之间相互尊重、平等、友爱、互助。人与社会之间的和谐则意味着个人与社会制度、社会组织之间彼此相适应,人人遵守法制,社会稳定有序,生活安定祥和,每个人各尽所能,各得其所。人与自然的和谐相处则要求我们保护自然资源、爱护自然环境,与自然环境和谐共生,和谐共存,维系和达至人与自然环境的物我交融的美好境界。

国家与社会在一定意义上是同一的,在一定意义上又是分别的。从现实中国的法治与国家、社会的关系状况来看,法治国家是从政治角度对法治进行的状态描述。法治国家是法治的重要内容,也是法治的重要表现。没有国家的法治化,就难以有社会的法治化。因为国家具有特殊的政治权力、政治权威和强制力量,用法律来运行国家权力、规范国家权力、规制国家权力是十分必要的,法律对于国家权力的这些作用也就是法治的作用。和谐社会必须是依法运行、规范和规制国家权力的社会,而对于国家权力的运行、规范和规制都需要法治来完成。凡是国家权力受到法律制约的国家即是法治国家,这样的国家正是社会和谐的前提和基础,所以说,应该认为法治国家是和谐社会的政治基础,法治国家以和谐社会作为理想目标,和谐社会以法治国家作为特定历史阶段的政治状态。

和谐社会要实现其和谐目标,必须推行法治,并以法治作为基础。法治是法治国家的基础和目标,是法治国家运行的基本旋律,也是法治国家的主题。和谐社会要得以建立,必须依赖国家这一政治力量,但是也必须约束国家这一政治力量。国家有可能推动和谐,但是也可能影响和谐。尤其是在国家无法约束自己或者不受约束的时候,法治就可能遭到破坏,进而破坏社会的和谐。

国家对法治具有重要的推动作用,尤其是在国家先导的法治建设中,国家是断然不可缺少的。但是国家在具有推动性的同时,也对法治具有产生破坏力的潜在属性与可能。约束对法治具有潜在破坏力的国家,是和谐社会的必需,也是法治的主题。法治对于国家的约束,能保障国家维护秩序、维护和谐的作用发挥,同时有效地防止国家的不当影响。法治可以使国家有利而无害,法治国家正是这样的有利无害的国家,因此,法治国家就是和谐社会的政治基础。

(三)建设法治国家与构建和谐社会

在整体上,法治国家与和谐社会并不能完全重叠,更不能相互等同。但是在一定的历史阶段,法治国家就是与和谐社会相互重叠的,在该阶段,即可以说建设法治国家也就是构建和谐社会。

和谐社会是一切社会的最良好状态,也应该作为人类社会的理想。和谐可以作为一切社会的目标和理想。但是法治和法治国家并不是一切社会都存在的理想。在原始社会之中有和谐的问题,但由于缺乏国家和法治,当然地不存在法治国家的问题。在未来的理想社会,国家和法律也许都不存在,显然也没有法治或者法治国家的问题,但是社会和谐问题依然存在,和谐社会也许仍然以现实或目标的状态存在。在法治和国家存在的社会之中,建设法治国家也就是构建和谐社会,二者是一体之两面。在法律或国家存在的社会之中,作为目标或现实的法治

国家与和谐社会有着重要的一致性,具有许多共同的要求。具体来说有以下几点:

(1)秩序是法治国家与和谐社会共同的基础价值。对于秩序的追求,法治国家和和谐社会是一致的。法治国家一定要谋求良好的社会秩序状态。从社会的意义上讲,法的第一价值就是秩序,任何社会的法或者法治所追求的都是秩序化的社会状态,这种秩序化的状态几乎可以说是法治化状态的同义语。良好的法治在社会现实中的最佳状态就是良好的秩序状态,和谐社会正是良好的社会秩序的反映与综括。从秩序的视角来看,法治国家与和谐社会是一致的。

(2)民主是法治国家与和谐社会共同的政治基础。民主对于法治的意义是无须论证的,没有民主便没有现代法治,没有民主也必然没有现代法治国家。民主既是法治国家的前提,也是目标。人民当家作主在法治国家始终具有根本的意义。和谐社会也同样无法离开民主,民主也是和谐的基础,是社会和谐的最深刻的政治基础。没有民主,就必然会出现人治或专制,就必然会埋下社会动乱的祸根,最终导致或者引发社会动乱,社会和谐终究难得。

(3)发展是法治国家与和谐社会共同的推动力量。没有发展,法治国家无法建立,和谐社会也无法建立。发展首先指的是经济发展。生产力是社会发展的最终决定力量,也是法治国家与和谐社会的推动力量,法治国家与和谐社会的建设都需要依赖一定的生产力发展作为动力。市场经济发展的程度和状况在很大程度上决定着法治发展的水平与社会和谐的程度。社会保障制度的建立健全一定是以经济的发展作为前提的。在落后的经济制约下,国家和社会在保障体系与救助机制上往往会心有余而力不足。发展当然包括文化进步在内。文化是社会发展进步的重要方面,文化制约法治也制约着社会和谐,相应地法治与和谐都会对社会文化提出相应的要求,并以文化的发展作为基础和动力。发展也还包括社会其他各个方面的发展。发展是法治与和谐永恒的推动力量和有效保障,是法治与和谐始终依赖的动力来源,因此,在法治国家建设与和谐社会的构建中,发展始终不可偏废。

(4)法治内含着维护和谐与恢复和谐的质的规定性。从法的内涵来看,其本身就是维护社会和谐的工具,裁判人间纠纷、惩办人间邪恶、维护人间公正就是中国古老“灋”字的寓意。从法的功能来看,定分止争是法律的基本功能。无论从任何意义上阐释定分止争，都可以得出法律应该并且能够平定纷争、促进和谐的结论。实现了严格的法治未必是最好的和谐，但是最好的和谐一定是以法治作为基础和前提的。法治是法律社会中和谐内在的构成部分与本质要求，良好法治是社会和谐的基础与保障，也是社会和谐的内容。

二、构建和谐社会与构建法治社会

和谐社会与法治具有内在的联系，和谐社会的第一个基本特征被概括为民主法治，就表明了法治对于和谐社会的重要意义。具体来说，法律本身就是追求社会和谐的产物；和谐社会内在地包含着法治建设的内容；和谐社会的每一个特征都包含着对于法治的内在要求。

（一）法律是追求社会和谐的产物

法律的产生，其原因是多重的，但是其中有一个最为重要的原因就是为了解决社会矛盾。

从各种法律制度产生的历史原因来看，法律是为了解决社会矛盾而产生的。民事和商事法律从产生来看，是西方社会最发达的法律。在古希腊、古罗马，如果没有民事和商事的冲突，就没有必要制定和发布相应的民事和商事法律。民事商事法律产生的必要性和可能性都不具有，这方面的法律就不可能产生，民事商事法律无不是为了解决相关的民事商事矛盾而产生的。从刑事法律来看，这是中国古代社会最发达的法律。如果没有相应的刑事违法或者犯罪的存在，刑法也就没有产生的社会基础。各种犯罪无不是对法律所保护的社会权利的侵犯，犯罪一旦发生，就必然会出现犯罪者与受害人之间的冲突，也会产生犯罪者与社会之间的冲突。为了保护受害者，保护社会利益，于是人们不得不制定刑事法律来制裁刑事违法。民事商事违法、刑事违法都是对于应有秩序的破坏，都会导致相应的社会矛盾，解决这些矛盾，就是制定法律对相应的违法者加以必要的处罚。

从法律文化的认知角度看，法律依然是解决社会矛盾的产物。在西方，柏拉图认为法律的重要作用就在于使各个社会成员各安本分地生活，这种各安本分也就是为了减少社会矛盾。中国古代的法字，写作“灋”，就有解决社会矛盾的意思。《说文解字》中“灋，刑也，平之如水，从水;廌,所以触不直者去之,从去"。[①] 其中的"廌"就是独角神兽,就是传说中的纠纷裁判者。春秋时代管子就断言,"法者所以兴功惧暴也,律者所以定分止争也,令者所以令人知事也,法律政令者,吏民规矩绳墨也"。[②] 法律的作用在于定分止争、规矩绳墨,其重大意义就在于减少矛盾和化解矛盾。

(二)法治是和谐社会性质的内在要求

和谐社会具有深刻的文化内涵和内在的统一性质,这种内涵及其统一性,都要求有法治作为其坚实的基础与强大的支柱。

和谐社会是"和而不同"的社会,是承认个体独立性质的社会。其中的"和"是指的"和谐";其中的"同"是指的"附和""苟同""盲从"。"和而不同"简单地说,也就是指和谐而不盲从。和谐社会的"和"是承认"不同"的"和"。"和"不等于否定个体或者使个体差异的消失,相反,它首先就是建立在承认个体,尤其是承认个体差异性的基础之上的,这可以说是关于和谐的认识前提。和谐社会的"和"并不是等同,"和"所反对的正是无原则的"同",承认不同才强调"和"。在不同基础上的"和"才是真正的"和",才是具有生机与活力的"和"。这种将"和"与"不同"相并列的认识远比专制主义和个人主义高明。在西周,史伯就提出了"和实生物,同则不继"的理论,他说,"声一无听,物一无文,味一无果,物一不讲"。意思就是一种声音无法组成动听的曲调,一种颜色无法形成美观的花纹,一种味道无法成为可口的食物,一种物质无法构成大千的世界。[③] 孔子也是"和而不同"的主张者,他甚至将"和而不同"与"同而不和"上升为道德准则,将其作为君子与小人的分野。[④] 各种不同的个体如何组成一个和谐的整体,必须要有事物的组织法则与运行法则。在人类社会,当然需要必要的社会规范,以及将相关的规范加以良好的实施。在良好的法律状态即法治状态下,就可以既使个人的意志得到尊重,个人的利益得到保护,又使各个不同的个人服从于统一的规则,形成既有个人自由,又有统一意志的社会局面。能达成这种状态的,只有法治。只有法治才能保障良好的规范来确认个人的权益,

---

① 《说文解字》中对"法"的解释。

② 《管子·七臣七主》。

③ 田广清主编:《古代治国方略》,四川大学出版社1996年版,第347页。

④ 孔子曰:"君子和而不同,小人同而不和。"参见《论语·子路》。

并形成统一的整体意志和行为规则。

和谐社会是“元素互补”的社会,是个体与个体的结构互补导致功能互补的社会。这一社会需要法治来协调各种社会力量或者称为社会元素,促使社会形成良好的互补状态。史伯对于“和”与“同”的分析,也表明了这里的“和”是互补之“和”。音律、色彩、味道、物质的组合也就包含着相互联系和结构上的有机协调。晏婴有着进一步的解释,“所谓和者,君甘则臣酸,君淡则臣咸”。① 这是对“和”的互补意义的结构或关系的描述。一个很好的事物一定是相关部分互补的整体,要有“和”的状态,事物各个部分的组合当然得有其规则,并相互匹配。事物如此,人类社会也是如此。人类社会的各个分子在社会中如何进行角色的分配,如何进行劳动的分工,各个个体、群体、单元或元素之间如何协调统一,怎么才能形成互补的社会关系,是人类面对的重要问题。在人类社会中,这些结构关系,都需要法律作为规则,并将这些规则加以有效地实施。因为,没有相应的规则,社会就会陷入混乱之中;没有社会元素在结构上的互补之和,社会运作就无法有条不紊地进行。法治既能为社会的互补提供规则,也能为这种规则的实施提供保障。同时,与法律相关的元素也应当处于结构互补的状态之中,比如保护与打击的关系,调解与审判的关系,审判与仲裁之间的关系就应如此。

和谐社会是“彼此互动”的社会,是个体与个体的动态关系得到很好对待的社会。这一社会同样需要法治作为调节的手段,并使相互联系着的各个因素具有法定的有机联系。和谐社会之“和”是整体之中相关部分彼此互动之“和”,是协调运动之“和”,总之是一种动态之“和”。动态之“和”是“和”的经常性表现形态。在彼此互动之中,一是每个个体或群体(包括每个单元或元素)都遵循运行规则,循章而行,富有生机与活力,形成良性的互动关系,使社会处于和谐的状态,同时也就使社会免于矛盾、冲突,乃至混乱。二是使被破坏的秩序得到恢复,使紊乱归于和谐。在这个意义上,“和”就意味着从“不和”走向“和”的过程,是秩序的恢复过程,良好状态的回归过程。三是当社会矛盾的状况与性质发生之后,纠纷裁决机制也要相应地发生变化,单一的解决办法就必须为多元的解决办法所取代。在这三个过程中,都离不开法治的作

---

① 《晏子春秋·内谏篇》。

用。法治的重要使命既有促使守法的互动,更有使被破坏的秩序得到恢复的互动,既使“和”的状态存在,也使“不和”归于“和”。

和谐社会是“相互协调”的社会,是个体与个体,个体与整体很好协调的社会。和谐社会是社会各个元素,包括个体和整体有条不紊地顺利运行,良性互补与彼此互动的最佳状态。和谐社会也就是法治社会。在依照法律规则来治理的社会中,人们有章可循,有法可依,社会就能处于和谐的状态之中。法治是一种整体化的社会状态,同样要求社会的各个元素、方面、环节都能无阻碍地有规则地运行。法律是和谐社会的制度基础,它可以保证社会对于差别的尊重,并在尊重差别的基础上实现结构协调与运行互动,从而建立起承认个体、结构互补、彼此互动、相互协调的和谐社会。国家机关、社会团体、公民、企业事业组织都依照法律作出自己的法律行为,都依照法律的既有规定处理相互之间的关系,法律的运行是良好的,社会的状态和运行也会是良好的,这正是和谐社会的图景。良好的法治状态就是社会的和谐状态,所以既可以说法治社会是和谐社会,也可以说和谐社会在本质上就是法治社会。

（三）法治是和谐社会特征的必然要求

和谐社会是民主法治、公平正义、诚信友爱、充满活力、安定有序、人与自然和谐相处的社会。和谐社会的这六大特征,无一不与法治具有密切的联系,并且需要通过法治的路径而得以实现。

第一,社会的民主法治当然以法治作为其基本内涵。民主,从希腊文的原意上讲是人民的权力,人民的统治。民主发展到现代,一个重要的变化就被赋予了法治的内涵。因为,如果没有法治,民主就缺乏制度保障和维护措施。没有法治,民主就失去了最有力的制度依据,也不会有确保实现的强制手段。所以,要实现民主,就必须推行法治,民主与法治完全可以说是现代文明政治的车之两轮与鸟之双翼。

第二,社会的公平正义需要法治来加以特别维护。公正是社会永恒的理想,但是公正却始终难以获得。公正的对立物是邪恶与偏私,要实现社会公正,就必须有强制力制裁邪恶,克服偏私。人类为此创立了许多道德规范与宗教规则,在众多的规范与规则之中,唯有法律的规则具有最大的明确性与肯定性,最具有外在的强制性,因而成为维护社会公正的强大力量。

第三,社会的诚信友爱必须由法律来加以有效的保障。诚信友爱,看起来是纯粹的道德状态与要求,或者是纯粹的道德规范与准则,其实它与法律同样密不可分。因为严重的不诚信不友爱的不道德行为,也许就是违法行为。民事上的违约、诈欺,刑事上的诈骗、渎职、遗弃、虐待、侮辱、诽谤等无一不是对诚信友爱等道德规范的背叛。一旦违反法律,法律对于相应行为的惩处,也就为道德提供了最有效的维护手段。法律通过对严重违反道德的行为的处罚来维护社会诚信和社会友爱等道德守则。

第四,社会要充满活力必须有良好的法治环境。和谐社会当然不是僵化也不是混乱的社会,而且一定是充满活力的社会。充满活力的社会,必须是有良好法治环境的社会,一个僵化或混乱的社会是不可能充满活力的,僵化与混乱的社会秩序只能使个体的正当权利缺乏保障,导致生产力的停滞、破坏和社会的倒退。我国改革开放前的惨痛教训与改革开放以来的成功经验都充分说明了这一点,要营造一个不僵化、不混乱的社会状态,法治就成为其坚实的基础。

第五,社会的安定有序必须以法治加以维护。安宁祥和是人们对于自身与社会生活的美好向往,安定有序的状态也就是社会秩序良好的状态。只有社会管理达到相应良好程度的社会,才可能出现这种太平盛世的景况。基于人们对于美好社会生活的追求,自从人类进入法律社会以来,法律就担负着维护社会秩序的重任。法治的情形直接影响和决定着社会的安定与否,有序与否,法治是社会安定有序的基石与保障。

第六,社会中人与自然和谐相处,必须具备法治的调整。人与自然的和谐相处,是对人与自然关系的良好的认知。这种认知的获得是不容易的,人类经历了无数的失误和挫折才得出了必须与自然和谐相处的结论。有这种认知不容易,要把这种认知转化为具体的行动和客观的现实就更不容易。没有关于自然环境保护的法律,没有把这些法律充分实现的法治机制,人与自然的和谐相处就仅仅是一种良好的愿望。

三、法治与构建和谐社会

(一)立法发展奠定制度基础

法治意义的法律是和谐社会的制度蓝图,和谐社会是社会的理想状态,只有这种理想状态转化成为了若干具体而完备的法律规范,构成一系列法律制度,进而形成完备的法律体系,和谐社会才获得了自己的制度根据。可以认为法治状态中的法律制度是和谐社会制度设计的法律化。在法治状态之下,完备的法律规范、法律制度、法律体系,为社会提供了最明确的行为规则和规则体系,为人们严格依法办事创造了条件,为整个社会的法治建设提供制度化的指导。立法就是为社会和谐发展提出制度基础的。

(二)法律指引减少矛盾发生

法律具有指引的功能。法治通过法律的授权性规范、义务性规范和禁止性规范,告诉社会成员有权做什么、必须做什么和不得做什么,从而引导人们的行为。在良好的法制之下,人们依法而行,社会矛盾就会减少发生,和谐社会正是社会矛盾纠纷最小最少的社会。法治对于纠纷的预防作用的发挥就为和谐社会的建立提供了条件。这是人们依法办事、自觉守法的结果,同时也是法律对人们行为发挥指引作用,减少矛盾纠纷发生的结果。法律指引人们的行为,人们循法而行,也是社会成本最低、代价最小的法律实践状态,是最良好的法律乃至法治状态。

(三)依法裁判消除矛盾冲突

社会矛盾是可以减少的,但总是难以禁绝的。但是,对于法治的国家或者社会来说,发生了社会矛盾,根本就不必紧张,因为法治早已为这些矛盾的解决提供了现成的或者可以找到的制度包括规则的根据。社会矛盾也就是社会的不协调。在市场经济的发展中,对于个人利益和社会团体利益的尊重,得到了社会普遍的认同,但是利益的差别常常会引起利益的冲突,从而产生社会矛盾。社会矛盾一旦产生,就会对社会的和谐运行产生不利影响。从整个国家的政治、法律角度上看,地区与地区之间难免会有冲突产生;农村与城市之间也会发生某种利益的冲突;民族与民族之间也难免有误会需要消除;官员与民众之间也还会有种种矛盾。在具体的民事经济活动之中,买方与卖方之间、承包人与发包方之间、招标人与投标人之间、出租人与承租人之间等,都难免会有纠纷产生。在具体的行政关系之中,上级与下级之间,管理者与被管理者之间,处罚者与被处罚者之间也会产生种种矛盾。在诉讼之中,原告与被告之间、原被告与第三人之间、被告人与公诉人之间、当事人与法官之间等,都会有矛盾产生和存在。这时,如何化解社会矛盾是确保社会和谐运转的关键。法律的重要使命就是裁判纠纷、化解矛盾,法治也就是最好的解决社会矛盾的手段。在法治状态之下,法治消除社会矛盾,直接为构建和谐社会服务。客观地说,法治也好,和谐社会也好,都不可能完全禁绝社会矛盾的产生。法治可以有效地解决矛盾,使已经产生的社会纷争能够及时得到解决,使不和谐的社会状态归于和谐。从解决矛盾意义上讲,法治是构建和谐社会的重要手段。

社会矛盾始终会存在,化解社会矛盾是社会发展中始终存在的重要任务。人与人之间只要有个体的差异,有利益的分野,矛盾就不可避免。甚至只要人类是以类的方式过着社会生活,矛盾就不可避免。旧的矛盾解决了,新的矛盾又会产生,矛盾与矛盾之间还会交叉重叠,形成错综复杂的矛盾局面。在人类社会之中没有矛盾是绝对不可能的,即使在和谐社会已经建立起来的情况下,矛盾依然会产生。社会矛盾的存在就其本身来说就是对于秩序的反动,就是秩序的破坏因素,任何秩序都是建立在矛盾被解决的基础上的。秩序不会一劳永逸,一个良好的秩序其实不是没有矛盾的秩序,而是一个有着良好的矛盾解决机制的秩序,和谐社会正是这样的秩序状态。作为目标来构建的和谐社会,并不是一种暂时状态,它是社会发展到一定程度后富有活力而又稳定持久的社会模式。和谐社会之所以能够长期持续地得以维持,是因为它具有一套解决社会矛盾的固有体制和长效机制,它能够使社会长期处于和谐状态,即使发生了影响和谐的问题,它也能够迅速地加以解决,使社会归于和谐。

和谐社会需要长期维护,既要使新的矛盾少发生,还要使已有的矛盾及时化解。和谐社会当然是矛盾较少的社会,各种冲突错综而复杂的时候,必然不是和谐的社会状况。和谐就是少有矛盾产生,和谐就是能够有效地化解矛盾。法律产生的原因是很多的,一个重要的原因就是解决社会矛盾,使社会的稳定状态得以维持,使社会处于和谐状态之中。法治是和谐社会所依赖所必需的支柱,法治正是在减少矛盾和解决矛盾这两个方面为长期和谐提供支持,成为和谐社会的重要支撑力量,随时发挥着重要作用。法治的作用不仅仅在构建和谐社会时被需要,在和谐社会构建起来之后也同样被需要,法治对于和谐社会来说是伴随始终的。即使是到了人类最美好的和谐社会——共产主义社会时代,法律也许没有了,但是由法律转化而成的社会规范照样需要,由法治转化形成的社会管理体制与机制依然存在。因为人类始终都需要规则，都需要规则之治，减少矛盾和解决矛盾也始终是社会发展过程所必需的。所以，可以说和谐社会在任何时候都需要法治或类似法治的规则之治作为保障。

（四）制度先导创新管理体制

和谐社会必须要有与之相适应的社会管理体制，为此，我们就必须要探索社会管理的基本规律，并尊重这些规律。按照这些规律的要求，建立和完善社会管理的法律体系，从而完善社会管理体制。我们可以通过立法来整合社会管理资源，形成新的社会管理格局；更新管理理念，创新管理方式，拓宽服务领域。可以运用法律来规定和协调基层自治组织、社会团体、行业组织，以及社会中介服务机构在社会管理中的作用，使社会各阶层社会成员的诉求得以反映，权益得以保障，行为得以规范，最终形成社会管理上的合力。此外，我们还可以在立法上健全包括社会保险、社会救助、社会福利和慈善事业相衔接的社会保障体制，并将其社会化。

社会管理体制的创新，是法治适应社会管理发展的新要求，是建构和谐社会的必需。依法治国，建设社会主义法治国家必然包含对于社会管理体制的法治化建设，使社会管理的体制与模式能够适应中国社会政治、经济、文化和一般社会生活的需要。

（五）法治建设提供运行机制

建立和谐社会，重要的就是要建立起社会和谐发展的运行机制。这种运行机制包括顺畅的社会流动机制，合理的利益协调机制，安全的社会保障机制，有效的社会控制机制和敏感的社会预警机制，有效的矛盾疏导机制，以及人与自然和谐发展的机制。这些机制的建立都需要借助法律及其运行机制。从法律角度看，法律得以良好运行，首先是要有良好的执法和司法。只有有了良好的执法和司法，才能有法律的正确适用。法律被正确适用了，社会纠纷才能得以减少，在矛盾发生以后才能得到及时有效的解决。社会矛盾的解决直接推动了社会和谐。其次是要有良好的守法。良好的守法能确保法律被严格服从，如果人们都严格遵守法制，相互之间的冲突就可以最大幅度地减少，这就为构建和谐社会创造了条件，因为和谐社会必然是社会矛盾最小最少的社会。从减少矛盾的意义上讲，法治是构建和谐社会的重要手段。

四、法治服务于和谐社会的构建

和谐社会对法治提出了新的要求。这些要求涉及法治的方方面面,法治能否在这些方面适应和谐社会的需要,直接关乎法治对于和谐社会构建作用的发挥,也关乎法治在和谐社会建设中自我发展的情形。和谐社会对于法治的要求,主要有以下几个方面:

(一)转变法律观念是认识前提

法律观念是人们关于法律的内在认识,主导着人们对于法律的基本态度。观念是行为的思想基础,不同的观念指导、制约、影响着人们的法律态度与行为。不同主体的法律观念对于法律的影响是不同的,它在不同的方面对法治发展发挥着重要的作用。无论是立法、执法、司法、守法,还是法律监督,法律观念的作用都不可忽视。在构建和谐社会的过程中,必须首先对法律观念作一个梳理,作出适合构建和谐社会需要的转变。构建和谐社会直接要求法律本质观、价值观、功能观和发展观都作出相应的变化。

从价值观意义上讲,在和谐社会的构建中,必须把公平正义作为最崇高而又最基本的价值目标来追求。面对中国法律价值观的现实,必须将公平正义体现在立法之中,将其作为立法的基本观念。在我国司法体制改革中,公平正义被确定为了司法体制改革的目标,这当然是正确的,在未来的司法体制改革中还需要进一步坚持和努力实现。但是和谐社会对于公平正义的要求并不仅仅限于司法。因为,一个社会只有是公平正义的,才可能具有恒久的和谐基础,社会只有公平正义才能长期安全稳定。公平正义问题遍及整个社会,全面的公平正义是社会和谐最坚实的基础。

从功能观意义上讲,从总体上讲,法律是指引社会行为的规范,裁决社会纠纷的准则,维护社会秩序的手段,实现社会公正的保障。对于社会主义时期尤其是和谐社会法的本质的概括,当然可以进一步探讨。但无论怎么确定社会主义和谐社会法的本质,如果再将其混同于历史上的法律,把阶级斗争作为自己的目的,那么社会主义法的先进性就必然会丧失,其宏伟的目标也会在盲目中迷失。特别需要指出的是,在和谐社会的构建中,我们要充分认识和发挥法律定分止争的功用,要认识到法律的功能与构建和谐社会的目标是一致的。法律本身的追求也就是维护人际的和谐状态。化解纠纷、解决矛盾也就是要消除社会的不和谐因素,消除引发社会不和谐的原因,从而维护社会的安全稳定。法律的趋向并不煽动动乱,甚至本身就是消除动乱的良药。法律内在地具有反对动乱并维持秩序的属性,它是社会长治久安的保障。中国古代思想家认为法律具有定分止争的功能和作用,也就是在这个意义上讲的。在构建和谐社会之中,就应当深化对于法律这一功用的认识,进而充分发挥其效用,使法律为社会和谐作出应有的贡献。

从发展观意义上讲,在和谐社会的构建中,法既有如何适应和推动社会发展的问题,也有自身如何发展的问题。在这两个方面,都应当树立起科学的发展观念。法律发展有无自身的规律,这些规律是什么,都需要探索,需要认真研究和悉心总结,即使是人所共知的法律发展规律也有一个如何被很好运用的问题。在法律与社会的关系上,要既注意法律的适时变化,又保持法律的稳定性和连续性。一方面,法律必须适应社会的发展,推动社会发展,甚至成为社会发展的先导。另一方面,法律不能过于频繁地变化,它必须具有适度的稳定性。不变的法律是僵化的,它将无法适应和推动社会发展;善变的法律也将是可怕的,它将危及社会的稳定,破坏社会的秩序。不变的法律不行,善变的法律不好,怎么使法律的变与不变处于一个科学状态是一个艰难的问题。可见,只有法律与社会发展相协调,才能推动社会的和谐。

(二)保护弱势群体是关键环节

特别注重保护弱势群体,是社会进步文明的表现,是人权保障的现实需要,也是保障国家长治久安的重大举措。社会弱势群体,他们处于社会利益分配的弱势地位,基本的社会利益与个人利益都难以得到保障。他们不可避免地对社会抱有一定的不满情绪。如果任由这种情绪发酵,后果就不堪设想。但要减少和消除这种不满情绪,绝对不能靠对于弱势群体的忽略,乃至强力控制来加以解决。所必需的只能是对其切身利益的深切关怀,对其现实困难的切实解决,对其不满情绪的彻底消解。只有这样,才能获得社会的进步文明、人权保障、安宁祥和。

要做到这些,就必须制定相应的法律,严格执行相应的法律,给弱势群体以应有的社会保障。这些社会保障如果没有确实的法律保障,就无法转化成社会的现实。在社会保障法制建设上,还有大量的立法任务没有完成,整体的社会保障法制还在建构之中。社会普遍的人权保障，残疾人救助，儿童权利保护，老人权利保障，妇女权利保障，贫困者救济，失业保障，养老保障等方面，法律制度的空白还很多，既有的法律也存在着如何进一步完善的问题。这些都与社会的安全稳定息息相关，都与社会的和谐程度密切联系。要构建和谐社会，就必须加强社会保障立法，建立起完备的社会保障的法律制度。

（三）应对突发事件是必要准备

突发事件是偶然的，也是必然的，那种认为突发事件无章可循的看法是错误的。

任何突发事件，如果没有社会问题作为基础，突发事件就并不可怕。可怕的是社会矛盾的不断积聚，某时某地的一个突发事件就成为牵一发而动全身的重大事件。要消除突发事件的危险，必须从两个采取法律的措施。

一是要制定和执行应对突发事件的法律规范。一旦发生突发事件，能够有条不紊地依法办事，应付裕如。既有的法律早已为突发事件的处置提供了足够的制度资源，这样就能有效地防止突发事件的恶性发展，及时解决相关问题。

二是要有减少和消除社会矛盾的法律体制和机制。突发事件几乎都是社会矛盾积淀的产物。其实，社会矛盾产生了，我们就应当为其提供疏解的途径，或者是通过行政的法律途径，或者是通过司法的法律途径，或者是将二者结合起来将其化解。法律体制和机制为社会矛盾的消除提供的是最根本最彻底的解决手段，有了这样的手段，突发事件发生的概率就会降低，一旦发生也很容易转化为常规的法律争端，通过法定的途径加以解决。

（四）维护自然环境是必然要求

自然环境的维护，是早就摆在我们面前的重大的难题。建立完善的环境保护法律制度，维护自然资源与生态环境，是人类可持续发展的必需，也是科学发展观的要求。

高速发展与环境保护之间的冲突由来已久，以损害自然环境作为代价的快速发展，必将付出更大的代价来修复环境，自然也会加倍地向人类报复。人与自然的和谐相处，是环境与人类之间关系的客观要求。在追逐利益的强大力量作用下，没有强有力的措施对于危害自然环境的行为加以制止和处罚，毁坏环境的行为就无法受到有效的控制。法律在这一方面担负着远比道德、传统、习惯、政策更为艰巨的任务。历史和现实都说明,不采取法治化的有效措施,自然环境的维护就无法得以有效地进行。

(五)实现社会公正是深刻根基

社会公正存在于社会的各个方面,也就有着不同方面的公正。但就总体来看,最引人注目的是社会的分配公正和司法公正。

分配公正问题,历来都是政治家、法律家,政治学家、法学家所关注的重大问题。在中国实行市场经济以来,社会各个阶层或各个社会成员之间,在收入分配上出现了多元化的情况,多元的分配格局必然导致利益的差异。利益差异的急剧与极度拉大,必将严重危及社会安全与社会稳定,社会和谐就无法实现。法律在劳动收入的分配上应该发挥更大的作用,确定合理的劳动收入比例,是构建和谐社会所必须。各种劳动如果无法获得等值的报偿,分配就必然处于不公正的状态,分配不公就势必会引发社会矛盾,尤其是引发贫穷者与富有者之间、管理者与被管理者之间的矛盾。法律在劳动收入的税收调节上也应该发挥更大的作用。税收立法始终是对社会收入分配进行有效调控的手段,科学的税收制度,既可以鼓励劳动者进行劳动创造的积极性,也能有效地调节社会收入的差距。使高收入者对社会作更大的贡献,担负更多的责任,也使低收入者能够获得法律上的体惜与照顾,确保其免予贫困地过有尊严的生活。

司法公正同样是十分重要的。和谐社会不是没有纷争的社会,社会没有纠纷是不可能的,减少纠纷和化解纠纷则是必需的。只有纠纷较少,一旦发生又能很好解决的社会,才是最好的社会,才是真正的和谐社会。要彻底减少纠纷,依赖的是社会公正,要消除纠纷,依赖的同样必须是公正。如果说前者依赖的是泛义的社会公正的话,后者依赖的则是比较特定的司法公正。那种认为和谐社会无需司法的观念是完全错误的,我们构建和谐社会不是不要司法,而必须使司法发挥充分的效用,为社会和谐提供最有力的手段。以和谐社会作为目标的司法必须以公正作为价值目标。法律本身就应当是为公平正义而存在的,追求公平正义是法律的理想。实现公平正义是对法律本质的体现,是司法对于法律本质的展现与归结。正是因此,与法律公正属性相一致,司法自古以来就具有公正的价值内涵。每一个社会的司法体制都有实现司法公正的程度问题,没有一个司法体制会公然反对或者否定公正的价值诉求。公正是司法的内在要求,也是和谐社会的价值基础和价值目标。缺乏公正的社会,必然不会是和谐的。各种社会利益主体如果在法律上得不到公正的对待,他们就会不平则鸣地抗议,也就必然会影响社会的和谐状态。

分配公正和司法公正只是最基本的社会公正,只有整个社会处于全面的公正之中,我们才可能说这个社会赢得了长治久安的社会基础、道义基础、制度基础,和谐社会才能真正建立。

第二十一章 中国法治与世界法治

中国的法治国家建设是在世界之中进行的，它既要受其他国家法治状况的影响，又要受整个国际社会即世界法治状况的影响。国际法治与世界法治是怎样的逻辑关系，一直模糊不清，必须给出一个适当的定义才便于进行后面的讨论。所谓国际法治是指在国家之间的法治和居于各国之上的法治，有时也可以用指除本国之外的其他国家的法治。国家之间的法治是国际法治的具体状态，各国之上的法治则是国际社会法治的整体状态。国际法治排除了各国国内法治，即它并不包含各国国内的法治状况。世界法治则是各国国内、各国之间以及各国之上的法治的总称，内容也应该是各国国内法治、各国之间法治、各国之上法治的总和。世界法治包含国际法治，并可以延伸包括各国国内法治。由此观之，国际法治与世界法治是紧密联系的，有时甚至是相互伴随的概念。在论述国际法治时不可拒绝世界法治的概念，在论述世界法治的时候也同样不可拒绝国际法治。具体来说，国际法治是中国法治的外在环境，世界法治包含中国法治于其中，同时也是中国法治的世界背景。世界法治对于中国法治的发展一直具有重大的影响作用，有时甚至是极大的推动力，对中国法治与世界法治进行研究是对中国法治国家研究中的重大课题。

一、世界视野的中华法文化

中华文明是世界视野中的中华文明，中华法文化是世界视野中的中华法文化。如何在世界的视野中认识中华法文化，并开创中华法文化的未来，这是中国新时代的领导者们必须考虑的重大问题，这是一个极为宏大的题目。

(一)中华法文化的世界影响

中华法文化历经数千年的风雨一路走来，中华法文化创造了举世触目的辉煌，在全世界产生了重大而深远的影响。

1. 中国法律在法国的影响

1672年，法国巴黎就出版了由殷铎泽等翻译的《中庸》拉丁文译本。[①] 伏尔泰(1694—1778)说："在别的国家法律是惩治罪犯的；在中国，法律还有更多的作用，它奖励道德实践。"[②]孟德斯鸠在其著作之中多达100多处论及中国。他的名著《论法的精神》中，就有5节以中国为题：《中华帝国》《中国的奢侈》《中国人的礼仪》《中国的良好风俗》《中国政体的特质》。他对中国立法中的预防犯罪给予了充分的肯定：中国立法者"关于预防犯罪，多于惩罚犯罪，注意激励良好的风俗，多于施用刑罚"。[③] 对中国的礼即法的状态给予了赞赏："中国的立法者们主要的目标，是要使他们的人民能够平静地生活。他们要人人互相尊重，要每个人时时刻刻都感到对他人负有许多义务；要每个公民在某个方面都依赖其他公民，因此，他们制定了最广泛的'礼'的规则；这是养成宽仁温厚，维持人民内部和平和良好秩序，以及消灭由暴戾性情所发生的一切邪恶的极其适当的方法。"[④]对中国法律符合中国实际予以了肯定："中国的立法者(孔子或是服膺他的教义的人们)是比较明智的；他们不是从人类将来可能享受的和平状态去考虑人类，而是从适宜于履行生活义务的行动去考虑人类，所以他们使他们的宗教、哲学和法律都合乎实际。"[⑤]

魁奈(1694—1774)是法国的经济学家，重农学派的领袖，曾以御医的身份入住皇宫15年。他除了写作经济学著作之外，还写作了《中国

---

① 史彤彪：《中国法文化对西方的影响》，河北人民出版社1999年版，第4页。

② 转引自范存忠：《中国文化在启蒙时期的英国》，上海外语教育出版社1991年版，第176页。

③ [法]孟德斯鸠：《论法的精神》(上)，张雁深译，商务印书馆1982年版，第94页。

④ [法]孟德斯鸠：《论法的精神》(上)，张雁深译，商务印书馆1982年版，第312页。

⑤ [法]孟德斯鸠：《论法的精神》(上)，张雁深译，商务印书馆1982年版，第232页。

的专制制度》一书,被称为欧洲的孔子,极力向欧洲人灌输中国的政治法律思想。就是在他的劝告下,1768 年 6 月 15 日法国皇太子,举行典礼,亲自用扎着丝绸的耕犁模型在众人面前炫示。1769 年奥地利的皇帝也仿照中国皇帝的做法,驾犁耕地。魁奈对孔子有特别的崇敬。他说:“中国人把孔子看作是所有学者中最伟大的人物,是他们国家从其光辉的古代留传下来的各种法律、道德和宗教的伟大的革新者。”①他歌颂中国的法制,“中国的法制系建立于明智和确定不移的法律之上,皇帝执行这些法律,而他自身也审慎地遵守这些法律”。②

2. 中国法律在英国的影响

坦普尔(1628—1699),是英国的政治家、散文家。他对孔子的为人极为推崇,他认为孔子是一位极其杰出的天才,学问渊博,德行可佩,品行高超,既爱自己的国家,也爱整个人类。在《讨论古今的学术》中说,“中国好比是一个”伟大的蓄水池或湖泊,是知识的总汇。他认为,“希腊人注意个人的或家庭的幸福;至于中国人,则注重国家的康泰”。18 世纪英国人巴杰尔写的《致斯巴达克国王利奥米尼斯书》中提出,高官厚禄要属于确有功勋的人。这是一条准则。他说:“如果现在还有政治家觉得这条准则,尽管它本身十分完美,在土地那么大、人口那么多的大不列颠王国不可能实行的话,我可以奉告那位政治家,此刻现在,最认真地遵守和执行那条完美准则的是世界上幅员最大,人口最多的帝国,就是中国。”③哥尔斯密(1730? —1774)是英国的著名的文学家和政治家,他在《世界公民》中表明了对中国法律的赞赏,一是法律的稳定性质。他说:“一个帝国换了多少朝代,还是这个样子;随后虽然给鞑靼人征服,但仍保持古代的法典、古代的学术。因此,如果说其屈服于外国的侵略者,倒不如说它兼并了鞑靼。一个国家,论幅员可以抵欧洲全部,但是服从一种法律,只听命于一个君主,四千年来只经过一度长期革命。这是它的特别伟大之处。因此,我觉得别的国家和它相比,真是微不足道的了。”④二是法律对于道德的作用。“英国人的法律只是惩

① 史彤彪:《中国法文化对西方的影响》,河北人民出版社 1999 年版,第 50 页。
② 史彤彪:《中国法文化对西方的影响》,河北人民出版社 1999 年版,第 57 页。
③ 范存忠:《中国文化在启蒙时期的英国》,上海外语教育出版社 1991 年版,第 6 页。
④ 转引自史彤彪:《中国法文化对西方的影响》,河北人民出版社 1999 年版,第 16 页。

治罪恶;中国的法律进了一步,它还奖励善行。”①

3. 中国法律在德国的影响

莱布尼茨(1646—1716),德国近代的哲学家,同时是杰出的数学家。他创造了数理逻辑,发明了微积分,改进了计算器并设计制造了手摇计算机,在物理、语言、历史、法律等多个方面都有重要的贡献。他在1679年发表了《中国新论》。莱布尼茨认为:“中国是一个大国,它在版图上次于文明的欧洲,并且在人数上和国家的治理上远胜于文明的欧洲。在中国某种意义上,有一个极其令人赞佩的道德,再加上有一个哲学学说,或者有一个自然神论,因其古老而受到尊敬。这种哲学学说或自然神论是自从三千年以来建立的,并且富有权威,远在希腊人的哲学很久很久以前。”②“中华民族,在可能范围内,相互团结以实现公共的安全与人类的秩序。这与他国的法律相比较,其优劣当不可同日而语。对于人类的害恶,由人类自身所发生的,反还到人类自身。所以人心如狼的谚语,在中国永不适合。我们的愚昧,使我们沉沦于不幸之中,同时我们自身,又创造了苦难。如果理性是一副清凉的解毒剂,那么中华民族便是首先获得此药剂的民族。中国全社会获得的效果,较之欧洲宗教团体所获得的,更为优良。”③

沃尔弗(1679—1754),是莱布尼茨的学生。德国18世纪著名的哲学家和数学家。1721年7月,他在哈勒大学做了演讲《中国人的实践哲学》,宣扬孔子的观点:人的理性凭自身的努力即可达到道德上的至善。因此触怒了他所属在哈勒大学神学部的教授,他们马上开会列举了他的27条谬误,当面质询并向国王腓特烈·威廉一世告状。国王于11月下令,沃尔弗必须在48小时内离境,结果反而使其名声大振,一下子全世界居然有200多种书评论他的学说。瑞典国王、俄国彼得大帝都向他发出聘书,邀请其演讲。1739年威廉一世意识到自己的错误,同意普鲁士各个大学讲授沃尔弗的哲学。沃尔夫非常崇尚中国儒家的“修身、齐家、治国、平天下”的理论。在《自然法》一书中,论述了“君主与臣民的义务”。深受中国儒家思想影响的他认为君主应有德;不能滥用

---

① 转引自史彤彪:《中国法文化对西方的影响》,河北人民出版社1999年版,第17页。

② [德]莱布尼茨:《致德雷蒙先生的信:论中国哲学》,载柳御林主编:《世界名人论中国文化》,湖北人民出版社1991年版,第139~140页。

③ 转引自史彤彪:《中国法文化对西方的影响》,河北人民出版社1999年版,第110页。

权力;臣民具有服从的义务。他认为:“中国最古老的君主都是哲学家。柏拉图以为幸福的国家,应该由哲学家来支配。中国人便是此原则的实行者。在国王的光荣系列中,最初的是伏羲。他创立了中华帝国,同时也创造了文字。其后继者是神农、黄帝、尧、舜,一直到夏、殷、周三代,都能坚持最完全的法律与政府。”①

4. 中国法律在日本的影响

如果认为中国法律对欧洲的影响还主要是文化观念意义的话,中国对日本的影响更有制度规范意义的,而且从观念与制度的双重意义上全面地影响了日本的法制发展。

在公元前3世纪前期,日本的邪马台国就多次遣使来中国,主要带回去的是稻作、农耕、服饰方面的文化与技术。3世纪中叶到5世纪,日本的大和国时期,作为一个国家得到了中国如同对高句丽、百济一样的承认。日本广泛学习中国儒学。从公元6世纪末到12世纪末的600年间,中国处于隋、唐、五代、北宋期间,日本处于飞鸟、奈良、平安时代,中国法制在日本得到了全面移植。日本最早的成文法为公元604年4月公布的《十七条宪法》,它就是吸收中国文化,结合日本实际而制定的。随后的立法从体例、名目到刑名、刑罚都无一不仿效中国法律。到了公元759年,日本淳仁天皇发布敕令,要求官吏以儒家的仁义礼智信作为治民之道。其具体的标准为:不滥杀生,能矜贫苦为仁;断诸邪恶,修诸善行为义;事上尽忠,抚下有慈为礼;遍知庶事,断决是非为智;与物不妄,触事皆正为信。②

从12世纪末到19世纪中叶,即中国的南宋、元、明、清时代,日本的镰仓、足利、德川时代,日本则是参酌中国法制建立自己的法制。19世纪后期,1868年日本爆发明治维新,开始了近代化,改而学习西方,并反过来影响中国的立法发展。综观日本法制的发展,正如日本许多学者所言:“自奈良朝至平安朝吾国王朝时代之法律,无论形式上与精神上,皆根据《唐律》。自德川时代至明治之初及明治十三年顷为止,所谓日本之法律者,直接间接皆受明律之影响。”③

---

① [日]五来欣造:《儒教对于德国政治思想的影响》,刘百闵等译,商务印书馆1936年版,第322页。

② 王金林:《汉唐文化与古代日本文化》,天津人民出版社1996年版,第256~257页。

③ 杨鸿烈:《中国法律对东亚诸国之影响》,中国政法大学出版社1999年版,第4页。

5. 中国法律在美国的影响

在美国立国(1776 年)时,中国已开始衰落。美国直接接受的是英国法律文化,较少受中国法律影响,即使受到中国的影响也是极为间接的。所以美国对于中国的法制,更多的不是受中国的文化和制度影响,而是隔岸观火式的评论,这种评论更集中到现代。

美国的法学家高道蕴(Karen Turner)专门研究中国法律史,认为中国"公元前 3 世纪和 2 世纪法家以及折中派的著述提出了法治的两个基本方面,即法律的明确性和刑罚的确定性"。① "某些法治思想在中华帝国的早期确实存在,这些思想可用作当代中国建设法治国家的基础。"②"中国古代制度也能为那些因僵硬的法治而感到幻想破灭的西方人提供一种积极的模式。"③

(二)中华法文化的西方批评

1. 法国学者对中国法律的批评

孟德斯鸠不仅赞颂了中华法文化,而且更对于中国法律予以了十分尖锐的批评:(1)首先是对专制主义作出了极为严肃的批判,并认为这是中国法律没有力量的原因。"人们曾经想使法律和专制主义并行,但是任何东西和专制主义联系起来,便失掉了自己的力量。中国的专制主义,在祸患无穷的压力下,虽然曾经愿意给自己带上锁链,但却徒劳无益;它用自己的锁链武装了自己,而变得更为凶猛。"④他认为太监的祸患和对妇女的歧视都源自专制主义。(2)批评了中国法律对思想的惩办。"如果大逆罪含义不明,便足以使一个政府堕落到专制主义中去。"⑤"如果不谨慎的言辞可以作为犯大逆罪的理由的话,则人们便可武断地任意判处大逆罪。语言可以作出许多不同的解释。不慎和恶意二者之间存在着极大的区别。而二者所用的词句则区别极小。因此法

---

① 高道蕴、高鸿均、贺卫方编:《美国学者论中国法律传统》,中国政法大学出版社 1994 年版,第 10 页。

② 高道蕴、高鸿均、贺卫方编:《美国学者论中国法律传统》,中国政法大学出版社 1994 年版,第 10 页。

③ 高道蕴、高鸿均、贺卫方编:《美国学者论中国法律传统》,中国政法大学出版社 1994 年版,第 249 页。

④ [法]孟德斯鸠:《论法的精神》(上),张雁深译,商务印书馆 1982 年版,第 129 页。

⑤ [法]孟德斯鸠:《论法的精神》(上),张雁深译,商务印书馆 1982 年版,第 194 页。

律几乎不可能因谚语而处人以死刑,除非法律规定哪些言语应处死刑。”[1]“中国法律规定,任何人对皇帝不敬就要处死刑。因为法律没有明确规定什么叫大不敬,所以任何事情都可以拿来作借口剥夺任何人的生命,去灭绝任何家族。”[2](3)对中国法律的残酷进行了批评。“那里经常施行暴政,和依据常例——也就是无情地——对人性进行残害。”(4)批评了中国法律的不平等,尤其是专制体制对妇女的奴役。“对妇女的奴役是极符合于专制政体的特质的。专制政体所欢喜的就是滥用一切权力。因此,在亚洲,无论什么时代,我们都看到家庭的奴役和专制的统治总是相辅而行的。”[3]孟德斯鸠对中国传统法律的批判,有的是很有道理的,有的则并不完全正确。经过历史学家考证,孟德斯鸠对中国的认识主要来自两个人物:一个是黄嘉略(1679—1716),另一个是傅圣泽(1665—1741)。黄嘉略是中国人,是孟德斯鸠遇到的第一个也是唯一一个中国人。这个人是福建莆田人,被法国传教士李斐收为义子,跟随法国另一传教士梁宏仁作为其秘书到了法国,后来成为路易十四的中文翻译。1713 年 22 岁的法律学学生孟德斯鸠认识了黄嘉略。黄嘉略受法国传教士影响,对中国文化心存偏见,对中国社会的弊端津津乐道。孟德斯鸠第二个认识的对中国很有了解的人是傅圣泽。1729 年孟德斯鸠在欧洲做学术旅行的时候,遇到了他的第二个关于中国问题的老师傅圣泽。傅圣泽 1699 年到中国传教并生活了 20 年。他因为对待中国礼仪的问题被召回罗马,他对中国存有病态的偏见。有法国人这样评价他“当属荒谬之辈,凡涉及中国的种种事物,他都凭空乱想。”[4]孟德斯鸠的认识首先就来自这两个具有偏见的人,另外就靠阅读来了解中国。因此,他对中国的评论就难免失之偏颇。

2. 英国学者对中国法律的批评

亚当·斯密(1723—1790)对中国法制阻碍经济发展和经济贸易进行了批判。在经济上,第一,中国是停滞的;第二,停滞的原因之一是法律制度的局限。他说:“中国一向是世界最富的国家,就是说,土地最肥沃,耕作最精细,人民最多而且最勤勉的国家。然而许久以来,它似乎

---

① [法]孟德斯鸠:《论法的精神》(上),张雁深译,商务印书馆 1982 年版,第 197 页。
② [法]孟德斯鸠:《论法的精神》(上),张雁深译,商务印书馆 1982 年版,第 278 页。
③ [法]孟德斯鸠:《论法的精神》(上),张雁深译,商务印书馆 1982 年版,第 265 页。
④ [法]艾田浦:《中国之欧洲》(下),许均、钱林森译,河南人民出版社 1992 年版。

就停滞于静止状态了。今日旅行家关于中国耕作、勤劳及人口稠密状况报告,与500年前视察该国的马可·波罗的记述比较,似乎没有什么区别。”①“中国似乎长期处于静止状态,其财富也许在很久以前已完全达到了该国法律制度所允许有的限度。若易以其他法制,那么该国土壤、气候和位置所可允许的限度,可能比上述限度大得多。一个忽视或鄙视国外贸易、只允许外国船舶驶入一二港口的国家,不能经营在不同法制下所可经营的那么多交易。”②“近代中国人极轻视国外贸易,不给与国外贸易以法律的正当保护。”③这是他找到的外贸方面的原因,第二是国内税收的原因。当时中国的税收主要是来自农业。但是中国的税收制度是“可变额土地税”,随各年丰歉的不同,租税也一年不同于一年。这种税制使君主和政府能够坐享地主和农夫改良和精心耕作土地的利益,却抑制和伤害了土地经营者、耕作者的积极性,所以这种税制具有“破坏性”,是一种“恶税”。这种税制的症结在于重农主义的理论和政策。④

3. 德国学者对中国法律的批评

18世纪的欧洲,“中国趣味”风行,对中国绘画、园林、建筑、陶瓷、漆器、丝绸等的爱好与仿制都达到了狂热的程度。当时著名的德国历史学家、哲学家赫尔德(1744—1804)对这些“中国癖”深恶痛绝。他在《关于人类历史哲学的思想》中对中国进行了严厉地批评,其中当然也包括对中国法律的批评。他认为当时中国土地不属于人,人却变成土地附属品的状况,就很可能导致可怕的专制主义。“中国像古老的废墟一样兀立在世界的一角。”儒家传统阻碍了教育和政治方面的任何进步,而专制主义又阻碍了任何其他学说、派别与之争雄。环境、生产方式、文化传统三者交互作用的结果,便是一个完全静态的社会制度,并且这一制度一旦建立,它又以对人们进行政治和思想的禁锢来确保自

---

① [英]亚当·斯密:《国民财富的性质和原因的研究》(上卷),郭大力、王亚南译,商务印书馆1972年版,第65页。

② [英]亚当·斯密:《国民财富的性质和原因的研究》(下卷),郭大力、王亚南译,商务印书馆1972年版,第87页。

③ [英]亚当·斯密:《国民财富的性质和原因的研究》(下卷),郭大力、王亚南译,商务印书馆1972年版,第67页。

④ 史彤彪:《中国法文化对西方的影响》,河北人民出版社1999年版,第23页。

己的统治。[①] 他甚至说出了令我们这些法律人在内的中国人感到羞辱并且有失偏颇的话："拿欧洲人的标准来衡量，这个民族在科学上的建树甚微。几千年来，他们始终停滞不前。我们能不对此感到惊讶吗？就连他们那些谈论道德和法令的书本也总是变着法儿，反反复复、详详细细地在同一个话题上兜圈子，千篇一律地吹捧那种孩童的义务。他们的天文学、音乐、诗歌、兵法、绘画和建筑如同千百年前一样，仍旧是他们永恒法令和千古不变的幼稚可笑的政体的孩子。这个帝国是一具木乃伊，它周身涂有防腐香料，描绘有象形文字，并且以丝绸包裹起来；它体内血液循环已经停止，犹如冬眠的动物一般。所以它对一切外来事物都采取隔绝、窥测、阻挠的态度"。[②] 他还认为，"中国人的立法与道德乃是中国这块土地上人类理智幼稚的尝试，不可能在地球的其他某个地方如此根深蒂固地存在"。[③]

在赫尔德之后，黑格尔对中国也有过批评，主要是以欧洲中心论来抵消欧洲的"中国趣味"。黑格尔（1770—1783）对中国法律的批评比赫尔德要温和得多，主要认为家庭精神是中国的宪法精神，中国的政府必然是专制主义的政府，"在中国人那里，道德义务的本身就是法律、命令的规定。所以中国人既没有我们所谓的法律，也没有我们所谓道德。那乃是一个国家的道德。"

在黑格尔之后的还有韦伯（1864—1920），他认为中国的儒教伦理及其法律文化阻碍了中国资本主义的发展。他说："在意大利城市的商法中，早就有了经济的理性物化了的资本主义'经营'的法律形式与社会基础，但是在中国这些都不存在。中国早就有了私人信贷发展的萌芽：宗族为其成员担保，但却仅仅存在于税收和政治刑法之中。"[④]"世袭制的国家形态，尤其是与行政与法律适应的世袭性质，在政治上产生的典型后果是：不可动摇的神圣的传统王国与绝对自由的专横与恩宠的国王并存。……在中国，至少在这方面特别敏感的产业资本主义，在其发展道路上，行政与司法没有发挥出可以计算的理性功能来，这种功

---

① 史彤彪：《中国法文化对西方的影响》，河北人民出版社 1999 年版，第 125 页。

② 柳御林主编：《世界名人论中国文化》，湖北人民出版社 1991 年版，第 177～178 页。

③ 柳御林主编：《世界名人论中国文化》，湖北人民出版社 1991 年版，第 177～178 页。

④ ［德］马克斯·韦伯：《儒教与道教》，洪天富译，江苏人民出版社 2003 年版，第 139 页。

能正是向理性经营发展的产业所必需的。”[①]“中国没有一种互助式地调节自由工商业的受到公认的、正规的、牢固可靠的法律基础，这种基础为西方所熟知，并且促进了中世纪手工业中的小资本主义发展。”[②]

4. 日本学者对中国法律的批评

日本的近代化过程中，广泛吸收西方启蒙思想家的思想用以批评中国的法律文化，并以此达到变革日本法律的目的。当时最著名的思想家是福泽谕吉(1834—1901)，他终身对儒学进行批判。他说：“在亚洲各国，称国君为民之父母，称人民为臣子或赤子，称政府的工作为牧民之职，在中国有时称地方官为某州之牧。这个牧民，若照饲养兽类的解释，便是把一州的人民当作牛羊看待，把这个名称公然标榜出来，真是无礼之极。”[③]“中国自周朝以来……其所谓仁政含有强迫性质，企图强使人民‘仰沐圣恩’一变而为骚乱，仁政一变而为苛政，怎么还想要人来歌颂太平呢？如果真想歌颂，恐怕只有自己独唱，无人奉和，其谋划之迂阔，可怜亦复可笑。”[④]

5. 美国学者对中国法律的批评

对中国法律予以批评的代表者，在美国著名的学者中有昂格尔，其一是他对中国“礼”的认识。他认为，“‘礼’的概念充分体现了中国封建社会中法的含义，而且，‘礼’支配儒家思想的全部观念。”[⑤]“在这个社会中，礼是主导性的并且几乎是唯一的正当行为的标准。”[⑥]其二是他对中国儒家和法家的认识。“儒家和法家都有一套关于人、社会和法律的观点，而且每一种都具有内在统一性并且尖锐地批评对方。”[⑦]“儒家提倡回归那种体现伦理典范的习惯礼仪，而法家主张扩充官僚政治以及强制推行官僚法。不过双方都是从某些不言而喻的共同前提出发进

---

① ［德］马克斯·韦伯：《儒教与道教》，洪天富译，江苏人民出版社2003年版，第154页。

② ［德］马克斯·韦伯：《儒教与道教》，洪天富译，江苏人民出版社2003年版，第64页。

③ ［日］福泽谕吉：《劝学篇》，群力译，商务印书馆1984年版，第61页。

④ ［日］福泽谕吉：《劝学篇》，群力译，商务印书馆1984年版，第62页。

⑤ ［美］昂格尔：《现代社会中的法律》，吴玉章、周汉华译，中国政法大学出版社1994年版，第83页。

⑥ ［美］昂格尔：《现代社会中的法律》，吴玉章、周汉华译，中国政法大学出版社1994年版，第36页。

⑦ ［美］昂格尔：《现代社会中的法律》，吴玉章、周汉华译，中国政法大学出版社1994年版，第96页。

行论证的,而这些前提则根本不允许他们捍卫甚至承认现代西方意义上的法治原则。”①

(三)西方法文化的近代渗透

1.引进法律文化

中国对西方的看法有一个演变的过程。费正清的《剑桥中国晚清史》描述了这个过程:“关键性术语使用的变化雄辩地证实了在对西方理解过程中的这种进步。与西方有关的事务在六十年代以前大体称为‘夷务’,在七十年代和八十年代称为‘洋务’和‘西学’,在九十年代就称为‘新学’。第一个名词体现了中国中心主义;第二个名词颇为不褒不贬;而最后一个名词则清楚地含有赞许的意思。”②1865年江南制造局开始翻译西方著作。在19世纪60~90年代,其译局卖出13,000部译著。③ 在西方思想的影响下,康有为、梁启超发动了维新运动,推动了戊戌变法,组织学会,创办报刊,宣传西方新学,推进了中国的思想进步。在1880—1940年有2204种日文著作被翻译到中国,其中一半是社会科学的著作。在这些著作中,西方的法学著作也随之进入。康有为、梁启超、严复、沈家本等人都成为宣扬西方法治学说的先锋。严复翻译的国外名著中就有孟德斯鸠的《法意》(即《论法的精神》)和穆勒的《群己权界论》(即《论自由》)等。如果说康有为、梁启超主要是传播西方法律思想的革命家,严复则主要是翻译家和思想家,而沈家本则主要是法律家。他们都是引进西方法文化的先锋。

2.参酌西方法制

1901年1月,清王朝下诏实行“新政”;1902年2月和4月相继发布变法修律的诏书:“现在通商交涉事益繁多,著派沈家本、伍廷芳将一切现行律例按照交涉情形,参酌各国法律,悉心考订,妥为拟议,务期中外通行,有裨治理。”中国法制向西方大规模学习从此开始,直至1911年辛亥革命爆发。“这场变革突破了传统法典编纂的诸法合体的体例,

---

① [美]昂格尔:《现代社会中的法律》,吴玉章、周汉华译,中国政法大学出版社1994年版,第96页。

② [美]费正清、刘广京编:《剑桥中国万清史》(下卷),中国社会科学院历史研究所编译室译,中国社会科学出版社1985年版,第235页。

③ 与对相对应的是日本明治维新中福泽谕吉的《西洋事情》在1866年出版后几乎立即卖掉了250,000本(包括私印本)。参见[美]费正清、刘广京编:《剑桥中国晚清史》(下卷),中国社会科学出版社1985年版,第324页。

用西方近代法律的原则和内容取代了传统法律中纲常名教的原则和内容。沿袭数千年的中华法系从此发生了根本的转变。清末制定的各种现代性的法律，尽管没有来得及全部颁行，但这些法律为民国时期各种现代法律的制定，开辟了道路，提供了参照的依据，奠定了重要的基础。”①它在宪法上，创制了宪法，将皇权至上的专制主义修正为了皇权至上下的三权分立；在刑法上，废除了中国数千年极为残酷的肉刑；在民法上，建立了中国历史上从未有过的公司制度、破产制度等。为此，沈家本作出了极为重要的贡献。杨鸿烈先生在《中国法律发达史》中称：“沈氏是深了解中国法系且明白欧美日本法律的一个近代大法家，中国法系全在他手里承先启后，并且又是媒介东西方几大法系成为眷属的一个冰人。”②

3. 学习西方宪政

1905 年 12 月，清政府派遣以载泽为首的 5 位大臣到日本、英国、美国、德国和法国考察它们的政府，并详细调查中国实行立宪政体的可能性。1906 年 7 月该使团回国，每位成员都推荐立宪政体。海外的使节也纷纷上奏说，宪法绝不会损害皇室权力，事实上它是维护皇室权力的最好手段。因此，皇太后和皇帝召开御前会议，经过长时间的商讨，决定采取立宪政体。1906 年 9 月光绪皇帝在慈禧太后的指使下，命令开始宪政的准备工作。③ 宣布实行宪政的方案之后，就对政治制度进行改革，一是将行政、立法、司法三权分立，二是精简冗员，明确官员责任。由于当时中国还没有立法机关，所以其实首先进行的只是行政机关和司法机关的改革。

（四）中华法文化的当代发展

1. 传承中华法文化

中华法文化中有许多糟粕，如人治观念、专制主义、皇权思想、等级观念、特权意识、重刑轻民、司法与行政合一等，它们都远离现代法治。但是，中华法文化源远流长，根深蒂固，经历了数千年漫长的历史发展。

---

①　怀效锋：《中国法制史》，中国政法大学出版社 1998 年版，第 445 页。

②　杨鸿烈：《中国法律发达史》，中国政法大学出版社 2009 年版，第二十六章“清——欧美法系侵入时期”。

③　［美］费正清、刘广京编：《剑桥中国晚清史》（下卷），中国社会科学出版社 1985 年版，第 450 页。

早在春秋战国时期就有了职业法学家,或者是以“律学”研究为其职业的人,中国的法学由是便产生了。从此之后,经过日积月累,出现了浩如烟海、汗牛充栋的相关论著。传统法文化中蕴含着丰富的思想资源,并且与整个中华民族和中华文化具有内在的联系,积淀和内化在我们的心灵深处、心脉之中。然而,从清末以来,中华传统法文化如同整个中华传统文化一样,被刻意批判的多,被着意继承的少。从戊戌变法,到五四运动,到新文化运动,再到新中国的社会主义改造,到无产阶级文化大革命,包含着法文化在内的整个文化,一次一次地因各种原因而备受批判。但是,很少或者基本上没有被理性地解析,进行客观而冷静地梳理,给予应有的扬弃。传统几乎不再在制度的层面保留,而以内化的残缺状态存在于社会与观念之中。其实,我们有许多极为宝贵的历史财富。

第一,人本主义与民本主义思想。

人本主义在中国具有深刻的思想基础。人本主义至少包括这样的两个方面:一是人与自然的关系;二是人与神之间的关系。在这两重关系中,中国传统文化中都特别强调人的重要地位。就人与神的关系来说,西周的周公就说:“天不可信,我道惟宁王德延”。春秋时期郑国的子产也说:“天道远,人道迩,非所及也”(《左传》昭公十八年)。孔子学生子路问如何对待鬼神,孔子答:“未能事人,焉能事鬼”。就人与自然的关系来说,中国从董仲舒以来就主张“人副天数”“天人合一”。“人能胜乎天者,法也”。其中的人与自然之间的关系,对于我们处理人与自然的关系,以及进行生态与环保立法都是有借鉴意义的。

民本主义是中华传统法文化的又一哲学基础。民本主义的内涵也是很丰富的,在传统社会中,至少包含着国与民之间的关系,国君与人民之间的关系。西周时期的周公就提出要“敬德保民”,要“惠民”“裕民”。春秋时期的《管子·牧民》就认为:“政之所兴,在顺民心;政之所废,在逆民心。”孔子认为:“君者,舟也;庶人者,水也。水则载舟,水则覆舟。”其后孟子全面总结了民、国、君之间的关系:“民为贵,社稷次之,君为轻。”荀子说:“天之生民,非为君也;天之立君,以为民也。”西汉时期的贾谊说:“闻之于政也,民无不为本也。”这些对于我们今天处理国家、权力与人民之间的关系也是很有借鉴意义的。

第二，慎刑的法律原则。

慎刑是指慎重实施刑罚处罚。它包含不错误施行刑罚，不随意施行刑罚，绝对不罪及无辜，期刑于无刑。西周时期中国有这样的原则。古老的《尚书》中就记载："钦哉，钦哉，惟刑之恤哉！"皋陶之"罪疑为轻，功疑为重；与其杀不辜，宁失不经；好生之德，洽于民心。"[①]在错杀与错放之间，宁愿错放也不错杀。据史书记载曹操曾作《慎刑令》："夫刑，百姓之命也。而军中典狱者或非其人，而任以三军死生之事，吾甚惧之。其选明达法理者，使持典刑。"历史证明慎刑是非常科学的法律原则，这正符合了疑罪从的现代法治原则与观念。

为了慎刑，中国传统法律制度中设立过很多制度，如录囚制度。它是指我国古代的帝王或上级官吏定期或不定期审讯囚犯，借以平反冤狱的制度。录囚制度经过了一个发展的过程，从西周到隋朝，录囚制度主要为地方官员定期或不定期巡视监狱，了解案件及其裁判情况。从唐至元，皇帝也亲自参与录囚工作，并且成为定制。历年举行，录囚制度成为实行宽赦的重要制度。录囚既是平反冤案的制度，也是张扬慎刑仁政的制度。明清两朝进一步发展，创造出会官审录制度，达到了录囚制度的最高峰。分为秋审、朝审两类，清朝参与秋审的司法官包括中央六部、大理寺、都察院、通政司以及军机处的重要官员，甚至皇帝也亲自参与录囚工作。每年 8 月，正是秋季，就在北京天安门金水桥西由相关官员出席会同审理，对于该平反的坚决平反。

在我国 21 世纪初启动的新一轮司法体制改革中，将死刑复核权重新收归最高人民法院，有很多很大的意义，其中一个意义也就是慎刑。其实中国自古就有死刑复奏制度。从北魏时期至隋朝，法律上都有对死刑实行三复奏的制度性规定。死刑复奏就是指判处死刑的案件要三次报请皇帝批准。到了唐太宗时期，他除了继续坚持地方案件三复奏制度之外，还将京师判决的死刑案件改为了五复奏。我们一定要贯彻"可关可不关的不关，可杀可不杀的不杀"的慎刑原则。即使要判，要杀，也必须坚持严格的法律程序，而不可随意为之。但是在目前，我们的关、捕、诉、判和杀的数量都是特别值得研究的。

---

① 《尚书·大禹谟》。

第三,传统的人伦精神。

传统的人伦精神方面的例证可以说是不胜枚举,但是为了简要地说明问题,我仅仅论述亲亲相隐制度以说明之。

亲亲相隐是指在一定范围之内的血亲和夫妻之间,除谋反、大逆外,均可互相隐匿犯罪行为,而且减免刑罚的制度。从汉朝以来,这就是中国刑法的一项重要原则。其主要内容包括:一是亲属有罪相隐,不予论罪或者予以减刑;二是控告应相隐的亲属者要被处以刑罚;三是国事重罪不适用相隐原则。这一制度源自"父子偷羊案"。《论语》有记载:"叶公语孔子曰:'吾党有直躬者,其父攘羊,而子证之。'孔子曰:'吾党之直者异于是:父为子隐,子为父隐。'直在其中矣。"[①]亲亲相隐与大义灭亲是相对应的。儒家也并非一味主张亲亲相隐。《左传·隐公四年》载:石厚参与州吁弑其君桓公,其父石碏使人杀了石厚,孔子便称赞说:"石碏,纯臣也。恶州吁而厚与焉。'大义灭亲',其是之谓乎!"于是,我国古代法律也就规定,危害最大的一些犯罪不适用亲亲相隐制度。这其实是很好的制度设计,但是我们许多人认为这是中国的封建主义独有的东西,殊不知这是人类十分美好的共同良知的产物。

在西方,直到今天资本主义还有这样的相隐制度,甚至还扩大了其范围。在资本主义社会建立之前,西方国家普遍有"相隐制度",但也有"国事重罪不得隐匿"的规定,从近代以来,西方法律几乎完全取消这一限制。1810 年《法国刑法典》、1871 年《德国刑法典》等均没有作出国事罪不得隐匿的规定。现代西方的一些刑法甚至公然规定包庇藏匿犯间谍、叛逆、侵略战争等重罪之亲属者也不予处罚。如 1975 年《法国刑法典》第 100 条、1976 年《德国刑法典》第 139 条、1968 年《意大利刑法典》第 307 条等。[②] 诉讼法方面,也规定亲属既可以拒绝作证,也可以自愿作证,但有权不宣誓担保证据的真实。1988 年《意大利刑事诉讼法典》第 199 条规定就是典型的例证。[③] 西方法律同时还规定,司法官有义务保护证人的这一权利。《德国刑事诉讼法典》第 68 条、《意大利刑事诉讼法典》第 199 条均规定:法官一般不得就可能有损于证人亲属的名誉

---

① 《论语·子路》。

② 参见《各国刑法汇编》有关部分。

③ 其规定为:近亲属可以拒绝作证,即使自愿作证也有权不宣誓担保证词无伪;证人可以拒绝回答可能使自己的近亲属负刑事责任的问题。

的事实发问;法官应告知被告人的近亲属有拒绝作证的权利;不得强迫其作证或宣誓。

2. 借鉴西方法文化

西方法文化,也是人类法文化的构成部分。我们既要传承自己的文明,也要鉴戒西方法文化中的宝贵财富,只有这样我们才能达成自己的目标。

西方法文化是人类法文化的构成部分。人类的法文化是人类共同的文明成果,是人类共同的财富。在自然科学领域,火车、飞机、计算机都首先出现在西方,我们没有拒绝。在社会科学领域,我们也没有理由加以拒绝。社会科学揭示的是社会发展的规律,涉及的是社会生活的方式,社会管理的模式,其中当然有客观规律在发挥作用。在历史上中华民族异常强大的时候,西方没有拒绝中华的文明,在今天,在中华民族复兴的时候,我们也不应拒绝目前一些领域领先的西方文明。

西方法文化中的确有许多进步的方面。必须学习与借鉴西方现代法文化。我国目前正在进行现代化建设。就现代化来说,中国无疑是迟到者。中国现代化的起点在清末,但是特殊的历史原因——帝国主义的入侵,中国自我变革的滞后,发展的失误等,使中国落后了,中国必须奋起直追。中国法学与法律也同样如此,我们必须注意学习与借鉴西方的现代法文化。必须学习与借鉴西方市场经济的法文化。市场经济在西方已经有数百年的历史了。中国传统社会是自然经济的社会。直至中华民国退出大陆之前,中国也没有建立起市场经济体制,自然经济仍然占据主导地位。新中国成立之后,我们又实行的是计划经济。数百年来,西方一直推行市场经济,市场经济是法治经济。市场经济的法律调整,西方积累了宝贵的财富,那也甚至是他们若干的失败教训换来的,我们需要学习和借鉴。现代社会的一些独特问题的法律调整,需要认真对待。比如毒品问题,计算机犯罪问题,同性恋问题都是新的现实问题,如何对待,西方社会也有很多经验和教训,我们有必要对此加以充分的研讨。我国目前的法治建设需要学习与借鉴西方的法文化。在实体立法方面如民事立法、经济立法、行政立法;在程序立法如听证制度、鉴定制度、死刑执行制度,我们都需要认真地对西方的法文化加以汲取。

3. 建构新型法文化

我们的目标应是立足中国,放眼世界,创立具有中国特色的社会主义法文化。如何缔造这样的法文化,可以做很多构想,在这里仅仅是把最重要的两个方面加以说明。

一是要确立新型的法文化心态。

一个国家与世界是什么样的关系,既是一个理论问题,更是一个实践问题。在中国与世界之间的关系上,似乎一直都存在着这样那样的误解。自傲、自卑、自闭是我们处理中国与世界关系的三种不正常状态。文化上的这种状态也一直影响着中国法学理论的发展。

封建制度的确制造过灿烂的文明,包括灿烂的法制文明。曾经,我们是那么自信的天朝大国,期待着四方来朝、八方进贡。几千年封建王朝养成的天朝大国之气一直影响着我们的思维。直到八国联军火烧圆明园,我们的祖辈还在那里沉醉于曾经的辉煌。过度的自傲使我们失去了整个世界。

自傲与自卑时常是一体两面地共生的。在我们始终保持着世间少有的自傲时,另外,我们又是那么的自卑。当西方列强侵略中国的时候,我们又不得不师夷以自强。法律制度的全盘西化,过度的自卑又使我们失去了整个自我。

在自傲、自卑两种情形之外,我们还由于意识形态原因而排拒整个世界,走向了自闭。自闭是以自傲作为内在的思想基础的。无视世界的自傲往往演化为自由,我们被人称为铁幕的国度。在极端的意识形态的左右之下,无需数典,本来就已经忘祖;无需崇洋,当然地不会媚外。自闭中看不清自身也看不清世界,于是在忽略世界的同时,自己也失去了发展完善的可能。我们需要自立、自主和自新的法文化心态,只有这样我们才能永远自立于世界民族之林。

二是要建构新型的法文化体系。

如何对西方的法文化进行科学取舍?西方也并不是同一的,英美法系国家与大陆法系国家就有着重要的差别,如何在将西方法文化与中华法文化同冶一炉?

例如,刑事公诉案件中的控诉证据问题。我国 1979 年的《刑事诉讼法》要求的是,人民检察院的公诉人要全面收集证据。既然是全面收集就应该包括有罪的证据、无罪的证据,罪重的证据和罪轻的证据。听起来很好,但是在实践中遇到了两个麻烦:一是公诉人本身就是控诉被告人有罪的,如果他还要提供无罪的证据,为什么还要起诉呢?二是如果把全部证据都移交到了法院,庭审就会成为走过场,因为所有的证据,法官事前都看过了。所以在1997年我们借鉴了西方诉讼法的规定,修改刑事诉讼法时予以了修改。那么就必然不是全部证据了,于是“主要证据”的概念就出来了。但什么是主要证据,法院和检察院,检察院和检察院认识就不一样了。有的甚至把一个证据材料掐头去尾,仅仅把说明有罪的那两页移送到法院。加之证人普遍不出庭,结果不仅是在庭审前,就是在庭审中也不明白那个作证的人到底是谁,性别、年龄、文化程度、工作职业为何,那又怎么使法官和诉讼参加人清楚整个证据呢?

再如民事诉讼中的鉴定人的身份性质问题。鉴定人,在我国以前的诉讼法中,基本上采用的是大陆法系的制度模式,鉴定人被作为法院选定的中间人,其鉴定结论是不容怀疑的定案依据。但是新的民事诉讼法出来了,采取了英美法系的模式,将鉴定人确定为证人的身份。那你原告可以请鉴定人,我被告当然也可以请鉴定人,谁的鉴定结论应该被采信呢?谁的结论又比谁高明呢?

需要我们去探索、去思考的问题还很多。我们不要保守,传统法文化中的糟粕要抛弃,精华要继承;我们不要西化,西方法文化中的优秀要借鉴,糟粕要抛弃。立足传统,借鉴先进,开拓未来——建构中国特色的法文化就是我们的理想。我们需要自主而开放,理性而执着地走向未来。

二、世界法治的现实状况

要概括世界法治的状况是十分困难的。本书仅仅循着法系划分与政治分野两个视角做一个概观。

(一)不同法系的法治

对于世界的法律,学者们有过不同的分类。在各种分类之中最常见而又最公认的分类方式,是法系的划分。法系是根据历史传统和外在形式等因素的不同而对于世界各国的法律所进行的一种分类。这一分类得到了世界各国的普遍认同。即使是在以前根本就不赞成进行法系划分的社会主义国家,也在许多场合被迫使用着“法系”这一语词和概念。

全世界的法律主要被分为五大法系:中华法系、印度法系、伊斯兰法系、英美法系和罗马法系。中华法系是一个在制度意义上已经不存在或者死亡的法系,但是它的思想文化还具有重大的影响。印度法系是一个半死亡的法系,其公法领域,已经为英国法系的法律制度所取代;其私法领域,传统的印度法律制度依然发挥着重要的作用。伊斯兰法系是以伊斯兰教为基础发展形成的独特的宗教法系,在当代世界发挥着极为重要的作用。普通法法系是从中世纪以来,在英国法的基础上,特别是在英国普通法的基础上发展起来的各国法律的总称。民法法系则是以罗马法为基础,尤其是以《法国民法典》和《德国民法典》为基础而发展形成的各国法律的总称。

(二)社会主义法治与资本主义法治

1. 社会主义法制与非社会主义法制

如果从法律制度的性质来看,综观当代世界的法制,可以认为由"两大主义的法制",即社会主义法制与非社会主义法制两大类别构成。当代世界,从社会制度来看,无非可以划分为社会主义与非社会主义两个主要的部分。政治上如此,法制上也如此。这不仅仅是社会主义的划分,西方学者也作出了同样的划分。中国法学家认为,"以社会制度或生产方式作为标准而将当代世界的法律,大体分为资本主义法律和社会主义法律,就马克思主义法学来说,当然是基本的划分"。① 法国法学家达维德认为世界的主要的法系包括社会主义法系、大陆法系、英美法系以及其他法系。② 德国法学家茨威格特和克茨则认为,法律体系包括社会主义法系、罗马法系、日耳曼法系、北欧法系、普通法系、远东法系、伊斯兰法系和印度法系。③ 他们都使用了社会制度的法律划分标准。

世界上的法律制度主要是资本主义法律制度与社会主义法律制度,但是社会主义与资本主义的两分法并不能涵盖所有的法律。"民法法系和普通法法系一般属于资本主义法律,伊斯兰法系可以说兼有封

---

① 沈宗灵:《比较法研究》,北京大学出版社 1998 年版,第 55 页。

② 朱景文:《比较法社会学的框架与方法》,中国人民大学出版社 2001 年版,第 76 页。

③ 朱景文:《比较法社会学的框架与方法》,中国人民大学出版社 2001 年版,第 77 页。

建制法律和资本主义法律的属性。”[①]所以，对于世界的法律还是分为社会主义法制与非社会主义法制为宜。因为社会主义法制之外的法制并不全都是资本主义的法制，其中有资本主义的，甚至还有封建主义的，因此，称之为非社会主义也许更为贴切。基于这样的认识，可以认为，在社会制度或意识形态的意义上，当今世界法制也就包括社会主义法制与非社会主义法制两大部分。

2. 社会主义法治与资本主义法治

从法制的视角出发，可以认为，世界法制由社会主义法制与非社会主义法制构成。但如果从严格意义的法治视角出发，则可以认为世界法治仅仅由社会主义法治与资本主义法治构成。因为人类历史上，严格意义的法治首先是由资产阶级创立的，社会主义法治对于资本主义法治是一种继续与发展，是一种历史性的超越与进步。

资本主义是随着资产阶级革命及其胜利而得以创立的。在资产阶级革命中，一些著名的资产阶级思想家和法学家为资本主义法治的创立奠定了思想和理论的基础。在资产阶级取得政权之后，不过是将资产阶级革命时期的法治理论付诸社会实践，资本主义法治随之得以建立。资本主义法治随着资本主义社会的发展而发展。与之相伴随，无产阶级又提出了自己的法治观。马克思主义法学正是无产阶级法治需求的理论代表。无产阶级革命胜利后创立的社会主义法治成为资产阶级的严重威胁与重要参照。在无产阶级和社会主义敲响资本主义灭亡的丧钟之后，资产阶级与资本主义不断改革发展，继续赢得了资本主义社会包括资本主义法治的进一步发展。社会主义法治成为与资本主义法治相抗衡并逐步将其超越的新型法治。

在社会主义法治建设的过程中，资本主义法治将与之长期并存，直至社会主义社会包括社会主义法治最终胜利。在漫长的历史阶段之中，社会主义法治与资本主义法治都将同时存在，相互吸收，彼此竞争，最终实现社会主义法治对资本主义法治的全面超越与彻底胜利。

三、世界法治的历史走向

要使中国自立于世界民族之林，就必须认识世界，审时度势，与时

---

① 沈宗灵：《比较法研究》，北京大学出版社1998年版，第53页。

俱进。随时把握世界发展的潮流,是我们必须担负的历史责任。认识当代世界法治发展的历史走向,是我们认识世界的组成部分,也是推进中国法治的必要条件。世界法治发展现状如何,有怎样的历史走向,需要我们认真考察。

(一)法律形式的趋同化

法系之间的趋同,是法律全球化的重要表现,也在一定程度上推动着法律全球化的发展。在法系的众多变化中,两大法系的变化十分明显,尤其是两大法系的趋同越来越引人注目。“自进入20世纪后,这两种法系已相互靠拢,它们之间差别已逐渐缩小。特别是在英国加入欧洲共同体后,客观形势迫切要求这两种法系之间的融合。”①“自进入20世纪以来,由于各国之间的经济、政治和文化联系与交流加强,两大法系之间的互相借鉴也随之受到重视,因而它们之间的差别也开始缩小。”②英美国家的成文法在增多,大陆法系的判例作用在增强。这两大法系之间相互吸纳与借鉴,法律形式趋同,也加速了法律全球化的进程,必将有助于法律全球化的发展。

(二)国内法律的国际化

国内法的国际化是指在一个国家或地区的法律由于某种原因而在其他国家或全世界得以普遍适用的情形。在近代以来,世界上不断发生国内法国际化的历史事件。③

一是法典编纂运动。法典编纂运动是私法领域的国内法的国际化。它是19世纪到20世纪,从欧洲启动的仿照法国民法典和德国民法典的法典编纂运动。这一运动使原本属于国内法的法国民法典与德国民法典转而成为了国际性的法典。

二是宪法司法潮流。宪法司法潮流是公法领域的国内法国际化的重要表现。第二次世界大战以后在欧美兴起,扩展到亚非拉各国的以建立宪法法院或宪法委员会和司法审查制度为标志的潮流。宪法的司法化潮流,使得原本属于国内的法律变化演变成为国际性质的法律变化。

---

① 沈宗灵主编:《法理学》,高等教育出版社1994年版,第109页。

② 张文显主编:《法理学》,高等教育出版社、北京大学出版社1999年版,第148页。

③ 朱景文:《比较法社会学的框架与方法》,中国人民大学出版社2001年版,第567页。

三是法律与发展运动。20 世纪五六十年代的美欧国家以援助第三世界国家为名,派出的“和平队”。他们派出“和平队”或类似的组织到第三世界国家传播美国、欧洲的法律模式,参与这些国家的立法和法学教育工作。通过这种模式,西方国家将其法律理念、法律制度向第三世界国家传播,导致了资本主义强国法律的国际化。

四是法律改革。20 世纪 90 年代,第三世界国家以及苏联、东欧国家进行了以市场为导向的法律改革。那时,是否具有健全的法律保障系统成为判断是否具有良好投资环境的关键性因素。国际货币基金组织、世界银行和一些发达国家的法学家、经济学家被派往第三世界国家和苏联、东欧,帮助他们设计和策划经济与法律改革。在苏联东欧事变之后,他们提出了各种各样的“从计划经济过渡到市场经济”的“私有化”方案。其中最著名的就是他们为俄罗斯提供的“休克疗法”方案。帮助这些国家修改或制定了公司法、投资法、贸易法、合同法、税法、金融法、知识产权法、仲裁法、律师法等。

(三)国际法律的国内化

国际法的国内化是指国际组织的条约、规章为有关国家所接受,并转化成为国内法的情形。

首先,国际政治法律的国内化。

世界各国之间的交流交往空前频繁,资本主义掀起的全球民主化浪潮一浪高过一浪,加速了政治全球化的进程。在法律全球化的趋势出现后,有的国家趁势假借法律的全球化来干预他国事务,推行法律的单边主义,侵犯他国主权。国际政治关系变得异常复杂,国际相关的法律也发挥着更为重大的作用。许多国家政治方面的国际公约都被要求和客观上转化为国内的法律制度,加以实现。

联合国有关统计资料表明,富国与穷国人均收入的差距不断扩大。全球收入最高的五分之一人口,占有全球生产总值的 86%。有资料表明:就人均 GDP 而言,2003 年发展中国家只有 150 美元,而发达国家则在45,000美元以上。发达国家是发展中国家的 300 倍以上。又是十多年过去了,情形并未有多大改变。如此大的差距的不同国家之间,当然会有复杂的政治关系,对于弱势国家来说,有着某种恐惧或者抵触,是可以理解的。但是我们也必须注意到国家主权等政治观念在全球化的背景下出现的变化,而且必须作出相应的变化。国际政治关系更多地表现为法律关系,并将更多地体现在各国的立法中。中国反分裂国家法的制定,就国内来说是应对台湾局势的需要,就国际来说则是应对国际局势的需要。

其次,国际人权法律的国内化。

人权是国际法律国内化的又一重要方面。作为现代国际社会的标志的不仅仅是经济发展的全球化,而且也有人权的全球化。尽管其中包含着少数霸权主义和法律单边主义对于其他弱势国家的不当要求,甚至非难。对世界法进行研究的法国法学家米海依尔·戴尔玛斯-马蒂说:"很久以来我一直认为,世界化将自人权而来"。[①]"我所进行的有关法律世界化的研究正是以人权为出发点的"。[②]人权霸权主义者或人权单边主义者对于他国人权的要求,有时甚至是苛求,当然不具有正当性质。但是它客观上迫使不同国家在人权问题上的认识趋同,也会使一定的国际人权认识与标准在更大的范围内被认可。在另一方面,人权问题上的弱势国家也会从被迫应付中站立起来,加快自己的人权建设,并在人权的国际冲突中变被动为主动,化消极为积极。他们也会利用国际舞台,在人权问题上与霸权主义与单边主义进行论争,迫使霸权主义者和单边主义者在一定程度上考虑和接受弱势国家的人权观念,以达成在人权问题上的谅解与共识。

国际人权的许多共识都是以国家之间的条约或国际社会的公约的形式表现出来的,往往形成一些国际人权法律文件。近代以来,尤其是从第二次世界大战以来,国际人权的立法取得了空前的巨大成就。关于人权的国际公约大量增加。为实施这些人权公约的辅助性的国际人权法律文件也不断产生。

从20世纪初以来,人权越来越为国际社会所普遍关注,甚至成为世界各国是否具有现代民主、法治、文明的重要标志。国际社会对于人权问题的重视也达到了前所未有的程度。人权不仅仅是一些发达国家在强调,发展中国家也逐步予以了更多的注意。有关人权保护的国际立法日益增加,有关国际人权问题的争端也在不断发生,因为人权问题

---

① [法]米海依尔·戴尔玛斯-马蒂:《世界法的三个挑战》,罗结珍、郑爱青、赵海峰译,法律出版社2001年版,第2页。

② [法]米海依尔·戴尔玛斯-马蒂:《世界法的三个挑战》,罗结珍、郑爱青、赵海峰译,法律出版社2001年版,第4页。

而引发的国内矛盾和国际冲突激增。

在人权问题上特别值得关注的是中美之间的人权冲突与斗争：中美联合国人权委员展开人权交锋的开端是 1990 年。从 1990 年到 2001 年的 12 年中，美国或亲自出马，或指派“代理人”出面，先后 10 次在联合国人权委员会中提出所谓谴责中国人权状况的议案，但没有一次成功。2000 年 3 月，美国在联合国人权会议上以“数千名法轮功练习者被拘捕”为证据，指责中国人权状况恶化，呼吁人权委员会成员国支持美国的反华人权提议。在中国的影响下，该提案再次被人权会议弃置，美国利用人权问题在国际社会抹黑中国的图谋再次被挫败。2001 年美国在联合国人权委员会成员国改选中落选，故在 2002 年的人权会议上，美国未能提出谴责中国人权状况的提案。美国 2003 年又重新当选了人权委员会委员，年年又旧戏重演。美国国务院年年发表国别人权报告，其中当然会批评中国的人权状况。中国国务院新闻办公室也会逐年发表美国的人权纪律，批评美国利用《年度人权报告》对其他国家进行“点名羞辱”的国际战略，是冷战思维的一种典型表现，援引大量例证说明美国自身存在严重的侵犯人权问题。

改革开放以来，中国政府特别注意人权问题。签署了《经济、社会及文化权利国际公约》等重要的国际公约，积极参加联合国和地区组织的国际人权会议，强化了与第三世界、欧洲国家之间的人权对话。在宪法修正案中增加了“国家尊重和保障人权”的规定，是一个历史性的重大进步，世界各国都给了中国很好的评价。

最后，国际经贸法律的国内化。

随着时间的推移，世界贸易组织、世界银行和国际货币基金组织的规则，越来越得到更多国家的承认。任何国家一旦加入了它，其规则就可能直接在该国适用或为该国国内立法所认可转化为国内立法。世界贸易组织的《服务贸易总协议》（GATS）、《与贸易有关的知识产权协议》（TRIPs）和《与贸易有关的投资协议》（TRIMS）也因此逐步成为加入世界贸易组织的所有国家的法律规则。

（四）国际社会的法治化

第 59 届联合国大会上（2004 年 9 月 21 日），联合国秘书长安南在致辞中呼吁在当今世界各国实现法治。他说，当今世界各地的法治岌岌可危，仍有人肆无忌惮地违背根本的国际法准则，如伊拉克的暴力事件和虐俘丑闻、俄罗斯别斯兰市的绑架事件等。安南说,在世界各地,都看到有人正煽动对犹太人、对穆斯林、对任何被认定不属于自己群体的人的仇恨,并准备实施这些恶行。他强调,任何事业、任何冤情,无论其本身多么合情合理,都无法为此类恶行作出丝毫辩解。安南表示,国际社会必须坚持任何人都不得凌驾于法律之上的原则,任何国家,如果在国内宣称实行法治,就必须在国外也尊重法治;任何国家,如果在国外倡导法治,就必须在国内也力行法治。

第一,国际经贸要求国际社会法治化。经济全球化带来了世界各国之间资本的自由流动、信息的跨国传播以及资源的全球化配置。跨国公司在其中发挥了极为重要的作用。现在跨国公司已经成为经济全球化的载体,其产值占世界总产值的三分之一以上,其企业内部和他们相互之间的贸易额已经占世界贸易的60%以上。跨国公司对外的直接投资已占全球跨国投资的90%。中国对外贸易额不断攀升,无可争议地成为世界贸易大国。从这里也不难看出,经济发展的全球化进程有多么迅猛。经济全球化发展从两个意义上推动着国际社会的法治化进程。

一是从经济全球化的发展中产生了大量的国际普遍认可的经济贸易方面的法律制度。世界贸易组织的许多规则,都是在大量的国际经济贸易的基础上产生的,直接调整国际经济贸易关系。共同的国际或全球经济活动必然会提出遵守共同的经济法律规则的要求。

二是经济的全球化必然带来经济关系的全球化,在这个意义上,经济全球化的发展推动着作为上层建筑的法律制度的全球化。在现实的经济发展中,发展中国家必须力争在经济活动中与发达国家同步,与发达国家共同参与世界经济的运行,才可能赢得自己迎头赶上的机会和机遇。对于发达国家来说,他们也同样需要世界经济的共振,建立普遍的经济关系,以维持已有的经济优势并继续发展。经济作为法律的基础不仅体现在国内法中,在国际法律上也是如此。

国际经济贸易的冲突及其解决也会导致世界的法治化。美、欧、日、俄、中之间的贸易纠纷不断。要想跻身世界贸易强国,中国还有很长一段路要走。中国要参与国际贸易,就必须遵循国际法治的原则。

第二,国际交流催生国际社会法治化。“世界城市的初级综合指标则是……外籍侨民占本地居民比重0.6%、市民运用英语交流的普及率

40%、外国金融机构在 200 家以上、每年举行国际会议 200 次以上。”“一个国际化大都市,每年至少要举办 200 个国际会议。巴黎的国际会议最多的一年更是多达 300 多个。北京会展业规模近两年在不断扩大,每年举办的具有一定规模的国际会议数量大概 60 个左右,平均一周一个,但这与每两天一个,每年 200 个国际会议的世界城市初级标准还有很大差距。”“2000 年全球曾举办过一次国际会议最多的国家排名,美国以 234 个会议占据榜首。”国际交流的频繁使得世界各国之间在法律上的交流也以空前的速度向前发展。随着现代国际关系的发展,国家之间的交流已经是十分频繁。以前看来无比广大辽阔的地球渐渐演变成为小而又小的地球村,村民之间的联系也越来越紧密。国际交流的加快为各国之间的沟通提供了便利,也加速了全球化发展的进程。法律交流作为国际交流的构成部分也随着整个国际交流的扩大和加速而得到了前所未有的发展。各国法律界、法学界的交流也得到了普遍的扩大和延展。各国议会、法院、警察部门之间的联系和交流都在加强;各国法学教育机构之间也在不断发展交流合作关系。在频繁的国际交流之中,法律的交流也得到了重大的发展。

第三,国际组织推进国际社会法治化。第二次世界大战前,国际组织仅有 500 多个,第二次世界大战后,国际组织的数量日益增多,活动领域不断扩大,目前已有 4 万个。根据有关资料“小小瑞士就有近 400 个国际组织,没有沙漠的德国争取到了联合国防治荒漠化公约(UNCCD)秘书处设在波恩,连印度和泰国都各有 10 多个国际组织机构”。国际组织及其规则的大量增加和作用的不断增强也推进了法律的全球化发展和国际社会法治化的进程。国际组织的发展速度盛况空前。国际组织主要是以主权国家为基本元素而建立的。国际组织的成立和运行,必然会提出建立相应国际规则的要求。国际法律规则的大量积累,为法律国际法治化提供了现实的可能。世界贸易组织及其规则的发展就是一个极为典型的例证。欧盟由原来的欧洲经济共同体演变而来。现在,它已经远远超出了经济的范围。到目前,欧洲已经建立起了统一的司法机构,正在制定统一的欧洲宪法。欧盟的出现对于全球化可能有一定的阻碍,区域性的联盟的形成对于要消除区域隔离的全球化来说,当然有一定的影响。它可能成为全球化发展中的阻碍因素。但是,欧盟对于法律全球化在欧洲的现实化,除了可能存在一定的障碍因素之外,更有着重要的推动作用——它率先推动着欧洲国家法律的“欧盟化”。这也许可以认为是全球化发展的阶段性成果或者局部表现。全球化的一个重要阶段也许就是部分国家的区域联盟化,然后再从区域联盟中走将出来,形成全球的联盟。这种全球联盟也许正是全球化的表现。这些联盟无一不需要国际条约,无一不需要依赖国际法治。

第四,司法协助推动国际社会法治化。由于国家主权的影响,面对全球化的浪潮,国际司法协助必然受到前所未有的重视。中国在国际刑事司法协助取得了重大进展,在民事司法协助方面主要涉及的送达和取证问题也得到了更大的重视。请求提供司法协助的案件逐年上升,中外互相请求司法协助的案件大体持平。目前,在民事司法协助中存在的主要问题是执行周期过长;当事人提供的材料不齐全、语言不符合要求、送达地址不准确等。随着国际交往的发展,民事司法协助的任务将日益繁重。在刑事司法协助方面,我们对外签订的协议还是太少。这有意识形态的原因,也有法律制度的原因(死刑存废),还有赃款分割的问题(赃款分割协议)。我们应当积极推动国际司法协助,包括中国在内的世界各国之间的司法协助推动了国际社会的法治化,也推动了中国的法治化进程。

四、中国法治与世界法治的互动关系

历史上,国与国之间如果没有特别的渊源和联系,一个国家的法治未必会对另一个国家的法治产生多么巨大的影响。但是,在全球化日益加剧的今天,情形则完全相反。任何国家都不过是世界大家庭的一员,国家之间的联系日益密切,国家之间的影响也日益加剧。

(一)世界法治影响着中国法治

历史上,中国法治在近代的启动,就是在世界相关国家法治先行的感召与影响下启动的。梁启超、沈家本等人都是在率先认识和了解西方法治的基础上倡导中国法治的。世界法治早就是中国法治的借鉴与参考的样本。改革开放以来,中国法治的恢复重建也是以世界上其他国家的法治作为参照的。

世界法治对中国的影响首先是以国别的形式产生的。中国是一个与世界各国有着广泛联系的国家。美国、英国、法国、德国等,这些大国的法治发展必然会对中国产生这样那样的影响,进而促进中国法治的发展。历史和现实中正是如此。中国在推进自己的法治建设中,不断借鉴甚至学习其他国家的法治经验,用他山之石以攻玉,才使法治走到了现在。

世界法治对中国的影响其次也是以国际社会的形式产生的。中国是在国际社会之中生存、发展的,国际社会的法治建设必然需要中国的参与,也会对中国产生影响。在国际经济交流日益加速,世界经济贸易组织等作用日益增强,区域性经济合作不断扩大的世界格局之中,世界的法治化也随之得到更大范围与力度的推进。世界法治发展也会对中国法治发展产生重要影响。

(二)中国法治推动着世界法治

中国法治的启动虽然才只有区区百年的历史,但由于中国在当今世界的独特影响,它的法治也不可阻挡地影响着全世界。世界的法治化进程如何与中国国内的法治化状态相关,更与中国在国际社会中的形象与努力密切联系。

中国的国内法治主要是中国社会自身发展的要求和反映,同时也会对世界产生影响。首先,必须注意到的是其在法治上的大国影响力。中国作为世界大国之一,其影响与辐射的能力日益增强。虽然人均财富拥有量相对有限,但是其经济总量无疑是为世界所瞩目的。她的停滞和发展都将影响整个世界。随着中国国力的增强与中国对于国际事务的积极参与,中国对世界法治发展的贡献越来越巨大。其次,必须注意到中国对发展中国家的影响。中国作为发展中国家的典型代表必然为相关各国所关注,尤其是对于发展中国家,具有示范效应和重要影响。各个发展中国家在借鉴中国经验的同时也一定会借鉴中国的法治发展经验。最后,中国独特的法治建设丰富着世界的法治内容。世界各国有着不同的法治化路径,尤其是那些历史悠久、文化深厚的民族,要推进法治发展必须寻找和开辟适合自己国情的道路。中国正是沿着自己的道路并迎着世界法治的大潮在奋力开拓。

随着中国法治的发展,我们有理由期待她将因世界法治的发展而得到更好的发展,也将以自己出色的法治国家建设为世界的法治发展作出卓越的贡献。我们期待着,中国的法治国家建设能够成为世界法治发展中精彩纷呈的篇章与光辉灿烂的典范。

主要参考文献

《四书集注》,朱熹集注,岳麓出版社 1985 年版。

梁启超:《梁启超法学文集》,范忠信选编,中国政法大学出版社 2000 年版。

顾准:《希腊城邦制度》,中国社会科学出版社 1982 年版。

李步云:《走向法治》,湖南人民出版社 1998 年版。

李步云主编:《法理学》,经济科学出版社 2001 年版。

郭道晖:《法的时代精神》,湖南人民出版社 1997 年版。

卢云主编:《社会主义市场经济法律问题研究》,四川人民出版社 1995 年版。

张文显:《当代法学思潮》,辽宁人民出版社 1989 年版。

张文显:《法律基本范畴研究》,中国政法大学出版社 1993 年版。

朱景文:《比较法社会学的框架与方法》,中国人民大学出版社 2001 年版。

刘军宁:《共和·民主·宪政》,上海三联书店 1998 年版。

张中秋:《中西法律文化比较研究》,南京大学出版社 1991 年版。

王人博、程燎原:《法治论》(第2版),山东人民出版社1998年版。

刘笃才执行主编:《走向法治之路》,中国民主法制出版社1996年版。

吕世伦主编:《现代西方法学流派》,中国大百科全书出版社2000年版。

吕世伦:《法理的积淀与变迁》,法律出版社2001年版。

俞荣根:《儒言治世》,四川人民出版社1995年版。

程燎原:《从法制到法治》,法律出版社1999年版。

程燎原、江山:《法治与政治权威》,清华大学出版社2001年版。

冯天瑜等:《中华文化史》,上海人民出版社1990年版。

张晋藩:《中国法律的传统与近代转型》,法律出版社1997年版。

廖世祥主编:《经济学方法论》,上海社会科学出版社1991年版。

黄金南等编:《科学发现与科学方法》,华中工学院出版社1983年版。

欧阳康主编:《人文社会科学哲学》,武汉大学出版社2001年版。

薛伦倬主编:《马克思主义法学新探》,重庆出版社1992年版。

梁治平:《法律的文化解释》,生活·读书·新知三联书店1994年版。

范忠信:《中国法律传统的基本精神》,山东人民出版社2001年版。

范忠信:《中西法文化的暗合与差异》,中国政法大学出版社2001年版。

宋冰编:《程序、正义与现代化》,中国政法大学出版社1998年版。

陈弘毅:《法治、启蒙与现代法的精神》,中国政法大学出版社1998年版。

龚祥瑞:《比较宪法与行政法》,法律出版社1985年版。

刘作翔:《法律文化》,商务印书馆1999年版。

韦政通:《中国的智慧》,吉林文史出版社1988年版。

柳御林主编:《世界名人论中国文化》,湖北人民出版社1991年版。

柳文超、李培湘主编:《西方自由民主研究》,重庆出版社1990年版。

陈盛清主编:《外国法制史》,北京大学出版社1982年版。

田广清主编:《古代治国方略》,四川大学出版社1996年版。

李江涛:《变革社会中的人际关系》,暨南大学出版社 1999 年版。

季卫东:《法治秩序的建构》,中国政法大学出版社 1999 年版。

公丕祥:《法制现代化的理论逻辑》,中国政法大学出版社 1999 年版。

公丕祥主编:《当代中国的法律革命》,法律出版社 1999 年版。

公丕祥:《法哲学与法制现代化》,南京师范大学出版社 1998 年版。

高道蕴、高鸿均、贺卫方编:《美国学者论中国法律传统》,中国政法大学出版社 1994 年版。

史彤彪:《中国法文化对西方的影响》,河北人民出版社 1999 年版。

汪太理等编:《中外反腐败史鉴》,中国人民公安大学出版社 1991 年版。

胡鞍钢主编:《中国:挑战腐败》,浙江人民出版社 2001 年版。

苏力:《道路通向城市——转型中国的法治》,法律出版社 2004 年版。

郝铁川:《儒家思想与当代中国法治》,河南大学出版社 1994 年版。

连玉明、武建忠主编:《中国国力报告》,中国时代经济出版社 2006 年版。

梅仲协:《法学绪论》,三民书局 1981 年版。

何勤华:《中国法学史》,法律出版社 2006 年版。

俞荣根:《道统与法统》,法律出版社 1999 年版。

吴玉章:《法治的层次》,清华大学出版社 2002 年版。

刘作翔:《法律文化理论》,商务印书馆 1999 年版。

郑永流:《法治四章》,中国政法大学出版社 2002 年版。

王名扬:《美国行政法》,中国法制出版社 1995 年版。

王名扬:《法国行政法》,中国法制出版社 1988 年版。

王名扬:《英国行政法》,中国政法大学出版社 1987 年版。

陈新民:《法治国家论》,学林文化事业集团有限公司 2001 年版。

陈慈阳:《人权保障与权力制衡》,陈慈阳 2001 年版。

陆润康:《美国联邦宪法论》,陆润康 2001 年版。

吴志光:《比较违宪审查制度》,神州图书出版有限公司 2003 年版。

[古希腊]柏拉图:《理想国》,郭斌和、张竹明译,商务印书馆 1986 年版。

[古希腊]柏拉图:《法律篇》,张智仁、何勤华译,上海人民出版社2001年版。

[古希腊]亚里士多德:《政治学》,吴寿彭译,商务印书馆1965年版。

[古罗马]西塞罗:《论共和论法律》,王焕生译,中国政法大学出版社1997年版。

[古罗马]盖尤斯:《法学阶梯》,黄风译,中国政法大学出版社1996年版。

[俄罗斯]B. B. 拉扎列夫主编:《法与国家的一般理论》,王哲等译,法律出版社1999年版。

[英]哈特:《法律的概念》,张文显等译,中国大百科全书出版社1996年版。

[英]沃克:《牛津法律大辞典》,北京社会与科技发展研究所组织翻译,光明日报出版社1989年版。

[英]罗素:《权力论》,吴友三译,商务印书馆1991年版。

[英]罗素:《西方的智慧》,马家驹、贺霖译,世界知识出版社1992年版。

[英]罗德里克·马丁:《权力社会学》,丰子义、张宁译,生活·读书·新知三联书店1992年版。

[英]洛克:《政府论》,叶启芳、瞿菊农译,商务印书馆1963年版。

[英]詹姆士·哈林顿:《大洋国》,何新译,商务印书馆1963年版。

[英]密尔:《代议制政府》,汪瑄译,商务印书馆1982年版。

[法]孟德斯鸠:《论法的精神》,张雁深译,商务印书馆1993年版。

[法]卢梭:《社会契约论》(第2版),何兆武译,商务印书馆1980年版。

[法]米海依尔·戴尔玛斯-马蒂:《世界法的三个挑战》,罗结珍、郑爱青、赵海峰译,法律出版社2001年版。

[法]狄骥:《宪法论》(第1卷),钱克新译,商务印书馆1959年版。

[德]马克斯·韦伯:《儒教与道教》,洪天富译,江苏人民出版社2003年版。

[德]埃德蒙德·胡塞尔:《伦理学与价值论的基本问题》,艾四林、安仕侗译,中国城市出版社2002年版。

[意]朱塞佩·格罗索:《罗马法史》,黄风译,中国政法大学出版社1994年版。

[奥]凯尔森:《法与国家的一般理论》,沈宗灵译,中国大百科全书出版社1996年版。

[美]波斯纳:《法理学问题》,苏力译,中国政法大学出版社1994年版。

[美]罗尔斯:《正义论》,何怀宏等译,中国社会科学出版社1988年版。

[美]诺内特、塞尔兹尼克:《转变中的法律与社会》,张志铭译,中国政法大学出版社1994年版。

[美]弗里德曼:《法律制度》,李琼英、林欣译,中国政法大学出版社1994年版。

[美]沃塞曼:《美国政治基础》,陆震纶等译,中国社会科学出版社1994年版。

[美]胡克:《理性、社会神话和民主》,徐崇温译,上海人民出版社1965年版。

[美]托马斯·戴伊:《谁掌管美国》,梅士等译,世界知识出版社1980年版。

[美]昂格尔:《现代社会中的法律》,吴玉章、周汉华译,中国政法大学出版社1994年版。

[美]安·塞得曼等:《法律秩序与社会改革》,时宜人译,中国政法大学出版社1992年版。

[美]博登海默:《法理学——法律哲学与法律方法》,邓正来译,中国政法大学出版社1999年版。

[美]伯尔曼:《法律与革命》,贺卫方等译,中国大百科全书出版社1996年版。

[美]古德诺:《政治与行政》,王元译,华夏出版社1987年版。

[美]菲利普·方纳:《杰斐逊文选》,王华译,商务印书馆1963年版。

[美]汉密尔顿等:《联邦党人文集》,程逢如等译,商务印书馆1980年版。

[美]费正清、刘广京编:《剑桥中国晚清史》,中国社会科学院历史

研究所编译室译,中国社会科学出版社 1985 年版。

[日]穗积陈重:《法律进化论》,黄尊三等译,中国政法大学出版社 1997 年版。

[日]川岛武宜:《现代化与法》,王志安等译,中国政法大学出版社 1994 年版。

[日]杉原泰雄:《宪法的历史——比较宪法学新论》,吕昶等译,社会科学文献出版社 2000 年版。

[日]福泽谕吉:《劝学篇》,群力译,商务印书馆 1984 年版。

第一版后记

本书《法治国家论》是教育部人文社会科学研究规划项目、重庆市教委社会科学研究科研项目“社会主义法治国家的形成和发展”的成果。在即将结束这一课题研究的时候，总有意犹未尽的感觉，特别需要记下的是以下的感谢、感慨与感想：

一、感谢

感谢我在本著作中吸收或引证了其学术见解的学者，包括其中的学界先辈、前辈与同辈们，是他们的见解给了我启迪和帮助，使我有可能完成这一著作。

感谢张文显教授在我申报该课题方面所给予的指点。显然，我对法治国家的思考与张文显教授的见解也许有诸多的差异，课题的结果也未必为张教授所赞同，但是这并不影响我对他的感谢。

感谢我的博士学位导师李步云教授、韩延龙教授，感谢我的硕士学位导师卢云教授，以及其他老师们。是他们给我的教诲，让我能够从事目前的研究工作。感谢受业于我的西南政法大学法学理论硕士研究生翁文刚、田国良、李敏、卢工凌、施晓盛、赵波等同学。在课题研究期间，他们给了我许多帮助，或查找资料或查看文稿错漏。他们有的早已毕业，或从事法学教育事业，或进行着法律的或准法律的社会实践，有的还在继续学业。

二、感慨

学术研究苦亦乐。学术研究与写作是一件艰苦的事情,尽管我时常乐此不疲,但事后仍感心力交瘁。1991 年暑期为了研究司法部和四川省“马克思主义法学的创立和发展”课题,参与写作《马克思主义法学新探》一书,在西南政法大学东山的地下室宿舍中,背顶电风扇的凉风读写了半月左右,每天十多个小时,留下了一个背部类风湿的毛病,几乎把我整个背部给板结了,数年方愈。1994 年为了研究国家项目“城市经济体制改革中的法律问题研究”课题,参与写作《社会主义市场经济的法律问题研究》一书,又因过度劳累而导致植物神经功能紊乱,严重的心动过速,被误诊为心肌炎,甚至被关爱的前辈错误地断言难以再活二十年。现在,您手上这部著作,实际上按我自己的写作计划应该在 2000 年就完稿,由于 1999 年 12 月命运让我担任了西南政法大学的副校长,长时期的天天开会,最多时一周 5 天可以开上十二三个会议,使我根本就无法进行有效的研究工作。好不容易有了 2001 年春节这个寒假,我几乎没有到任何地方游玩。回老家看父亲、家人,拜谒祖墓,处理家事总共才花了 1 天的时间。每天都坐在电脑前以 5000 字到 10000 字的速度写作初稿。不几天,就坚持不下去了。颈部酸痛,只能低垂。既不能“高昂”,也不能“顾左右而言他”。似乎对法治国家目标的追求也大抵如此,既不可昂首阔步,也不敢左顾右盼,只能认定目标、埋头苦干。忍了两天,终是忍无可忍,到医院一检查,医生说,是因长时期低头工作导致颈部肌肉损伤所致。要求我天天到医院去做理疗。我想不行,假期虽然有二十多天,公务就占了我十多天,我不敢再懈怠。我请求医生另想办法,医生便给我开了近 100 元钱的膏药,让我每天一贴。贴膏药之类的工作均是由我夫人龚瑜承担的,女儿也一次一次催促我吃药。我只好在她们的帮助下,在一贴贴膏药的抚慰下,继续着我必须而且只能埋头苦干的事业——写作这一书稿。

三、感想

在中国,法治国家的建设是一个刚刚开始的伟大事业。法治国家建设在现在根本就不是终点,而仅仅是起点,未来的道路还相当漫长。

法治国家的实践刚刚开始,法治国家的思考也还需要继续进行,我所写下的不过是自己一个时期的思想线索与思想要点。其中包含了我在接受课题之前的一些思考,也包括我在接受课题后在研究过程中的新发现。

在法治国家建设过程中,我们难免会犯错误,甚至在特定的背景下还可能出现倒退。错误当然要尽力避免,一旦不幸有了错误也并不可怕,立即理智地选用恰当的方法或手段加以纠正即可。可怕的是不能正视错误,不愿或者不敢改正错误;可怕的是用一个错误去取代另一个错误;可怕的是不能理智地选用纠正错误的正确方法与手段。不能正视错误,不愿或者不敢改正错误,错误还会继续存在,甚至进一步扩展,成为更为严重、更难纠正的错误。用一个错误去取代另一个错误,原来的错误没有了,可新的错误又产生了,仍然处于错误之中。对于错误不能理智地对待,选用错误的方法和手段去加以纠正,不要以为"负负得正"的有理数法则可以到处滥用。用错误方法或手段纠正错误,只能是一个错误再加一个错误,并不是对于第一个错误的修正,而是使问题更加复杂,使思路更难以在短期内理清,使两个错误都被不恰当地长时期维持,使我们执迷难悟与执迷不悟。我的著作中提到的"鸦片治感冒"的情形大抵就属于后者。只不过有时是"鸦片治感冒",有时则是"鸦片治癌症"而已。理性化还是中国法治的重要工作,而且还十分繁重。只有具有了对于法治国家的理性认识,我们才能防止错误,防止倒退,才能在错误中觉醒,转倒退为前行,重新踏上法治国家的新旅程。

俄国的法学家曾经指出,"通往法治国家的道路漫长而艰难,充满了危险、失误和幻想。许多国家数百年来在奔向民主,有时还为此付出了昂贵的社会代价。法治国家的建设应当以仔细思考的战略和策略为基础。在这里也很难不借助于其他国家的经验,但这种经验应当与本国的传统和现实相结合"。① 这段话,应当是其对历史经验教训进行总结的结论,我们完全可以从中得到所需要的某些启迪。不是吗?探讨法治国家尚且不易,实现法治国家必将更加艰难。甚至偏差、曲折、倒退都是难免的,我们唯一希望的就是这些失误或挫折尽可能没有,尽可

---

① [俄]B. B. 拉扎列夫主编:《法与国家的一般理论》,王哲等译,法律出版社1999年版,第357页。

能少些。我们必须谈定目标,用心思考,脚踏实地,不昂首望天,别左顾右盼,埋头苦干。

卓泽渊

2001 年 3 月于重庆歌乐山下

第二版后记

2003年9月20日，是西南政法大学建校50周年校庆的日子。此前，由西南政法大学北京校友会发起了编辑出版50卷学术著作以纪念的活动。我作为西南的毕业生，也在被邀请之列，并且被列为编委。为此，我自己承诺的那一卷学术著作是必须要提交的，否则将无法向母校、向校友和自己交代。①

但是，要在短期内完成一部学术著作，也实在不是一件容易的事情。为此，我就把以前的著作翻检了一篇。1998年出版的《法的价值论》早已应出版社的要求，在第二版的修订工作中。但由于工作量过于庞大，在校庆到来之前交付出版毫无可能，只好放弃用《法的价值论》第二版来完成任务的设想。我的博士论文《法的价值总论》，在2001年由人民出版社出版之后，很快售罄。本打算将这一著作修订后交编委会以完成任务。但遗憾的是，人民出版社表示，他们愿意再版，不同意将其列入我们的校庆学术著作系列。因此，这一计划也只好放弃。

在此情况下，我又考虑将我两年前出版的著作《法治国家论》，进行一次较大幅度的修订，列入西南政法

---

① [俄]B. B. 拉扎列夫主编：《法与国家的一般理论》，王哲等译，法律出版社1999年版，第357页。

大学校庆学术著作系列重新出版。于是,与中国方正出版社出版《法治国家论》一书的责任编辑商量,并征得其同意之后,我就开始了对于《法治国家论》的全面修订。现在的这部著作,正是以中国方正出版社在2001年6月出版的《法治国家论》作为基础修订而成的。在此谨向中国方正出版社、向第一版的责任编辑肖建国、王相国先生表示最衷心的感谢！谨向法律出版社,向本书此次出版的责任编辑涂建刚先生表示最衷心的感谢！他们为本书的一再出版,花费了很大的心血和给予了重要的帮助,在此深表谢意！

能有这么一个机会与西南政法大学的前辈、学长和学弟一道为母校的生日做点什么,这是一种莫大的荣幸。我要真切地感谢北京校友会的校友们,是他们的努力才使本书得以再次修订出版,也才使我有了一个向母校表达自己心意的机会。

卓泽渊

2003年暑期于北京

第三版后记

《法治国家论》这一著作是在司法部法治建设与法学理论研究部级重点项目“依法执政研究——中国共产党领导下的法治国家建设”研究报告基础上，修订而成的学术成果，它是我对法治国家问题研究心得的集成。即将付梓，欣慰之情油然而生。

法治国家是我从1997年就开始思考与研究的主题，到现在已经十年了。十年来，我出版了中国方正出版社的《法治国家论》（2001年6月版）、法律出版社列入西南政法大学学子学术文库的《法治国家论》（2003年9月版），以及法律出版社2004年7月的《法治国家论》。算来也是三个版本之多，但是我对法治国家的理解依然是那么肤浅，那么令我羞愧。直到现在，我依然觉得还有很多文献典章未能阅读，匆匆的写作不过是自己浮躁与浅薄的思想记录。

在十年的法治国家研究中，张文显教授的帮助是难以忘怀的。1997年下半年，张文显教授邀请我申报“社会主义法治国家理论与方略的形成和发展”的国家人文社会科学项目，该项目的获准并着手研究是我从事相关研究的发端。随后，同名的重庆市教委社会科学规划项目的资助，推动了这一研究工作。2003年司法部法治建设与法学理论研究这一重点项目的获准，更是我进一步从事法治国家理论研究的直接动力。在该项目的研究工作中,我不能不感谢庄玉瑞、龚瑜两位合作者所给予的支持。在课题研究中,我的同事刘永艳教授和我所指导的博士研究生张金来同学都给了我很多帮助,在此一并对他们的帮助致以衷心的感谢。

每个学者在撰写自己著作的后记时,也许都难免要对既往的学术作一个回顾。回想自己走过的学术里程,有很多师尊是不能不感谢的。此刻,远在西南的黎国智教授、王明三教授、吴光辉教授、李权教授、文正邦教授的身影就浮现在我眼前,他们给了我很多很好的教益。在北京,中国社会科学院法学研究所的李步云教授、韩延龙教授是我的博士论文指导老师,从那时到现在,他们一直不断地给我以谆谆教诲。我的硕士研究生导师卢云教授,尽管他已经远去,但是他的学术与品德一直是我努力学习的典范。

将《法治国家论》列入我的"法论丛书"出版,是我的心愿,是法律出版社的黄闽社长、该社学术分社的茅院生社长以及那些可敬的编辑们给我以帮助才得以完成,在此向他们致以诚挚的谢意。原计划再将我随笔文集编入这套丛书,经过一段时间的考虑,终于放弃了这个计划。就以这一著作打上一个休止符吧。此书的出版也就意味着,暂时由《法的价值论》《法政治学》和《法治国家论》构成的"法论丛书"告一段落。未来的学术之路,还是交给时间填充吧。

我期待着未来!

卓泽渊

2007 年 12 月 6 日于大有北里

第四版后记

1997 年受张文显教授邀请，申报了教育部国家人文社会科学项目“社会主义法治国家理论的形成和发展”，课题完成后逐步发展形成了我现在的法治国家问题研究的学术成果。

感谢我的校友王相国先生，他作为责任编辑邀请我在方正出版社出版了《法治国家论》的第一版。2003 年，西南政法大学即将举行建校 50 周年庆典，需要编辑一套由其学子写作的纪念著作。我一时也没有新作，于是就与方正出版社商量，将在他们那里出版的《法治国家论》修订后交由法律出版社再版，作为西南政法大学校庆纪念系列“西南政法大学学子学术文库”的著作之一，这是该书的第二版。2008 年，我再次将该著作修订，以《法治国家论》纳入“卓泽渊法论丛书”出版，这是这一著作的第三个版本。这次修订再版的是它的第四个版本。在此必须向方正出版社、法律出版社的几任领导和几个版本的责任编辑们表达最衷心的谢意。

每一次修订再版，都是一次自我反省、自我批判，目的在于实现学术更新。与此同时，也努力实现自己认知的更新。这次的修订再版，我做了较多的学术努力。这是一部学术性质的著作，不是大众普及读物，因此，我也一如既往地不做满足大众的工作。相反的是，对于一些远离学术的、旁逸斜出的东西，都予以了坚决的删除。

对一些被学术界包括我自己一直采用的庸俗化的表达方式,予以了最大努力的摒弃。有些用语和引证并不是它本身不好,而是被用得太滥,以至于多少有些庸俗甚至令人生厌。于是,我也断然采取了有效的措施——删除。当然还远远没有删完,毕竟我自己也还未能完全脱俗。

韶华易逝,转眼之间,从出版第一版的 2001 年到现在的出版第四版的 2017 年已经是十六年了。十多年来,中国的法治取得了更多的进步,也得到了更大的发展。历史就是那么奇妙,时而使人觉得慢如蜗牛,时而又使人觉得快若飞舟,也许是视角的差异或者是标准的不同。我们时常抱怨进步太慢,或许有些道理,归根结底恐怕还是,人生的有限性与时间的无限性之间的激烈冲突,转化成为了人生的无限苦痛与哀婉。其实,我更多地看到的是进步与发展。

十六年来,这一著作数度再版,也凝聚了我不少的心血,但是依然不是我满意的作品。权且充作又一次习作吧。在岁月的流逝中,志气、朝气、锐气都会被时光的流水所销蚀,但是不变的是殷殷的期待,有时甚至变得还更为迫切。这也许就是两种可能:一个是岁月使人消颓,另一个是岁月催人奋进。作为一介书生,作为自我已经无所谓进退,但是作为一个民族、一个国家却有着真切的兴衰。只是希望她变得更好,而不是更糟;能够进步,而不是不幸倒退。放眼望去,还是激情满怀,希望无限,是为期盼!

衷心感谢法律出版社的领导与本书的责任编辑。谢谢您们!

卓泽渊

2017 年春

图书在版编目(CIP)数据

法治国家论 / 卓泽渊著.——4版.——北京：法律出版社，2018
ISBN 978-7-5197-1789-6

Ⅰ.①法… Ⅱ.①卓… Ⅲ.①国家和法的理论—研究 Ⅳ.①D90

中国版本图书馆CIP数据核字(2017)第313826号

法治国家论（第四版）
FAZHI GUOJIA LUN（DI-SI BAN）
卓泽渊 著

责任编辑 韩向臣
装帧设计 汪奇峰

开本 720毫米×960毫米 1/16
版本 2018年1月第4版
出版 法律出版社
总发行 中国法律图书有限公司
印刷 固安华明印业有限公司

印张 32.75 **字数** 492千
印次 2018年1月第1次印刷
编辑统筹 学术·对外出版分社
经销 新华书店
责任印制 陶松

法律出版社/北京市丰台区莲花池西里7号(100073)
网址/www.lawpress.com.cn
投稿邮箱/info@lawpress.com.cn
举报维权邮箱/jbwq@lawpress.com.cn
销售热线/010-63939792
咨询电话/010-63939796

中国法律图书有限公司/北京市丰台区莲花池西里7号(100073)
全国各地中法图分、子公司销售电话：
统一销售客服/400-660-6393
第一法律书店/010-63939781/9782 西安分公司/029-85330678 重庆分公司/023-67453036
上海分公司/021-62071639/1636 深圳分公司/0755-83072995

书号： ISBN 978-7-5197-1789-6 **定价：** 108.00元
(如有缺页或倒装，中国法律图书有限公司负责退换)